Karl Brugmann

Grundriss der vergleichenden Grammatik der indogermanischen Sprachen

Karl Brugmann

Grundriss der vergleichenden Grammatik der indogermanischen Sprachen

ISBN/EAN: 9783742869739

Hergestellt in Europa, USA, Kanada, Australien, Japan

Cover: Foto ©Thomas Meinert / pixelio.de

Manufactured and distributed by brebook publishing software
(www.brebook.com)

Karl Brugmann

Grundriss der vergleichenden Grammatik der indogermanischen Sprachen

GRUNDRISS
DER
VERGLEICHENDEN GRAMMATIK
DER
INDOGERMANISCHEN SPRACHEN.

KURZGEFASSTE DARSTELLUNG
DER GESCHICHTE
DES ALTINDISCHEN, ALTIRANISCHEN (AVESTISCHEN UND ALTPERSISCHEN), ALTARMENISCHEN, ALTGRIECHISCHEN, ALBANESISCHEN, LATEINISCHEN, OSKISCH-UMBRISCHEN, ALTIRISCHEN, GOTISCHEN, ALTHOCHDEUTSCHEN, LITAUISCHEN UND ALTKIRCHENSLAVISCHEN

VON

KARL BRUGMANN UND **BERTHOLD DELBRÜCK**

ORD. PROFESSOR DER INDOGERMANISCHEN SPRACHWISSENSCHAFT IN LEIPZIG.

ORD. PROFESSOR DES SANSKRIT UND DER VERGLEICHENDEN SPRACHKUNDE IN JENA.

ZWEITER BAND:
LEHRE VON DEN WORTFORMEN UND IHREM GEBRAUCH.

DRITTER TEIL:

VORBEMERKUNGEN. VERBALE KOMPOSITA. AUGMENT. REDUPLIZIERTE VERBALBILDUNGEN. DIE TEMPUSSTÄMME IM ALLGEMEINEN. PRÄSENS UND STARKER AORIST. DIE *S*-AORISTE. DAS PERFEKT UND SEIN AUGMENTTEMPUS. ZUSAMMENGESETZTE (PERIPHRASTISCHE) TEMPUSBILDUNGEN. DIE MODUSBILDUNGEN. DIE PERSONALENDUNGEN. DER GEBRAUCH DER FORMEN DES VERBUM FINITUM. DER GEBRAUCH DER FORMEN DES VERBUM INFINITUM. PARTIKELN IM EINFACHEN SATZ.

ZWEITE BEARBEITUNG.

STRASSBURG.
KARL J. TRÜBNER.
1916.

VERGLEICHENDE

LAUT-, STAMMBILDUNGS- UND FLEXIONSLEHRE

NEBST LEHRE VOM GEBRAUCH DER WORTFORMEN

DER

INDOGERMANISCHEN SPRACHEN

VON

KARL BRUGMANN.

ZWEITE BEARBEITUNG.

ZWEITER BAND:

LEHRE VON DEN WORTFORMEN UND IHREM GEBRAUCH.

DRITTER TEIL:

VORBEMERKUNGEN. VERBALE KOMPOSITA. AUGMENT. REDUPLIZIERTE VERBALBILDUNGEN. DIE TEMPUSSTÄMME IM ALLGEMEINEN. PRÄSENS UND STARKER AORIST. DIE *S*-AORISTE. DAS PERFEKT UND SEIN AUGMENTTEMPUS. ZUSAMMENGESETZTE (PERIPHRASTISCHE) TEMPUSBILDUNGEN. DIE MODUSBILDUNGEN. DIE PERSONALENDUNGEN. DER GEBRAUCH DER FORMEN DES VERBUM FINITUM. DER GEBRAUCH DER FORMEN DES VERBUM INFINITUM. PARTIKELN IM EINFACHEN SATZ.

STRASSBURG.
KARL J. TRÜBNER.
1916.

Inhalt des dritten Teiles des zweiten Bandes.

VII. Zusammengesetzte (periphrastische) Tempusbildungen.

1. Vorbemerkungen.

414. Die im Vorausgehenden behandelten Tempusbildungen hatten seit der Zeit, in der sie in unsern Gesichtskreis kommen, d. h. im Beginn der Überlieferung der einzelnen idg. Sprachzweige, sämtlich den Charakter von einfachen Formen. Daneben begegnen nun in allen Sprachen, klassenweise auftretend, Tempusbezeichnungen, die aus der Verbindung eines verbalen Nomens mit einem Verbum von allgemeinerer Bedeutung, einem sogenannten Hilfsverbum, bestehen. Diese Verbindungen waren seit der historischen Zeit teils noch loser, teils schon fester. Im ersteren Fall war in einem bestimmten Zeitpunkt die Stellung der beiden Glieder zueinander noch frei, wie z. B. klass.-lat. *factus sum* und *sum factus*. Im zweiten Fall war sie fest geworden, wie ai. klass. *dātā́smi* = *dātā́ asmi*. Zumteil war der Kompositionsprozess schon in einer vorhistorischen Periode zum Abschluss gekommen, und die Form musste schon seit Beginn der Überlieferung der betreffenden Sprache den Sprechenden als einfache Form erscheinen; nur der Sprachhistoriker erkennt dann noch den ursprünglichen kompositionalen Charakter der Bildung, z. B. bei lat. *faciē-bam*.

Die Bedeutung war teilweise derjenigen einer einfachen Verbalform nur ähnlich, z. B. bei Homer τετελεσμένον ἐστί neben τετέλεσται, im Gotischen *haba* ('ich habe'), im Altkirchenslavischen *imamь* ('ich habe') mit Infinitiv neben dem einfachen Indik. Präs. zum Ausdruck der Zukunft des Geschehens, z. B. got. Joh. 12, 26 *þarei im ik, þaruh sa andbahts meins wisan habaiþ* 'ὅπου εἰμὶ ἐγώ, ἐκεῖ ὁ διάκονος ὁ ἐμὸς ἔσται' neben Joh. 8, 36 *jabai nu sunus izwis frijans briggiþ, bi sunjai frijai sijuþ* 'ἐὰν οὖν ὁ υἱὸς ὑμᾶς ἐλευθερώσῃ, ὄντως ἐλεύθεροι ἔσεσθε'. Oft aber sind die beiden Ausdrücke mit der Zeit ganz gleichbedeutend geworden.

Das hat dann gewöhnlich dazu geführt, dass die ältere einfache Verbalform der volleren Ausdrucksweise wich, wie z. B. im jüngeren Attischen nur noch γεγραμμένοι εἰσί für γεγράφαται, im Lat. *āctus est* für eine dem griech. ἦκται entsprechende Form üblich waren. Bei diesem Wechsel im Ausdruck haben oft formale Gesichtspunkte eine Rolle gespielt, namentlich der, dass die ältere einfache Form irgendwie isoliert und unregelmässig geworden war und daher nicht so leicht ins Gedächtnis kam wie die umschreibende: beim Verlust von γεγράφαται z. B. neben τετίμηνται, δεδούλωνται hat der Umstand gewirkt, dass sich im Attischen der Ausgang -αται einzig an dieser Stelle, im Perfektsystem, behauptet hatte, während -νται vielfach auch noch ausserhalb des Perfekts in Übung war (§ 596).

Bei dem zweigliedrigen Ausdruck fehlt oft das eine Glied, das sogen. Hilfsverbum. Am häufigsten bleibt weg das als Kopula dienende und für das Zustandekommen des Sinnes der Verbindung meist entbehrliche Verbum substantivum, z. B. ai. *dātá* 'dabit', *dātā́raḥ* 'dabunt' (neben 1. Sing. *dātā́smi* usw.), gleichwie z. B. *iṣṭā́ dēvā́tāḥ* 'verehrt sind die Götter' (neben *iṣṭā́ dēvā́tā āsan* 'verehrt waren die Götter'), aksl. *vasъ zemlja pokryla* 'euch hat die Erde bedeckt', *jazъ pokrylъ* 'ich habe bedeckt' neben *pokrylъ jesmь* 'ich habe bedeckt', lit. *àsz iszmókęs* und *àsz esù iszmókęs* 'ich habe erlernt'. Von anderer Art ist die Weglassung des Hilfszeitworts z. B. bei lit. 3. Sing. *sùktū* neben 1. Sing. *sùktum-biau* 2. Sing. *sùktum-bei*, da hier das Hilfszeitwort (**bi* oder **bė*) ursprünglich ein für den Sinn der Verbindung wesentliches und unentbehrliches Glied gewesen ist (§ 424, 1. 788 ff. 802).

Man darf sagen, daß seit uridg. Zeit in allen idg. Zweigen fast ununterbrochen bis heute umschreibende Wendungen mit einfachen Tempusformen in der Weise in Konkurrenz gekommen sind, daß sie den Gebrauch der letzteren Formen in höherem oder geringerem Mass eingeschränkt haben. An vielen Punkten hat das dann, wie schon bemerkt ist, zum völligen Ersatz des alten einfacheren Ausdrucks durch den umschreibenden geführt. Dabei haben oft mehrere, ja viele Einzelsprachen unabhängig voneinander dieselben Ausdrucksmittel herangezogen, dasselbe Verbum (z. B. *sein*, *haben*) zum blossen Formwort werden lassen.

Einschlägige Beispiele in grösserer Zahl aus den neueren idg. Sprachen findet man u. a. zusammengestellt bei Meillet Sur la disparition des formes simples du prétérit, Germ.-roman. Monatsschr. 1 (1909) S. 521 ff.

415. Die ganze Masse der hergehörigen Bildungen lässt sich in zwei Klassen zerlegen, je nachdem das verbale Nomen ein adjektivisches verbales Wort, also partizipialer Natur war, z. B. ai. *dātā́smi* (§ 416, 1), oder ein substantivisches verbales Wort, Nomen actionis, Verbalabstraktum, z. B. ai. *vidą́ cakāra* (§ 417). Durch analogische Neuerung konnte ein verbales Nomen der einen Klasse durch eines der andern Klasse ersetzt werden, z. B. beruht unser nhd. Futurum mit *werden*, wie *ich werde gehen*, auf einer älteren Verbindung dieses Verbums mit dem Part. Präs. (got. *saúrgandans waírþiþ* 'λυπηθήσεσθε', ahd. *wirdist swīgēnti* 'eris tacens'): unter dem Einfluss der mit *werden* synonymen Verba wie ahd. *biginnan*, *gistantan* ist der Infinitiv für das Partizip eingetreten (§ 423, 3). Aus diesem Grunde und zugleich deshalb, weil die ursprüngliche formale Natur des vorderen Gliedes unklar geworden ist oder auch das nicht klar ist, in welcher besonderen Bedeutung das Hilfsverbum in die Verbindung eingegangen ist, lässt sich bei manchen aus vorhistorischen Zeiten stammenden Verbindungen nicht mehr sicher bestimmen, ob sie zur ersten oder zur zweiten Klasse zu stellen sind, z. B. bei lat. *amā-bam*, *legē-bam* (§ 421, 3).

Wir berücksichtigen im folgenden nur solche Periphrasen, die mit ursprünglich einfachen Formen des Verbalsystems semantisch nicht nur in Konkurrenz gekommen sind, sondern diese Formen auch aus dem Gebrauch mehr oder minder verdrängt haben. In den meisten Fällen handelt es sich sicher um Neuerungen, die sich erst im Sonderleben der einzelnen Sprachzweige abgespielt haben.

Innerhalb der einzelnen Tempora ist der umschreibende Ausdruck auch dann, wenn er ständig geworden ist, nicht immer durch alle Glieder des betreffenden Tempussystems gleichmässig durchgeführt; das hing teils mit formalen, teils mit syntaktischen Verhältnissen zusammen. So war im späteren Attischen γεγραμμένος εἰμί nur in einem Teil des perfektischen Tempussystems obligatorisch, γεγραμμένοι εἰσί, γεγραμμένοι ἦσαν (S. 498), γεγραμμένος ὦ usw. und εἴην usw., neben γέγραμμαι, γεγράφθω, γεγράφθαι (§ 419, 1), lat. *āctūrum esse* und *āctum īrī*, neben *agam agar* (§ 421, 5. 6).

2. Einzelsprachliches.

416. Arisch.

1) Ai. periphrastisches Futurum[1]). Im Ai. erscheint seit der Brāhmaṇa-Periode das aus einem Nomen agentis mit Formans *-ter- -tor-* (2, 1, 336 ff.) und dem Verbum substantivum *es-* bestehende Futurum, z. B. *dātā́smi* 'werde geben'. Als 3. Person diente das einfache Nomen im entsprechenden Numerus, z. B. *dātā́* 'dabit', dazu Plur. *dātā́raḥ*, Du. *dātā́rāu*. Der Nom. Sing. *dātā́* in *dātā́smi*, *dātā́si* war so fest mit dem Hilfswort verschmolzen, dass man das Ganze als streng einheitlich empfand und demgemäss im Plural *dātā́smaḥ dātā́stha*, im Dual *datā́svaḥ dātā́sthaḥ* schuf, vgl. lat. *potis sumus* (*possumus*) für **potēs sumus* nach *potis sum* (Sommer Lat. L. u. Fl.[2] 531 f.), *praestāmus* 'wir bürgen' für *praedēs stāmus* nach *praestō* (= *praes stō*).

Nur selten begegnet diese Futurbildung im Medium, z. B. *yaṣṭā́sē* 'du wirst opfern', 1. Plur. *yaṣṭā́smahē*. Die 1. Sing. auf *-ā́hē*, wie *yaṣṭā́hē* (aus der Spätere *hē* als 1. Sing. Med. zu *ásmi* abstrahierten), trat neben die das Pronomen *aham* 'ich' enthaltende 1. Sing. Akt. auf *-āham* infolge davon, dass man hier *-am* als Personalausgang empfand (vgl. *-ssaṃ* als 1. Sing. Fut. Akt. im Mittelind.): *-am* wurde also für mediale Verwendung durch *-ē* ersetzt. S. Wackernagel Altind. Gramm. 1, 255.

Das *tár*-Futurum wurde, im Gegensatz zum *syá*-Futurum, in der älteren Zeit dann gebraucht, wenn man sagen wollte, dass etwas in einem bestimmten Zeitpunkt einer nicht ganz nahen Zukunft eintreten wird, vgl. MS. 2, 1, 8 *yádi purā́ saṃsthā́nād dīryētā́dyá varṣiṣyatī́ti brūyād yádi sáṃsthitē śvṓ vraṣṭḗti brūyāt* 'wenn das Gefäss vor Vollendung des Opfers entzwei gehen sollte, so sage er: es wird heute regnen, wenn nach Vollendung, so sage er: es wird morgen regnen'. Im klassischen Sanskrit

1) Thurneysen Üb. das periphrastische Futurum im Ai., Verhandl. des 13. Orientalistenkongr. S. 9 ff.

dagegen werden die beiden Futura gewöhnlich semantisch unterschiedlos gebraucht. Vgl. § 699, 1.

417. 2) Ai. periphrastisches Perfekt[1]). Als Perfekt diente ein Kasus auf -ā́m mit den Perfekta cakā́ra, ā́sa oder babhū́va, z. B. vidā́ṃ cakā́ra 'wusste', gamayā́ṃ cakā́ra 'veranlasste zu gehen'. Das Hilfsverbum tritt bisweilen auch vom Kasus auf -ā́m getrennt auf. In der älteren Sprache erscheint fast ausschliesslich cakā́ra, noch gar nicht babhū́va. Die Form auf -ā́m betrachtet man formal teils als Akk. Sing. (vgl. bhidā́m 'Spaltung', áśvām, 2, 2, 139), teils als Instr. Sing. (vgl. aksl. rǫkǫ, 2, 2, 190). Nach vidā́m, āsā́m u. dgl. sind vom Präsensstamm aus die Formen wie gamayā́m (Präs. gamáya-ti), bibhayā́m (Präs. bibhé-ti) geschaffen worden. Das ursprüngliche semantisch-syntaktische Wesen der Form auf -ā́m ist nicht aufgeklärt, s. ausser Ludwig und Jacobi (Fussn. 1), welch letzterer darin, im Hinblick auf die Verbindung der Absolutive auf -tvā́, -ya mit dem Verbum sthā-, eine Art Absolutiv erblickt, noch Delbrück Altind. Synt. 246 ff., Bartholomae IF. 3, 19, Altiran. Wtb. 271, Thumb Handb. des Sanskr. 1, 369 f.

Die Ausbreitung und Einnistung dieser Ausdrucksweise wurde namentlich dadurch gefördert, dass man historische Tempora brauchte zu präsentisch verwendeten Perfekta wie véda 'weiss', bibhā́ya 'fürchtet' (vgl. das t-Präteritum zu den german. Präteritopräsentia, wie got. wissa zu wait, S. 369), und zu den Denominativa auf -yá-ti und den Kausativa auf -áya-ti, die überhaupt von Haus aus kein einfaches Perfekt hatten. Auch konnte bei Verba wie ās- 'sitzen', īkṣ- 'sehen' nur durch Anwendung dieser periphrastischen Bildung das Perfektum durchweg deutlich vom Präsens geschieden werden.

Anm. Sowohl im Ai. als auch im Av. zeigt sich nicht selten das Verbaladjektivum auf -to- (2, 1, 395 ff.) als prädikatives Partizip mit Wurzel es- 'sein' als Hilfsverbum gesellt, z. B. TS. 2, 6, 9, 4 dēvā́nā vá iṣṭā́ dēvā́ta āsann áthāgnír nōd ajvalat 'die Gottheiten waren von den Göttern verehrt, aber Agni lohte nicht auf', Y. 9, 26 āaṭ aⁱⱳhe ahi aⁱⱳyāstō 'seitdem bist du damit umgürtet'. Es hat sich daraus aber kein fester, irgendwo

---

1) A. Ludwig Das perfectum periphrasticum des Sanskrit, Ber. d. böhm. G. d. W., Nr. XIII (1900). H. Jacobi Üb. das periphrastische Perfekt im Sanskrit, KZ. 35, 578 ff.

alleinherrschender temporaler Typus entwickelt wie im Italischen (lat. *factus sum*) und im Germanischen (got. *wasidai sind* 'ἠμφιεσμένοι εἰσί'). Vgl. § 690. Auch noch andre partizipiale Formen erscheinen in dieser Weise prädikativ mit W. *es-* und ähnlichen Verben als Hilfsverben verbunden, s. Delbrück Altind. Synt. 390 ff., Reichelt Aw. Elem. 329 f.

418. Armenisch.

1) Eine Art Perfekt, zur Bezeichnung der vollendeten Handlung, entstand durch die Verbindung des Verbum substantivum (Präs. *em*, Imperf. *ei*, Konj. *içem*) mit dem Partizip auf *-eal* (2, 1, 375. 653), z. B. *cneal em* 'ich bin geboren', *cneal ei* 'ich war geboren'. Dass das logische Subjekt auch im Genitiv erscheint, z. B. *nora bereal ē* 'er hat getragen', beruht darauf, dass das *lo*-Adjektivum als Neutrum zugleich ein substantivisches Nomen actionis war: eigentlich 'es gibt Tragen von ihm'. S. Meillet Gramm. de l'arm. 68. 96 f., Altarm. Elem. 74. 114 f., Pedersen KZ. 40, 151 f.

2) Das Adjektiv auf *-loç* (2, 1 § 384 Anm. S. 503) mit *em* als Hilfsverbum bezeichnete einen Vorgang, der eintreten soll, z. B. *gitēr zinč́ ar̃nuloç ēr* 'er wusste, was er tun sollte'.

3) Das Imperfektum auf *-i* in der 1. Sing., z. B. *berei* 'ich trug', *layi* 'ich weinte', *lnui* 'ich füllte', war nach Meillet's Vermutung (Gramm. de l'arm. 94 f.) eine Bildung von ähnlicher Art wie lat. *legē-bam* (§ 421, 3), aksl. *nesě-achъ* (§ 426, 2): *-i*, 2. Sing. *-ir* usw. waren nach Meillet Präteritalformen der W. *es-* (wie hom. ἦα), das Vorderglied müsste also ein verbales Nomen gewesen sein. Das Imperfektum zu *em*: *ei eir ēr eak̃ eik̃ ein* wäre somit eine Nachbildung des Typus *berei* usw. gewesen.

4) Kaum klarer seiner Entstehung nach als das Imperfektum ist der Konjunkt. Präs. auf *-yçem*, wie *layçem* 'ich weine', *beriçem* 'ich trage' aus **berēçem* = **bereyçem*, *guçē* 'es sei' aus **goyçē* (Meillet Gramm. de l'arm. 91). Er sieht aus wie eine Zusammensetzung von *içem* 'ich sei' (S. 356) mit einem verbalen Nomen. Zu beachten ist der Parallelismus *beriçem* : *içem* = *berei* : *ei* (3).

419. Griechisch.

1) Im Attischen war im Med.-Pass. des Perfekts bestimmter Verbalklassen der Typus γεγραμμένος εἰμί von Anfang an alleinherrschend im Konj. und Opt.: γεγραμμένος ὦ usw. und εἴην usw.

Von etwa 400 v. Chr. an wurde dann auch γεγραμμένοι εἰσί und ἦσαν obligatorisch anstelle der einfachen Formen auf -αται und -ατο (S. 498. 499 f.).

2) Ein Futurum exactum als Ausdruck dessen, was in der Zukunft als erreichter Zustand vorliegt (wie ἑστήξω 'werde stehen', γεγράψεται 'wird geschrieben da sein'), konnte als einfache Form nicht bei allen Verben gebildet werden. Hier trat ἔσομαι mit Part. ein, z. B. κατακεκονὼς ἔσται 'er wird getötet haben, als Mörder dastehen', τετελεσμένον ἔσται 'es wird vollendet sein'.

3) In ähnlicher Weise musste durch die Verbindung von ἔχω mit Partizip (z. B. κρύψας ἔχω 'ich halte verborgen') das, was sonst eine einfache Perfektform als Transitivum besagte, bei gewissen Verben deshalb gegeben werden, weil ihnen die einfache Form mit transitiver Bedeutung fehlte. So στήσας ἔχω (Soph.), zu ἵστημι 'stelle' (ἕστηκα war intransitiv), ἐρασθεὶς ἔχω (Plato), zu ἐράω 'liebe'. Vgl. Ph. Thielmann Ἔχω mit Particip, Festschr. für W. Christ, 1891, S. 294 ff.

4) Das ngriech. Perfekt, wie ἔχω δεμένο 'habe gebunden', τοὺς ἔχω ἰδωμένους 'ich habe sie (Plur. Mask.) gesehen', das dem ahd. *ginomanan habēm* und dem lat. *cognitum habeo* entspricht (§ 423, 2), war in hellenistischer Zeit vorbereitet durch Sätze wie Diodor. 20, 11, 65 πρὸ γὰρ εἴκοσιν ἐτῶν εἶχες γεγραμμένην (sc. τὴν ἱστορίαν).

5) Der med.-pass. Aorist auf -θην. Nach Wackernagel KZ. 30, 302 ff. war -θης, z. B. in ἐδό-θης, ἐμείχθης = *ἐμεικσ-θης, die mediale Personalendung uridg. *-thēs* (§ 577, 2). Indem man solche Formen mit den Formen wie ἐμάνης (zu ἐμάνην usw.) auf gleiche Linie stellte, kam man zur Schöpfung von ἐδόθην ἐδόθη usw. Ferner durch ἐμείχθης, das ebenfalls wie ἐμάνης angeschaut wurde, kam man zu ἐμείχθητε für *ἐμειχθε = *ἐμεικσθε usw. Ausserdem mögen aber noch Zusammensetzungen eines verbalen Nomens mit dem Aorist *(ἔ-)θην (= ai. *á-dhā-m*, zu W. *dhē-*, S. 99), die daneben bestanden, dieser Aoristkategorie einverleibt worden sein: einerseits Formen wie ἐ-τῑμά-θην, ἐ-φιλή-θην, ἐ-χολώ-θην, anderseits solche wie ἐ-γνώσ-θην, ἐ-μνήσ-θην. Die letztere Klasse mit stammbildendem *-s-*, demselben Element, das z. B. in ἄ-

γνωστος, ai. *jñās-*, ahd. *kons-ta* erscheint (2, 1, 537, PBS. Beitr. 39, 89), vergleicht sich mit av. Komposita wie *yaoš-dā-* 'heil machen, vollkommen machen' (*yaoš-* = ai. *yōṣ-* N. 'Heil', 2, 1, 516 f.). Vgl. S. 172 f., wo auch auf Collitz' abweichende, mich nicht überzeugende Auffassung verwiesen ist.

Anm. Vgl. auch Brugmann-Thumb Griech. Gramm.[4] 326 f., Hirt Griech. L. u. Fl.[2] 556 ff. Mit ἐτῑμᾱθην darf, wenn unsere obige Vermutung richtig ist, got. *salbōda* nicht auf gleiche Linie gestellt werden, s. oben S. 369 f., PBS. Beitr. 39, 84 ff.

6) Die ion. Iterativformen des Imperf. und des Aor. auf -σκον, wie φεύγεσκον, zu ἔφευγον, φάσκον, zu ἔφην, und φύγεσκον, zu ἔφυγον, αὐδήσασκον, zu αὔδησα 'sprach', scheinen eine Verbindung des Prät. ἔσκον -σκον 'war' (S. 352) mit einem vorausgehendem Partizip zu sein: z. B. φάσκον aus *φανς σκον. S. oben S. 357, IF. 13, 267 ff., Brugmann-Thumb Griech. Gramm.[4] 341 [1]). ῥίπτασκον, zu ῥιπτάζω, aus *ῥιπτασσασκον, s. Class. Philol. (Chicago) 2, 209. Über φόρεσκον : φορέεσκον und κέσκετο s. Ehrlich KZ. 40, 387 f.

7) Die Desiderativa auf -σείω waren zuerst nur im Part. vorhanden, wie ὀψείων 'ὀπτικῶς ἔχων, zu sehen wünschend' (Homer). Vermutlich liegt darin ein Kasus der Nomina auf -σις, und zwar der Lok. auf -σει, mit dem Part. ἰών vor: ὀψείων, zu ὄψις, ξυμβασείων 'einen Vertrag zu schliessen wünschend', zu ξύμβασις, ἀπαλλαξείων 'befreit zu werden wünschend', zu ἀπάλλαξις. Der Kasus auf -σει war semantisch wahrscheinlich nicht Dativus finalis (ὀψείων 'auf das Sehen ausgehend'), sondern entweder Instrumentalis ('mit dem Sehen in den Gedanken umgehend, sich beschäftigend') oder Lokativ ('seine Gedanken beim Sehen habend'). Dasselbe ἰών in hom. κείων, welches *κε[ι̯]ι, Lok. eines Wurzelnomens κει̯- 'das Liegen, Ruhen', enthielt, z. B. A 606 κακκείοντες ἔβαν οἶκόν δε, eigentlich 'sie gingen heim, mit Ruhe-Gedanken beschäftigt', daher 'ruhen wollend'. Bei Homer neben κακκείων auch schon die Neubildungen wie Inf. κειέμεν, Konj. κείω, während derartige Neuschöpfungen zu den Partizipien auf

1) Eine andere Entstehungsweise deutet W. Schulze Quaest. ep. 63 Fussn. 3 an: λάβεσκε quam formam ex aoristo λάβετ et particula κε conglutinatam esse alibi demonstrare conabor. Die Bedeutung dieser Präterita würde hierzu gut passen. Wie soll aber -σκ- aus -τκ- gerechtfertigt werden?

-σειων erst aus nachhomerischer Zeit vorliegen. Vgl. Wackernagel KZ. 28, 141 ff., Verf. IF. 33, 332 ff.

420. Das Albanesische hat, gleichwie viele andre moderne idg. Sprachen, eine grössere Anzahl stehender periphrastischer Bildungen, z. B. als Perf. Akt. *kam* 'habe' mit Part.: *kam l'iδurε* 'habe gebunden', *keše l'iδurε* 'hatte gebunden'; als Fut. Akt. *do tε* (*do* erstarrte 3. Sing. zu *dua* 'soll, will', also 'es soll (will), dass') und Konj.: *do tε kem* 'werde haben' (vgl. ngriech. θέλει νά oder θά für alle Personen); als Perf. Pass. *jam* mit Part.: *jam l'iδurε* 'bin gebunden worden'. Vgl. G. Meyer Kurzg. alb. Gramm. 44 f. 47.

421. Italisch.

1) Seit urital. Zeit war die einfache Form des medialpass. Perfekts (wovon Reste, mit aktivischer Bedeutung, *tutudī* und *tutudēre*, § 556, 2. 571, 1. 606, 2, a) durch das Verbum substantivum mit dem *to*-Partizip (2, 1, 394 ff.)[1]) ersetzt, z. B. lat. *ortus sum*, *eram* usw., *ortum esse*, *captus sum*, osk. upsatuh sent 'operati sunt', *scriftas set* 'scriptae sunt', teremnatust 'terminata est', umbr. *screhtor sent* 'scripti sunt', kuratu si 'curatum sit', kuratu eru 'curatum esse'. Die feste Eingliederung ins Verbalsystem zeigt sich namentlich darin, dass diese Umschreibungen nach der Analogie der entsprechenden Aktivformen teil bekommen haben am aoristischen (narrativen) Gebrauch, z. B. lat. *haec finita sunt* 'dies wurde beendigt' gleichwie *haec finivit* 'dies beendigte er', umbr. *sue muieto fust* 'si muttitum erit, wenn ein Mucks vorkommt' gleichwie sve ... prusikurent 'wenn sie ... aussagen'. Vgl. auch die Gleichartigkeit der Kasuskonstruktion im Lat. z. B. zwischen *haec confessus est* und *haec confitetur*, sowie die formale Annäherung an's Aktiv im Volkslatein, wie *fefellitus sum* (Petronius), *pepercitum fuerit* (Lucifer), *pepertum fuisset* (Papyrus).

2) Uritalisch war ferner die aus dem Gerundivum auf *-ndus* (2, 1, 653) und dem Verbum substantivum bestehende Wendung, wie lat. *amandus est*, *dandus est*, umbr. IIa 43 katel asaku pelsans futu 'catulus ad aram sepeliendus esto'.

1) N. Sjöstrand De perfecti et plusquamperfecti usu conjugationis periphrasticae Latinorum, Lund 1891.

3) Uritalisch war weiter das Imperfekt auf **-bhu̯ā-m*[1]), zu Basis **bheu̯ā-* 'werden' (S. 161. 164): lat. *plē-bam*, *vidē-bam*, *dīcē-bam*, *capiē-bam*, *farciē-bam*, *fīniē-bam*, *flā-bam*, *plantā-bam*, *ī-bam*, *da-bam*, alat. *scī-bam*, *fīnī-bam*, osk. fu-fans 'erant'. Die ursprüngliche Natur des dem Hilfsverbum vorausgehenden verbalen Nomens ist unaufgeklärt.

Anm. 1. Man erwartet als Vorderglied ein Part. Präs., und so geht Skutsch von Grundformen wie **legens bām* aus. Dies ist aber mit den kontrollierbaren Lautgesetzen nicht vereinbar (worüber sich Sommer Krit. Erl. 143 etwas zu leicht hinwegsetzt). Durch den Hinweis auf *fervefacio*, *calefacio* usw., die allerdings semantisch und vielleicht auch lautgesetzlich auf *-ens facio* zurückführbar sind (*aurum fervefacio* = *aurum fervens facio*) — 'Tmesen' wie *ferve bene facito* mögen Wagnisse des Buchlateins gewesen sein — wird nichts erklärt[2]). Vgl. noch die bei Stolz Lat. Gramm.[4] 288 Fussn. 3 besprochenen Theorien.

Zu der Ansicht von Skutsch, dass *amāssim*, *habēssim* (*prohibessint*) aus *amans sim, habens sim* hervorgegangen seien, s. Verf. IF. 30, 342 Fussn. Eine andere Vermutung über den Ursprung der Formen wie *amāsso*, *amāssim* s. IF. 15, 17 f.

Speziell lateinisch und faliskisch war das Futurum auf **-fō*, 3. Sing. **-feti*, wie lat. *plēbo*, *vidēbo*, *flābo*, *plantābo*, *ībo*, *dabo*, alat. *scībo*, *fīnībo*, falisk. *carefo* 'carebo', *pipafo* 'bibam'. Diese Formation kann sich an die Imperfektform auf **-fām* angeschlossen haben nach dem Vorbild von *ero* neben *eram*. Doch vgl. § 422, 2 über ir. Fut. *-lēiciub*, das nach Pedersen ein kelt. Fut. auf *-bō* = **-bhu̯ō* repräsentieren würde. Zugunsten wenigstens uritalischen Alters des lat.-falisk. *f*-Futurums spricht das osk.-umbr. *f*-Perfekt: z. B. osk. aíkdafed 'decrevit' (S. 165), fufens

1) Skutsch Ztschr. f. öst. G. 52 (1901), 195 ff., Atti del congresso internazionale di scienze storiche (Roma 1903), 1, 191 ff., Vollmöller's Jahresber. 7, 1, 52 f. L. Siegel Imperfekt 'audibam' und Futur 'audibo', Commentationes Aenipontanae 5 (1910) S. 1 ff. Sommer Lat. L. u. Fl.[2] 521 f., Krit. Erl. 140 ff.

2) Das erste Glied muss nicht ein Partizip gewesen sein. Bedenkt man, dass in unserer hd. Verbindung von *werden* mit dem Infinitiv (*ich werde geben*) der Infinitiv für ein Partizipium eingetreten ist (§ 423, 3), ebenso in der lit. Zusammenrückung *sùktum-biau* (§ 424, 1), so könnte auch in unserm Fall, aus einem nicht mehr kontrollierbaren Anlass heraus, ein ursprüngliches Partizip durch ein nichtpartizipiales Verbalnomen ersetzt worden sein.

'fuerunt', sakrafír 'sacrato', umbr. *an-dirsafust* 'circumdederit' (S. 165), herifi 'oportuerit'. Denn -fed wird am besten auf *-*bhu̯e-t* zurückgeführt. Es lag dann *-*bhu̯om* *-*bhu̯es* *-*bhu̯et* usw. als Ind. Prät. zu Grunde. S. S. 468 f. Anders freilich Walde Ztschr. f. öst. G. 1914 S. 986, der aíkdafed vom Imperfekt auf *-*fām* aus nach dem Muster anderer Perfekta umgebildet sein lässt.

4) Uritalisch war der sogen. Konj. Imperf., wie lat. *forem*, *vellem*, *essem*, *darem*, *stārem*, *scīrem*, *legerem*, *amārem*, *fīnīrem*, osk. fusíd 'foret, esset', patensíns 'aperirent', päl. *upsaseter* 'operaretur, fieret'. Die formale Übereinstimmung mit dem lat. Inf. Präs. auf -*se*, wie *fore*, *velle* usw., führt darauf, dass sich in den Ausgängen -*ēm* -*ēs* usw. ein dem Infinitiv angeschlossenes Hilfsverbum verberge, das in uritalischer Zeit mit dem *s*-formantischen Infinitiv univerbiert worden wäre. Unter Hinweis auf die alat. Verbindungen wie *turbare it*, *iit videre* habe ich IF. 30, 338 ff. das -*em* von *turbār-em* für das alte, in der historischen Latinität durch *ībam* ersetzte Imperfekt zum Präsens *eo* erklärt: die Grundlage war entweder **ēs* **ēd* aus **ei̯es* **ei̯et* (neben **ei̯om*) oder **ēm* aus **ei̯em* (neben **eis* **eit*). Das Hilfsverbum musste seines lautlichen Charakters wegen frühe das Aussehen eines blossen Formans bekommen. Die speziell lat. Plusquamperfektform auf -*issem* entsprang zum Inf. auf -*isse* nach dem Verhältniss des Konj. auf -*sem* zum Inf. auf -*se*.

Weiteres über diese italische Verbalbildung s. in § 800.

5) Lat. *statūrus sum* und *statūrum esse*. Die Verbindung der Form auf -*tūrus*, die von den *tu*-Stämmen aus entstanden ist (*statūrus statūra* zu *status*, vgl. griech. ἰσχῡρός zu ἰσχύς ἰσχύω, 2, 1, 359), mit *sum* als Hilfsverbum drückte, wie griech. μέλλω mit Inf. Fut., aus, was man zu tun im Begriff ist, z. B. *bellum scripturus sum*. Das Altlateinische hatte, wovon auszugehen ist, einen indeklinabeln Inf. Fut. auf -*tūrum*, z. B. *credo inimicos meos dicturum* (C. Gracchus). Diesem wurde dann *esse* hinzugefügt, z. B. *dixerunt omnia . . . processurum esse*, und die scheinbare Analogie von *hoc processurum* (*esse*) mit *hoc factum* (*esse*) erzeugte Flexibilität nach Art der *o*-Stämme, z. B. *hanc rem processuram* (*esse*). Nach Postgate Class. Rev. 5, 301, IF. 4, 252 ff. (vgl. auch

Stolz Lat. Gramm.[4] 297 f.) wäre dieses *-tūrum* aus dem 'Supinum' auf *-tū* (Lok. Sing.) und dem Inf. **esom* = umbr. *erom* osk. *ezum* 'esse' zusammengesetzt. Mir ist wahrscheinlicher, dass die alte starre Form auf *-tūrum* ein Neutralabstraktum neben dem Femininabstraktum auf *-tūra* (vgl. *statūrum* : *statūra*, *cultūrum* : *cultūra* u. a.) war und der älteste Gebrauch in Sätzen wie *culturum* (*artes*) *promittit* vorliegt (2, 1, 640).

6) Auf der Verbindung von *eo* mit dem 'Supinum' auf *-tum* (z. B. *datum eo*, ebenso umbr. *aseriato eest* 'observatum ibit'), die aus uridg. Zeit überkommen war (§ 809, 1), beruhte der seit Terenz belegte, ständig und einheitlich gewordene Inf. Fut. Pass. wie *datum īrī*; für *-tum iri* wird auch *-tuiri* geschrieben (Brandt Wölfflin's Archiv 2, 349 ff., Schmalz Fleckeisen's Jahrbb. 1892 S. 79 f.). Z. B. in *rumor venit datum iri gladiatores* (Ter.) war *gladiatores* natürlich ursprünglich Objekt zu *datum*: 'dass man darauf aus sein werde, Gladiatoren vorzuführen'.

Später wurde *īrī* in dieser Verbindung nur noch wie eine Flexionsendung empfunden.

7) Nicht sicher ist die Ansicht, dass die 2. Plur. *sequiminī*, *legiminī* der Nom. Plur. des *meno*-Partizipiums sei, hinter dem ursprünglich *estis* gestanden habe. S. 2, 1, 231 und die bei Stolz Lat. Gramm.[4] 253 zitierte Literatur. Sei es dass man dieser Ansicht folgt oder derjenigen, wonach die Form auf imperativisch verwendetem Infinitiv auf **-menai* oder **-mnai* (*legiminī* = λεγέμεναι) beruhte (wobei unerklärt bliebe, weshalb sich diese Form gerade für die 2. Plur. festgesetzt hätte, vgl. Sommer Lat. L. u. Fl.[2] 495): in beiden Fällen sind die Formen wie *sequāminī*, *sequēminī*, *sequēbāminī* Neuschöpfungen gewesen, die dadurch aufkamen, dass man *-minī* mit den altüberkommenen Personalendungen in Parallele setzte.

Anm. 2. Das osk.-umbr. Futurum exactum, dessen Hauptbildungselement *-us-* war, z. B. osk. *fefacust* 'fecerit', tribarakattuset 'aedificaverint', umbr. *benust* 'venerit' *benurent* 'venerint', betrachtete man früher öfters als eine Verbindung des Part. Perf. Akt. (Formans *-u̯es-* *-us-*) mit einem Injunktiv von *es-* 'esse'. Die Formation ist vielmehr wohl dadurch entstanden, dass die Ausgänge von osk.-umbr. *fust* 'erit' umbr. furent 'erunt' (S. 412. 419) auf den Perfektstamm übertragen worden sind. S. Verf. Morph. Unt. 3, 48, IF. 30, 358, van Wijk IF. 17, 476 f.

422. Keltisch.

1) Die dem lat. Perf. Pass. wie *captus sum* (§ 421, 1) entsprechende Wendung war auch im Keltischen üblich. Im Ir. erscheint jedoch nur noch die 3. Sing., auf *-th -d*, z. B. *ro carad* 'ist geliebt worden, wurde geliebt', und die 3. Plur., auf *-tha -da*, z. B. *ro cartha* 'sind geliebt worden, wurden geliebt', während die übrigen Personen durch sogen. unpersönliche Flexion ausgedrückt werden (vgl. § 606, 3). Andre Beispiele: Sing. *-breth*, Plur. *-bretha*, zu *berid* 'trägt', *-cēt -cēta*, zu *canid* 'singt', *-ort -orta*, zu *orgid* 'schlägt'. S. 2, 1, 395 ff. 412, Vendryes Gramm. du vieil-irl. 179 ff., Thurneysen Hdb. des Alt-ir. 1, 403 ff., Pedersen Vergl. kelt. Gramm. 2, 389 ff. Der Sing. auf *-th* mag allen drei lat. Formen auf *-tus -ta -tum* zugleich entsprechen (*-tum* bei subjektloser Verwendung), der Plur. auf *-tha* aber zeigt denselben Ausgang wie bei den adjektivischen *o*-Stämmen der Nom. Plur. F. N., vgl. z. B. *becca* 'parvae, parva', zu *becc* 'parvus' (2, 2, 213. 234, Thurneysen a. a. O. 214 f.). Es fehlt demnach die Kopula so wie bei ai. *dātā́*, *dātā́raḥ* (§ 416, 1). Die Formen wurden mit der Zeit völlig wie Formen des Verbum finitum empfunden; denn die Komposita haben die verbale, nicht die nominale Betonung (1, 978). Daneben erscheint, bei absoluter Flexion, 3. Sing. auf *-thae -the*, z. B. *carthae*, *brethae*. Da hier *th* an sich dunkel gefärbt ist (vgl. daneben das Part. Prät. Pass. auf *-the*, mit palataler Färbung des *th*, aus **-tio-*, 2, 1, 195. 412), so denkt Thurneysen S. 405 an Entstehung von *-thae* aus **-tos est* (während Pedersen S. 407 den Ausgang in *-th^a-e* zerlegt und in *-e* das Pronomen *hē* 'er' in unbetonter Gestalt sieht).

Über anderes Zugehöriges s. Pedersen a. a. O. 2, 393 f. 407 f.

2) Das *b*- oder *f*-Futurum der schwachen und einiger starken Verba zeigt teils die Flexion der *e* : *o*-Stämme, z. B. 1. Sing. konjunkt *-lēiciub*, zu *-lēici* 'lässt', teils die der *ā*-Konj., z. B. 1. Sing. absolut *lēicfea*. Man pflegte früher, namentlich auf Grund der 1. Sing. auf *-ub*, diese Futurbildung mit dem lat. Futurum auf *-bō* (§ 421, 3) zusammenzubringen, ist dann aber wegen des häufigen *-f-* statt *-b-* davon abgegangen (Thurneysen Handb. des Altir. 1, 372, Vendryes Mélanges Havet 557 ff.). Jetzt sucht jedoch Pedersen Vergl. kelt. Gramm. 2, 364 die alte Hypothese wieder

zu Ehren zu bringen, indem er *-f-* von Formen ausgegangen sein lässt, in denen der Spirant hinter stimmlosen Konsonanten stand; die *ā*-Formen entstanden nach dem Muster der *ā*-Futura und *ā*-Konjunktive (§ 447. 449. 704).

423. Germanisch.

1) Allgemein wurden (got.) *wisan* und *waírþan* mit dem Part. Perf. zur Ergänzung und Vertretung ursprünglicher einfacher Passivformen gebraucht, und sie erscheinen im Westgerm. fast als das einzige Mittel, das Passiv auszudrücken. Der Unterschied zwischen den Umschreibungen mit *wisan* und denen mit *waírþan* war ein Unterschied der Aktionsart[1]).

ist und *was* mit Part. Perf. entsprechen semantisch in der Regel den uridg. Medialformen des Ind. Perf., d. h. es wird mit ihnen ein auf einer vorausgegangenen Handlung beruhender Zustand bezeichnet, z. B. got. *wasidai sind* 'sie sind bekleidet, tragen Kleidung', Prät. *wasidai wēsun* 'sie waren bekleidet, trugen Kleidung', ahd. Otfr. 1, 3, 14 *bi thiu ist er giērēt nū sō fram* 'ist (wird) er nun so hoch geehrt'.

Da diese Partizipien von Haus aus ohne Zeitstufenbedeutung waren, so war diese Umschreibung auch dann anwendbar, wenn nicht das Ergebniss der Handlung, sondern nur diese selbst ins Auge gefasst wird, z. B. Mk. 1, 5 *jah daupidai wēsun allai in Iaúrdanē ahvai fram imma* 'καὶ ἐβαπτίζοντο πάντες ἐν τῷ Ἰορδάνῃ ποταμῷ ὑπ' αὐτοῦ, eigentl. etwa: 'sie waren Täufling' (vgl. Joh. 6, 45 *jah wairþand allai laisidai gudis* 'καὶ ἔσονται πάντες διδακτοὶ θεοῦ, werden Lehrlinge, Schüler Gottes'), Tat. 49, 2 *sēnu arstorbanēr was gitragen* 'efferebatur', 145, 19 *inti megin himilo sint giruorit* 'et virtutes coelorum commovebuntur'. So besonders oft der Opt. *sī* bei Wunsch und Forderung, wie ahd. Otfr. *sī ih giseganōt*, nhd. *verflucht sei, wer* usw.

Mit *waírþan* wurde der Eintritt in den durch das Part. bezeichneten Zustand ausgedrückt, z. B. got. 1. Tim. 2, 13 *Adam auk fruma gadigans warþ, þaþrōh Aiwwa* 'Ἀδὰμ γὰρ πρῶτος ἐπλάσθη, εἶτα Εὔα', Mk. 1, 14 *iþ afar þatei atgibans warþ Iōhannēs, qam Iēsus in Galeilaia* 'μετὰ δὲ τὸ παραδοθῆναι Ἰωάννην',

1) Skladny Üb. das got. Passiv, Neisse 1873. Cuny Der temporale Wert der Passivumschreibungen im Ahd., Bonn 1906.

ahd. Otfr. 1, 20, 1 *sō Hērōd ther kuning thō bifand, thaz er fon in betrogan ward, inbran er sār*, 3, 16, 37 (von der Beschneidung) *wirdit thaz ouh āna wān ofto in sambazdag gidān.* Im Got. standen im Präs. noch die einfachen Formen zu Gebote, daneben erscheint *wairþiþ* mit Part., um das Futurum auszudrücken, wie Phil. 1, 19 *untē ni in waíhtai gaaiwiskōþs waírþa* 'ὅτι ἐν οὐδενὶ αἰσχυνθήσομαι', eine Verwendung, die sich auch im älteren Ahd. findet. In der Verbindung mit *werdan* verlor dieses Verbum aber mehr und mehr seine perfektive Bedeutung, so dass z. B. *der mann wird geehrt* gewöhnlich nicht mehr bedeutet, dass der Mann unter die Einwirkung des Ehrens gerät, sondern dass er sich unter ihr befindet.

Schon im Ahd. vollzog sich ferner folgende Bedeutungsverschiebung mit *sein* und *werden*. Während die mit diesen gebildeten Umschreibungen ursprünglich nur verschiedene Aktionsart bezeichneten, Beharren und Eintritt, bekamen sie nunmehr den Sinn verschiedener Zeitstufe: *ist gebunden*, *was geb.* wurde Perf., Plusqu., *wird geb.*, *ward geb.* Präs., Imperf. Erst im 13. Jahrh. kamen auf *ist*, *was gebunden worden* und *ist*, *was gebunden gewesen*. Durch diese Neuerung ist in *ist*, *was gebunden* der adjektivische Wert des Part. wieder entschiedener hervorgetreten.

2) Ahd. *wesan* und *habēn* mit Part. Perf. als Aktiva[1]). Die nicht zu Präteritopräsentien gewordenen alten Perfektformen wie ahd. *starb*, *nam* und die schwachen Präterita wie *hōrta* waren nicht dazu geeignet, einen durch den Vorgang des Verbums herbeigeführten Zustand zu bezeichnen. Daher einerseits die Umschreibung mit *ist*, *was* und dem Part. von intransitiven Verba perfektiver Aktionsart, wie *queman ist*, *queman was* 'ist, war gekommen' (vgl. got. Mk. 1, 33 *jah sō baúrgs alla garunnana was at daúra* 'καὶ ἡ πόλις ὅλη ἐπισυνηγμένη ἦν πρὸς τὴν θύραν', aber Röm. 11, 20 *iþ þu galaubeinai gastōst* 'σὺ δὲ τῇ πίστει ἕστηκας'); anderseits die Umschreibung mit *habēt*, *habēta* (dafür auch Formen des defektiven *eigan*) und dem auf das Objekt zu *habēt* usw. bezogenen Part., wie Tat. 28, 1 (Mtth. 4, 28) *iu habēt sia for-*

1) Dieninghoff Die Umschreibungen aktiver Vergangenheit mit dem Part. Prät. im Ahd., Bonn 1904. H. Paul Die Umschreibungen des Perfektums im Deutschen mit *haben* und *sein*, München 1902.

legana in sīnemo herzen 'iam moechatus est eam', Otfr. 5, 7, 29 *sie eigun mir ginomanan liabon druhtīn mīnan* (vgl. got. Luk. 19, 20 *sa skatts þeins þanei habaida galagidana in fanin* 'ἡ μνᾶ σου, ἣν εἶχον ἀποκειμένην ἐν σουδαρίῳ, den ich hatte, beiseite gelegt in meinem Tuche'). Diese Wendung mit *habēm* ging über auf Verba, die den Gen. regierten, wie Otfr. 1, 26, 13 *des er begunnen habēta*, und auf Verba ohne jede objektive Ergänzung, wie Notk. 1, 44, 24 *alsō dū nū vernomen habest*, ferner auf reine Intransitiva mit imperfektiver Aktionsart, die sich der Verbindung mit *wesan* entzogen hatten, wie Notk. 2, 151, 4 *wanda ih dir gesundot habo* 'weil ich vor dir gesündigt habe'.

Später sind im Ober- und Mitteld. diese Verbindungen mit *sein* und *haben* narrativ geworden, wodurch sie mit dem passivischen *ist gebunden worden* (1) auf gleiche Linie kamen. Vgl. den entsprechenden Bedeutungswandel bei lat. *haec finita sunt* (§ 421, 1).

3) Zum Ausdruck der künftigen Handlung genügte im Germanischen zunächst in der Regel das Präsens (§ 653. 654. 705).

In der Verwendung von Hilfsverba (got. *duginnan*, *haban*, *skulan*, hd. *sollen*, *wollen* u. a.) mit Inf. ist es in den altgerm. Sprachen noch nicht zu einem festen Typus gekommen, und das Hilfsverbum behielt noch etwas von seinem älteren ihm eigentümlichen Sinn bei. Und nur *sollen* mit Inf. und *werden* mit Part. (bez. Inf.) sind rein temporal geworden, jenes im Engl., Niederländ., Niederd., Dän. und Schwed., dieses im Hd.

Bei got. *waírþan* mit Part., Joh. 16, 20 *saúrgandans waírþiþ* 'λυπηθήσεσθε', liegt das Futurische in dem perfektiven *waírþan* (mit *waírþan* ist oft ἔσεσθαι übersetzt, vgl. Mk. 13, 25 *jah stairnōns himinis waírþand driusandeins* 'καὶ οἱ ἀστέρες τοῦ οὐρανοῦ ἔσονται πίπτοντες'). Vgl. av. *bav-* 'werden' mit dem Part. als Ausdruck der Perfektivität, wie z. B. V. 18, 29 *nōiṯ dim ... bitīm vāčim paᶦtipərᵉsəmnō bva* (1. Sing. Konj.) 'an den werde ich keine zweite Frage richtend werden' = 'richten'. So war auch im Hd. die Richtung auf die Zukunft durch *werdan* gegeben, vgl. Tat. 2, 9 *wirdist swīgēnti* als Übersetzung von 'eris tacens' und Gotfr. v. Strassb. 14129 *und werdent mir danne alle gebende die schulde.* Aber recht geläufig wurde der Gebrauch von *werden* für die Zukunft erst dadurch, dass es sich nach der Analogie von Verben wie ahd. *biginnan* mit dem Inf. verband: *werde sprechen*. Man vergleiche den Übergang vom Part. zum Inf. im Litauischen bei *-biau*, § 424, 1, sowie das periphrastische Fut. im Slav. § 426, 1.

Anm. Die alte Anschauung, dass das sogen. schwache Präteritum, die Formen wie got. *salbōda* 'er salbte', *salbōdēdun* 'sie salbten', das Verbum *tun* (W. *dhē-*) enthielten, ist abzulehnen, sofern damit gemeint ist, es habe in urgerm. Zeit eine Umschreibung nach der Art von nhd. *ich tat salben* stattgefunden. Wahrscheinlich haben alte einfache Präterita mit dem tempusstammbildenden Formans *-to-* den Grundstock dieses Tempus ausgemacht und ist bloss die Endung der Verbalform durch Anlehnung an das im Westgerman. als *deda* erhaltene Präteritum beeinflusst worden. S. oben S. 369f. [Zu den Hypothesen über den Ursprung des schwachen Präteritums neuerdings Sverdrup IF. Anz. 35, 5ff.]

424. Baltisch-Slavisch.

1) Als Irrealis (oder 'Konditionalis') fungierten seit urbalt.-slav. Zeit Präteritalformen der Wurzel *bheu̯-* 'werden' mit einem Partizipium. Jene Präteritalformen gehörten zur Basis **bheu̯ēi̯-*: lit. 1. Sing. *-biau* (diese Person ist unbelegt, aber sicher nicht bloss, nach *-bei*, konstruiert), 2. Sing. *-bei*, 1. 2. Plur. *-bime -bite*, 1. 2. Du. *-biva -bita*[1]), aksl. *bimь bi bi*, *bimъ biste bišę* (S. 153. 155. 168. 176f. 183); daneben im Slav. auch aksl. 3. Plur. *bą* (vermutlich aus **bhu̯ā-nt*, S. 124. 161) und der *s*-Aor. *bychъ* usw. (S. 412). Das Hilfsverbum hatte, als es in diese Verbindung einging, die Bedeutung 'fieri, werden' (nicht 'esse, sein'). Das Part. ist im Slav. das sogen. Part. Prät. Akt. II auf *-lъ* (2, 1, 374. 653), z. B. aksl. *ašte bi sъde bylъ, ne bi bratъ mojь umrьlъ* 'wenn du hier gewesen wärest, wäre mein Bruder nicht gestorben', *ašte bo biste věrą imali Moseovi, věrą biste jęli i mьně* 'wenn ihr Moses glaubtet, so glaubtet ihr auch mir', *jaru i togo da bychъ ne vědělъ* 'εἴθε μὴ τοῦτον ἐγίνωσκον'. Im Baltischen ging man

1) Über dialektische Varianten von *sùktumbiau* usw. s. Schleicher Lit. Gramm. 228f., Kurschat Gramm. 300f., Bezzenberger Beitr. z. Gesch. d. lit. Spr. 212ff., Leskien-Brugmann Lit. Volkslied. u. Märch. 315f., Poržezinskij K istorii form sprjaženija v baltijskich jazykach (Moskau 1901) S. 56ff., Berneker Arch. f. slav. Phil. 25, 485ff., Zubatý IF. Anz. 16, 55f., Endzelin KZ. 44, 50ff. 57, W. Schulze KZ. 44, 130f. Zu lett. *suktu suktû-s* vgl. § 484 Anm.

vom Part. (welchem?) zum Inf. auf *-tum* (sogen. Supinum) über, vermutlich infolge davon, dass das Hilfszeitwort, das 'werden' bedeutete, auf gleicher Linie mit andern, den Inf. regierenden Verba (vgl. z. B. *eĩk válgytũ* 'geh essen') stehend empfunden wurde, also durch dasselbe Motiv, wodurch nhd. *ich werde sprechen* entstand (S. 512f., IF. 30, 349). Unsere Periphrase erscheint im Litauischen nur noch univerbiert, z. B. *sùktum-biau* 'ich würde drehen', doch ist in den 3. Personen das Hilfsverbum weggefallen, z. B. *sùktũ* (genauer *sùktų̃*). Z. B. *kàd* (*jéi*) *óras szeñdēn gražùs bútũ, taĩ mēs rugiùs kir̃stumbim* 'wenn heute schönes Wetter wäre, würden wir den Roggen hauen', *kàd mēs turétumbim nórs motinẽlę* 'hätten wir wenigstens ein Mütterlein!'.

2) Zum Ausdruck des Passivs wird im Balt. und im Slav. neben dem Reflexivum (§ 627, 2) ein Part. Pass. (Präs. oder Prät.) mit dem Verbum substantivum gebraucht. Part. Präs. (2, 1, 232. 651) zur Bezeichnung dauernden Geschehens, z. B. lit. *taĩ* (*yrà*) *sakomà* 'das wird (gewöhnlich) gesagt', *jìs prakéikiams bùs nũ visũ* 'er wird von allen (fortgesetzt) verflucht werden', aksl. *gonimъ byvaaše běsomь* 'ἠλαύνετο ὑπὸ τοῦ δαίμονος', *sъpasajemi sątъ* 'salvantur'. Part. Prät. (2, 1. 395ff. 259. 266ff. 651) zur Bezeichnung eines auf einer Vorhandlung beruhenden Zustands, z. B. lit. *jìs* (*yrà*) *prakéiktas* 'er ist verflucht', *dùrys uždarýtos bùvo* 'die Tür war geschlossen', aksl. *dělanъ* 'ist gearbeitet'. Dieses selbe Part. im Slav. mit *bądą* zur Bezeichnung des Fut. Pass., z. B. aksl. *ašte usъpe, sъpasenъ bądetъ* 'εἰ κεκοίμηται, σωθήσεται'.

3) Wiederum in beiden Zweigen zugleich diente das Verbum Substantivum, mit einem aktiven Part. Prät. verbunden, zur Bezeichnung eines durch den Vorgang des Verbums herbeigeführten Zustands. Z. B. lit. *àsz* (*esù*) *iszáugęs* 'ich bin herangewachsen', *àsz* (*esù*) *iszmókęs* 'ich habe erlernt', *àsz buvaũ pavar̃gęs* 'ich war verarmt', *àsz búsiu pavar̃gęs* 'ich werde verarmt sein', aksl. *prišьlъ jesmь* 'ich bin gekommen', *dalъ jesmь* 'ich habe gegeben'. Im Slav. wurde dieser Ausdruck schon früh auch narrativ gebraucht und ersetzte in neueren Dialekten den Aor. und das alte einfache Imperf. Das Part. wurde im Lit. mit *buvaũ*, im Slav. mit *běachъ* auch zu genauerer Bezeichnung der

Vorvergangenheit verwendet, z. B. lit. *àsz buvaũ iszmókęs* 'ich hatte erlernt', aksl. *dalъ běachъ* 'ich hatte gegeben' (vgl. nhd. *ich war gekommen*).

425. Baltisch. S. 379 ist das lit. Imperfekt der Gewohnheit auf *-davau* (Part. *-davęs*) genannt, z. B. *jëszkódavau* 'ich pflegte zu suchen', *penédavau* 'ich pflegte zu mästen', *matýdavau* 'ich pflegte zu sehen', *piáudavau* 'ich pflegte zu schneiden', *skéldavo* 'er, es pflegte sich zu spalten'. Wahrscheinlich besteht ein Zusammenhang zwischen dem *d* dieses Ausgangs und dem *d* der verbalen Ausgänge *-du* (*-dżu*), *-damas*, *-dau*, *-dinu*, und so ist a priore die Vermutung, diese Bildung auf *-davau* sei von einer periphrastischen Wendung ausgegangen (vgl. griech. ἐτῑμήθην § 419, 5, lat. *amābam* § 421, 3), weniger wahrscheinlich als dass sie eine ursprüngliche einfache und verhältnissmässig junge Neubildung ist. Sichtlich stand sie in näherem Zusammenhang mit den von Bezzenberger Beitr. z. Gesch. d. lit. Spr. 117 ff. behandelten aktionell gleichartigen Imperfekta auf *-dlavau*, wie 3. Pers. *su-si-eidlava*, zu *einù eĩ-ti* 'gehen' (*eĩdinu*), *verzdlava*, zu *verczù verſti* 'wenden' (*verzdinu*), *vadindlava*, zu *vadinù vadínti* 'nennen' (*vadíndinu*).

Anm. *-dl-* in diesen Formen beruht wohl auf einer Kombination des *d*-Formans mit dem *l*-Formans der Formen wie *turėlava*, zu *turė́ti*, *ap-si-teplava*, zu *tèpti* (vgl. *teplióju* oben S. 241). Zu *pri-dū́dlava* vgl. *dū́dinu*, *dū́du*, *dū́dlióju* und *dũ-ti*. Wohl von Anfang an waren Formen auf *-lavau* und Formen auf *-davau* in Konkurrenz miteinander. Dass aber das Mischformans *-dlavau* nicht durchdrang, lag an den schwierigen Konsonantengruppen, die zumteil hätten entstehen müssen oder tatsächlich entstanden waren (**tepdlavau*, **skeldlavau*). Wie weit dabei die in der Schriftsprache jetzt allein üblichen Formen auf *-davau* von jeher ohne *l* gewesen oder aus älteren, wirklich gesprochenen Formen auf *-dlavau* hervorgegangen sind (etwa *skéldavau* dissimilatorisch aus **skeldlavau*), muss ebenso unentschieden bleiben wie die Frage, ob nicht auch *-lavau* zumteil erst aus *-dlavau* entstanden ist (vgl. z. B. *ap-si-teplava*, *ap-rinklava*).

426. Slavisch.

1) Für das im Balt. erhaltene *si̯o*-Futurum (lit. *dū́siu*, S. 383 ff.) erscheint gewöhnlich bei perfektiven Verben das Präsens (§ 654. 707), bei imperfektiver Aktion eine Umschreibung, bestehend aus den Verba *imamъ* ('habe'), *choštą chъštą* ('will'), *na-čьną vъ-čьną* ('beginne') und dem Infinitiv, z. B. *azъ va imamъ*

mąčiti 'ich werde euch peinigen', *kamo chъštetъ iti* 'wohin wird er gehen?', *zvězdy načъnątъ padati sъ nebese* 'die Sterne werden vom Himmel fallen'. Jedoch war das voluntative Bedeutungselement der Hilfsverba *imamь* und *choštą* im Aksl. noch nicht erloschen.

Erst in den neueren Dialekten ist man, in verschiedener Weise, zu festen Gebrauchstypen mit Verflüchtigung des dem Hilfsverbum von Haus aus eigenen Sinnes gekommen, wobei zur Herstellung des Futursinns überdies noch *bądą* ('werde') benutzt worden ist (Miklosich Vergl. Gramm. 4, 862 ff., Vondrák Vergl. Slav. Gramm. 2, 177 ff.). Vgl. das periphrastische Fut. im German. § 423, 3.

2) Das slav. Imperfektum auf *-achъ*[1]). Mit dem Übergang der alten einfachen Imperfektformen des Typus *padъ* zu aoristischer Geltung (S. 49) hing ursächlich zusammen die Ausbreitung einer, wie es scheint, auf Periphrasis beruhenden Bildung auf *-achъ*, *-aše*, *-aše*, *-achomъ*, *-ašete* oder *-aste*, *-achą*, *-achově*, *-ašeta -ašete* oder *-asta -aste*. Z. B. *dělaachъ*, zu *dělati* 'arbeiten', *céléachъ*, zu *célěti* 'heil werden', *viděachъ*, zu *viděti* 'sehen', *veděachъ*, zu *vesti* 'führen', *sějaachъ* (aus **-jěachъ*), zu *sěti* 'säen'. Meist führt man *-achъ* auf *-jachъ* zurück (vgl. Schreibungen des Supr. wie *grąděјaše*), dieses auf **-ēsom* (mit *ch* für lautgesetzliches *s* wie im Aor. *dachъ*, *děchъ* usw., S. 425), welches augmentiertes Imperf. zu *jesmь* sein soll (§ 6 Anm. S. 12); auch komme Erhaltung oder Umbildung von Formen des uridg. Perf. **ēsa* ai. *āsa* griech. ἦα (S. 447) in Frage. Den ersten Teil vergleicht man mit dem Anfangsteil der Formen wie lat. *amā-bam*, *vidē-bam* usw. (§ 421, 3). Falls *-achъ* ursprünglich 'eram' war, erwartet man aber als Vorderglied eher ein partizipiales Wort als ein Verbalabstraktum, und so fragt es sich, ob den Grundstock der Formation auf *-ěachъ* nicht Nomina agentis auf *-ēi̯o-s* (F. *-ēi̯ā*) gebildet haben, vgl. *pletěachъ* : klruss. *plet'ij* 'Flechter' russ. *pletejá* F., aksl. *lęžaachъ* : aksl. *lęžaja* 'Henne', eigentl. '(ovis) incubans', aksl. *daděachъ* : klruss. *dad'ij* 'Geber', aksl. *pečěachъ* :

1) Vondrák Das slav. Imperfektum u. sein Verhältnis zum lit. Prät., BB. 29, 295 ff. Jagić Nochmals das slav. Imperfektum, Arch. f. slav. Ph. 28, 27 ff. Baudiš Das slav. Imperfektum, IF. 23, 135 ff.

russ. *pečeja* 'Köchin' u. a. (Leskien Bild. d. Nom. 328 ff.)[1]). In diesem Falle wären die Imperfekta auf *-aachъ* wie *dělaachъ* denen auf *-ěachъ* nachgeschaffen. Noch eine Auffassung, die vor den andern Deutungen manches voraus hat, ist die folgende. Der Schlussteil war *-jachъ* und gehörte, in der Bedeutung 'ich ging', zu *jachati* 'vehi' und *jadą*, Erweiterungen des *ja-*, das im Part. Prät. Akt. I *prě-javъ* (*prě-ěvъše* Zogr.) steckt, vgl. Berneker Slav. et. Wtb. 442; eine *s*-Erweiterung also wie die Formen § 256 ai. *bhā́sa-ti*, *hā́sa-tē*, got. *uf-blēsan*. Der vordere Bestandteil war dann ein Nomen actionis und zwar Instr.: 'ich ging mit der u. der Handlung um, war mit ihr beschäftigt'. Vgl. ai. *i-* ('gehen') mit Instr. 'mit etwas beschäftigt sein', z. B. Kāty. Śr. 25, 5, 2 *gavāmayanēnēyuḥ* (*gavāmayanēna īyuḥ*) 'sie waren mit dem G. (einem Opferfest) beschäftigt', griech. ἰέναι διά τινος, z. B. Thuk. 2, 11, 4 διὰ μάχης ἰέναι 'kampfweise verfahren', kaum verschieden von μάχεσθαι. Die Phrase würde hiernach aus einer Zeit stammen, in der *ja-* noch nicht auf die Bedeutung 'vehi' eingeschränkt war[2]).

VIII. Die Modusbildungen[3]).

1. Vorbemerkungen.

427. Fasst man den Terminus Modus in dem weiteren Sinne, dass man nicht nur Konjunktiv, Optativ, Injunktiv und

---

1) Auf diese Eventualität habe ich schon Kurze vergl. Gramm. 550 f. hingewiesen. Vondrák (Vergl. Slav. Gramm. 406 f.) lässt die ganze Klasse dieser Nomina auf *-ějь* auf slavischem Boden von dem *-dějь* in *dobro-dějь* ausgegangen sein, was ich nicht für richtig halte. Die Formation muss meines Erachtens mindestens urbaltisch-slavisch gewesen sein.

2) Das *-(j)achъ* des Imperfekts und *jachati* haben gleichmässig das auffallende *ch* statt *s*, das auch in *bachati*, *ąchati* u. a. vorliegt (vgl. 1, 787 f.). Bei dem häufigen *ks* für *s* im Lit. (*áuksas* = preuss. *ausis*, *duksauti* = *dúsauti* 'seufzen', *ůksauti*, zu *ůdžu* Leskien IF. 32, 208, u. a.) und anderwärts (nhd. dial. *ix*, *hux* = *eis*, *haus* u. a., Sievers PBS. Beitr. 38, 328) ist zu erwägen, ob die unregelmässigen slav. *ch* für *s* nicht zunächst aus *ks* (vgl. *těchъ*, zu *teką*) mit 'parasitischem' *k* entstanden sind.

3) L. Tobler Übergang zwischen Tempus und Modus usw., s. S. 42 Fussn. S. H. A. Herling Vergleichende Darstellung der Lehre vom Tempus und Modus, Hannover 1840. Wüllner Die Bedeutung der sprachlichen

Imperativ, sondern auch den Indikativ als Modus bezeichnet, so zerfallen die Modi ihrer Stammbildung nach zunächst in zwei Gruppen, indem sich der Optativ von der Gesamtheit der andern Modi morphologisch absondert durch sein *-(i)i̯ē- : -ī-* und *-(i)i̯-*, z. B. **s-(i)i̯ḗ-t* 'sit', **s-ī-té*, **s-(i)i̯-ént*, **áĝo-i̯-t* 'agat'. Der Indikativstamm ist nur negativ gekennzeichnet, durch das Fehlen eines Zusatzes zu dem Tempusstamm, z. B. **áĝe-ti* 'agit'. Von ihm ist der Injunktivstamm nicht verschieden, so dass auch er mit dem Tempusstamm äusserlich zusammenfällt: wesentlich sind für den Injunktiv nur die sekundären Personalendungen und die Abwesenheit des Augments, des Zeichens der Vergangenheit, z. B. **áĝe-t*, **dhḗ-t*. Ferner gibt es auch keinen besonderen, vom Tempusstamm abweichenden Imperativstamm als uridg. Erbstück, sondern, soweit die Imperativformen nicht Injunktivformen waren, fungierte der Tempusstamm teils unverändert und unerweitert als verbaler Anruf, z. B. **áĝe* 'age', teils mit einem nachfolgenden ursprünglich adverbialen Wort univerbiert, z. B. **áĝe-tōd* 'agito'. Was endlich den Konjunktiv betrifft, so zeigt er als modus-

---

Casus u. Modi, Münster 1827. C. F. Nägelsbach De vera modorum origine, Erlangen 1843. M. L. E. Rusén Unde notiones modorum verbi sint repetendae, Upsala 1855. A. Bergaigne De coniunctivi et optativi in Indoeuropaeis linguis informatione et vi antiquissima, Paris 1877. P. G. Goidanich I modi nelle sintassi delle lingue indoeuropee, IF. Anz. 11, 126 ff. H. Hirt Die Bildung des Injunktivs und Konjunktivs, IF. 12, 213 ff.

R. Kohlmann Üb. die Modi des griech. u. des lat. Verbums in ihrem Verhältnis zu einander, Eisleben 1883.

Scheuerlein Üb. den Charakter des Modus in der griech. Sprache, Halle 1842. W. Büttner Vom Optativus und Conjunctivus, I. Schweidnitz 1879. La Roche Die Conjunctiv- u. Optativformen des Perfects, Beitr. zur griech. Gramm. 1, 161 ff. Leo Meyer Üb. die Modi im Griech., Gött. Nachr. 1903, S. 313 ff.

W. Weissenborn De modorum apud Latinos natura et usu, I, Eisenach 1846. Derselbe Bemerkungen üb. die Bildung des Modus im Lat., Philologus 1, 589 ff. A. Meillet Sur la répartition des diverses formes de subjonctifs, Mém. 13, 358 ff. Schriften über das Futurum exactum und den Konjunktivus Perf. (d. i. den Konj. und den Opt. des *s*-Aorists) s. S. 391 f.

Jellinek Germanische Conjunctive, in: Beitr. zur Erklärung der german. Flexion (Berlin 1891) S. 94 ff. K. Bojunga Der idg. Konjunktiv im Germ., IF. 2, 184 ff.

bildendes Element teils *-e-* : *-o-*, das da rein hervortritt, wo der Indikativstamm konsonantisch auslautete, z. B. **ése-t(i)*, zum Ind. **és-ti* 'est', kontrahiert dagegen mit vokalisch auslautendem Indikativstamm, z. B. **áĝē-t(i)*, zum Ind. **áĝe-ti* 'agit', teils *-ā-*, z. B. **aĝā-t*, zu demselben Ind. **áĝe-ti* (§ 430).

2. Injunktiv [1]).

428. Injunktiv (oder unechten Konjunktiv) nennt man nach § 427 Formen, die sich, äusserlich betrachtet, als augmentlose Indikative eines Augmenttempus darstellen, z. B. **áĝe-te* = ai. *ája-ta* griech. ἄγε-τε, vgl. Imperf. **ē̆ĝe-te* = ai. *ája-ta* griech. ἦγε-τε. Ein wesentliches Kennzeichen sind also die sekundären Personalendungen. Vgl. hierzu § 715.

Wir sehen nun im folgenden von den augmentlosen Indikativen präteritalen Sinnes und von den als Ind. Präs. auftretenden Formen mit sekundärer Personalendung (§ 498) ab, und so handelt es sich hier nur um Formen mit voluntativem oder futurischem Sinn.

429. 1) Formen mit Voluntativbedeutung. Sie erscheinen grösstenteils einzelsprachlich als feste Bestandteile des Imperativsystems.

Mehrsprachliches. 2. Plur. und 2. Du. 1) Präs. **bhére-te* 'ferte', Du. **bhére-tom*: ai. *bhárata*, *bháratam*, arm. *berēk̄* (§ 541), griech. φέρετε, φέρετον, lat. *agite*, ir. *berid*, got. *baíriþ* (2. Du. *baírats* sekundär mit primärer Endung, § 569). **és-te* **s-té* **és-tom* **s-tóm* (S. 60 f.): ai. *stá stám* (vgl. *éta* und *itá*), griech. ἔστε ἔστον. 2) Aor. **liq^{u}é-te* 'linquite' : arm. *lk̄ēk̄* (§ 541), griech. λίπετε λίπετον. s-Aor. ai. *aviṣṭána* (§ 540) *aviṣṭám* (zu *áva-ti* 'fördert'), griech. δείξατε δείξατον (zu δείκνῡσι 'zeigt').

2. Sing. Med. **séq^{u}e-so* 'sequere' : griech. ἕπεο ἕπου, lat.

---

1) Zu der S. 517 f. Fussn. 3 genannten Literatur kommt hinzu: Verfasser Der sogen. unechte Conjunct., Morph. Unt. 3, 1 ff. W. Streitberg Die Entstehung des Injunktivs im Idg., Verhandl. der 44. Versamml. deutsch. Philol. S. 165 f. M. Bloomfield On certain irregular Vedic Subjunctives or Imperatives, A. J. of Ph. 5, 16 ff. Thurneysen Der ir. Imperativ auf *-the*, IF. 1, 460 ff. J. Fraser The 3. Sg. Imperative im O. Irish, Z. f. celt. Phil. 8, 289 f.

sequere[1]), vgl. av. *jiγaēša* 'du sollst leben', gthav. *dōišā* (s-Aor.) 'weise zu, sichere zu'.

Ferner ist hier zu nennen die italisch-keltische Konjunktivbildung auf *-ā-m* usw., z. B. lat. *feram* ir. *do-ber*, worüber § 447.

Einzelsprachliches.

Arisch. Ai. ved. *prá vōcam* 'ich will preisen', *dāḥ* 'gib', *pīparaḥ* 'rette' (zum Aor. Kaus. *á-pīpara-t*), *juṣata* 'er lasse sich etwas wohl gefallen', 3. Plur. *juṣanta* u. dgl. Gthav. *dāiš* 'zeige, lass sehen' (s-Aor. zu W. *deiḱ-*), *fšuyō* 'lass fett werden', *dᵊbāvayaṯ* 'er soll betören', *haməm ϑwā haxma* (Y. 60, 12) 'wir wollen ganz dir zugesellt werden'[2]), *xšəntā* 'sie sollen herrschen'. 3. Du. ai. *bhára-tām*, *s-tām*, Aor. *aviṣṭām*.

Aus dem Arischen stellen sich dazu noch die Formen der 3. Sing. und 3. Plur. Imper. auf *-tu*, wie ai. *bháratu* av. *baratu*, ai. *ástu* av. *astu* und ai. *bhárantu* av. *barəntu*, falls *-u* die Partikel *u* war. S. § 490, 1.

Griechisch. Wie φέρεο aus *φερε-σο, so Aor. λιποῦ aus *λιπέ-σο; hom. lesb. ἔσ-σο 'sei', hom. φάο 'sage'; att. τίθεσο 'setze dir' (§ 579, 2. 3). 2. Sing. auf -ε-ς: ἐπί-σχες 'halt an', ἐνί-σπες 'insece' neben ἐπί-σχε, ἐνί-σπε, ἄγες · ἄγε, φέρε (Hesych). Weniger sicher ist, dass θές, δός an die Stelle von *θης (ai. *dhāḥ*), *δως (ai. *dāḥ*) getreten seien als Neubildungen zu θέτω, δότω nach dem Verhältniss von σχές zu σχέτω (IF. 20, 363 ff.).

Italisch. Wie lat. *ī-te* auch pälign. *eite* 'ite'. Im Umbr. erscheint *-to* -tu als Endung: *eta-to* eta-tu 'itate', medialisiert *-mo* -mu, z. B. *arsmahamo* armamu 'ordinamini', worüber § 489, 2. Lat. 2. Sing. *ēs* 'iss' (Grammatiker) aus **ēd-s*, vgl. 2. Plur. *ēste* und lit. *ės-k(i)* (S. 96)[3]). Danach kann auch *es* 'sei' als älteres

1) Schwerlich war *sequere* ein Inf. (wie *agere*), eine Annahme, auf die die Deutung von *sequiminī* als Inf. (§ 493) geführt hat (Jacobsohn Quaest. Plaut. 23). Vgl. dazu Sommer Krit. Erläut. 133.

2) Die ai. 1. Plur. 1. Du. *bhárāma bhárāva* werden als Konjunktivformen angesehen (gleichwie *brávāma brávāva* u. dgl.). Doch können hier Inj. und Konj. zusammengefallen sein. Dass man auch Formen wie *gacchāmaḥ* voluntativ gebrauchte ('wir wollen gehen'), ist eine jüngere Entwicklung, die auf der Gleichheit zwischen Ind. und Konj. im *-ā-* beruhte.

3) Sommer erklärt *ē* in lat. *ēs* sowie in *ēsse*, *ēsus* als Dehnung von *ĕ* nach der sogen. Lachmann'schen Regel, Lat. L. u. Fl.² 122. 542, Krit. Erl. 159.

**es-s* gelten, wenngleich kein metrisches Zeugniss für Langsilbigkeit, wie beim Indik. *es* (S. 93 f.), vorliegt.

Irisch. 2. Sing. Akt. des *s*-Aorists: *at-rē* 'erhebe dich' (zu **ess-reg-* mit infigiertem Pronomen) aus **-reks-s*, enkl. *com-ēir* (S. 398. 406); ebenso *foir* 'hilf', zu *fo-reith* 'succurrit'. 2. Sing. Imper. Präs. Med. mit der Endung *-the* (§ 581): *cluinte* 'exaudi', zu *ro-cluinethar* 'er hört', *comalnaithe*, zu *-com-alnadar* 'er erfüllt'. In der 3. Sing. Imper. Präs. stimmen Akt. und Med. im Ausgang überein, wahrscheinlich infolge von Übergang der Medialendung *-to* auf das Aktiv, z. B. *mōrad* (*-ath*), zu *mōraid* 'er macht gross', wie *comalnad*; *lēced*, zu *lēcid* 'er lässt', wie *suidiged* (2. Sing. *suidigthe*), zu *suidigidir* 'er setzt' (vgl. Thurneysen Handb. d. Altir. 1, 349 ff., Fraser Z. f. celt. Ph. 8, 289 f., Kieckers IF. 34, 409 f.).

Germanisch. Alte Injunktivformen zu ahd. *kiosan* können sein *ni curi* 'noli', *ni curet* 'nolite', Grundf. **ĝuse-s*, **ĝuse-te* (S. 135, wo *curet* für *curit* zu lesen ist). Dieselbe Funktion ging auf die Optativform über: 2. Sing. *ni curīs*, 2. Plur. *ni curīt*. Bei dieser Auffassung der überlieferten Formen erklärt sich am besten der Gebrauch des Tempusstamms, der sonst nur in präteritaler Verwendung vorliegt (vgl. *curi* als 2. Sing. Ind. Prät.). Anders Janko IF. Anz. 15, 270, Braune Ahd. Gr.[3] 265.

Neben 2. Plur. got. *baíriþ* ahd. *beret* aisl. *berið* erscheint die 1. Plur. imperativisch: got. *baíram* ahd. *beram* (*beramēs*) aisl. *berum*. Vermutlich sind auch dies ursprünglich Injunktive gewesen. Auch gehört ags. *wuton* aus **witon* 'lasst uns . . .', eigentlich 'lasst uns zusehen, tendamus' (S. 124. 135) dazu. Vgl. av. *haxma* S. 520, lit. *eimè* S. 522. Delbrück's Annahme Vergl. Synt. 2, 391, dass "in got. *gaggam* ('eamus') die Konjunktivform mit der Indikativform zusammengefallen" sei, halte ich nicht für gerechtfertigt. Über das mit *gaggam* 'eamus' öfters zusammengestellte ai. *gacchāmaḥ* 'eamus' s. S. 520 Fussn. 2.

Injunktive scheinen ferner gewesen zu sein die mit den optativischen Formen wie got. *nimais nimai*, *nasjais nasjai*, ahd. *nemēs neme* im Gebrauch gleichwertigen Formen got. *salbōs salbō* ahd. *salbōs*(*t*) *salbo* und got. *habais habai* ahd. *habēs*(*t*) *habe* (§ 468).

Baltisch-Slavisch. Zunächst hierher aus dem Balt. der sogen. Permissiv. Lit. *te ei* preuss. *ēi-lai* 'er gehe' aus **ei-t* (S. 88); preuss. *bau-lai* 'er sei'; *bau-* aus **bū-t* = ai. *bhūt* 'er sei', *mā bhūt* 'er sei nicht' (vgl. S. 147. 149). Noch anderes dieser Art bei Bezzenberger KZ. 41, 110 ff. Ferner sind auf den alten Injunktiv zu beziehen die Formen wie *tè-suka* 'er drehe', *te-māto* 'er sehe', *te-mýl(i)* 'er liebe', *te-dainũja* 'er singe eine Daina'; dass diese Formen (ohne *te*) zugleich als Ind. Präs. fungieren, führte dazu, auch Formen mit der primären Personalendung *-t(i)* als Permissiv zu verwenden: *t'eĩt(i)* 'er gehe'.

2. Sing. preuss. *teiks* 'stelle dar, indica', lit. *geĩs-k* 'begehre' u. dgl. sind Präsensformen oder Formen des *s*-Aorists (S. 93. 407 f.).

Lit. 1. Plur. *eimè* 'lasst uns gehen' 1. Du. *eivà* 'lass uns gehen', wonach auch preuss. *per-ēimai* '(dass) wir herauskommen' (§ 538, 1) ursprünglich Sekundärendung gehabt haben wird.

Aksl. *bǫdǫ* 'ἔστωσαν, sunto' neben *bǫdǫtъ* 'erunt'. Vermutlich hierher überdies die 'Imperativformen' (mit Stamm auf *-i*) der Verba auf *-iti*, wie 2. 3. Sing. *vidi*, 1. Plur. *vidimъ* usw. (§ 470).

2) Formen mit Futurbedeutung.

Arisch. Dieselben Formen, die voluntativ gebraucht wurden (1), treten auch mit futurischer Bedeutung auf. Z. B. RV. 8, 47, 1 *yám ādityā abhí druhṓ rákṣathā nḗm aghą́ naśat* 'wen ihr, o A., vor Schaden behütet, den wird das Unheil nicht erreichen', 1, 24, 1 *kṓ nō mahyā́ áditayē púnar dāt* 'wer wird uns der grossen Aditi zurückgeben?' (Delbrück Altind. Synt. 358), Y. 31, 10 *nōiṭ . . . humərᵊtōiš baxštā* 'er wird keinen Teil haben an der guten Botschaft', Y. 44, 6 *taibyō xšaϑrəm vohū činas manaŋhā* 'wird von dir her V. M. das Reich zuerkennen?' (Reichelt Aw. Elem. 321). Vgl. § 699.

Litauisch. Aus dem Paradigma des Fut. auf *-siu* gehören hierher die Formen der 3. Sing. wie *reñs*, zu 1. Sing. *reñsiu*, Präs. *remiù*, und der 1. 2. Plur. auf *-s-me -s-te*, 1. 2. Du. auf *-s-va -s-ta* (S. 407. 421). Dabei ist jedoch zu beachten, dass der lit. Indik. Fut. sehr häufig ausgesprochen voluntativen Sinn hat, so dass der Ausdruck Futurbedeutung im weiteren Sinn zu nehmen ist (vgl. § 706).

3. Konjunktiv [1]).

A. Vorbemerkungen.

430. Wie S. 518f. bemerkt ist, hatte der Konjunktiv von uridg. Zeit her verschiedene Bildungselemente nebeneinander. Die Beurteilung des historischen Verhältnisses dieser verschiedenen Bildungen zueinander ist durch zweierlei einigermassen erschwert. Einerseits dadurch, dass im Germanischen und im Baltisch-Slavischen der Konjunktiv bis auf Reste schon in vorhistorischer Zeit (durch Synkretismus mit dem Optativ, § 540) verdrängt worden ist. Anderseits dadurch, dass im Arischen, wo uridg. *ē*, *ō*, *ā* in *ā* zusammengefallen sind, die langvokalischen Konjunktive durchweg *-ā-* aufweisen und es nicht ohne weiteres zu erkennen ist, in welchem geschichtlichen Verhältniss diese ar. *ā*-Konjunktive zu den Formen wie griech. ἄγωμεν ἄγητε, lat. *agēs agēmus* und *agās agāmus* standen.

Wahrscheinlich sind genetisch zwei Bildungselemente zu unterscheiden. 1) *-e-* : *-o-*. Dies war in uridg. Zeit auf kein bestimmtes einzelnes Tempus beschränkt und war unverändert erhalten, wo der Indikativstamm konsonantisch schloss, z. B. **ése-ti*

1) Zu der S. 517f. Fussn. 3 genannten Literatur kommt hinzu: Moulton The Suffix of the Subjunctive, A. J. of Ph. 10, 285f. — Bartholomae Indisch *āi* in den Medialausgängen des Conjunctivs, KZ. 27, 210ff. — J. Paech De vetere coniunctivi Graeci formatione, Breslau 1861. H. Stier Bildung des Conjunctivs bei Homer, Curtius' Stud. 2, 125ff. Stolz Zum Konjunktiv des griech. sigmat. Aoristes, IF. 2, 154ff. C. M. Mulvany Some forms of the Homeric subjunctive, Class. Rev. 10, 24ff. Solmsen Der Konjunktiv des sigmat. Aorists, Rhein. Mus. 59, 162ff. — Thurneysen Der italokeltische Conjunctiv mit *ā*, BB. 8, 269ff. — Bréal Un mot sur les subjonctifs latins en *am*, Mém. 6, 409ff. L. Job Le subjonctif latin en *-am*, Mém. 6, 347ff. V. Henry Esquisses morphologiques III: Le subjonctif latin, Douai 1885. Verfasser Zum altital. Konjunktiv, Festschrift für Ernst Windisch, 1914, S. 52ff. G. Curtius Der lat. Conjunctiv des Imperfects, Curtius' Stud. 8, 460ff. Verfasser Der Ursprung des lat. Konjunktivus Imperfekti und Konjunktivus Plusquamperfekti, IF. 30, 338ff. (vgl. oben § 421, 4 S. 507). Corssen Die syncopierten Futurformen auf *-s* im Umbr., Osk. u. Volsk., in: Beitr. zur ital. Sprachk. 533ff. — Bojunga Der idg. Konjunktiv im Germanischen, IF. 2, 184ff.

zu Indik. **és-ti*; lautete dagegen der Indikativstamm auf *ĕ, ŏ, ă* aus, so war *-e-* : *-o-* mit diesem Vokal kontrahiert. 2) *-ā-*. Der *-ā*-Konjunktiv, der nur im Italischen und Keltischen sicher bezeugt ist, war ursprünglich nur vom allgemeinen Verbalstamm aus gebildet und kam erst sekundär zu besonders charakterisierten Tempusstämmen. Das Nähere s. § 431. 438. 445. 446. 447.

Neben der voluntativen oder volitiven (deliberativen, dubitativen) Bedeutung erscheint auch rein zeitliche, futurische (prospektive). Diese tritt besonders beim kurzvokalischen Konjunktiv (mit *-e-* : *-o-*) hervor, wie griech. ἔδομαι, lat. *ero*.

B. Konjunktiv zu konsonantisch auslautenden Indikativstämmen.

431. Diese Konjunktive hatten *-e-* : *-o-* hinter der Wurzelsilbe. Diese war gleichmässig durch das Konjunktivparadigma hindurch vollstufig, und zwar zeigen die Wurzeln der *e* : *o*-Reihe die *e*-Stufe. Abweichungen hiervon, wie ved. Aor. *śrúva-t* Perf. *dadhr̥ṣa-tē*, hom. Präs. ἴομεν waren einzelsprachliche Neuerungen. Der Wortton lag im Präsens und Perfekt meist auf der dem Konjunktivvokal unmittelbar vorausgehenden Silbe, z. B. ai. Präs. *ása-t(i)*, *kr̥ṇáva-t(i)*, Perf. *tatána-t(i)*, im *s*-Aorist auf der Wurzelsilbe, z. B. ai. *nḗṣa-t(i)*, *bṓdhiṣa-t(i)*.

Im Ar. wechseln primäre und sekundäre Personalendungen, (§ 433), während im Griech. und im Ital. nur primäre Endungen erscheinen. (Dass das *esed* in *sacros esed* der lat. Foruminschrift das jüngere *erit* gewesen sei, ist äusserst zweifelhaft, s. F. Ribezzo Il cippo del foro Romano, Neapolis 1, 15.)

Im Ar. und im Griech. kommen imperativische Formen vor mit einem kurzen Vokal als Stammausgang, der mit unserm konjunktivischen Bildungsvokal identisch ist, z. B. *s*-Aor. ai. *nēṣa nēṣa-tu*, av. *jaṇhə-ntu*, griech. οἶσε οἰσέ-τω, Perf. ai. *mumōca-ta* griech. κεκράγε-τε. S. hierüber S. 385. 422.

In den Sprachen, die die Konjunktivbildung überhaupt festhielten, erscheinen die kurzvokalischen Formen, soweit sie nicht zu Ind. Fut. geworden sind, vielfach durch langvokalische Formen ersetzt. Z. B. Präs. ai. *ásā-t(i)* (neben *ása-t(i)*) ion. ἔωμεν, zu Ind. ai. *ás-ti* griech. ἔσ-τι, ai. *áyā-t(i)* (neben *áya-ti*), zu Ind. *é-ti*;

s-Aor. ai. *mā́sā-tāi*, zu Ind. *á-māsi*, W. *mē-* 'messen', griech. τείσωμεν (neben hom. τείσομεν), zu Ind. ἔ-τεισα; Perf. ai. *papṛcā-t(i)*, zu Ind. *papṛcuḥ*, W. ai. *parc-* 'mischen', griech. πεποίθωμεν (neben πεποίθομεν), zu Ind. πέποιθα. Dieser Übergang zur langvokalischen Bildung wurde wahrscheinlich dadurch hervorgerufen oder wenigstens gefördert, dass die letztere Bildung als Konjunktiv deutlicher war als die kurzvokalische Formation.

432. Mehrsprachliches.

Präsens und starker Aorist. **ése-t(i)*, zu **és-ti* 'ist' (S. 94): ai. *ása-t(i)* gthav. *aŋhaᶦtī aŋha-t̰* apers. *aha-tiy*, griech. hom. ἔω (= av. *aŋha*), lat. *ero erit*; hom. att. ἔσται 'erit' vielleicht Umbildung eines *εἶται aus *ἔσεται (S. 415). **éi̯e-t(i)*, zu **eí-ti* 'geht' (S. 88): ai. 1. Sing. *ayā*, 3. Sing. *áya-t(i)*' av. *aya-t̰* griech. hom. ἴομεν für *ἔ[ι̯]ομεν (§ 434).

s-Aorist. Griech. στείξω, ir. 1. Sing. *-tias* 3. Plur. *-tiassat*, W. *steigh-* 'steigen' (S. 397). Ai. *pákṣa-t*, griech. πέψω, W. *peqᵘ-* 'coquere'. Ai. *nḗṣa-t(i)*, zu *á-nāiṣam*, W. ai. *nī-* 'führen', *bharṣa-t*, zu *á-bhārṣam*, W. *bher-* 'ferre', *dāsa-t*, zu *á-diṣi*, W. *dō-* 'geben'. Hom. τείσομεν τείσετε, zu ἔ-τεισα 'büsste', ἀγείρομεν, zu ἤγειρα 'versammelte', βήσομεν, zu ἔβησα 'liess gehen'. Lat. *dīxo*, *faxo*.

Perfekt. Ai. *tatána-t(i)*, zu *tatána*, W. *ten-* 'tendere'. Hom. εἴδομεν, zu οἶδα 'weiss'. Got. *ōgs* 'fürchte' aus **ōʒi-z*, zu *ōg* 'ich fürchte'.

433. Arisch. Diese Konjunktivbildung war lebendig im Ved., Av. und Apers. In der spätern ai. Sprache blieben nur die 1. Personen am Leben und wurden zum Imperativsystem gerechnet (§ 718 Anm.).

Die Personalendungen dieses wie des ar. *ā*-Konjunktivs (§ 440) waren im Ai. und Av. teils die primären (hierzu auch apers. *aha-tiy*), teils die sekundären; das Medium hatte fast ausschliesslich die primären Endungen. Über das *-āi* in den ai. Formen wie *kṛṇávāmahāi* s. § 441. 571, 3.

Weitere Beispiele (vgl. § 432):

Präsens und starker Aorist. Ai. *kára-t* gthav. *čara-t̰*, zu Ind. ai. *á-kar* gthav. *čōrᵊt̰*, W. *qᵘer-* 'machen' (S. 90f.). Ai. *hána-t(i) hánā-ma*, av. *jana-t̰*, zu Ind. ai. *hán-ti* av. *jaᶦnti*, W. *gᵘhen-* 'schlagen' (S. 89). Ai. *gamāni gáma-t*, zu Ind. *a-gan*, W. *gᵘem-*

'gehen' (S. 89). Ai. *bhuvāni bhúva-ḥ*, zu Ind. *á-bhūt*, W. *bheu̯-* 'werden' (S. 147. 149). — Ai. *bravā brava-ḥ bráva-t brávā-mahāi*, zu Ind. *brávī-ti brū-máḥ* (S. 153). — Ai. *bibhara-t*, zu Ind. *bibhár-ti bíbhar-ti*, W. *bher-* 'tragen' (S. 105). — Ai. *babhasa-t*, zu Ind. *bábhas-ti*, *bhas-* 'kauen, verzehren' (S. 111). — Ai. *jaŋghánāni*, zu Ind. *jáŋghan-ti*, W. *gu̯hen-* 'schlagen' (S. 113); über die im Accent abweichenden *jáŋghana-t*, *jáŋghana-nta*, sowie *jōhuvanta* u. a. vgl. S. 145. — Ai. *yunája-tē*, zu Ind. *yunák-ti* 'schirrt an', av. *činaϑāma'de*, zu Ind. *činas-ti* 'lehrt' (S. 277); vereinzelt ved. 3. Du. *añja-taḥ* neben 3. Plur. *anája-n*. Ai. *kṛṇáva-t(i)* av. *kərᵊnavāni*, zu Ind. *kṛṇó-ti kərᵊnao'ti* 'macht' (S. 328).

s-Aorist. Ai. *vą́sa-t(i)* gthav. *vəŋgha-ṯ*, zu ar. *van-* 'gewinnen, siegen' (S. 399). Ai. *saniṣa-t*, zu *san-* 'gewinnen', *bódhiṣa-t*, zu *budh-* 'wachen, aufmerken' (S. 411. 412 f.), *yāsiṣa-t*, zu *yā-* 'gehen' (S. 414), gthav. *xšnəvīšā*, zu *xšnu-* 'Genüge haben' (S. 413).

Perfekt. Ai. *tuṣṭáva-t*, zu *stu-* 'preisen', *paprátha-ḥ*, zu *prath-* 'ausbreiten', *dadhárṣa-ti*, zu *dharṣ-* 'sich erkühnen'. Mit Ton auf der Reduplikation z. B. *jújōṣa-si jújōṣa-tē* (neben *jujṓṣa-tē*), *dídēša-ti*; mit Schwundstufe der Wurzelsilbe z. B. *mumuca-t* (neben *mumōca-ti*), *vivida-t*, *dadhṛṣa-tē* (Macdonell Vedic Gramm. 360 f.); die Formen mit Sekundärendung lassen sich auch als Inj. zum themavokalischen reduplizierten Aorist (S. 143 f.) betrachten.

Formen mit dem Konjunktivvokal *-ā-* für *-a-* (§ 431) s. unten § 439. 440.

Über *-āi* für *-ē* im Auslaut der Formen s. § 441. 571, 3.

434. Griechisch. Diese Konjunktivklasse ist mit der voluntativen Bedeutung noch bei Homer und von ihm abhängigen Dichtern und in einigen Volksmundarten nachzuweisen, namentlich beim *s*-Aorist; doch kommt überall dafür auch schon die langvokalische Konjunktivbildung (§ 431) vor, s. § 442. Jedoch hat sich der kurze Konjunktivvokal regelmässig dann ungestört erhalten, wenn sich die Form auf die Futurbedeutung beschränkt hatte. Ausserdem ist durchgehends die 1. Sing. auf -ω geblieben, weil dies zugleich der Ausgang der 1. Sing. des langvokalischen Konjunktivs war, z. B. ἔω[1]) = lat. *ero*.

1) Att. ὦ für lautgesetzliches ἔω (1, 844) nach ᾖς ᾖ aus ἔῃς ἔῃ.

Weitere Beispiele (vgl. § 432):

Präsens und starker Aorist. Hom. ἴομεν 'eamus' für *ἔομεν (S. 525); ob das daktylische ἴομεν, sechsmal bei Homer vorkommend, metrische Dehnung hatte, oder ob ἴομεν zu ἴμεν nach dem Vorbild von θήομεν δώομεν neben θέμεν ἔθεμεν, δόμεν ἔδομεν entstanden war, bleibt zweifelhaft. Hom. φθίεται φθιόμεσθα für *φθε(ἰ)ε- *φθε(ἰ)ο-, zu φθίτο 'ging zu Grunde' (S. 88). Hom. ἅλεται, Neubildung zu ἅλτο ἆλτο (S. 402). Über Konj. καθῆται, zu ἧσ-ται, s. § 454, 1.

Auf futurische Bedeutung beschränkt verblieben einige Konjunktive dieser Art auch anderwärts (vgl. lat. *ero* § 432. 435). ἔδομαι 'werde essen', zu Inf. ἔδμεναι, ai. *ád-mi* (S. 96). πῖομαι 'werde trinken', zu Imper. πῖθι. χέω 'werde giessen', zu ἔχεα (S. 91). Nach ἔδομαι, πίομαι, deren mediale Flexion als charakteristisch für die futurische Funktion empfunden ward (§ 619, 3), entsprangen später noch die Fut. φάγομαι, φύγομαι, λάβομαι u. a.

Da man die Formen wie ἔδομαι mit denen wie ἔσομαι, βήσομαι usw. auf gleiche Linie stellte, schuf man ἐδοίμην ἔδεσθαι u. dgl. gleichwie ἐσοίμην ἔσεσθαι (vgl. lat. *impetrāssere* zu *impetrāsso, -sim* § 435).

s-Aorist. In weiterem Umfang blieb hier die kurzvokalische Form bei Homer und andern Dichtern, wie τείσομεν τείσετε, βιήσεαι, ἀμείψεται. Die 3. Sing. auf -σει in ion., lesb., herakl., kret. Inschriften, z. B. ion. ποιήσει, lesb. ἀπο-περάσσει, kret. δείξει. Die 3. Plur. auf -σοντι: kret. ὀμόσοντι, πράξοντι, chiisch πρήξοισιν (οι für ου durch lesb. Einfluss). Med. kret. ἐσ-πράξεται, πάσονται u. a.

Kurzvokalische Konjunktive zu Indikativen auf -α ohne σ davor sind wohl erst im analogischen Anschluss an die zu Indikativen auf -σα gehörigen Konjunktive aufgekommen. So hom. χεύομεν (1. Sing. χεύω), zu ἔχευα (S. 91), ion. Inschr. κατ-είπει (neben κατ-ειπάτω), zu εἶπα (S. 24. 38. 92. 112. 143).

Nicht zu trennen vom *so*-Konjunktiv sind, scheint es, die Ind. Fut. zu zweisilbigen Ablautbasen, wie κρεμάω 'werde hängen' aus *κρεμα-σω, zu κρέμα-μαι, ὀλέω 'werde zugrunde richten' aus *ὀλε-σω, zu ὤλε-σα, ὀμοῦμαι 'werde schwören', zu ὤμο-σα. Der Ausgang -έω -ῶ trat überhaupt auf Nasal- und

Liquidastämme über, z. B. κτενέω κτενῶ, φθερῶ, στελῶ, κλινῶ, ὑφανῶ, ὀνομανῶ, καθαρῶ, ἀγγελῶ. Vgl. S. 336. 384. 403. 415. 416. Aber auch die Futura auf -σω, wie δείξω, λείψω, στήσω, τείσω scheinen insoweit hierher zu gehören, als alte *so*-Konjunktive neben indikativischen *s̥io*-Formen beim Aufbau dieses Futursystems beteiligt waren. δείξω in der doppelten Funktion als Ind. Fut. und als Konj. Aor. vergleicht sich mit lat. *agam* als Ind. Fut. und als Konj. Präs. Vgl. S. 384. 385. Der Widerspruch, der in der verschiedenen Behandlung des zwischenvokalischen -*s*- zwischen Ind. Fut. κρεμάω, ὀλέω und Konj. Aor. κρεμάσω, ὀλέσω zu sein scheint, ist S. 423 f. erklärt.

Eine gewisse Bestätigung für die Richtigkeit dieser Auffassung von κρεμάω, ὀλέω als Konj. des *s*-Aorists darf man darin sehen, dass im Av. die Futurbedeutung des Konjunktivs ganz vorzugsweise an den Konj. des *s*-Aorists geknüpft war (Reichelt Aw. Element. 315).

Perfekt. Nur wenige Belege in der ep. Sprache: ausser dem § 432 genannten hom. εἴδομεν εἴδετε noch hom. πεποίθομεν (mit οι nach dem Ind. πέποιθα), hesiod. προσ-αρήρεται (Opp. 431, wo v. l. προσαρήσεται). Vgl. die nachhom. Imper. κεκράγετε, κεχήνετε (εὕρηκε, πεπτωκέτω) u. dgl. (§ 431).

Diejenigen Konjunktive, die nicht, wie ἔδομαι usw., in den Indik. eingerückt sind, zeigen schon von Homer an auch langen Konjunktivvokal, z. B. ἴωμεν, τείσωμεν, πεποίθωμεν. S. § 439.

Anm. Bei Homer hat für -ῃς -ῃ -ωσι ursprünglich wohl auch noch -εις -ει -ουσι gegolten. Ob aber, wo in den Handschriften -εις -ει erscheint (z. B. α 41 ἡβήσει neben ἡβήσῃ), eine alte Überlieferung festgehalten ist, ist recht zweifelhaft (Brugmann-Thumb Griech. Gramm.⁴ § 401 Anm. S. 384). Vgl. § 445 Anm.

435. Italisch. Diese Konjunktivbildung erhielt sich hier nur im futurischen Gebrauch (vgl. griech. ἔδομαι, § 432. 434).

Präsens. Einziges sicheres Beispiel lat. *ero eri-s*: ai. *ásāni* av. *aŋha* griech. ἔω (§ 432).

Anm. 1. Die 1. Personen des 'Ind. Präs.' wurden seit alat. Zeit in konsultativen Fragen gebraucht, wo man, nach den andern Sprachen, den Konj. Präs. oder den Ind. Fut. erwarten sollte. Z. B. Plaut. Most. 774 *eon? voco huc hominem? i, voca!* Ter. Phorm. 737 *adeo, maneo?* S. Sjögren Der Gebrauch des Fut. im Altlat. (Upsala 1906) S. 81 ff., Schmalz Lat. Laut- u. Formenl.⁴ 474. 484, Bennett Synt. of early Lat. 22 ff. Es ist nicht unwahrscheinlich, dass dieser Gebrauch des Indik. mit darauf beruht, dass die 1. Sing. Indik. *eo* und die 1. Sing. der themavokalischen Indikative wie *ago* mit der 1. Sing. des kurzvokalischen und des langvokalischen Konj. gleichlautend gewesen ist: *eo* = ai. Konj. *ayā* (§ 432), *ago* (Plaut. Trin. 1062 *quid ago? da magnum malum!*) = griech. Konj. Indik. ἄγω. Dass für die Römer der historischen Latinität diese Formen Indikative waren, beweisen die 1. Plur., wie Plaut. Capt. 479 *quo imus?*, Pseud. 722 *quid nunc agimus?* So ist aber auch im Nhd. z. B. in *was nehme ich nun vor? was nehmen wir nun vor?* die Verbalform ursprünglich Konj. gewesen, hat sich aber für unsere Empfindung in den Indik. verwandelt. Auch vergleicht sich, dass und wie im Litauischen der Injunktiv *tè-suka* den 'Permissiv' *t'-eĩti* nach sich gezogen hat (S. 522). Zu den Formen wie *ago* ist noch zu bemerken, dass die Alleinherrschaft des Stamms *agā-* als Konjunktiv ohnehin nicht in die Zeit der ital. Urgemeinschaft hinauf datiert werden darf (§ 438). Vgl. Speyer IF. 31, 117 ff., Verf. Festschr. für E. Windisch (1914) S. 57 f. [1]).

s-Aorist. Lat. *dīxo dīxis*, *faxo faxitur*, *jusso* (S. 405), *indicāsso*, *turbāssitur*, *habēsso*, *ambīsso* (S. 420) neben den Optativformen auf *-sim* wie *dīxim*, *faxim*, *amāssim* (§ 455, 1), wozu sich noch Infinitive wie *impetrāssere* gesellt haben (vgl. griech. ἔδεσθαι zu dem Konj. ἔδομαι S. 527). Wie dieses *impetrāssere*, so sind auch die Passivformen wie *faxitur*, *turbāssitur* ein Beweis für die Entwicklung dieser Konjunktivklasse zu einem besonderen Tempus. Lat. sogen. Fut. ex. auf *-ero* aus *-*isō*, wie *vīdero*, *dedero*, *tutudero*, *sēvero*, *amāvero*, *genuero*, *dīxero*, neben den Optativformen auf *-erim*, *vīderim* usw. (S. 416 f.).

Auffallend ist, dass die 3. Plur. auf *-int* ausgeht, z. B. *faxint*, *amāssint*, *vīderint*, im Gegensatz zu *erunt* (*erint*, *aderint*, *poterint* kamen erst als Neubildung nach *vīderint* auf); unsichere Reste der zu erwartenden Form auf *-erunt* s. bei Sommer Lat. L. u. Fl.[2] 583. Dieses *-int* gehörte gewiss dem alten Optativ an, doch ist unklar, wie es gekommen ist, dass sich hier so frühe diese Optativform festsetzte.

Anm. 2. Hätte nur der Typus *vīdero* den Ausgang *-int*, so könnte man annehmen, wegen der Koinzidenz von **vīderunt* mit der 3. Plur. Ind. Perf. *vīderunt* (S. 411) sei die Optativform für die Futurform eingetreten; dies wäre nicht auffallend, da Optat. und Fut. einander semantisch nahe standen, besonders beim Gebrauch in Bedingungssätzen. Aber es hiess auch nicht **faxunt*, **amāssunt*, sondern *faxint*, *amāssint*, und nicht ist

1) Speyer und ich sind unabhängig von einander auf dieselbe, übrigens ja nahe genug liegende Erklärung gekommen.

erweislich, dass diese erst später, nach *vīderint*, als Fut. aufgekommen sind. Es geht aber auch nicht an, anzunehmen, nachdem das *ī* der Schlusssilbe von *vīderīt*, *faxīt*, *amāssīt* verkürzt worden und hierdurch diese Formen mit den futurischen Formen *vīderit*, *faxit*, *amāssit* zusammengefallen seien, habe dies zum Gebrauch von *vīderint* usw. statt **vīderunt* usw. geführt. Denn Plautus sprach noch *-īt*: *addūxerīt* (Merc. 924).

Vermischung des *ī*-Optativs und des *e-* : *o*-Futurums hat auch in der 1. und 2. Plur. stattgefunden: *vīderimus*, *vīderitis* wurden auch als Opt. und *vīderīmus*, *vīderītis* auch als Fut. gebraucht. Dieser Promiskuegebrauch ist aber aller Wahrscheinlichkeit nach erst eine Folge der Doppelgeltung von *vīderint* gewesen.

Auch scheint vom *so*-Konjunktiv das osk.-umbr. *s*-Futurum ausgegangen zu sein. Es hat sich dem Präsensstamm angeschlossen. Nicht nur z. B. osk. *deiuast*, *censazet*, umbr. -pehast, osk. umbr. *fust* umbr. furent, sondern auch osk. *-emest*, umbr. *heriest* usw. S. S. 411 f. 419 f., wo zugleich der Ausgang der 3. Plur. *-ent* für *-ont* erklärt ist.

436. Keltisch. Vom ir. *s*-Konjunktiv gehören hierher alle Personen ausser der 3. Sing. Akt. und Depon. und der 2. Sing. Depon., z. B. 1. Sing. *-tias* aus **steiksō*, 3. Plur. *-tiassat* aus **steikso-nt*, zu *tiagu* 'gehe' S. S. 405 ff.

437. Germanisch. Ein vereinzelter Rest ist die got. Perfektform *ōgs* 'fürchte' aus **ōʒi-z*, zu Ind. *ōg ōgum* (S. 484).

C. Konjunktiv zu themavokalischen Indikativen.

438. Im Griechischen entspricht der Wechsel *ē* : *ō* dem Wechsel *e* : *o* des Indikativs, z. B. φέρη-τε : φέρω-μεν = φέρε-τε φέρο-μεν. Dagegen zeigt das Lateinische *ē* durch alle Personen hindurch, z. B. lat. *agēmus agētis agent*; für die 1. Sing. der klassischen Zeit *agam* gab es nämlich im Alat. eine Form auf *-ē*; überliefert sind *dice*, *attinge* u. a., zumteil mit der Schreibung *-ae* für *-e* (Stolz Lat. Gramm.[4] 291, Sonmer Lat. L. u. Fl.[2] 525). Da *ē* im Osk.-Umbr., wie in der 3. Sing., auch in der 3. Plur. belegt ist, durch tríbarakattíns 'aedificaverint', so hat wahrscheinlich *ē* auch in dieser Dialektgruppe allen Personen angehört. Vermutlich war die griech. Verteilung von *ē* : *ō* der ursprüngliche Stand. Die Verallgemeinerung aber des *-ē-* im Italischen fand statt nach der Analogie von *agam -ās -at* usw. zu der Zeit, als die *ē-* : *ō*-Formen noch die voluntative Bedeutung neben der prospektiven hatten; für jene Bedeutung im Lat. wären die Formen wie *amēmus* aus **amāįē-mus* noch Zeuge, falls sie Konj., nicht Opt. gewesen sind (§ 443, 1, c).

Die 1. Sing. *agē* ist demnach für **agō* eingetreten (Thurneysen BB. 8, 270). Doch ist, wie wir § 435 Anm. 1 gesehen haben, in Sätzen wie *quid ago?* 'was soll ich tun?' noch dieses *ago* = griech. Konj. ἄγω erhalten geblieben.

Dass hierher, nicht zu dem ital. kelt. *ā*-Konjunktiv, auch der arische *ā*-Konjunktiv gehört, ist zunächst aus zweierlei zu erschliessen. Erstlich daraus, dass die 1. Sing. Akt. auf *-ā* endigte, wie ved. *árcā* gthav. *pərəsā*, und in anderen Personen primäre und sekundäre Endung wechselten, z. B. ved. *gácchāti* und *gácchāt*, während der ital. kelt. *ā*-Konj. in der 1. Sing. *-ām* und überhaupt ursprünglich nur sekundäre Personalendungen gehabt hat. Zweitens daraus, dass im Arischen ein *ā*-Konj. zu jeder themavokalischen Indikativklasse gehört hat, während der ital. kelt. *ā*-Konj. in älterer Zeit nur vom Verbalstamm aus gebildet war. Überdies lässt sich der Schleifton des *ā* im Vedischen als Beweis geltend machen: ai. 2. Sing. *várdhaaḥ* = *várdhāḥ*. Denn uridg. *ē* : *ō* in dieser Konjunktivklasse war ebenso wie die Vokallänge in den Konjunktiven zu Indikativen auf *ā*, *ē*, *ō* (§ 445. 446) durch Kontraktion entstanden und zwar des Konjunktivvokals *e* : *o* mit dem auslautenden Vokal des Indikativstamms.

Anm. Unhaltbar ist Hirt's Ansicht IF. 12, 212 ff., Griech. L. u. Fl.[2] 589, dass die zu Indikativen auf *-e* : *-o* gehörigen Konjunktivstämme auf *-ē* : *-ō* und die zu Indikativen auf *-ā*, *-ē*, *-ō* gehörigen langvokalischen Konjunktivstämme mit den Ablautbasen auf langen Vokal identisch seien, wonach z. B. εὑρη- in εὕρη-τε und εὑρη- in εὑρή-σω entwicklungsgeschichtlich identisch wären. S. hierüber Bartholomae Gr. der iran. Ph. 1, 57, Solmsen Berl. phil. Woch. 1903 Sp. 1005 f.

439. Mehrsprachliches. 1. Sing. **áĝō* 3. Sing. **áĝē-t(i)*, zu Indik. **áĝō* **áĝe-ti* 'ago': ai. *ajā-ni ájā-t(i)*, griech. ἄγω ἄγῃ, lat. *aget* (S. 121). Ai. *vidā́-s(i) vidā́-t*, griech. ἴδω ἴδῃ, zu ai. *á-vida-t* griech. ἴδε εἶδε, W. *u̯eid-* (S. 124). Griech. γίγνη-ται, lat. *gignet*, W. *ĝen-* (S. 139). Ai. *tíṣṭhā-t*, lat. *sistet*, W. *stā-* (S. 108. 139). — Ai. *páśyā-ni páśyā-t*, lat. *specie-t*, W. *speḱ-* (S. 195). Ai. *apasyā́-t*, zu *apasyá-ti* (S. 208), griech. ὀνομαίνω -ῃ, zu ὀνομαίνω (S. 208), griech. ὠνέωμαι -ῶμαι, zu ὠνέομαι -οῦμαι (S. 216), ai. *arātiyā́-t*, zu *arātīyá-ti* (S. 222), lat. *fīniet*, zu *fīnio* (S. 222). Ai. *yōdháyā-ḥ*, zu *yōdháya-ti* (S. 250), griech. φορέω -ῶ, -έῃ -ῇ, zu φορέω -ῶ (S. 259). — Ai. *muñcá-si*, zu *muñcá-ti*, lat. *ē-munget*, zu *ē-mungo*, W. *meuq- meug-* (S. 280). Ai. *invā-t*, zu *inva-ti*, griech. τίνω -ῃ, zu τίνω aus *τινϜω (S. 333). — Ai. *pṛcchā́-t pṛcchā́-n*, lat. *poscet*, W. *preḱ-* (S. 352). Ai. *gácchā-s(i) gácchā-t(i)*, griech. βάσκω -ῃ, W. *gᵘem-* (S. 352). — Griech. πέκτω -ῃ, lat. *pectet*, W. *peḱ-* (S. 362).

In allen drei Sprachzweigen, in denen diese Konjunktivformation vertreten ist, erscheint sie von Beginn der Überlieferung an auch als zu solchen Indikativen gehörig, denen ursprünglich nur die kurzvokalische Konjunktivbildung zugesellt war. Dies steht damit im Zusammenhang, dass sich im Indikativ selbst vielfach themavokalische Formen neben die themavokallosen gestellt haben, s. S. 59. 87. Präsens, z. B. ai. *ayā-ḥ ayā-t*, griech. ἴωμεν (S. 88), ai. *ásā-t asā-tha* griech. ἔωμεν ὦμεν (S. 94), lat. *volet*, zu *vult* (S. 90). *s*-Aorist, z. B. ai. *mā́sā-tāi*, zu *á-māsi* (S. 409), griech. δείξωμεν, zu ἔδειξα (S. 397); über themavokalische Indikativformen s. S. 421 f. Perfekt, z. B. ai. *vāvṛdhā-ti*, zu Ind. *vāvṛdhúḥ* (S. 451), griech. λελήκῃ, zu Ind. λέληκα (S. 459), osk. *fuid* 'fuerit', zu Ind. lat. *fuī*, osk. *fefacid* 'fecerit', zu Ind. alat. *vhevhaked* (S. 473); über themavokalische Indikativformen s. S. 495 f.

440. Arisch. Weitere Beispiele (vgl. § 439):

Ai. *bhávā-ti*, av. *bavāni bavā̊ bavāma* apers. *bavātiy*, zu Ind. ai. *bháva-ti* 'wird'. Ai. *yájā-tē yajā-tāi yájā-mahāi*, av. *yazāi yazāite yazā̊nte*, zu Ind. ai. *yája-tē* 'verehrt mit Opfer'. Ai. *sacā-vahāi*, gthav. *hačā̊ntē*, zu Ind. ai. *sáca-tē* 'sequitur'. Ai. *manyā-tē*, gthav. *maⁱnyāi maⁱnyātā* apers. *maniyāhay*, zu Ind. ai. *mányа-tē* 'meint'. Gthav. *perᵊsāⁱtē* apers. *parsātiy*, ai. *pṛcchā́-t* (§ 439). Apers. *xšnāsāhy xšnāsātiy* : lat. *(g)nōscē-s (g)nōscet* (S. 353). Ai. *pāráyā-t pārayā-ti*, av. *pārayāṯ*, zu Ind. ai. *pāráya-ti* 'führt hinüber'; apers. *-gaudayāhy*, zu *gud-* 'verbergen'.

Andere Beispiele noch für *ā*-Konjunktiv statt *a*-Konjunktiv (§ 439). Präsens. Av. *aᵊhāⁱti* (neben gthav. *aᵊhaⁱtī*) : ai. *ásā-t* (§ 439). Ai. *hanā-tha*, av. *janāṯ*, zu Ind. ai. *hán-ti* (S. 525). Ai. *yunajā-n*, zu Ind. *yunák-ti* (S. 526). Ai. *kṛṇávā-t*, av. *kərᵊnavāhi kərᵊnavąn* apers. *kunavāhy*, zu Ind. ai. *kṛṇṓ-ti* (S. 526). *s*-Aorist.

Av. *nāšā'ti nāšātaē-ča* (neben *nāša'te*), zu *nas-* (ai. *naš-*) 'verschwinden'. Perfekt. Ai. *papṛcā-si*, zu Ind. *papṛcuḥ*, zu *parc-* 'mischen'.

441. Das Medium des *ā*-Konjunktivs wurde im Ai. dadurch noch besonders gekennzeichnet, dass in den auf *-ē* = urar. *-*ai* ausgehenden Personen *-āi* für *-ē* eindrang [1]). Dieses *-āi* war ursprünglich nur in der 1. Sing. zu Hause, z. B. *bhárāi* (§ 571, 3), und hat sich von hier aus ausgebreitet. Zuerst schuf man 1. Plur. *bhárāmahāi*, 1. Du. *bhárāvahāi*, wodurch man eine Unterscheidung gegen die Indikativformen gewann: *bhárā-mahāi -vahāi* neben Ind. *bhárā-mahē -vahē*, nach *bhárāi* neben Ind. *bhárē*. Von da aus kamen *-mahāi* und *-vahāi* weiterhin zu solchen Konjunktivformen, die mit der Indikativform nicht homonym waren, und zwar zu *ā*- wie zu *a*-Konjunktiven, z. B. Aor. *vōcā-vahāi* neben Ind. *a-vōcā-vahi vōcā-vahi* (*vac-* 'sprechen'), *gámā-mahāi* neben Ind. *á-ganmahi*, Präs. *kṛṇávā-mahāi* neben Ind. *kṛṇu-máhē*. Im Gebiet dieser Konjunktivformen ist aber öfters auch noch *-mahē* belegt, z. B. *dhāmahē*, zu Ind. (*a*)*dhīmahi*, *bravāmahē* (neben *brávāmahāi*), zu Ind. *brū-tḗ*, *saniṣāmahē*, zu Ind. *a-saniṣṭa*. Beim *ā*-Konjunktiv ging *-āi* im Ved. ferner noch auf die 2. 3. Sing. und 2. Plur. über. Hierfür im RV. nur erst zwei Belege: *nayāsāi* AV. (neben *vardhāsē*), *yajātāi* RV. (neben *jarātē*), *mādayādhvāi* RV. (neben *kāmáyādhvē*). In der 3. Plur. begegnet *-āntāi* erst in den Brāhmaṇa's, z. B. *bhavāntāi*. Vorher erscheint in dieser Person *-anta*, eine Injunktivformation (*-āntē* fehlt ganz), wofür in den Brāhm. vereinzelt auch *-antāi* (*vartantāi* KB.) vorkommt, das sich als Mischung von *-anta* und *-āntāi* betrachten lässt.

In der 2. 3. Du. fehlt der Auslaut *-āi*, die Endungen waren *-āithē -āitē*. Vermutlich enthielt man sich hier des Auslauts *-āi*, um nicht in den beiden Schlusssilben zugleich *āi* zu haben (vgl. Verf. Dissimil. 165 ff.); anders Bartholomae KZ. 27, 214.

442. Griechisch. Beispiele s. § 439.

Seit urgriech. Zeit -η- : -ω- entsprechend dem -ε- : -ο- im Indikativ. In der 3. Plur. waren -ωντι (att. -ωσι) -ωνται nicht

1) Bartholomae Indisch *āi* in den Medialausgängen des Konjunktivs, KZ. 27, 210 ff.

lautgesetzlich: dieselbe Art Neubildung wie ἄηνται für *ἀένται, vgl. ἄεισι (1, 797 ff.).

In der 3. Sing. ursprünglich *-ητ und *-ητι (wie im Altindischen). *-ητ z. B. in ark. ἔχη, woraus, im Anschluss an das indikativische ἔχει, hom. att. ἔχῃ (vgl. ἔχῃς für *ἔχης nach ἔχεις). *-ητι in hom. ἔχῃσι, dessen -ι- ebenfalls aus dem Indikativ, direkt oder indirekt (ἔχῃ), eingedrungen ist.

Der η- : ω-Konjunktiv, der als Ausdruck der modalen konjunktivischen Bedeutung deutlicher war als der ε- : ο-Konjunktiv, drang allmählich überall für diesen ein, und dieser hielt sich nur so weit ungestört, als er auf den futurischen Sinn sich beschränkt hatte (§ 434). Die Konkurrenz der beiden Konjunktivarten, die eine Zeitlang bestand (τείσομεν und τείσωμεν), im Verein mit der altüberkommenen Gleichheit der Bildung der 1. Sing. in beiden Klassen (-ω) hat gelegentlich auch umgekehrt bewirkt, dass sich die ε- : ο-Form auf themavokalische Verba verpflanzte, z. B. herakl. mess. λάβει, herakl. νέμει, mess. πωλοῦντι.

443. Italisch. Hier waren von uritalischer Zeit her die *ē-* : *ō*-Bildung und die *ā*-Bildung (§ 447) in Konkurrenz mit einander.

Für die *ē-* : *ō*-Bildung sind folgende Formen zu nennen:

1) Mit konjunktivischer (volitiver usw.) Bedeutung.

a) Osk.-umbr. Perf. (S. 473 f.): osk. *fuid* 'fuerit' aus **bhuu̯ē-t*, als Konj. zu lat. *fuit* = **bhuu̯e-t* (S. 468), *fefacid* 'fecerit', zu alat. *vhevhaked* 'fecit', *hipid* 'habuerit', tríbarakattíns 'aedificaverint' (IF. 30, 340), sakrafír 'es soll Weihung stattfinden', umbr. *pihafei pihafi* 'piatum sit'. Dazu wahrscheinlich auch umbr. *ier* als 'itum sit', zu *iust* (S. 440).

Unsicher ist, ob umbr. heriiei ein Konj. Perf. ('voluerit') gewesen ist (vgl. *combifianśi* Konj. Perf. 'nuntiaverit' neben *combifianśiust* Fut. ex. 'nuntiaverit'). S. v. Planta Osk.-umbr. Gramm. 2, 298 f., Thurneysen IF. Anz. 9, 185, Buck Gramm. 175.

b) Osk. *deiuaid* 'iuret', sakahíter 'sacrificetur', lat. *plantēs*, *nēs* (aus **-āēs*) enthielten urital. *-āē-*. Entsprechend den Konjunktiven wie lat. *albeam fīniam*, zu *albeo fīnio*, hat es wohl auch hier einmal einen *ā*-Konj. gegeben, **-ā[i̯]ā-m *-ā[i̯]ā-s* usw. Da aus diesem Ausgang aber schon uritalisch *-ām -ās* usw. entstehen musste, bedurfte man einer als Konjunktiv deutlicheren Form. Daher rührt die Besonderheit der Bildung des Konj. in dieser Verbalklasse. Vielleicht wurde an den Stamm auf *-ā* unmittelbar *-ē-* als Konjunktivelement angefügt (vgl. hom. στήομεν § 445 f. und ähnliches im Italischen selbst, Ber. d. sächs. Ges. d. W. 1913 S. 208 ff.), oder die Formation war die unmittelbare Fortsetzung eines urital. und vorital. Konj. auf *-āi̯ē-* (vgl. griech. Konj. τῑμᾶτε aus τῑμάητε). Freilich ist überdies auch noch mit der Möglichkeit zu rechnen, dass die Form auf *-āi̯ē-* als *-ā-i̯ē-* alter Optativ (§ 458) gewesen ist. Hierfür spricht der Ausgang der 1. Sing. lat. *-em* (*plantem*). Denn der Konjunktiv hätte von Haus aus in der 1. Sing. den Ausgang *-āi̯ō* gehabt, und so müsste *plantem*, falls der Modus ein Konj. war, sein *-m* von *agam*, *albeam* usw. bezogen haben. Vielleicht hat sich also hier ein alter Opt. auf *-ā-i̯ē-* mit dem *ē*-Konjunktiv vermischt.

War der Modus mit *-āē-* eine altererbte Form (*-ā-i̯ē-* oder *-āi̯-ē-*), keine Neubildung nach Art von griech. στήομεν, so kann die Lautung *-āi̯ā-* auch schon aufgegeben worden sein, als dieses Formanskonglomerat noch zweisilbig gesprochen wurde. Dann war eine dissimilatorische Tendenz bei der Auswahl zwischen zwei gleichbedeutend gewordenen Bildungsweisen wirksam, ähnlich wie für **ignārāre* (zu *ignārus*), das in zwei aufeinander folgenden Silben *ā* hatte, *ignōrāre* nach *ignōtus ignōbilis* eingetreten zu sein scheint (Meillet Mém. 13, 361). Vgl. unten unter 2) über *claudēbo*.

c) In der 1. Sing. von konsultativen Fragen des Lat., wie *quid ago?* 'was soll ich tun?', scheint eine Konjunktivform erhalten zu sein. S. § 435 Anm. 1 S. 528 f.

2) Mit futurischer Bedeutung. Lat. *agē agēs aget* usw., *capiet*, *farciet*, *fīniet*. S. S. 530 f. **claudeēt*, kontr. **claudēt*, zu *claudeo*, **moneēt*, kontr. **monēt*, zu *moneo*, vermied man wegen der Konkurrenz der beiden *e*-Vokale, oder, nach erfolgter Kontraktion, wegen des Zusammenfallens mit dem Präsens: dafür *claudēbo*, *monēbo*. Vgl. oben unter 1, b über osk. *deiuaid* usw.

444. Keltisch. Reste des *ē*-Konjunktivs sind vielleicht (nach Pedersen Vergl. kelt. Gramm. 1, 51. 2, 356) im britann. Zweig die Formen wie mkymr. *carwyf* 'amem'.

Germanisch. Von den verschiedenen Deutungen, welche die zu dem *ai*-Optativ (§ 468) gehörige 1. Sing. auf *-au*, wie got. *baírau* aisl. *bera*, got. *nasjau*, *fullnau*, erfahren hat, ist mir weitaus am wahrscheinlichsten die, wonach darin eine alte 1. Sing. Konj. auf *-ō* vorliegt, an die die Partikel *u* angetreten ist, die im Got. als Fragepartikel eine gewisse Selbständigkeit bewahrt hat (vgl. *ga-u-laubeis* u. dgl.). Vgl. den got. 'Opt.' gegenüber dem sicher altüberkommenen griech. Konj. in dubitativen Fragen wie *hva qiþau?* 'τί εἴπω;' und die ausserhalb der 1. Sing. hervortretende Gleichwertigkeit von Konjunktiv- bez. Injunktiv- und Optativformen in volitiven und deliberativen Sätzen (§ 759. 760). Andere, mir nicht einleuchtende Deutungen von *baírau* s. bei Wiedemann Lit. Prät. 157 f., Hirt IF. 1, 206. 6, 58 ff., Bezzenberger BB. 26, 152 ff.

D. Konjunktiv zu Indikativstämmen auf langen Vokal.

a. Zu Indikativstämmen auf starre *-ē*, *-ō*, *-ā*.

445. Solche Indikativstämme liegen vor in den Präsenstypen ai. *trā́-ti* (griech. ἔ-δρᾱν, äol. τίμα-μεν, ἄη-σι, ἐ-μάνην) S. 161 ff., ai. *jí-gā-ti* (griech. ἐ-κίχην) S. 177 f. und in den Perfekttypen wie ai. *mamnāu* griech. μέμνημαι, τετίμημαι S. 449 ff.

Die Lautung der einschlägigen Konjunktivformen des Griechischen lässt annehmen, dass in uridg. Zeit der Konjunktivvokal *e* : *o* mit dem vorausgehenden langen Vokal kontrahiert war, und dass der Kontraktionsvokal die Qualität des ersten der beiden Vokale bekommen hatte. Dass der Kontraktionsvokal schleiftonig war, darf aus den Konjunktiven ai. *dhā̆ti* usw. (§ 446) geschlossen werden.

Arisch. Ai. 1. Sing. *gāni*, zum Ind. *á-gām á-gāt* (S. 161 f.), während *gā́h*, *gāt*, *gāma* auch als Inj. betrachtet werden können. Letzteres gilt auch von *jígā-t*, zu *jígā-ti* (S. 177).

Griechisch. Aor. mess. -γράφηντι, zu ἐγράφη 'wurde geschrieben', -σκευάσθηντι, zu ἐσκευάσθη 'wurde gerüstet, zugerichtet' (S. 172 f.). Perf. gort. πέπαται, zu Ind. πέπᾱται 'hat Verfügung über, besitzt' (S. 39), ther. πέπραται, zu Ind. πέπρᾱται 'ist verkauft', herakl. οἰκοδόμηται, zu Ind. οἰκοδόμηται 'ist erbaut', gort. ἐσ-τετέκνωται, zu att. ἐκ-τεκνόω 'zeuge Kinder' (S. 449 f. 459 f.).

Durch Neubildung nach der Art der *e-* : *o-* und der *ē-* : *ō*-Konjunktive, deren Moduselement ein Konsonant vorausgegangen und die deshalb nicht durch Vokalkontraktion verundeutlicht worden waren (§ 434. 442), sind aufgekommen die Formen wie hom. βλήεται, δαμήετε, γνώω, γνώομεν, κιχήομεν und δαμήῃς, ἁλώῃ, γνώωσι, böot. κουρωθείει, ark. κα-κριθήη, rhod. ἐργασθέωντι, kontrahiert hom. μεμνώμεθα, att. τραπῇ τραπῶμεν, γνῷς γνῶμεν, μεμνῶμαι μεμνῆται, herakl. ἐπι-βῇ, ark. ἐσ-δοθῇ. Vgl. § 446.

Anm. Ob und wie weit für die genannten hom. handschriftlichen δαμήῃς, ἁλώῃ, γνώωσι ursprünglich nicht vielmehr -εις, -ει, -ουσι gesprochen worden ist, bleibt unklar. Dasselbe gilt für die in § 446 zu nennenden hom. handschriftlichen θήῃς, δώωσιν u. dgl. Dass hier -εις, -ει, -ουσι ursprünglich nicht ganz gefehlt hat, dafür spricht der Umstand, dass bei Homer Formen wie δαμήωμεν δαμήητε und στήωμεν στήητε nicht vorkommen. Vgl. § 434 Anm.

b. Zu Indikativstämmen auf abstufende *-ē, -ō, -ā.*

446. Solche Indikativstämme erscheinen in unsern präsentischen (aoristischen) Formen wie ai. *á-dhāt* S. 99 ff., griech. τίθη-σι S. 107 ff., ai. *dádhā-ti* S. 110 ff., ai. *mr̥ṇā́-ti* S. 296 ff.

Auch hier (wie § 445) ist anzunehmen, dass in uridg. Zeit der Konjunktivvokal *e* : *o* mit dem auslautenden Vokal des Tempusstamms kontrahiert und dass dabei für die Qualität des Kontraktionsprodukts der erste Vokal massgebend geworden war. Nach Analogie des Verhältnisses von **ése-t(i)* zu **és-ti* (§ 431) ist zu schliessen, dass die starke Gestalt des Tempusstamms zu Grunde gelegen hat. Für diese Art der Entstehung der Vokallänge im Konj. spricht zugleich die schleifende Betonung im Ar. (1, 948, Bartholomae Gr. d. iran. Ph. 1, 57, Wackernagel Altind. Gramm. 1, 49 ff.).

Arisch. Ai. *dhā́-ti dhāmahē, dā́-ti*, gthav. *dāhī dā'tī dā'tē dàntē*, zu ai. *á-dhā-t, á-dā-t*, av. *dā-t̰* (S. 99 f.). Ai. *sthā́-ti*, av. *fra-xštā'te*, zu ai. *á-sthā-t* (S. 100). — Ai. *dadhāni dadhā-vahāi, dadā-tāi*, av. *daθāni*, zu ai. *dádhā-ti, dádā-ti*, av. *dađā'ti* (S. 110). Av. *zazā'ti*, zu Ind. *zazā-mi* (S. 111). — Ai. *jānā-mahāi*, av. *zānā'te*, zu Ind. ai. *jānā́-ti* (S. 302). Ai. *pr̥ṇā-ti*, zu Ind. *pr̥ṇā́-ti* (S. 305), *krīṇā-vahāi*, zu Ind. *krīṇā́-ti* (S. 300), *gr̥bhṇā-ḥ*, zu Ind. *gr̥bhṇā́-ti* (S. 305). Av. *frīnāni*, zu Ind. *frīnā-t̰* (S. 304), av. *vərᵊnānte*, zu Ind. ai. *vr̥ṇī-tḗ* 'verhüllt' (S. 305).

Auffallend sind die daneben stehenden Formen mit *-a-* im Konj., z. B. ai. *dádha-thaḥ*, *dadha-tē*, gthav. *dadə-ntē*. Vermutlich waren sie ar. Neubildungen in Anschluss an die zu themavokalischen Indikativen gehörigen Injunktive wie ai. *dádha-t* *dádha-n* (zum Ind. ai. *dádha-ti* gthav. *dadə-ntē*, S. 143): nach Formen des *ā*-Konjunktivs mit primärer Personalendung bekamen sie primäre Endung. Das konnte um so leichter geschehen, als in der 1. Plur. und 1. Du. Akt. der *ā*-Konjunktiv und der *a*-Injunktiv nicht zu scheiden waren (z. B. *dádhā-ma*), überdies aber die *ā*-Konjunktive hier denselben Ausgang hatten wie die *a*-Konjunktive (z. B. *hánāma* neben *hánat*, § 433). Vgl. Bartholomae Gr. d. iran. Ph. 1, 57.

Griechisch. Mess. -τίθηντι, zu Ind. τίθη-μι (S. 108), kret. ἴθθαντι (1, 742 f.) ark. -ίσταται, zu Ind. att. ἵστη-μι (S. 108). Kret. δύναμαι, zu Ind. δύνα-μαι (S. 306), παρ-θύσαται, zu ἐθύσα-το (§ 472). Nach diesen Mustern entstand einerseits delph. ἦται 'sit', zu Ind. ἐντὶ att. εἰσὶ von W. *es-* (S. 93)[1]), was zu vergleichen ist mit der Neuschöpfung 1. Plur. ἐμὲν (S. 95), anderseits ion. ῥήγνυται, zu Ind. ῥήγνυ-ται (S. 331).

Von derselben Art wie βλήεται, δαμήῃς (S. 537) waren die Neubildungen hom. θήομεν -θήομαι, zu Ind. ἔ-θεμεν (S. 99), δώομεν, zu Ind. ἔ-δομεν (S. 100), thess. δυνάε-ται (oder δυνάηται zu lesen?) und hom. δώῃσιν delph. δώη, delph. -πριάη-ται, zu ἐ-πρίατο S. 151 (vgl. § 447 Anm. über lesb. Konj. πρίαται), lokr. -ελάωνται, zu Ind. ἔλα-μι (S. 151). Kontrahiert att. θῶ θῇς, lesb. πρό-θη, att. τιθῶ τιθῇς, δῶ δῷς, διδῶ διδῷς, ἱστῶ ἱστῇς, φῶ φῇς, herakl. φᾶντι, zu att. φημὶ (S. 102). Hierzu das Perfekt att. ἑστῶ -ῇς kret. συν-εθθᾷ (vgl. oben ἴθθαντι), zu Ind. ἕσταμεν (S. 449).

Anm. Für die unkontrahierten Formen auf -ῃς -ῃ -ωσι bei Homer, wie θήῃς θήῃ, φήῃς, δώωσιν, gilt dasselbe, was § 445 Anm. über δαμήῃς usw. gesagt ist.

Die att. Konjunktive δύνωμαι, κρέμωμαι, ἐπίστωμαι (vgl. Hom. δύνηαι Z 229, Brugmann-Thumb Griech. Gramm.[4] 387)

1) Hierher wohl auch die mess. 3. Plur. ἦνται. Falls die Form dagegen als ἧνται, als Konj. zu ἧνται (für hom. ἥαται, W. *ēs-*, S. 97) zu lesen sein sollte, wäre die Art der Neubildung dieselbe, nur wäre die Form dann zu § 445 zu stellen.

standen neben δύναται δύναιτο wie im *s*-Aorist δείξωμαι neben ἐδείξατο δείξαιτο (§ 472).

E. Die italisch-keltische Konjunktivbildung auf *-ā*.

447. Die nur im Italischen und im Keltischen sicher zu belegenden Konjunktive mit *-ā-* sind, wie schon S. 524 bemerkt ist, wahrscheinlich grundsätzlich von allen andern Konjunktivbildungen zu trennen. Darauf weist zweierlei hin. Erstens die Tatsache, dass diese Konjunktive ursprünglich nicht von bestimmten einzelnen Tempusstämmen aus, sondern vom allgemeinen Verbalstamm aus geschaffen waren, z. B. ir. *-cria* = *q^uriį̯ā-t*, Konj. zum Ind. *crenaid* 'kauft', wie auch einige alat. Konjunktivformen, z. B. *ad-venat*, zu *ad-venio*, *at-tigat*, zu *at-tingo* (von derselben Art wohl umbr. neiřhabas 'ne adhibuerint' neben habia 'habeat'), zeigen, dass hier der *ā*-Konjunktiv nicht dem Präsensstamm angehörte. Zweitens die Tatsache, dass der *ā*-Konjunktiv von Anfang an nur sekundäre Personalendungen hatte, wofür die in beiden Sprachzweigen zugleich auftretende Bildung der 1. Sing. auf **-ā-m*, z. B. lat. *feram* ir. *do-ber*, entscheidend zeugt. (Die 'absolute' Flexion im Irischen, Sing. *bera berae beraid*, Plur. *bermai* usw., ist, wie in ähnlichen Fällen, eine Neuerung dieser Sprache.)

Der *ā*-Konjunktiv war hiernach Injunktivbildung zu Basen auf *-ā*. Lat. *fuam fuat* war dieselbe Bildung wie das als Indikativ fungierende lit. *bùvo* und formal identisch auch mit ir. Konj. Präs. *ba* und dem Ind. Prät. lat. *-bat* ir. *ba* (S. 146. 161), lat. *attulam* dieselbe Bildung wie griech. ἔ-τλᾱν, ion. ἔ-τλην (S. 161). Solche Basen auf *-ā* fungierten zugleich als Verbalabstrakta (2, 1, 154 f. 159 ff. 634), so dass man z. B. alat. *ad-venat* unmittelbar mit *advena* 'Ankömmling', ursprünglich 'das Ankommen', *-tulat* unmittelbar mit ai. *tulā́* 'Wage', ursprünglich 'das Wägen', identifizieren darf. Sekundär erst wurde dieser *ā*-Konjunktiv ins Präsenssystem eingereiht, es entstanden Formen wie lat. *ferat* ir. *-bera*, lat. *veniat*, *tangat*, osk. fakiiad 'faciat', ir. *-eba*, zu *ibid* 'bibit' u. dgl.

Anm. Es liegt a priore nichts im Weg, anzunehmen, dass diese *ā*-Injunktivbildung sich erst auf dem speziell italisch-keltischen Gebiet zu einem besonderen Modus im Verbalsystem ausgewachsen hat, der die uridg. *e-* : *o*-Bildung mehr und mehr in den Hintergrund drängte. Jedenfalls sind irgend sichere Parallelen aus andern Sprachgebieten nicht beigebracht. Die aksl. 1. Sing. Ind. *berą*, die man oft verglichen hat [1]), lässt sich auch so erklären, dass ein ursprüngliches **bherō* zu einer Zeit, als der Nasal in dem Präteritalausgang **-om* (*-ъ*) noch nicht ganz verklungen war, analogisch in **berōⁿ* (**berǫ*) umgebildet wurde (§ 510, 2). Wegen ahd. *tōm tuam*, das man ebenfalls herangezogen hat, s. S. 102 f. Auffallend ist besonders die Übereinstimmung zwischen ir. *-cria* und dem lesb. Konj. πρίᾱ-ται, zum Ind. ἐ-πρίατο (S. 538), von Basis **qᵘreįā-* (S. 151). Ist diese Übereinstimmung nicht zufällig, so wäre hier auch im Griechischen ein alter Injunktiv in die Konjunktivkategorie eingereiht, dem entsprechend mit primärer Personalendung versehen und dazu nachträglich ein Indikativ mit ᾰ gestellt worden nach dem Muster von ἵστᾱται (ark. -ἰστᾱτοι) neben ἵστᾰτο u. dgl. Auch δέατο 'videbatur' (S. 151) wäre dann wohl erst auf Grund eines alten konjunktivischen Injunktivs *δεᾱ-το erwachsen. Indessen liegt näher die Annahme, der Indik. ἐπρίατο sei die ursprünglichere Form gewesen, wozu πρίᾱται als Konj. hinzukam.

Nicht unwahrscheinlich ist, dass die 1. Sing. auf *-ām* von Haus aus der Akk. Sing. eines Verbalabstraktums gewesen sei, der, als Nominalsatz (etwa bei 'Selbstaufforderungen' zu einer Handlung) gebraucht, mit alten Formen der 1. Sing. auf *-m*, z. B. **bh(u)ų̯ā-m*, **s(i)į̯ē-m*, assoziert wurde und sich dann in ähnlicher Weise, wie sonst zuweilen dem Verbum nahe stehende nominale Formen einem Verbalparadigma einverleibt worden sind [2]), zu einem ganzen Personensystem auswuchs. Zum Vergleich bieten sich ausser ai. *vidā́m* usw. (§ 417) besonders die akkusativischen Infinitive wie av. *gərᵊbąm* 'festhalten', *γᵊnąm* 'schlagen', *rāzayąn* 'ergehen lassen' (§ 805), von denen der letztgenannte in V. 8, 100 konjunktiv-imperativisch vorkommt (§ 826). Im Ved. erscheinen bei solchem konjunktivisch-imperativische Gebrauch Infinitive ganz besonders oft für die 1. Sing., z. B. *huvádhyāi* 'ich will rufen, vocem' (§ 826 und Delbrück Altind. Synt. 412 f.). Namentlich gut würde sich so das isoliert stehende lat. *inquam* (§ 448) erklären.

1) Kurze vergl. Gramm. 553: "Demnach ist die slav. 1. Sg. Präs. auf *-ą* von Formen wie *rъvą* 'ich raufe' (*rъva-ti*), *žьvą* 'ich kaue' (*žьva-ti*), *sъsą* 'ich sauge' (*sъsa-ti*) ausgegangen: bei der Futurbedeutung der Präsentia (§ 735. 739) ist die Angliederung dieser 1. Sg. an das themavokalische Präsens leicht verständlich; wegen der Abweichung der 1. Sg. von den andern Personen vgl. lat. Fut. *agam agēs* usw.". Vgl. auch Meillet Mém. 18, 232 f.

2) Nächstvergleichbar ist der Anschluss der konjunktivisch-imperativisch gebrauchten Infinitivformen wie ved. *duhā́m*, *vidā́m*, gthav. *ərəž-ūčąm* an das Imperativsystem, der ihren engeren Gebrauch als 3. Sing. Med. (Pass.) bestimmt hat (§ 490, 2. 826).

Der formale Anschluss an die verschiedenen präsentischen Stammgestaltungen (z. B. lat. *faciam*, *moneam*, *fīniam*) könnte sich schon ergeben haben, als nur erst die als 1. Sing. verwandte infinitivische Form auf *-ām* bestand. Vgl. ai. *gamayā́m* av. *rāzayąn* u. dgl.

448. Italisch. Durch den *ā*-Konjunktiv sind hier nicht nur der *e-* : *o-* und der *ē-* : *ō*-Konjunktiv, sondern auch der uridg. Optativ (§ 450 ff.) stark zurückgedrängt worden. Doch erscheint der *ā*-Konjunktiv, im Gegensatz zu den andern konjunktivischen Bildungsarten, nur im Gebiet des Präsensstamms, nicht des Perfektstamms.

Weitere Beispiele zu den in § 447 genannten. Lat. *dicat*, osk. *deicans* 'dicant', zu Ind. lat. *dīcit*. Lat. *emat*, umbr. e m a n t u r 'emantur', zu Ind. lat. *emi-t*. Lat. *reddat*, zu Ind. *reddit* aus **re-didet*, päl. *dida* 'det' umbr. *dirsa* 'det', zu Ind. vest. *di-det* 'dat' (S. 141). Lat. *faciat*, osk. f a k i i a d umbr. f a ç i a 'faciat', zu Ind. lat. *facio*. Lat. *habeat*, umbr. h a b i a 'habeat', zu Ind. lat. *habet* (S. 175). Lat. *claudeat*, *fīniat*, *moneat*, zu Ind. *claudet*, *fīnit*, *monet*, osk. t u r u m i i a d 'torqueatur' (S. 216). — Lat. *inquam* = **en-sq$^{\mu}$ā-m* war vermutlich ursprünglich ebenfalls ein solcher Konjunktiv, in welchem Fall die ältere Bedeutung 'möcht' ich sagen' war.

Wie es gekommen ist, dass zu Präsentia wie lat. *hio* aus **hiā[i̯]ō*, *planto* aus **plantā[i̯]ō* weder im Lat. noch im Osk.-Umbr. solche Konjunktive mit *-ā-* erscheinen, davon war S. 534 f. die Rede.

Gleichwie im Ar. und Griech. der *ē-* : *ō*-Konjunktiv auch neben themavokallosen Indikativen erscheint, z. B. ai. *ásā-t(i)* griech. ἔωμεν neben ai. *ás-ti* griech. ἔσ-τι (S. 532), so kommt im Lat. der *ā*-Konjunktiv auch neben Indikativen der Präsensklasse **és-ti* vor, z. B. *eat*, zu Ind. *it* (vgl. ai. *ayā-t*).

Umbr. Neubildungen waren Formen wie f u i a 'fiat', f e i a 'faciat', k u r a i a 'curet', *portaia* 'portet', *etaians* 'itent'. Ihr Ausgang 3. Sing. -i a scheint nicht von dem dreisilbigen Typus h a b i a, sondern dem zweisilbigen f a ç i a (vgl. Inf. f a ç u neben f a ç i u) übertragen zu sein, gleichwie das -i e s t des Fut. f u i e s t 'fiet' nicht von dem dreisilbigen Typus *habiest* 'habebit', sondern von dem zweisilbigen *heriest* 'volet' (S. 419 f.) herrührte (Ber. d. sächs. Ges. d. W. 1913 S. 210 f.).

449. Irisch. Die altertümlichsten *ā*-Bildungen sind nach § 447 diejenigen, bei denen der Tempusstamm vom zugehörigen Indikativstamm abweicht. Es sind das folgende beide Gruppen von Formen. 1) Konjunktive zum Indik. mit *-nā-* (§ 222 S. 308 f.). *-cria*, zu Ind. *crenaid* 'kauft' (S. 300), wonach analogisch *-ria* zu *renaid* 'verkauft' (S. 302). *-bia*, zu Ind. *benaid* 'haut, schneidet' (S. 301). *-fia*, zu Ind. *for-fen* 'vollbringt, vollendet' (S. 308). 2) Konjunktive zum Indik. mit *-i̯o-* (§ 128 S. 189). *do-menathar*, zu Ind. *do-moinethar* 'meint' (S. 183). *-genathar*, zu Ind. *-gainedar* 'nascitur' (S. 183 f.); dieser Konjunktiv deckt sich mit alat. *genam*, zu Ind. *genunt* (S. 117). *fo-dama*, zu Ind. *fo-daim* 'duldet' (S. 189).

In den andern Präsensklassen ist diese Bildungsverschiedenheit nicht vorhanden. *-bera*, zu Ind. *berid* 'trägt' (S. 117). *-cela*, zu Ind. *celid* 'verhehlt' (S. 117 f.). *-cana*, zu Ind. *canid* 'canit' (S. 121). *-eba*, zu Ind. *ibid* 'bibit' (S. 140). *-lēcea*, zu Ind. *lēcid* 'lässt'. *-suidigedar*, zu Ind. *suidigidir* 'setzt' (S. 234). Bei den *ā*-Verba (z. B. *rannaid -ranna* 'teilt', S. 234) könnte *-āi̯ā-* nach Wegfall von *-i̯-* (1, 281) durch Kontraktion zu *-ā-* geworden sein, wonach der Konjunktivstamm mit dem zugehörigen Indikativstamm lautgesetzlich zusammengefallen wäre, z. B. Konj. *-mōra*, zu Ind. *mōraid -mōra* 'macht gross'. Da aber die *i̯o*-Flexion des Indikativs dieser Verbalklasse in vorhistorischer, vielleicht schon in urkeltischer Zeit weggefallen ist (S. 166 f.) und auch das Britannische im Konj. nur *-ā-* aufweist (kymr. 3. Sing. *caro*, Plur. *carom caroch caront* mit *o* aus *ā*), so mag der Konjunktiv hier auf altem *i̯o*-losen Injunktiv beruhen.

4. Optativ [1]).

A. Vorbemerkungen.

450. Zwei Bildungsklassen liegen vor. Beide ursprünglich durchweg mit sekundären Personalendungen.

Der Optativ zu themavokallosem Indikativ hatte seit uridg. Zeit ein Formans, bei dem man eine starke Gestalt, *-i̯ē- -i̯ē-*,

1) Zu der S. 517 Fussn. 3 genannten Literatur kommt hinzu: Benfey Üb. die Entstehung u. die Formen des idg. Optativ (Potential) so wie üb. das Futurum auf sanskritisch *syāmi* u. s. w., Abh. d. gött. G.

und eine schwache Gestalt, -ī-, zu unterscheiden hat. Dagegen zeigen die themavokalischen Tempusstämme als Optativelement *i̯* hinter dem Themavokal *o*, z. B. **bheroi̯t* = griech. φέροι. Hier ist höchst wahrscheinlich -ī- in der Verbindung mit dem vorausgehenden Vokal in derselben Weise unsilbisch geworden, wie in den themavokallosen Formen wie **stəi̯-té* = griech. σταῖτε, zu W. *stā-*. Die aus griech. λείποι lit. *te-sukẽ* zu entnehmende schleifende Betonung vergleicht sich mit der schleifenden Betonung von Lok. griech. ποῖ, οἴκοι, woneben κυν-ί (1, 947. 2, 2, 179 ff.).

Schwierigkeiten, die am besten hier zur Sprache kommen, bereiten die Ausgänge der 3. Plur. in den verschiedenen Sprachen. Klar ist zunächst, dass für den Ansatz der uridg. Form bei dem Stammtypus **bheroi̯-* weder die lautliche Übereinstimmung von delph. παρ-έχοιν att. φέροιντο und got. *bairain-a bairaindau* noch die Gleichartigkeit von av. *barayən barayanta* und att. φέροιεν massgebend sein darf. Da der Wortton in allen andern Personen des Typus **bheroi̯-* von Haus aus vor der Personalendung gelegen hat (ai. *bhárēt bhárēma*, *sr̥jḗt vidhḗma*), so ist als ursprüngliche Gestaltung **bhéroi̯n̥t*, **bhéroi̯n̥to* zu erwarten. Auf letzterem beruht denn wohl unmittelbar hom. φεροίατο (für *φεροατο nach -οιμεθα, -οισθε). Att. φέροιεν aber ist nach dem Muster von εἶεν neben εἶμεν εἶτε, von δοῖεν neben δοῖμεν δοῖτε usw. entstanden, und av. *barayən*, *barayanta*, für **-ayat*, **-ayata*, sind dem Muster der 3. Plur. der themavokalischen

---

d. W. 16, 135 ff. J. Schmidt Die ursprüngliche Flexion des Optativs u. der auf *ā* auslautenden Präsensstämme, KZ. 24, 303 ff. — G. H. Müller De Graecorum modo optativo, Philol. 49, 548 ff. — Roeder Üb. den Gebrauch der nichtäol. Optativformen bei den Attikern, Z. f. d. Gymn. 1882 S. 622 ff. La Roche Die Doppelformen des griech. Optativs, Beitr. zur griech. Gramm. 1, 132 ff. R. Günther Die Herkunft des äol. Optativs, IF. 33, 407 ff. H. Hirt Zum äolischen Optativ, IF. 35, 137 ff. — F. A. Börsch Hat die lat. Sprache einen Optativus? Marburg 1820. — Loth L'optatif, les temps secondaires dans les dialectes britanniques, Mém. 5, 133 ff. — F. Bech Der umgelautete Conjunctivus praeteriti rückumlautender Zeitwörter, Germania 15, 129 ff. — Miklosich Imperativ [im Altslov.], Ber. d. Wien. Ak. 81, 132 ff. Oblak Ein Beitrag zum slav. Imperativ, Arch. f. sl. Ph. 10, 143 ff. Meillet De quelques formes de l'impératif vieux slave, Mém. 15, 35 ff.

Indikative gefolgt, der Imperfektformen auf *-ayən*, *-ayanta*, wie ja auch sonst öfters ursprünglich themavokallose Ausgänge in die Analogie der themavokalischen übergeführt wurden. Anderseits darf **-ént* darum als alte Endung bei griech. εἶεν, alat. *sient* osk. *osii[ns]* 'adsint' (IF. 30, 340f.) gelten, weil nach ai. Opt. Med. *stuvī-tá* u. dgl. anzunehmen ist, dass bei den zu themavokallosen Indikativen gehörigen Optativen in deren schwachen Formen ursprünglich die Personalendung den Wortton gehabt hat; demnach **s(i)i̯-ént* : 3. Sing. **s(i)i̯ḗ-t* (ai. *syā́-t*) etwa wie ai. *riṇ-án riṇ-ánti* : 3. Sing. *riṇā́-ti* (S. 272). Av. *hyąn* (gthav. *hyə̄n*), *jamyąn* aus **-ān[t]* hatten *ā* für *a* nach der 1. 2. Plur. gthav. *hyāmā hyātā*, vgl. 3. Plur. des *ā*-Konjunktivs *vərəzyąn*, *barąn* ai. *bhárān* neben *bhárāma bhárātha*. Doch weisen die nach der themavokalischen Konjugation gebildeten jgav. Opt. 1. Plur. *jamyama*, 2. Plur. *buyata*, 3. Sing. *hyat̰ daidyat̰* noch auf die Existenz einer 3. Plur. auf *-yan*, z. B. **hyan*, hin (vgl. etwa 3. Sing. *frīnaiti* neben 3. Plur. *frīn-ənti* ai. *prīṇ-ánti*). Neben *hyąn* im Jgav. *hyārə*, *jamyārəš*, mit den *r*-Formantien der 3. Plur., wie auch im Ai., aber lautlich abweichend, *syúḥ*, *gamyúḥ*. Hierüber und über noch andre Gestaltungen unsrer 3. Plur. s. bei den Personalendungen § 604.

Völlig ausgestorben scheint der Optativ im Armenischen, Albanesischen, Keltischen. Im Italischen fehlt die *oi̯*-Bildung. Diese Verluste waren teilweise die Folge von Synkretismus mit uridg. Konjunktivbildungen (§ 430).

B. Optativ zu themavokallosem Indikativ.

a. Vorbemerkung.

451. Das Formans war *-ii̯ē- -i̯ē-* im Sing. Akt., sonst *-ī-* vor konsonantisch anlautender Endung, und *-ii̯- -i̯-* vor sonantisch anlautender Endung (§ 450). Der Tempusstamm selbst hatte schwache Gestalt, z. B. 3. Sing. ai. *syā́t* alat. *siet*, 3. Plur. ai. *syúḥ* alat. *sient*, zu W. *es-*.

Das Formans *-(i)i̯ē-* der starken Personen ist einzelsprachlich in den Plural und Dual Akt. eingedrungen, z. B. ai. *syā́ma*, *syā́va* nach *syā́m*, griech. εἴημεν, δοίημεν (für εἶμεν, δοῖμεν) nach εἴην, δοίην, umgekehrt das Formans *-ī-* der schwachen Personen in den Sing. Akt., z. B. Lat. *sim* (für *siem*) nach *sīmus*, got. *waúr-*

þeis nach *waúrþeiþ*. Der letzteren Art der Ausgleichung vergleichen sich die im Griech. seit dem 3. Jahrh. v. Chr. auftauchenden Neubildungen εἶ, δοῖ διδοῖ, ἀνα-βαῖ für εἴη, δοίη διδοίη, -βαίη, für die vorbildlich gewirkt hat ποιοῖ neben ποιοῖμεν u. dgl. (Radermacher Glotta 6, 21 ff.).

b. Optativ zu konsonantisch auslautendem Indikativstamm.

452. Mehrsprachliches.

1) **s(i)i̯é-t* 'sit', **sī-mé* 'simus', **s(i)i̯-ént* zu W. *es-* 'sein' (S. 94): ai. *syā́-t* gthav. *hyā-t̰*, alat. *siet* alat. klass. *sīmus* alat. *sient* (§ 450), ahd. *sīm*. W. *ed-* 'essen' (S. 96): ai. *adyā-t*, lat. *edī-mus*, aksl. *jadi-mъ*. Opt. Perf. zu W. *u̯eid-* 'sehen, wissen': ai. *vidyā-t* gthav. *vīdyā-t̰*, got. *witei-ma* ahd. *wiȥȥī-mēs*; zu W. *u̯ert-* 'vertere' (S. 445): ai. *vavr̥tyā-t*, got. *waúrþei-ma* ahd. *wurtī-mēs*.

s-Aoriste (S. 390 ff.)[1]. W. *deiḱ-* 'weisen': ai. Med. *dikṣī-ta* (zu 1. Sing. Ind. *á-dikṣi*), lat. *dīxīmus* (S. 396 f.). Ai. *janiṣī-mahi*, zu *á-janiṣṭa* (S. 410). Lat. *viderī-mus*, zu *vīdis-tī* (S. 411).

2) **gᵘm̥-i̯ē-t *-gᵘmii̯ē-t*, Plur. **gᵘmī-mé*, zu W. **gᵘem-* 'gehen, kommen' (S. 89): ai. *gamyā́-t*, Med. 1. Sing. *gmīya*, ags. *cyme* (got. **kumjau*), vgl. Perf. av. *jaγmyąm* ai. *jagamyā-t*. Ai. *iyā́-t*, zu *é-ti* (S. 88). Med. ai. *ghnī-ta*, av. *paⁱti-γnīta*, zu ai. *hán-ti*, W. *gᵘhen-* 'schlagen' (S. 89). Ai. *stuyā́-t* av. *-stuyā-t̰*, ai. Med. *stuvī-tá*, zu *stu-* 'preisen' (S. 90). Med. ai. *vurī-ta* gthav. *vaⁱrī-maⁱdī*, zu ai. *a-vr̥ta* (S. 90). Ai. *juhuyā-t* Med. *juhvī-mahi*, zu *ju-hṓ-ti* (S. 106). Ai. *bibhr̥yā-t*, zu *bi-bhár-ti* (S. 105). Perf. ai. *cakriyā-t* apers. *čaxriyāʰ*, zu ai. *cakā́ra cakruḥ* (S. 450). Ai. *r̥ṇuyā́-t* Med. *r̥ṇvī-tá*, zu *r̥ṇṓ-ti* (S. 326); ai. Med. *tanvīyá* av. *paⁱri-tanuya* d. i. *-tanviya*, zu ai. *tanṓ-ti* (S. 327); ai. Med. *aśnuvī-tá*, av. *ašnuyā-t̰*, zu ai. *aśnṓ-ti* (S. 329); got. 1. Plur. *kunnei-ma* aus **kunu̯ī-*, zu Ind. 3. Plur. *kunnun* (S. 311. 333).

Die Doppelheit **gᵘm̥i̯ē-t* : **-gᵘmii̯ē-t* entspricht der Doppelheit *-i̯o-* : *-ii̯o-* in Indikativen wie av. *miryeⁱte* lat. *morior* : ai. *mriyá-tē* (S. 180. 183).

---

1) Da das Ai. nur mediale Formen aufweist, nimmt Wackernagel Verm. Beitr. 44 (vgl. Hirt IF. 12, 213, Griech. L. u. Fl.² 583) an, dass aktive Formen hier überhaupt von Anfang an gefehlt hätten. Dies halte ich, wie Günther IF. 33, 411, nicht für hinreichend begründet.

453. Arisch. In dieser Klasse der *yā*-Optative ist, gleichwie in den Optativen, die zu langvokalisch endigendem Tempusstamm gehören (§ 450), das Formans *-yā-* schon in urarischer Zeit in den Plur. und Du. Akt. gedrungen, z. B. ai. *syā́-ma syā́-ta, syā́-va syā́-tam*, gthav. *hā-mā hyā-tā* gegen lat. *sī-mus sī-tis*. Vgl. im Indik. ai. *á-dhāma* gthav. *dā-mā* gegen griech. ἔ-θεμεν (S. 101). Von gleicher Art auch 3. Plur. gthav. *hyə̄n* jgav. *hyąn* (mit urar. *ā*) für **hyan* (§ 450).

Ein paar aktive Formen wie gthav. *vərəzimā*[*-čā*], zu *varz-* 'wirken' (S. 92), waren wohl eher Neuschöpfungen nach dem Medium, welches *-ī-* festgehalten hat, als eine bewahrte Altertümlichkeit. Av. 3. Plur. *hyārə*, *jamyārəš* mit starkem Optativstamm erinnert an *mravāire*, *åŋhāire* (S. 161. 544 und § 604, 1, a).

-īya in der ai. 1. Sing. Med., z. B. *tanvīyá* (§ 452, 2), *vavṛtīya*, ist für *-iya -ya* eingetreten, indem *ī* aus den andern Medialformen eindrang. Im Ved. ist nach Ausweis des Metrums zumteil noch *-iya* zu lesen, z. B. in *íšīya* und *rāsīya* RV. 7, 32, 18.

Anm. Über die ved. Formen 3. Sing. *duhīyát*, 3. Plur. *duhīyan*, die ihre Entstehung einer 3. Plur. Med. auf *-ran* zu verdanken scheinen, s. Wackernagel KZ. 41, 312.

Weitere Beispiele zu den in § 452 angeführten:

1) Ai. *ušyā́-t* av. *usyā-t̰*, zu ai. *váṣṭi* (S. 91). Ai. *yuñjyā́-t*, zu *yunákti*, av. *mərᵃšyā-t̰* (S. 277). Ai. *vēviṣyā-t*, zu *vévēṣṭi* 'wirkt, ist tätig'. Ai. *íšī-ta*, zu *íšē*, vgl. got. *aigei-ma* (S. 431). Av. *hazdyā-t̰* ai. *sēdyā́-t*, urar. **sa-zd-yā-t*, zu ai. *sasā́da*, vgl. got. *sētei-ma* (S. 433. 447).

s-Aoriste. Typus ai. *árākṣam* (S. 395 ff.): *dhukṣī-máhi*, zu *duh-* 'melken', *vasī-mahi vąsī-máhi*, zu *van-* 'gewinnen' (S. 399), *bhakṣī-máhi*, zu *bhaj-* 'zuteilen' (S. 400), av. *raēxšī-ša*, zu W. *leiqᵘ-* 'linquere' (S. 396). Typus ai. *ádhāsam* (S. 409 ff.): *diṣīya*, zu *dā-* 'teilen'. Typus ai. *ájaniṣṭa* (S. 410 ff.): *janiṣīya*, zu *jan-* 'gignere' (S. 410), *gmiṣīya*, zu *gam-* 'gehen, kommen' (S. 413), *ruciṣīya*, zu *ruc-* 'leuchten', *sahiṣī-mahi* und *sāhiṣī-máhi*, zu *sah-* 'bewältigen' (S. 413). Typus ai. *ayāsiṣam* (S. 414): *vąsiṣīya*, zu *van-* 'gewinnen' (§ 338 Anm.). Der Optativ der sigmatischen Aoriste kommt im Ai. nur im Medium vor (S. 545 Fussn. 1), und die 2. und 3. Sing. zeigen regelmässig die sogen. Prekativgestalt, z. B. *mąsī-ṣṭhāḥ mąsī-ṣṭa*, *mōdiṣī-ṣṭhāḥ janiṣī-ṣṭa*, *yāsiṣī-ṣṭhāḥ* (§ 471).

2) Ai. *brūyā-t* av. *mruyā-ṯ*, ai. *bruvī-mahi* av. *-mrvi-ša*, zu ai. *á-brav-am brū-hí* (S. 153). Neben altem ai. *ghnī-ta* av. *-γnī-ta* (S. 545) erscheinen ai. *hanyā́-t hanī-ta* av. *ǰanyā-ṯ* apers. *-ǰaniyā*ʰ mit Einführung des palatalen Anlauts vom Indik. ai. *hán-ti* usw.; ebenso neben altem ai. *gamyā́-t gmīya* (S. 545) die Neuerungen av. *ǰamyā-ṯ* apers. *-ǰamiyā*ʰ. Perf. ai. *tuturyā́-t*, zu Ind. *tatāra* Präs. *turá-ti tirá-ti* (S. 129), av. *šušuyąm*, zu Ind. ai. *cucyuvé* W. *q̑ieu̯-* (S. 39), av. *vaonyā-ṯ*, zu Ind. gthav. *vaonarə* (S. 450), *bawryąm*, zu Ind. *barara* (S. 442). Ai. *jāgr̥yāma jāgriyāma*, zu Ind. *jā-gár-ti* (S. 112), av. *darᵊdaⁱryā-ṯ*, zu Ind. ai. *dar-dar-ti* (S. 113), vgl. ai. Opt. *dīryā-t* neben Ind. *á-dar* W. *der-* 'reissen'. Ai. *kr̥ṇuyā́-t kr̥ṇvī-tá* av. *kərᵊnuyā-ṯ*, zu Ind. ai. *kr̥ṇó-ti* (S. 328).

454. Griechisch. Dieser Sprachzweig bietet die ursprünglichen Formen fast alle in stärkerer Umbildung. Dass die den ai. Optativen wie *vidyā-t*, *vavr̥tyā-t*, *gamyā́-t* entsprechenden Formen ausgestorben sind, ist hauptsächlich wohl darauf zurückzuführen, dass sich in urgriechischer Zeit das *i̯* von *-i̯ē-m -i̯-ent* usw. mit dem vorausgehenden Konsonanten zu einer Lautung entwickeln musste, die stärkere Verundeutlichung des Auslauts des Tempusstamms und formale Zersplitterung innerhalb des Formsystems verursachte, z. B. *ϝιζην (*ϝιzδην) : *ϝιδῖμεν, zu οἶδα ἴδμεν (S. 443), *λελισσην : *λελιτῖμεν (oder Neubildung *λελιπῖμεν), zu λέλοιπα (S. 443), *κταινην : *κτανῖμεν, zu ἔκταμεν (S. 89).

Das starkstufige -ι̯η- des Sing. Akt. ist im Ion.-Att. vielfach auf den Plur. und Du. übertragen worden, z. B. εἴημεν εἴητε. Vgl. ai. *syā́ma* (gthav. *hyāmā*) für **sī-ma* (§ 453).

1) Tempusstamm auf *-s*.

εἶμεν aus *ἐσῖ-μεν, vgl. lat. *sī-mus*, und εἴην aus *ἐσι̯η-ν oder *ἐσιη-ν, vgl. ai. *syā́m* alat. *siem*, 3. Plur. εἶ-εν aus *ἐσι̯-εν oder *ἐσι-εν (S. 543 f.). Ob das anlautende ἐ- aus uridg. Zeit überkommen war (*es-* neben *s-*), ist sehr zweifelhaft; es dürfte aus den Formen mit ursprünglicher starker Tempusstammgestalt (ἔστι, ἔω u. a., S. 93 f.) übernommen sein.

Der Opt. καθ-ήμην -ῆτο, zu ἧσ-ται (S. 97), könnte Fortsetzung von *ἡ[σ]ῑ-μᾱν -το (vgl. ai. *āsī-ta*) sein, gleichwie Konj.

καθ-ῶμαι -ῆται auf *ἥ[σ]ομαι *ἥ[σ]εται (vgl. ai. *āsa-tē*) oder auf *ἥ[σ]ωμαι *ἥ[σ]ηται zurückführbar ist (vgl. § 434). Möglich ist jedoch auch, dass καθ-ήμην und καθ-ῶμαι in derselben Weise wie Ind. κάθ-ηται (S. 97) nach dem Muster der zu vokalisch auslautenden Tempusstämmen gehörigen Formen des Opt. und des Konj. neu gebildet worden sind, nach dem Muster z. B. von κεκτῄμην und κεκτῶμαι neben Ind. κέκτηται.

Ob von der ursprünglichen Optativbildung zu *s*-Aoristen (ai. *dhukṣī-máhi*, *sahiṣī-mahi* usw.) etwas im Griech. übrig geblieben ist, bleibt zweifelhaft. Entstehung von εἰδείην εἰδεῖμεν aus *Ϝειδεσ-ιη̯ν *Ϝειδεσ-ῑμεν ist in derselben Weise unsicher wie Entstehung von ᾔδεα 'wusste' aus *-Ϝειδεσα, s. § 342 u. die dort genannte Literatur.

Über δείξαιμι u. a. optativische Neubildungen s. § 472.

2) Gegenüber ai. *stuyā́-t* Med. *stuvī-tá*, *r̥nuyā́-t* Med. *r̥nvī-tá* *aśnuvī-tá* erscheinen hom. δῦη ἐκ-δῦμεν (ἔδῡν 'drang wohin, ging ein, subii', δύων, δύσις), δαινῦτο δαινύατο (δαίνυμαι 'speise'), λελῦτο (λέλυμαι 'bin gelöst'). Wahrscheinlich war das ῡ von ἐκ-δῦμεν, δαινῦτο, λελῦτο nicht lautgesetzliche Fortsetzung von υ[Ϝ]ῑ, sondern nach der Analogie von Optativen wie σταῖμεν, ἱσταῖτο, γνοῖμεν usw. entsprangen Formen mit dem Diphthong *ui̯*, der dann antekonsonantisch zu ῡ wurde (1, 182); δῦμεν, δαινῦτο aber riefen weiterhin δύη, δαινύατο hervor. Vgl. Brugmann-Thumb Griech. Gramm.[4] 389.

Hom. φθῖτο, zu ἔφθι-το (S. 88), kann lautgesetzliche Fortsetzung des als ursprünglich vorauszusetzenden *φθιι̯ῑ-το sein (vgl. ai. Opt. *śiśrītá* zu Ind. *śiśriyē*, *śri-* 'lehnen, anlegen'), aber auch Neuschöpfung zum Ind. nach dem Verhältnis θεῖτο : ἔθετο.

455. Italisch. Mediopassivische Optativformen, die den Konjunktivformen lat. *faxitur*, *turbassitur* (S. 529) entsprechen, sind wohl nur zufällig nicht überliefert.

1) Alat. *sie-m siē-s sie-t sī-mus sī-tis si-ent* (§ 452) repräsentiert noch die uridg. Stammabstufung. Altertümlich ist auch osk. 3. Plur. *osii[ns]* 'adsint', s. S. 544. Im klassischen Latein und im Osk.-Umbr. erscheint das *ī* der 1. 2. Plur. durch das Paradigma durchgeführt, lat. *sim sīs sit sint*, umbr. *sir si sei* 'sis' si 'sit' *sins* sis 'sint', entsprechend marruc. *pacrsi* 'propitius sis' oder 'sit'.

Dieser Optativ ist der einzige in dieser Gruppe von Optativen, der noch in der historischen Zeit die starke Form des Optativformans aufweist. Dies kommt wahrscheinlich daher, dass sein *i* oft haupttonig war (*síem*). Wenn demnach die Stufe -*ī*- in lat. *edim*, *axim*, *vīderim* usw. wegen der Unbetontheit des Optativformans schon früher ganz durchgeführt worden war, so wird beim Verbum substantivum die Verallgemeinerung des -*ī*- in dessen Komposita begonnen haben, wo das Optativformans gleichfalls unbetont war: alat. *possim* (neben *possiem*), *adsim* u. a.

Lat. *edim*, s. § 452, 1.

s-Aoriste. Lat. *dīxim*, *capsim*, *empsim* u. a., s. S. 404 ff.; alat. *sīrim sīrīs* usw. aus **sei-s-ī-*, zu *sino*. *vīderim*, *dederim*, *tutuderim*, *sēverim*, *amāverim*, *dīxerim* u. a., s. S. 411. 416 f. *amāssim*, *prohibēssim*, *ambīssim* u. a., s. S. 420. Über Vermischung dieser Optativbildung mit dem zugehörigen kurzvokalischen Konjunktiv s. S. 529 f.

2) Alat. *duim* 'dem', zu umbr. *pur-douitu* 'porricito' falisk. *doviad* 'duit', lit. *daviaũ* 'ich gab' (vgl. Sommer Lat. L. u. Fl.² 539 f., Krit. Erl. 155 f.). Eine analogische Neubildung war *perduim*, zum Indik. *per-do* (gleichwie Konj. *crēduam*, zu *crēdo*), infolge des Zusammenfliessens von W. *dō*- und W. *dhē*- in Zusammensetzungen (1, 536. 670. 2, 3, 99 f.).

Über *velim*, zu Ind. *vult*, s. S. 90.

Unsicher bleibt, ob umbr. heris — heris 'vel — vel' (auch *heris* — *heri*, *heri* — *heri*) ein Opt., wie lat. *velim*, gewesen ist. S. v. Planta Osk.-umbr. Gramm. 299, Thurneysen IF. Anz. 9, 185, Buck Grammar 150.

456. Germanisch. Die schwache Formengestalt -*ī*- zeigt sich in allen Teilen des germanischen Sprachgebiets in den Sing. Akt. eingenistet, z. B. 3. Sing. got. *waúrþi* ahd. *wurti* nord. run. *urþi* gegenüber ai. *vavr̥tyā-t* (§ 452, 1). Doch scheint ein Rest von -(*i*)*i̯ē*- in der got. 1. Sing. auf -*jau* (*waúrþjau*) erhalten zu sein, die, wie *baírau*, *bindau*, die Partikel *u* enthielt (§ 444. 468). Mediopassivische Formen als Gegenstück zu got. *nimaidau* fehlen.

1) Der Tempusstamm endigt auf einen Geräuschlaut.

Opt. Perf.: Got. *bundjau bundeis bundi*, *bundeima bundeiþ bundeina*, ahd. *bunti buntīs bunti*, *buntīm buntīt buntīn*, aisl. *bynda bynder bynde*, *byndem bynded bynde*. Die Zugehörigkeit der nord. Formen erhellt aus dem *i*-Umlaut des Wurzelvokals. Got. *bundjau* und aisl. *bynda* decken sich, gleichwie im Opt. des themavokalischen Präsens die 1. Sing. got. *bindau* und aisl. *binda* (§ 444). Von *bindau* stammt der Ausgang *-au* in *bundjau*. *-jau* aber war, wegen des *j*, wohl eher Umbildung der alten Form auf **-(i)i̯ē-m* als Umbildung einer Form auf **-ī-m* (vgl. ahd. *bunti*).

Dieselben Ausgänge zeigen alle andern zu Präterita gehörigen Optative, z. B. got. *skaiskaidjau* ahd. *sciadi*, zu Ind. *skaiskaiþ sciad* (S. 443. 483), got. *sētjau* ahd. *sāʒi*, zu Ind. *sat saʒ* (S. 447).

Der Opt. zu Ind. Präs. *is-t* (§ 452, 1). Ahd. *sī sīs(t) sī*, *sīm sīt sīn*. Dagegen got. *siau* (aisl. *siá*) *siais siai* usw. (auch *sijau sijais* usw. geschrieben), wie *bindau bindais* usw. Dieser Übertritt in die Weise von *bindau* im Got. war, wie es scheint, dadurch veranlasst, dass die 1. Sing. *siau* gegenüber 2. Sing. **sīs* usw. das der Regel widerstrebende Plus von einer Silbe hatte, Formen wie 2. Sing. **siīs* aber, die vielleicht zunächst zur Herstellung des gewöhnlichen Silbenzahlverhältnisses versucht wurden, wegen der unmittelbaren Folge der beiden *i* auf die Dauer nicht brauchbar waren. Dabei ist es gleichgiltig, ob man *siau sijau* direkt auf ursprüngliches zweisilbiges **si̯i̯ēm* zurückführt oder von **si̯ēm* ausgeht; denn auch ein **sjau* musste nach 1 § 312, 1 zweisilbig werden.

2) Der Tempusstamm endigt auf Nasal, Liquida oder *u̯*.

Got. *ga-munjau -muneima*, as. *muni*, zu Ind. got. *ga-man* as. *far-man*: ai. *mamanyā-t* (S. 441). Entsprechend ags. *cyme* (S. 545), dagegen ablautlich verschieden got. *qēmjau* ahd. *quāmi* (S. 441. 488 f.).

Über got. *wiljau wileima* s. S. 90.

Mnd. *dūrne*, zu Ind. *darn* : ai. *dhr̥ṣṇuyā-t* Med. *dhr̥ṣṇuvī-ta* (S. 327. 332). Got. *kunnjau kunneima* ahd. *kunni kunnīmēs*, zu Ind. got. *kann* ahd. *kan* (S. 545). Ahd. *unni unnīmēs*, zu Ind. *an* 'gönne' (S. 332 f.).

457. Baltisch-Slavisch.

Litauisch. Da für *tesē̃*, *dů̃dē̃* in älteren Drucken auch *tesi*, *tedůdi* erscheint, vermutet Wiedemann Handb. 110, in dem

-i sei das uridg. *-ī-*, die schwache Form zu *-(i)i̯ē-*, erhalten; *tesi* hiernach mit *-ī-* aus den Pluralformen, wie lat. *sit* (§ 455, 1). Sehr unsicher.

Slavisch. Von den uridg. Optativformen haben sich erhalten 1. 2. Plur. und 1. 2. Du., die als Imperativ fungieren (§ 727).

Hierher gehörige Optative sind nur bei ein paar Stämmen auf *d* übrig geblieben: ausser 1. 2. Plur. *jadimъ jadite*, 1. 2. Du. *jadivě jadita* (§ 452, 1) noch *vědimъ vědite*, zu *vědě věmь* 'weiss', mit der perfektischen, ursprünglich auf den Indik. Sing. beschränkt gewesenen Stammform **u̯oid-* (S. 491).

Vermutlich standen aber in einer formalen Beziehung zu diesen Optativen auch die 2. 3. Sing. *jaždь jaždь*, *věždь věždь*, die im Gebrauch ebenso als Imperativ neben den genannten Plural- und Dualformen erscheinen, wie beim *oi*-Optativ z. B. 2. 3. Sing. *beri beri* neben *berěmъ* usw. (§ 470); gleichartig mit *jaždь*, *věždь* sind noch *daždь* 'gib' und das entweder nach *věždь* neben *věděti* 'wissen' zu *viděti* 'sehen' hinzugebildete oder eher mit lit. *veizdi* 'sieh' unmittelbar zu verbindende *vižдь* 'sieh' (§ 483). Denn wahrscheinlich hängt der urslav. Ausgang *-di̯ь* irgendwie einerseits mit dem uridg. Imperativausgang *-dhi* (§ 483), anderseits mit dem Optativformans *-i̯ē-* zusammen. Die Art der Ausgleichung, die stattgefunden hätte, ist freilich nicht recht klar. Vgl. 1, 718, Kurze vergl. Gr. 558, Prusík KZ. 33, 158 und Vondrák Arch. f. sl. Ph. 20, 54 ff., Vergl. Slav. Gramm. 2, 143 (dessen Auffassung lautgesetzlich unhaltbar ist).

Dass *jaždь* usw. zugleich als 3. Sing. gebraucht wurden, ist nicht auffallend, vgl. *beri* als 2. und 3. Sing. und im Indikativ ebenso *-ję̄tъ* u. dgl. (S. 425).

Anm. Wenn *jaždь*, *věždь*, *daždь* mit den im Ai. durch *addhí*, *viddhí*, *daddhí dēhí* (§ 481) vertretenen uridg. Imperativformen auf *-dhi* historischen Zusammenhang gehabt haben, so wäre für das Urslavische **ēzdi̯ь*, **vēzdi̯ь*, **dāzdi̯ь* vorauszusetzen. Deren *i̯* wäre von den Optativformen **ēdi̯ēs*, **vēdi̯ēs*, **dādi̯ēs*, woraus lautgesetzlich **ēdi̯a* usw. (vgl. 1. Plur. *jadimъ*, *vědimъ*, *dadimъ*), herübergekommen. Aber vielleicht hat es im Urslavischen nur erst **dā-dь* = lit. *dů-d(i)* gthav. *dā̆idī* 'gib' (vgl. griech. πῶ-θι u. dgl.) gegeben, das durch die Einwirkung des reduplizierten **dādi̯ēs* zu **dādi̯ь* wurde (vgl. lit. *veizdmi* für **veidmi* nach Imper. *veizdi* = **veid-di*, indem das zur Personalendung gehörige *d* von *veizdi* dem Wurzelauslaut *d* von

**veidmi* gleichgestellt wurde), und weiterhin gab **dādįь*, woraus aksl. *daždь*, das Muster ab für **ēdįь*, **vēdįь*. Das Nebeneinander von Imper. **dā-dь* und Ind. aksl. *dastъ dadętъ* entspräche dem von lit. *dů-d(i) dů-k* 'gib' und Ind. *dů́st(i)*.

Eine Parallele zu dieser Verquickung von imperativischer und optativischer Flexion bieten die alat. Formen der Inschrift von Luceria *fundatid* und *parentatid* in dem Satz *stircus ne quis fundatid neve . . . parentatid*, wenn sie von Ribezzo in der Ztschr. Neapolis 2 (1914), S. 216 richtig erklärt werden. Ribezzo nimmt nämlich eine Vermischung von *-ātōd* und *-ās(s)īd* an: "*ne quis violasid* : *ne quis violatod*, onde l'incrocio *ne quis violatid*".

c. Optativ zu langvokalisch auslautendem Indikativstamm.

458. Mehrsprachliches.

1) Optative zu Tempusstämmen auf 'starre' Vokallänge (S. 157 ff. 161 ff. 177 f. 449 f.). Ai. ved. *yāyām*, zu *yā́-ti* (S. 161), nachved. *mnāyā-t* (S. 163), *jñāyā-t* (S. 170). Der alte schwachstämmige Plural zu *jñāyā-t* kann erhalten sein in griech. γνοῖτε aus *γνωιτε uridg. **ĝnō̆i̯-té*, zu ἔγνων, wie σταῖτε aus **stəi̯-té* hervorgegangen sein kann (zur Kontraktion des *-ī-* mit dem vorausgehenden Vokal vgl. **bheroi̯-t*, § 450); ebenso δραῖμεν zu ἔδραν, τλαῖμεν zu ἔτλην, βλεῖμεν zu ἔβλην, καρεῖμεν zu ἐκάρην, ἁλοῖμεν zu ἑάλων (S. 161 ff. 170 ff.), κιχεῖμεν zu ἐκίχην (S. 177). Perf. ved. *jagāyā-t* und griech. βεβαῖμεν (S. 449).

Zweifelhaft ist, ob aus dem Lateinischen z. B. *nem* = **nāēm* als ursprünglicher Opt. **snā-i̯ē-m* (vgl. Ind. *nat* ai. *snā́-ti*, S. 161) und aus dem Oskischen z. B. *deiuaid* 'iuret' als ursprünglicher Opt. **deiu̯ā-i̯ē-t* hierher zu ziehen ist, s. S. 534 f.

Zu ai. *á-bhūt* griech. ἔφῡ (S. 146 f. 149): ai. *bhūyā́t* (1. Plur. *bhūyā́ma*).

2) Optative zu Tempusstämmen auf abstufende Vokallänge (S. 99 ff. 104 ff. 296 ff. 449).

Zu mehrsilbigen Tempusstämmen. Ai. *dadhyā́-t* Med. *dadhī-tá* und *dádhī-ta*, zu Ind. *dá-dhā-ti*; *dadyā́-t* Med. *dadī-tá*, zu Ind. *dá-dā-ti*, av. *daiδyā-t̰* Med. gthav. *daidītā*, zu Ind. *daδāiti*, aksl. *dadi-mъ dadi-te*, zu Ind. *dastъ* (S. 110 f.). Perf. Plur. as. *dedin dādin* ahd. *tātīn*, zu Ind. as. *deda* ahd. *teta* (S. 449. 479 f.). Av. *hunyā-t̰*, zu Ind. gthav. *hunāiti* 'treibt an', ai. Med. *vr̥ṇī-tá*, zu Ind. 3. Plur. *vr̥ṇ-átē* 'sie erwählen' (S. 304 ff.).

Zu einsilbigen Tempusstämmen gehörig begegnet eine zwiefache Form, entsprechend der doppelten Gestalt der Wurzelsilbe in dem mit dem Formans *-i̯o-* zu gleichartigen Wurzeln gebildeten Indikativ, wie **d-i̯é-ti* ai. *dya-ti á-dya-t ā-dyati* und **də-i̯é-ti* griech. δέω aus *δει̯ω für *δαι̯ω (Kurze vergl. Gramm. 143), vgl. av. *ni-δayeⁱnte* 'werden niedergelegt' (W. *dhē-*), *staya-ta* 'stellte an' aksl. *stoją* 'stehe' (W. *stā-*). Die erstere Gestaltung, die der zu mehrsilbigen Tempusstämmen gehörigen entspricht, begegnet nur selten: av. *dyąm dyāṯ* Med. gthav. 2. Sing. *dī-šā*, 1. Sing. *dyā* d. i. *d-īya*; vielleicht osk. da-did, falls es nämlich Opt. Präs. ('dē-dat'), nicht Opt. Perf. ('dē-derit') aus **dā-d[e]dīd* war (in beiden Fällen *-ī-* aus dem Plural, wie lat. *sit* für *siet*). Die von Haus aus dem Satzanlaut zukommende Form war z. B. zu W. *dhē-* 'setzen' Akt. 3. Sing. **dhəi̯é-t*, 2. Plur. **dhəi̯-té*, 3. Plur. **dhəi̯-ént*, Med. **dhəi̯-tó* (S. 543); **dhəi̯ét *dhəi̯tó* verhielt sich zu **dhedhi̯ét *dhedhītó* (ai. *dadhyā́t dadhītá*) wie **dhətó* (ai. *á-dhita* griech. ἔ-θετο) zu **dhedh-tó* (ai. *á-dhatta*). Av. 2. Sing. *dayå*. Aus dem Griechischen können hierher gestellt werden σταῖμεν σταῖτο und mit ε, ο für α = ə θεῖμεν θεῖτο, δοῖμεν δοῖτο, von denen aus der Diphthong in die 3. Plur. und in den Sing. Akt. übertragen worden ist: σταῖεν, θεῖεν, δοῖεν und σταίην, θείην, δοίην; letztere haben dann ihrerseits wieder die Formen σταίημεν, θείημεν, δοίημεν nebst σταίησαν, θείησαν, δοίησαν hervorgerufen (§ 451). Lat. *dem*, Konj. zu *dă-mus*, lässt Zurückführung auf **dă[i̯]ē-m* = uridg. **dəi̯ē-m* zu (S. 100). Im Preuss. lässt sich *daiti dāiti* 'gebet' mit griech. δοῖτε vergleichen. Dann müsste die 2. Sing. *dais days* 'gib' erst danach gebildet sein. Doch bleibt diese Auffassung namentlich wegen *ettrais* 'antworte!' *attrāiti* 'antwortet!', *signāis* 'segne!' unsicher.

Im Ai. ist in der Periode, wo **dhēma *dhēta* [1]), **dēma *dēta* gesprochen wurde, hiernach im Sing. *dhēyām*, *dēyām* usw. und in der 3. Plur. *dhēyuḥ*, *dēyuḥ* für **dhayām*, **dayām*, **dhayuḥ*, **dayuḥ* geschaffen worden (vgl. *bhárēyam bhárēyuḥ* für **bharayam *bharayuḥ*), was weiter wiederum die Neubildungen *dhēyāma*

1) Die 2. Plur. *dhētana* RV. 8, 56, 5. 10, 37, 12 (*-tana* für *-ta*, s. § 540) ist wahrscheinlich keine Optativform, sondern ist für *dhātana* (Imper.) eingetreten nach der 2. Sing. *dhēhí* (§ 481).

dēyāma, *dhēyāta dēyāta* veranlasste (vgl. griech. θείημεν θείητε für θεῖμεν θεῖτε nach θείην und ai. *syā́ma syā́ta* nach *syā́m* § 453).

Andere nehmen, was weniger wahrscheinlich ist, an, ai. *dhēyām* griech. θείην beruhten auf gemeinsamem uridg. **dhə-i̯i̯é-m*. Dieser Auffassung sind ungünstig av. *dyąm* und das Verhältniss von ai. *bhárēyuḥ* zu av. *barayən* (§ 466). Vgl. Bartholomae IF. 7, 74 f., ZDMG. 50, 725, Reichelt KZ. 39, 8.

459. Arisch. Auch in dieser Optativklasse (vgl. § 453) erscheint seit urarischer Zeit *-yā-* vom Sing. Akt. aus in den Plur. und Du. Akt. übertragen, z. B. ai. *dadhyā́ma*.

1) Das Iranische bietet keinen sichern Beleg. Ai. *jñēyā́-t*, *mnēyā-t* für *jñāyā-t*, *mnāyā-t* (§ 458, 1) waren Neubildungen.

2) Ai. *jahyā-t jahyuḥ*, zu Ind. *jáhā-ti* (S. 111). Av. *-payā̊*, zu *pā-* 'schützen', wie *dayā̊* (§ 458, 2). Gegenüber av. *hunyā-t̰* (§ 458, 2) zeigen die ai. Optativformen *-nī-yā-*, z. B. *pr̥ṇī-yā́-t* (Ind. *pr̥-ṇā́-ti* S. 305), *gr̥hṇī-yā́t* (Ind. *gr̥h-ṇā́-ti* S. 305), eine Differenz, die derjenigen zwischen den Indikativformen wie gthav. *vərᵊn-tē* und ai. *vr̥ṇī-té* (S. 297 f. 305) entspricht.

Im übrigen vgl. § 458.

460. Griechisch. Für Plur. δραῖμεν, γνοῖμεν, σταῖμεν, δοῖμεν usw. erst in jüngerer Zeit δραίημεν, γνοίημεν usw. nach dem Sing.; bei Homer erst éin Beispiel dieser Art: σταίησαν Ρ 733. Vgl. εἵημεν § 454 S. 547.

1) Sing. δραίην, γνοίην, βλείην κιχείην usw. waren urgriech. Neubildungen für *δρᾱ-(ι̯)ην, *γνω-(ι̯)ην usw. nach dem Plur. δραῖμεν, γνοῖμεν usw, vielleicht aber zugleich auch nach σταίην, δοίην, θείην (vgl. ai. *jñēyā́-t* für *jñāyā-t*, § 459, 1), falls in diesen schon vorher der Ausgleich mit der Gestaltung des Plur. Du. Akt. (2) geschehen war.

In den Medialformen dieser Klasse, z. B. ἐμ-πλῆτο, zu πλῆτο mit urgriech. η (S. 170), μεμνῄμην μεμνῇτο, zu μέμνημαι dor. μέμνᾱμαι (S. 449), κεκλῇο, zu κέκλημαι mit urgriech. η (S. 459), ist die Vokallänge (ᾱι statt ᾰι, ηι statt ει) neu eingeführt worden nach den genannten Indikativformen, und der Gegensatz z. B zwischen βλῇο und βλείην war derselbe wie im Indikativ selbst in der 3. Plur. der Gegensatz zwischen ἄηνται und *ἀεντι (ἄεισι), s. § 115 Anm. S. 174.

Die Betonung von κιχεῖμεν, ἁλοῖμεν (§ 458, 1) und von μεμνῇτο, ἐμπλῇτο usw. statt *κίχειμεν usw. entspricht der von τιθεῖμεν τιθεῖτο usw., worüber § 461.

2) Wie die genannten σταῖμεν σταίην, θεῖμεν θείην noch: φαῖμεν φαίην, zu φημί, φθαῖμεν φθαίην, zu ἔφθην, εἶμεν εἵην, zu ἧκα (S. 102).

Die den ai. *dadhyā́-t* usw. entsprechenden Formen sind im Urgriechischen aufgegeben worden. Es erscheinen nur solche wie τιθείην τιθεῖμεν, διδοίην διδοῖμεν (zu τίθημι, δίδωμι, S. 108f.), gleichwie im Indik. nur τίθεμεν, δίδομεν gegenüber ai. *dadhmáḥ*, *dadmáḥ* (S. 109). Die Aufgabe der Form mit völlig eingebüsstem Wurzelvokal erklärt sich leicht aus der Verdunklung, welche die Lautung der wurzelvokallosen Formen vielfach erfahren musste, z. B. *θισσην neben *τιθῖμεν (zu τίθημι). Für ἱσταίην ἱσταῖμεν und ἑσταίην ἑσταῖμεν kommt zugleich (gleichwie für die Indik. ἵσταμεν, ἕσταμεν) die dem Wurzelvokal vorausgehende Konsonantengruppe στ in Betracht.

Der aus der idg. Urzeit überkommene Bildungstypus Akt. av. *hunyā-ṯ* Med. ai. *vṛṇī-tá* (S. 552. 554) ist im Griechischen verloren. Durchgehends erscheint -να- vor dem Optativformans, gleichwie in den schwachstämmigen Formen des Indikativs vor der Personalendung (δάμναμεν δάμναμαι usw., S. 297 f.): δαμναίην -ναῖμεν -ναῖτο und, mit anderem Betonungsprinzip, die medialen Optative wie δυναίμην δύναιο usw., zu Ind. δύναμαι (S. 306). δαμναῖμεν, κιρναῖμεν usw. mit Doppelkonsonanz vor α sind ebenso zu beurteilen wie ἱσταῖμεν.

461. Bei der in § 458. 460 vorgetragenen Auffassung der griechischen Formen bedarf einer besonderen Erklärung die Nichtzurückziehung des Worttons in den Formen wie ἐμπλῇτο, μεμνῇτο (§ 460, 1), τιθεῖμεν τιθεῖτο, ἑσταῖμεν, δαμναῖμεν δαμναῖτο (§ 460, 2) gegenüber der Barytonese in den Formen δύναιτο, ἐπίσταιτο (zu ἐπί-σταμαι S. 100), κρέμαιτο (zu κρέμα-μαι S. 151) u. dgl.

Die Betonungsart der letzteren Klasse ist leicht zu verstehen. Sie gleicht der von δείξαιτο neben ἐδείξατο: wie δείξαιτο zu ἐδείξατο nach λίποιτο neben ἐλίπετο gebildet worden ist (§ 472), so δύναιτο zu δύναται nach λείποιτο neben λείπεται. Zu δύναιτο würde also als Aktivform ein *δύναιμι (wie δείξαιμι), nicht ein *δυναίην gehören. Für dieses Verbum kommt aber noch in Betracht, dass das Präsens δύναμαι für die Empfindung der Griechen der historischen Zeit nicht mehr δύ-να-μαι, sondern δύν-α-μαι gewesen ist (S. 306 f.), ferner für ἐπίσταμαι, dass es für die naive Analyse ein Simplex ἐπίστα-μαι war (S. 100); ebendarauf beruhten auch die Konjunktivformen δύνωμαι und ἐπίστωμαι, im Gegensatz zu δαμνῶμαι, ἱστῶμαι usw.

τιθεῖμεν ἐκ-θεῖμεν aber und im Anschluss an sie die Medialformen τιθεῖτο ἐκ-θεῖτο mögen sich im Accent nach παρ-εῖμεν aus *-έ[σ]ῑμεν (S. 547) gerichtet haben, eventuell zugleich nach εἰδεῖμεν, falls dieses aus *Ϝειδέ[σ]ῑμεν hervorgegangen sein sollte (S. 416. 548). Eine andre Möglichkeit ist, dass in der Zeit, als noch Formen wie *ἕ[σ]ῑμεν, *ἧ[σ]ῑτο, *δύ[Ϝ]ῑμεν, *δαινύ[Ϝ]ῑτο gesprochen wurden, im Einklang mit ihnen die hiatischen Formen *θέῑμεν *θέῑτο, *τιθέῑμεν *τιθέῑτο usw. in ähnlicher Weise geschaffen worden sind, wie man im Konjunktiv die hiatischen θήω θήομεν θήομαι u. dgl. nach ἕω (aus *ἔσω), τείσω usw. neu geschaffen hat (§ 446 S. 538). Die Kontraktion zu θεῖμεν, τιθεῖμεν wäre dann in derselben Zeit erfolgt, in der *ἕῑμεν zu εἶμεν wurde. In derselben Weise könnten γνοῖμεν, κιχεῖμεν, ἐμ-πλῆτο, μεμνῇτο auf Neubildungen *γνώῑμεν, *κιχήῑμεν, *-πλήῑτο, *μεμνάῑτο zurückgehen, die den konjunktivischen Neubildungen γνώω, κιχήομεν usw. entsprächen (S. 537). Dabei bliebe unsicher, welche Lautung zu der Zeit, als die Formen wie *θέῑμεν, *γνώῑμεν aufkamen, den zugehörigen Singularformen zuzusprechen sei.

462. Italisch. Abgesehen von osk. da-did, das eventuell ein älteres **-d[e]dīd* repräsentiert (§ 458, 2), kommen in Frage: 1) die Modusformen von *ā*-Stämmen wie lat. *nem*, *plantem*, osk. *deiuaid* und 2) lat. *dem*, das, neben Ind. *dă-mus* stehend, eventuell ein altes **dă-i̯ē-m* fortgesetzt hat. S. § 458, 1. 2.

463. Germanisch. Die einzige Form aus diesem Sprachzweig, die mit Wahrscheinlichkeit hierher gestellt werden kann, ist as. *dedin*, s. § 458, 2.

464. Baltisch-Slavisch. Über preuss. *dais* 'gib' *daiti* 'gebet' s. § 458, 2 S. 553, über *te-dūdi* in lit. Drucken (für *te-dūdē*) § 457. Aus dem Slav. kommt ausser dem § 458, 2 genannten aksl. *dadimъ dadite* die zu ihm gehörige 2. Sing. *daždь* insofern in Betracht, als es scheint, dass diese Form auf einem **dādiēs* beruht, das für **de-d-iē-s* eingetreten war (§ 457 mit Anm.).

C. Optativ zu themavokalisch auslautendem Indikativstamm.

465. In uridg. Zeit galt die Vokalverbindung *-oi-*, durch Kontraktion des thematischen Vokals mit dem Optativelement *-ī-* entstanden (§ 450), gleichmässig durch alle Personen hindurch, z. B. 3. Sing. *-oi-t*, 1. Sing. *-oi-m̥*, 3. Plur. *-oi-n̥t*.

In allen Sprachzweigen, die den Optativ überhaupt festgehalten haben, erscheint diese Optativbildung als eine lebendige und schöpferische Kategorie.

Mehrsprachliches. Z. B. **bhéroi-*, zu Ind. **bhére-ti* (S. 117), 2. Sing. **bhéroi-s* 2. Plur. **bhéroi-te*, 1. Sing. **bhéroi-m̥*, 3. Plur. **bhéroi-n̥t* (Med. **bhéroi-n̥to*): ai. *bhárēḥ -ēta*, griech. φέροις -οιτε, ark. ἐξ-ελαύνοια, ep. 3. Plur. Med. φεροίατο (vgl. § 467. 596, 1, b), got. *baírais -aiþ*, aksl. *beri berěte*, lit. 3. Sing. *te-vežě* (zu *vežù* S. 119). **bhudhói-*, zu Ind. **bhudhé-to* (S. 125): Med. ai. *budhḗta*, griech. πύθοιτο. 3. Sing. av. *jasōit̰* griech. βάσκοι, 1. Plur. av. *jasaēma* griech. βάσκοιμεν, zu **g̑ᵘm̥-sk̑é-ti* (S. 352). Ai. *dhārayē-ḥ*, zu *dhāráya-ti* (S. 254), Med. *manasyḗta*, zu *manasyá-tē* (S. 208), griech. στροφέοι -οῖ, zu στροφέω (S. 246. 259), ὁράοι -ῷ, zu ὁράω (S. 211), got. *fra-wardjai*, zu *fra-wardjan* (S. 251), ags. *sealfie*, zu *sealfian* (S. 199. 214), aksl. *ląkaji -jite*, zu *ląkają* (S. 215).

466. Arisch. Weitere Beispiele: Med. ai. *yájē-ta* av. *yazaē-ta*, zu ai. *yája-tē* av. *yazaⁱte* (S. 129). Ai. *dašasyē-t*, zu *dašasyá-ti* 'ist huldreich'. Ai. *šrāvayē-t*, gthav. *srāvayaē-mā*, zu Ind. ai. *šrāváya-ti* (S. 252).

Die av. Formen 3. Plur. Akt. *barayən* (für **-ayat̰*, uridg. **-oi̯n̥t*, s. S. 543 f.), Med. 1. Sing. *haxšaya* (zu Ind. *haxšaⁱti* S. 341), 3. Plur. *yazayanta* (für **-ayata*, uridg. **-oi̯n̥to*) zeigen, dass das *ē* der ai. Ausgänge Akt. 1. Sing. *-ēyam* 3. Plur. *-ēyuḥ*, Med. 1. Sing. *-ēya* 2. 3. Du. *-ēyāthām -ēyātām* für *a* eingetreten ist in analogischem Anschluss an 2. Sing. *bhárēḥ* usw. (vgl. griech. φεροίατο für *-οατο usw., § 467). Bartholomae ZDMG. 50, 716 vermutet (nach dem Metrum), dass für *dítsēyam* RV. 8, 14, 2 (zu *dítsa-ti* S. 345) im Urtext noch die ältere Form **dítsayam* gestanden habe.

In spätvedischer Zeit zeigen die Verba auf *-aya-ti* zuweilen Formen mit *-ī-* statt *-ē-*, also nach der Art des zu themavokallosem Indikativ gehörigen Optativs, wie 3. Sing. Med. *vēdayī-ta*, *kāmayī-ta*. Ähnlich Partizipia wie *vēdayāna-ḥ* für und neben *vēdayamāna-ḥ* sowie die Injunktivformen wie *ūnayī-ḥ* (S. 154). Vgl. Bartholomae Stud. 2, 71. 127.

467. Griechisch. 3. Plur. φέροιεν (für *φεροια, uridg. **bheroi̯-n̥t*, S. 543), ep. φεροίατο für *-οεν, *-οατο mit -οι- nach φέροις usw. Von den Formen der 1. Sing. Akt. ist am altertümlichsten ark. ἐξ-ελαύνοια (für *-οα, uridg. *-*oi̯m̥*). Der wie -οια zweisilbige Ausgang att. usw. -οιμι (φέροιμι) stellte sich vermutlich zu -οις (φέροις) usw. ein nach τίθημι neben τίθης usw. Das seltene -οιν aber in der 1. Sing. (τρέφοιν, ἁμάρτοιν) vergleicht sich mit den Neubildungen in der 3. Plur. delph. παρ-έχοιν, att. ἔχοιντο; im Aktiv lag diese Neuerung um so näher, als auch die Indikativform εἶχον zugleich 1. Sing. und 3. Plur. war.

Die Übereinstimmung von σχοῖμεν (zu ἔσχομεν), φιλοῖμεν (zu φιλοῦμεν aus φιλέομεν), μισθοῖμεν (zu μισθοῦμεν aus μισθόομεν) mit δοῖμεν, διδοῖμεν (zu ἔδομεν, ἐδίδομεν) u. dgl. rief im Ion.-Att., stellenweise auch im Dor. Singularformen wie σχοίην, φιλοίην, μισθοίην für -οῖμι hervor (bei Homer schon φιλοίη, φοροίη), ferner δρῴην, τῑμῴην für δρῷμι, τῑμῷμι. Die Verschiedenheit παρά-σχοιμι : σχοίην war begründet in der Verschiedenheit der Betonung im Plural: σχοῖμεν wie δοῖμεν, παράσχοιμεν wie φέροιμεν. Eine weitere Folge waren die Pluralformen wie φιλοίημεν, die durch διδοίημεν neben διδοίην hervorgerufen worden sind.

468. Germanisch. Es entsprechen einander z. B. 2. Sing. got. *bindais*, ahd. *bintēs* as. *bindes*, aisl. *binder*, 2. Plur. got. *bindaiþ*, ahd. *bintēt*, aisl. *binded*. Neubildungen der 3. Plur. von derselben Art wie delph. παρ-έχοιν att. φέροιντο (§ 450. 467) waren got. *bindain-a* (§ 558, 2, b) *bindaindau* (§ 494), ahd. *bintēn* as. *binden*, aisl. *binde*.

In der 1. Sing. got. *bindau* aisl. *binda* war wahrscheinlich ein uridg. Konj. auf *-ō* mit angefügter Partikel *u* erhalten (§ 444).

Bei den Verba mit Inf. auf urgerm. *-*ōi̯ana-n* (S. 199) dürfen noch als alt gelten die Formen wie ags. *sealfie* (§ 465), as. *makoie* (zu *makon* 'machen'), während ahd. (alem.) *salbōe -ōēs(t)* usw. Neubildung sein muss.

Nicht recht klar der Entstehung nach sind die Optative wie 2. Sing. got. *salbōs* ahd. *salbōs(t)*, 3. Sing. got. *salbō* ahd. *salbo*, 1. Plur. got. *salbōma* ahd. *salbōm*. Ebenso die Optative zu Verba mit Inf. auf **-ēi̯anan* (S. 203), wie 2. Sing. got. *habais* ahd. *habēs(t)*, 3. Sing. got. *habai* ahd. *habe*, 1. Plur. got. *habaima* ahd. *habēm*. Am einfachsten sind sie zu erklären als Injunktive (S. 521). Für diese Auffassung spricht einerseits, dass die 1. Sing. got. *bindau* aisl. *binda* wahrscheinlich eine Konjunktivform war, die sich mit Optativformen gesellt hat (s. o.), anderseits, dass im lit. 'Permissiv' heute die injunktivischen Formen wie *te-māto*, *te-dainũja* (§ 429 S. 522) gleichwertig den optativischen Formen wie *te-vedē̃*, *te-sukē̃* (§ 469) gebraucht werden.

Alem. *habēe*, wie *salbōe*.

469. Baltisch.

Das Litauische bewahrt die 3. Sing. Akt. (zugleich 3. Plur. und 3. Du.) als sogen. Permissiv, doch ist die Bildung jetzt auf die primären Verba beschränkt. Z. B. *te-vedē̃* 'er führe', zu *vedù* (S. 136), *te-sukē̃*, zu *sukù* (S. 137), *te-vertē̃* aus **-verti̯ē̃* (1, 289), zu *verczù* (S. 194), *te-ateinē̃* 'er komme', zu *einù* (S. 320). Auch zu ursprünglich themavokallosen Indikativen: *tesē̃* 'er sei', zu *esmì esù* 'bin' (S. 93 f.), *te-dūdē̃* 'er gebe', zu *dū́mi dū́du* (S. 110 f.); über *tesi*, *tedūdi* in älteren Drucken s. § 457. 464. Die Schlusssilbenbetonung ist von den zu dem Präsenstypus ai. *sphurá-ti* gehörigen Formen wie *te-sukē̃* ausgegangen, vgl. Part. Präs. *vedą̃s*, betont wie *suką̃s* (2, 1, 458 f.).

Der Permissiv zu Indikativen auf *-au* (S. 168. 214) hat in älteren Drucken den Ausgang *-ai*, z. B. *te-darai*, zu *daraũ* 'mache'. Dieses *-ai* ist aus **-ā-ai* kontrahiert. Der Optativausgang **-ai* = uridg. **-oi̯-t* war demnach in derselben Weise an den Tempusstammauslaut *-ā* angesetzt worden, wie in den Indikativformen *daraũ* und *daraĩ* die Ausgänge *-u* und *-i* der Formen *sukù* und *sukì* (*sukũ-s(i)*, *sukē̃-s(i)*), vgl. ahd. *salbōe* nach *bere* (§ 468). Auch 1. Plur. *pa-praszaim* (*pa-praszaũ* 'erbitte'), 2. Plur. *żinait* (*żinaũ* 'weiss') kommen vor (Bezzenberger Beitr. z. Gesch. d. lit. Spr. 223).

Im Lettischen und im Preussischen erscheinen *oį*-Optative als Glieder des Imperativsystems. Lett. z. B. 2. Plur. *metit* 'werft', *welzit* 'zieht', *mafgājit* 'wascht', *lūkūjit* 'schaut'. Preuss. *immais* 'nimm', *immaiti* 'nehmt', *kackinnais* 'reiche', *draudieite* 'wehret' (vgl. lit. *draudžù*, Permiss. *te-draudē̃* aus **-draudįē*), *idaiti īdeiti* 'esset' (vgl. lit. *ėmi ėdu*, S. 96). Hierher auch *ieis* 'geh' *ieiti* 'geht', zu Ind. *-eit -ēit*, vgl. griech. ἴοις (S. 88), *seiti sēiti* 'seid', wie lit. *tesē̃* (S. 94. 559).

470. Slavisch. Auch hier (vgl. § 469) erscheint der Opt. als Imperativ: Sing. 2. *vedi* (aus **-ois*), 3. *vedi* (aus **-oit*), Plur. 1. *veděmъ*, 2. *veděte*, Du. 1. *veděvě*, 2. *veděta*; die Präsentia auf *-ją*, z. B. *znają*, *dělają*, zeigen durchgehends *-ji-*: *-ji -ji*, *-jimъ -jite*, *-jivě -jita* (1, 192).

Bei den Verba auf *-ją* begegnet schon früh im Aksl. auch *-ja-* statt *-ji-* im Plural und Dual, z. B. *pijate* neben *pijite*, zu *piją* 'trinke', *plačate* neben *plačite*, zu *plačą* (*sę*) 'weine'. Am häufigsten tritt *-ja-* auf, wo dem *j* ein Konsonant unmittelbar vorausgeht, während immer nur *-ji-* erscheint in den Präsentien auf *-ają*, *-ěją*, *-ują*, *-oją*, wie *po-kają ląkają*, *děją cěłěją*, *minują*, *poją*. Wahrscheinlich wurde nach dem Verhältniss von *veděte* zu *vedi* **pijěte* zu *piji* geschaffen [1]) und zwar zu einer Zeit, als man *ě* bereits wie *i͡a*, *e͡a* sprach, so dass sich leicht *-ja-* ergab. Dass die abgeleiteten Verba wie *ląkają* ausgeschlossen blieben, war vermutlich darin begründet, dass die vorbildlich wirkenden Formen wie *veděte* in weitaus den meisten Fällen um eine Silbe kürzer waren als sie. Anders, aber nicht überzeugend, über dieses *-ja-* neben *-ji-* Oblak Arch. f. sl. Ph. 10, 143 ff., Meillet Mém. 15, 35 ff.: nach ihnen sollen die *-ja*-Formen nicht Optative, sondern alte Konjunktive wie ai. *bhárāma bhárātha*, griech. φέρωμεν φέρητε, lat. *ferēmus ferētis* (oder vielleicht lat. *ferāmus ferātis*) sein.

Bei den Verba mit *-itъ* in der 3. Sing., wie *viditъ* Inf. *viděti* (S. 153. 182), *gostitъ* Inf. *gostiti* (S. 222 f.), *vratitъ* Inf. *vratiti*

1) Ähnlich wurde im Ahd., nachdem *-ịa-* in schwachtonigen Silben zu *-ịe-* geworden war, z. B. *nerien* = got. *nasjan* (Kurze vergl. Gr. 214), in den *ịa*-Verba das ältere *a* wiederhergestellt nach der Analogie der *ị*-losen Verba: *nerian* (*nergan*) für älteres *nerien*.

(S. 266), hatte der ganze Optativ *i*, fiel also der Optativstamm mit dem Indikativstamm zusammen, z. B. *vidi vidi, vidimъ vidite, vidivě vidita.* Bei den Betonungsverhältnissen dieser Imperativklasse in den jüngeren slav. Sprachen ist es nicht leicht, zur Klarheit über den Ursprung dieser Formen zu kommen. Ich vermute (wie schon in der 1. Aufl. S. 1314) ursprüngliche Injunktivformen in ihnen, so dass sich z. B. 3. Sing. *vidi* und lit. Permissiv *pa-výd(i)* 'invideat' (S. 153. 522) deckten (vgl. auch *mlъvi* und av. Ind. *vyā-mrvī-ta* S. 153 und ai. Inj. Med. *gr̥hī-tá* neben Ind. *a-gr̥hī-tām* S. 154). Vgl. Vondrák Vergl. Slav. Gramm. 1, 201 f. 2, 142 f.

D. Der ai. Prekativus und der griech. Optativus des *s*-Aorists.

471. Der ai. Prekativus[1]), im Gebrauch auf Wünsche beschränkt (§ 771), ist eine Abart des aoristischen mit *-yā-* : *-ī-* gebildeten Optativs. Er zeigt, mit Ausnahme der 2. 3. Du. Med., ein *-s-* unmittelbar vor der Sekundärendung, z. B. 3. Sing. Akt. *bhūyāḥ* = **bhūyā-s-t* neben Opt. *bhūyā-t*, Med. *mucī-ṣ-ṭa* neben Opt. *uhī-ta*. In der ved. Sprache sind nur fünf Personen des Prek. belegt, z. B. Akt. 1. Sing. *bhūyāsam*, 3. Sing. *aśyāḥ*, 1. Plur. *kriyāsma*, Med. 2. Sing. *mąsīṣṭhāḥ*, 3. Sing. *mąsīṣṭa*. In jüngerer Zeit dazu noch Akt. Plur. 2. *-yāsta*, 3. *-yāsuḥ*, Du. 1. *-yāsva*, 2. *-yāstam*, 3. *-yāstām*, Med. Plur. 2. *-īḍhvam* = **-īžḍhvam*, Du. 2. *-īyāsthām*, 3. *-īyāstām*. Keine prekativischen Formen gab es für die 2. Sing. Akt. und die 1. Sing., 1. 3. Plur., 1. Du. Med. Die 3. Sing. auf *-yāḥ* war nur vedisch, klassisch dafür *-yā-t*, d. h. die gewöhnliche Optativform.

Diese ai. *s*-Bildung war vermutlich eine Umgestaltung des *yā*-Optativs nach dem Vorbild von *s*-aoristischen Indikativformen und zwar nach Massgabe des Nebeneinanders der zu Wurzeln auf *-ā* gehörigen *s*-Aoristformen wie *áyāsam áyāḥ áyāḥ, áyāsma áyāsta áyāsuḥ, ádhāsam ádhāḥ ádhāḥ, ádhāsma* usw. (§ 329 f. 345 f.) und der Imperfekt- und Aoristformen wie *áyām áyāḥ áyāt, áyāma* usw., *ádhām ádhāḥ ádhāt, ádhāma* usw. (§ 56. 104 f.

1) Verfasser Die Entstehung des ai. Prekativs, IF. 34, 392 ff.

112f.); zugleich mögen Injunktivformen wie *s*-Aor. 3. Plur. *dhāsuḥ* neben dem starken Aor. *dhām* vorbildlich beteiligt gewesen sein. Dass so z. B. neben *bhūyā́m* ein *s*-Aorist *bhūyā́sam* geschaffen wurde, setzt demnach voraus, dass der aus Wurzel + Optativformans *-yā-* bestehende Stamm wie ein Tempusstamm auf *-ā* angeschaut wurde.

In der 2. und 3. Sing. ergaben sich zunächst z. B. *bhūyā́ḥ* und *bhūyā́ḥ*. Wie nun im Indikativ bei lautlicher Gleichheit dieser Personen eine Differenzierung eintrat und z. B. neben 2. Sing. *á-śrāiḥ* (1. Sing. *á-śrāiṣam*) als 3. Sing. *á-śrāit* geschaffen wurde (S. 400 § 315, a), so stellte sich im Prek. neben 2. Sing. *bhūyā́ḥ* als 3. Sing. *bhūyā́-t*, d. h. es rückte hier für die Prekativform die alte Optativform wieder ein.

Die medialen Prekativformen haben sich vielleicht erst nach der Analogie der Aktivformen eingestellt: nach **-yā-s-t* (*-yāḥ*) neben *-yāt* entsprang *-ī-ṣṭa* neben *-ī-ta*, usw. Doch können auch hier Indikativ- bezieh. Injunktivformen mit *-ī-* mitgewirkt haben, vgl. Indik. *s*-Aor. 3. Sing. *agrahīṣṭa* (S. 410. 414) neben Injunkt. 3. Sing. *gṛhī-tá* 2. Sing. *gṛhī-thāḥ* (S. 146).

Vereinzelt erscheint im AV. eine Prekativform auch beim *oi̯*-Optativ: 3. Sing. Med. *vidēṣṭa* 'er möge (für sich) finden'.

472. Der griech. Optativ des *s*-Aorists. Die gewöhnliche Flexion wie δείξαιμι -αις usw. δειξαίμην -αιο usw. ist in Abhängigkeit von der indikativischen Flexion -σα -σας usw. (S. 424) zustande gekommen und war im wesentlichen eine Nachahmung des *oi̯*-Optativs wie λίποιμι -οις usw. λιποίμην -οιο usw. In derselben Weise stand δυναίμην dem Ind. δύναμαι ἠδυνάμην gegenüber (S. 555f.); vgl. auch Konj. kret. παρ-θῦσαται, wie δύναμαι, und att. δείξω δείξωμαι, wie δύνωμαι (§ 446 S. 538f.).

Schwieriger ist die Erklärung des sogen. äolischen Optativs des *s*-Aorists: δείξεια -ειας -εις -ειμεν -ειτε -ειαν im Ion.-Att., El., Kret. (-ιαν aus -ε[ι̯]αν), Lesb. (-ειε). Gegen meine Auffassung, dass nach *ὄλειαν aus *ὀλεσι̯αν (vgl. ὀλέω S. 415) δείξειαν geschaffen und hierzu -εια usw. nach der Art der Flexion des Indikativs hinzugebildet worden sei, sowie gegen Wackernagels Ansicht, dass ein themavokalischer Optativ mit *-ei̯-* (*-s-ei̯-*) statt *-oi̯-* vorliege, macht R. Günther IF. 33, 407ff. berechtigte Bedenken geltend. Er nimmt eine auch sonst, wie es scheint, belegbare Dissimilation von αια zu εια an: aus *-σαια, *-σαιαν wurde -σεια, -σειαν, hiernach dann analogisch *-σεις *-σει, -σειμεν -σειτε, von welchen Formen sich die 2. und 3. Sing., weil sie zweideutig waren, nicht halten konnten; nach ἔδειξας -ε neben ἔδειξα -αν traten schliesslich δείξειας -ειε neben δείξεια -αν. Vgl. S. 423 und (wegen der älteren Literatur über das Problem) Brugmann-Thumb Griech. Gramm.[4] 368f.

Anm. Den neuesten Versuch, dem Ursprung des äolischen Optativs beizukommen (Hirt IF. 35, 137ff.), halte ich für verfehlt: der hier angesetzte Ausgangspunkt uridg. 1. Sing. *-*e-i̯ēm*, 1. Plur. *-*e-īmes* schwebt ganz in der Luft (über den von Hirt verglichenen lat. 'Konj. Imperf.' s. S. 507).

5. Imperativ [1]).

A. Vorbemerkungen.

473. Die unter dem Namen Imperativ in den einzelnen idg. Sprachen zusammengefassten Formen sind sehr verschiedener Art. Nur ein Teil von ihnen erscheint mit eigenartiger formaler Kennzeichnung, andere decken sich mit den Formen anderer Modi und sind in der geschichtlichen Formenlehre als den echten Imperativformen systematisch angeschlossene Formen anzusehen.

Es finden sich in den Imperativsystemen der einzelnen idg. Sprachzweige:

1) Thurneysen Der idg. Imperativ, KZ. 27, 172ff. Pott Üb. die erste Person des Imperativs, Kuhn-Schleicher's Beitr. 1, 50ff. — Aufrecht Üb. eine seltne Verbalform [ai. *addhaki* 'iss doch' zu *addhi* u. dgl.], ZDMG. 34, 175f. — La Roche Die Imperativformen des Perfects, in: Beiträge zur griech. Gramm. 1 (Leipz. 1893) S. 173ff. J. H. Wright Five interesting Greek Imperatives, Harvard studies in class. Phil. 7, 85ff. H. Hirt Griech. φερόντω, got. *bairandau*, ai. *bharantām*, IF. 7, 179ff. — I. N. Madvig De formis imperativi passivi, Kopenh. 1837 = Opusc. 2, 239ff. J. N. Schmidt Üb. den lat. Imperativ, Z. f. d. Gymn. 1855 S. 422ff. Ch. Thurot De l'impératif futur latin, Revue de philol. 4, 113ff. J. Fraser The latin imperative in *-mino*, Class. Quarterly 5 (1911) S. 123ff. Brugmann Zu den Imperativendungen im Umbr., IF. 29, 243ff. — Thurneysen Der ir. Imperativ auf *-the*, IF. 1, 460ff. — Kern Eine Imperativform im Got., KZ. 16, 451ff. v. Helten Zum got. Imperat. auf *-dau*, *-ndau*, PBS. Beitr. 28, 551ff. — Brugmann Die lit. Imperative auf *-k(i)*, IF. 29, 404ff. Vondrák Die Imperative *daždь*, *věždь* usw., Arch. f. sl. Phil. 20, 54ff.

1) Injunktivformen, und zwar scheinen diese teilweise schon seit uridg. Zeit Bestandteil des Imperativsystems gewesen zu sein. Z. B. 2. Plur. ai. *bhára-ta* griech. φέρετε lat. *agite*, 2. Du. ai. *bhára-tam* griech. φέρετον. S. § 429, 1 S. 519 ff. Dabei ist in formaler Hinsicht eine Besonderheit der 2. Plur. Akt., dass sie bei den themavokallosen Stämmen neben der schwachen Stammform auch starke Stammform aufweist, wie ai. *é-ta* lat. *īte* neben ai. *i-tá* 'geht', s. S. 60 f. Homer. φέρτε, das wir a. a. O. auf ein vorgriech. **bherte* zurückgeführt haben, möchte jetzt Sommer Krit. Erl. 160 als lautgesetzliche Fortsetzung von φέρετε deuten: mir unwahrscheinlich.

2) Konjunktivformen. Als solche werden Formen der 1. Person der drei Numeri von den Grammatikern zum Imperativsystem gerechnet, namentlich im klass. Sanskrit, das vom vorklass. Konjunktivparadigma nur diese Formen (Akt. *bharāṇi bharāma bharāva*, Med. *bharāi bharāmahāi bharāvahāi*) übrig behalten hat. Vgl. § 718 Anm.

3) Optativformen: preuss. *immais*, lett. *metīt* (§ 469), aksl. *vedi veděte* (§ 470).

4) Wohl auch Formen des Verbum infinitum und zwar Formen, die, ehe sie zu imperativischer Geltung kamen, als Infinitiv gebraucht worden waren: griech. δεῖξαι (§ 492, 2), lat. *sequiminī* (§ 493).

Im folgenden sollen nun nur solche Formen behandelt werden, die, so weit man in der Sprachgeschichte rückwärts zu blicken vermag, nur imperativisch gebraucht worden sind. Die sich als uridg. erweisen, mag man die echten Imperativformen nennen. Im Anschluss an sie erwähnen wir dann noch einige imperativische Formen einzelner Sprachzweige, deren Ursprung nicht hinlänglich aufgeklärt ist. Zum Teil mögen sie uridg. Imperativformen sein, die anderswo nicht erhalten worden sind, zum Teil aus einer der vier angegebenen Quellen stammen, von denen aus der eigentliche Imperativ Zuzug erhalten hat.

B. Der reine Tempusstamm als 2. Sing. Akt.

474. Es sind die Formen wie lat. *ei ī*, *age*. Sie haben von jeher ebenso der Personalbezeichnung entbehrt, wie die

Vokativformen wie *eque* des Kasuszeichens. Beide Arten von Wortformen, Imperativ und Vokativ, sind ihrem Wesen nach enger miteinander verwandt, indem sie den Naturlautungen näher geblieben sind als andre Wortformen und überall noch den Charakter einer interjektional betonten konkreten Vorstellung hervorkehren (2, 1, 43 ff., Wundt Sprachpsych. 1², 1, 310 ff.).

Als Weiterbildungen von solchen Imperativformen aus sind zu betrachten die uridg. Formen auf *-dhi* (§ 479 ff.), die uridg. Formen auf *-tōd* (§ 484 ff.) und die ai. Medialformen auf *-sva* (§ 490, 3).

Die Formen der Typen lat. *ei* und *age* waren, wie namentlich die uridg. Erweiterung mittels *-tōd* lehrt (§ 484), von Haus aus gegen den Unterschied von 2. und 3. Person und den Unterschied der Numeri indifferent. Da auch in historischer Zeit verschiedener idg. Sprachen Verbindungen vorkommen wie griech. ἄκουε πᾶς und ἄγε δὴ ἀκούσατε, so ist es wohl möglich, dass diese Weite des Gebrauchs niemals ganz aufgehört hatte. Vgl. § 729.

475. I) Themavokallose Form.

Mehrsprachliches. **ei*, zu **ei-ti* 'geht' (S. 88): griech. ἔξ-ει, lat. *ei ī*, lit. *eĩ-k*; unsicher ist, dass in got. *hir-i* 'komm her' dieser Imperativ als *-i* = urgerm. **ī* aus **ei* enthalten sei. — **dō*, zu **é-dōt* 'gab' (S. 99 f.): lat. *ce-do* 'gib her', lit. *dů-k*, vgl. griech. δίδω (§ 476). — Lat. *hia* lit. *žió-k* (S. 162); von derselben Art lat. *doma* ahd. *zamo* (§ 476), lat. *plantā*, ir. *car*, ahd. *eisco* lit. *jëszkó-k*, *dovanó-k* (S. 162 ff. 210 ff.). — Lat. *vide* lit. *pa-vydė́-k*, lat. *tace* ahd. *dage* (§ 476) u. dgl. (S. 171 ff.).

476. Einzelsprachliches.

Im Arischen keine sicheren Belege. Ai. *śṛṇú* neben *śṛṇu-dhí -hí*, *kṛṇu* neben *kṛṇu-hí*, *dhūnu* neben *dhūnu-hi* u. dgl. (S. 326 f.) kann einzelsprachliche Neuschöpfung gewesen sein: *śṛṇú* zu 2. Plur. *śṛṇu-tá* hinzugebildet nach dem Muster von *bhára* : *bhára-ta* (vgl. unten über att. ὄμνῡ neben hom. ὄμνυ-θι). Über *gṛhāṇá* (zu *gṛhṇā́-ti*), das man auf **gṛbhnā-na* (vgl. att. κρίμνη) hat zurückführen wollen, s. S. 305 f. — Von av. *čiči* 'büsse' (Konj. *čikaya-t̰*, zu § 59, II) gilt das gleiche wie von ai. *śṛṇú*: es kann nach 2. Plur. **čičita* neu gebildet worden sein.

Griechisch. Noch andre Beispiele (vgl. § 475): Lesb. epir. πῶ 'trink' neben πῶθι, zu ai. *pā́-ti* 'trinkt'. Ion.-att. ἵστη, bei Grammatikern δίδω, zu ἵστη-μι, δίδωμι (S. 108). Dor. ἐν-πέλα, zu *πέλᾰ-μι (S. 151). Lesb. κίνη, zu κίνημι 'bewege', φίλη, zu φίλημι 'behandle freundlich', μύρω, zu μύρωμι 'salbe' (S. 174). Dor. ἔγ-κίκρᾱ, zu κέ-κρᾱται, att. πίμπρη, zu πίμπρημι (S. 178). Att. κρίμνη, zu κρίμνημι, lesb. δάμνᾱ, zu δάμνᾱμι (S. 307). Att. ὄμνῡ neben hom. ὄμνυ-θι (S. 331) war griech. Neubildung (vgl. oben über ai. *śṛṇú*).

Italisch. Noch andre Beispiele (vgl. § 475): Wie *hiā*: *nā*, *flā*; wie *doma plantā*: *portā*, umbr. *aserio* 'observa' (1 § 1025, 3 S. 920). Lat. *stā* kann eine Form wie *ce-do* sein, aber auch dem *nā* entsprechen, vgl. lit. *stó-k* (S. 100). Über *dā*, wie 2. Sing. Ind. *dā-s* (S. 100), s. Sommer Lat. L. u. Fl.² 539, Krit. Erl. 154. Wie *vide*: *im-plē*, *nē*. Lat. *suf-fī*, *farcī*, *fīnī*, *cape* (aus **capi*) zu 2. Sing. Ind. *suf-fīs*, *farcī-s*, *fīnī-s*, *capi-s* (S. 188f. 222). Lat. *fu* (wahrscheinlich im Carmen arvale, s. Pauli Altital. Stud. 4, 29ff., von Grienberger IF. 19, 159) wie lit. *bú-k* (S. 149).

Keltisch. Ir. *car* kymr. *cār*, zu *caraim caraf*, wie lat. *plantā* (S. 166f.). *bī* (neben 3. Sing. Imper. *bīth bīd*), zu *-bīu* 'bin' (S. 183. 189), *lēic* (neben 2. Plur. *lēcid*, Ind. 3. Sing. *lēcid* 'lässt') wie lat. *suf-fī*, *farcī*, *cape*.

Germanisch. Ungewiss ist, ob ahd. *tō tuo* as. *dō* (zu ahd. *tuon* 'tun') in bezug auf die Bildungsart Formen wie griech. πῶ, lit. *dė́(-k)* unmittelbar gleichstand.

Got. *salbō* ahd. *salbo* 'salbe', got. *fiskō* ahd. *fisco* 'fische' (zu 2. Plur. got. *salbō-þ fiskōþ* ahd. *salbō-t fiscōt*) wie lat. *plantā* (s. S. 167. 213f.). Weniger sicher ist, dass sich ebenso ahd. *dage* und lat. *tacē* entsprechen (S. 176. 203f.). Der auslautende Vokal hat sich in beiden Klassen unter dem Schutz des entsprechenden Vokals in den gedeckten Endsilben andrer Personen des Paradigmas erhalten.

Baltisch. Unser Bildungstypus ist vom Lit. bewahrt worden und hier in der Art produktiv geworden, dass zu jedem 'Infinitivstamm', der auf langen Vokal oder Diphthong auslautete, eine 2. Sing. Imper., mit Antritt der Partikel *-k(i)* (§ 889, 2), gebildet werden konnte. Bei der Lebendigkeit des Bildungsprinzips ist natürlich keine Gewähr, dass alle die Formen altererbt sind, zu denen sich direkte Parallelen in andern Sprachzweigen finden.

Weitere Beispiele ausser den § 475 genannten und dem oben zu alat. *fu* gestellten *bú-k*: *dė-k* 'lege', zu Inj. *pa-dė* 'er helfe', ai. *á-dhā-t* (S. 99). *jó-k*, zu *jóju jó-ti* 'reiten', ai. *yā́-ti* (S. 160. 161), *kló-k*, zu *klóju klóti* 'etwas breit hinlegen', *ne-bijókis* 'fürchte dich nicht', zu *bìjo-s* 'fürchtet sich' (S. 168), *lankó-k*, zu *lankóju lankóti* 'hin u. her biegen'. *minė́-k*, zu *menù minė́-ti* 'gedenken' (S. 170), *judė́-k*, zu *judù judė́-ti* 'sich bewegen' (S. 171. 177), *kėték*, zu *kėtėju kėtėti* 'hart werden' (S. 217). *laidű-k*, zu *laidűju laidűti* 'bürgen' (S. 220). *rykáu-k*, zu *rykáuju rykáuti* 'regieren' (S. 220). Nach diesem Prinzip entsprangen *im̃k* zu *im̃ti* 'nehmen', *bùdink* zu *bùdinti* 'wecken' usw. (s. IF. 29, 404 ff.).

Die Partikel *-k(i)* verwuchs mit der Imperativform so fest, dass auf Grund der Verbindung neue Paradigmata entsprangen, z. B. zu *dė́k(i)* Plur. *dė́kime dė́kite*, Du. *dė́kiva dė́kita*.

477. II) Themavokalische Form. Der Ausgang war uridg. *-e*.

Mehrsprachliches. **bhére*, zu Ind. **bhére-ti* (S. 117): ai. *bhára* av. *bara*, arm. *ber*, griech. φέρε, ir. *beir*, got. *baír* ahd. *bir*, eventuell auch lat. *fer* aus **fere* (§ 478 Anm.); **áĝe*, zu Ind. **áĝe-ti* (S. 121): ai. *ája*, griech. ἄγε, lat. *age*. **pr̥ḱsḱé*, zu Ind. **pr̥ḱsḱé-ti* (S. 352): ai. *pr̥cchá*, arm. *harç*, lat. *posce*. **liqᵘé*, zu Ind. **é-liqᵘet* (S. 125): arm. *lik̔*, griech. λίπε. Griech. ἰδέ, zu Ind. ἴδον εἶδον (S. 124). Ai. *tíṣṭha* lat. *siste*, zu Ind. *tíṣṭha-ti sistit* (S. 108. 139). Ausgang *-i̯é* bei den Denominativa (S. 204 ff.): ai. *namasyá*, zu *namasyá-ti* (S. 208), *gātuyá*, zu *gātuyá-ti* (S. 223), griech. τέλει aus -εε, zu hom. τελείω -έω aus *τελεσ-i̯ω (S. 208), τίμα aus -αε, zu τιμῶ aus -άω (S. 213), φίλει aus -εε, zu φιλῶ aus -έω (S. 216), μάστιε, zu μαστίω (S. 222), γήρυε, zu γηρύω (S. 223), lat. *statue*, zu *statuo* (S. 224), got. *haúrnei*, zu *haúrnjan*, *dailei*, zu *dailjan* (S. 191. 216. 222. 236). Ausgang *-éi̯e* bei den Iterativa und Kausativa (S. 244 ff.): ai. *vartáya* got. *fra-wardei*, zu *vartáya-ti fra-wardjan* (S. 251), griech. ὄχει aus -εε, got. *wagei*, zu ὀχῶ aus -έω, *wagjan* (S. 249 f.). Formen des *s*-Aorists: ai. *nēṣa*, griech. οἶσε, s. S. 422.

478. Einzelsprachliches.

Arisch. Weitere Beispiele (vgl. § 477): Ai. *gáccha* av. *jasa*, zu *gáccha-ti jasaⁱti* (S. 352). Gthav. *fra-daxšayā* 'belehre'.

Armenisch. Wie *ber*, *harç*, *lik̇*, noch z. B. *ker* 'iss' (S. 130), *ac* 'bringe, führe' (S. 121), *arb* 'trink' (S. 130). Diese Formen gelten als Aor. Sie sind, so weit sie nicht schon von Haus aoristisch waren, wie *lik̇* = griech. λίπε, in derselben Weise zu Aoristen geworden, wie die zugehörigen präteritalen Indikative, z. B. *ber* wie 3. Sing. *e-ber*, worüber S. 49. 130. Vgl. griech. ἕλε, τέμε als Imper. Aor. S. 49. 132.

Über die im Verbot gebrauchten Imperativformen auf *-r*, wie *berer*, worin der Schlussvokal von **bhere* erhalten zu sein scheint, s. § 491.

Griechisch. Andre Beispiele (vgl. § 477): τρέμε, zu τρέμω, lat. *treme* (S. 117). λέγε, zu λέγω, lat. *lege* (S. 120). στεῖχε, zu στείχω, got. *steig* (S. 118). φύγε, zu ἔ-φυγον, ai. *bhujá* (S. 125). κατά-σχε, zu ἔ-σχον (S. 127). γέγωνε, zu Perf. γέγωνα 'verkündige' (vgl. S. 495).

Über den Betonungsunterschied zwischen ἰδέ, λαβέ u. a. und λίπε, φύγε usw. s. 1, 965.

Formen auf -ε erscheinen oft bei den auf langen Vokal ausgehenden Tempusstämmen neben den altertümlicheren Formen (§ 476). Z. B. ion.-att. καθ-ίστᾱ aus *ἵσταε neben ἵστη (S. 566), entsprechend τίθει, δίδου, zu τίθημι, δίδωμι (S. 108), παρά-στᾱ, zu ἔ-στην (S. 100), ἔσ-βᾱ dor. ἔμ-βη, zu ion. att. ἔ-βην (S. 161 f.), πίμπλᾱ dor. πίμπλη, zu ion. att. πίμπλημι (S. 178). In gleicher Weise ὄμνυε neben ὄμνῡ (S. 334. 566).

Italisch. Lat. *freme*, zu *fremo*, ahd. *brim* (S. 117); *serpe*, zu *serpo*, ai. *sárpa* (S. 119); *rude*, zu *rudo*, ai. *ruda* (S. 125); *inque* aus **en-squ̯e* (vgl. homer. ἔσπετε aus *ἐν-σπετε) neben *īnseque* (S. 121); *pinge*, zu *pingo*, ai. *piśá* (S. 279).

Durch Synkope vor konsonantischem Anlaut (vgl. 1, 910) entstanden *dīc*, *dūc* aus *dīce*, *dūce*, vermutlich auch *em* (Partikel) aus *eme* ('nimm, da hast du').

Anm. Strittig und unerledigt ist die Frage, ob in derselben Weise *fer* und die Partikel *vel* aus **fere*, **vele* entstanden seien. Die Literatur hierüber bei Stolz Lat. Gramm.[4] 293 Fussn. 3, Walde Lat. et. Wtb.[2] 813 (dazu noch Skutsch Vollmöller's Roman. Jahresber. 2, 59, Sommer Krit. Erl. 151).

Die Formen wie *claudē*, zu *claudeo* (S. 216), und *mone*, zu *moneo* (S. 249), deren *-ē* aus *-e[i̯]e* kontrahiert zu sein scheint, sind von den Formen der *ē*-Verba wie *vide* (§ 475 f.) nicht mehr zu scheiden. Vgl. S. 175. 216. 232. 261.

Keltisch. Ir. *beir* (§ 477), kymr. *kymer* aus **kóm bere.* Ir. *ib* kymr. *yf* 'trink', urkelt. **pibe* (S. 108. 140).

Germanisch. Andre Beispiele (vgl. § 477): got. *gif* ahd. *gib* as. *gef gib* ags. *ȝef* aisl. *gef* 'gib', Grundf. **ghebhe*; got. *saihv* ahd. *sih* as. *seh* 'sieh', Grundf. **sequ̯e* (S. 121); über die Lautverhältnisse, die nicht ganz klar sind, s. 1, 927, Walde Ausl. 118 f., Streitberg Urgerm. Gramm. 55. 347. Uridg. Ausgang *-*ei̯e*: got. *satei* as. *seti* ags. *sete* aisl. *set* 'setze', Grundf. **sodéi̯e* (S. 249), got. *nasei* ahd. *neri* 'rette' ags. *nere*, Grundf. **noséi̯e* (S. 262), got. *dōmei* ahd. *tuomi* as. *dōmi* ags. *déme* aisl. *dǿm* 'richte', Grundf. **dhōmei̯é* (S. 216); über das Lautliche s. 1, 253 f. 927, Kurze vergl. Gramm. 257, Walde Ausl. 147 ff., Streitberg Urgerm. Gramm. 347 f., Janko IF. Anz. 23, 85. 27, 22.

Baltisch. Im älteren Lit. erscheint *vedi ved*, im Lett. *weddi wedd* 'führe', zu lit. *vedù* (S. 119). Möglich ist, dass die kürzere Form auf **vede* beruht. Doch ist sie wahrscheinlicher eine Kürzung von *vedi*, und diese Bildung scheint von andrer Art zu sein, s. § 495. 511, 3.

C. Die 2. Sing. Akt. themavokalloser Stämme auf *-dhi*.

479. Der Ausgang *-dhi* dürfte eine Partikel sein, die mit dem als Imperativ fungierenden reinen Tempusstamm (§ 475 f.) univerbiert worden war. Man hat an Identität mit dem *-dhi* von *á-dhi* (2, 2, 728 f.) gedacht (Thurneysen KZ. 27, 180).

In den ältesten von den Formen, die zu abstufenden Tempusstämmen gehören, erscheint der Stamm in Schwundstufengestalt, z. B. **i-dhí*, neben **ei* 'geh'. Dasselbe Ablautprinzip beim *tōd*-Imperativ, z. B. ai. *vittā́t* (§ 484).

480. Mehrsprachliches. **i-dhí* 'geh', zu **éi-ti* (S. 88): ai. *ihí* gthav. *idī* apers. *idiy*, griech. ἴθι. **u̯id*[z]-*dhí*, zu *u̯eid-* 'erkennen, wissen' (S. 92. 443): ai. *viddhí*, griech. ἴσθι, vgl. lit. *veizd*(*i*) aksl. *viždь* (§ 483). **z-dhí* 'sei', zu **és-ti* (S. 93): gthav. *zdī*, griech. ἴσθι (1, 723. 825, Brugmann-Thumb Griech. Gramm.[4] 174). — Ai. *snā-hi*, zu *snā́-ti* (S. 161), griech. γνῶθι, zu ἔ-γνων (S. 170). Ai. *gā-hi* griech. βῆθι, zu *á-gāt* ἔβη (S. 161 f.). — Ai. *śṛṇu-dhí* *šṛṇu-hí*, zu *šṛṇṓ-ti* (S. 326), griech. ὄμνυ-θι, zu ὄμνῡσι (S. 331). — Ai. *cikiddhi*, zu *cikḗta* (S. 450), hom. δείδιθι d. i. δέδϝιθι, zu δείδιμεν d. i. δέδϝιμεν (S. 458).

481. Arisch. Im Ai. *-hi* nur nach Sonanten, *-dhi* im Ved. nach Sonanten und Konsonanten, in der spätern Sprache nur nach Konsonanten, vgl. 1, 641, Wackernagel Altind. Gramm. 1, 250.

Andere Beispiele (vgl. § 480):

Ai. *gadhi gahí*, gthav. *gaʼdī*, zu ai. *á-gan*, W. *g^{u}em-* (S. 89). Ai. *jahí*, av. *jaʼδi* apers. *jadiy*, zu ai. *hán-ti*, W. *g^{u}hen-* (S. 89). Ai. *stuhí* av. *stūʼδi*, zu ai. *stāú-ti* (S. 99). Ai. *ēdhí* aus **azdhí* (für **(z)dhí* = gthav. *zdī*, § 480) Neubildung nach *ástu*, zu vergleichen mit *yandhí* (*yam-*), *handhi* (*han-*, älter *jahí*), *yōdhi* (*yudh-*) u. a., ferner mit griech. ἔσθι für ἴσθι (S. 94). Ai. *addhí*, zu *ádmi* (S. 96). Ai. *pāhí* apers. *pādiy*, zu ai. *pā́-ti* 'schützt' (S. 101).

Ai. *bibhṛhi*, zu *bibhár-ti* (S. 105). *dīdihí* und *didīhí*, zu *a-dīdēt* (S. 107). *dhēhí* und *daddhí*, zu *dádhā-ti*, *dēhí* und *daddhí*, zu *dádā-ti* (1, 628 f.), av. *dazdi*, zu *daδāʼti* (S. 110). *šišīhi* und *šišāhi*, zu *šišā-ti* (S. 108). *carkṛdhi*, zu *carkar-ti* (S. 113), *nēnigdhi*, zu *nḗnēkti* (S. 113).

stani-hi und *tąstanī-hi*, zu *stan-* 'donnern, tosen' (§ 94. 101, 3).

Ai. *yāhí*, zu *yā́-ti* (S. 161), *psāhi*, zu *psā́-ti* (S. 171).

Ai. *šṛṇīhí*, zu *šṛṇā́-ti*, *mṛṇīhí*, zu *mṛṇā́-ti* (S. 302); daneben zuweilen starke Stammform, wie *šṛṇā-hí*, *gṛhṇā-hi* neben *gṛbhṇī-hi*, zu *gṛhṇā́-ti* (S. 305). — *bhindhí* (= *binddhí*), zu *bhinádmi*, *yuṇdhi* (= *yuṇgdhi*), zu *yunájmi*, *vṛṇdhi* (= *vṛṇgdhi*), zu *vṛṇájmi* (S. 277). — Ai. *kṛṇuhí* av. *kərᵊnūʼδi*, zu *kṛṇṓ-ti* *kərᵊnaoʼti*, ai. *tṛpṇuhi*, zu *tṛpṇṓ-ti* (S. 328).

s-Aor. ai. *aviḍḍhí* (für lautgesetzliches **avīḍhi*, nach 3. Sing. *aviṣṭu* usw., s. 1 § 830 Anm. 2), zu Ind. *ā́viṣam* von *av-* 'fördern' (§ 336).

Perf. ai. *mumugdhí*, zu *mumṓca* von *muc-* 'loslassen', *piprīhí*, zu Ind. *pipriyḗ* Prät. *á-piprēt* von *prī-* 'erfreuen'.

482. Griechisch. Andere Beispiele (§ 480):

φάθι und φαθί (Betonung wie bei ἰδέ S. 568), zu φημὶ (S. 102). σύθι, zu ἔσσευα ἔσσυτο (S. 91). ἔσθι (Hekataios) für ἴσθι, wie ai. *ēdhí* (§ 481). Von vorhistorischem *ἔσθι = ai. *addhí*

(S. 96. 570) scheint die Präsensbildung ἐσθίω ausgegangen zu sein, nachdem zunächst *ἔσθι zu ἔσθιε (vgl. πίε) geworden war (IF. 32, 69). πῖθι, neben πῶθι (S. 566), hat im Vokalismus nähere Beziehung zu πιεῖν πίομαι (S. 527). κλῦθι, zu κλύμενος, vgl. ai. *śrudhí*, zu *á-śrōt*; ῡ für älteres ῠ (vgl. 2. Plur. κλῦτε mit ebenfalls unursprünglichem ῡ) kann verschieden erklärt werden (S. 88, Brugmann-Thumb Griech. Gramm.[4] 391 f.).

ἵλαθι aus *σι-σλα-θι und lesb. ἔλλαθι aus *σε-σλα-θι, wie ai. *bi-bhr̥-hi* (§ 481), s. S. 107. Mit ἔλλαθι steht hom. κέ-κλυθι (S. 112) auf gleicher Linie.

τλῆθι zu ἔτλην (S. 161). φάνηθι, zu ἐφάνην 'erschien', πορεύθητι (1, 657), zu ἐπορεύθην 'brach auf' (S. 172 f.). στῆθι, zu ἔστην: dieselbe Neuerung bezüglich des Wurzelvokals, wie ἔστημεν gegenüber ἔθεμεν ἔδομεν (S. 100. 148). δῦθι, zu ἔδῡν 'ging ein, subii', das von derselben Art war wie ἔφῡν (S. 146 f.), vgl. S. 548. ἵληθι neben ἵλᾰθι, zu ἵλημι, ἐμ-πίπληθι, zu -πίπλημι (S. 178). Nach diesem Typus hom. δίδωθι für δίδω (S. 566).

ὄρνυθι, zu ὄρνῡμι (S. 326).

Perf. ἕσταθι, zu ἕσταμεν (S. 449), τέτλαθι, zu τέτλαμεν (S. 439. 459). πέπισθι (Aeschyl. Eum. 599, Handschr. πέπεισθι), zu πέποιθα ἐπέπιθμεν (S. 458).

483. Baltisch-Slavisch. Ein engerer Zusammenhang scheint zu bestehen zwischen alit. *veizdi veizd* 'sieh' und aksl. *viždь* 'sieh', Grundf. *$\underset{\circ}{u}$eid^{z}dhi*, zu einem urbalt-slav. Präs. *$\underset{\circ}{u}$eid-mi* 'sehe' (lit. *veizdmi veizdžu* 'sehe' mit *z* aus dem Imperativ). Aksl. *-ždь* hier wie in einigen nachher zu nennenden Formen aus urslav. *-di̯ь*, das für *-di* eingetreten ist durch Vermischung mit Optativformen mit *-i̯ē-*. S. S. 551.

Lit. *dů-d(i)* 'gib' neben *dǘ-k*, wie griech. πῶ-θι neben πῶ, entspricht also dem gthav. *dāidī* 'gib' (S. 100).

Aus dem Slav. hierher noch die schon S. 551 besprochenen *jaždь* 'iss', *věždь* 'wisse', *daždь* 'gib'.

C. Die Formen auf *-tōd.

484. Die Formen auf *-tōd*, z. B. ai. *vittā́t*, *gacchatā́t*, müssen, wie ihr Gebrauch und die von ihnen einzelsprachlich ausgegangenen formalen Neuerungen lehren, ursprünglich als 2. und

3. Person beliebiger Numeri fungiert haben. Daraus ergibt sich, dass *-*tōd* keine Personalendung im gewöhnlichen Sinne dieses Wortes gewesen ist. Zu der lautlich und morphologisch untadeligen Hypothese, dass *-*tōd* mit dem Abl. ai. *tā́t* und aksl. *ta* (vgl. § 885) identisch sei und ursprünglich etwa 'von da an, dann' bedeutet habe (2, 1, 13. 38. 2, 2, 364), stimmt gut der Gebrauch dieser Imperativformen, namentlich im Ai. und Lat. (§ 728).

Zugrunde lag hiernach den *tōd*-Formen die unter B (§ 474 ff.) besprochene Imperativform, von der man annehmen darf, dass die Beschränkung ihres Gebrauchs auf die 2. Sing. sekundär war. Z. B. **bhére-tōd* (griech. φερέ-τω) war demnach eine Univerbung von **bhére* (griech. φέρε) mit dem Adverbium **tōd*, die zu einer Zeit geschah, wo **bhére* noch allgemein 'tragen!' bedeutete.

Abstufende Tempusstämme zeigen den Stamm in Tiefstufengestalt, z. B. ai. *vittā́t* griech. ἴστω. Vgl. ai. *viddhí* griech. ἴσθι (§ 479).

Mit Sicherheit nachgewiesen ist der *tōd*-Imperativ nur im Ar., Griech., Ital. Mit einiger Wahrscheinlichkeit zieht man aber zu ihm auch die got. Formen wie *at-steigadau* (§ 494).

Anm. Sehr zweifelhaft sind die Belege für diese Bildung, die aus dem Litauischen vorgebracht worden sind von Zubatý IF. 4, 473 ff. (dagegen Bezzenberger BB. 21, 301 f.) und von Berneker Arch. f. sl. Ph. 25, 486 f. (das *ů* in lett. *suktů-s* neben *suktu* ist eine leichtverständliche Neubildung).

485. Mehrsprachliches. **u̯it^s tṓd* d. i. **u̯id-tṓd*, zu **u̯id^z dhí* (S. 569): ai. *vittā́t*, griech. ἴστω. Griech. δότω lat. *datō*, zu ἔ-δομεν *damus* (S. 99 f.). Ai. *dhattā́t dattā́t*, griech. τιθέτω διδότω, zu *dadhmáḥ dadmáḥ* (S. 110), τίθεμεν δίδομεν (S. 108).

Griech. δράτω, zu ἔδρᾱν (S. 161), γνώτω, zu ἔγνων (S. 170), καρήτω, zu ἐκάρην (S. 170), lat. *nātō* zu *nat* (S. 161), *im-plētō*, zu *-plet* (S. 170).

Ai. *gr̥hṇītā́t*, zu *gr̥hṇā́-ti gr̥hṇī-máḥ* (S. 305), griech. κιρνάτω, zu κίρνημι κίρναμεν (S. 307). Ai. *kr̥ṇutā́t*, zu *kr̥ṇṓ-ti kr̥ṇu-máḥ* (S. 328), griech. ἀγνύτω, zu ἄγνῡμι ἄγνυμεν (S. 331).

Perf. griech. μεμάτω lat. *mementō*, zu μέμονα μέμαμεν *meminī* (S. 441).

Ai. *vahatāt* lat. *vehitō*, zu *váha-ti vehi-t* (S. 119). Ai. *viśatāt*, zu *viśá-ti* (S. 129), griech. φυγέτω, zu φυγεῖν (S. 125), lat. *ruditō*, zu *rudi-t* (S. 125). Ai. *vōcatāt* griech. εἰπέτω, zu *á-vōcat* (ϝ)ειπεῖν (S. 143). Ai. *gacchatāt* griech. βασκέτω, zu *gáccha-ti* βάσκω (S. 352), lat. *poscitō*, zu *posco* (S. 352). Ai. *jinvatāt*, zu *jínva-ti* (S. 333), griech. τινέτω, zu τίνω aus *τινϝω (S. 325. 333). Ai. *dhārayatāt*, zu *dhāráya-ti* (S. 254), griech. φορείτω, zu φορέω (S. 246. 259), lat. *monētō*, zu *moneo* (S. 249. 261).

486. Altindisch. Diese Imperativform ist im Iranischen nicht überliefert. Ai. Beispiele s. § 485.

Die Formation erscheint häufiger nur in der älteren Sprache und zwar meist als 2. Sing., seltner als 3. Sing., ganz selten als 2. Plur. und 2. Du. Nur einmal ist sie als 1. Sing. belegt, AV. 4, 5, 7 *āvyuṣą́ jāgṛtād ahám* 'lass mich bis Tagesanbruch wachen', was kaum ein ererbter ursprünglicher Gebrauch war. In einer mehrmals wiederkehrenden Brāhmaṇastelle erscheint als 2. Plur. *vārayadhvāt* für *vārayatāt*, eine Medialisierung der Form (vgl. griech. -σθω § 487, 1, lat. *-minō* § 489, 1): das Nebeneinander von *-tāt* (als 2. Plur.) und *-ta* liess zu *-dhvam* ein *-dhvāt* bilden.

487. Griechisch. Weitere Beispiele (vgl. § 485): ἴτω, zu εἶμι (S. 88). φάτω, zu φημὶ (S. 102). ἔστω, zu εἰμί, mit ἐσ- wie ἔστε, ἔσθι (S. 94). ἕτω, ἱέτω, zu εἷμεν (S. 102), ἵημι ἵεμεν (S. 108). βήτω, zu ἔβην (S. 161 f.). δαρήτω, zu ἐδάρην, τῑμηθήτω, zu ἐτῑμήθην (S. 172 f.). ἁλώτω, zu ἑάλων (S. 173). ἑστάτω, zu ἕσταμεν (S. 449). δειξάτω, zu ἔδειξα (S. 397), μεινάτω, zu ἔμεινα (S. 401), mit demselben unursprünglichen α wie ἔδειξας usw. (S. 424).

Der gewöhnliche Gebrauch der ererbten Formation war der als 3. Sing.

Auf Grund der Formen auf -τω wurden in verschiedenen Richtungen Neuschöpfungen von Formen vorgenommen (vgl. die ital. Neuschöpfungen § 489):

1) Nach dem Verhältnis von φέρεσθε zu φέρετε wurde in urgriech. Zeit zu φερέτω ein med. φερέσθω gebildet (vgl. ai. *vārayadhvāt* § 486, lat. *-minō* § 489, 1). φερέτω erscheint stets, φερέσθω gewöhnlich als 3. Sing. Als 3. Plur. ist der Typus φερέσθω mehrfach belegt (kork., kalymn., ko., thas.), z. B. thas

σωζέσθω. Dies scheint eine Altertümlichkeit, keine Gebrauchsneuerung zu sein. Dass gerade die im Urgriech. neu aufgekommene Medialform diesen alten Gebrauch bewahrt hat, mag einerseits durch den imperativischen Inf. φέρεσθαι, der zugleich singularisch und pluralisch war (§ 826), bewirkt worden sein, anderseits durch die Zweideutigkeit von Formen wie διδόσθω (als 3. Plur. aus *διδονσθω, s. 3, a).

2) Die Form auf -τω fungierte in der historischen Zeit, wie eben gesagt, nur als 3. Sing. Als 2. Sing. durch angefügtes -ς (vgl. δίδως u. a.) charakterisiert erscheint ἐλθετως (Handschr. ἐλθετῶς)· ἀντὶ τοῦ ἐλθέ. Σαλαμίνιοι (Hesych); vgl. πίεις neben πίει § 495.

3) Die Einbeziehung der Formen auf -τω und -σθω in die Paradigmen des Verbum finitum, welche die verschiedenen Numeri durch verschiedene Gestalt der Personalendung auseinanderhielten, hatte mannigfache Neubildungen für den Gebrauch als 3. Plur. zur Folge:

a) Im Anschluss an -ντι -ν[τ] im Ind., -ντι im kurzvokalischen Konj. und -ν[τ] im Injunkt. kam -ντω auf: φερόντω, δόντω, γραψάντω; gleichartige Neuerung zeigt das Lat., z. B. *feruntō* (§ 489, 2, b). Solche Formen in dor. Dialekten, im Böot., Ark. Im Dor. ἔντω nach ἐντὶ, wie ἔστω neben ἐστὶ stand. Im Böot. mit θ für τ ἔνθω, γραψάνθω (§ 552, 10).

Zu akt. -ντω entsprang mediales *-νσθω, dessen Nasal nach 1 § 408, 4 schon urgriechisch spurlos schwand: z. B. epidaur. φερόσθω, lak. ἀν-ελόσθω, ferner Formen, die durch den Nasalschwund das Aussehen von Formen der 3. Sing. bekamen, wie kork. διδόσθω, herakl. ἐπ-ελᾰ́σθω.

-ντων, -σθων für -ντω, -σθω durch Anfügung der Sekundärendung der 3. Plur. -ν (vgl. ἔδειξαν für *ἔδειξα[τ], § 552, 1): φερόντων, δόντων, γραψάντων im Ion.-Att. u. anderwärts (z. B. kret. ἔντων, el. κριθέντων); altatt. φερόσθων, el. τῑμώστων (στ für σθ).

Böot., phok. med. und pass. 3. Plur. ἱστάνθω, ἱστάνθων waren vermutlich umgebildet aus Formen auf -ασθω, -ασθων: nach -νθαι, -νθο in der 3. Plur. Ind. (§ 597, 5) neben -σθε in der 2. Plur. Ind. stellte man im Imperativ -ανθω, -ανθων als 3. Plur. neben 2. Plur. -σθε.

Neben -ντων trat -ντωσαν, nach ἐδίδοσαν neben ἔδιδον u. dgl.: z. B. att. Inschr. καθελόντωσαν, delph. ἐόντωσαν (älter delph. ἐόντων).

b) Ebenfalls alt, aber (wie -ντων, -ντωσαν, s. unter a) erst nach Abfall des δ von -τωδ möglich geworden war die Erweiterung von -τω, -σθω zu -των, -σθων und -τωσαν, -σθωσαν.

Ion.-att. delph. ἔστων und ἴτων (Äschyl.). Ion.-att. dor. φερέσθων, γραψάσθων. Durch diese Neuerung fiel die 3. Plur. mit der 3. Du. zusammen, in der altes -τᾱν durch den Einfluss des Ausgangs -τω zu -των verändert worden ist. Freilich können die Formen wie γραψάσθων auch zu a gehören (aus *γραψανσθων, wie φερόσθων sicher aus *φερονσθων entstanden ist). — Im Ark., Ko., Rhod. begegnen diese Formen, die nur durch das -ν von der 3. Sing. Med. geschieden waren, gleichzeitig mit den aktiven Formen auf -ντω, z. B. auf derselben ark. Inschrift ἐπελασάσθων und διαγνόντω: man sieht, dass beim Medium der Trieb, den Plural vom Singular formal zu sondern, gewirkt hat.

Att. dor. nordwestgriech. ἔστωσαν, ἴτωσαν, δότωσαν, ποιησάτωσαν, μαθέτωσαν u. dgl. Entsprechend Med. φερέσθωσαν, γεγράφθωσαν. Dass -σαν weitere Ausdehnung bekam, geschah vielleicht unter dem Trieb, Plural und Dual zu sondern. Denn z. B. ἔστων war auch 3. Du.; als solche war es, wie eben bemerkt, für *ἔστᾱν eingetreten.

c) Ein dritter Typus der 3. Plur., φέροντον, findet sich im Lesb., vereinzelt im Rhod., wahrscheinlich auch im Pamphyl. Mit gleichem Ausgang -ον die 3. Plur. Med. lesb. ἐπι-μέλεσθον. Vielleicht war die 2. Du. (Akt. φέρετον) auch als 3. Du. benutzt worden (vgl. 3. Du. Ν 345 ἐτεύχετον u. a.) und dann zur Geltung auch als 3. Plur. gekommen; schliesslich φέροντον Pluralisierung von φέρετον, wie φερόντω Pluralisierung von φερέτω. Vgl. Brugmann-Thumb Griech. Gramm.[4] 393 (d) und die dort zitierte Literatur.

488. Italisch. Die ererbte Formation auf **-tōd* (lat. *-tōd -tō*, osk. *-tud*, umbr. *-tu*) fungierte als 2. 3. Sing.

Weitere Beispiele (vgl. § 485):

Lat. *in-trāto*, zu *in-trat* (S. 161), *dissipātō*, zu *dis-sipat* (S. 162), lat. *piātō*, umbr. *pihatu* 'piato', lat. *plantātō*, osk. *deiuatud* 'iurato', umbr. *stiplatu* 'stipulator' (S. 166. 213. 232). Lat. *nētō*, zu *net*; *habētō*, umbr. habetu 'habeto'; lat. *licētō*, osk. líkítud *licitud* 'liceto' (S. 159. 175. 232). Mit uridg. *i* und *ī*: lat. *facitō*, osk. *factud* 'facito', zu lat. *facio -is* (Sommer's Betrachtungen über osk. *factud* Krit. Erl. 135 ff. überzeugen mich nicht), lat. *cupitō*, zu *cupio -is*, *fulcītō*, zu *fulcio -īs*, *aperītō*, zu *aperio -īs* (S. 182. 189).

Mit starkem statt schwachem Tempusstamm. Lat. *eitō ītō*, umbr. etu *eetu etu* 'ito' (vgl. griech. ἴτω § 487), mit *ei-* wie 2. Plur. lat. *eite īte ītis* pälign. *eite* (S. 88). Lat. *estō(d)*, osk. estud volsk. *estu* 'esto', mit *es-* wie 2. Plur. lat. *este estis* (S. 93 f.).

Lat. *agitō* osk. *actud* umbr. aitu, zu lat. *ago* (S. 121). Lat. *vertitō*, umbr. *couertu* kuvertu 'convertito', zu lat. *verto* (S. 119). Umbr. *ander-sistu* '*intersidito' sistu 'considito' aus **si-zde-tōd*, W. *sed-* 'sitzen' (S. 139). Lat. *bibitō*, zu *bibo* (S. 140). Lat. *seritō*, zu *sero* = **si-zō* (S. 141).

Von den Formen wie *claudētō* und *monētō* gilt das gleiche, was S. 568 f. von *claudē* und *mone* gesagt ist.

Ebensowohl als themavokallose wie als themavokalische Bildung kann gelten lat. *fertō* umbr. fertu *fertu* 'ferto', zu lat. *fert* (S. 89 f.). Auch kann umbr. futu *futu* 'esto' zwar dem griech. φύτω (S. 147. 149. 412) entsprechen, aber auch aus **fu̯uetōd* (vgl. lat. *fuam*) entstanden sein (S. 124).

489. Auf Grund der ererbten Formen auf *-tōd* wurden in verschiedenen Richtungen Neuschöpfungen von Formen vorgenommen (vgl. die griech. Neuschöpfungen S. 573 ff.):

1) Im Altlat. erscheinen die Formen auf *-minō* beim Deponens und Passiv, wie *fruiminō*, *fāminō*, *profitēminō*. Sie wurden auf Grund der 2. Plur. auf *-minī* (2, 2, 231. 2, 3 § 493) geschaffen, wobei das Verhältnis von *agitō* : *agite* vorbildlich vorschwebte. Dieser Bildung entsprach im Osk.-Umbr. ein Ausgang **-mōd*, der vertreten ist z. B. durch umbr. persnimu *persnimu* 'precamino, precator', osk. *censamu-r* 'censemino, censetor' (über das *-r* der letzteren Form s. 2, e), s. 2, 2, 232. 2, 3 § 493.

Anm. 1. Auf Grund von welcher *m*-Formation dieses osk.-umbr. **-mōd* als Nachahmung von **-tōd* zustande gekommen ist, ist unklar. Unwahrscheinlich ist die Ansicht von Fraser, Class. Quarterly 5, 123 ff., lat. **-menōd* und osk.-umbr. **-mōd* seien nicht Nachbildung von Formen auf **-tōd*, sondern eine alte Parallelbildung zu diesen Formen mit Adverbium **ōd* = ai. *āt* (2, 2, 364).

2) Umbildung der Formationen auf **-ōd* zur Bezeichnung einer Mehrheit geschah in verschiedener Weise.

a) Die Römer schufen eine 2. Plur. Akt. durch Anhängung des *-te* des 'präsentischen' Imperativs: **-tōtte*, woraus *-tōte*, z. B. *intrātōte*, *ītōte*, *agitōte*; neben *estōte* ein *suntōte* 'estote', nach der 3. Plur. gebildet (C. Gl. Lat. 5, 393). Zu vergleichen sind einerseits griech. ἔστω-ν und ἔστω-σαν als 3. Plur. (S. 575), anderseits hom. ἄγρει-τε u. ähnl. (§ 496).

b) Die Römer schufen eine 3. Plur. Akt. im Anschluss an die 3. Plur. auf *-nt(i)* im Ind. und Konj.: *-ntō(d)*, z. B. *feruntō*, *suntōd suntō*, *euntō*, *dantō*, *intrantō*. Genau so griech. φερόντω usw. (§ 487, 3, a). Dass dem Osk.-Umbr. diese Pluralisierung fremd war (vgl. umbr. fertuta 'ferunto', s. d), zeigt, dass diese Neuerung keine 'gräko-italische' Bildung gewesen ist.

c) Wenn osk. eítuns, wie wahrscheinlich ist, den Sinn 'man soll gehen' gehabt hat, ist es zu *eítud 'ito' (umbr. *eetu*) hinzugeschaffen worden nach pútíans 'possint' neben pútíad 'possit' u. dgl.

d) Für 2. und 3. Plur. Akt. im Umbr. der Ausgang -tuta -tutu *-tuto*, z. B. *fututo* 'estote', fertuta 'ferunto', habetutu *habituto* 'habento'. Entsprechend im Med. *-mumo*: *persnihimumo* 'precantor'. Offenbar sind -ta -tu *-to* und *-mo* dieselben Ausgänge, die die Injunktivformen eta-tu *eta-to* 'itate' und arma-mu *arsmaha-mo* 'ordinamini' (S. 520) aufweisen. Sie sind angetreten an die Singularformen auf -tu *-tu* (§ 488) und -mu *-mu* (§ 489, 1).

Die Auffassung dieser Formen ist strittig. Während ich -ta -tu *-to* auf urosk.-umbr. **-tā* zurückgeführt habe (vgl. Nom.-Akk.-Plur. N. vatuva vatuvu *uatuo* u. a. 1 § 189, 2. 1025, 3) und hierin eine alte Dualendung lit. lett. *-ta* aksl. *-ta* (§ 570) vermutet, überdies mit Entstehung aus *-te* + Partikel **ā* oder aus *-te* + Partikel -ta -tu *-to* (2, 2, 702. 713. 787) gerechnet habe (IF. 29, 243 ff.), führt Wackernagel KZ. 41, 318 ff., IF. 31, 258 ff. unsere *t*-Endung auf eine uridg. Endung der 2. Plur. **-tŏ* (im Abtönungsverhältnis zu *-tĕ*, lat. *ī-te* pälign. *ei-te* 'ite') zurück.

Mir ist Wackernagel's Auffassung immer noch unwahrscheinlich, und ich halte die Annahme, dass -ta -tu *-to* eine alte Dualendung sei, nicht für ausreichend widerlegt..

Anm. 2. Eine Endung der 2. Plur. Akt. **-tŏ* neben **-tĕ* ist, wenn sie auch theoretisch möglich erscheint, sonst nicht belegt; das Pälignische zeigt *ei-te*, und auch lat. *agitis*, wenn sein *-s* von *agimus* oder von *agis* übertragen ist, weist auf urital. **-tĕ* (§ 539. 543). Ferner: -a -u *-o* ist im Umbr. nur als Fortsetzung vom urital. *-ā* bezeugt. So ist die Grundlage von Wackernagel's Deutung äusserst unsicher. Welche von den von mir zur Auswahl gestellten Deutungsmöglichkeiten das Richtige trifft, lasse ich dahin gestellt sein.

Was die Auffassung von -ta -tu *-to* als Dualendung betrifft, so gibt es für das Osk.-Umbr. keine Belege der Bildung der 2. Plur. ausserhalb des Imperativsystems, umbr. *eta-to* kann daher nicht nur 'itate', sondern auch 'itatis' gewesen sein. Man würde sonach durchgehends Ersatz der Endung der 2. Plur. durch die Endung der 2. Du. für das Umbr. annehmen dürfen. Dieser Ersatz würde sich aber nach dem IF. 29, 247 Gesagten — was Wackernagel bei seiner Polemik gegen den ursprünglich dualischen Charakter von -ta -tu *-to* (IF. 31, 259 f.) beiseite lässt — glaubhaft so erklären lassen, dass in der Zeit, da die Dualformen schon im Rückzug gegenüber den Pluralformen waren und der speziell dualische Charakter von -ta -tu *-to* sich bereits zu verdunkeln begonnen hatte, bei partiellem Zusammenfallen von **-te* mit dem indikativischen **-ti* der 3. Sing. die Form auf **-tā* zum Zweck der formalen Differenzierung den Vorzug vor **-te* und schliesslich den Sieg gewann. Wie denn auch der Ersatz von *-te* ausserhalb des Imperativs durch **-tes -tis* im Lat. durch ein gleiches Motiv veranlasst sein mag, sei es dass *-tis* eine alte Dualform war oder eine Neubildung nach 2. Sing. *-is* oder 1. Plur. *-mus* (§ 543). Trotz Wackernagel halte ich die Ansicht für unanstössig, dass lett. 2. Plur. *eita* ursprünglich Dualform gewesen sei (§ 546), wie ich auch in lesb. 3. Plur. ἐπι-μέλεσθον eine ursprüngliche Dualform vermute (§ 487, 3, c, S. 575). Dass besondere lautliche Verhältnisse eine verbale Dualform zu pluralischem Gebrauch kann kommen lassen, wird Wackernagel um so weniger leugnen dürfen, als ihm a. a. O. lat. *scītō* für **scī* ein Zeugnis dafür ist, dass man, Genauigkeit des Ausdrucks opfernd, "den verpönten Einsilbler durch eine sinnverwandte, aber nicht gleichbedeutende Form des Paradigmas ersetzt" habe.

e) Charakterisierung der med.-pass. Diathesis durch *-r* (§ 603. 606). Neben 2. Plur. Med.-Pass. auf *-minī* (§ 493) trat im Lat. *-ntor* als 3. Plur., eine Erweiterung von *-ntō* : *sequontor*, *dantor* usw.; alat. auch noch *ūtuntō*, *patiuntō*, pass. *cēnsentō* u. dgl., wie im Sing. *ūtitō*, *opsequitō* (Ernout Mém. 15, 286). Ingleichen im Sing. *-tor*, Erweiterung von *-tō* : *sequitor*, *dator* usw.

Anm. 3. Die bei den röm. Grammatikern angeführte, nirgends belegte 2. Plur. auf *-minor* = *-minī*, z. B. *probāminor* (Neue-Wagener Formenl.[3] 3, 210 f.), ist wahrscheinlich nur erfunden von ihnen.

3) Im Osk. *censamur* 'censetor' mit Kennzeichnung der passivischen Diathesis durch *r* (wie 2, e), vgl. umbr. persnimu (1).

4) Im späteren Vulgärlatein Neubildungen wie *per-mixtō* statt *per-miscētō* im Anschluss an *per-mixtus* nach dem Verhältnis von *scīto* zu *scītus*, *amātō* zu *amātus* usw.

E. Formen von andrer Art.

490. Arisch.

1) Als feste Bestandteile des ar. Imperativsystems erscheinen in der 3. Sing. und 3. Plur. Akt. Formen auf *-tu* und auf *-ntu*, *-atu* (= **-n̥tu*), z. B. 3. Sing. ai. *ástu* gthav. *astū*, zu Ind. ai. *ás-ti* av. *as-ti* (S. 93), ai. *hántu* gthav. *jantū*, zu Ind. ai. *hán-ti* av. *ja'nti* (S. 89), ai. *dádhātu* gthav. *dadātū*, zu Ind. ai. *dádhā-ti* av. *daδā'ti* (S. 110), ai. *bhāratu* av. *baratu* apers. *baratu*, zu Ind. ai. *bhára-ti* av. *bara'ti* (S. 117), ai. *krīṇātu*, zu Ind. *krīṇā́-ti* (S. 300); 3. Plur. ai. *sántu* gthav. *həntū*, ai. *ghnántū*, ai. *dádhatu* (vgl. Ind. *dadhati*), ai. *bhárantu* av. *barəntu*, ai. *krīṇántu*.

Im Av. dreimal *-ntō* statt *-ntu* (z. B. *jasəntō* 'sie sollen kommen', S. 352); *-ntō* aus urar. **-ntau* (1 § 1012, 3 S. 897).

Vielleicht waren diese Formen Injunktive (uridg. **es-t*, **s-ent* usw., § 429), die durch die Partikel **u* (ai. *u* hinter Verba und Pronomina, s. unten § 861) erweitert worden waren, vgl. ai. 2. Plur. Imper. *étō* = *éta* + *u*. Av. *-ntō* enthielt dann vielleicht die vollere Form der Partikel, die in griech. αὖ, lat. *au-t* vorzuliegen scheint, vgl. ai. *tú* : got. *þáu þáu-h*, got. *ju* ahd. *iu* : lit. *jaũ* aksl. *ju* (§ 872. 877. 884). Mit av. *-ntō* stellt Bartholomae Altiran. Wtb. 31 got. *liugandau* 'γαμησάτωσαν' zusammen, doch lässt die got. Formation 3. Sing. *-adau*, 3. Plur. *-andau* auch eine andre und wahrscheinlichere Deutung zu (§ 494).

Anm. Weniger wahrscheinlich ist die Annahme, die Formen wie ai. *bhāratu* enthielten die Partikel *tú* (etwa 'doch' in Aufforderungen und Behauptungen), wonach der erste Teil von *bhára-tu* das uridg. **bhere* = ai. *bhára*, der von *é-tu* das uridg. **ei̯* = lat. *ei ī* (§ 475 ff.) wäre. Der Gebrauch nur als 3., nicht zugleich als 2. Person, müsste durch Parallelisierung mit den Formen wie *bhára-ti*, *bhára-t* bewirkt worden sein, und die Pluralformen wie *bhárantu* wären Neubildungen von derselben Art wie griech. φερόντω, lat. *feruntō* (§ 487, 3, a. 489, 2, b).

2) Für die 3. Sing. und Plur. Med. erscheint im Ar. *-tām* und *-ntām*, *-atām* (**-n̥tām*). 3. Sing. ai. *bháratām*, av. *vərᵊzyatąm* 'soll betrieben werden' (Ind. *vərᵊzyeⁱti*, S. 195), apers. *varnavatām* 'soll überzeugen' (Präsensstamm *varnava-*, S. 334). 3. Plur. ai. *bhárantām*, gthav. *xraosəntąm* 'sie sollen aufschreien' (*xrus-* = ai. *kruš-*). Abstufende Tempusstämme zeigen schwachen Stamm: ai. 3. Sing. *dhattām*, zu *dádhā-ti*, *kr̥nu-tām*, zu *kr̥ṇó-ti*, 3. Plur. *stuv-atām*, zu *stāú-ti* (S. 99), *dadh-atām*, *r̥nv-atām*. Die Kombinationen von Hirt IF. 6, 61 f. 7, 181. 17, 400 sind mir unannehmbar.

Die med. (pass.) Imperativformen der 3. Sing. wie ved. *duhām* gthav. *ərᵊž-ūčąm* halte ich für ehemalige konjunktivisch-imperativische Infinitivformen, deren engerer Gebrauch als 3. Sing. durch den der Formen auf *-tām* bestimmt worden ist (§ 826).

3) Urar. 2. Sing. Med. auf **-su̯a*. Ai. *bhárasva* av. *baraŋuha*, zu ai. *bhára-ti* av. *baraⁱti* (S. 117), apers. *pati-payaʰuvā* 'hüte dich', zu *pā-* 'hüten, schützen'. Ai. *šami-ṣva jáni-ṣva* wie Akt. *stani-hi* (S. 149). Schwache Stammgestalt bei abstufenden Tempusstämmen: ai. *kr̥-ṣvá* gthav. *kərᵊšvā*, zu Ind. ai. *kr̥-thá* (S. 90 f.), ai. *datsvá* gthav. *dasvā* (aus **datsva*), zu Ind. ai. *dádā-ti* (S. 110).

Diese Formation wird eine Erweiterung der § 474 ff. behandelten Form sein, und zwar scheint *-*su̯a* das als Akkusativ fungierende griech. reflexive Ϝέ ἕ (2, 2, 413) zu sein.

491. Armenisch. Bei der prohibitiven Negation *mi* erscheint in der 2. Sing. eine Form auf *-r*, vom Präsensstamm aus gebildet, z. B. *mi berer* 'trag nicht', zu *berem* (S. 117), *mi lk̄aner*, zu *lk̄anem* (S. 315), *mi lnur*, zu *lnum* (S. 330). In diesem *-r* ist wohl eher mit Bugge (Beitr. zur etym. Erläut. der arm. Sprache, Christiania 1889, S. 44 ff.) und Meillet (Gramm. de l' arm. 89) eine Partikel (etwa griech. ῥα, lit. *ir̃*), als mit Pedersen (KZ. 38, 233 f.) ein Pronomen 'du' zu sehen. Vgl. über *-r* ausserhalb des Imper. § 513, 2.

Über eine andere Imperativbildung, 2. Sing. auf *-jir*, 2. Plur. auf *-jik̄*, in deren Ausgang vielleicht ebenfalls eine Partikel verbaut ist, s. Meillet a. a. O. 90.

492. Griechisch.

1) 2. Sing. Akt. des *s*-Aorists auf -σον, z. B. δεῖξον, zu ἔδειξα 'zeigte'. Entsprechend εἶπον (Theokr.) gegenüber att. εἰπέ, zu εἶπα 'sagte'. Im Syrakus. -ον auch beim themavokalischen Aorist, z. B. λάβον gegenüber att. λαβέ, zu ἔλαβον 'nahm'. Vermutlich hat εἶπον, indem man es zum Ind. εἶπον zog, den Anlass zur Bildung von λάβον u. dgl. gegeben.

Vermutungen über den Ursprung von -(σ)ον (z. B. dass es Infinitivausgang gewesen sei, vgl. osk. *ez-um* umbr. *er-om* § 805) sind zitiert bei Brugmann-Thumb Griech. Gramm.[4] 395 (dazu Brugmann IF. 20, 365), Hirt Griech. L. u. Fl.[2] 596 f.

2) 2. Sing. Med. des *s*-Aorists auf -σαι, z. B. δεῖξαι. Unter den Vermutungen über den Ursprung dieser Bildung (s. Brugmann-Thumb a. a. O.) ist am annehmbarsten die, dass sie ein Infinitiv war (vgl. Inf. δεῖξαι § 805), der, imperativisch gebraucht, infolge von Assoziation des als Personalendung empfundenen Ausgangs -σαι mit der Medialendung -σαι medial wurde.

3) 2. Sing. Akt. θές, ἕς, δός, zu Ind. ἔθεμεν (S. 99), εἷμεν (S. 102), ἔδομεν (S. 99 f.). Die Deutung, dass diese Formen an die Stelle älterer Injunktive *θης (ai. *dhāḥ*), *ἧς, *δως (ai. *dāḥ*) getreten seien, stösst auf Schwierigkeiten. Eine andere Erklärung, wonach diese Formen ursprünglich Infinitive auf **-ti* gewesen wären, s. in den IF. 20, 363 ff.

4) 2. Sing. att. πίει 'trink' (auch zu πίεις erweitert), dor. ἄγει 'wohlan'. S. über diese Formation § 495.

493. Lateinisch. In der 2. Plur. auf *-minī*, wie *sequiminī*, *fāminī* (vgl. § 489, 1 über *-minō*, § 489 Anm. 3 über *-minor*), vermutet man eine imperativische Infinitivform (§ 826) mit dem Ausgang griech. -μεναι. S. 2, 1, 231. 241 f. Kretschmer Glotta 2, 275 identifiziert das imperativische *sequiminī* mit dem indikativischen *sequiminī* in der Weise, dass sie beide = griech. ἑπόμενοι seien; der Imper. *sequiminī* sei der im Befehlston gesprochene Indikativ. Dann bliebe freilich noch zu erklären, wie es gekommen wäre, dass *sequiminī* nur als 2. Person erscheint. Auch kann nur eine solche Deutung für befriedigend gelten, die zugleich die von lat. *-minī*, *-minō* nicht zu trennenden osk.-umbr. Formen umbr. *arsmaha-mo*, *persni-mu*, osk. *censa-mur* (S. 520.

576. 577) erklärt. Wichtig ist dabei, dass im Umbr. nicht nur *-mu* = **-mōd* als Medialisierung von *-tu* = **-tōd* erscheint, sondern in der 2. Plur. auch der Endung *-to*, die der lat. Imperativendung *-te* entspricht, ein mediales *-mo* gegenübersteht (dagegen lat. *-te* : *-minī*).

494. Gotisch *at-steigadau* 'καταβάτω', *lausjadau* 'ῥυσάσθω', *liugandau* 'γαμησάτωσαν'. Ältere Erklärungsversuche bei Jellinek Beitr. zur Erklärung der germ. Flexion S. 98 ff., dazu Hirt IF. 1, 206. 6, 61 f., Bezzenberger BB. 26, 153, v. Helten PBS. Beitr. 28, 551 f. Von den verschiedenen Deutungsversuchen hat das meiste der für sich, wonach der uridg. Ausgang **-tōd* zugrunde lag, an den, nach Abfall des Schlusskonsonanten, die Partikel *u* angetreten wäre (vgl. 1. Sing. *baírau*, *waúrþjau* § 444. 456. 468 und die mediopassiven Optativformen *baírai-zau* *-dau* *-ndau* § 582. 587. 598); *-a-dau* mit *-a-* für uridg. *-e-* wie in dem mediopass. Ind. 3. Sing. *baíra-da* und in der 2. Du. Ind. Akt. *baíra-ts* (S. 58 f.); *-ndau* aber vergliche sich als Neubildung zur 3. Sing. mit lat. *feruntō* (§ 489, 2, b) und griech. φερόντω (§ 487, 3, a). Zu der Hypothese, dass zwischen got. *-dau* und ai. *-tu* (*bhắratu*) ein näherer Zusammenhang bestehe, s. § 501 Anm. 1.

495. Griech. ἄγει und lit. *vedi* lett. *weddi*. Die durch dor. ἄγει, att. πίει (§ 492, 4) vertretene Imperativformation deckt sich mit lit. *vedi* (in den älteren Texten) und lett. *weddi* 'führe' aus **vedē̆*. Man darf als uridg. neben 2. Sing. Ind. **aĝe-si*, Inj. **aĝe-s*, Imper. **aĝe* eine 2. Sing. **aĝei* ansetzen, die, wie gewisse Injunktivformen des Präsensstamms, einen so weiten Gebrauchsbereich hatte, dass sie sowohl adhortativ als auch in Behauptungssätzen angewendet werden konnte; der Befehlston charakterisierte den Imperativgebrauch. Das lit. *vedi* ist identisch mit Ind. *vedì* 'du führst', während im Griechischen bei indikativischem Gebrauch ἄγει zu ἄγεις erweitert worden ist nach dem Verhältnis von Indik. δίδως, ἵστης zu Imper. δίδω, ἵστη; weiter wurde im Griech. zu ἄγεις eine 3. Sing. ἄγει geschaffen nach ἄγοις : ἄγοι, ἔγνως : ἔγνω u. dgl. S. IF. 17, 177 ff. Die Ansicht Meillet's Mém. 14, 412 ff., dass der Ausgang *-ei* auch durch die ir. 2. Sing. Ind. *-bir* vertreten sei (*-bir* aus **bherei*), halte ich nicht für richtig, vgl. § 517.

Neben πίει auch πίεις, eine Erweiterung von derselben Art wie ἔλθετως · ἐλθέ (§ 487, 2).

496. Schliesslich seien hier noch einige Neubildungen einer 2. Plur. Akt. in verschiedenen Sprachen zusammengestellt, die alle nach dem aus der Ursprache stammenden Verhältnis **aĝe* : **aĝe-te* aufgekommen sind. Hom. ἄγρει-τε, zu ἄγρει 'fass an, pack an' (Ind. ἀγρέω); Sophron τῆ-τε, zu τῆ 'da! nimm'[1]). — Lat. *agitō-te*, zu *agitō* (§ 489, 2, a). — Nachdem im Lit. die Partikel *-ki* (vermutlich verwandt mit der im Russ. beim Imperativ auftretenden Partikel *-ko -ka*, worüber § 889) zu einem festen Bestandteil der Form der 2. Sing. geworden war (S. 93. 407 f. 522. 566. 567), wurden dazu geschaffen die Formen wie *dŭkite*, *vèszkite*, *válgykite*, aber weiter auch 2. Du. *dŭkita* und 1. Plur. *dŭkime*, 1. Du. *dŭkiva*; zu *eĩksz* 'komm her' (d. i. *eĩ-k* + *sze*) die 2. Plur. *eĩkszte*. Zu lett. *weddi* 'führe' (§ 495) 2. Plur. *weddi-t*. Aksl. *na-te*, zu *na* 'da! nimm', serb. *ovamo-te*, zu *ovamo* 'hierher!' Vgl. noch ngriech. δόσμου-τε zu δόσ-μου 'gib mir' alban. *l'imni* für *l'i-mε-ni* 'lasst mich' = *l'ini-mε*, apreuss. 2. Sing. *quoitīlai-si* 'du wollest', 2. Plur. *quoitīlai-ti* 'wollet', zu *quoitī-lai* 'er wolle' (Injunkt. mit Partikel *lai*); die letztere Neuschöpfung wurde dadurch erleichtert, dass man den Diphthong des Ausgangs von *quoitīlai* auf gleiche Linie stellte mit dem von Optativformen wie *en-gaunai* 'er empfange'.

IX. Die Personalendungen[2]).

1. Vorbemerkungen.

497. Durch die Personalendungen kam seit uridg. Zeit zweierlei zum Ausdruck, der Unterschied der drei Personen und der Unterschied der Diathesis, des Aktivs und des Mediums. Für die passivische Diathesis gab es keine besonderen Per-

1) δεῦτε 'hierher!' in der Anrede an mehrere scheint eine Adverbialbildung zu sein, die, neben δεῦρο stehend, nur erst wegen ihres Ausgangs -τε die Geltung einer 2. Plur. bekommen hat (Verf. Demonstrativpr. 98 f.).

2) Fr. Müller Sprachwissenschaftliche Beiträge zur Suffixlehre des idg. Verbums, Kuhn-Schleicher's Beitr. 2, 351 ff. Derselbe Zur Suffixlehre des idg. Verbums, Ber. d. Wien. Ak. 34, 8 ff. 66, 193 ff. G. Curtius Zur Erklärung der Personalendungen, Curtius' Stud. 4, 211 ff. Begemann Zur

sonalendungen. Alle sogen. Passivformen des Verbum finitum sind der Personalendung nach entweder Aktiv- oder Medialformen.

Erklärung der Personalendungen, in: Zur Bedeutung des schwach. Präteritums der germ. Sprachen 1874 S. 184 ff. Verfasser Zur Geschichte der Personalendungen, Morph. Unt. 1, 133 ff. Sayce The Person-Endings of the Indo-European Verb, Techmer's IZ. 1, 222 ff. P. Merlo Sulla genesi delle desinenze personali, Rivista di filol. 12, 425 ff. 13, 385 ff. 14, 369 ff. M. H. Jellinek Die Erklärung der Personalendungen, IF. 12, 158 ff. H. Hirt Üb. den Ursprung der Verbalflexion im Idg., ein glottogonischer Versuch, IF. 17, 36 ff. C. C. Uhlenbeck Zu den Personalendungen, KZ. 40, 121 ff. E. H. Miles The Early Meaning and the Development of the Middle Voice, 1895. R. Wimmerer Üb. das Verhältnis der aktiven und medialen Verbalflexion im Idg., Progr. von Stockerau 1895—96. A. Kock Zur Frage nach den Verbalendungen u. den Nebenaccenten der idg. Ursprache, KZ. 34, 576 ff. M. Haberlandt Zur Geschichte einiger Personalausgänge bei den thematischen Verben im Idg., Wien 1882. Windisch Personalendungen im Griech. u. Sanskr., Ber. der sächs. G. d. W. 1889 S. 1 ff. Verfasser Zur griech. u. germ. Präsensflexion, IF. 15, 126 ff., Zur Bildung der 2. Person Sing. Akt. in den idg., insbesondere den balt. Sprachen, IF. 17, 177 ff. Bezzenberger Die idg. Personalendungen *-mā*, *-tā*, *-vā*, BB. 2, 268 f. E. Sibree First and Second Persons of the Indo-European Verb, The Academy 27 (1885) S. 190 f. Stier Die 3. plur. praes. indicativi des verbi substantivi, KZ. 7, 1 ff. Benfey Üb. einige Pluralbildungen des idg. Verbum, Abh. d. gött. G. d. W. 13, 39 ff. Meillet Sur la 3e personne active du pluriel de l'aoriste sigmatique, Mém. 13, 48 ff. V. Henry La 3e personne du pluriel du parfait indo-européen, Mém. 6, 373 ff. Windisch Üb. die Verbalformen mit dem Charakter *r* im Ar., Ital. und Kelt., Abh. der sächs. G. d. W. 10, 447 ff. Dottin Les désinences verbales en *R* en sanscrit, en italique et en celtique, Rennes 1896. Misteli Üb. Medialendungen, KZ. 15, 285 ff. A. Kuhn Üb. das Verhältnis einiger secundären Medialendungen zu den primären, KZ. 15, 401 ff. L. Parmentier L'origine des secondes personnes φέρε(σ)αι, λύε(σ)αι, *bhárasē*, *sequere*, Mém. 6, 391 ff. H. C. von der Gabelentz Üb. das Passivum, Abh. der sächs. G. d. W. 8, 449 ff. Steinthal Üb. das Passivum, Z. f. Völkerps. 2, 244 ff. Herm. Müller De generibus verbi, Greifsw. 1864.

Arisch. Bartholomae Arica: Zur Bildung der 1. sing. praes. act., der 1. plur., der 3. sing. perf. act., Zur Flexion des Conjunctivs, Zur Bildung der 3. plur. praet. act., der 2. und 3. du. med., KZ. 29, 271 ff. Derselbe Die 1. sing. opt. med. der thematischen Conjugation [im Ar.], Ar. Forsch. 2, 65 f. — Benfey Üb. die Entstehung u. Verwendung der im Sanskrit mit *r* anlautenden Personalendungen, Abh. der gött. G. d. W. 15, 87 ff. J. Darmesteter Des désinences verbales en *us* et des dési-

Für jede Person im Aktiv wie im Medium gab es von uridg. Zeit her mehr als eine Endung. Mit Absehung von den dem Sing. Ind. Perf. Akt. eigentümlichen Ausgängen uridg. *-a*,

---

nences verbales qui contiennent un *r* en sanscrit, Mém. 3, 95 ff. Meillet La finale *-uḥ* de skr. *pitúḥ*, *vidúḥ*, etc., Mélanges d'Indianisme offerts à S. Levi, S. 17 ff. A. Bergaigne Des troisièmes personnes du pluriel en *-ram*, Mém. 3, 104 f. Bartholomae Indisch *āi* in den Medialausgängen des Conjunctivs, KZ. 27, 210 ff. A. J. Eaton The Ātmanepada in Ṛigveda, Leipz. 1884. — Spiegel Die 3. Person plur. des perf. red. med. im Altbaktr., KZ. 20, 155 ff. Bartholomae Suffix *at°* u. *āt°* in den 3. pl., das Personalsuffix *-tam* im Opt. [im Av.], Ar. Forsch. 2, 61 ff. Meillet Persica: La 3e personne du pluriel de l'imparfait, Mém. 17, 352 ff.

Armenisch. Meillet Notes sur la conjugaison arménienne, Revue Banasêr II, 1.

Griechisch. K. Burkhard Die Personalendungen des griech. Verbums und ihre Entstehung, Teschen 1853. Lautensach Grammat. Studien zu den griech. Tragikern u. Komikern, I. Personalendungen, Gotha 1896. Χατζιδάκις Περὶ τῶν ἐν Βοιωτίᾳ, Θεσσαλίᾳ καὶ Φωκίδι ῥηματικῶν τύπων εἰς -νθαι, -νθο, -νθω, -νθι, Ἀθηνᾶ 10, 601 ff. Bollensen Üb. die 2. u. 3. du. in den historischen Zeiten des Griech., KZ. 13, 202 ff. J. Schmidt Die Personalendungen -θα u. -σαν im Griech., KZ. 27, 315 ff. Misteli Üb. die erste Pers. Sing. Opt. Act. des Griech., Z. f. Völkerps. 12, 25 ff. F. Stolz Zur Bildung der 2. u. 3. Sg. Ind. u. Conj. Praes. Act. im Griech., Z. f. öst. G. 53 (1902) S. 1057 ff. Derselbe Zur Bildung der 2. u. 3. Sg. Praes. Act. von φημί, IF. 14, 15 ff. Meillet Sur le type de troisième personne du pluriel homérique ὤμνυον, Mém. 15, 334 f. V. Henry La finale primaire de 2e personne du singulier de voix moyenne en dialecte attique, Mém. 6, 200 ff. K. Zacher Die Endung der 2. Pers. Sing. Ind. Med., Philologus Suppl.-Bd. 7, 473 ff. O. Hoffmann Die Medialendung -σαι in der thematischen Flexion, Glotta 1, 67 f. J. Wackernagel Die Medialendungen mit σθ, KZ. 33, 57 ff. A. Hillebrandt Die Endung -σθε, BB. 18, 279 ff.

Italisch und Keltisch. J. Rhŷs The Passive Verbs of the Latin and the Keltic Languages, Transact. Phil. Soc. 1865 S. 293 ff. H. Zimmer Üb. das italo-keltische Passivum und Deponens, KZ. 30, 224 ff.

Italisch. Corssen Osservazioni sulle desinenze personali del verbo italico, Rivista di filol. 4, 478 ff. Derselbe Zur Gestaltung der Personalendungen italischer Verba, in: Beitr. zur ital. Sprachk. S. 564 ff. Speijer *tis*, 2e personne du pluriel, Mém. 5, 189. Derselbe Désinences moyennes conservées dans le verbe latin (Parfait en *-ī* (*-ei*), Singulier de l'impératif en *-re*), Mém. 5, 185 ff. S. Pieri Il lat. *danunt* e simili, Riv. di filol. 33, 495 ff. Wölfflin Zu den Perfekta auf *-erunt* u. *-ere*, Wölfflin's Arch 14, 478. L. Havet Le parfait en *-ere* chez Plautus, Rev. de philol.

-tha, *-e* unterscheidet man Primärendungen (PE.) und Sekundärendungen (SE.): primär z. B. 3. Sing. Akt. *-ti*, Med. *-tai*, sekundär z. B. 3. Sing. Akt. *-t*, Med. *-to*.

31, 230 ff. Corssen Zur ital. Passivbildung, in: Beitr. zur ital. Sprachk. S. 562 f. Conway The Origin of the Latin Passive, illustrated by a recently discovered inscription, Proceedings of the Cambridge Philol. Soc. 1890, Dec. 4, S. 16 ff. A. Ernout Recherches sur l'emploi du passif latin à l'époque républicaine, Mém. 15, 273 ff. J. Bodiss De forma et natura verborum deponentium, Budapest 1891. J. B. Hofmann De verbis quae in prisca Latinitate extant deponentibus, Greifsw. 1910. H. Ebel Zur umbr. Conjugation, KZ. 5, 401 ff. M. Bréal La première personne du singulier en ombrien, Mém. 2, 287 ff. Ehrlich Üb. die sekundäre Aktivendung der 3. Person Pluralis im Osk.-Umbr., IF. 11, 299 ff.

Keltisch. Meillet Sur l'origine de la distinction des flexions conjointe et absolue dans le verbe irlandais, Rev. celt. 28 (1907), S. 369 ff. Strachan Grammatical Notes (3. sg. pres. ind. in *-nd*, etc.), Z. f. celt. Phil. 2, 480 ff. Stokes Die Endung der 1. pers. sg. praes. indic. act. im Neuirischen, Kuhn-Schleicher's Beitr. 2, 131 ff. Thurneysen Der ir. Imperativ auf *-the*, IF. 1, 460 ff. Stokes Zum kelt. Passivum, Kuhn-Schleicher's Beitr. 7, 467. Thurneysen Zum Deponens u. Passivum mit *r* [im Kelt.], KZ. 37, 92 ff. Kieckers Zur 2. Sing. des aktiven Imperfekts und zur 3. Sing. des aktiven Imperativs des Präsens im Altirischen, IF. 34, 408 ff. Loth La 2e personne du singulier du présent de l'indicatif actif (gallois *ydd*, cornique *yth*, armoricain *ez* ou *es*), Rev. celt. 10, 348 f.

Germanisch. R. Kögel Zum deutschen Verbum: die Endung der ersten Person Pluralis u. die Endung der zweiten Person Pluralis, PBS. Beitr. 8, 126 ff. Berneker Zur germ. Verbalflexion, IF. 9, 355 ff. A. Ludwig Üb. die 2. sing. perf. ind. im Germ., Ber. d. böhm. G. d. W. 1884 S. 52 ff. Verfasser Got. *bairōs* u. der Dual der Indogermanen, IF. 24, 165 ff. J. von Fierlinger Die II. ps. sg. perf. starker Flexion im Westgerm., KZ. 27, 430 ff. Derselbe Ahd. *-mēs*, KZ. 27, 189 f. M. H. Jellinek Die Endung der 2. Person Pl. Praes. im Ahd., IF. 11, 197 ff. H. Ebel Das got. Passivum, KZ. 5, 300 ff. W. Uppström Üb. das got. Medium, Germania 13, 173 ff. A. Skladny Üb. das got. Passiv, Neisse 1873.

Baltisch-Slavisch. J. Baudiš Die Endung der 2. Pers. Sing. im Lit., Listy filol. 31, 420 ff. [IF. Anz. 21, 145]. Verfasser Altbulg. *beretŭ* u. *berqtŭ*, KZ. 27, 418 ff. Miklosich Die Personalsuffixe des Dualis [im Altslov.], Ber. d. Wien. Ak. 81, 125 ff. Meillet La désinence *-tŭ* du vieux slave, Mém. 18, 232 ff. Derselbe Sur les désinences de 2e et 3e personnes du duel en slave, Festschr. für Jagić (Berl. 1908) S. 201 ff. O. Hujer Koncovka 3. plur. slovanských praesentních kmenů na *-ī*, Listy filol. 39, 211 ff.

Üb. die imperativischen Personalendungen s. auch die S. 563 Fussn. 1 angeführte Literatur.

498. Wie die letztgenannten beiden Arten von Endungen in uridg. Zeit über die Formengruppen des Verbum finitum verteilt gewesen sind, ist nicht mehr in alle Einzelheiten hinein festzustellen, besonders weil nicht klar ist, welches der Ursprung dieser formalen Verschiedenheit gewesen und wie weit sie in uridg. Zeit von semantischen oder von rein phonetischen Bedingungen abhängig gewesen ist. Im grossen und ganzen darf aber folgendes über die Verteilung in uridg. Zeit ausgesagt werden. Der Ind. Praes. hatte, vielleicht von der 2. Sing. abgesehen, nur primäre Endungen, z. B. ai. *bhára-ti bhára-tē*, griech. δίδω-σι δίδο-ται. Ebenso das formell als Ind. Praes. zu betrachtende *si̯o*-Futurum, z. B. ai. *dāsyá-ti dāsyá-tē* (S. 383 ff.), und der Ind. Perf. Med., z. B. ai. *dad-é* griech. δέδο-ται. Nur sekundäre Endungen hatten alle augmentierten Indikative, z. B. ai. *á-bhara-t á-bhara-ta, á-dā-t á-di-ta, á-cikē-t*, griech. ἐ-δίδω ἐ-δίδο-το, ἔ-δο-το, ἠλήλα-το, der modale Injunktiv mit den injunktivischen Imperativformen, z. B. ai. 2. Sing. *dāḥ*, 3. Sing. *juṣa-ta*, griech. ἐπί-σχε-ς φέρε-ο (S. 519 ff. 563 ff.), osk. fakiiad, ir. *-cria* (S. 539 ff.), und der Optativ, z. B. ai. *bhárē-t bhárē-ta, dadyā́-t dadī-tá*, griech. φέροι φέροι-το, δοίη δοῖ-το.

Dagegen schwankten, wie es scheint, in uridg. Zeit der kurzvokalische Konjunktiv und der *ē* : *ō*-Konjunktiv zwischen PE. und SE., z. B. ai. *ása-ti, dōha-tē, nēṣa-ti, tatána-ti*, griech. φθίε-ται, ἀμείψε-ται, lat. *faxo*, umbr. furent und ai. *ása-t, nēṣa-t, tatána-t, hána-nta*, got. *ōgs* (S. 524 ff.), ai. *bhárā-ti bhárā-tē, vāvṛdhā-ti*, griech. φέρωσι φέρη-ται und ai. *bhárā-t bhárā-n*, ark. φέρη, osk. *fefaci-d*, tribarakattí-ns (S. 530 ff.). Eine gewisse Regelung, sei es nach semantischen, sei es nach phonetischen Gesichtspunkten oder auch nach beiden zugleich, wird hier ursprünglich nicht gefehlt haben. Auch ist zu beachten, dass der Konjunktiv mit SE. oft nicht deutlich vom modalen Injunktiv zu sondern ist.

Anm. Den Umstand, dass das sogen. Augment, das ursprünglich ein selbständiges Adverbium gewesen sein muss (S. 10 ff.), SE. bedingte, hat man (nach Zimmer KZ. 30, 119 f.) öfters unmittelbar zusammengebracht mit dem Wechsel zwischen 'absoluter' und 'konjunkter' Flexion im Irischen (der Wechsel war, wie einzelne Reste im Altkymrischen vermuten lassen, einst gemein-inselkeltisch). Im Ir. haben alle mit Präposition zusammengesetzten Verbalformen in der Regel SE., z. B. *do-beir* 'er bringt' aus

-bere-t*, das Verbum simplex aber in der Regel PE., z. B. *berid* 'er trägt' aus **bere-ti*. Danach soll nun schon in uridg. Zeit als Ind. Praes. z. B. **bhéreti*, aber **pró bheret* gesprochen worden sein, und ai. *prá bharati* wäre nach dem selbständigen *bhárati* aufgekommen. Das ist wenig wahrscheinlich. Denn erstlich erklärt sich so nicht, weshalb z. B. der Optativ seit uridg. Zeit immer nur SE. gehabt hat (bheroi-t*), einerlei ob eine Präposition vorausging oder nicht. Ferner war die Stellung der Präposition zu der Verbalform in uridg. Zeit noch so frei — die Präposition konnte vor und hinter dem Verbum stehen und im ersteren Fall nicht bloss unmittelbar vor dem Verbum (2, 2, 764 ff.) —, dass es nicht wahrscheinlich ist, dass in gewissen Teilen des Verbums eine Formation allgemein üblich gewesen sein sollte, die an unmittelbares Vorausgehen der Präposition gebunden war. Endlich ist es auch nicht gerade wahrscheinlich, dass die Erscheinung, wenn sie uridg. war, nur noch in éinem Sprachzweig und zwar in einem erst so spät an's Licht der geschichtlichen Überlieferung getretenen erhalten wäre. Für den Gegensatz von absoluter und konjunkter Flexion im Ir. gibt es denn auch noch andere Erklärungsmöglichkeiten. S. Meillet Rev. celt. 28, 369 ff., Thurneysen Handb. des Altir. 1, 327, Wackernagel Gött. Nachr. 1914 S. 103. Es ist möglich, dass im Kelt. in der Bildung der 2. und 3. Sing. Ind. Präs. Akt. einst ein Gegensatz war ähnlich den Gegensätzen, die im Griech. und im Balt. vorliegen: 2. Sing. hom. ἐσ-σί, att. εἶ 'gehst' aus *εἰ-σι, aber τίθη-ς (ἄγει-ς), dor. kypr. ἄγε-ς, 3. Sing. lesb. ἔσ-τι φαῖ-σι, aber τίθη (ἄγει); lit. *ei-sì* 'gehst', *eĩ-ti* 'geht', aber *vežì*, *vẽža*. Wenn in gewissen Fällen bei einsilbiger Stammform PE., bei mehrsilbiger SE. herrschte, so können leicht aus Partikel und Verbalform mit einsilbigem Stamm bestehende Verbindungen SE. bekommen haben, und so kann sich der Gegensatz von ein- und mehrsilbig zu dem von einfach und zusammengesetzt verschoben haben; dieser Gegensatz wurde dann mit der Zeit auf alle Verba und die verschiedensten Formen der Verbalsysteme übertragen. Es können aber auch in urkelt. Zeit beim Verbum simplex in gewissen Fällen innerhalb desselben Paradigmas doppelte Formen, mit PE. und mit SE., nebeneinander gesprochen worden sein, ähnlich wie im Ai. der 'Injunktiv' oft in Gesellschaft des Ind. Präs. so auftritt, dass er dem Sinne nach selbst als Ind. Präs. zu bezeichnen ist, z. B. *cōdayat* wie *cōdayati* (Delbrück Altind. Synt. 354 f.), oder im Altruss. 3. Sing. *budetъ* und *bude*, 3. Plur. *budutъ* und *budu* (im Serbokro. von Anfang an überhaupt nur *-e* und *-u* [1])). Auch auf einem solchen Grund kann sich im Kelt. der Gebrauch ausgebildet haben, im Verbum compositum als der längeren Form die SE. zu setzen. Liegt die Sache so, dann gehörte unsere kelt. Formverschiedenheit in den Kreis der von Wackernagel unter dem Titel 'Wortumfang und Wort-

1) Formen wie *budet* im 16./17. Jahrh. haben nur scheinbar Primärendung (Leskien Gramm. d. serbo-kro. Spr. 1, 529).

form' Nachr. d. gött. G. d. W. 1906 S. 147 ff. beleuchteten Erscheinungen: z. B. wurde im Altarmen. das Augment nur dann vorgesetzt, wenn die Verbalform ohne es einsilbig wäre, z. B. *e-ber* (S. 13), und entsprechend war im Mittelind. das Augment bei Einsilblern notwendig, während es bei allen andern Formen fakultativ war mit sichtlicher Zunahme der Augmentlosigkeit, und bestimmend war auch im letzteren Fall wieder die Silbenzahl: die Drei- und Viersilber wurden früher und allgemeiner augmentlos gelassen als die Zweisilbler und diese zunächst nur unter dem Einfluss zugehöriger Dreisilbler (Wackernagel a. a. O.). Ähnlich ist, dass die in den griech. Komposita ἀνά-βᾱ, εἴσ-βᾱ (dor. ἔμ-βη), παρά-στᾱ enthaltenen Imperativformen auf den Gebrauch im Kompositum beschränkt waren: die Simplicia lauteten βῆθι, στῆθι.

499. Eine besondere Stellung unter den Personalendungen nehmen die Ausgänge der nicht-injunktivischen Imperativformen ein. Es erscheinen hier Partikeln zu festen suffixalen Bestandteilen von Verbalformen in ähnlicher Weise geworden, wie sich die als Augment bezeichnete Partikel als Präfix mit den Verbalformen univerbiert hat. Diese Partikeln sind teils schon in uridg. Zeit, teils erst einzelsprachlich mit dem Verbum verwachsen und haben in grösserem oder geringerem Umfang den Charakter derjenigen Formantien angenommen, die man im engeren Sinn als Personalendungen benennt. Das Nähere in § 473 ff.

500. Eigenartig unter den Personalcharakteristika sind ferner die im Ar., Ital., Kelt. auftretenden *r*-Formantien. Das *r*-Element erscheint teils für sich allein als Personalendung, z. B. ai. 3. Plur. Akt. Perf. *vidúḥ* (*vidúr*), teils in Verschmelzung mit sonst für sich allein als Personalendung auftretenden Formantien, z. B. ai. 3. Plur. Med. Präs. *duh-r-atē*, lat. *sequo-ntu-r*.

Die Ausbreitung dieses Elementes auf fast alle Personen im Italischen und im Keltischen lässt es rätlich erscheinen, die *r*-Endungen in einem besonderen Abschnitt (§ 603 ff.) zu behandeln.

501. Die Frage der Herkunft der uridg. Personalendungen (wobei ich von den zu Personalendungen gewordenen Imperativpartikeln § 499 absehe) zu beantworten, ist ebenso schwierig wie die Frage der Herkunft der uridg. Kasusendungen (worüber 2, 2, 118 ff.). Etwa Folgendes ist das, was sich hören lassen darf, wenn man einigermassen festen Boden unter den Füssen behalten will.

1) Wie sich in den Einzelsprachen gewisse Endungen von éinem Punkt aus, von éinem Tempus oder Modus oder auch nur von einzelnen Verba innerhalb solcher Paradigmata aus, weiter verbreitet haben (z. B. im Lat. *sequāminī*, *sequēminī* usw. nach *sequiminī* § 421, 7, griech. ἔφησθα, βάλοισθα usw. nach οἶσθα § 514, 3), so ist es, wie wir annehmen müssen, auch mehr- oder vielfach mit solchen Elementen geschehen, die schon in uridg. Zeit als Personalendungen allgemein im Verbalsystem verbreitet und eingebürgert gewesen sind.

2) Was zunächst den Unterschied der aktiven und der medialen Endungen betrifft, so ist keineswegs selbstverständlich, dass der besondere Sinn, durch den sich die Medialformen eines Verbums von seinen Aktivformen unterscheiden, ursprünglich durch die Personalendung gegeben war. Flexivische Elemente sind sehr oft erst auf Grund der Bedeutung eines gewissen Stammes oder gewisser Stämme, mit denen sie verbunden waren, zu der Funktion gekommen, in der sie weitere Verbreitung gewonnen haben. Hierfür habe ich Griech. Gramm.³ 10 (4. Aufl. S. 12) Beispiele gegeben und dabei bemerkt: "In gleicher Weise liegt die Annahme nahe, dass den sogen. medialen Personalendungen ihre spezifische Funktion erst durch die Stammbedeutung gewisser Verba zugeführt worden ist. Ein Teil der Medialendungen ist von den aktivischen Endungen nur so geschieden, dass ein Ablautsverhältnis zwischen ihnen besteht: *-mai -sai -tai -ntai* : *-mi -si -ti -nti* und *-so -to -nto* : *-s -t -nt*, z. B. 3. Sing. ai. *ha-tḗ* : *hán-ti*. Wenn demnach von Haus aus hier keine etymologische Verschiedenheit vorhanden war, so ist es möglich, dass ursprünglich gewisse Media tantum [wie ai. *sácatē* griech. ἕπεται lat. *sequitur*, s. § 609 f.] kraft der Bedeutung ihrer Wurzel den 'medialen' Sinn hatten und dass im Anschluss daran in uridg. Zeit auch andre Formen auf *-mai* usw. den medialen Sinn erhielten und schliesslich neben Formen auf *-mi* solche auf *-mai* mit medialem Sinn in gleicher Weise ins Leben riefen, wie man *dea* als Femininum neben *deus* geschaffen hat. (Damit erledigen sich Hoffmann's Bemerkungen BB. 25, 178 gegen Delbrück.) Über das etymologische Verhältnis zwischen den Endungen ai. *-mahē -dhvē* griech. -μεθα -σθε und den Endungen ai. *-masi -tha*

griech. -μες -τε schwebt freilich noch völliges Dunkel. Aber den ersteren von diesen Endungen braucht der mediale Sinn auch nicht von Anbeginn an innegewohnt zu haben. Er kann ihnen ebenso sekundär zugekommen sein, wie den Partizipialsuffixen ai. *-māna-* griech. -μενο- usw. [vgl. 2, 1 § 162 S. 232]". Da wir es hier mit verbalen Begriffskategorien zu tun haben, so wäre mit dieser Entwicklung des Ausdrucks des medialen (in weiterer Folge auch des passivischen) Begriffs auf Grund einer bestimmten formantischen Gestaltung, die nicht an sich von Anfang an der Träger dieser Bedeutung gewesen war, nächstvergleichbar die Entwicklung der Abhängigkeit gewisser Aktionsbegriffe und gewisser temporaler Begriffe von bestimmten formantischen Gestaltungen der Verbalform, die mit diesen Begriffen ursprünglich nichts zu tun hatten, vgl. z. B. **bhudhó-* usw. als 'aoristische' Form nach **u̯idó-* 'ausfindig machen, auffinden' (S. 80. 113 f.).

Anm. 1. Dass die primären Aktivendungen *-mi*, *-si*, *-ti*, *-nti* aus den primären Medialendungen *-mai*, *-sai*, *-tai*, *-ntai* und die sekundären Aktivendungen *-s*, *-t*, *-nt* aus den sekundären Medialendungen *-so*, *-to*, *-nto* hervorgegangen sind, haben Begemann Zur Bedeutung des schwach. Präteritums der germ. Sprachen (1874) S. 188 und Osthoff Morph. Unt. 4, 282 vermutet. Man hat nun angenommen, ein gleichartiges Verhältnis bestehe zwischen ai. *-tu -ntu* in ai. *bhára-tu -ntu* und got. *-dau -ndau* (im Imper. Akt. *at-steigadau*, *liugandau* und Opt. Medio-Pass. *nimaidau nimaindau*; dazu noch 2. Sing. *nimaizau*). Ich halte diese Parallelisierung für trügerisch. Ist doch schon von vornherein keinerlei Anzeichen dafür vorhanden, dass einst ein dem Ton- und Ablautsverhältnis der ai. Formen *hatḗ* : *hánti* entsprechendes Verhältnis bestanden hat. Vgl. § 494.

3) Auch dass man neben den singularischen Verbalformen pluralische und dualische Formen hat, bei denen in der historischen Zeit die Personalendungen als Träger dieser Bedeutungen erscheinen, muss nicht notwendig darauf beruhen, dass die betreffenden pluralischen und dualischen Personalformantien jedesmal von Beginn an durch sich selbst diesen numeralen Sinn ausgedrückt hätten. Sieht man ab von der Endung der 1. Du. ai. *-vas -va*, got. *-wa* (im Opt.), lit. *-va* aksl. *-vě*, die wohl keiner (auch Hirt nicht, s. IF. 17, 78) von dem dualischen Personalpronomen (lit. *vè-du* aksl. *vě* usw.) trennt, so ist keine der nichtsingularischen Endungen so beschaffen, dass man sich dazu gedrängt fühlen könnte, in ihr einen ursprüng-

lichen Ausdruck der Pluralität oder Dualität zu sehen. Bei der 3. Plur. mit ihren Ausgängen *-nti -ntai*, *-nt -nto* ist ursprünglicher Pluralsinn sogar sehr unwahrscheinlich, da einerseits Verknüpfung mit dem partizipialen Formans *-nt-* unabweisbar scheint, anderseits, wie die singularischen *-ti -tai*, *-t -to* nebst *-mi*, *-si* usw. zeigen, in den auf *-t-* folgenden Lauten *-ai*, *-o* der Pluralausdruck nicht gesehen werden darf. Vielleicht hat denn auch hier, wie beim Medialausdruck, zum Teil die stammhafte Bedeutung gewisser Verba eine massgebende Rolle gespielt. Es gibt gewissermassen Verba pluralia tantum, z. B. *wimmeln*, *schwärmen* (von Bienen), *sich ansammeln*, *sich zusammenrotten*, und Verba dualia tantum, z. B. *sich trennen*, *sich treffen* (vgl. R. M. Meyer IF. 24, 279 ff.). Und so könnte z. B. die mit dem *nt*-Formans gebildete 3. Plur. solcher pluralischen Verba, ursprünglich prädikatives Partizipium ohne Bezeichnung der Pluralität an sich selbst, die älteste Schicht der Formen der 3. Plur. gewesen sein. Der Begriff der Pluralität teilte sich hier dem *nt*-Formans mit. Dieses wurde alsdann zu dem *t*-Formans der 3. Sing. in Beziehung gesetzt, mit ihm gleichartig empfunden und nach ihm gestaltet (*-ntai* wie *-tai* usw.), und mit der neuen Funktion und in der neuen Gestaltung ging es dann auf beliebige andere Verba über.

4) Sowohl diejenigen Forscher werden Unrecht haben, die, wie schon Grammatiker des 18. Jahrhunderts (Jellinek IF. 12, 158 ff.), sämtliche Personalendungen für ursprüngliche Personalpronomina ausgaben, als auch Hirt, der IF. 17, 36 ff. glaubhaft zu machen versucht, sämtliche uridg. Verbalformen seien nominalen Ursprungs[1]). Das richtige scheint zu sein, dass in der idg. Urzeit beiderlei Arten von Formen zur Bezeichnung eines verbalen Prädikats von sehr alter Zeit her nebeneinander gelegen haben

1) Hirt S. 78 erkennt zwar die Identität der Endung von ai. *vdhā-vaḥ*, lit. *vẽža-va* mit dem Pronomen lit. *vè-du* an, bringt aber die Verbalform zunächst mit der nominalen Dualform auf *-ōu* (ai. *áśvāu*) zusammen, die in diesem Ausgang denselben Stamm wie lit. *vè-du* enthalte. Dass Hirt dabei aber von der älteren Auffassung, die Personalpronomina in den Endungen sah, doch nicht überall ganz loskommt, zeigt sich darin, dass er die Form **bherom* (ai. *bhάram*, *á-bharam*) zwar für einen Akk. Sing. ausgibt, aber die Festsetzung für die erste Person doch daraus herleitet, dass man "durch das *m* an das Pronomen der 1. Person erinnert wurde".

und von diesen die mit suffigiertem Personalpronomen mehr und mehr so zu sagen die tonangebenden wurden, die wurden, die den Grundstock für das ganze idg. Formensystem hergaben. Die allermeisten Einzelheiten liegen dabei freilich ganz im Dunkeln. Nur über ein paar einzelne Punkte erscheinen mir trotz der Schwierigkeiten, die auch hier verbleiben, Vermutungen nicht unangebracht:

a) Die Ausgänge *-ai*, *-i* der sogen. primären Endungen *-mai -mi*, *-sai -si*, *-tai -ti*, *-ntai -nti* mögen eine Partikel gewesen sein, die auf die Gegenwart hinwies.

Anm. 2. Dass *-m*, *-s*, *-t* aus *-mi*, *-si*, *-ti* auf lautgesetzlichem Weg entstanden sei, wie öfters angenommen worden ist, z. B. von A. Kock KZ. 34, 576 ff. (nach ihm soll **bhéretì* mit einem Nebenton auf *-ti* neben **é bhereti* ohne diesen Nebenton gestanden haben, und so aus letzterem **é bheret* entstanden sein), ist durch keine von denjenigen Lautveränderungen, die sich einigermassen klar als uridg. Veränderungen erweisen lassen, zu stützen. *-mai* : *-mi* : *-m* usw. erinnert an die Kasusformen ai. *kármaṇē* (griech. ἴδμεναι) : *kármaṇi* : *kárman*, wo ebenfalls kein Grund vorliegt, die kürzeste Form aus einer der beiden volleren entstanden sein zu lassen (vgl. 2, 2, 122. 174. 179).

b) Die Elemente *-mai*, *-mi*, *-m* der 1. Sing. scheinen das Pronomen der 1. Sing., ai. *mā* griech. μὲ usw., zu sein.

c) Ferner lässt sich *-tai -ti*, *-to -t* mit dem Demonstrativum **to-* (ai. *tá-* griech. τό-) zusammenbringen. Die sogen. subjektlosen Sätze (lat. *pluit*), falls sie ursprünglich gewesen sind, bilden kein Hindernis. Denn sobald das suffigierte Subjektspronomen **t(o-)* soweit verdunkelt worden war, dass man es auch da verwendete, wo das Subjekt schon anderweitig ausgedrückt war, konnte die Form auch auf die subjektlosen Verba übertragen werden. S. Pedersen KZ. 40, 149.

Anm. 3. Mit dem *-t* von *pluit* verhielte es sich dann genau so, wie mit dem *es* von *es regnet*. Denn dieses *es* ist auch erst durch eine Art von Systemzwang hinzugekommen; es hat — wie H. Schuchardt in seiner Besprechung von Jespersen's Sprogets Logik (Anthropos 1914) sagt — keine grössere Bedeutung als die eines blinden Fensters, das man im zweiten Stockwerk eines Hauses angebracht hat, weil sich darunter, im ersten Stock, ein wirkliches Fenster befindet. Man vergleiche auch, wie in jüngeren Sprachperioden an die Verbalform als Subjekt suffigierte Personalpronomina zur Geltung einer blossen Personalendung herabgesunken sind: so war z. B. preuss. *astits* (= *ásti tas*) ursprünglich nur 'ist er', *imma-ts* (= *imma tas*) 'nimmt er', wurde dann aber auch noch mit *tans* 'er' als Subjekt verbunden (Trautmann Apreuss. Sprachd. 273 f.), und 2. Sing. ir. *at* kymr. *wyt* 'bist' und 2. Plur. ir. *adib* kymr. *ydwch* 'seid' enthalten am Schluss die Personalpronomina 'du' und 'ihr' (§ 511, 1. 544). Geht man davon aus, dass nicht für Dinge, sondern für Vorgänge die ersten Worte entstanden, das Prädikat also vor dem Subjekt da war, und dass sich nunmehr zunächst das Bedürfnis nach Ausdrücken für Lokalisierung der Vorgänge geltend machte und diesem mit einem sichtbaren, bald auch einem hörbaren Hinweis genügt wurde, so liegt es nahe, in den *t*-Elementen der 3. Sing. nicht eigentlich das Subjekt des Verbums, sondern nur den Hinweis 'da!' zu suchen. *unca-t* 'brüllt' war hiernach ursprünglich 'es-brüllt da', und wenn dann der Brüller, Brummer usw. (z. B. Bär) mit genannt und 'Subjekt' wurde, blieb das deutende Adverbium hinter dem Verbum gleichwohl an diesem suffixal hängen und konnte das Subjekt, wenn es nicht genannt, aber mit vorgestellt war, mit vertreten (*uncat* 'er brüllt'). Die 3. Sing. Perf. auf *-e*, die überhaupt nur ein einfaches Verbalabstraktum gewesen zu sein scheint (s. unten f) kann älter, aber auch jünger gewesen sein als die 3. Sing. mit dem *t*-Formans. Beides verträgt sich mit dieser Auffassung des letzteren, ausserperfektischen Ausdrucks der 3. Sing. Diese eine *t*-Formation ist vielleicht für das ganze System der 'Personalendungen' der massgebende und vorbildliche Typus gewesen.

d) Wohl am deutlichsten ist Herkunft aus dem Personalpronomen bei der Endung der 1. Du. (vgl. § 501, 3). Hierüber IF. 24, 165 ff., wo ich auf Grund der Verschiedenheit des der Personalendung vorausgehenden Wortteils uridg. 1. Du. **bherō-u̯es* (got. *bairōs*) und 1. Plur. **bhero-mes* (dor. φέρομες) vermutet habe, dass ein ursprüngliches **bherō-u̯ĕ* ('wir beide tragen') zunächst bedeutet habe 'ich trage und die andre, zugehörige Person (du oder er, sie)'; nach Einreihung der Bildung in das schon vorhandene System der Verbalformen mit Personalendung zog der Begriff der 1. Du. in die Endung *-u̯ĕ* ein, und es erfolgten dann an dieser allerlei analogische Neubildungen.

e) Da das Element *-nt-* in der 3. Plur. (*-nti -ntai*, *-nt -nto*) von dem *-nt-* als Partizipialformans nicht zu trennen ist, so ist diese Person von allen aus uridg. Zeit stammenden Formen am ehesten als ursprüngliche Nominalform zu betrachten. S. S. 592.

f) Ferner scheint ein Nomen und zwar ein ursprüngliches Verbalabstraktum der Form der 3. Sing. Perf. auf *-e* zugrunde zu liegen, worauf besonders die Dehnstufigkeit der Wurzelsilbe von Formen wie ai. *u-vāca*, *da-dhāra* hinweist. Vgl. S. 434.

2. Aktivendungen.

A. Die 1. Person des Singulars.

502. Mehrsprachliches.

1) *-mi* PE. der themavokallosen Stämme. Ind. Präs. **és-mi* 'bin' (S. 93): ai. *ásmi*, armen. *em* (1, 741), griech. εἰμὶ, alb. *jam* (1, 119. 758), ir. *am* (*amm*) (1, 247), got. *im* aisl. *em* (1, 779), lit. *esmì* aksl. *jesmь*. Ai. *émi* griech. εἶμι 'gehe' (S. 88). Ai. *dádāmi* griech. δίδωμι 'gebe' (S. 108. 110). Ai. *krīṇāmi* ir. *crenim* 'kaufe' (S. 300), griech. πέρνημι ir. *renim* 'verkaufe' (S. 302), ahd. *ginōm* 'gähne' (S. 301).

Unabhängig voneinander liessen mehrere Sprachen *-mi* auf die themavokalischen Formen übergehen, z. B. ai. *bhárāmi* (§ 503, 2), arm. *berem* (§ 504, 1), ir. *melim* (§ 508, 1), ahd. *wirdon* (§ 509), serb. *nesēm* (§ 510, 1).

2) *-ō* Primärausgang der themavokalischen Stämme, auch des *e* : *o*- und des *ē* : *ō*-Konjunktivs. Ind. Präs. **bhérō* 'trage': gthav. *spasyā* 'specio', griech. φέρω, lat. *fero*, ir. *-biur*, *-biu* 'bin' (1, 235), got. *baíra* ahd. *biru*, lit. *vežù* 'veho'. *s̯i̯o*-Futurum: gthav. *vaxšyā* 'werde sprechen', lit. *dúsiu* 'werde geben' (S. 386). *e* : *o*-Konjunktiv Präs. **ésō* 'sim': gthav. *aŋhā*, ai. *bravā* 'dicam', griech. ἔω ὦ, lat. (Fut.) *ero* (S. 525); **éi̯ō* 'eam': ai. *ayā* griech. ἴω (S. 525, vgl. lat. *eo* in der konsultativen Frage, S. 528 f.); *s*-Aor. griech. στείξω ir. *-tias* lat. *dīxo* (S. 525). *ē* : *ō*-Konjunktiv Präs. ai. *arcā* (3. Sing. *árcāt*), gthav. *pərᵊsā* (3. Sing. Med. *pərᵊsā̆ᶦtē*, S. 352), griech. ἄγω (3. Sing. ἄγῃ), vgl. auch lat. *agō* in konsultativen Fragen (S. 528 f.).

3) *-m -m̥* SE., und zwar *-m* postsonantisch, *-m̥* postkonsonantisch.

a) *-m*. **é-bherom* (**bhérom*) 'trug': ai. *á-bharam*, griech. ἔφερον, aksl. Aor. *mogъ* (1 § 276, 2. 1034, 2). Ai. *á-gām* griech. ἔβην 'ging' (S. 161 f.), lat. *-bam* in *amā-bam* (S. 161). *ā*-Konjunktiv (Injunktiv) lat. *feram*, ir. *-ber* (S. 41), wozu man § 447 Anm. vergleiche; die ir. absolute Form *bera* muss eine Neuschöpfung sein (s. Thurneysen Handb. d. Altir. 338 f. und unten § 508, 3). Opt. **s(i)i̯ē-m* 'sim': ai. *syā́m* griech. εἴην lat. *siem sim*.

b) *-m̥* : griech. -α, während ar. *-am*, gleichwie im Akk. Sing. M. F. (2, 2, 137), die antesonantische Form von *-m̥* war (1, 402 f.).

**ēs-m̥* 'eram': ai. *ásam* apers. *āham*, hom. ἦα. *s*-Aor.: ai. *á-cāiṣam*, griech. ἔτεισα (S. 396). Opt. **bhéroi̯-m̥*: ai. *bhárēyam*, ark. ἐξ-ελαύνοια (§ 465 f.).

4) *-a* im Ind. Perf. **u̯oid-a* 'weiss': ai. *véda*, griech. οἶδα, got. *wait*, ir. *-gegon* (S. 441).

Wurzeln auf langen Monophthong scheinen diesen seit uridg. Zeit als Auslaut in der 1. Sing. Perf. gehabt zu haben: av. *ava-hišta* 'bin hinzugetreten', ahd. *teta* as. *deda* 'tat' got. *saísō* 'säte'. Vgl. § 375. 503, 6.

503. Arisch.

1) Uridg. *-*mi*. — Ai. *ásmi* gthav. *ahmī* apers. *amiy* 'bin'. Ai. *dádāmi* av. *daδąmi* 'gebe'. Ai. *kr̥ṇómi* av. *kərᵊnaomi* 'mache'.

2) Uridg. *-*ō*, urar. *-*ā*. — Der Ersatz des urar. *-ā* durch *-āmi*, nach der Analogie der themavokallosen Tempusstämme, mag schon in urarischer Zeit begonnen haben: ai. *bhárāmi* jgav. *barāmi* 'fero', ai. *dhāráyāmi* 'halte' apers. *dārayāmiy* 'besitze' (S. 254). Freilich hat der Gāϑādialekt des Avesta regelmässig *-ā*, wie *spasyā* (§ 502, 2). Die Einbürgerung von *-āmi* scheint da angefangen zu haben, wo themavokalische und themavokallose Flexion nebeneinander bestanden (z. B. ai. *dádha-ti* und *dádhā-ti*, S. 142 f.), und die Bildung auf *-āmi* mochte sich vor der auf *-ā* durch die Übereinstimmung mit den andern Singularpersonen in der Silbenzahl empfehlen. Zur Ausbreitung mitwirken konnte fernerhin, dass in der 1. Sing. Med. Ind. Präs. die themavokalischen und die themavokallosen Indikative seit urar. Zeit den gleichen Ausgang (*-ai̯*) hatten, und auch das, dass in der Zeit, als auch die 1. Sing. Konj. in weiterem Umfang noch auf *-ā* ausging, durch *-āmi* im Ind. eine formale Unterscheidung zwischen Ind. und Konj. erreicht wurde.

3) Der kurzvokalische und der langvokalische Konjunktiv zeigen im Ar. *-ā* und *-āni* nebeneinander. Ved. *bravā* ved. und klass. *brávāṇi*, av. *-mrava*, zu 3. Sing. ai. *bráva-t* gthav. *mravaitī* (S. 526), ai. *ásāni* gthav. *aŋhā* jgav. *aŋha*, zu 3. Sing. ai. *ása-t(i)* gthav. *aŋhaitī* (S. 525), gthav. *čarānī*, zu 3. Sing. *čara-t̰* (S. 525). Ved. *arcā*, zu 3. Sing. *árcā-t*, *váhāni*, zu 3. Sing. *vahā-ti*, gthav. *pərᵊsā*, zu 3. Sing. *pərᵊsāitē*, av. *barāni*, zu 3. Sing. *barā-t̰* (S. 595).

Der Ausgang *-āni* wird verschieden erklärt, s. Mahlow Die l. V. 162, Wiedemann Das lit. Prät. 160, Persson IF. 2, 255 ff., Meillet Mém. 9, 371. 18, 233, Thumb Handb. des Sanskr. 1, 288. Mir ist immer noch (vgl. die 1. Aufl.) Zusammengehörigkeit von *-ni* mit dem Element *-na* in der Endung der 2. Plur. *-ta-na* (§ 540, 2) wahrscheinlich. *-na* war eine Partikel (vgl. die Partikel *u* in got. *bairau* § 444. 468), und geht man von urarischem **bharā-na* aus, so kann dieses leicht nach den Ausgängen der 2. 3. Sing. *-si -ti*, zugleich durch Einfluss von *-mi* neben *-si -ti* im Indikativ, zu **bharāni* geworden sein. Die ganz isoliert stehende ark. 1. Sing. ἀψευδήων, eine Form, von der es nicht einmal feststeht, dass sie dem Konjunktiv angehört hat, mit dem ar. *-āni* in historischen Zusammenhang zu bringen (vgl. Brugmann-Thumb Griech. Gramm.[4] 397, Meillet Mém. 18, 233, Slotty Ein Beitrag zur Modussyntax der griech. Dialekte [Sonderabdruck aus der Festschrift für A. Hillebrandt], Halle 1912), scheint mir zu gewagt, zumal da völlige Identität des Ausgangs doch nicht vorhanden ist. Über ἐψευδήων neuestens Danielsson IF. 35, 99 ff.: er betrachtet die Form als 1. Sing. Opt. zu einem Indik. ἀψευδήω (vgl. ἀδικήει S. 228); aus *-ηο[ι̯]α sei durch Kontraktion *-ηω, hieraus durch Anhängung der Personalendung -ν ἀψευδήων geworden.

4) Uridg. **-m*. — Ai. *á-bharam*, av. *-barəm* apers. *abaram*. Ai. *á-dadhām*, av. *dadą̊m*. Opt. ai. *dadhyā́m*, av. *daiδyąm*.

5) Uridg. **-m̥*, vgl. § 502, 3, b. — Ai. *á-bravam* av. *mraom* d. i. *mravəm* 'sprach'; ai. *ā́sam* apers. *āham* 'war' (S. 94); ai. *ā́yam* apers. *āyam* 'ging' (S. 88); gthav. *čōišəm*, zu 3. Sing. *čōišt* (S. 92). Ai. *a-kr̥ṇavam* apers. *a-kunavam* (S. 328). *s*-Aor. ai. *á-jāiṣam* 'habe ersiegt' (S. 399), av. *aiwi-vīsəm* 'habe wahrgenommen' (S. 397. 421). Opt. ai. *bhárēyam*; für das Av. darf nach der 3. Plur. *barayən* (S. 557) als 1. Sing. *barayəm* (*baraēm*) erschlossen werden.

6) Uridg. **-a* im Ind. Perf. Akt. — Ai. *véda* gthav. *vaēdā* 'weiss'. Über av. *-hišta* zu W. *stā-* (§ 502, 4) und die nicht sicher erklärten ai. Formen auf *-āu*, wie *tasthā́u*, *dadhā́u*, s. S. 457.

504. Armenisch. Perf. uridg. **-a* scheint verloren.

1) Uridg. **-mi*, arm. *-m*. — *em* 'bin' aus **esmi* (S. 93). *kam* 'stehe', *keam* 'lebe', *orcam* 'erbreche mich', *janam* 'bemühe mich'

(S. 164). *stanam* 'erstehe', *bar̄nam* 'hebe' (S. 303. 306). *ar̄num* 'nehme' (S. 324. 326. 330).

Dieses *-m* ging auf die themavokalischen Stämme über (§ 502, 1), z. B. *berem* (gegen griech. φέρω), *lkanem* (gegen griech. λιμπάνω), *berim* 'feror' (S. 179. 187), *serim* 'wachse hervor' (S. 227). Man hat *berem*, *berim* neben 2. Sing. *beres*, *beris* 3. Sing. *berē*, *beri* geschaffen nach *em* neben *es ē*, *kam* neben *kas kay*, *ar̄num* neben *ar̄nus ar̄nu*; vgl. dieselbe Art der Übertragung von **-mi* auf die 1. Sing. im Slavischen § 510, 1, ferner die gleichartige Entstehungsweise von arm. 3. Plur. *beren* § 550.

2) Die Geschichte des Ausgangs der Formen, die in uridg. Zeit *-m* und *-m̥* hatten, ist unklar. Formen auf ursprüngliches *-m* vermutet man in *e-di* 'setzte' : ai. *á-dhām*, *e-tu* 'gab' : ai. *á-dām*, doch vgl. Meillet Gramm. de l'arm. 100. Der Ausgang *-i* im Aor. *beri* 'trug' (2. Sing. *berer*, 3. Sing. *e-ber* = ai. *á-bhara-t*) ist identisch mit dem *-y* von *bera-y* 'wurde getragen' (2. Sing. *berar*) und muss eine armen. Neuerung sein. Vgl. Bartholomae Stud. 2, 36 f., Bugge KZ. 32, 75, Meillet Gramm. de l'arm. 93.

3) Wenn das *-i* im Imperf. *berei*, *layi* das Verbum substantivum war (§ 418), so kann es mit dem ai. Perf. *ā́sa* zusammengebracht werden (Meillet Gramm. de l'arm. 95).

505. Griechisch.

1) Uridg. **-mi*. — εἰμί : ai. *ásmi*. ἄημι 'wehe' : ai. *vā́mi*. Lesb. τίμαμι, φίλημι, δοκίμωμι wie arm. *janam* ahd. *salbōm* (S. 164. 174).

2) Uridg. **-ō*. — Ind. ἄγω : lat. *ago*. *e* : *o*-Konj. στείξω und *ē* : *ō*-Konj. ἄγω, s. § 502, 2.

Bei Homer durch Neubildung -ωμι beim *ē* : *ō*-Konj., z. B. ἐθέλωμι, zu Ind. ἐθέλω 'will', κτείνωμι, zu Ind. κτείνω 'töte'. ἐθέλωμι stellte sich neben 3. Sing. *ἐθέλησι (ἐθέλῃσι § 523, 1) nach τίθημι : τίθησι.

3) Uridg. **-m* = -ν. — ἦγον : ai. *ā́jam*. ἐτίθην : ai. *ádadhām*. Opt. θείην τιθείην : ai. *dadhyā́m*.

4) Uridg. **-m̥* = -α. — Nom. ἦα herod. ἔα altatt. ἦ : ai. *ā́sam*. ᾖα 'ging' für *ἦα aus *ἠι̯α, uridg. **ē̆i̯m̥* : ai. *ā́yam* (S. 88). *s*-Aor. ἔφθειρα aus *ἔφθερσα : ai. *ákšāršam* (S. 396).

Im Opt. der themavokalischen Tempusstämme *-ο[ι̯]α aus uridg. **-oi̯-m̥*, wofür -οια, ark. ἐξ-ελαύνοια, mit οι nach -οις -οι usw.

(vgl. -οιεν § 551, -οιατο § 596). Für -οια im Att. u. sonst -οιμι, φέροιμι (φέροιμι : φέροις = τίθημι : τίθης); vgl. auch Danielsson's Deutung von ark. ἀψευδήων § 503, 3. Vereinzelt im Att. durch Neubildung -οιν, wie τρέφοιν (τρέφοιν : τρέφοις = εἴην : εἴης), wie sich -οιν auch in der 3. Plur. eingestellt hat (§ 551, 3, b). Im *s*-Aor. war δείξαιμι der 1. Sing. auf -οιμι nachgeschaffen, während äol. δείξεια nach Günther durch lautliche Dissimilation aus *-αια entstanden und hiernach dem ark. ἐξελαύνοια gleichzustellen wäre (S. 562 f.). Wie die 2. Sing. äol. δείξειας durch -εια hervorgerufen ist, so bietet in Ξ 241 der Syrische Palimpsest ἐπίσχοιας (für -σχοίης), was auf eine 1. Sing. -σχοια hindeutet.

Wenn in den Sing. zu ἔφῡμεν ai. *ábhūma* die schwache Stammform *bhū- bhuu̯-* schon in uridg. Zeit eingedrungen ist, hat man anzunehmen, dass ἔφῡν (nach ἔβην usw.) für *ἔφυα eingetreten ist, vgl. ved. *ábhuvam*, jünger *ábhūvam* (S. 149).

5) Uridg. *-*a* im Perf. — δέδορκα : ai. *dadárša* (S. 445).

506. Albanesisch.

1) Uridg. *-*mi* in *jam* 'bin' (S. 93), θ*om* 'sage' (S. 98), wohl auch in *kam* 'habe' (aus **kab-mi*?)

2) Uridg. *-*ō* ist geschwunden, z. B. *vje*θ 'stehle' : lat. *veho* (S. 119).

Die andern alb. Formationen sind mir unklar.

507. Italisch. *-*mi*, *-*m̥* und *-*a* (Perfekt) sind verloren.

1) Uridg. *-*ō*. — Ind. lat. *ago*, *stō* umbr. *stahu* 'sto' aus **stāi̯ō* (S. 164), lat. *voco* aus **vocāō* umbr. *subocauu* 'invoco' (S. 162. 164). *e* : *o*-Konj. lat. *ero* : gthav. *aŋhā* (S. 595). Zum *ē* : *ō*-Konj. vermutlich lat. *ago* in konsultativer Frage (S. 528 f. 595). -*ō* wurde im Lat. nach dem Jambenkürzungsgesetz zu -*ŏ*, z. B. *ăgŏ*, *fĕrŏ* (1, 914 f.), und -*ŏ* verdrängte dann mit der Zeit lautgesetzliches -*ō* (z. B. *dīcō*), das sich schliesslich nur in Einsilblern (z. B. *nō*) hielt.

2) Uridg. *-*m*. — Lat. *amā-bam* (S. 595). Lat. *sum* osk. súm 'sum', wie 1. Plur. lat. *sumus* Neubildung zu **sonti* lat. *sunt* nach -*bam* : -*bant* (S. 95). Osk. manafum ist wahrscheinlich 'mandavi', aus **man-fefom*, vgl. 3. Sing. aa-manaffed aus *-*man-fefed* (S. 449). *ā*-Konj. (Inj.) lat. *agam*. Opt. alat. *siem*, klass. *sim*.

508. Keltisch. Uridg. *-*m̥* scheint verloren.

1) Uridg. **-mi.* — Ir. *am* (*amm*), urinselkelt. **emmi* : ai. *ásmi* (S. 595). *crenim* kymr. *prynaf* : ai. *krīṇāmi* (S. 300). Ir. *scaraim*, *rannaim* wie ahd. *salbōm* (S. 166).

Ähnlich wie im Ai. usw. (§ 502, 1) ist im Inselkeltischen **-mi* im Ind. Präs. auf die Formen übertragen worden, die ursprünglich nur *-ō* gehabt haben. Im Britannischen ist **-mi* allgemein zur Endung der 1. Sing. geworden; im Irischen grösstenteils, z. B. *melim* 'molo' *berim* 'fero' für urkelt. **melō *berō* (S. 117. 118), *fo-dālim* 'teile aus' für urkelt. **-dāliō* (S. 222. 234).

Im Irischen war *-m* überall 'unleniert', keine nasalierte Spirans, wie man lautgesetzlich zu erwarten hätte (1, 377 f.). Das zeigen die gelegentliche Doppelschreibung *mm* (*melimm* usw.) und die heutige Aussprache. Wahrscheinlich ist das *mm* dem Einfluss von *am* (*amm*) zuzuschreiben, dessen *-m*, weil auf *-sm-* beruhend, von jeher lautgesetzlich unleniert war (im Brit. ist **esmi* durch eine Neubildung, kymr. *wyf*, ersetzt worden).

2) Uridg. **-ō.* — Als *-u* lautgesetzlich erhalten in den konjunkten Präsentia wie *-bīu* : lat. *fīo* Grundf. **bhu̯i̯ō* (S. 179 f. 183), *-bāigiu* 'streite, prahle' (S. 234), *-guidiu* 'bitte' (S. 262), da *-u* nach *i* nicht geschwunden ist (1 § 254, 6 S. 235). Lautgesetzlich sind daneben die ebenfalls konjunkten Formen wie *-biur* : griech. φέρω, *-tiag* : griech. στείχω (1, 235. 237. 240). Auffallend ist aber *-u* in den Formen absoluter Flexion air. *biru* 'trage' (jünger *berim*, s. Thurneysen KZ. 44, 113 f.), *tiagu* 'gehe'. Thurneysen Handb. d. Altir. 338 f. (vgl. Pedersen Vergl. kelt. Gramm. 2, 342) fragt, ob hier das Verhältnis der absoluten 2. Sing. *biri* (aus **beresi*) zur konjunkten 2. Sing. *-bir* (aus **beres*) vorbildlich gewirkt habe (vgl. griech. ἐθέλωμι für ἐθέλω nach ἐθέλῃσι § 505, 2), während er IF. Anz. 33, 30 für *biru* ein älteres **bherō-s* (Antritt eines hinter verschiedenen Endungen der absoluten Flexion aufgekommenen Elements *-s*) vermutet.

e : *o*-Konjunktiv des *s*-Aorists, auf **-sō*: *-tias* : griech. στείξω (S. 525. 530). Auch hier absolut *-u*, *tiasu*, das ebenso der 2. Sing. *tēsi* entspricht wie *biru* der 2. Sing. *biri*.

3) Uridg. **-m.* — *ā*-Konj. (Inj.) *ba -ba* 'sim' aus **bā-m* : vgl. lat. *fuam*; *-ber* aus **berā-m* (1, 240). Die nicht lautgesetzliche absolute Form *bera* verhält sich zu *-ber* wie *biru* zu *-biur*,

tiasu zu *-tias* (2) und repräsentiert demnach vielleicht ein **beran-s* d. i. **berām + s* (vgl. Thurneysen IF. Anz. 33, 30), während bei *lēcea* die Erhaltung der letzten Silbe mit der Entstehung aus **-iā(m)* zusammenhängen mag. Das konjunkte *-lēic* aber kann nicht lautgesetzlich entstanden sein, also Neuerung nach *-ber*?

4) Uridg. **-a* im Perf. — *-gegon* : ai. *jaghana* (S. 441), *-cechan* 'cecini' (S. 447), *-gād* 'bat' (S. 478).

509. Germanisch. Uridg. **-m̥* scheint verschollen.

1) Uridg. **-mi* ist im Got. und Nord. spärlich, häufiger im Westgerm. erhalten und hier im Ind. Präs. auch auf Verba auf *-ō* übertragen (§ 502, 1). Got. *im* aisl. *em* ahd. *b-im b-in* 'bin' : ai. *ás-mi* (S. 93. 95). Ahd. *tōm tuam* ags. *dóm* 'tue', ahd. *gām gēm* 'gehe', *stām stēm* 'stehe' (S. 100. 102 f.). Ahd. *salbōm*, *borōm* wie äol. τίμαμι ir. *rannaim* (S. 162. 167), *dagēm* (S. 176). Ahd. *ginōm* 'gähne' = **ĝhinā-mi* (S. 301).

In hd. Dialekten, besonders im rheinfränkischen, ist das *-n* von *-ōn*, *-ēn* nach dem 11. Jahrh. auf die themavokalischen Indikative übertragen worden, z. B. *gihun*, *wirdon* statt *gihu*, *wirdo*. Und umgekehrt wurde auch *-u*, *-o*, *-e* auf die *ōn-* und *ēn*-Verba übertragen, was dann in mhd. Zeit meist durchgedrungen ist. S. Braune Ahd. Gramm.[3] 251, Franck Afränk. Gramm. 251.

Got. *mitō*, *karō*, *salbō* (S. 167. 213 f.) gegen ahd. *mezzōm* usw. war wohl Neuerung für **mitōm* usw. nach *baíra* : *baíram*, *haba* : *habam*. Über *haba* gegen ahd. *habēm* s. S. 200. 203.

2) Uridg. **-ō*. — Got. *baíra* ahd. *biru* : griech. φέρω; aisl. *bindo-mk*, sonst *bind*; got. *wagja* ahd. *wegg(i)u* : griech. ὀχέω (S. 249 f.). Nicht lautgesetzlich waren im Ahd. die Formen auf *-u* mit erster langer Silbe, wie *bintu*, *hilfu* (1, 931).

Auf Konj. **bherō* = griech. φέρω beruhten wohl got. *baírau* aisl. *bera* (mit Partikel *u*), s. § 444.

3) Uridg. **-m*. — Auf eine Form mit dieser Endung geht am ehesten vielleicht got. *iddja* zurück (S. 12, PBS. Beitr. 39, 96), doch kann dies im Ausgang auch Neubildung nach den Präteritalformen wie *munda*, *kunþa* usw. (4) sein. Got. *bundjau* aisl. *bynda* war Umbildung einer Optativform auf *-(i)i̯ē-m* nach der Analogie von *bindau binda* (§ 456, 1).

4) Uridg. *-*a* im Perf. — Got. *wait* ahd. *weiȝ* aisl. *veit* : griech. οἶδα (S. 443). Wurzeln auf Langvokal: got. *saísō* aisl. *sera* 'säte', W. *sē-*, ahd. *teta* as. *deda* afries. *dede* 'tat', W. *dhē-* (S. 449. 457). Hierher habe ich S. 369 f. auch den Ausgang des schwachen Präteritums gestellt, da ich annehme, dass er nach *teta deda* gestaltet worden ist: got. *skulda* ahd. *scolta* aisl. *skylda* 'sollte, schuldete', nord. run. *tawido* 'bereitete, machte fertig'.

510. Baltisch-Slavisch. Uridg. *-*m̥* und *-*a* (Perf.) sind verloren.

1) Uridg. *-*mi*. — Lit. *esmì* aksl. *jesmь* : ai. *ásmi* (S. 93). Lit. *ẽmi* aksl. *jamь* 'esse' : ai. *ádmi* (S. 96). Lit. *eimì* 'gehe' : ai. *ḗmi* (S. 88), *pa-velmi* 'will' (S. 90). Lit. *dū́mi* aksl. *damь* 'gebe' (S. 110). Aksl. *imamь* 'habe' (S. 169).

Die lit. Endung -*mì* auf *-*mḗ* = Medialendung griech. -μαι (Stosston ergibt sich aus φέρομαι, ἧμαι, s. 1, 947) zurückzuführen, ist trotz des Reflexivausgangs -*mė-si* (*dûmė-si velmė-s*) und trotz apreuss. *asmai* 'bin' nicht erforderlich. Denn -*mė*(-*si*) apreuss. -*mai* ist vielleicht trotz griech. -μαι nur eine intern baltische Neubildung. Vgl. 2. Sing. lit. *dûsi* : *dûsė-s* apreuss. *assai* (§ 519). Lit. *esmù* lett. *esmu* apreuss. *asmu* zeigen Umbildung von -*mi* nach den Indikativen auf *-*ō* (2).

Aksl. *bimь* mit PE. statt SE., zu 2. 3. Sing. *bi bi* (S. 153). Im Serb. (Gleiches im Sloven.) entstanden seit dem 13. Jahrh. nach -*am* (*dam*): *znam* (aksl. *znają* S. 204) und *čuvam* 'hüte', *rabotam* 'arbeite', ferner auf -*im* z. B. *hvalim* 'lobe', zuletzt auf -*ēm* (Vokallänge nach -*ām*) z. B. *nesēm* 'trage', *čujēm* 'höre, fühle', so dass heute nur noch *mogu* 'kann' und *hoću* 'will' (dialektisch auch noch ein paar andre Formen) den alten Ausgang festgehalten haben (Leskien Gramm. d. serbo-kro. Spr. 1, 512. 528).

2) Uridg. *-*ō*. — Nur im Balt. erhalten: lit. *sukù* 'drehe' (S. 137), *sukū́-s*(*i*) 'drehe mich', *dū́siu* 'werde geben'. Über die Übertragung des -*u* auf die Stämme auf -*ā*, -*ē*, z. B. *bijaũ-s*, *buvaũ* und *plakiaũ*, s. S. 168. 176 f.

Urslav. -*ą*, z. B. aksl. *vezą* 'veho', wird verschieden erklärt, s. S. 540.

3) Uridg. *-*m*. — Nur im Slav. durch -*ъ* = *-*o-m* sicher belegt, z. B. starker Aor. *mogъ*, *s*-Aor. *jęsъ* (S. 422). Vermutlich ist -*m* aber auch in -*ą* (2) enthalten.

B. Die 2. Person des Singulars.

511. Mehrsprachliches.

1) -*si* PE. — **ei-si* 'gehst': ai. *éṣi*, griech. εἶ aus *εἶ[σ]ι, lit. *eisì* (S. 88). Ai. *yā́-si* 'gehst' (S. 161), ir. *rannai ranni* 'teilst' aus -*ā*[*s*]*i*, got. *salbōs* 'salbst' (S. 166 f.). **bhere-si* 'fers': ai. *bhárasi*, ir. *biri* aus **bere*[*s*]*i*, got. *baíris*. Aruss. *velišь*, zu aksl. *velěti* (§ 519, 1), vgl. lat. *farcīs*.

Das Verbum **es-mi* 'bin' zeigt zwei Formen: 1) **es-si*: arm. *es*, äol. ἐσσὶ, lat. *es*, auch *ess* (durch das Metrum gefordert, doch vgl. § 516, 1), 2) **esi*: ai. *ási* av. *ahi*, griech. εἶ aus *ἐ[σ]ι, alb. *jē*; hierzu wohl auch ir. *a-t* und kymr. *wy-t*, die das Personalpronomen suffigiert zeigen (S. 594). Ob got. *is* aisl. *es* (as. *bis*) und lit. *esì* aksl. *jesi* auf **essi* oder auf **esi* zurückzuführen sind, bleibt unklar. In den Sprachen, die **essi* aufweisen, könnte dieses eine Neubildung für **esi* nach Formen wie **ĕtsi* 'du issest' unter dem Einfluss von **es-mi* **es-ti* gewesen sein, gleichwie ai. Lok. Plur. *ą́hasu*, nicht *ą́hassu* die ursprünglichere Form zu sein scheint (2, 2, 256). Doch ist das sicher uridg. **esi* selbst undeutlich, s. 1, 725, Kurze vergl. Gramm. 234 und was Jacobsohn Hermes 45, 68 Fussn. 2 zitiert. Möglicherweise hat **esi* überhaupt nie -*si* als Personalendung gehabt.

2) -*s* SE. — **é-stā-s*, W. *stā-* 'stare': ai. *á-sthāḥ* griech. ἔστης (S. 100). Ai. *á-dadāḥ*, griech. ἐ-δίδως (S. 108. 110). **és-s* 'eras': ved. *ā́ḥ* (S. 94). *s*-Aor.: ai. *árāik* = **a-rāikš-š* (S. 396. 400), ir. *at-rē* = *-*reks-s* (S. 398. 406), vgl. auch S. 407 f. über Formen wie lit. *geĩs-k*, apreuss. *teīks*. **é-bhere-s* (**bhére-s*) 'trugst': ai. *á-bharaḥ bháraḥ*, griech. ἔ-φερες, ir. Präs. -*bir*, aksl. Aor. *veze*. Opt. **s*(*i*)*i̯ē-s* 'sis' (S. 545): ai. *syā́ḥ*, griech. εἴης, lat. *siēs sīs*, got. *bundeis* (S. 549). Opt. **bhéroi-s* (S. 557): ai. *bhárēḥ*, griech. φέροις, got. *bairais*, apreuss. *immais* (S. 560), aksl. *beri*.

3) Enge zusammen gehören im Ausgang wahrscheinlich griech. ἄγεις und lit. *vedì*; ἄγεις für *ἄγει nach δίδως u. dgl. (S. 582).

4) *-tha* im Perf. — Ai. *vḗttha*, griech. οἶσθα, zu 1. Sing. *vḗda* οἶδα 'weiss'; got. *last*, zu 1. Sing. *las* 'las'. Mit *-tha* mag das mediale *-thēs* (§ 577) zusammenhängen.

512. Arisch.

1) Uridg. **-si* PE. — Ai. *vákṣi* gthav. *vašī*, zu 3. Sing. ai. *váṣ-ṭi* gthav. *vaštī* (S. 91). Ai. *dádhā-si* av. *daδāhi*. Ai. *bhára-si* av. *barahi*. *ē* : *ō*-Konj. ai. *bharā-si* av. *barāhi*, apers. *vaināhy* 'videas'.

Über ai. *ási* av. *ahi* 'bist' s. § 511, 1.

2) Uridg. **-s* SE. — Ai. *dhā-ḥ á-dhā-ḥ*, av. *dā̊*, W. *dhē-* (S. 99); ai. *á-kaḥ* (*á-kar*) aus **á-karš* (S. 90 f.); gthav. *čōiš* = urar. **caiš-š*, zu 3. Sing. *čōiš-t* (S. 92). Ai. *á-dadhāḥ* gthav. *dadā̊*. s-Aor. ai. *á-krān* 'du dröhntest' aus **a-krānts-s* (*krand-*), gthav. *dāiš* Grundf. **dēiḱs-s* (S. 396 f.). Ai. *á-bharaḥ bháraḥ*, gthav. *jasō* = ai. *gáccha-ḥ*, apers. *-gaudayaʰ*, zu *gud-* 'verbergen'. Opt. ai. *bhárē-ḥ*, av. *barōiš*; ai. *bhūyā́-ḥ*, av. *buyā̊*.

3) Uridg. **-tha* im Perf. — Ai. *vḗttha* gthav. *vōistā*, ai. *dadā́tha* gthav. *dadāθā*.

513. Armenisch.

1) *es* 'bist' = äol. ἐσσὶ (§ 511, 1). Hiernach *beres* 'fers', wie *berem* nach *em* (§ 504, 1), ebenso Pass. *beris* zu *berim*, ferner *las* zu *lam*, *lnus* zu *lnum* (§ 504, 1).

2) Das *-r* im Ind. Aor. *berer*, Pass. *berar*, Imperf. *bereir*, Ind. Aor. *e-dir* (: ai. *ádhāḥ* S. 99) ist dasselbe Element, das in *mi berer* 'trag nicht' erscheint (§ 491). Ist *-r* eine Partikel gewesen, so wird dem *berer* die Form **bheres* zugrunde gelegen haben, vgl. 3. Sing. *e-ber* = ai. *á-bhara-t*. Das *-ir* von *bereir*, *layir*, *lnuir* (§ 418, 3) würde dann eine 2. Sing. **ēs-s* = ai. *ā́ḥ* 'eras' bergen. *-r* aber hätte sich als Personalendung der 2. Sing. vom Imperativ aus auf die Indikative verbreitet.

514. Griechisch.

1) Uridg. **-si* PE. — Nur noch in hom. syrak. ἐσσὶ bewahrt und in εἶ 'gehst' aus *εἰ-σι (§ 511, 1). Durch Anfügung der SE. -ς (τίθης usw.) entsprang εἷς (Hesiod) für εἶ 'gehst'.

Ebenso hom. herod. εἷς 'bist' für εἶ 'bist' (§ 511, 1), doch kann bei Homer an allen Stellen ausser ρ 388 ἐσσ' eingesetzt werden. Da ion.-att. εἰμὶ (aus *ἐσμι) von Anfang an *ẹmi* war, ist εἷς vielleicht als *ẹs* ins Leben getreten: *ẹs* zu *ẹmi* nach τίθης zu τίθημι, δίδως zu δίδωμι; die Beurteilung des Verhältnisses von εἷς zu εἶ (*ei*) hängt mit der Frage zusammen, ob εἷς in einer Zeit zustande gekommen ist, als der urgriech. Diphthong *ei* im ion.-att. Dialekt noch Diphthong war (1, 180). Vgl. Vendryes Traité d'accentuation grecque 117, Jacobsohn KZ. 43, 52.

Schwierigkeit macht auch φῄς (φής), s. Stolz IF. 14, 15ff. Über φέρεις mit Diphthong *ei* (vgl. τιμᾷς, μισθοῖς) s. § 495. 511, 3. Über andre Beurteilungen von φέρεις s. Brugmann-Thumb Griech. Gramm.[4] 397f. Konj. φέρῃς (wohl für *φερης, vgl. ai. *bhárāḥ*) war jedenfalls durch φέρεις beeinflusst, gleichwie 3. Sing. φέρῃ durch φέρει (§ 442).

2) Uridg. *-*s* SE. — ἔστης ἐδίδως ἔφερες, εἴης φέροις, s. § 511, 2. Inj. (Imper.) ἐπί-σχες, ἄγες s. § 429, 1. 473, 1.

Als Ind. Präs. mit -ς nicht nur τίθης δίδως, δάμνης, δείκνῡς u. dgl., wonach εἷς, εἵς, φῄς (φής), sondern auch dor. kypr. φέρες.

3) Uridg. *-*tha* im Perf. — Nur zwei Formen auf -θα waren altüberkommen: οἶσθα 'weisst' : ai. *vḗttha* und ἦσθα : ai. *āsitha*. ἦσθα wurde Imperfekt infolge davon, dass ἦα ἦμεν ἦστε ἦστον zugleich Perf. und Imperf. waren (S. 447). In der Zeit, da *ἦς (= ai. *āḥ*)[1] und ἦσθα eine Weile bedeutungsgleich nebeneinander lagen, begann man mit Neubildungen wie Ind. ἔφησθα, ᾔεισθα, τίθησθα, Konj. ἐθέλῃσθα, Opt. βάλοισθα, εἴησθα. Im Perf. selbst wurde -ας für -θα üblich, z. B. γέγονας, ἕστηκας (S. 438); so auch οἶδας für οἶσθα. Diese Neuerung empfahl sich dadurch, dass sie den konsonantischen Stammauslaut rein hervortreten liess (vgl. die Verallgemeinerung von -*is-tī* im Lat. § 516, 3).

Durch Erweiterung von -σθα durch -ς entstanden im ion.-att. Gebiet οἶσθας, ἦσθας. S. Brugmann-Thumb Griech. Gramm.[4] 399.

515. Albanesisch. Auf Formen auf -*s* (-*e-s*) scheinen zu beruhen die 2. Sing. wie *vje*θ 'stiehlst' : lat. *vehis*, vgl. 1

1) Spätgriech. ἦς war eine Neubildung zu ἦν nach ἔφης neben ἔφην u. dgl.

§ 865. 1020, 5 und beachte den durch den palatalen Vokal der geschwundenen Schlusssilbe verursachten Umlaut in *del'*, zu 1. Sing. *dal'* 'sprosse' (1, 365).

516. Italisch.

1) Uridg. **-si* PE. — Ist im Lat. für keine Form mit Sicherheit vorauszusetzen. *ess es* 'bist' kann **es-si* gewesen sein, doch wäre auch uridg. **es-s* mit SE. als Grundform möglich (vgl. Nom. *mīless* 1, 665), und ebenso muss dahingestellt bleiben, ob **-si* oder **-s*, bei *ēs* (zu *edo*), *īs*, *vīs*, *nās*, *nēs*, *plantās*, *vidēs*, *agis*, *capis*, *farcīs*, so dass diese Formen eventuell mit griech. τίθης, dor. kypr. φέρες (§ 514, 2) zu vergleichen sind. **-si* (trotz 1 § 874, 1) anzunehmen, ist statthaft wegen des sicher frühen Schwundes von *-i* in *est*, *it*, *nat* usw. (1, 909 f.). Dieselbe Unsicherheit im Umbr.: heris heri *heri* 'vel' (zu heri 'vult' *heriest* 'volet' S. 183), seste 'sistis', vgl. 3. Sing. heri, habe *habe* 1 § 1025, 7 S. 921. (Nom. *fons* 'favens', pihaz 'piatus' usw. mit Verlust eines kurzen Vokals vor wortschliessendem *-s* (1, 216 f.) sind kein Beweis dafür, dass nicht **sistĕ-s* die Grundform von seste gewesen ist.)

2) Uridg. **-s* SE. — Darf überall vorausgesetzt werden, wo es in uridg. Zeit alleinherrschend gewesen ist. Opt. lat. *siēs sīs* umbr. *sir sei si* 'sis', lat. *edīs*, *dīxīs*, *vīderīs*. Inj. (Konj.) *agās*.

3) Uridg. **-tha*. — Wahrscheinlich umgebildet erhalten in *-is-tī*, inschr. auch *-istei* (über *-t-* aus *-th-* 1 § 758, 1), z. B. *vīdis-tī* (vgl. 2. Plur. *vīdis-tis*), zu *vīderunt vīderō* usw., s. S. 411. *-ī* für **-a* nach der 1. Sing. *vīdī* (§ 571, 1. 574) oder nach der verschollenen 2. Sing. Med. auf **-sai* (§ 577, 1); im ersteren Falle dürfte man annehmen, dass sich in der Zeit, als man in der 1. Sing. noch **-a* neben **-ai* sprach, in der 2. Sing. **-tai* für **-ta* eingestellt hat. Zur Verallgemeinerung des Ausgangs *-istī* (*dedistī*, *fēcistī*, *dīxistī* u. a.) trug wesentlich bei, dass **-thai* mit dem Auslaut vieler konsonantisch schliessenden Wurzeln diesen Auslaut verundeutlichende Änderungen hätte erleiden müssen (vgl. griech. -ας für -θα § 514, 3). Anders, aber mich nicht überzeugend über *-istī* Collitz Schwach. Prät. 154 Fussn. 1.

517. Keltisch. Uridg. **-tha* (Perf.) ist, wie es scheint, verloren, vgl. jedoch Kieckers IF. 34, 409.

1) Uridg. *-*si* PE. — Ir. *biri* 'fers' aus **beresi*, *cani* 'canis' aus **canesi*, *lēci* 'lässest' aus -*i-si* (1, 772).

Für zu erwartendes **mōrae* **mōre* (vgl. *ā*-Konj. -*berae* -*bere* unter 2) erscheint *mōrai mōri*. Das -*i* muss wohl aus *biri*, *lēci* übertragen sein.

2) Uridg. *-*s* SE. — Ir. -*bir* 'fers' aus **beres* (vgl. *tig* aus **teges* 1, 773 f. 2, 2, 179). *at-rē* aus *-*reks-s* (§ 511, 2). Im *ā*-Konj. (Inj.) ist das zu erwartende *-*bera* = **berās* ersetzt durch -*berae* -*bere*, d. h. durch die nachgeschaffene absolute Form *berae bere* (aus *-*āsi*), wie auch im Indik. das primäre -*i* immer mehr in die konjunkte Flexion eingedrungen ist (z. B. -*rethi*).

Anm. Die Ansicht Meillet's Mém. 14, 412 ff., Einführung 134 f. (vgl. Pedersen Vergl. kelt. Gramm. 2, 342 f.), -*bir* 'fers' sei aus **berei* entstanden, eine Form wie lit. *vedì* aus **vedē* (§ 495), und *biri* (*beri*) aus **berei-s* oder **berei-si*, ist mir nicht wahrscheinlich.

3) Unklar ist die 2. Sing. Ind. Perf., wie -*cechan* 'cecinisti' neben -*cechan* 'cecini' (§ 508, 4), -*cechuin* 'cecinit' (§ 526, 3). Vielleicht war eine ähnliche Umbildung wie im Griech. (οἶδας für οἶσθα § 514, 3) geschehen: *-*a-s* nach der 1. Sing. auf *-*a*, und auch hier mag das Bestreben, den Stammauslaut rein zu erhalten, die Ausbreitung der Neuerung befördert haben.

518. Germanisch.

1) Uridg. *-*si* PE. — Got. *baíris bindis salbōs*, ahd. *biris bintis salbōs*, aisl. *berr bindr kallar*. Aisl. -*r* weist auf urgerm. *-*zi*. Got. und ahd. -*s* kann so gut aus *-*zi* wie aus *-*si* (nach dem Verner'schen Gesetz wäre urgerm. *-*si* für Formen wie ahd. *tuos*, *gās* und für solche wie got. *wulis*, *trudis* S. 135, *haúrneis* S. 216, *armais* S. 217 zu erwarten) hergeleitet worden. Für Vorkommen von *-*zi* im vorhistorischen Ahd. spricht die ursprünglich stimmhafte Spirans in der 3. Sing *biri-t* und 3. Plur. *bera-nt* (§ 527, 1. 558, 2, a). Bei Durchführung von -*s* im Ahd. war wohl das häufig enklitisch angefügte Pronomen der 2. Person *thu du* beteiligt, dessen Anlaut mit dem Auslaut der Verbalform die Lautung -*st*- ergab: *biristu*. Diese Zusammenfügung im Verein mit den Formen der Präteritopräsentien wie *kanst*, *tarst* und dem diesen nachgebildeten *bist*, woneben die Verbindungen wie *kanstu*, *bistu* aus *kanst thu*, *bist thu* lagen (3),

hat dann Anlass zu falscher Auflösung von *biristu* in *birist thu* gegeben.

Ob got. *is* aisl. *es* 'bist' uridg. **esi* oder **essi* gewesen ist, ist unklar (§ 511, 1).

2) Uridg. *-*s* SE. — Im Got. kann urgerm. -*z* verallgemeinert gewesen sein (vgl. *wileiz-u*), wie es sicher im Urnord. war, dagegen im Westgerm. standen urgerm. urwestgerm. -*z* und -*s* nebeneinander. Bei den Ausgleichungen werden zum Teil die Formen mit der Primärendung, nach Verlust von deren -*i*, beteiligt gewesen sein. Opt. got. *bindais*, ahd. *bintēs*, aisl. *binder* und got. *bundeis*, ahd. *buntīs*, aisl. *bynder*, ahd. *sīs*. Got. *e* : *o*-Konj. *ōgs* (§ 437). Ind. Prät. ahd. *zigi* ags. *tige* : ai. *á-diša-ḥ* (S. 135 f. 490 f.). Über den Ersatz des *-*tha* durch -*s* im Ind. Perf. (as. *dedos* ahd. *zemitōs* usw.) s. 3.

Auch hier ahd. -*st*, z. B. *gi-leitēst*, *wārīst*, was ebenso wie *birist* (1) zu beurteilen ist.

3) Uridg. *-*tha* im Perfekt. — Lautgesetzlich waren z. B. got. *last* 'lasest', *slōht* 'schlugst', *gaft* 'gabst' (*magt* 'kannst' ist etymologische Schreibung, wie Dat. Plur. -*gibtim* neben -*giftim*), ahd. *gi-tarst* 'wagst', *darft* 'bedarfst', *maht* 'kannst' (1, 700 f.). Danach neugebildet z. B. got. *waist* ahd. *weist* aisl. *veist* 'weisst', got. *skalt* ahd. *scalt* 'sollst', got. *qast* 'sagtest' u. a. Über die Ersatzformen im Westgerm. bei Vergangenheitsbedeutung (got. -*baust* : ahd. *buti*) s. S. 490 f. Von den Präteritopräsentien ging -*t* im Westgerm. und Nord. auf Präsentia über: ahd. *bist* aisl. *est* 'bist', ahd. *wilt* aisl. *vilt* 'willst'.

Während uridg. -*tha* hinter Spiranten seit urgerm. Zeit regelrecht als -*t* erscheint, ist es ebenso regelgemäss durch -*þ* vertreten in ags. *arđ earđ* 'bist' (Plur. *aron earun*). Dieses gehört wahrscheinlich zu griech. ὄρνυμι (S. 326), dessen Perfekt ὄρωρα in späterer Zeit auch den Sinn 'bin' hat, und wird also ein altes Präteritopräsens sein. Bei seiner Sonderstellung konnte es sich, im Gegensatz zu *scealt* u. a., die lautgesetzliche Gestaltung bewahren.

Bei den Wurzeln auf Langvokal bekam die durch ai. *dadā́tha* u. dgl. vertretene uridg. Formation schon in urgerm. Zeit -*s* für -*þ*(*a*), wahrscheinlich infolge davon, dass die betreffenden Perfekta alle, im Gegensatz zu dem auch Präteritopräsentien enthaltenden Perfekttypus, Vergangenheitsbedeutung bekommen hatten. As. *dedos* ags. *dydes* 'tatest'. Got. *saísōst* 'sätest' für **saísōs* mit dem *-t* der Präterita wie *last -baust* usw. Hierzu nach S. 369 f. der Ausgang des schwachen Präteritums: as. *neridos nerides* ags. *neredes* ahd. *neritōs* (bei Isidor *chi-minnerodes* 'minuisti'), got. *nasidēs*, aisl. *suafđer*.

519. Baltisch-Slavisch. Uridg. **-tha* im Perfekt ist vermutlich verschollen. Denn wenig wahrscheinlich ist die Hypothese von Meillet Études 134 ff., auf diesem uridg. *-tha* beruhe der Ausgang *-tъ* in der 2. Sing. Aor., z. B. *dastъ*, *pętъ* (s. S. 425 f.).

1) Uridg. **-si* PE. — Hier bestehen beträchtliche Schwierigkeiten.

Am sichersten ist auf **-si* zurückzuführen das urslav. **-šь* (aus **-chъ*), das in allen slav. Sprachen (auch im Neubulg.) ausser dem Aksl. erscheint bei den Präsensstämmen auf thematischen Vokal (3. Sing. aksl. z. B. *beretъ*, *stajetъ*, *spějetъ*, *ląkajetъ*), auf *-a* (*imatъ*, S. 169) und auf *-i* (z. B. *smrъditъ*, *gostitъ*, *vratitъ*); im Aksl. dafür *-ši*: *bereši*, *imaši*, *smrъdiši*. **-šь* = uridg. **-si* kann nach 1 § 913, 1 nur hinter *i* lautgesetzlich gewesen sein, und so scheinen *bereš(ь)*, *imaš(ь)* nach den Formen auf *-iš(ь)* für **beres(ь)*, **imas(ь)* eingetreten zu sein. Woher das *-i* von aksl. *-ši*? Neben diesem erscheint in allen Dialekten seit alter Zeit *-si* bei konsonantischem Stammauslaut: aksl. usw. *jasi* 'issest' (*jad-*), *dasi* 'gibst' (*dad-*), *věsi* 'weisst' (*věd-*); so mit *-i* auch *jesi* 'bist' (*jesmь* 'bin'). Doch fehlt hier *-sь* nicht ganz, z. B. *po-dasъ* (Kiever Bl.). Aksl. *-ši* wird also sein *-i* von *-si* haben. Woher nun dieses? Gewöhnlich sieht man hierin die uridg. Medialendung **-sai* trotzdem, dass die 1. Sing. *vědě*, sicher eine alte Medialform, im Auslaut *-ě* aus **-ai* zeigt (§ 571, 1). Meillet (Mém. 14, 412 f. 18, 234) vermutet, es habe im Slav. bei den themavokalischen Indikativen eine 2. Sing. auf *-i* aus **-ei*, entsprechend dem lit. *neszì* 'trägst' (§ 495. 511, 3), gegeben, und von solchem **nesi* habe *neseši* sein *-i* erhalten.

Im Balt. erscheint eine *s*-Endung z. B. in lit. *ei-sì* 'gehst', *dů́si* 'gibst' (vgl. aksl. *dasi*), woneben *-së-* im Reflexivum, wie *desë-s*, zu *ded-* (S. 110), preuss. *waisei waisse* 'weisst' (vgl. aksl.

vēsi). Die gleichen Vokalverhältnisse im Auslaut auch bei W. *es-* : lit. *esì*, woneben *essie-gu* d. i. *esë-gu*, preuss. *assai assei asse*. Nur im Preuss. kommt *s*-Endung auch bei den vokalisch auslautenden Stämmen vor: *giwassi* 'lebst', *druwēse* 'glaubst', *seggēsei* 'tust' (1. Plur. *giwammai*, *druwēmai*, *seggēmai*). Nach den Lautverhältnissen könnte man im Balt. durchgängig die Medialendung *-*sai* ansetzen, -*sì* : -*sé-s* = *gerì* : *geré-ji* (1, 938), und im Preuss. können -*ai* -*ei* -*e* -*i* alle als altes *-*ai* gelten. Aber lit. *eisì*, *dûsi* und preuss. *giwassi* können auch uridg. *-*si* enthalten, vgl. § 510, 1 über lit. *esmì* usw. Die Frage kompliziert sich noch dadurch, dass unklar ist, ob und inwieweit der bei den themavokalischen Formen neben *-*e-si* als altüberkommen anzunehmende Ausgang *-*ei*, z. B. in *sukë-s(i) sukì* (§ 495. 511, 3), analogisch eingewirkt hat.

Ferner ist aber die Beurteilung der balt. und der slav. Verhältnisse auch noch dadurch erschwert, dass nicht ersichtlich ist, ob die 2. Sing. zu lit. *esmì* aksl. *jesmь*, die trotz lit. *esë-gu* preuss. *assai* aksl. *jesi* nur von der uridg. Aktivform ausgegangen sein wird, auf uridg. **esi* oder **essi* (§ 511, 1) beruht.

Über die Übertragung des -*i* von lit. *sukì* auf die Stämme auf -*ā*, -*ē*, z. B. *bijaĩ-s*, *buvaĩ* und *plakeĩ*, s. S. 168. 176 f.

2) Uridg. *-*s* SE. — Opt. preuss. *immais* 'nimm', *ieis* 'geh' (§ 469), aksl. *vedi* (§ 470). Inj. preuss. *teĩks*, lit. *geĩs-k* (S. 407 f.). Aor. Ind. aksl. *može* aus *-*e-s*, *da* aus **da-s* (S. 100), *ję* aus **jęs-s* (S. 408).

Über aksl. Formen mit -*tъ* als 2. Sing., wie *dastъ*, *pętъ*, s. S. 425 f. 609.

C. Die 3. Person des Singulars.

520. Mehrsprachliches.

1) -*ti* PE. — Ind. Präs. **és-ti* 'ist' (S. 93): ai. *ásti*, griech. ἔστι, lat. *est*, ir. *is*, got. *ist*, lit. *ẽsti ẽst* ksl. russ. *jestь*. Ai. *é-ti* griech. εἶσι lat. *īt it* lit. *eĩti eĩt* 'geht' (S. 88). Ai. *dádā-ti* griech. δίδωσι 'gibt' (S. 108. 110). Ai. *vā́-ti* griech. ἄησι 'weht' (S. 170); lat. *na-t* ai. *snā́ti* (S. 161); ahd. *zamō-t* 'zähmt', lat. *domat* (S. 162). Ai. *krīṇā́-ti* ir. *crenaid* 'kauft' (S. 300); arm. *baṙnay* 'hebt' (S. 306); griech. πέρνησι ir. *renaid* 'verkauft' (S. 302); lat. -*clīnat* as. *hlinod*

'lehnt' (S. 301). **bhére-ti* 'trägt': ai. *bhárati*, arm. *berē*, ir. *berid*, got. *baírip*, ksl. russ. *beretъ*; lat. *agit*.

2) *-t* SE. — **és-t* 'war' (S. 94): ai. *āḥ*, dor. ἦς; **é-g^{u}em-t* 'ging, kam' (S. 89): ai. *á-gan*, arm. *-e-kn*; **é-dhē-t* 'setzte' (S. 99): ai. *á-dhāt*, arm. *e-d*. Ai. *á-dadā-t* griech. ἐ-δίδω 'gab' (S. 108. 110). Ai. *á-gā-t* griech. ἔ-βη 'ging' (S. 161 f.), lit. *bùvo* (S. 168). *s*-Aor. ai. *á-rāik* aus **a-rāikš-t* (S. 396. 400), ir. Inj. *-orr* aus **-orks-t* (S. 406), aksl. *ję* aus **jęs-t* (S. 408). **é-bhere-t* (**bhére-t*) 'trug': ai *á-bharat bhárat*, griech. ἔ-φερε φέρε; osk. kúm-bened 'convēnit', ir. Präs. *-beir*, aksl. Aor. *veze*. *ā*-Konj. (Inj.) osk. fakiiad umbr. façia 'faciat', ir. *-bera* 'ferat' (S. 539). Opt. **s(i)i̯ē-t* 'sit' (S. 545): ai. *syā́t*, griech. εἴη, alat. *sied*, ahd. *sī*, got. *bundi* (S. 549). Opt. **bheroi-t* (S. 557): ai. *bhárēt*, griech. φέροι, got. *baírai*, lit. *te-vedē̃* (S. 559), aksl. *beri*.

3) *-e* im Perf. (vgl. S. 434. 594). — Ai. *véda* griech. οἶδε got. *wait* 'weiss'; ai. *jaghána* ir. *-gegoin* (S. 441). Bei Wurzeln auf langen Vokal ging die uridg. Form vermutlich auf diese Vokallänge aus: ved. *paprā́* av. *daδa*, ahd. *teta*, s. S. 449. 457.

521. Arisch.

1) Uridg. **-ti* PE. — Ai. *ás-ti* av. *asti* apers. *astiy* (S. 93). Ai. *dádhā-ti* av. *daδāiti* (S. 110). Ai. *vā́-ti* av. *vāiti* (S. 170). Ai. *bhára-ti* av. *baraiti* 'fert', av. *tərəsaiti* apers. *tarsatiy* 'fürchtet sich' (S. 352).

2) Uridg. **-t* SE. — Ai. *dhā́-t á-dhāt* av. *dāṯ* apers. *a-dā^h* (S. 99); ai. *á-kaḥ* (*á-kar*) aus **a-kart*, gthav. *čōrəṯ* (S. 90 f.); ai. *á-han* aus **a-hant*, apers. *a-ǰa^n* (S. 89). Ai. *á-dadhāt* gthav. *dadāṯ*. Ai. *á-prīṇā-t* av. *frīnāṯ* (S. 304). Ai. *á-tṛṇat* = **a-tṛṇat-t*, zu Präs. *tṛṇát-ti*, av. *čīnas* = **čīnas-t*, zu Präs. gthav. *čīnah-mī* (S. 277). *s*-Aor. ai. *á-kšāḥ* (*á-kšār*), zu 1. Sing. *á-kšārš-am* (S. 396), gthav. *dārəš-t dōrəšt* (S. 400). Ai. *á-bhara-t* av. *baraṯ* apers. *abara^h*. Opt. ai. *hanyā́-t* av. *ǰanyā-ṯ* apers. *ǰaniyā^h* (S. 47), ai. *bhárē-t* av. *barōiṯ*.

Über die bei mehrkonsonantischem Auslaut der uridg. Form im Ar. wirksam gewesenen Lautgesetze s. 1, 855 ff. Ist es richtig, dass die 3. Sing. Imper. auf *-tu* auf Injunktivbildung + Partikel *u* beruht (§ 490, 1), so wäre die urar. Form auf *-t* hier unverkürzt erhalten geblieben, z. B. ai. *hántu* av. *ǰantu* gegen ai. *á-han* apers. *a-ǰa^n*.

3) Uridg. *-*e* im Perf. Ai. *ás-a* av. *åŋha*, zu W. *es-* 'sein'. Über die nicht sicher erklärten Formen wie ai. *dadhāú* s. S. 457.

522. Armenisch. Die Form auf *-*e* (Perfekt) ist verloren.

1) Uridg. *-*ti* PE. — Nur bei vokalisch auslautendem Stamm sicher nachgewiesen, wo -*i̯* (-*y*) entstand nach 1, 527. 649: *berē* 'fert' aus **berey*, *lay*, zu *lam*; Schwund des -*y* in *beri*, zu *berim*, *lnu*, zu *lnum* (§ 504, 1). *ē* 'ist' aus **ey* war Neubildung nach *berē*.

2) Uridg. *-*t* SE. — Aor. *e-ber* = ai. Imperf. *á-bhara-t*, *e-lik̄* = griech. ἔ-λιπε, *e-d* = ai. *á-dhāt*, *e-t* = ai. *á-dāt*, *e-kn* = ai. *á-gan* (§ 520, 2).

Unklar ist das -*r* der 3. Sing. Imperf. *berēr* aus **bereyr* (§ 418, 3), vgl. das -*r* in der 2. Sing *bereir* usw. (§ 513, 2).

523. Griechisch.

1) Uridg. *-*ti* PE. — ἔστι ἐστί, dor. δίδωτι ion.-att. δίδωσι, ion.-att. ἄησι : ai. *vā́-ti* (§ 520, 1). Über das Verhältnis von -σι zu -τι s. 1, 662, Brugmann-Thumb Griech. Gramm.[4] 118.

Die Beurteilung von φέρει (mit echtem Diphthong ει), das auf **bhereti* nicht zurückführbar ist, hängt von der von φέρεις ab. S. § 495. 511, 3. 514, 1.

Im *ē*:*ō*-Konjunktiv waren altüberkommen *φερητι *φερησι = ai. *bhárā-ti* und φέρη (ark.-kypr. u. sonst) = ai. *bhárā-t*. Aus jenem wurde φέρῃσι (hom.), aus diesem im Ion.-Att. φέρῃ. S. § 442.

2) Uridg. *-*t* SE. — Dor. ἦς 'erat' (§ 520, 2). ἦ 'sprach' aus *ἠκτ (S. 103). Prät. ἐδίδω, ἔβη, ἔφερε (§ 520, 2). Opt. εἴη, φέροι (§ 520, 2).

Die uridg. Gestaltung der 3. Sing. des *s*-Aorists (vgl. ai. *á-rāik* § 520, 2) ist verloren. Das -ε von ἔτεισε, ἔδειξε (für *ἔτεις, *ἔδειξ) stammte aus dem Ind. Perf. (3); ebenso das -ε von ἤνεικε, zu 1. Sing. ἤνεικα (S. 92).

Über ἦν 'erat' = hom. ἦεν s. S. 94.

3) Uridg. *-*e* im Perf. — οἶδε, δέδορκε, s. § 520, 3.

4) Über den Ursprung des sogen. ν ἐφελκυστικόν in den Formen wie ἐστίν, δίδωσιν (1), ἔφερεν, ἔτεισεν (2), οἶδεν (3) s. 1, 902, Brugmann-Thumb Griech. Gramm.[4] 168 f.

524. Albanesisch. Die eine oder andere Form mag in bezug auf den Ausgang die uridg. Gestalt lautgesetzlich repräsentieren, doch bleibt alles im einzelnen nur Vermutung. S. u. a. Pedersen Vollmöller's Jahresber. 1905, I 210. Über *iš* 'er war' s. S. 94.

525. Italisch.

1) Uridg. **-ti* PE. — Erscheint in allen altital. Mundarten als *-t* (1, 909). Lat. *est* osk. est umbr. est *est* (S. 93). Lat. *nat domat* (S. 161 f.), *net jubet* (S. 170 f.), *capit fulcit* (S. 188 f.), osk. faamat 'habitat', umbr. tiçit 'decet', osk. sakruvit 'sacrat'. Lat. *agit*, marruc. *feret* 'fert', vest. *didet* 'dat' (S. 141).

2) Uridg. **-t* SE. — Allgemeinitalisch *-d* (1, 912). Themavokalischer Ind.: alat. inschr. *vhevhaked*, *feced*, osk. kúm-bened 'convēnit', deded umbr. dede 'dedit', osk. aa-manaffed 'mandavit' (S. 467 ff.). Opt. alat. inschr. *sied* umbr. *si sei* si 'sit' marruc. *-si* 'sit' (§ 455, 1). *ā*-Konj. (Inj.) osk. fakiiad umbr. façia 'faciat' (§ 448).

Im Lat. erscheint schon frühzeitig *-t* = uridg. **-ti* in das Gebiet der *d*-Formen übergegangen und im ganzen Verbum verallgemeinert, z. B. *fēcit*, *amā-bat*, *siet sit*, *agat*. Zu dieser Uniformierung mag einerseits die 3. Plur. beigetragen haben, bei der die PE., wie es scheint, schon viel früher durchgeführt worden war, anderseits der häufig satzphonetisch eingetretene Wandel von *-d* zu *-t*, z. B. in *fēcit tantum*.

3) Uridg. **-e* im Perf. dürfte insofern nicht untergegangen sein, als man annehmen darf, dass z. B. **spe[s]ponded* (histor. lat. *spopondit*) durch Erweiterung von **spe[s]ponde* durch Anfügung von *-d* entstanden sei (vgl. S. 469).

526. Keltisch.

1) Uridg. **-ti* PE. — Das *-i* ist im Inselkelt. vorhistorisch geschwunden (1, 241). Ir. *is* kymr. *ys* : griech. ἐστὶ (1, 685), vgl. dazu Thurneysen IF. Anz. 33, 29 f. Ir. *mōraid -aith*, abret. *crihot* (S. 166), ir. *lēcid -ith* akymr. *istlinnit* 'profatur, loquitur' (S. 189), ir. *berid* 'trägt'.

2) Uridg. **-t* SE. — Diese Endung ist im Ir. erhalten geblieben in den *s*-losen Präterita hinter *r*, *l*, *n*, *k*, z. B. ir. *-bert*, *-alt*, *-ēt*, *-acht* aus **ber-t *al-t*, **em-t*, **ak-t*, s. S. 64. 90. 91. 97. 362. 367;

auch im Brit. blieb die Endung z. B. in abret. *ar-uuo-art* 'fascinavit' = ir. *-gar-t* 'rief', kymr. *kymirth cymerth* 'nahm' = ir. *-ber-t*, kymr. *aeth* 'ging' = ir. *-ach-t*. Ging dagegen der Stamm auf *-s* oder vokalisch aus, so schwand im Ir. die Endung vorhistorisch (wegen *-st* s. 1 § 778). So Inj. des *s*-Aorists, z. B. *-rē* aus **-reiks-t*, *-orr* aus **-orks-t*, *-rē* aus **-rets-t* (§ 323). Ind. des *ăs*-Aorists, wie *-car* aus **karas-t* (S. 412. 417). Ind. Präs. konjunkter Flexion: *-ranna* aus **-ā-t*, neben *rannaid* (S. 166. 213), *-lēci*, neben *lēcid*, *-gaib*, neben *gaibid* (S. 176. 189. 222), *-beir* aus **-e-t*, neben *berid*. Ind. Prät. mit thematischem Vokal: *luid* 'ging' aus **lude[t]* (S. 125). *ā*-Konj. (Inj.) *-bera* 'ferat' (S. 539).

Das *-n* im Auslaut der Formen wie *-ren -ben* aus **-renăt* usw. (S. 308) findet sich seit dem 10. Jahrh. oft doppelt geschrieben, was 'unlenierte' Aussprache bedeutet. S. Thurneysen IF. 26, 131 ff. 27, 160, Pokorny KZ. 44, 39 ff.

3) Uridg. **-e* im Perf.. — Ir. *-cechuin* aus **kekane*, *-rāith* akymr. *guo-raut* (S. 475). Mit demselben Ausgang vielleicht gall. δεδε 'hat gegeben' (Pedersen Vergl. kelt. Gramm. 2, 380).

527. Germanisch.

1) Uridg. **-ti* PE. — Got. ahd. *ist* : ai. *ás-ti*. Nach Sonorlauten urgerm. **-þi* und **-đi* je nach dem Sitz des Worttons (1, 697), z. B. urgerm. **truđí-þi* 'tritt' (S. 135), **teíχi-đi* 'weist' (S. 118). Das Gotische und das Ahd. setzen allgemein **-đi* voraus: *-đ[i]* musste im Got. nach 1 § 1029, 10 S. 934 f. zu *-þ* werden, doch blieb *-đ* vor stimmhaftem Anlaut, z. B. Luk. 1, 32 *gibid imma* 'δώσει αὐτῷ', während im Ahd. nach 1 § 806, b *-t* entstand, z. B. *birit*. Im Ags. wurde umgekehrt urgerm. **-þi*, woraus lautgesetzlich *-đ*, verallgemeinert, z. B. nicht nur *dǽđ* 'tut' urgerm. **đṓ-þi*, sondern auch *biređ*. Im As. wechseln überall *-d* = urgerm. **-đi* (auch *-t* aus *-d* als Wortauslaut) und *-đ* = urgerm. **-þi*, z. B. *birid* (*birit*) und *biriđ*. Vgl. die ähnlichen auf Verschiedenheit des Accentsitzes beruhenden Verschiedenheiten in der 3. Plur. (§ 558, 2, a). Im Nordischen ist uridg. **-ti* vor dem *-sk* (aus *sik* 'sich') des Mediopassivs erhalten, z. B. aisl. *bǿtezk* 'wird gebüsst', sonst nur spärlich, wie aisl. *geriþ* 'tut', run. *bariutiþ* 'bricht' (wäre aisl. **brýtt*); sonst ist schon früh die Form der 2. Sing. in die 3. Sing. eingeführt worden, z. B. run. *barutʀ* aisl. *brýtr* 'bricht'.

Got. *salbōþ*, ahd. *salbōt*, as. *salbod* (*salbot*) *salbođ*, ags. *sealfađ* 'salbt'. Got. *bindiþ*, ahd. *bintit*, as. *bindid* (*bindit*) *bindiđ*, ags. *bindeđ* 'bindet'.

2) Uridg. *-*t* SE. — Fiel ab (1, 933). Opt. got. *bindai* ahd. *binte* as. *binde* ags. *binde* aisl. *binde* 'binde', got. *bundi* ahd. *bunti* as. *bundi* ags. *bunde* aisl. *bynde* 'bände'.

3) Uridg. *-*e* im Perfekt. — Schon vorhistorisch allgemein geschwunden (1, 925 f.), z. B. got. *wait* ahd. *weiʒ* as. *wēt* ags. *wát* aisl. *veit* 'weiss', nord. run. *gaf* 'gab'.

528. Baltisch-Slavisch. Uridg. *-*e* (Perfekt) fehlt.

1) Uridg. *-*ti* PE. — Im Balt. ist diese Endung nur bei themavokallosen Stämmen erhalten. Lit. *ẽsti ẽst* lett. *est* preuss. *ast* (*asti-ts* aus **ásti-tas* 'ist der', vgl. Trautmann Apreuss. Sprachd. 273 f.), aruss. *jestь* : ai. *ás-ti*. Lit. *eĩti eĩt* lett. *it* 'geht' preuss. *per-ēit per-eit* 'kommt': ai. *é-ti*. Lit. *dűsti dűst*, Reflex. *dűsti-s*, aruss. *dastь* 'dat' (S. 110). Lit. *desti dest* 'legt' (S. 110). Aruss. *beretь* : ai. *bhára-ti*.

2) Uridg. *-*t* SE. — Schwand in beiden Zweigen (1 § 1031, 2). Opt. lit. *te-vežẽ* aksl. *vezi* : ai. *váhē-t*. Ind. Aor. themavokalisch aksl. *veze* : ai. *váha-t*; *s*-Aor. aksl. *ję* (1. Sing. *jęsъ*) aus **jęs-t* (S. 408), während *iz-ě* (1. Sing. *iz-ěsъ*) altes Imperfekt (**ēd-t*) gewesen zu sein scheint (S. 96); lit. *bùvo* 'war' (S. 168). Im Lit. der Inj. des *s*-Aorists als Fut., *reñs*, *dèks*, zu 1. Sing. *reñsiu*, *dèksiu* (S. 407).

Im Balt. erscheint ausser in dem unter 1) genannten Fall im Ind. Präs. regelmässig Injunktivform. Lit. *vẽža* 'vehit', preuss. *po-līnka* 'bleibt', auch mit Schwund des -*a*, z. B. lit. *virst* preuss. *wīrst* (S. 370); lit. *bìjō*(-*si*) preuss. *bia* 'fürchtet', lit. *laĩko* preuss. *lāiku* 'hält' (S. 266); lit. *tùri* preuss. *turri* 'hat' (S. 192). Das -*a* der themavokalischen Indikative ist ebenso wie das -*a*- der lit. 2. Plur. *vẽžate* 2. Du. *vẽžata* für -*e*- eingetreten nach der 1. Plur. *vẽžame* und zwar unter dem Einfluss der Indikativformen *laĩko* neben *laĩkome laĩkote laĩkota* und *tùri* neben *tùrime tùrite tùrita* (vgl. S. 58 f.).

3) Im Baltischen dient die 3. Sing. aller Verba in allen Tempora und Modi zugleich als 3. Plur. und 3. Du. Wahrscheinlich hängt das mit der uridg. Regel zusammen, dass das als Subjekt fungierende Neutr. Pur. oder Du. sich mit der 3. Sing. des

Verbums verband, vgl. hom. δοῦρα σέσηπε und ὄσσε δεδήει (Delbrück Vergl. Synt. 3, 230 ff.), wobei zu beachten ist, dass im Preuss., im Gegensatz zum Lit.-Lett., das Neutrum beim Nomen noch als lebendiges Genus erhalten ist (2, 2, 84 f.), und dass auch im Lit. in den Nom. Plur. auf *-aĩ* wie *vilkaĩ* und in *taĩ* ('das') alte Neutralformen erhalten sind (Gauthiot IF. 26, 354 ff.)[1]. Zur Verallgemeinerung der singularischen Form wird aber namentlich beigetragen haben der Gebrauch der 3. Sing. des Verbum substantivum auch bei nicht neutralem pluralischen Subjekt, wie er bekannt ist aus dem Slav., Pāli, Griech., Germ., z. B. russ. *jest' ryby* 'es gibt Fische', griech. ἔπεστιν πίθοι 'Inhalt Fässer' (Delbrück Vergl. Synt. 3, 232 ff.). Vgl. hierzu noch Berneker Arch. f. slav. Phil. 25, 482 ff., wo auch über das bei dem in Rede stehenden Vorgang wohl ebenfalls beteiligt gewesene lit. *yrà* lett. *ira* 'ist' gehandelt ist.

4) Im Altbulg. erscheint *-tь* für *-tъ* (entsprechend in der 3. Plur. *-ątь* für *-ątъ*, § 559): *jestь*, *dastь*, *beretь*. Verschiedene Erklärungsversuche, die zum Teil augenscheinlich unhaltbar sind, bespricht Meillet Mém. 18, 232 ff. Er selbst betrachtet, wie andere vor ihm, *-tь* als eine Modifikation der Aussprache vom *-tъ*.

Aus dem Präsens drang *-tъ* (*-tь*) in den Aorist ein, z. B. aksl. *pętъ* für *pę*, *sętъ* für **sę* (S. 92), und nach Massgabe der Gleichheit der 2. und 3. Sing. in ihrer älteren Gestaltung wurde dann die neue Form der 3. Sing. auch als 2. Sing. gebraucht, s. S. 425.

D. Die 1. Person des Plurals.

529. Mehrsprachliches. Die Endung begann in uridg. Zeit mit *m-*, was zu erschliessen ist z. B. aus ai. *bhárā-mah*, arm. *bere-mk'*, griech. φέρο-μεν, alb. *púθ(ε)-mε*, lat. *feri-mus*, ir. *-bera-m*, got. *baíra-m*, lit. *vẽža-me* aksl. *bere-mъ*. Im übrigen ist aber die Lautung dieser Personalendung in den einzelnen Sprachzweigen so mannigfaltig, dass es kaum möglich ist, den uridg. Stand in den verschiedenen Tempora und Modi zu bestimmen. Dass es auch in dieser Person schon in uridg. Zeit einen Unter-

1) Unrichtig über *vilkaĩ* 2, 2, 213.

schied zwischen PE. und SE. gegeben hat, ist darum wahrscheinlich, weil das Arische und das Keltische eine Doppelheit der Form zeigen, die an die als PE. und SE. bezeichnete Zweiheit im Sing. und in der 3. Plur. erinnert, und weil kein Grund zu der Annahme vorliegt, die in diesen beiden Sprachzweigen vorliegende Doppelheit beruhe auf einer einzelsprachlich erfolgten Verteilung zweier ursprünglich anders verteilt gewesenen Formen, die sich erst nach Massgabe der Verteilung bei jenen andern Personen eingestellt habe: ai. *-mas(i)* : *-ma*, ir. absolut *-mi* : konjunkt *-m*. Es scheint, dass ein *s* von Haus aus zum Charakter der PE. gehört hat (ir. *-mi* aus **-mesi*); dafür spricht auch das, dass die ahd. Endung *-mēs* ursprünglich nur dem Ind. Präs. angehört hat, während der Ind. Prät. im Ahd. auf *-m* ausging. Erschwert wird aber die Bestimmung der uridg. Verhältnisse noch dadurch, dass die 1. Plur. des Ind. Perf. in uridg. Zeit vielleicht eine zwar ebenfalls mit *-m* beginnende, aber im übrigen anders als sonst lautende Endung gehabt hat; hierauf muss man deswegen gefasst sein, weil der Ind. Perf. auch sonst ihm eigentümliche Personalausgänge aufweist (S. 428 f.). Es könnte z. B. sein, dass diejenigen *s*-losen Formen der Endung, die vokalisch ausgehen, wie lit. *-me*, und griech. -μεν eine uridg. Verschiedenheit als Sekundär- und als Perfektendung oder umgekehrt fortsetzen. Deshalb, weil im Slav. *-mo* wahrscheinlich ursprünglich auf den Ind. Präs. der konsonantischen Stämme beschränkt war (wozu auch das ursprüngliche Perf. *věmъ* (*vědě*) gehört), vermutet Berneker, dass der Ind. Perf. in uridg. Zeit **-mo* (ai. *-ma*) gehabt habe (KZ. 37, 371). Aber auch noch die Schwierigkeit liegt vor, dass man nicht sieht, wie weit die Endung der 1. Plur. und die Endung der 1. Du., die ursprünglich nicht bloss in bezug auf den Anlaut (*m*- und *u̯*-) auseinandergegangen waren, dabei aber doch auch gewisse Übereinstimmungen aufweisen, sich gegenseitig in der Lautung beeinflusst haben; doch stammen kaum alle Vokallängen der Endung der 1. Plur. aus der Dualendung.

530. Hiernach lässt sich etwa folgendermassen einteilen (doch ist zu den einzelnen Endungsformen noch zu vergleichen, was über sie § 531 ff. bemerkt wird).

1) Primärformen.

a) *-*mes*, *-*mos*; vielleicht ursprünglich *-*més*, z. B. **imés* 'imus', aber *´ -*mos*, z. B. **bhéromos* 'ferimus' (vgl. 2, 2, 151 über die Ausgänge -*es* und -*os* im Gen.-Abl. Sing.). Ai. *imáḥ*, *bhárāmaḥ*. Dor. ἵμες, φέρομες. Lat. *īmus*, *ferimus*. Mit Vokallänge ahd. *tuomēs*, *beramēs*, doch eher vielleicht aus *-*mēsi* (b).

-*s* kann lautgesetzlich verloren sein in ir. -*beram* (mit Verlust von *o* in der Endung, vgl. das deponentiale -*mor* § 606, 2, e) und in čech. *jsme*, *neseme*, serb. *jesmo*, *pletemo*, klruss. *jeśmo*.

b) *-*mesi*, *-*mosi*, eventuell aus *-*mes*, *-*mos* erweitert nach dem Vorbild der PE. der 3. Plur. *-*enti* *-*n̥ti* *-*nti*. Ved. *smási*, *bhárāmasi*. Ir. *ammi* 'sumus' aus **esmesi*, *bermai bermi* aus **beromesi* (§ 536, 1); nach den Lautgesetzen wäre auch *-*mēsi* möglich, auf das auch ahd. -*mēs* zurückführbar ist.

2) Sekundär- bzw. Perfektformen.

a) *-*me*, *-*mo* und *-*mē*, *-*mō*. Ai. Imperf. *á-bharāma*, Opt. *bhárēma*, Perf. *vidmá*; im Ved. auch -*mā*, dessen Länge altererbt sein könnte. Got. *witum* ahd. *wiȝȝum* 'wissen'. Opt. got. *baíraima* *witeima* aus *-*mē* oder *-*mō*. Lit. Reflex. *sùkomė-s*, woneben *sùkome*. Eventuell hierher die unter 1, a genannten ir. -*beram* (mit *-*mo*), čech. *jsme*, *neseme*, serb. *jesmo*, *pletemo*, klruss. *jeśmo*.

b) Mit Nasal als Auslaut der Endung griech. att. ἐ-φέρομεν, φέροιμεν, ἴσμεν, und zwar scheint -ν, wie in den Dualendungen -τον, -τᾱν = ai. -*tam*, -*tām* (neben 2. Du. lit. -*ta* aksl. -*ta* § 570, 1, 3. Du. aksl. -*te* -*ta* § 570, 2), uridg. -*m* gewesen zu sein. Weniger sicher ist Entstehung von slav. -*mъ* (aksl. Aor. *nesomъ*) aus *-*mom* (wie Akk. Sing. *vlъkъ* = ai. *vŕ̥ka-m* griech. λύκο-ν, 1, 391). Der Annahme eines bereits uridg. *-*mem* = griech. -μεν kann man sich übrigens durch die Hypothese entziehen, im Urgriech. habe es bei der 1. Du. ein *-Ϝεν gegeben mit -ν nach -τον, -τᾱν, und nach diesem verschollenen *-Ϝεν sei -μεν entsprungen. Dann wäre von einer uridg. Form der Endung auf Nasal überhaupt abzusehen.

531. Arisch.

1) PE. urar. *-*mas* und *-*masi*: im Ai. beide Ausgänge, -*masi* vedisch, -*mas* vedisch und nachvedisch (vgl. Neisser BB. 30, 311 ff.), im Iran. nur *-*masi*. Ai. *s-mási* *smáḥ*, av. *mahi* apers.

amahy 'sumus' (S. 93). Ai. *bhárā-masi -maḥ* av. *-barāmahi* 'ferimus', apers. *θahyāmahy* 'dicimur'; das der Endung vorausgehende *-ā-* ist aus der 1. Du. auf urar. *-*ā-vas(i)* übertragen (S. 58. 594).

2) SE. und im Perf. urar. *-*ma* und *-*mā* (ved. *-mā*). Ind. Prät. ai. *á-dhāma* gthav. *dāmā* 'setzten', ai. *á-karma* apers. *a-kumā* 'machten' (S. 90 f.). Opt. ai. *syā́ma* gthav. *hyāmā* 'simus' (av. *jamyama* S. 544), ai. *bhárēma*, *gácchēma* av. *jasaēma* 'eamus'. Perf. ai. *šušrumá* av. *susruma* (S. 440), av. *didvīšma* S. 450). Diese SE. zeigen regelmässig die ai. Konjunktive, wodurch in den themavokalischen Präsentien Ind. und Konj. geschieden waren, z. B. konj. *bhárāma* : Ind. *bhárāmaḥ* (im Av. dagegen gthav. *jvāmahī* 'vivamus' neben jgav. *janāma* 'interficiamus').

Im Ai. ist in der nachved. Zeit der Unterschied zwischen PE. und SE. nicht mehr streng aufrecht erhalten worden, z. B. im Mahābh. Imperf. *apašyāmaḥ* 'wir sahen' und Präs. *pašyāma* 'wir sehen' (vgl. Opt. 1. Du. *syāvaḥ* für *syāva* 'wir beide möchten sein').

532. Armenisch. *-mḱ* im Ind. Präs., z. B. *tamḱ* 'damus', *emḱ* 'sumus', *beremḱ* 'ferimus' (vgl. *beren* § 550), *lnumḱ* 'implemus'. Dagegen fehlt das *m* von *-mḱ* in den andern Teilen des Verbums: Ind. Imperf. *bereaḱ* 'ferebamus', Ind. Aor. *beraḱ* 'tulimus', Konj. Aor. *berçuḱ* 'feramus, feremus'; diese *m*-losen Gestaltungen beruhen jedenfalls auf analogischen Neuerungen. In allen Fällen aber ist der Auslaut *-ḱ* unklar. Es scheint darin dasselbe Element vorzuliegen, das in der 2. Plur., z. B. *berēḱ*, auftritt. Vgl. 2, 2, 211. 2, 3 § 541.

533. Griechisch. Dorisch durchgängig -μες, z. B. φέρομες, ἐφέρομες, φέροιμες, ἐδείξαμες, ὀμωμόκαμες, anderwärts ebenso durchgängig -μεν, z. B. φέρομεν usw. Falls -μες ursprünglich nur in solchen Systemen zu Haus gewesen ist, die im Sing. und in der 3. Plur. PE. hatten, so ist im Dor. die PE. verallgemeinert worden (so wie unter derselben Voraussetzung im Lat. die Endung *-mus*). Über -μεν s. § 530, 2, b.

Über das α vor -μεν in τετράφαμεν s. S. 437 f.

534. Albanesisch. *-mi* und *-me*. Themavokallose Präsentia haben *-mi*: *jemi* 'sumus', *kemi* 'habemus'; geg. *jena*, *kena* zeigen das enklitische Pronomen *na* 'nos', das ursprünglich wohl hinter der eigentlichen Personalendung angehängt war (vgl. G. Meyer M. Hertz zum 70. Geburtst., 1888, S. 89). Themavokalische Präsentia haben *-mɛ*: *púθ(ɛ)mɛ* oder *púθimɛ* 'wir küssen'.

535. Italisch. Keine Belege im Oskisch-Umbrischen. Im Lat. durchgehends *-mus*, älter **-mos*. Ursprünglich wohl nur als Primärendung gebraucht (§ 529 f.); Verallgemeinerung wie bei **-ti* und **-nti* (§ 525, 2. 554). Z. B. *īmus agimus*, *agēbāmus*, *sīmus*, *momordimus*.

Über das *i* in *momordimus* s. S. 437 f.

536. Keltisch.

1) Ir. *-mi* bei absoluter Flexion, wahrscheinlich aus **-mesi* (§ 530, 1, b). *ammi* 'sumus' aus **esmesi*; selten *ammin amminn*, durch Anhängung des Personalpronomens (vgl. *adib* S. 95. 594). *bermai bermi* 'ferimus', *lēicmi* 'lassen', *mōrmai mōrmi* 'machen gross'. (Bei relativer Funktion tritt *-me* für *-mi* ein, s. Pedersen KZ. 35, 374 ff.) Die Endung *-mi* hatte auch bei ursprünglich vorausgegangenem Vokal unleniertes *m*, wie die häufige Schreibung mit *mm* zeigt, z. B. *predchimmi* 'praedicamus'. Wahrscheinlich beruht das auf Anschluss an *ammi*, vgl. 1. Sing. *melimm* § 508, 1. Anders Pedersen Vergl. kelt. Gramm. 2, 343, wonach *bermi* aus **berom ni*, d. h. durch eine verhältnismässig junge Verschmelzung der 1. Plur. mit dem Personalpronomen, entstanden wäre; aber die Annahme eines Wandels von *-mn-* zu *-mm-* bleibt ungerechtfertigt. Für das Brit., z. B. kymr. *carwn*, corn. *keryn*, ist eine solche Verschmelzung allerdings zuzugeben, s. Pedersen a. a. O.

2) Ir. *-m*, leniert, bei konjunkter Flexion: *-beram*, *-lēcem*, *-mōram*. *-m* hatte einen dunkeln Vokal hinter sich (vgl. *-mor* im Deponens, § 606, 2, c) und kann daher auf **-mos* oder **-mo* zurückgeführt werden (§ 530, 1, a. 2, a).

537. Germanisch.

1) Das allgemeingerm. erscheinende *-m*, z. B. got. *bindam*, *salbōm*, *witum*, *-budum*, ahd. *far-lāȥȥēm*, *butum*, *birum*, aisl. *bindom kǫllom*, *buđom*, ist auf **-me *-mo* oder **-mes *-mos* zurückführbar. Im letzteren Fall wäre *-s*, wie im 'Dat.' Plur. got. *wulfam* usw., geschwunden, doch fehlen bei der Verbalform Anzeichen für einst vorhandenes *-s* im Gegensatz zu altwest-

germ. inschriftl. *-ms*, aisl. *-mr* beim Nomen (2, 2, 257. 262). Das wahrscheinlichere ist, dass *-m* von Haus aus nur in den Formen wie got. *-budum witum* zu Hause war (vgl. ai. *vidmá*, § 530, 2, a) und sich von hier aus weiter verbreitet hat.

Über das *u* vor *-m* in got. *-budum* usw. s. S. 437. 439.

2) Im Opt. got. *-ma*, *bindaima*, *bundeima*. Könnte uridg. **-mē* oder **-mō* gewesen sein (§ 530, 2, a), worauf sich auch das *-m* von ahd. *bintēm*, *buntīm* zurückführen lässt (vgl. noch v. Helten PBS. Beitr. 28, 548 ff.).

3) Ahd. *-mēs* ist in der ältesten Zeit auf die Formen des Ind. Präs. und die mit ihr gleichlautenden Imperativformen beschränkt, z. B. *bintamēs* 'ligamus' und 'ligemus!', *gāmēs* 'imus' und 'eamus!'. Wie im Ahd., so sind auch im Got. und Nord. Indikativ und Imperativ vom Opt. formal bezüglich der Personalendung geschieden: wie ahd. Ind. Imper. *bintamēs* neben Opt. *bintēm*, so z. B. got. Ind. Imper. *bindam* neben Opt. *bindaima*. Über die Vermischung von *-mēs* und *-m* im Ahd. s. Braune Althochd. Gramm.[3] 253 f. Wenn *-mēs* altererbt ist, ist es am leichtesten aus **-mési* zu gewinnen (§ 530, 1), und zwar wären dann wohl *gāmēs* u. ähnl. Formen in adhortativem Sinn (vielleicht Dehnung des Vokals durch eine Affektbetonung, vgl. ai. *juhávānī3 mā́ hāuṣā3m* § 750) der ursprünglichste Sitz dieser Endung gewesen (wobei zugleich auf lit. *eimè* 'eamus' = **eimė́* neben *eĩme* 'imus' verwiesen werden darf). Immerhin ist es auffallend, dass von den germ. Sprachen nur das Ahd. eine so altertümliche Endung bewahrt haben sollte. Daher die öfters ausgesprochene Vermutung, in dem Ausgang *-mēs* sei ein suffigiertes Pronomen aufgegangen. Literatur über ahd. *-mēs* s. bei Braune a. a. O. (dazu noch A. Ludwig Die 1. Plur. auf *-mees* im Ahd., Prag 1899, Janko IF. 20, 258).

538. Baltisch-Slavisch.

1) Baltisch. Lit. *-mé-s(i)* Reflexivausgang: *sùkamės*, *sùkomės*. Das *-me* von *sùkame*, *sùkome*, *eĩme* 'imus' (*eimè* 'eamus') kann nach 1 § 1032, 4 S. 937 f. aus **-mē* entstanden sein; vielleicht waren aber uridg. **-me* und **-mē* in *-me* zusammengefallen. Die ein paarmal neben *-me -mé-s* erscheinenden *-ma -mo-s* (Bezzenberger BB. 2, 268) und lett. *ei-ma* 'imus' und 'eamus!'

sind Neuerungen nach dem Dual auf *-va -vos* (§ 564), vgl. in der 2. Plur. lit. *-to-s*, lett. *-ta* (§ 546).

Lett. reflex. *-mi-s* (*mettamis* neben *mettam* 'werfen') entspricht dem preuss. *-mai* (*asmai* 'wir sind', *turrimai* 'haben, sollen') gleichwie in der 2. Plur. lett. *-ti-s* (*mettatis* neben *mettat*) dem preuss. *-tai* (*astai estei* 'ihr seid, *druwētei* 'glaubt'). Der Diphthong ist aus der 1. und 2. Sing. (§ 510, 1. 519, 1) übernommen worden.

2) Im Slavischen erscheinen folgende Ausgänge:

a) *-mъ*, unklarer Entstehung (vgl. § 530, 2, b), ist die gewöhnliche Endung des Aksl., z. B. Ind. Präs. *jesmъ*, *damъ*, *nesemъ*, Aor. *nesomъ*, Opt. *nesěmъ*, *dadimъ*. Aus *-mъ* entstandenes *-m* im Grossruss., Kleinruss., Poln., Čech.

b) *-me* aus **-mes* oder **-me* (§ 530, 1, a. 2, a) im Nbulg., Sloven., Čech., z. B. čech. *jsme*, *neseme*.

c) *-mo* aus **-mos* oder **-mo* (§ 530, 1, a. 2, a) im Serb.-Kroat., Sloven., Slovak., Klruss., z. B. klruss. *jeśmo*, serb. *jesmo*, *pletemo*.

d) *-my*, im wesentlichen wohl entstanden durch Anschluss an *my* 'wir' (vgl. 1. Du. *-vě*, z. B. *jesvě* neben *vě* 'wir beide', § 564), im Aksl. (besonders im Cod. Supr.), Poln., Sorb., z. B. aksl. *věmy* neben *věmъ*, *vidimy* neben *vidimъ*, poln. *wiemy niesiemy* neben *niesiem*, sorb. *věmy*. Übrigens ist *-my* im Aksl. auch lautgesetzlich aus *-mъ* entstanden bei Anfügung des enklitischen Objekts *-jь* nach 1 § 940, 3, z. B. *vedemyjь*.

Wie die vier Endungen *-mъ*, *-me*, *-mo*, *-my* in urslav. Zeit verteilt gewesen sind, ist unklar. (*-mo* scheint damals auf die Präsentia der Verba auf *-mь* beschränkt gewesen zu sein, vgl. hierzu § 529 S. 617.) Zum Teil mag in den neueren Sprachen bei Regelung der verschiedenen Endungen der Umstand massgebend geworden zu sein, dass *-mъ* und das *-mь* der 1. Sing. zusammenfielen, z. B. im Poln. zwar noch *niesiem* neben *niesiemy* (1. Sing. *niosę*), aber nur *wiemy*, *dziełamy* (1. Sing. *wiem*, *dziełam*).

Auffallend ist, dass vor den Endungen der 1. Plur. und der 1. Du. im Ind. Aor. der thematische Vokal als *-o-* beibehalten worden ist, z. B. aksl. *mogo-mъ mogo-vě* (neben 2. Plur.

može-te, 2. Du. *može-ta*), dagegen *-e-* für *-o-* erscheint im Ind. Präs., z. B. *vede-mъ vede-vě* (neben 2. Plur. *vede-te*, 2. Du. *vede-ta*). Wahrscheinlich ist *-e-* für *-o-* aus den andern Personen (ausser 1. Sing. und 3. Plur.) herübergenommen worden und hierfür die Vokalgleichheit vor der Personalendung bei *chvali-mъ* : *chvali-te* usw., *ima-mъ* : *ima-te* usw. vorbildlich gewesen. Bei den *i̯o*-Präsentia können die Formen der 1. Plur. und Du. wie *znajemъ*, *znajevě* lautgesetzlich *-e-* für *-o-* bekommen haben nach 1 § 148, 2, und wenn dieser Wandel zu einer Zeit, als noch **vedomъ* gesprochen wurde, stattgefunden hatte, so war auch noch von dieser Seite her ein Vorbild zur Schöpfung von *vedemъ vedevě* gegeben.

E. Die 2. Person des Plurals.

539. Mehrsprachliches. Der urarische und ai. Unterschied PE. *-tha* : SE. *-ta* ist in den andern idg. Sprachen nicht nachgewiesen. Diese lassen alle den Ansatz von **-te* für alle Tempora und Modi zu. Es muss demnach mit der Möglichkeit, ja Wahrscheinlichkeit gerechnet werden, dass das ar. *-tha* eine speziell ar. Neuerung für *-ta* war; vielleicht war auch das *th* der ai. PE. der 2. Du. *-thas* eine ar. Neuerung (§ 565).

Anm. Die Annahme, dass das -θε von hom. ἐγρήγορθε, ἄνωχθε, πέπασθε (v. l. πέποσθε) das ai. *-tha* sei, ist wenig wahrscheinlich. Vgl. die Literatur über dieses -θε bei Brugmann-Thumb Griech. Gramm.[4] 400.

Blatt Quaest. phonologicae sanscr., Eos 7, 41 und Kock KZ. 34, 577 ff. glauben den Wechsel ar. *-tha* : *-ta* mit ursprünglichen Verschiedenheiten im Sitz des Worttons in Zusammenhang bringen zu sollen.

Für das *-e* von **-te* sind Zeugen griech. -τε, lat. *-te* päl. *-te* und lat. *-tis*, falls dessen *-s* nach *-mus* angetreten ist (§ 543), ir. *-d -th* (palatal), lit. *-te* aksl. *-te*. Wackernagel glaubt aus umbr. *etato* 'itate' altes **-to* neben **-te* erschliessen zu dürfen, worüber S. 520. 577 f.

Vereinzelt steht das Indische mit der Perfektendung *-a*, die eher als ar. *-tha* für uridg., und die für altertümlicher als die in den andern Sprachzweigen als Perfektendung vorliegenden Ausgänge gelten darf. Vielleicht verhält sie sich zu *-ta* wie in der 3. Sing. Perf. Med. ai. *-ē* zu griech. -ται. Mit *-a* dürfte das *a* der ai. Ausgänge 2. Du. *-á-thuḥ*, 3. Du. *-á-tuḥ* (§ 567, 3) identisch sein.

1) Ai. *-tha* griech. -τε usw. Ind. Präs. *s-thá*, griech. ἐστέ, lit. *ẽste* aksl. *jeste*; ai. *bhára-tha*, griech. φέρετε, ir. *-berid*, got. *bairiþ*, lit. *vẽžate* aksl. *berete*.

2) Ai. *-ta* griech. -τε usw. Ind. Prät. ai. *ás-ta* griech. ἦστε; ai. *á-vidata*, griech. εἴδετε. Ind. *s*-Aor. ai. *á-dhāsta*, griech. ἐ-δείξατε, aksl. *děste*; lit. Inj. als Ind. Fut. *dė́ste* (S. 409). Imper. (Inj.) ai. *bhára-ta*, griech. φέρετε, lat. *agite*, ir. *berid*, got. *bairiþ*. Opt. ai. *bhárē-ta*, griech. φέροιτε, got. *bairaiþ*, aksl. *berěte*.

3) Perf.. ai. *-a*, griech. -τε usw. Ai. *vidá*, griech. ἴστε, ir. *-āncaid -āncid* (zu 3. Sing. *-ānaic* S. 431. 476), got. *wituþ*.

540. Arisch.

1) Urar. **-tha* PE. — Ind. Präs. ai. *bhára-tha*, gthav. *išaϑā* 'sucht'; ai. *s-thá* gthav. *stā* (1 § 718, b); ai. *dhattha* av. *dasta*.

2) Urar. **-ta* SE. — Imperf. *á-bhara-ta*, gthav. *jasatā* 'gingt'. Imper. (Inj.) ai. *bhára-ta*. *s*-Aor. ai. *a-jāiṣṭa* (S. 399), gthav. *sąstā* (S. 400). Opt. ai. *bhárē-ta, bhūyā́ta*, av. *buyata* (S. 544).

Im Ved. auch *-thana* und *-tana*, letzteres besonders häufig in Formen adhortativen Sinnes: z. B. *sthána*, *vádathana*, *itana*, *punītána*. *-na* scheint eine angehängte Partikel zu sein (vielleicht verwandt mit den in 2, 2 § 332. 579 genannten Pronomina und Formantien), vgl. S. 305 über ai. *gr̥hāṇá* und S. 597 über ai. *brávāṇi* gthav. *čarānī*.

3) Ai. *-a* im Perf., z. B. *vidá*, *cakrá*.

541. Armenisch. Der Ausgang ist überall *-i̯k̔*: z. B. *berēk̔* aus **berei̯k̔*, *layk̔*, *lnuk̔*, *e-dik̔*. Das *-i̯-* (*-y-*) war wie in der 3. Sing. (§ 522, 1) der Vertreter von *-t-*, das *-k̔* aber vermutlich dasselbe Element, das die 1. Plur., z. B. *beremk̔*, aufweist (§ 532). Sollte *-k̔* aus der 1. Plur. übertragen sein, so vergliche sich lit. *sùkatė-s* (§ 546), eventuell auch lat. *agitis* (§ 543).

542. Griechisch. Durchgehends -τε: ἐστέ, φέρετε, ἐδείξατε, εἶτε, φέροιτε, ἴστε, τετράφατε.

Über hom. ἐγρήγορθε u. a. mit -θε, das dem ai. *-tha* gleich sein soll, s. § 539 Anm.

543. Italisch. Die einzige Endung, die sicher uridg. Erbe war, ist *-te* in den injunktivischen Imperativformen wie lat. *īte*, *agite* und pälign. *eite* 'ite'. Diesem *-te* steht im Umbr. *-to* gegenüber, *eta-to* 'itate', worin ich eine dualische Form vermute. Dasselbe Verhältnis, lat. *-te*, umbr. *-to*, erscheint in der Erweiterung der alten Imperativform auf **-tōd*: lat. *fertō-te*, umbr. *futu-to* 'estote'. S. 520. 577 f.

Im Lat. überall ausser dem Imperativ *-tis*, älter wohl **-tes*: *estis*, *agitis*, *agātis*, *sītis*, *vīdistis*. Man hält *agitis* teils für eine Neubildung für *agite*, entweder nach *agimus* (vgl. § 541) oder indem nach *agite* : *age* sich *agitis* zu *agis* stellte (so zuletzt Wackernagel IF. 31, 260), teils für eine ursprüngliche Dualendung (ai. *-thas*, got. *-ts*), zu deren Festhalten in der Zeit des allmählichen Aufgebens des Duals überhaupt die auf dem gleichen Auslaut *-s* beruhende äussere Ähnlichkeit von **-tes* mit **-mos* habe beitragen können (vgl. S. 578).

544. Keltisch. Das konjunkte *-d -th* des Irischen, z. B. Ind. Präs. *-berid -berith*, ist auf **-te* zurückzuführen. Vgl. auch Imper. *berid -ith* 'ferte'. Die absolute Endung *-the* (hinter Vokalen auch *-de*), z. B. *mōrthe*, *lēicthe*, ist sicher eine kelt. Neuerung, doch ist ihr Ursprung unklar, s. Thurneysen Handb. des Altir. 1, 340, Pedersen Vergl. kelt. Gramm. 2, 344. Über ir. *adib* 'estis' s. S. 95. 594.

545. Germanisch. Man kann von uridg. **-te*, aber auch von uridg. **-the* ausgehen. Der Konsonant der Endung erfuhr dieselbe Behandlung wie das *t* der Endung der 3. Sing. *-ti* (§ 527, 1). Z. B. Ind. Präs. got. *salbōþ* ahd. *salbōt* aisl. *kalleð*, got. *bindiþ* ahd. *bintet bindat* aisl. *binded*, Opt. got. *bindaiþ* ahd. *bintēt* aisl. *binded*, got. *bundeiþ* ahd. *buntīt* aisl. *bynded*, Ind. Perf. got. *-buduþ* ahd. *butut* aisl. *buđod*.

Über das *u* dieses Perfektausgangs got. *-uþ* usw. s. S. 437. 439.

Grosse Schwierigkeit macht der Ausgang des Ind. Präs. der themavokalischen Verba im Ahd. Zwar dass alemann. *-at* nach der 3. Plur. auf *-ant* zu seinem *a* gekommen ist (entsprechend im As. *-ad*), darf als sicher gelten. (In diesem Dialekt hat später noch weitere Anlehnung an die 3. Plur. stattgefunden durch Aufnahme von deren *n*, so dass *-nt* als Ausgang der 2. Plur. erscheint und zwar nicht nur im Ind. Präs., sondern auch im Opt. und im Ind. Prät., z. B. Opt. *nāmīnt* 'nähmet'.) Aber welches war das historische Verhältnis der Formen der Monseer Bruchstücke *ga-sihit*, *quidit*, *ferit* u. a., die zur 3. Sing. stimmen, und der im Fränk. und Bair. allein herrschenden Formen auf

-et wie *ga-sehet*, *faret*? Eine Zusammenstellung von Erklärungsversuchen gibt Wilmanns D. Gr. 3, 51 f. (dazu noch Behaghel Gesch. d. deutsch. Spr.[3] 264). Es bietet sich eine ganze Reihe von Möglichkeiten, und so lange nicht *ga-sehet* zuverlässig erklärt ist, lässt sich nicht behaupten, dass *ga-sihit* die alte lautgesetzliche Fortsetzung eines uridg. Ausgangs **-e-te* enthält.

546. Baltisch-Slavisch.

Im Lit. *-te -t*, z. B. *ẽs-te*, *vẽža-te* (über *-a-* S. 59), *vẽžė-te*. Der Ausgang *-tė-s* im Reflexivum entstand nach *-mė-s* neben *-me* in der 1. Plur. (§ 538, 1).

Das im Lit. für *-tė-s* gelegentlich vorkommende *-to-s* und das *-ta* von lett. *ei-ta* 'itis' und 'eatis!' haben entweder den Vokal von den Ausgängen der 1. Plur. *-mo-s -ma* (§ 538, 1) bezogen, oder die mit dieser Endung versehenen Formen sind die pluralisch gebrauchten Formen der 2. Du., s. Zubatý Üb. die sogen. Flickvokale des lett. Volkslieds (Prag 1895) S. 17, Verf. IF. 29, 245 f., Wackernagel IF. 31, 260, ferner S. 578 und S. 625 (über lat. *agitis*).

Über lett. *-ti-s* und apreuss. *-tai -tei* s. § 538, 1.

Slav. *-te*: aksl. *jes-te*, *nese-te*, Aor. *dě̆s-te*, Opt. *nesě-te*.

F. Die 3. Person des Plurals.

547. Wir behandeln hier nur die *nt*-Formantien. Über die *r*-Formantien, wie in ai. *vidúḥ* (*vidúr*), s. § 603 f.

Über den Zusammenhang der *nt*-Formen mit den Formen des Part. Akt. s. § 501, 3. 4, e.

548. Mehrsprachliches.

1) PE. *-énti*, SE. *-ént* hinter Konsonanten. — Das *-e-* ist sehr wahrscheinlich dasselbe Element wie der sogen. thematische Vokal gewesen, weshalb vermutlich z. B. nicht nur **s-enti* (dor. ἐντὶ umbr. *sent* got. *sind*), sondern auch **s-onti* (lat. *sunt*, aksl. *sątъ*) als uridg. angesetzt werden darf; vgl. Part. aksl. *sy* Gen. *sąšta*, aisl. *sannr* 'wahr', wozu wahrscheinlich auch lat. *sōns* (2, 1, 455 f.). Ursprünglichst war dann zwischen *-ent(i)* und *-ont(i)* nur ein Accentunterschied, z. B. **sénti* : **sònti*. Vgl. S. 59. 272.

a) *-énti -ònti* PE. — **s-énti *s-ònti* 'sind': ai. *sánti*, dor. ἐντὶ für *ἑντὶ (S. 93), lat. *sont* (vgl. § 555, 1, a) umbr. *sent* osk.

set, ir. *it* akymr. *int*, got. *sind*, ksl. russ. *sątъ*. Ai. *ad-anti* aksl. *jadętъ* (S. 96 und § 559). Ai. *cinv-ánti*, zu 3. Sing. *cinṓ-ti*, mit hom. τίνουσι aus *τινϝοντι; ai. *aśnuv-ánti*, zu 3. Sing. *aśnṓ-ti* mit griech. ὀμνύουσι (S. 59. 325). Ai. *bhind-ánti*, zu 1. Sing. *bhinád-mi* (S. 277). Ai. *mr̥ṇ-ánti*, zu 3. Sing. *mr̥ṇā́-ti* (S. 296. 302).

b) *-ént -ònt* SE. — Ind. ai. *sán ā́san* 'erant', hom. ἦεν att. ἦν (S. 94). Ind. ai. *gm-án á-gman* (S. 89), *á-śriyan*, zu 3. Sing. *á-śrēt*, und griech. ἔκλυον, vielleicht zu ai. *á-śrōt* (S. 59. 88). Ind. ai. *á-cinvan* mit hom. ἔτῑνον, ai. *á-śnuvan* mit griech. ὤμνυον (a). Ai. *á-bhindan*, *á-mr̥ṇan* (a). Opt. *-(i)i̯-ént*, z. B. **s-(i)i̯ént*: griech. εἶεν, vgl. alat. *sient* (§ 555, 1, b).

2) PE. *-nti*, SE. *-nt* hinter Sonanten.

a) *-nti* PE. — **bhéro-nti* 'ferunt': ai. *bharanti*, arm. *beren* (§ 550), dor. φέροντι att. φέρουσι, lat. *ferunt*, ir. *berit*, got. *bairand*, ksl. russ. *berątъ*. **trā́-nti* 'gelangen hinüber', **u̯ḗ-nti* 'wehen' (S. 161. 170): ai. *trā́nti vā́nti*, arm. *lan*, griech. ἄεισι aus *ἄϝεντι, lat. *in-trant plent*, ir. *mōrait mōrit*, got. *salbōnd* ahd. *dagēnt*, ksl. russ. *imątъ*.

b) *-nt* SE. — **é-bhero-nt* 'ferebant': ai. *á-bharan*, griech. ἔ-φερον, aksl. Aor. *nesą*. Griech. ἔ-βαν (S. 162), ἔμιγεν, ἔγνον (S. 170), aksl. Kondiz. *bą* (S. 161), vgl. osk. fufans 'erant' (§ 554. 555, 2, b). *ā*-Konj. (Inj.): ir. *-berat*, vgl. osk. *deicans* 'dicant' (§ 554. 555, 2, b).

3) PE. *-n̥ti*, SE. *-n̥t* unbetont hinter Konsonanten.

a) *-n̥ti* PE. — Ai. *dá-d-ati* ksl. russ. *dadętъ*, zu W. *dō-* 'dare' (S. 110). Im Griech. -ᾰτι -ᾰσι im Ind. Perf., z. B. delph. καθ-εστάκᾰτι, hom. λελόγχᾰσι, wahrscheinlich nach verlorenen Präsensformen von der Art jenes ai. *dádati* (*διδ-ατι) gebildet und unter dem Schutz des medialen -αται (§ 596) bewahrt.

b) *-n̥t* SE. — Gthav. *dadaṯ* 'setzten', as. *dedun* 'taten', zu W. *dhē-* 'setzen'. *s*-Aor. gthav. *stā̊ŋhaṯ* aksl. *stašę*, zu W. *stā-* 'stehen' (S. 409), aksl. *dašę*, zu W. *dō-* 'geben' (S. 409). Zu postulieren ist Opt. **bhéroi̯-n̥t* (S. 543), doch ist diese Form in allen Sprachzweigen, die den *oi̯*-Opt. aufweisen, analogisch umgestaltet.

549. Arisch.

1) Uridg. **-énti *-ònti* PE., **-ént *-ònt* SE. hinter Konsonanten.

a) PE. — Ai. *s-ánti*, av. *hənti* apers. *haⁿtiy* 'sunt'. Ai. *y-ánti* av. *yeⁱnti*, zu ai. *é-ti* 'it' (S. 88). Ai. *dviṣ-ánti* gthav *dᵃⁱbišəntī* 'sie feinden an'. Ai. *śṛṇv-ánti* av. *sᵘrunvanti* (S. 326). Ai. *jān-ánti* av. *-zānənti* (S. 302).

b) SE. — Ai. *s-án ásan*, av. *hən* apers. *āhaⁿ* (S. 94). Ai. *gmán á-gman* av. *gᵉmən* (S. 89). Ai. *á-śṛṇvan*, *á-jānan*.

Im (*i*)*i̯ē*-Opt. trat das *r*-Formans (§ 604, 1) an die Stelle von urar. *-*an*(*t*). Ai. *sy-úḥ*. Av. *hyā-rᵊ*, *jamyā-rᵊš*, mit *-yā-* aus den andern Personen, woneben auch *hyąn* (gthav. *hyə̄n*), *jamyąn*, s. § 450. 603 f.

2) Uridg. *-*nti* PE., *-*nt* SE. hinter Sonanten.

a) PE. — Ai. *bhára-nti* av. *-barənti* apers. *baraⁿtiy* 'ferunt'. Ai. *vá-nti* av. *vånti* 'wehen'. *ē* : *ō*-Konj. av. *barånti*, vgl. griech. φέρωσι dor. φέρωντι.

b) SE. — Ai. *á-bharan* av. *barən* apers. *a-baraⁿ* (über die mit *a-baraⁿ* gleichbedeutenden apers. *aba*[*ra*]*haⁿ*, *abaraⁿtā* s. Meillet Mém. 17, 352 ff.). *ē* : *ō*-Konj. ai. *bhárān* av. *-barąn*. (*i*)*i̯ē*-Opt. av. *hyąn*, s. 1, b.

Bei den Stämmen auf abstufungsloses urar. *-ā* erscheint im Ai. *-ur*: Ind. Aor. *á-guḥ guḥ* zu *á-gā-t á-gāma*, vgl. griech. ἔ-βᾰν (S. 161 f.).

3) Uridg. *-*n̥ti* PE., *-*n̥t* SE. unbetont hinter Konsonanten.

a) PE. — Ai. *dádati dádhati* gthav. *dadaⁱtī*, ai. *jahati*, *bapsati*, *súšcati* (S. 110 f.), *bíbhrati*, *píprati* (S. 105).

b) SE. — Nur im Av. erhalten. Imperf. gthav. *dadaṯ*, *-zazaṯ* (S. 110 f.), *jīgərᵊzaṯ* (S. 106). Mit dem Ausgang der themavokalischen Stämme (2) ved. ai. *abibhran* (S. 105); sonst im Ai. *-ur*, z. B. *á-daduḥ daduḥ*, *á-dadhuḥ*, *á-jahuḥ*, *dīdhyuḥ* (S. 106). — *s*-Aor. gthav. *stånhaṯ* jgav. *ava-stånhaṯ* (S. 409. 627). Auch hier im Ai. *-ur*: *s*-Aor. Ind. *a-chāntsuḥ* (S. 400), *a-grābhiṣuḥ* (S. 410), *āniṣuḥ* (S. 412). — Im *oi̯*-Opt. ist urar. *-*at* ganz verschollen: ai. *bhárēy-uḥ*, av. *baray-ən* (S. 543 f.).

550. Armenisch. Durchgehends *-n*, worin *-*nti* und *-*nt* vielleicht lautgesetzlich zusammengefallen sind (1, 900). Von *-*n̥ti*, *-*n̥t* ist nichts mehr zu verspüren.

Ind. Präs. *lan*, *janan*, wie lat. *intrant*, *plantant*. *baṙnan* vermutlich eine Neubildung wie dor. δάμνα-ντι (S. 298. 306), und *lnun* eine wie ion. ῥήγνῦσι ῥηγνῦσι (S. 330). *en* 'sind' mag zwar Fortsetzung von **s-enti* sein (1, 740), hat dann aber sein *e* wohl in Anlehnung an *em es* usw. bewahrt oder wiederbekommen (1, 116). Ferner ist *e* in *beren* unursprünglich, gleichwie auch das *e* von *bere-mk̔* (§ 532).

Ind. Aor. *e-din*, zu 1. Sing. *e-di*, und *e-tun*, zu 1. Sing. *e-tu* (S. 99), sind wegen des Vokals der Wurzelsilbe nicht lautgesetzlich, s. 1, 900. Unklar ist ferner *berin*, zu 1. Sing. *beri*, 3. Sing. *e-ber*.

551. Griechisch.

1) Uridg. **-énti *-ònti* PE., **-ént *-ònt* SE. hinter Konsonanten.

a) PE. — Dor. ἐντὶ att. εἰσὶ für **h-*εντι (S. 93): ist der einzige Rest dieser PE. im Griech. Eventuell aber gleichartiges **-ònti* in τίνουσι, ὀμνύουσι (§ 548, 1, a), vgl. weiter κάμνουσι neben ai. *śamnī-tē* u. dgl. (S. 313. 316).

b) SE. — Hom. ἦεν ἦν att. ἦν, zur 3. Sing. umgewertet, als 3. Plur. aber ἦν noch im Dor. u. sonst (S. 94). Eventuell gleichartiges **-ònt* in ἔ-κλυον und in ἔτῑνον, ὤμνυον (§ 548, 1, b), vgl. ferner ἔκαμνον, wie κάμνουσι (a). Opt. εἶεν, θεῖεν (S. 543); die Endung -εν dieses Optativtypus erscheint zuweilen, wie auf den οι-, so auch auf den αι-Optativ übertragen, z. B. kret. ἐπ-έλθοιεν und ῥῆξαιεν (Günther IF. 33, 418).

2) Uridg. **-nti* PE., **-nt* SE. hinter Sonanten.

a) PE. — Dor. φέροντι att. φέρουσι. Wie ἄεισι aus **ἄϝε-ντι* (§ 103, 5. 548, 2, a): lesb. φίλεισι 'lieben', δίψαισι 'dürsten' (1 § 409, 1, a). Konj. dor. φέρωντι (§ 549, 2, a), wie φέρωνται mit ω durch Neubildung (1 § 929 Anm. 2 S. 798 f.).

b) SE. ἔ-φερον. ἔ-δρᾱν, ἔ-βᾰν, ἔ-γνον, ἔ-μιγεν, ἔ-γνωσθεν aus **ἔ-δρᾱντ* usw., zu 1. Sing. ἔ-δρᾱν usw., wonach auch ἔ-φῠν zu ἔφῡν (S. 147. 149). Die Formen wie kret. δι-ελέγην, delph. ἀπ-ελύθην haben wahrscheinlich η für ε nach den andern Personen bekommen (Brugmann-Thumb Griech. Gramm.[4] 327 f., Sommer Glotta 1, 210 ff.).

3) Uridg. **-n̥ti* PE., **-n̥t* SE. unbetont hinter Konsonanten.

a) PE. — Nur in den § 548, 3 genannten Perfekta wie delph. καθ-εστάκᾰτι erhalten.

b) SE. — -ᾰ[τ] = *-*n̥t* ist völlig verschollen. Durch -ν erweitert liegt es vor in ἔδειξαν (S. 424). Vermutlich auch im Opt. δείξειαν, da dieses aus *δειξαιαν, einer Neubildung nach *φέροιαν, entstanden zu sein scheint (S. 562). Zweifelhaft bleibt, ob der Typus *φέροιαν (für uridg. **bhéroi̯n̥t*) noch im El. durch παρ-βαίνοιαν u. dgl. vertreten ist, da in diesem Dialekt α lautgesetzliche Vertretung von ε sein kann (1, 117 f.). φέροιεν, die gewöhnliche Gestaltung der 3. Plur. des οι-Optativs, war Neubildung nach εἶεν (S. 543), delph. παρ-έχοιν aber eine Neubildung von derselben Art wie die 1. Sing. Akt. τρέφοιν (§ 505, 4) und die 3. Plur. Med. ἔχοιντο (§ 597, 2).

552. Ausser den in § 551 erwähnten analogischen Neuerungen zeigt das Griechische noch mehrere andere.

Die wichtigsten Neuschöpfungen sind folgende (vgl. § 59 7).

1) -αν für *-α[τ]. ἤνεικαν, ἔχευαν u. dgl. wie in ἔδειξαν und in δείξειαν (§ 551, 3, b). Böot. παρ-εῖαν (aus *ἦαν) für ἦεν (§ 551, 1, b), zur 1. Sing. ἦα, nach ἔδειξαν : ἔδειξα.

2) In urgriech. Zeit wurden bei allen auf abstufende *-ā*, *-ē*, *-ō* ausgehenden Stämmen -ντι und -ν[τ] eingeführt (mit Kürze des vorausgehenden Vokals).

*δαμνα-ντι ion. δάμνᾱσι (δαμνᾶσι, s. 5) für *δαμν-εντι (§ 548, 1, a), wonach auch ion. *Ϝρηγνῠ-ντι ion. ῥήγνῡσι (ῥηγνῦσι). Ebenso dürften *-énti -ént* bzw. *-ònti -ònt* die ursprünglichen Ausgänge gewesen sein in dor. φα-ντὶ ion. φᾱσὶ, φᾰ́-ν, zu φημὶ φᾰμὲν (S. 102), ἔ-θε-ν, zu ἔ-θεμεν, ἔ-δο-ν, zu ἔ-δομεν (S. 99 f.).

Dagegen sind -ᾰτι, -ᾰ[τ] (§ 548, 3, a. 551, 3, a) durch diese Art Neubildung ersetzt in τίθε-ντι (τίθεισι, τιθεῖσι), ἔ-τιθε-ν, δίδο-ντι (δίδουσι διδοῦσι), ἔ-διδο-ν.

Die Betonung ῥηγνῦσι, τιθεῖσι, διδοῦσι erfolgte nach der Analogie von ἱστᾶσι aus *ἱστάασι u. a. (unten 5).

Für ursprüngliches **i̯-énti* = ai. *yánti* (§ 549, 1, a) entstand wohl nach dieser Weise im Urgriech. ein *ἵντι, zu ἴμεν ἴτε, für das dann ion. att. ἴᾱσι, wie ῥηγνύᾱσι für ῥήγνῡσι (4), eintrat. Zweifelhaft bleibt, ob jenes *ἵντι noch direkt durch das dem Herodian bekannte ἶσι vertreten ist (Brugmann-Thumb Griech. Gramm.[4] 402).

3) Das -εν von Opt. εἶεν ging auf die οι-Optative über: φέροιεν für *φέροια (§ 551, 3, b).

4) Nach ἔτιθεν : τίθεντι, ἔδιδον : δίδοντι, ἵσταν : ἵσταντι, ἔφερον : φέροντι u. dgl. entstand zu -αν ein primäres -αντι (-ᾱσι). Zu *ἦαν 'erant' (1) ion. ἔᾱσι; hiernach oder zu einem verschollenen *ἦαν 'ibant' (für *ē̯i-ent) ion. att. ἴᾱσι; ferner ῥηγνύᾱσι. Weiter dor. ἴσαντι hom. ἴσσᾱσι att. ἴσᾱσι 'wissen' zu *Ϝίσσαν ἴσαν (S. 394. 463. 464).

-αντι für -ατι im Perf. (§ 551, 3, a), zu vergleichen mit -αν für *-α[τ] im s-Aor. (1). Dor. κεχάναντι att. δεδίᾱσι, τετράφᾱσι, lesb. πεπάγαισιν.

5) Nach ἴᾱσι neben ἴμεν, ῥηγνύᾱσι neben ῥήγνυμεν, δεδίᾱσι neben δέδιμεν u. dgl. schuf man hiatische Formen zu Tempusstämmen auf abstufende -ē, -ō, -ā: Präs. att. τιθέᾱσι, *ἱέᾱσι ἱᾶσι, διδόᾱσι, *ἱστάᾱσι ἱστᾶσι, *δαμνάᾱσι δαμνᾶσι, *πιμπράᾱσι πιμπρᾶσι, zu τίθεμεν, ἵεμεν, δίδομεν, ἵσταμεν, δάμναμεν, πίμπραμεν, Perf. hom. βεβάᾱσι, hom. att. *ἑστάᾱσι ἑστᾶσι, *τεθνάᾱσι τεθνᾶσι zu βέβαμεν (S. 441), ἕσταμεν, τέθναμεν (S. 439)[1]), entsprechend böot. δεδόανθι (10). Vgl. τιθέαται für τίθενται u. dgl. (§ 597, 3).

Weiter wurden auch aoristische Indikative auf -αν in einigen Dialekten zu solchen Stämmen auf -ē geschaffen, wie böot. ἀν-έθεαν (auch ἔθειαν ἔθιαν geschrieben, 1, 118). Aus dem ark. Part. ἀπυ-δόας ist auf eine Form *ἔδοαν zu schliessen.

6) Weit verbreitete sich als Personalendung der Ausgang -σαν. Seine ältesten Sitze waren wohl die Aoristformen wie ἔ-δεικσαν neben *ἔ-δεικ-μεν *ἔ-δεικ-τε (S. 424) und ein nach ἦστε 'eratis' gebildetes ἦσαν für *ἦαν (1), zu vergleichen mit ἐσμὲν für εἰμὲν nach ἐστὲ. Neuerungen hiernach in allen Tempora und Modi mit sekundären Personalendungen. Ind. Aor. ἔθεσαν, ἔδοσαν, ἔβησαν, ἔγνωσαν, ἐμίγησαν, ἐδικάσθησαν. Ind. Imperf. ἐτίθεσαν, ἐδίδοσαν, ἵστασαν, ἐδάμνασαν, ἐρρήγνυσαν, ἔφασαν, hom. ἴσαν 'gingen', att. augmentiert ᾖσαν. Plusqu. βέβασαν, ἕστασαν, ὀλώλεσαν. Opt. εἴησαν. In späterer Grazität auch z. B. delph. ἐλέγοσαν für ἔλεγον (hellenist. ἐλάβοσαν), Opt. ἔχοισαν für ἔχοιν (§ 551, 3, b),

---

1) *ἑστάᾱσι, *τεθνάᾱσι fehlen im Epos neben βεβάᾱσι, γεγάᾱσι doch wohl nur darum, weil sie sich dem daktylischen Metrum nicht fügten. Anders über homer. ἑστᾶσι, τεθνᾶσι Wackernagel Gött. Nachr. 1914 S. 123.

lokr. παρα-μείναισαν. Zu solcher Verbreitung hat wahrscheinlich das Bestreben beigetragen, die 3. Plur. mit der 1. und 2. Plur. in bezug auf die Silbenzahl in Übereinstimmung zu bringen (ἔθεσαν : ἔθεμεν ἔθετε) — vgl. ngriech. 3. Plur. λέγουν-ε nach λέγομε λέγετε —, zum Teil wohl auch in bezug auf Vokalquantität (ἔγνωσαν für ἔγνον : ἔγνωμεν ἔγνωτε). Endlich ist noch die Verpflanzung von -σαν auf die Imperativformen auf -τω zu nennen, z. B. ἔστωσαν, φερέσθωσαν (§ 487, 3, b).

Wie sich im Dor. an das dem Präs. ἵσταντι gleichgestellte ἴσαντι (4) die Formen ἴσᾱμι ἴσαμεν, ἐσάμεναι usw. angeschlossen haben und an ark. *ἔδοαν 'sie gaben' (aus *ἔδοϝαν?) das Part. ἀπυ-δόας, so riefen εἶσαν ἔσαν und ἔφθασαν die Aoriste εἶσα ἕσαι, ἔφθασα φθάσαι ins Leben.

7) Ähnlich wie *ἔδειξα[τ] Antritt von -ν erfahren hat (1), so erscheint -ν als Kennzeichen der Geltung als 3. Plur. angefügt in den Imperativformen wie φερόντω-ν und ἔστω-ν (§ 487, 3, a. b).

8) Dem Trieb, Gleichheit der Silbenzahl zwischen 3. Plur. und 1. 2. Plur. herzustellen, den wir bei der Schöpfung von ἔθε-σαν wirksam vermuteten (6), scheinen auch die thess. Formen Aor. ἐδούκαεν, ὀν-εθείκαεν, Imperf. ἐν-εφανίσσοεν entsprungen zu sein (vgl. Brugmann-Thumb Griech. Gramm.⁴ 403). Die Aoristformen werden die älteren sein (vgl. ἐλάβοσαν jünger als ἔδοσαν, 6), und die Wahl von -εν, nicht -αν (vgl. ἔθεαν, 5), war dann durch euphonische Rücksicht bestimmt.

9) Das -ᾱσι im Ind. Perf. (4) wurde im späteren Griechischen durch das -αν des Aorists ersetzt auf Grund des gleichen Ausgangs in den andern Personen und des Umstands, dass die beiden Tempora im Gebrauch zusammenfielen (§ 682), z. B. γέγοναν, ἀπ-έσταλκαν.

10) Im Thess., Böot., Phok. -νθι für -ντι, z. B. böot. καλέονθι. Entsprechend Imper. böot. ἔνθω, γραψάνθω (§ 487, 3, a). Das θ ist aus med. Endungen der 3. Plur. übertragen, wo es selbst schon auf analogischer Verpflanzung beruhte (§ 597, 5).

553. Albanesisch. Das *-nε* der 3. Plur., z. B. Präs. *janε* 'haben', *púθεnε púθinε* 'küssen', Aor. *liθnε* 'banden', *dānε* 'gaben', wurzelt vermutlich in **-nt*.

554. Italisch. Im Osk.-Umbr. blieben die PE. und die SE. als *-nt* und *-ns* geschieden, z. B. umbr. *sent* 'sunt', *furfant* 'purgant (?)': *sins* 'sint', während im Lat. die PE. schon in vorhistorischer Zeit verallgemeinert worden ist, gleichwie in der historischen Latinität die PE. *-t* über die SE. *-d* siegte (§ 525).

Die volle PE. *-nti* ist nur in dem éinen *tremonti* = *tremunt* des Carm. Sal. erhalten.

Ob osk.-umbr. *-ns* eine lautgesetzliche Fortentwicklung von **-nt* gewesen ist, ist strittig und unklar. S. 1, 912 f., Ehrlich IF. 11, 299 ff., Buck Grammar 80 f., Sommer Lat. L. u. Fl.² 277. 490, Krit. Erl. 89 f.

Im Alat. *dănunt* für *dant*, *prōd-īnunt* für *prōd-eunt*, *ex-plēnunt* für *ex-plent* u. a. Vielleicht ist (nach Sommer a. a. O.) *dant* zu **dant-unt* erweitert worden (vgl. ahd. *sint-un* 'sind' § 558, 1), woraus durch Dissimilation *danunt*; hiernach dann *-īnunt* zu 1. Plur. *-īmus* usw. Dagegen vermutet Walde Ztschr. f. österr. Gymn. 1914 S. 326, der Versuch, nach *damus*, *datis* auch *dant* zweisilbig zu sprechen, habe zu **dannt* geführt, das dann zu *danunt* verdeutlicht worden sei. Auf noch eine Möglichkeit weist Sommer Krit. Erl. 132 hin. Sicher unrichtig Silv. Pieri Riv. di filol. 33, 495 ff.

555. 1) Uridg. **-énti* **-ònti* PE., **-ént* **-ònt* SE. hinter Konsonanten.

a) PE. — Umbr. *sent* osk. set *set* 'sunt', lat. *sont* *sunt*. Anders Sommer Lat. u. Fl.² 528 (der **-onti* in lat. *sont* und aksl. *sǫtъ* § 559, 1 nicht als altüberkommen gelten lassen will).

b) SE. — *-ent* indirekt belegt durch alat. *si-ent* und durch osk. *osii[ns]* 'adsint': im Lat. erscheint PE. für SE., die osk. Form, zunächst aus **o-siēns*, hat *i* = *ē* aus dem Sing., dessen 3. Person **siid* (= alat. inschr. *sied*) gelautet haben muss (IF. 30, 340 f.). Lat. *sint* umbr. *sins* sis waren Neuschöpfungen mit *sī-* nach der 1. 2. Plur. Lat. *faxint* *vīderint* wie *sint*.

2) Uridg. **-nti* PE., **-nt* SE. hinter Sonanten.

a) PE. — Lat. *ferunt*, alat. *tremonti* (§ 554). *flant*, *amant*, *plent*, *vident*, umbr. *furfant* 'purgant (?)', vermutlich auch osk. stahínt 'stant' (Ber. d. sächs. G. d. W. 1913 S. 210). Hiernach *dă-nt*, zu *dă-mus* (vgl. griech. ἔδον, ἔθεν § 552, 2) und *int* (Gloss.) für *eunt*, zu *īmus* (vgl. griech. ἴσι § 552, 2).

b) SE. — Osk. fu-fans 'erant' aus **-bhu̯ā-nt* (S. 161), vgl. lat. *amā-bant*, *erant*. *ā*-Konj. (Inj.) osk. *deicans* 'dicant' umbr. *dirsans dirsas* 'dent', vgl. lat. *dīcant*. *ē* : *ō*-Konj. tríbarakattíns 'aedificaverint', vgl. lat. *agent* (§ 443, 1, a. 2) und ai. *bhárān*.

3) Uridg. **-n̥ti* PE., **-n̥t* SE. unbetont hinter Konsonanten. Keine Form findet sich im Ital., die mit Sicherheit hierher zu stellen wäre. Doch haben vielleicht die in § 556 zu besprechenden osk.-umbr. Ausgänge *-ent*, *-ens* zum Teil von hier ihren Ausgang genommen, z. B. könnte die nach vest. *didet* 'dat' umbr. *dirsa* 'det' u. a. zu erschliessende 3. Plur. **dident* 'dant' eine Form wie ai. *dád-ati* gewesen sein.

556. 1) Im Osk.-Umbr. erscheinen, wie schon S. 420 erwähnt ist, *-ent*, *-ens*, wo man nach der Weise des Lat. *-ont* *-ons* erwarten sollte. Ind. Präs. osk. fiiet 'fiunt', staíet 'stant', vgl. marruc. *ferenter* 'feruntur' (Buck Chicago Stud. in Class. Phil. 1, 155). *e* : *o*-Konj. des *s*-Aor. (*s*-Fut.): osk. *censazet* 'censebunt', umbr. furent 'erunt', vgl. osk. *ostensendi* 'ostendentur' (S. 411. 419 f.), gegenüber ir. *tiasait tiasit* und *-tiasat* aus **-sonti*. **-sont* (S. 406). Im Ind. Perf. stammte der Ausgang der 3. Sing. *-ed* von der themavokalischen Flexion aoristischer Bestandteile, und hierzu stimmt denn das *-ens* der 3. Plur., z. B. osk. prúfattens 'probaverunt' (3. Sing. prúfatted), upsens ουπσενς 'operaverunt, fecerunt' (3. Sing. upsed), päl. *coisatens* 'curaverunt', umbr. eitipes 'ratum habuerunt, decreverunt' (vermutlich aus **eitom hēpens*). Bei der fragmentarischen Überlieferung des osk.-umbr. Verbalsystems ist nicht zu wissen, auf welchem Weg diese Ausgänge zustande gekommen sind, zumal da ital. *-ent-* sowohl uridg. *-ent-* als auch uridg. *-n̥t-* gewesen sein kann. Vorbildlich mögen für *-ent* etwa gewesen sein osk. set umbr. *sent* (§ 555, 1, a), wohl auch ein **edent* 'essen' (vgl. osk. edum 'edere'), wie ai. *ad-anti* ksl. russ. *jad-ętъ* (§ 548, 1, a), ferner eventuell ein dem ai. *dádati* entsprechendes **dident* (§ 555, 3). Für *-ens* kommt etwa in Betracht **dedens* 'dederunt' (vgl. 3. Sing. osk. deded), das sich im Ausgang mit gthav. *dadat̰* as. *dedun* (§ 548, 3, b) vergleichen lässt, und sollte das Osk.-Umbr. auch s-Aoriste als Ind. Perf. von der Art der lat. *dīxī*, *vēxī* (vgl. § 392 Anm. über umbr. *sesust* 'sederit') besessen haben, so könnte das *-ens* im Ind. Perf. zugleich von dieser Aoristklasse herrühren (vgl. griech. ἔδειξαν für *ἔδειξα[τ] § 551, 3, b).

2) Während lat. *fuēre* eine alte *r*-Endung aufweist (§ 594, 3. 603), wird der Ausgang von *fuĕrunt* aus *-*isonti* entstanden (vgl. *fuero*, *fuistī* usw., S. 410 f. 416 f.), der von *fuērunt* aber Mischung von *-ēre* und *-ĕrunt* sein. Pisaur. *dedrot* aus stadtröm. *dedĕront*. *fuĕrunt* zeigt, wie auch sonst die 3. Plur., die PE. statt der SE. Der ursprüngliche Ausgang war *-*isn̥t*, woraus urital. *-*izent*. Der Ersatz des *-e-* durch *-o-* wird mit dem themavokalischen Ausgang der 3. Sing. *-ed* = uridg. *-*et* ursächlich zusammenhängen.

557. Keltisch.

1) Uridg. *-*énti* PE., *-*ént* SE. hinter Konsonanten. Ir. *it* akymr. *int* 'sunt' aus *s-*enti* (1, 769 f.).

2) Uridg. *-*nti* PE., *-*nt* SE. hinter Sonanten.

a) PE. — Ir. *berit* 'ferunt' aus **beronti* (vgl. Thurneysen IF. Anz. 33, 30). *mōrait mōrit* aus *-*anti*, älter *-*ānti*. *lēcit*, wie es scheint (vgl. akymr. *scamnhegint*), aus *-*ī̆nti*, vgl. aksl. *smrъdętъ* (S. 179). *lenit* 'haften' (S. 300. 308) wohl aus *-*nă-nti*, wie griech. *δαμνα-ντι δάμνᾱσι (§ 552, 2), verschieden also von ai. *lin-anti*, *jān-ánti* (§ 549, 1, a).

b) SE. — *-berat* 'ferunt', in den ältesten Glossen noch *tu-thēgot* 'welche kommen' (= späterem *do-thiagat*), direkter auf *-*o-nt* weisend. *-mōrat* aus *-*ant*, älter *-*ānt*. *-lēcet* wohl aus *-*ī̆nt*, vgl. *lēcit* (a). *ā*-Konj. (Ind.): *-berat*, vgl. osk. *deicans* (§ 555, 2, b).

3) Uridg. *-*n̥ti* PE., *-*n̥t* SE. sind nicht nachweisbar.

558. Germanisch.

1) Uridg. *-*énti* PE., *-*ént* SE. hinter Konsonanten. — Einziger Beleg got. *sind* ahd. *sint* as. *sind* 'sind' (§ 548, 1). Zu erwarten wäre **sinþi*; die historischen Formen sind also entweder in urgerman. Zeit an den Lautstand von got. *bairand* ahd. *berant* angeglichen worden oder, was wahrscheinlicher ist, bei enklitischer Stellung des Wortes entstanden (S. 96). Die westgerman. Formen ahd. *sintun sindun*, as. *sindun*, ags. *sindon* haben *-un* neu angefügt: ahd. *sintun* zu 1. Plur. *birum* 2. Plur. *birut* nach

wiʒʒun neben *wiʒʒum wiʒʒut*. As. *sundon* (Freck. H.) zeigt Einwirkung dieser Endung zugleich in der ersten Silbe.

2) Uridg. *-*nti* PE., *-*nt* SE. hinter Sonanten.

a) PE. — Got. *bindand*, ahd. *bintant* as. *bindad* ags. *bindad*, aisl. *binda*. Got. -*and*, ahd. -*ant* setzen urgerm. *-*ndi*, as. ags. -*ad* urgerm. *-*nþi* voraus, während aisl. -*a* aus beiden urgerm. Ausgängen erklärbar ist. Dasselbe Verhältnis kehrt in andern Präsensklassen wieder: z. B. got. *salbōnd*, ahd. *salbōnt* as. *salbod*, aisl. *kalla*. Es beruht, wie in der 3. Sing. (§ 527, 1), auf Verschiedenheiten des Accentsitzes, z. B. urgerm. **tíχa-ndi* 'weisen' (S. 118), **trudá-nþi* 'treten' (S. 135). — Im Ahd. traten Vermischungen zwischen -*ant* in *bintant* usw. und -*ent* aus *-*i̯ant* in *heffent* usw. (1 § 270) ein, s. Braune Ahd. Gramm.[3] 255 f.

b) SE. — -*n* aus *-*nt*. Zweifelhaft ist, ob -*n* irgendwo an ursprünglicher Stelle überliefert ist.

Sekundär ist es in die Optative gekommen: ahd. *sīn*, got. *bundeina* ahd. *buntīn* as. *bundin* aisl. *bynde*, got. *bindaina* ahd. *bintēn* as. *binden* aisl. *binde*. Got. -*na* hat den Vokal von der 1. Plur. -*ma* und der 1. Du. -*wa* bezogen. Für -*īn* (ahd. *sīn*, *buntīn*) galt in vorgerman. Zeit *-(*i*)*i̯-ént* (§ 548, 1, b), und daraus liesse sich -*īn* lautgesetzlich herleiten (Zwischenstufe dann *-*i̯iinþ*, vgl. got. 3. Sing. *daileiþ* S. 221 f.). Indessen ist wahrscheinlicher, dass eine Neubildung der Form nach der Art von lat. *sint* umbr. *sins* (§ 555, 1, b) stattgefunden hat. Sicher war Neubildung got. *bindain*[*a*], ahd. *bintēn*, für *-*oi̯-n̥t*, und zwar nach der Art von delph. παρ-έχοιν (§ 551, 3, b), vgl. med.-pass. got. *bindaindau* wie griech. ἔχοιντο (§ 598).

3) Uridg. *-*n̥ti* PE., *-*n̥t* SE. unbetont hinter Konsonanten. *-*n̥t* ist erhalten in den starken Präteriten sowie in den Präteritopräsentien, z. B. as. *dedun dādun* ahd. *tātun* (S. 480), got. -*budun* ahd. *butun* as. *budun* ags. *budon* aisl. *budo* 'boten', got. *witun* ahd. *wiʒʒun* aisl. *vito* 'wissen'. An *dedun* u. dgl. schlossen sich die schwachen Präterita an: got. *nasidēdun* ahd. *neritun* as. *neridun* ags. *neredon* aisl. *suọfdo* (S. 369 f.), und an die Präteritopräsentia die als Verbum substantivum fungierenden aisl. *ero* (S. 95), ahd. *sintun* usw. (1) und ags. *aron earun* ostnord. *uru ara* (zu ags. *ard eard* § 518, 3).

559. Slavisch[1]). Bei der PE. begegnet der gleiche Wechsel zwischen *-ь* und *-ъ*, den die 3. Sing. zeigt (z. B. *beretь* : *beretъ*); die Erklärung dieser Verschiedenheit muss für beide Personen zugleich gesucht werden (§ 528, 4).

1) Uridg. **-énti *-ònti* PE., **-ént *-ònt* SE. hinter Konsonanten.

**-enti* kann vorliegen in aksl. *jadętь*, vgl. ai. *ad-anti* (§ 548, 1, a). Dagegen entspricht *sątъ* dem lat. *sunt*. Dass **sonti* einst auch dem Baltischen angehört habe, ist aus der Übereinstimmung im Part. zwischen aksl. *sy sąšta* und lit. *są̃s sañczo*, auch *ẽsąs ẽsąs* (2, 1, 455 f.), nicht mit Sicherheit zu schliessen (vgl. att. εἰσὶ : ὤν). Anders über aksl. *sątъ* Sommer Lat. L. u. Fl.² 528.

2) Uridg. **-nti* PE., **-nt* SE. hinter Sonanten.

a) PE. — Aksl. *berątъ, znajątъ. imątъ*, zu *imamь* (S. 169). Hierher auch *smrъdętъ* aus **-i-nti* (**-ь-ntь*) nach 1, 390, zu *smrъždą -imъ* (S. 179), eine Bildung von derselben Art wie akymr. *scamnhegint* (§ 557, 2, a) und griech. *ἴντι ἶσι 'eunt' (§ 552, 2). Wie aksl. *smrъždą* und lit. *smírdžu* einander genau entsprechen, so auch Part. aksl. *smrъdęt-* (*smrъdę -ęšta*) und lit. *smirdint-* (*smirdį̃s smirdinczio*), dessen *ĭ* doch wohl ebenso ursprünglich sein wird wie meiner Meinung nach das von *smírdi-me*. Die slav. Formen enthalten also noch das alte *-ĭ-*, das in den andern Formen des Ind. Präs. im Lit. verallgemeinert worden (z. B. *smírdime*), im Slav. aber der andern Schwächungsstufe *-ī-* gewichen ist (z. B. *smrъdimъ*). Andere, meines Ermessens unrichtige Deutungen von *smrъdętъ* bei Vondrák Vergl. Slav. Gramm. 1, 1 17 f. 2, 140 und Hujer Listy filol. 39 (1912) S. 211 ff. (nach dem zuerst ein **smьrdj-ętъ* gebildet und dann dessen *j* mit Rücksicht auf die Formen mit **smьrdī-* [*smrъdimъ* u. a.] wieder eliminiert worden sein soll).

b) SE. — Aor. *nesą*. Imperf. *viděachą*, zu 1. Plur. *viděachomъ* (S. 516 f). Kondiz. (Inj.) *bą* aus **bhu̯ā-nt* (§ 548, 2, b).

3) Uridg. **-n̥ti* PE., **-n̥t* SE. unbetont hinter Konsonanten.

a) PE. — Aksl. *dadętъ* : ai. *dád-ati* (§ 548, 3, a).

b) SE. — *s*-Aor. aksl. *věsę, dašę* (§ 348, 3, b).

1) Das Baltische bleibt hier beiseite, weil in dieser Dialektgruppe die 3. Sing. allgemein mit als 3. Plur. gebraucht wird. S. § 528, 3.

G. Die 1. Person des Duals.

560. Diese Person ist nur im Ar., German. und Balt.-Slav. nachgewiesen. Ihre Formantien beginnen mit *u̯* und reimen grossenteils mit den mit *m* anhebenden Formantien der 1. Plur. Dabei bleibt ungewiss, wie weit sich der Ausgang der 1. Du. nach dem der 1. Plur. gerichtet hat und umgekehrt derjenige der 1. Plur. nach dem der 1. Du.

Über den Ursprung der Formen der 1. Du. s. S. 594.

561. Mehrsprachliches.

1) PE. **-u̯es *-u̯os, *-u̯esi *-u̯osi.* — Ind. Präs. **bherō-u̯-*: ai. *bhárā-vaḥ*, got. *baírōs*. Ind. Präs. ai. *s-váḥ*, zu 3. Sing. *ás-ti* 'ist', gthav. *us-vahī*, zu 3. Sing. *vaš-tī* 'wünscht'.

2) SE. **-u̯ĕ *-u̯ŏ.* — Ai. Imperf. *á-bharāva*, av. Imperf. *jvāva* 'lebten', got. Prät. *bundu* aus **bundu-u̯-*, entsprechend der 1. Plur. *bundu-m* § 537, 1, lit. Prät. *sùko-va*, *-vō-s*, aksl. Aor. *vezo-vě* 'fuhren' (doch vgl. § 564). Opt. got. *bindaiwa*, *bundeiwa*, entsprechend der 1. Plur. *bindaima*, *bundeima* (§ 537, 2).

562. Arisch. Im Ai. sind nur *-vaḥ* und *-va*, im Av. nur *-vahī* (gthav. *us-vahī* § 561, 1) und *-va* belegt. Dass im Ai. kein *-vasi*, im Av. kein *-vō* überliefert ist, wird Zufall sein.

563. Germanisch. Sehr altertümlich bezüglich des scheinbaren Stammauslauts *-ō* scheint das für got. *baírōs* vorauszusetzende **berō-u̯es* oder *-u̯os* (S. 594). *habōs* (zu 3. Sing. *habaiþ*) war von derselben Art wie *haba*, *habam*, *haband* (S. 203).

salbōs ist unbelegt, aber ziemlich sicher zu erschliessen. Ältere Form war **salbō-u̯es* oder **-u̯os*.

Dem got. *bundu* (§ 561, 2) entspricht nord. run. *waritu* (aus **writu*) 'wir zwei ritzten, schrieben'.

Eine erstarrte 1. Du. ist nach v. Helten (PBS. Beitr. 15, 472) und Schlüter (Unters. zur Gesch. der as. Sprache 1. Teil S. 112) as. *wīta* (mit Inf.) 'lasst uns . . . !' (z. B. *wīta kiosan* 'lasst uns wählen!'), aus **wīto*, älter **wīta-u̯-*. Vgl. ags. **wuton* S. 124.

564. Baltisch-Slavisch.

Lit. *-va*, Reflex. *-vō-s*. Ind. Präs. *ēsva*; *sùka-va* Reflex. *sùka-vō-s*, mit Stammauslaut *-a* nach *sùka-me*. Der Vokalismus der

Personalendung ist in Übereinstimmung mit dem der 2. Du. *sùka-ta sùka-tō-s*.

Aksl. *-vě*. Ind. Präs. *jesvě*, *veze-vě*, Ind. Aor. *vezo-vě*, Opt. *vezě-vě*. Über den Wechsel im Stammauslaut *veze-vě* : *vezo-vě*, welcher derselbe ist wie in der 1. Plur. *veze-mъ* : *vezo-mъ*, s. S. 622 f. *-vě* war wahrscheinlich durch das selbständig gebliebene *vě* 'wir beide' beeinflusst, gleichwie *-my* in der 1. Plur., z. B. *věmy* neben *věmъ*, durch *my* 'wir' (§ 538, 2, d).

Das in jüngerer Zeit in einzelnen slav. Sprachen für *-vě* auftretende *-va* kann ebensowohl durch Anlehnung an den Ausgang der 2. Du. *-ta* entsprungen sein als auch durch Anlehnung an die Dualformen *dъva* 'zwei', *oba* 'beide'. Einfluss des nominalen Ausgangs *-a* zeigt sich im Slov. in der Scheidung im Gebrauch von *-vě* und *-va*, indem jenes für's Fem., dieses für's Mask. gilt (in derselben Weise *-tě* und *-ta* nebeneinander, § 570, 3). Vgl. § 570, 3 und Vondrák Vergl. Slav. Gramm. 2, 137.

H. Die 2. und die 3. Person des Duals.

565. Diese Personen sind im Ar., Griech., German., Balt.-Slav. nachgewiesen. Die Endungen beginnen mit einem stimmlosen dentalen Verschlusslaut. Ob aber dabei der Unterschied ai. *-thaḥ* für die 2., *-taḥ* für die 3. Du. altererbt war, ist zweifelhaft. Jedenfalls weisen die ausserarischen Sprachen bei keiner von diesen Dualendungen auf *th* als Anlaut hin. Wahrscheinlich hat die Aspirata von ai. *-thaḥ* irgendwie im Zusammenhang mit derjenigen der ai. Endung der 2. Plur. *-tha* (§ 539) gestanden.

Dass der Ausgang *-s* von ai. *-thas* uridg. war, ergibt sich aus got. *-ts*. Anderseits lässt die Übereinstimmung zwischen Ai. und Griech. in den Systemen mit SE., wie 2. Du. ai. *ástam* griech. ἦστον, 3. Du. ai. *ástām* griech. ἤστην, schliessen, dass es in diesen beiden Dualpersonen seit uridg. Zeit Unterschiede zwischen PE. und SE. gegeben hat. In welchem historischen Verhältnis freilich die balt.-slav. Endungen zu denen der drei andern Sprachzweige stehen, ist unklar: unsichere Annahmen z. B. bei Meillet Jagić-Festschrift (Berl. 1908) S. 202 f.

Unsichere Vermutung ist, dass das *-tis* von lat. *agi-tis* und dass das *-to* von umbr. *eta-to* 'itate' ursprünglich Dualendungen gewesen seien, die sich an die Stelle der Pluralendung *-te* gesetzt hätten. S. § 543.

566. Mehrsprachliches.

1) 2. Du. a) PE. **-tos *-tes* oder **-thos *-thes* (§ 565). Ai. *s-tháḥ*, *bhára-thaḥ*. Got. *baíra-ts* (§ 569). b) SE. **-tom*. Imperf. ai. *ástam á-bharatam*, griech. ἦστον ἐ-φέρετον, Opt. ai. *bhárē-tam*, griech. φέροιτον.

2) 3. Du. a) PE. ai. *s-táḥ*, *bhára-taḥ*. Als uridg. darf daher **-tes* angesetzt werden, falls das aksl. *-te* in Ind. Präs. *jes-te*, *veze-te* nach 1 § 1034, 8 aus **-tes* entstanden sein sollte. b) SE. **-tām*: Imperf. ai. *ástām á-bharatām*, griech. ἤστην ἐ-φερέτην (dor. -τᾱν), Opt. ai. *bhárētām*, griech. φεροίτην (dor. -τᾱν).

567. Arisch.

1) Während im Ai. *-thaḥ* und *-taḥ* als PE. der 2. und 3. Du. getrennt geblieben sind, erscheint im Av., wo nur die 3. Du. belegt ist, in dieser *-tō* und *-θō*, z. B. *baratō*, *yū̆ᵛδyaθō*. Vermutlich ist dieser Promiskuegebrauch dadurch entstanden, dass unter gewissen lautlichen Bedingungen urar. **-thas* und **-tas* hätten zusammenfallen müssen: av. *stō* sowohl = ai. *stáḥ*, als auch = ai. *stháḥ* nach 1 § 718, b S. 646; auch wird den ai. *dhatthák*, *dhattáḥ* das eine **dazdō* entsprochen haben nach 1 § 700. Vgl. § 601 über 3. Du. Med. gthav. *dazdē*, jgav. *čarōiθe*.

2) Während das Ai. als SE. *-tam* und *-tām* für die 2. und 3. Du. entsprechend dem Griech. scheidet (§ 566), zeigt das Av., in dem auch hier wieder nur die 3. Du. bezeugt ist, in dieser *-təm*, während urar. **-tām* überhaupt fehlt: z. B. *jasatəm* 'die beiden kamen' gegen ai. *á-gacchatām*, *-āitəm* 'die beiden gingen' gegen ai. *āitām*. Vielleicht war diese Anwendung von *-təm* als 3. Du. eine Folge der unter 1) besprochenen Erscheinung. Vgl. griech. -τον für -τᾱν § 568.

3) Im Ind. Perf. erscheinen die Endungen ai. 2. Du. *-áthuḥ* (*-áthur*) 3. Du. *-átuḥ* (*-átur*), z. B. *vidáthuḥ vidátuḥ*, *cakráthuḥ cakrátuḥ*, *dadáthuḥ dadátuḥ*, av. 3. Du. *-atarᵊ*, z. B. *yaētatarᵊ* (zu *yayata* S. 451). Der Ausgang *-ur*, *-arᵊ* stammt aus der 3. Plur. Perf. (§ 604, 1), zunächst entstand demnach die 3. Du.,

und das ai. *-áthuḥ* der 2. Du. war eine Folge des Nebeneinanders von *-thaḥ* und *-taḥ* (1). Das dem *t*-Formans vorausgehende *-a-* erinnert an das *-a* der 3. Sing. Perf., ai. *vḗda*, und an das *-a* der 2. Plur. Perf., ai. *vidá* (S. 434. 594. 612. 624). Vgl. § 601, 4 über die Medialendungen ai. *-āthē -ātē* usw.

Im Av. auch *-ātarᵊ*: Y. 13, 4 *vaočātarᵊ* . . *vāvərᵊzātarᵊ* ('die beiden haben gesprochen, getan') unmittelbar hinter der 3. Du. Med. Ind. Perf. *mamanā'tē*, also wohl mit *-ā-* nach dieser Medialform.

568. Griechisch. Die SE. der 2. Du. -τον wurde in urgriech. Zeit zugleich PE., z. B. ἐστὸν, φέρετον gegen ai. *stháḥ*, *bhárathaḥ*, und bekam auch die Funktion als 3. Du. Der Umstand, dass nun in den primären Tempora -τον für beide Personen zugleich galt, hatte weiter zur Folge, dass man auch in den sekundären Tempora, wo von Haus aus -τον für die 2., -τᾱν (ion. att. -την) für die 3. Du. galt, die beiden Gestaltungen vermischte, z. B. bei Homer ἐτεύχετον als 3. Du., bei Sophokles εἰχέτην als 2. Du.

569. Germanisch. Nur *-ts* im Got., als 2. Du., sowohl PE. als auch SE., *bindats, bunduts wituts* (*-u-* wie in *bundu* = *-u-u̯-* § 561, 2 und im Plur. 1. *bundum* 2. *bunduþ* S 437. 439). *bindaits*. Wie das *t* von *-ts*, mag man es mit ai. *-thaḥ* oder mit ai. *-taḥ* gleichsetzen, mit den Lautverschiebungsgesetzen in Einklang zu bringen ist, steht dahin.

Anm. Die Annahme, dass *-ts* zunächst nur hinter *s, f, h* gestanden habe und von da aus verallgemeinert worden sei, eine Auffassung, die durch das *-t* der 2. Sing. Ind. Perf., z. B. *skalt* (§ 518, 3), nahe gelegt ist (so z. B. Trautmann Germ. Lautges. 49 f.), ist wenig wahrscheinlich, weil keine Form auf *-sts* oder dgl. erscheint: es heisst z. B. *ga-sēhuts*, nicht **ga-sēhts*. Eher ist glaublich, dass *t* vor dem stimmlosen *-s* lautgesetzlich aus einem Spiranten entstanden war, vgl. aisl. *z* aus *ds* in *góz*, Gen. zu *góðr* 'gut' u. dgl. Mark. 10, 38 steht *wituþs* in CA.

570. Baltisch-Slavisch. Im Balt. handelt es sich nur um die 2. Du., weil die 3. Du. ebenso wie die 3. Plur. durch die 3. Sing. ersetzt worden ist (§ 528, 3).

1) Als 2. Du. lit.-lett. *-ta* (Reflex. lit. *-to-s(i)*), slav. *-ta*, als PE. und als SE., z. B. lit. *ẽs-ta*, *sùka-ta sùka-to-s* (mit *-a-* nach *sùka-me*, *sùka-va*, § 564), aksl. *jes-ta*, *veze-ta*, Opt. *vezě-ta*.

2) Als 3. Du. in den meisten slav. Sprachen *-ta*. Im Aksl. ebenfalls *-ta* (z. B. Supr. fast nur *-ta*), doch meistens dafür *-te* (dieses aus **-tes*?, s. § 566, 2), z. B. *veze-ta veze-te*, Opt. *vezě-ta vezě-te*.

3) Im Slav. kam in der 2. und 3. Du. auch *-tě* für *-ta* auf und zwar *-tě* für das Fem. und Neutr., wie in der 1. Du. *-va* : *-vě* (§ 564). Von Einfluss hierauf waren die Demonstrativformen *ta* Mask., *tě* Fem. Neutr., zugleich aber auch die als Prädikat gebrauchten Partizipia auf *-lъ* (2, 1, 650. 653). Vgl. Vondrák Vergl. Slav. Gramm. 2, 137 f.

3. Medialendungen.

A. Die 1. Person des Singulars.

571. Mehrsprachliches.

1) Am gesichertsten ist der Ausgang **-ai* für den Ind. Perf.: ai. *tutudé* lat. *tutudi* (S. 444), av. *susruye* ai. *śuśruvē* (S. 440), aksl. *vědě* (S. 443).

Ausserhalb des Perfekts tritt als Zeuge für diesen uridg. Ausgang wahrscheinlich aisl. *heite* run. *haite* 'heisse (mit Namen)' hinzu. Anders, mir weniger wahrscheinlich über diese Form Collitz Schwach. Prät. 141.

2) Im übrigen ist eine sichere Entscheidung über den Ausgang in den verschiedenen Tempora und Modi nicht zu treffen. Griech. -μαι lässt sich mit lit. *-mė́*-[*s*(*i*)] (*dũmė-si*), preuss. *-mai* (*asmai*) auf ein uridg. **-mai* zurückführen. Doch ist ebenso gut möglich, dass diese *m*-Endungen einzelsprachliche Neuerung waren im Anschluss an das akt. **-mi*. Vgl. § 510, 1.

3) Wenn die PE. der themavokallosen Stämme ursprünglich **-ai* gewesen ist (ai. *bruv-é*), so mag die PE. der themavokalischen Stämme **-ōi* gelautet haben (vgl. griech. θεῷ : δό-μεναι, 2, 2, 167). Dazu stimmt der themavokalische Konj. ai. *kr̥ṇávāi* neben 2. Sing. *kr̥ṇavasē*, 3. Sing. *kr̥ṇávatē*; denselben Ausgang zeigt der *ē* : *ō*-Konj. ai. *bhárāi*. Demnach scheint der Ind. urar. **bharai* (ai. *bhárē*, av. *yaze*) für **bharāi* eingetreten zu sein nach dem Vorbild von **bharasai *bharatai* (ai. *bhárasē bháratē*) usw.; indem dann *-āi* von den Indern als ein Charak-

teristikum des Konjunktivs gegenüber dem Indikativ empfunden wurde, kam man zu *-mahāi* neben indikativischem *-mahē* usw. (§ 441). Den themavokalischen Ausgang *-*ōi* glaubt Pedersen Vergl. kelt. Gramm. 2, 403 auch für die ital. und kelt. 1. Sing. auf *-*ō-r* (lat. *sequor*, *gradior*, ir. *-molor* *-tluchur*, *-moiniur*) annehmen zu dürfen; ein Anzeichen dafür, dass *-*ō-r* einmal einen *i*-Diphthong gehabt habe, fehlt jedoch (vgl. § 606, 2, e).

572. Arisch.

1) PE. — Im Ind. Präs. von urar. Zeit an *-*ai* sowohl bei den themavokallosen als auch den themavokalischen Stämmen. Ai. *bruv-é* gthav. *-mruyē*, zu 3. Sing. ai. *brū-té* av. *-mrūˈte* (S. 153). Ai. *yájē* av. *yaze*, zu 3. Sing. ai. *yája-tē* av. *yazaˈte* (S. 129). S. § 571, 3.

Im Konj. von urar. Zeit an überall *-*āi*. Ai. *má̧sāi* gthav. *mə̄nghāi*, zu 3. Sing. ai. *má̧sa-tē*, Ind. 3. Sing. *á-ma̧sta* (S. 396); ai. *kr̥ṇávāi*, zu 3. Sing. *kr̥ṇáva-tē*, Ind. 3. Sing. *kr̥ṇu-té* (S. 642); gthav. *mə̄nāi*, zu Ind. 2. Sing. *mə̄ng* (S. 90). Ai. *yájāi* av. *yazāi*, zu 3. Sing. ai. *yajā-tāi* av. *yazāˈte*, Ind. 3. Sing. ai. *yája-tē* (s. o.). — Neben ar. *-*āi* kam im Iran. *-*ānai* (gthav. *-ānē* jgav. *-āne*) auf, eine Neubildung auf Grund des aktiven *-āni* (§ 503, 3) nach dem Muster von med. *-*tai* neben akt. *-*ti* usw., z. B. gthav. *varᵉšānē*, zu 3. Sing. *varᵉšaˈtē* W. *u̯erĝ-* (S. 398), jgav. *yazāne* neben *yazāi* (s. o.).

2) SE. — Hier erscheinen Ausgänge, für deren Zurückführung auf uridg. Verhältnisse es an den erforderlichen Anhaltspunkten an andern idg. Sprachen gebricht.

Themavokallose Indikative haben urar. *-*i*. Ai. *á-duhi*, zu Präs. 3. Sing. *dugdhē* (S. 92), *a-kri*, zu 3. Sing. *á-kr̥ta* (S. 90 f.), gthav. *aojī*, zu 3. Sing. *aogᵉdā* (S. 97), *s*-Aor. ai. *ma̧si* gthav. *mə̄nghī*, zu 3. Sing. ai. *á-ma̧sta* (S. 396), apers. *a-daršiy*, zu 3. Sing. gthav. *dārᵉšt* (S. 400). Hierzu themavokalisch urar. *-*ai*: ai. *á-bharē* av. *-baˈre*, zu 3. Sing. ai. *á-bharata*; apers. *ham-ataxšaiy*, zu 3. Sing. *ham-ataxšatā* 'wirkte sorgend'.

Im Opt. urar. *-*a*. Ai. *tanvīyá* av. *-tanuya* (S. 546), ai. *diṣīya*, *janiṣīya* (S. 546), ai. *bhárēya* av. *haxšaya* (S. 557).

3) Ind. Perf. — Urar. und uridg. *-*ai*, z. B. ai. *šušruv-ē* av. *susruye*. S. § 571, 1.

573. Griechisch.

1) PE. -μαι, z. B. δίδομαι, ἄρνυμαι, φέρομαι, Konj. φέρωμαι. So auch Ind. Perf., wo **-ai* der uridg. Ausgang gewesen ist (§ 571, 1): δέδομαι, τέτυγμαι.

2) SE. -μην, dor. -μᾱν: ἐδιδόμην, ἐδειξάμην, τετύγμην, διδοίμην, φεροίμην.

574. Italisch. Im Lat. ist uridg. **-ai* als Endung des Ind. Perf. geblieben, doch ohne Medialbedeutung: *tutudī* = ai. *tutudḗ*, *dedī* = ai. *dadḗ*. Die Verdrängung einer Aktivendung durch die Medialendung (vgl. den Medialausgang der 3. Plur. *-ēre* § 603) hat wohl in irgend welchen lautlichen Verhältnissen ihren Grund gehabt.

575. Germanisch. Einziger einigermassen sicherer Rest ist aisl. *heite*, s. § 571, 1.

Im Got. die 3. Sing. *haitada* auch als 1. Sing., wie die 3. Plur. *haitanda* auch als 1. Plur. Womit sich der Gebrauch der 3. Plur. Akt. auch als 1. und 2. Plur. im As., Fries., Ags. vergleicht, z. B. as. 1. 2. 3. Plur. *bindad* (§ 558, 2, a).

576. Baltisch-Slavisch. Einziger einigermassen sicherer Rest ist aksl. *vědě*, s. § 571, 1.

Über die Formen lit. *dùmė-si*, preuss. *asmai*, deren Ausgangsgestalt Identifizierung mit den griech. Formen auf -μαι zu heischen scheint, s. § 511, 1. 571, 2.

B. Die 2. Person des Singulars.

577. Mehrsprachliches.

1) *-sai* PE. — Ind. Präs. **bhere-sai*: ai. *bhárasē*, griech. φέρεαι φέρῃ; ai. *datsḗ dhatsḗ*, griech. δίδοσαι τίθεσαι (§ 579, 3); zweifelhaft bleibt, ob hierzu lit. *desë-s* und aksl. *dasi* als altüberkommene Formen auf **-sai* gehören (S. 609 f.). Got. *baíraza* geht auf eine uridg. Form auf **-sai* oder **-so* (2, a) zurück, doch kann *-za* aus keiner von diesen beiden Endungen lautgesetzlich hergeleitet werden.

e- : *o*-Konj.: ai. *āsasē mąsasē*, griech. βιήσεαι (Theognis). *ē* : *ō*-Konj.: ai. *vardhāsē* griech. φέρηαι φέρῃ (vgl. § 579, 1). Über die ai. Konjunktivformen auf *-sāi*, z. B. *nayāsāi*, s. S. 533.

Ind. Perf. ai. *ririkṣé dadhiṣé*, griech. λέλειψαι δέδοσαι (§ 579, 3). Von aksl. *věsi* (zu 1. Sing. *vědě* § 576) gilt dasselbe wie von *dasi* (s. o.).

2) Als SE. erscheinen uridg. *-so* und *-thēs*. Es wird wohl mit Recht angenommen, dass von Haus aus *-so* den themavokalischen, *-thēs* den themavokallosen Stämmen angehört hat. Dass es neben uridg. *-so* auch *-se* gegeben habe, hat an lat. *sequere* nur einen sehr schwachen Anhalt (§ 580).

a) *-so*: av. *-zayaŋha* griech. ἐφέρεο ἐφέρου. Auf dieser Formation beruhen wahrscheinlich auch die lat. Formen auf *-rus* (aus **-so-s*), z. B. *experīrus*, Konj. *ūtārus*, und die auf *-re*, z. B. *sequere* (1 § 245 Anm. 2), s. § 580.

b) *-thēs*, das mit der aktiven Endung *-tha* des Ind. Perf. (§ 511, 4) zusammenzuhängen scheint. Ai. Ind. *á-dithāḥ*, *a-dhūnuthāḥ*, Opt. *jānīthāḥ*, *mąsīṣṭhāḥ*. Ir. *-the -de* im Imper., z. B. *comalnaithe -de*, zu *-comalnadar* 'erfüllt', *cluinte*, zu *-cluinethar* 'hört'. Weniger sichere Zeugen für uridg. *-thēs* sind die griech. Formen auf -θης, wie ἐδόθης, ἐβλήθης (S. 172 f.), und problematisch ist weiterhin auch die Identifizierung der got. Formen des schwachen Präteritums *mundēs*, *wuldēs* mit den ai. Formen *ma-thā́ḥ*, *vṛ-thā́ḥ* (vgl. S. 369 f., PBS. Beitr. 39, 96).

Anm. Was Collitz Schwach. Prät. 207 ff. gegen die Annahme urindogermanischen Alters der ai. Endung *-thās* vorbringt, überzeugt mich nicht. Ir. *-the -de* lässt Collitz überhaupt beiseite.

578. Arisch. (Über urar. **-su̯a* im Imper. s. § 490, 3 S. 580.)

1) Uridg. **-sai* PE. — Ind. Präs. ai. *bhárasē*, av. *pərᵊsahe*; bei themavokallosen Stämmen ist dieser Ausgang im Iran. wohl nur zufällig unbelegt. Konj. ai. Aor. *kára-sē mą́sasē*, *várdhā-sē*, gthav. *då̊ŋhē* (zu 3. Sing. *dāⁱtē*), jgav. *pərᵊså̊ŋhe*; über ai. *-sāi* (*nayāsāi*) für *-sē* s. S. 533. Ind. Perf. ai. *ririkṣé*; im Iran. nicht belegt.

2) In bezug auf die beiden Sekundärendungen uridg. **-so* und **-thēs* trennten sich das Ai. und das Av., indem jenes urar. **-thās*, dieses urar. **-sa* verallgemeinert hat.

Ai. Ind. *á-kṛthāḥ*, *á-dhatthāḥ*, *a-dhūnuthāḥ*, *á-janiṣṭhāḥ*, *á-rōcathāḥ*, Opt. *jānīthāḥ*, *vāvṛdhīthā́ḥ*, *mąsīṣṭhā́ḥ* (S. 561).

Av. Ind. *-zayaŋha*, gthav. *-aoɣžā* (zu 1. Sing. *aojī*, § 572, 2), Opt. jgav. *yazaēša*, *-mrviša* (zu *mraoⁱti*, S. 153).

579. Griechisch.

1) Uridg. **-sai* PE. — Lautgesetzlich sind die Formen wie Präs. ἧσαι 'sitzest' aus *ἧσ-σαι, φέρεαι φέρῃ, Konj. βιήσεαι, φέρηαι (φέρῃ statt *φερεᾳ, vgl. ἑάλων 1, 799), Perf. γέγραψαι, hom. μέμνηαι. Über Formen mit zwischenvokalischem σ wie δίδοσαι, δέδοσαι s. unten 3.

Die att. Schreibung -ει für -ῃ in Indikativen, wie φέρει, βούλει, scheint zum Teil auf der Absicht zu beruhen, Ind. und Konj. (φέρει : φέρῃ nach φέρεται : φέρηται usw.) zu scheiden.

2) Von den beiden Sekundärendungen **-so* und **-thēs* scheint die letztere in den Formen wie ἐδόθης bewahrt worden zu sein (S. 172 f. 645). Sonst, in lebendigem Gebrauch, nur **-so*, das also, wie im Iran., ins Gebiet der themavokallosen Stämme herübergezogen worden ist.

Ind. ἐφέρεο ἐφέρου, Imper. (Inj.) φέρεο φέρου. Themavokallos: Ind. ἔθεο ἔθου, ἧσο aus *ἧσ-σο, *ἐπρίαο ἐπρίω dor. ἐπρίᾱ, ἐδείξαο ἐδείξω dor. ἐδείξᾱ, hom. ἔσσυο, Imper. (Inj.) θέο θοῦ, hom. παρ-ίσταο, Opt. φέροιο, θεῖο. Über Formen mit zwischenvokalischem σ wie ἐδίδοσο, ἐδέδοσο s. 3.

3) Das σ von -σαι, -σο musste hinter Vokalen im Urgriech. schwinden, und dieser Stand wurde im Ind. Aor. und im Opt. regelmässig festgehalten (z. B. ἐπρίω, ἔθου, φέροιο, θεῖο). Dagegen wurde nach Perfektformen mit konsonantisch schliessendem Stamm wie γέγραψαι ἐγέγραψο zunächst δέδοσαι ἐδέδοσο und hiernach weiter δίδοσαι ἐδίδοσο usw. gebildet. Schon bei Homer z. B. παρ-ίστασαι παρίστασο, δύνασαι, ferner auch Imper. παρ-ίστασο. Über mancherlei Schwanken im einzelnen (am regelmässigsten erscheinen die analogischen Neubildungen mit -σαι -σο in der att. Prosa) s. Brugmann-Thumb Griech. Gramm.[4] 405 f. In der jüngeren Gemeinsprache ging die Ausbreitung von -σαι -σο weiter, man sagte nunmehr auch z. B. φέρεσαι, πίεσαι, ἀκροᾶσαι, s. a. a. O.

580. Italisch. **-sai* und **-thēs* sind verschollen.

**-so* ist wahrscheinlich im Lat. lautgesetzlich durch *-re* vertreten (das auch in dem ursprünglichen Gebiet von **-thēs* erscheint). Dieses blieb uneingeschränkt im Imper. (Inj.): *sequere* = griech. ἕπεο, *rēre*, *fābulāre*. In den andern Gebieten des Präsenssystems stellte sich *-ris* neben *-re*, eine Neuerung, die zunächst im Ind. Präs. nach dem Verhältnis von *agis* zu *age* aufkam und dazu diente, Ind. und Imper. zu scheiden. Zu dieser Auffassung stimmt gut die Tatsache, dass in der Prosa, bei Cicero, *-ris* gerade im Indik. Präs. herrschend war gegenüber *-re* im Konj., im Imperf. Ind. und im Fut.

Im Altlat. überdies *-rus*, z. B. *experīrus*, inschriftl. *ūtārus*. Vermutlich war auch schon zu der Zeit, als noch **-so* (**-zo*) gesprochen wurde und die PE. **-sai* durch dieses bereits verdrängt worden war, das aktive *-s* zur Unterscheidung des Ind. vom Imper. angetreten. **-so-s* (**-zo-s*) wurde darauf lautgesetzlich zu *-rus*. In diesem Fall mag die Zweiheit *-rus* : *-ris* zugleich ein dialektischer Unterschied gewesen sein. Indessen könnte *u* auch von der 3. Sing. auf *-tur* (älter **-tor*, § 606, 2, d) eingedrungen sein, in welchem Fall es sich wiederum vielleicht um eine dialektische Besonderheit handeln würde.

Andere führen die Zweiheit *-ris* : *-rus* auf eine uridg. Doppelheit **-se* : **-so* zurück. S. Ernout Mém. 15, 280 ff.

581. Keltisch. Das Ir. bewahrte **-thēs*, woraus *-the -dē* (Pokorny IF. 35, 173). Diese Endung erscheint im Imperativ von deponentialen Verben, z. B. *cluinte* (§ 577, 2, b), s. Thurneysen IF. 1, 460 ff.

Dazu gehört ferner wahrscheinlich der deponentiale Ausgang *-ther -der* ausserhalb des Imper., z. B. Präs. Ind. *suidigther* (zu 3. Sing. *suidigidir* 'setzt'), *ā*-Konj. *suidigther*. Im *s*-Aorist und in dem auf ihm beruhenden *s*-Konj. (S. 405 f. 417 f. 422) entstand der Ausgang *-sser*, z. B. *-suidigser* (vgl. Thurneysen Handb. d. Altir. 1, 366). Über das *r* von *-ther*, *-sser* vgl. § 606, 2, f.

Über etwaigen Zusammenhang der Endung der ir. 2. Sing. Ind. Imperf. *-tha*, z. B. *-mōrtha*, *-suidigthea*, mit *-the* s. Kieckers IF. 34, 408 ff.

582. Germanisch. Auf uridg. **-sai* oder **-so* beruht der Ausgang *-za* von got. *baira-za* (§ 577, 1); *-a-* als Themavokal wie in der 3. Sing. *bairada* (§ 584, 1); es stammte aus der 3. Plur. *bairanda* (S. 58 f.).

Im Opt. *-zau*, *bairaizau*, gleichartig mit *-dau* in der 3. Sing. und *-ndau* in der 3. Plur. S. § 494. 501 Anm. 1.

Problematisch bleibt die Gleichsetzung des Ausgangs der 2. Sing. Ind. Prät. got. *mun-dēs* mit der ai. SE. *-thāḥ*. S. § 577, 2, b.

583. Baltisch-Slavisch. Zweifelhaft ist die Identität des Ausgangs von Formen wie lit. *desė́(-s)* und aksl. *dasi*, *věsi* mit uridg. *-*sai*. S. § 577, 1.

C. Die 3. Person des Singulars.

584. Mehrsprachliches.

1) *-tai* PE. — Ind. ai. *ā́s-tē*, griech. ἧσται, ai. *dattḗ* griech. δίδοται, ai. *tanutē* griech. τάνυται, ai. *bhā́ratē* griech. φέρεται. Zur letzten Form gehört auch got. *baírada* (*-a-* als Themavokal, wie in *baíraza*, s. § 582), von dessen Ausgang *-da* jedoch zweifelhaft ist, ob er auf uridg. *-*tai* oder *-*to* beruht, vgl. § 577, 1 über *baíraza*.

e- : *o*-Konj.: ai. *āsatē*, *kā́ratē*, *mą́satē*, griech. φθίεται, ἀμείψεται. *ē* : *ō*-Konj.: ai. *manyātē* griech. μαίνηται.

2) *-to* SE. — Ind. ai. *a-datta* griech. ἐδίδοτο, ai. *á-dita* griech. ἔδοτο, ai. *á-mąsta* griech. ἔμεικτο (aus *ἔ-μεικσ-το, S. 402), ai. *á-bharata* griech. ἐφέρετο. Opt. ai. *dadhītá dádhīta* griech. τιθεῖτο, ai. *bhárēta* griech. φέροιτο.

Im Kelt. liegt *-*to* wahrscheinlich vor in der 3. Sing. Imper., wo aktive und deponentiale Verba übereinstimmen, z. B. *comalnad*, *suidiged* (S. 521). Ausgang *-ad* für älteres *-ed* in *for-canad* 'er lehre'. S. Fraser Ztschr. f. celt. Ph. 8, 289 f., Kieckers IF. 34, 409 f.

Vielleicht ist *-*to* auch im Venetischen belegt: man deutet *zoto* als 'ἔδοτο', *zonasto* als 'ἐδωρήσατο, donavit'.

3) *-a^xi* im Ind. Perf. — Diese Endung ist nur im Ar. belegt: *cakrḗ*, *dadhḗ*.

Sehr zweifelhaft bleibt, ob das *-i* der ar. 3. Sing. Med. (Pass.) Aor., z. B. ai. *á-vāci* gthav. *vāčī*, apers. *a-dāriy*, zu diesem *-a^xi* im Ablautverhältnis gestanden hat. Vgl. S. 434 f. und unten § 622, 2.

585. Arisch.

1) Uridg. *-*tai* PE. — Ind. ai. *vás-tē* gthav. *vastē* (S. 339), ai. *śḗtē* av. *saēte* (S. 97), ai. *dhattḗ* gthav. *dazdē* (S. 110), ai. *vṛṇītḗ* gthav. *vər*ᵊ*ntē* 'wählt' (S. 305. 328), ai. *yájatē* av. *yazaᶦte* (S. 129) apers. *gaubataiy* 'erklärt sich für jem.'.

Konj. ai. *yamatē* gthav. *-yamaⁱtē* (*yam-* 'halten, fassen'); ai. *yájātē* av. *yazāⁱte* apers. *yadātaiy* (S. 129). Über die ai. Konjunktivformen auf *-tāi*, wie *yajātāi*, s. S. 533.

2) Uridg. *-*to* SE. — Ind. ai. *á-šēta* av. *saēta* (S. 97), ai. *a-hata* apers. *-ajatā* (S. 89), ai. *á-dhattu* av. *-dasta* (S. 110), ai. *á-vr̥ṇīta* av. *fraorᵊnta* aus *fra* + *vərᵊnta* (S. 305. 328), *s*-Aor. ai. *á-bhakta* gthav. *baxštā* (S. 400), ai. *á-yajata* av. *yazata* (S. 129), apers. *a-patatā* (S. 120). Opt. ai. *stuvītá* (S. 90), av. *-γnīta* (S. 89), ai. *dadhītá* gthav. *daⁱdītā* (S. 110), ai. *bhárēta* av. *baraēta*.

3) Uridg. *-*aˣi* im Ind. Perf. — Ai. *dadhré* gthav. *dādrē* (S. 450), ai. *dadhé* av. *daⁱδe* (S. 449).

Schon seit urar. Zeit wurde *-*ai* auch im Präsens, für *-*tai* (1), gebraucht infolge des Zusammenfallens der 1. und 3. Sing. im Perf. und der Gleichheit der 1. Sing. im Präs. und Perf., z. B. ai. *bruvē* av. *mruye* neben *-mrūⁱte* (S. 153), ai. *duhé*, *šáyē*, *šr̥ṇvé* u. a. Und umgekehrt scheint auch *-tē* vom Präsens ins Perfekt übertragen worden zu sein: *īštē* für *īšē* gthav. *isē* (S. 431)[1]). Vgl. den gleichartigen Austausch der Endungen in der 3. Plur. (§ 595, 3).

Nach den Verhältnissen 3. Sing. *-tē* : *-ta* und 3. Plur. *-rē* : *-ra* stellte sich im Ai. ein paarmal *-a* als Präteritalendung zu *-ē* ein: *á-duha* zu *duhé*, *āiša* zu *īšē*. Zu deutlicherer Kennzeichnung dieser Form auf *-a* als 3. Person schuf man dann weiter *á-duhat*, gleichwie in der 3. Plur. *á-duhra* zu *á-duhran* erweitert wurde (vgl. § 605, b, ε, Wackernagel KZ. 41, 311).

586. Griechisch. Die Endung *-aˣi* (§ 584, 3) ist nicht belegt.

1) Uridg. *-*tai* PE. — Ind. ἵσταται, φέρεται, Konj. ἀμείψεται, φέρηται. Im Arkad.-Kypr. -τοι für -ται nach der Analogie von -το, z. B. ark. -ίσταται, kypr. κεῖτυι (mit -υι vgl. -υ in γένοιτυ 1, 141), vgl. -ντοι in der 3. Plur. (§ 596, 3, a).

Seit urgriech. Zeit das -ται des Ind. Präs. auch im Ind. Perf. (s. § 584, 3), z. B. δέδοται, πέπυσται, gleichwie in der 1. Sing. Neubildung δέδομαι in Übereinstimmung mit δίδομαι (§ 573).

1) Vgl. den Übergang von oberd. *er weiss* zu *er weisst*, afries. *āch* 'hat' (= got. *aih*) zu *ācht* und von rheinfr. *er braucht* zu *er brauch*.

Verschieden wird der Ausgang -τει in dem thessal. Dialekt von Larisa (z. B. ἐψάφιστει = att. ἐψήφισται) beurteilt, teils als lautgesetzliche Veränderung von αι zu ει, teils als analogische Neuerung. S. Brugmann-Thumb Griech. Gramm.[4] 57. 411.

2) Uridg. *-*to* SE. — Ind. ἵστατο, ἐφέρετο, Opt. τιθεῖτο, φέροιτο.

587. Germanisch. Auf uridg. *-*tai* oder *-*to* beruht der Ausgang -*da* von got. *baíra-da* (vgl. -*za* § 577, 1. 582). -*a*- stammte aus der 3. Plur. *baíranda* (S. 58 f.).

Im Opt. -*dau*, *baíraidau*, gleichartig mit -*zau* in der 2. Sing. und -*ndau* in der 3. Plur. S. § 494. 501 Anm. 1.

D. Die 1. Person des Plurals.

588. Mehrsprachliches. Der ar. Doppelheit *-*madhai* (PE. und Perf.-E.) : *-*madhi* (SE.) steht im Griech. das eine -μεθα (als PE. und SE.) gegenüber, z. B. Ind. Präs. ai. *ásmahē* : griech. ἥμεθα, Imperf. ai. *ásmahi* : griech. ἥμεθα. Das Verhältnis von ai. -*mahē* zu -*mahi* entspricht, wie es scheint, dem von *bruvé* : *á-duhi* (§ 572), doch ist, da das Griechische abweicht, nicht auszumachen, welches der Auslaut der Endung in uridg. Zeit gewesen ist (vgl. Pedersen KZ. 36, 80, Hirt IF. 17, 67). Noch weniger ist das etymologische Verhältnis zu den doch wohl verwandten aktivischen Endungen *-*mes* *-*mesi* *-*me* klar.

Anm. Die Annahme, dass got. -*nda* als Ausgang der 1. Plur. aus *-*m*[*e*]*dhai* entstanden sei (s. darüber zuletzt v. Helten IF. 14, 88), ist sehr wenig glaubhaft.

589. Arisch.

1) Urar. *-*madhai* PE. — Ind. ai. *brūmáhē* av. *mrūmaⁱde*; ai. *yájāmahē* av. *yazamaⁱde maⁱnyāmaⁱde*. Konj. ai. *dadāmahē*, av. *činaϑāmaⁱde* (zu *čiϑ*- 'lehren, belehren'); über ai. -*mahāi* für -*mahē* s. § 441. Ind. Perf. ai. *mumucmáhē*.

2) Urar. *-*madhi* SE. — Ind. ai. *a-yujmahi*, *a-bhutsmahi*, gthav. *varᵊmaⁱdī* (zu *var*- 'wählen'), *a-mǝhmaⁱdī* (S. 396), Opt. ai. *r̥dhīmáhi*, gthav. *vaⁱrīmaⁱdī* (zu *var*- 'wählen'); ai. *bhárēmahi*, gthav. *vāurōimaⁱdī* (zu *var*- 'wählen'); im Av. unregelmässig mit PE. Opt. *būⁱδyōimaⁱδe* ('möchten gewahr werden').

590. Griechisch. Urgriech. -μεθα: Ind. ὀρνύμεθα φερόμεθα, ὠρνύμεθα ἐφερόμεθα, πεπύσμεθα, Opt. θείμεθα φεροίμεθα. 'Äol.' -μεθεν, nur durch Grammatikerüberlieferung bekannt, scheint nach -μεν gebildet: -μεθεν : -μεν wie -σθε : -τε.

Ep. -μεσθα, z. B. Hom. φερόμεσθα, hat sein σ wahrscheinlich nach den Formen auf -σθε -σθον -σθην bekommen.

E. Die 2. Person des Plurals.

591. Mehrsprachliches. Der ar. Doppelheit **-dhu̯ai* (PE. und Perf.-E.) : **-dhu̯am* (SE.) steht im Griech. das eine -σθε gegenüber, z. B. Ind. Präs. *bháradhvē* griech. φέρεσθε, Imperf. ai. *á-bharadhvam* griech. ἐφέρεσθε. Die Gestaltung dieser Person in uridg. Zeit ist unklar. Nur so viel darf als wahrscheinlich bezeichnet werden, dass das θ der griechischen Endung mit dem *dh* des Arischen identisch gewesen ist. Im übrigen s. über die verschiedenen Hypothesen, die über das Verhältnis der ar. Formen zu der griechischen Form vorgebracht sind, Brugmann-Thumb Griech. Gramm.[4] 407 f., Hirt Griech. L. u. Fl.[2] 493 f.

Im Ir. hat die 2. Plur. des Deponens denselben Ausgang wie die aktive 2. Plur., z. B. *-moinid -ith*, zu 1. Sing. *-moiniur*. Vielleicht ist hier *-d* die Fortsetzung des uridg. medialen *dh*-Formans, so dass das Zusammenfallen mit dem aktiven Formans (hier *-d*, älter *-th* aus **-te*, § 544) teilweise lautgesetzlich vor sich ging. So würde sich einfach auch erklären, dass die Form von dem sonstigen deponentialen *-r* frei blieb.

592. Arisch.

1) Urar. **-dhu̯ai* PE. — Ind. ai. *aᵊgdhvē* (S. 278), gthav. *mərᵊng duyē* (S. 277), ai. *bháradhvē* gthav. *dīdraγžō.duyē* statt **dīdraγžaduyē* (S. 347), Konj. ai. *kāmáyādhvē*; über ai. *-dhvāi* im Konj. s. § 441.

**-dhu̯ai* im Ind. Perf.: ai. *dadhidhvé*. Die Form *cakr̥ḍhvē* mit *ḍh* für *dh* nach dem Vorbild des *s*-Aorists *a-kr̥ḍhvam*.

2) Urar. **-dhu̯am* SE. — Ind. ai. *á-kr̥ṇudhvam* gthav. *mąz-dazdūm* (zu 1. Plur. Präs. *dadᵊmaidē*), ai. *dhāráyadhvam* av. *dārayaδwəm*, *s*-Aor. ai. *á-stōḍhvam*, *á-janiḍhvam* (S. 414), gthav. *θrāzdūm*, Opt. ai. *bharēdhvam* av. *rāmōiδwəm* (zu *ram-* 'ruhen').

593. Griechisch. Urgriech. -σθε: Ind. ὄρνυσθε φέρεσθε, ὤρνυσθε ἐ-φέρεσθε, πέπυσθε, Opt. θεῖσθε φέροισθε.

Perf. ἔσπαρθε, ἔσταλθε aus *ἔσπαρ-σθε, *ἔσταλ-σθε (1, 754). Dagegen war πέφανθε (zu 3. Sing. πέφανται) Neubildung für *πεφασθε nach dem Muster von ἔσπαρθε, ἔσταλθε neben 3. Sing. ἔρπαρται, ἔσταλται.

F. Die 3. Person des Plurals.

594. Mehrsprachliches.

1) Postkonsonantisch *-n̥tai* PE., *-n̥to* SE. (vgl. Sing. *-tai* PE., *-to* SE.).

a) *-n̥tai* PE. — Ind. **ēs-n̥tai* (S. 97): ai. *ā́satē*, hom. ἥαται; ai. *dadhatē*, *punatḗ* und *punā́tē*, *vr̥n̥vatḗ* und *vr̥n̥vā́tē*.

b) *-n̥to* SE. — Ind. **ēs-n̥to*: ai. *ā́sata* hom. ἥατο; ai. *á-juhvata*, *a-gr̥bhn̥ata*, *á-kr̥n̥vata*, *s*-Aor. *á-bhutsata*. Opt. hom. γενοίατο (§ 596, 1, b).

2) Postsonantisch *-ntai* PE., *-nto* SE.

a) *-ntai* PE. — Ind. ai. *bhárantē* griech. φέρονται. Hierzu auch got. *baíranda*, von dessen Ausgang *-nda* jedoch zweifelhaft ist, ob er auf **-ntai* oder **-nto* beruht, vgl. § 577, 1 über *baíraza*, § 584, 1 über *baírada*.

e- : *o*-Konj. ai. *mą́šantē*, hom. ἐπ-εντύνονται. *ē-* : *ō*-Konj. gthav. *hačā̊ntē* griech. ἕπωνται (§ 596, 2).

b) *-nto* SE. — Ind. ai. *á-bharanta* griech. ἐ-φέροντο.

3) In der Endung der 3. Plur. Ind. Perf. gehen die idg. Sprachen so auseinander, dass nicht zu bestimmen ist, wie sie in uridg. Zeit gelautet hat: ai. *duduhrḗ*, *jagmirḗ*, griech. τετράφαται, ir. *-mēnatar*. Wenn es richtig ist, dass der Ausgang des lat. *fuē-re* ursprünglich eine deponentiale *r*-Endung gewesen ist, so wird dadurch die durch ai. *-(i)rē* an die Hand gegebene Annahme gestützt, dass diese Person in uridg. Zeit eine *r*-Endung gehabt hat (§ 603).

595. Arisch.

1) Uridg. **-n̥tai* PE., **-n̥to* SE. hinter Konsonanten.

a) PE. — Ind. ai. *indhatḗ* und *indhā́tē*, gthav. *-mərᵊnčaitē* (S. 277. 290), ai. *ā́satē* usw. (§ 594, 1, a), gthav. *vərᵊnvaitē*.

b) SE. — Ind. ai. *a-ghnata* (S. 89), gthav. *varatā* (zu *var*ᵊ*maidī* § 589, 2).

Anm. Wegen ai. *kránta* neben *ákrata* (zu 3. Sing. *á-kṛta*) u. dgl. und av. Opt. *yazayanta* u. dgl. setzt Bartholomae Gr. d. iran. Phil. 1, 65, Woch. f. klass. Phil. 1897 no. 24 ein uridg. **-énto* als Gegenstück zum aktivischen **-ént* (§ 548, 1) an. Mir ist wahrscheinlicher, dass die Formen einzelsprachliche Neubildungen nach der Weise der themavokalischen Stämme (2) waren. Wegen der av. Optativformen auf *-ayanta* vgl. die aktivischen Optativformen 3. Sing. *daⁱdyaṯ*, 2. Plur. *buyata* u. dgl. (S. 543f.) sowie Reichelt Aw. Elem. 131 Fussn. 5.

2) Uridg. **-ntai* PE., **-nto* SE. hinter Sonanten.

a) PE. — Ind. ai. *sácantē*, gthav. *hačaⁱntē*. *e-* : *o*-Konj. ai. *mą́santē*, zu Ind. *á-mąsta* (S. 396), gthav. *yaojantē*, zu Ind. *yūxta* (S. 92); *ē-* : *ō*-Konj. gthav. *hačåntē*.

b) SE. — Ind. ai. *á-yajanta*, av. *yazənta*, apers. *a-baraⁿtā*. *e-* : *o*-Konj. ai. *hánanta*, *juhuranta*, *kṛṇávanta*. Über av. Opt. *yazayanta* s. die obige Anm.

3) *r*-Endung im Ind. Perf. (§ 594, 3): ai. *cakriré* av. *čāxrare*. Aus demselben Anlass, der zur Übertragung des Ausgangs der 3. Sing. Ind. Perf. geführt hat (§ 585, 3), ist auch diese *r*-Endung ins Präsens übertragen worden: ai. *śérē* av. *sōire saēre* (S. 97), ai. *duhré* (auch *śératē*, *duhratē* § 605, b, γ), *sunviré*. Unursprünglich waren auch die ai. Optativformen *yájēran*, *yájērata* (§ 605, b).

596. Griechisch.

1) Uridg. **-n̥tai* PE., **-n̥to* SE. hinter Konsonanten.

a) PE. — Ind. hom. ἥαται, zu 3. Sing. ἧσ-ται, κέαται κείαται, zu 3. Sing. κεῖται (S. 97), δέχαται (S. 97).

b) SE. — Ind. hom. ἥατο, κέατο κείατο, ἐφθίατο. Opt. hom. φεροίατο γενοίατο, ἐπι-σταίατο (wie κείαται, κείατο mit unursprünglichem Diphthong vor der Personalendung, s. S. 543). — -αται, -ατο waren seit urgriech. Zeit auch im Perfektsystem üblich, z. B. hom. κεκλίαται (S. 440), ἐρηρίδαται (S. 458), ἔρχαται (S. 461), att. τετάχαται ἐτετάχατο. Vgl. § 594, 3.

2) Uridg. **-ntai* PE., **-nto* SE. hinter Sonanten.

a) PE. — Ind. φέρονται, lesb. προ-νόηνται, Perf. μέμνηνται (vgl. § 594, 3), *e-* : *o*-Konj. hom. ἐπ-εντΰνονται. *ē-* : *ō*-Konj. ἔπωνται.

b) SE. — Ind. ἐφέροντο, πλῆντο aus *πλᾶντο (S. 164), πλῆντο mit urspr. η (S. 170), Plusqu. ἐμέμνηντο.

Die Vokallänge vor -νται, -ντο stellt nicht den lautgesetzlichen Stand dar, s. § 115 Anm. S. 174, § 442. Vgl. den ebenfalls nicht lautgesetzlichen Langdiphthong in den medialen Optativformen wie ἐμ-πλῇτο S. 555.

597. Sonstige analogische Neuerungen im Griechischen (vgl. § 552):

1) Im Arkad. -ντοι für -νται nach -ντο: ἀμφι-λέγοντοι. Vgl. -τοι in der 3. Sing. (§ 586, 1).

2) -νται, -ντο traten in weitem Umfang an die Stelle von -αται, -ατο.

Schon urgriech. wahrscheinlich im *s*-Aor., z. B. ἐδείξαντο statt *ἐδειξατο, wie akt. ἔδειξαν für *ἐδειξα[τ] (§ 552, 1). Wohl damals auch schon τίθε-νται, δίδο-νται für *τιθ-αται, *διδ-αται (vgl. ai. *dadhatē* § 594, 1), gleichwie akt. τίθε-ντι, δίδο-ντι für *τιθ-ατι, *διδ-ατι (§ 552, 2).

Weiter wurden einzeldialektisch -αται, -ατο durch -νται, -ντο ersetzt bei den Stämmen auf *i* und *u* und auf Diphthonge: z. B. Ind. ἄγνυνται (vgl. ai. *vr̥ṇvatē* § 594, 1), λύντο, λέλυνται, κέκρινται ἐκέκριντο, κεῖνται ἔκειντο, βεβούλευνται, πέπαυνται, Opt. γένοιντο, τιθεῖντο, δείξαιντο. Vgl. 3. Plur. Akt. delph. παρ-έχοιν (§ 551, 3, b).

Ferner ἧνται ἧντο für ἥ[σ]-αται -ατο, da man ἧμαι ἥμεθα (lautgesetzlich aus *ἧσ-μαι -μεθα) mit ἄη-μαι u. dgl. auf éine Linie stellte. Entsprechend περι-έζωνται für *ἐζω[σ]-αται (S. 332. 459).

3) Im Ion. wurden umgekehrt -αται, -ατο auf sonantisch auslautende Stämme verpflanzt. So Perf. hom. βεβλήαται βεβλήατο, πεποτήαται, κεχολώατο, neuion. μεμνέαται πεπονέαται (-εαται aus -ηαται) Präs. τιθέαται, διδόαται (für die selbst schon unursprünglichen τίθενται, δίδονται, s. 2). Diese Neuerungen sind entsprechend den Neubildungen τιθέασι usw. (§ 552, 5) zu erklären: βεβλήαται zu βέβληται, τιθέαται zu τίθεται nach κεκλίαται zu κέκλιται, κεχύαται zu κέχυται u. dgl. Über anderes dieser Art im Ion. s. Brugmann-Thumb Griech. Gramm.[4] S. 408.

4) Infolge davon, dass das δ von Formen wie hom. ἐρηρίδαται (zu ἐρείδω, § 596, 1, b), herod. ἐσκευάδαται (zu σκευάζω), ἀγωνί-

δαται (zu ἀνωνίζομαι) im Perfektsystem isoliert stand, wurde in späterer Zeit -δαται als Personalendung empfunden, und es entsprangen Formen wie δια-κεκρίδαται (bei Dio Cass.) für κεκρίαται κέκρινται (2). S. Brugmann-Thumb Griech. Gramm.[4] 409. Diese Neuerung erinnert daran, dass im Serb. nach der 3. Plur. *dadu* (neben *dam daš* usw.) die Formen *znadu*, *čuvadu*, *činidu* usw. entstanden sind (Leskien Gramm. d. serbo-kro. Spr. 1, 528).

5) Im Böot. und Thess. erscheint in den Endungen der 3. Plur. Med. θ für τ, z. B. böot. ἐστροτεύαθη (ion. ἐστρατεύαται), ἐβάλονθο, παρ-γινύωνθη (att. γίγνωνται), thess. ἐγένονθο. Dieses θ war übertragen aus der 1. und 2. Plur. auf -μεθα, -σθε. Vom Medium ging θ weiter auf die Aktivendung -ντι über, z. B. böot. καλέονθι (§ 552, 9).

6) Thess. (Larisa) -νθειν für -νται, z. B. βέλουνθειν gegenüber att. βούλωνται. Über θ für τ s. 5. Über ει aus αι wie 3. Sing. mit -ει (ἐψάφιστει) s. S. 650. Das -ν etwa aus dem Imperativausgang 3. Plur. -σθων neben 3. Sing. -σθω (§ 487, 3, b).

598. Germanisch. Got. Ind. *baíranda,* s. § 594, 2, a. Opt. *baíraindau,* s. § 494. 501 Anm. 1.

G. Die 1. Person des Duals.

599. Nur das Arische zeigt eigenartige mediale Formantia, die ebenso klar mit den entsprechenden aktivischen Endungen verwandt sind, wie es bei der 1. Plur. der Fall ist (§ 588).

Urar. *-*u̯adhai* PE., *-*u̯adhi* SE. Ai. Ind. *bhárāvahē*, Opt. *bhárēvahi* entsprechend den Formen *bhárāmahē*, *bárēmahi* (§ 589); über *-vahāi* im Konj., z. B. *sácāvahāi*, s. § 441. Im Iran. ist nur gthav. *-vaidī* belegt: *dvaidī* (d. i. *du-vaidī*) 'wir bedrängen'.

Griech. -μεθον, in der älteren Literatur dreimal belegt, z. B. περι-δώμεθον, war Umbildung des pluralischen -μεθα nach -σθον (§ 602).

H. Die 2. und die 3. Person des Duals.

600. Hier ist kaum mehr zu tun, als das Tatsächliche vorzuführen. Nur das Arische zeigt Endungen, die Anspruch darauf haben, für uridg. zu gelten.

601. Arisch.

1) Der im Ai. vorliegende Unterschied, dass *th* der 2. Du., *t* der 3. Du. angehört, entspricht der Verschiedenheit beim Aktiv 2. Du. *-thaḥ*, 3. Du. *-taḥ*. Wenn der ai. 2. Du. *cárēthē* im Av. *čarōiϑe* als 3. Du. gegenübersteht, so entspricht dem beim Aktiv die Funktion von *yūⁱδyaϑō* als 3. Du. Der Ursprung dieser Vermischung der 2. und 3. Du. war im Medium derselbe wie im Aktiv, worüber § 567, 1. Eine Form mit der Funktion als 2. Du. Med. ist im Iran. nicht überliefert. Die als 3. Du. Perf. Med. vorkommende Form gthav. *dazdē* (zu urar. *dhā-* 'setzen') kann lautgesetztlich als **dha-dh* + *tai* angesehen werden, doch kann sie ebensogut wie *čarōiϑe* eine urar. 2. Du. mit **-thai* gewesen sein.

2) Der ai. SE. 3. Du. *-tām* steht im Av. *-təm* gegenüber, vermutlich eine Neubildung nach der Aktivendung. Das urar. **-thām* der 2. Du. fehlt im Iran.

3) Nur selten erscheint der reine Stamm vor den urar. Ausgängen 2. Du. **-thai*, 3. Du. **-tai* (PE.) und 2. Du. **-thām*, 3. Du. *-tām* (SE.). So ai. 2. Du. Ind. Perf. *cikē-thē*, 2. Du. Inj. Präs. *dīdhī-tām*, gthav. 3. Du. Ind. Perf. *dazdē* (vgl. 1). Hierher darf man auch ai. 2. Du. Konj. *trā́sāthē* (zu Ind. *á-trāsta*, zu *trā-* 'beschützen') stellen, indem man *trāsā-* als Konjunktivstamm betrachtet (vgl. 3. Sing. Konj. *mā́sātāi*), ferner *trā́sīthām*, indem man *trāsī-* als Optativstamm ansieht.

4) Gewöhnlich aber erscheint vor dem Dental noch ein den vorausgehenden Stamm erweiternder Vokal:

a) Urar. PE. **-āthai* **-ātai*, SE. **-āthām* **-ātām* bei themavokallosen Stämmen, z. B. Ind. Präs. ai. *bruvā́thē bruvā́tē*, Ind. Perf. ai. *mamnāthē mamnā́tē* gthav. *mamanā́ⁱtē*, Ind. Aor. ai. *á-śruvāthām á-śruvātām* gthav. *a-srvātəm*, Inj. Aor. ai. *sr̥kṣāthām*.

b) Urar. SE. **-aithai* **-aitai*, SE. **-aithām* **-aitām* bei themavokalischen Stämmen und *e-* : *o*-Konjunktiven, wo demnach der erste Komponent des Diphthongs *-ai-* den Stammauslaut darstellt, z. B. Ind. Präs. ai. *bhárēthē bhárētē*, av. *čarōiϑe visaēte* (diese beiden Formen als 3. Du. fungierend, s. oben 1), ai. *á-bharēthām á-bharētām*, av. *jasaētəm*, Konj. gthav. *jamaētē*. Folgerichtig erscheint im Ai. *-āi-* beim *ē-* : *ō*-Konj., z. B. *pr̥ṇā́ithē*, *yátāitē* (über den Grund, aus dem nicht **-āithāi*, **-āitāi*, s. S. 533).

Bei dieser letzteren Klasse von Formen ist also die Geltung als 2. 3. Du. zugleich noch durch ein dem Dentalausgang unmittelbar vorausgehendes *i* oder *ī* charakterisiert, das mit dem vorausgehenden stammauslautenden Vokal zu einem *i*-Diphthong verbunden war. Mit Rücksicht auf Ind. ai. Aor. *ádhītām*, av. Imperf. *daiδītəm* nimmt man *ī* an (vgl. uridg. *-oi-* im Opt. aus *o*+*ī* § 450. 465), doch beweisen diese Formen wenig; wegen *á-dhītām* vgl. *á-dhīmahi* u. ähnl. S. 101. Mit den Formen der Klasse a auf urar. **-āthai* lassen sich die Formen der Klasse b verbinden, wenn man das *ā* von **-āthai* als uridg. *ē*[*i̯*] betrachtet (vgl. 1 § 223). Doch ist für Entstehung dieses urar. *ā* aus uridg. *ē* sonst kein Anhalt.

Mit ihrem dem Dentalformans vorausgehenden Vokal erinnern diese Dualformen an die aktivischen Dualendungen im Ind. Perf. ai. *-áthuḥ -átuḥ*, av. *-atarə* (§ 567, 3), und die Art der Entstehung mag beiderseits dieselbe gewesen sein. Im übrigen vgl. Bartholomae KZ. 27, 214. 29, 283 ff., Jackson Amer. Or. Soc. Proceed., Oct. 1889, p. CLXV, Wackernagel Altind. Gramm. 1, 89, Hirt IF. 17, 80 ff., Thumb Handb. d. Sanskr. 1, 295.

602. Griechisch. 2. 3. Du. -σθον, -σθην (dor. -σθᾱν), z. B. Präs. 2. φέρεσθον, 3. φέρεσθον, Imperf. 2. ἐφέρεσθον (ἐφερέσθην), 3. ἐφερέσθην (ἐφέρεσθον). Vgl. im Aktiv -τον, -την § 568. Vielleicht war -σθον ursprünglich Ausgang der 2. Plur. (vgl. ai. *-dhvam*), erhielt erst im Anschluss an -τον die Geltung als Dualendung und zog -σθᾱν als Neubildung nach -τᾱν nach sich. Hillebrandt BB. 18, 279 ff. verbindet -(σ)θᾱν mit der ai. Endung der 2. Du. *-thām* und vermutet, dass es auf griechischem Boden wegen -τᾱν die Funktion als 3. Du. bekommen habe.

4. Die *r*-Endungen des Arischen, Italischen, Keltischen[1]).

603. *r*-Formantien erscheinen als Personalendungen im Arischen, Armenischen, Italischen und Keltischen, sowie im Tocharischen; wegen des letztgenannten Sprachzweigs begnüge

1) Arbeiten, die sich speziell mit diesen Personalendungen befassen, sind in dem Literaturverzeichnis S. 583 ff. angeführt. Hervorzuheben sind davon die Abhandlungen von Windisch, Zimmer, Thurneysen. Vgl. auch Sommer Lat. L. u. Fl.² 491 ff.

ich mich mit einem Hinweis auf Meillet Idg. Jahrbuch 1, 16 und Sommer Krit. Erläut. 5f.

Die mit diesen Endungen versehenen Formen haben teils aktivische, teils mediale oder passivische Geltung, und sie scheinen mit Ausnahme der armen. Formen in geschichtlichem Zusammenhang miteinander zu stehen. Die armen. *r*-Endungen, die der 2. und 3. Sing. angehören, betrachte ich als einzelsprachliche Neubildungen, z. B. 2. Sing. *berer* § 513, 2, 3. Sing. *berēr* § 522. Sie bleiben im folgenden unberücksichtigt.

Im Ar. erscheint im wesentlichen nur die 3. Plur. Akt. und Med. (Pass.) als der Sitz dieser Formantien. Dabei sind die medialen Endungen fast alle durch solche dem *r* beigegebenen Lautelemente charakterisiert, die auch sonst noch als Bestandteile von Medialausgängen der 3. Plur. auftreten, z. B. urar. PE. *-*rai*, SE. *-*ra* entsprechen im Auslaut der Doppelheit *-*ntai* : *-*nta*. Dagegen die aktivischen *r*-Endungen ai. *-ur*, av. *-arᵊ* *-ərᵊš* zeigen keine solche Beziehung zu andern Aktivendungen der 3. Plur. Hiernach scheint es, dass die ar. Medialendungen auf Medialisierung eines ursprünglich nur aktivischen oder eines in bezug auf die Diathesis indifferenten *r*-Ausgangs beruhten.

Im Ital. und Kelt. hat jedenfalls eine stärkere Ausbreitung des aus uridg. Zeit ererbten Bestandes auf andere Glieder des Systems der Personalformen des Sing. und Plur. stattgefunden als in dem ar. Sprachzweig, und ein Teil der dort vollzogenen Neuerungen ist einer vorhistorischen Gemeinschaftsperiode des ital. und des kelt. Sprachzweigs zuzuschreiben (1, 25).

Ist in der Tat ein vorhistorischer Zusammenhang zwischen den arischen und den italischen und keltischen *r*-Endungen gewesen, so ist der Vorgang der Umwandlung eines aktiven oder besser wohl der Diathesis nach indifferenten Ausgangs nach dem Muster von älteren Medialendungen darum in die Zeit der idg. Urgemeinschaft zu verweisen, weil die *r*-Endungen des Ital. und Kelt. ganz vorzugsweise mediale (deponentiale) Endungen sind und diese, soweit sie den 3. Personen angehören, grossenteils ein dem ai. *-ra* gleiches uridg. *-*ro* (und *-*re?*) enthalten haben mögen. Dass dieses *-*ro* vermutlich auch in der lat. aktivischen Form *fuē-re* enthalten war (§ 556, 2. 594, vgl. auch Sommer Lat. L. u. Fl.[2] 578), widerspricht dem insofern nicht, als ebenso, wie in der 1. Sing. *fuī*, die viel sicherer einen ursprünglich medialen Ausgang gehabt hat (§ 571, 1. 574), sehr wohl eine Änderung in der Diathesisbedeutung stattgefunden haben kann.

Unserer Vermutung, dass die formale Medialisierung des *r*-Elements unursprünglich war, ist die Gestalt der irischen 3. Plur. Ind. Perf. günstig. Wir werden § 606, 1 sehen, dass ein hier seit älterer Zeit vorhandener lautlicher Unterschied zwischen der aktivischen und der medialen Endung der 3. Plur. unmittelbare Identifizierung des letzten Elements der Aktivendung mit av. *-ar*' ai. *-ur* nahe legt.

Am schwierigsten sprachgeschichtlich unterzubringen sind die Formen der 3. Sing. Pass. im Oskisch-Umbrischen und im Keltischen, wie umbr. Konj. *ferar* 'feratur', ir. Ind. *do-for-magar* 'wird vermehrt' (§ 606, 3).

So unsicher auch vieles bleibt, was auf die Entwicklung und Ausbreitung der *r*-Endungen sich bezieht, so ist doch eine gewisse Wahrscheinlichkeit dafür, dass es in uridg. Zeit zwei *r*-Formationen nebeneinander gegeben hat, von denen sich jede durch Vermischung mit andern Formen des Verbum finitum allmählich weiter ausgebreitet hat: 1) eine als 3. Plur. Perf. Akt. fungierende Form, 2) eine Art Impersonale voluntativen (konjunktivischen oder imperativischen) Sinnes, das, von vornherein zu allen mit 'Personalendungen' versehenen Verbalformen im Gegensatz stehend, in derselben Weise wie etwa lat. *veniatur* 'man komme' als Passiv angeschaut wurde. Dass dabei diese beiderseitigen *r*-Elemente ursprünglich etymologisch dasselbe gewesen sind, ist jedenfalls sehr gut möglich. Die den Ausgangspunkt darstellenden Urformen wären dann wohl in bezug auf die Diathesis indifferent gewesen, und die zweite Form wäre dem gemeinsamen Ursprung näher verblieben als die erste. Man käme zurück auf eine nominal-verbale Form, die, ähnlich wie einige Formen des ausgebildeten Imperativsystems, erst allmählich dem System der alten mit Personalendungen versehenen Formen des Verbum finitum teils nur angenähert, teils völlig einverleibt wurden. Das *r*-Element in der 3. Plur. Perf. erinnert an das auch gerade nur perfektische *-e* in der 3. Sing. (§ 501, 4, f). — Hierzu verweise ich noch auf Thurneysen KZ. 37, 106, der als Ausgangspunkt der ital.-kelt. passiven *r*-Form einen Infinitiv des Zieles annimmt, und auf Johansson BB. 18, 49, Hirt IF. 17, 69.

Anm. Nach H. Pedersen KZ. 40, 164 ff., Vergl. kelt. Gramm. 2, 396 ff. beruhte das System der *r*-Endungen des italisch-keltischen Deponens und Passivs auf einer Mischung von uridg. *r*-Endungen mit solchen Endungen, deren *r* unter gewissen lautgesetzlichen Bedingungen aus enklitisch angetretenem Reflexivpronomen **se* entstanden sei (z. B. ir. 3. Sing. Pass. *berir* aus **bered se*). Das leuchtet darum nicht ein, weil Pedersen's Annahme der Entstehung von *-r* aus **-se* in phonetischer Hinsicht völlig in der Luft schwebt [so urteilt jetzt auch Sommer Lat. L. u. Fl.[2] 491 f. über Pedersen's Hypothese].

604. Das Arische zeigt *r*-Formantien fast ausschliesslich in der 3. Plur.

1) Im Aktiv in der 3. Plur. des Ind. Perf., der Augmentpräterita und des Optativs, ausserdem in der 2. 3. Du. Ind. Perf. Der älteste Sitz war wahrscheinlich die 3. Plur. Ind. Perf., von da ging das *r*-Formans einerseits auf die Dualformen desselben Personensystems, anderseits auf andere 3. Plur. über.

Die Ausgänge sind:

a) uriran. *-r*: Opt. av. *hyārᵊ* 'sie möchten sein' (ai. *syúḥ*), wahrscheinlich eine einzelsprachliche Neubildung. Vgl. S. 544. 546.

b) uriran. *-rš*: Opt. av. *jamyārᵊš* 'sie möchten kommen' (ai. *gamyúḥ*), ebenfalls wahrscheinlich eine einzelsprachliche Neubildung. Vgl. a. a. O.

c) uriran. *-r̥š*: Perf. gthav. *čikōitərᵊš* 'sie sind bedacht' (ai. *cikitúḥ*).

d) Decken können sich ai. *-ur* (*-uḥ*) und av. *-arᵊ*, aus urar. *-r̥r* (antesonantische Form für *-r̥*). Doch kann ai. *-ur* auch mit av. *-ərᵊš* (c) identisch und av. *-arᵊ* auch aus uridg. *-er* oder *-or* hervorgegangen sein. Vgl. 1, 458. 460.

Ind. Perf. ai. *āsúḥ* av. *åŋharᵊ* (S. 447); vereinzelt auf das Präs. übertragen, ai. *duhúḥ* (vgl. *duhré* § 605, a, α). Ind. Aor. ai. *á-dhuḥ* gthav. *-darᵊ* (S. 99). Opt. ai. *syúḥ*, *bhárēyuḥ*.

e) Übergang des *r*-Formans auf die Endung der 2. 3. Du. Ind. Perf., z. B. ai. 2. Du. *cakráthuḥ*, 3. Du. *cakrátuḥ*, av. 3. Du. *yaētatarᵊ* (§ 567, 3).

605. 2) Im Medium (Passivum) erscheint *r* nur in der 3. Plur.

a) Ausgänge, die in beiden ar. Zweigen erscheinen:

α) Urar. **-rai*. Ind. Perf. ai. *duduhrḗ*, *dadhrē* und *dadhirḗ*, *tasthirē* (wonach *jajñirḗ*, *dadhmirē* S. 439), *juhurḗ*, und im Anschluss hieran auch im Ind. Präs., z. B. ai. *šḗrē* av. *sōire saēre*, ai. *duhrḗ* (§ 595, 3), vgl. Akt. *dudúḥ* § 604, d.

Aus uridg. Zeit scheint zu stammen der Ausgang urar. **-ā-rai* in av. *åᵊhāⁱre*, *mravāⁱre*, da er wohl engstens mit lat. *-ē-re* in *fuēre* zusammenhing (S. 161. 659).

β) Urar. **-r̥rai*, Ind. Perf., nur hinter langer, konsonantisch schliessender Stammsilbe: ai. *cakrirḗ* av. *čāxrare*, ai. *cacakṣirḗ*, *tastrirḗ*, *tēnirḗ*, *ījirḗ*, *ūhirḗ*, Präs. *sunvirḗ* (§ 595, 3).

Man beachte das lautgesetzliche Zusammenfallen von uridg. **-ərai* und **-r̥rai* in *-irē* im Ai. Dieser Ausgang hat im klass. Sanskrit den Ausgang *-rē* ganz verdrängt, z. B. *duduhirē*, *cikriyirē*, Präs. *šayirē*.

γ) Urar. **-ram*, Ind. Plusqu. Ai. *á-sasr̥gram* (zu *sasr̥jmáhē* S. 451). Av. *vaozirəm* (zu *vaoze*, W. *u̯eĝh-*), das wegen seines *-i-* Formen von derselben Art wie ai. *tasthi-rē* (α) voraussetzt und mit den Neubildungen wie ai. *jagmirē a-jagmiran* (W. *gᵘ̯em-*) gleichartig ist. Man lässt *-ram* sein *-m* von der SE. der 2. Plur. *-dhvam* bekommen haben (so zuletzt Wackernagel KZ. 41, 311).

b) Ausgänge, die nur im Ai. belegt sind:

α) *-rirḗ*, Erweiterung von ursprünglichem *-rḗ* zu *-rirḗ* durch Verschmelzung von Formen auf *-rḗ* mit den Formen auf *-irḗ*, z. B. *cikitrirē* (neben *cikitrḗ*), *dadrirē* (W. *dō-* 'dare').

β) *-ra* als SE.: *á-duhra*. *á-duhra* : *duhrḗ* (a, α) = *á-duhata* : *duhatḗ*. *-ra* ist im Iran. wohl nur zufällig unbelegt. Vgl. S. 658 f.

γ) *-ratē* PE., *-rata* SE.

Ind. Präs. *duhratē*, *šḗratē*. *duhratē* durch Verschmelzung von *duhrḗ* (a, α) und *duhatḗ*.

Entsprechend Opt. *mąsīrata*, *bharērata* (zu 1. Plur. *mąsīmáhi*, *bhárēmahi*, § 589, 2).

δ) *-ranta* vereinzelt im Plusqu.: *á-vavr̥tranta*, durch Verschmelzung von *a-vavr̥tran* oder dessen Vorstufe **a-vavr̥tra* (ε) und **a-vavr̥tanta* (vgl. *á-dadr̥hanta* § 413).

ε) *-ran* und *-iran* (= **-r̥ran*, vgl. *-ire* a, β) als SE., z. B. Imperf. *a-duhran*, *áśēran*, Plusqu. *a-vavr̥tran*, *á-cakriran*, *á-pēciran*, Opt. *dadīran* (W. *dō-* 'dare'). Wahrscheinlich war *-ran* Erweiterung von *-ra* (*á-duhra*, β) mittels des aktivischen *-n* = **-nt*, die erfolgte, um die Form als 3. Plur. deutlicher zu kennzeichnen, gleichwie in der 3. Sing. Med. *áduha* zu *áduhat* erweitert wurde (§ 585, 3).

ζ) Das *r*-Element drang auch in den Imper. auf *-ām* ein. Zu 3. Sing. *duhām* entsprang 3. Plur. *duhrām* nach Ind. *duhré* : *duhé*, und weiter *duhratām* (vgl. *stuvatām* § 490, 2).

606. Italisch und Keltisch.

1) Aktivum. Eine mit der 3. Plur. Ind. Perf. Akt. ai. *āsúr* av. *åŋhar°* enger zu verbindende *r*-Formation scheint in der ir. 3. Plur. Ind. Perf. Akt. auf *-(a)tar* erhalten[1]), z. B. *-rergatar* (zu 3. Sing. *-reraig* S. 446. 475), *-leblangtar* (zu 3. Sing. *-leblaing* S. 476). Die Synkope der ersten Silbe des Ausgangs *-atar* in *-leblangtar* u. dgl. weist darauf hin, dass zwischen *-t-* und *-r* ursprünglich ein Vokal gestanden hat, und so wird *-atar* durch Erweiterung der Endung **-nt* mittels eines jenem ar. Ausgang entsprechenden Formans zustande gekommen sein (dagegen das deponentiale *-atar* des Ind. Perf., z. B. *-mēnatar*, dessen vorletzte Silbe lautgesetzlich keine Synkopierung erfahren hat, wird auf älteres **-ntro* zurückgehen, s. unten 2, b).

Nach der 3. Plur. *-rergatar* ist als 1. Plur. Akt. die Form *-rergammar* gebildet worden (wie auch im Deponens *-mēnammar* als 1. Plur. neben *-mēnatar* erscheint, 2, e). Vgl. ai. *cakráthuḥ*, *cakrátuḥ* im Anschluss an *cakrúḥ* § 604, 1, e.

2) Deponens (Medium). Für diese Diathesis kommen Italisch und Keltisch zugleich in Betracht und zwar alle Personen mit Ausnahme der 2. Plur., die von dem *r*-Element frei geblieben ist (z. B. lat. *vertiminī*, *vertāminī*, ir. *-moinid*, *-menaid*).

1) Die unmittelbare Gleichsetzung von ir. *-fitir* kymr. *gwyr* 'er weiss' mit ai. *vidúr* (Pedersen Vergl. kelt. Gramm. 1, 112 f. 2, 406) halte ich für unrichtig.

a) Eine alte, dem ai. *-ra* entsprechende Medialendung dürfte das *-re* von lat. 3. Plur. *fuē-re* gewesen sein. S. § 556, 2. 594, 3. 603.

b) Unmittelbar scheinen bezüglich des Ausgangs zusammenzugehören Ind. Präs. 3. Plur. osk. karanter 'vescuntur' marruc. *ferenter* 'feruntur' (§ 556, 1) und ir. *do-moinetar* 'sie meinen', 3. Sing. osk. sakarater 'sacratur' *uincter* 'convincitur' und ir. *do-moinethar*.

Zunächst wird in der 3. Plur. die SE. **-nto* (= griech. -ντο, § 594, 2, b) mit **-ro* zu **-ntro* verschmolzen sein, für die 3. Sing. hatte das alsdann die Umbildung von **-to* (= griech. -το, § 584, 2) zur Folge. Zu osk.-umbr. *-(n)ter* vgl. etwa umbr. *ager* aus **agros* (1, 219). Für das Ir. wird **-(n)tr-* mit anschliessendem dunkeln Vokal durch den Nichtwegfall des Vokals der ursprünglich zweitletzten Silbe erwiesen, und wegen *-ar* vgl. etwa *arathar* aus **arathron* (1, 247).

c) Speziell keltisch sind die ir. absoluten 3. Plur. *suidigitir*, *sechitir*, 3. Sing. *suidigidir*, *sechidir*. Der Vokal der letzten Silbe weist auf **-(n)tr-* mit anschliessendem hellen Vokal hin, und lautgesetzlich wäre daher **-(n)trai* als älteste Gestalt möglich (vgl. 1, 239. 247). Eventuell liegt also Umbildung der alten PE. **-ntai* (= griech. -νται, § 594, 2, a) vor, wobei es aber unentschieden bleiben muss, ob Kontamination mit einem unmittelbar zu ar. **-rai* (ai. *duhré*, § 605, a, α) zu stellenden **-rai* stattgefunden hat oder urkeltische Umwandlung von **-ntai* nach der Analogie von **-ntro* (b).

d) Speziell italisch sind die Formen auf **-or* wie lat. *vertuntur vertitur*, *vertantur vertātur*, *vertentur vertētur* und das umbr. emantur 'emantur'. Ihre Entstehung ist strittig. Teils nimmt man an, es habe Erweiterung von uridg. **-(n)to* durch *-r* stattgefunden (vgl. unter e über lat. *-mur*), teils, die Formation sei ursprünglich aktivisch gewesen, **-ntor* entspreche dem Ausgang von ir. *-leblangtar* (1), und diese Aktivformation sei medial umgewertet worden (Sommer Lat. L. u. Fl.[2] 491 ff.).

e) Hand in Hand gehen dagegen wieder Italisch und Keltisch bezüglich der 1. Sing. und 1. Plur., wenn auch vielleicht die Deponentialform hier in jedem der beiden Zweige selbständig aufgekommen ist (vgl. Sommer Lat. L. u. Fl.[2] 493, Krit. Erl. 132 f.). Ind. Präs. lat. *vertor*, *gradior*, ir. *-moiniur*, gemeinsam **-ōr*. *ā*-Konj. lat. *vertar*, *gradiar*, ir. *-menar*, *-suidiger*, gemeinsam **-ār*. Pedersen's Vermutung, dass mediale Formen auf **-ōi*, **-āi* zugrunde gelegen hätten, ist kaum stichhaltig (vgl. § 571, 3). — Im Lat. wurden *-ōr*, *-ār* (alat. noch z. B. *fateōr*, *ūtār*) zunächst durch das Jambenkürzungsgesetz (1, 914 f.) zu *-ŏr*, *-ăr* (z. B. *fĕrŏr*, *fĕrăr*), und diese wurden dann analogisch verallgemeinert.

Lat. *vertimur*, ir. *-moinemmar* (*-mm-* wie im Aktiv, s. § 536, 1). Vgl. Sommer Lat. L. u. Fl.[2] 494. Für *-mar* im Ir. archaisch auch *-mor* (vgl. § 536, 2). Diesem konjunkten *-mor -mar* steht bei absoluter Flexion *-mir* gegenüber (*suidigmir*), das entweder nach dem Vorbild der Doppelheit der 3. Plur. aufgekommen ist oder an das aktivische *-mi* (§ 536, 1) sich angeschlossen hat.

f) Endlich ist hier noch ir. 2. Sing. *-ther -der* zu nennen: *-suidigther -mointer*, *suidigther*. Diese Endung gehört wahrscheinlich mit der selbst schon medialen Endung *-the -de* zusammen. S. § 581.

3) Passivum. Auch hier kommen Italisch und Keltisch zugleich in Betracht.

Das Osk.-Umbrische und das Keltische haben Formen einer 3. Sing. auf *-r* ohne das Personalelement *t*. *ā*-Konj. umbr. *ferar* 'feratur', osk. kaispatar 'glebis tundatur' oder 'comminuatur' (S. 366 f.), *ē*-Konj. osk. sakrafír 'es soll geweiht werden, soll Weihung stattfinden', umbr. *pihafei pihafi* 'piatum sit' (S. 469. 473. 534); dazu wahrscheinlich auch umbr. *ier* als 'itum sit' (S. 534). Während im Osk.-Umbr. diese *r*-Formation auf den Konj. beschränkt gewesen zu sein scheint, findet sie sich im Ir. auch im Indik. und Imper. starker Verba, z. B. Ind. konjunkt *-berar -berr*, absolut *berair*, Imper. *berar* (*-berr*); ähnlich im Britann. z. B. kymr. Präs. Ind. *-ir*, Konj. und Imper. *-er*, daneben in der alten Poesie Konj. (und Fut.) *-awr -or* (wohl aus **-ār*), auch *-wyr*.

Vermutlich gehörte diese ganze *r*-Bildung von Haus aus nur Formen konjunktivisch-imperativischen Sinnes an, worauf sie im Ital. beschränkt blieb, und ist erst im Kelt. auch auf den Indik. übertragen worden. Grossenteils hat sie sich mit der 'deponentialen' *r*-Bildung der 3. Personen vermischt, und so steht z. B. im Ir. neben Ind. Präs. 3. Sing. *-berar*, *berair* als 3. Plur. *-bertar*, *bertair*; bei den schwachen Verba ist auch schon in der 3. Sing. die Bildung mit blossem *r* aufgegeben, z. B. *mōrthair* neben 3. Plur. *mōraitir mōrtair*. Im Osk. entstand *censamur* 'es soll Schätzung vorgenommen werden' auf Grund des medialen **censamu* (§ 489, 2, e). Im Lat. sind unsere Passivformen ganz aufgegeben und schon vorhistorisch durch deponentiale ersetzt worden.

Die passive *r*-Formation war von Haus ein Impersonale, z. B. osk. sakrafír 'es finde Weihung statt, man weihe', umbr. *ier* 'itum sit' (vgl. lat. *ītur* 'man geht'), ir. *canar* 'man singe', *tiagar* 'man gehe'. Dazu konnte nun bei transitiven Verba ein Objektsakkusativ treten, wie z. B. osk. *censamur* ... *eituam* 'man schätze ... das Vermögen'[1]), ir. *no-m charthar* 'man liebt mich, ich werde geliebt', *no-t-chartar* 'man liebt dich, du wirst geliebt' (vgl. akt. *no-m chara* 'er liebt mich'), ähnlich wie italien. *non mi si accusi di arroganza* 'man beschuldige mich nicht der Selbstüberhebung'. Da nun aber die Deponentialformen als Fortsetzung des uridg. Mediums ebenfalls passivisch gebraucht werden konnten (§ 607) und in diesem Fall der durch den Vorgang betroffene Nominalbegriff im Nominativ stand, so geschah (zuerst wohl bei den neutralen Nomina, bei denen Nominativ und Akkusativ nicht geschieden war) eine Vermengung der beiden Ausdrucksweisen. Diese führte dann im Lateinischen schon in vorhistorischer Zeit zur Aufgabe sowohl der Form als auch der Konstruktion des Passivums mit blossem *r*. Im Keltischen dagegen machte sie an einem gewissen Punkt halt, und das alte Medium (Deponens) zog sich auf die rein mediale Bedeutung in ähnlicher Weise zurück, wie im Griechischen der medial geformte Aorist (z. B. ἐστησάμην) gegenüber den Formen auf

1) An dieser Stelle, *censamur esuf in eituam* (Tab. Bant. 19), wird *esuf* oft fälschlich als Nom. Sing. ('er selbst') aufgefasst. Dieses Wort ist vielmehr überall, wo es vorkommt, nur Adverbium ('ipso loco'). Eine andre Stelle mit dem Akk. des Objekts ist n. 133 v. Planta sakriss sakrafír, avt últiumam kerssnaís '(die Jovilae) weihe man mit Opfertieren, aber die letzte (Jovila) mit einem Opferschmaus'.

-ην und -θην, die mehr und mehr die Rolle des Passivs übernahmen (§ 624, 1)[1].

Es mag hiernach das *r*-Passivum ursprünglich ein Impersonale voluntativen (konjunktivischen, imperativischen) Sinnes gewesen sein, vielleicht also, wie schon S. 659 bemerkt ist, ein imperativisch verwendetes infinitivisches Gebilde.

1) Dem passiven Präsens *no-m-charthar* 'ich werde geliebt', *no-t-chartar* 'du wirst geliebt' usw., *cartair* 'sie werden geliebt' steht als passives Perfekt gegenüber 1. Sing. *ro-m-charad*, 2. Sing. *ro-t-charad* usw., 3. Plur. *ro-chartha*. Die Perfektformen beruhen auf dem *to*-Partizip (vgl. § 422, 1).

Übersichtstabellen zur Flexion des Verbum finitum.

Vorbemerkung. Einzelsprachliche Formen, die nur nach ihrer syntaktischen Bedeutung in die ihnen im Paradigma zugewiesene Stelle gehören, ihrer Flexionsendung nach aber einer andern Personrubrik zufallen, sind in eckige Klammern [ ] gesetzt. *Sperrdruck* gibt an, dass die Form ihrer formantischen Gestaltung nach als lautgesetzliche Fortsetzung der angesetzten Grundform gelten darf.

1. **Indikativus Praesentis Aktivi.**

		Grundform	Altind.	Avest. (Gthav. u. jgav.)	Armen
Sing.	1.	**esmi* 'bin'	*ásmi*	*ahmi*	*em*
	2.	**esi* **essi*	*ási*	*ahi*	*es*
	3.	**esti*	*ásti*	*asti*	*ē*
Plur.	1.	**smes(i)* **smos(i)*	*smás smási*	*mahi*	*emḱ*
	2.	**ste* (**sthe* ?)	*sthá*	*stā*	*ēḱ*
	3.	**senti* **sonti*	*sánti*	*hənti*	*en*
Du.	1.	**su̯e(i)* **su̯os(i)*	*svás*	vgl. *usvahī*	[*emḱ*]
	2.	**stes* (**sthes*?)	*sthás*		[*ēḱ*]
	3.	**stes* (?)	*stás*	*stō*	[*en*]
Sing.	1.	**bherō* 'trage'	*bhárāmi*	*spasyā*, *barāmi*	*berem*
	2.	**bheresi* (und **bherei* ?)	*bhárasi*	*barahi*	*beres*
	3.	**bhereti*	*bhárati*	*baraiti*	*berē*
Plur.	1.	**bhero-mes(i)* *-mos(i)*	*bhárā-mas* *-masi*	*barāmahi*	*beremḱ*
	2.	**bhere-te* (*-the*?)	*bháratha*	*išaθā*	*berēḱ*
	3.	**bheronti*	*bháranti*	*barənti*	*beren*
Du.	1.	**bherō-u̯es(i)* *-u̯os(i)*	*bhárāvas*		[*beremḱ*]
	2.	**bhere-tes* (*-thes*?)	*bhárathas*		[*berēḱ*]
	3.	**bheretes* (?)	*bháratas*	*baratō*	[*beren*]

s es (?)	*at*	*is*	(*bis bist*)	*esì* (?)	*jesi*
t	*is*	*ist*	*ist*	*ēsti ēst*	*jestъ* (?), aruss. *jestъ*
mus	*ammi*	*sijum*	*b-irum*	*ēsme*	*jesmъ*, čech. *jsme*(?), klruss. *jeśmo*(?)
tis] ?	*adib*	*sijuþ*	*b-irut*	*ēste*	*jeste*
nt, umbr. sent	*it*	*sind*	*sint*, *sintun*	[*ēsti ēst*]	*sątъ* (?), aruss. *sątъ*
mus]	[*ammi*]	*siju*	[*b-irum*]	*ēsva*	*jesvě*
tis (?)	[*adib*]	*sijuts*	[*b-irut*]	*ēsta*	*jesta*
nt, umbr. sent]	[*it*]	[*sind*]	[*sint*, *sintun*]	[*ēsti ēst*]	*jeste* (?), *jesta*
o	*-biur*	*baíra*	*biru*	*vedù*	*berą*
is (?)	*biri*	*baíris*	*biris*	*vedì*	*bereši*, klruss. *bereš*
it	*berid*	*bairiþ*	*birit*	*vēda*	*beretъ* (?), aruss. *beretъ*
imus	*bermai bermi*	*baíram* (?)	*beramēs*	*vēda-me -mė-s(i)*	*beremъ*, čech. *-me* (?), serb. *-mo* (?)
itis] ?	*-berid -berith*	*bairiþ*	*birit*, *beret*	*vēda-te -tė-s(i)*	*berete*
unt	*berait berit*	*bairand*	*berant*	[*vēda*]	*berątъ* (?), aruss. *berątъ*
imus]	[*bermai bermi*]	*baírōs*	[*beramēs*]	*vēda-va -vo-s(i)*	*berevě*
itis (?)	[*-berid -berith*]	*bairats*	[*birit*, *beret*]	*vēda-ta -to-s(i)*	*bereta*
unt]	[*berait berit*]	[*bairand*]	[*berant*]	[*vēda*]	*berete* (?), *bereta*

2. Indikativus Praeteriti und Injunktivus Aktivi.

		Grundform	Altind.	Avest. (Gthav. u. jgav.)	Arm
Sing.	1.	**ēsm̥ *bh(u)u̯ām* 'war'	*ásam, ágām*	apers. *āham*	*edi* (?)
	2.	**ēss, *bh(u)u̯ās*	*ās, āsīṣ, ágās*	*aⁱwyās, dā*	*edir*
	3.	**ēst, *bh(u)u̯āt*	*ās, āsīt, ágāt*	*ās as, gāt̰*	*ed*
Plur.	1.	**ēs-mĕ -mŏ, *bh(u)u̯ā-mĕ -mŏ*	*ásma, ágāma*	*ǝhmā, dāmā*	*edak̄*
	2.	**ēste, *bh(u)u̯āte*	*ásta, ágāta*	*dātā*	*edik̄*
	3.	**ēsent, *bh(u)u̯ānt*	*ásan, sán, águr*	*hǝ̄n*, apers. *āhaⁿ*, av. *-darǝ̄*	*edin* (?
Du.	1.	**ēs-u̯ĕ -u̯ŏ, *bh(u)u̯ā-u̯ĕ -u̯ŏ*	*ásva, ágāva*		[*edak̄*]
	2.	**ēstom, *bh(u)u̯ā-tom*	*ástam, ágātam*		[*edik̄*]
	3.	**ēstām, *bh(u)u̯ā-tām*	*ástām, ágātām*		[*edin*]
Sing.	1.	**ebherom* 'trug'	*ábharam*	*barǝm*	*beri*
	2.	**ebheres*	*ábharas*	*barō*	*berer*
	3.	**ebheret*	*ábharat*	*barat̰*	*eber*
Plur.	1.	**ebhero-mĕ -mŏ*	*ábharāma*	*barāma*	*berak̄*
	2.	**ebherete*	*ábharata*	*barata*	*berēk̄*
	3.	**ebheront*	*ábharan*	*barǝn*	*berin*
Du.	1.	**ebherō-u̯ĕ -u̯ŏ*	*ábharāva*	*barāva*	[*berak̄*]
	2.	**ebheretom*	*ábharatam*		[*berēk̄*]
	3.	**ebheretām*	*ábharatām*	[*baratǝm*]	[*berin*]

-ba	*iddjēs* (?)	*buvaĩ*	*bě*
b̤a -b, cria	*iddja* (?)	*bùvo, te-ei*	*bě*
-ban, -criam (?)		*bùvome*	
-bad -baid		*bùvote, eĩte*	
-bat, -criat		[*bùvo, te-ei*]	*bą*
[*-ban. -criam*]		*bùvova*	
[*-bad -baid*]		*bùvota*	
[*-bat, -criat*]		[*bùvo, te-ei*]	
			mogъ
-bir			*može*
-beir		*vẽda, tè-veda*	*može*
-beram, beram(?)	*baíram* (?)	*vẽda-me -mė-s(i)*	*mogomъ*
-berid, berid	*bairiþ*		*možete*
-berat, berat		[*vẽda, tè-veda*]	*mogą, bądą*
[*-beram, beram*?]		*vẽda-va -vo-s(i)*	*mogově*
[*-berid, berid*]	*baírats*		*možeta*
[*-berat, berat*]		[*vẽda, tè-veda*]	*možete, možeta*

3. **Optativus Aktivi.**

		Grundform	Altind.	Avest. (Gthav. u. jgav.)	Grie
Sing.	1.	**s(i)i̯ēm* 'ich sei'	*syā́m*	*hyąm*	εἴην
	2.	**s(i)i̯ēs*	*syā́s*	*hyå*	εἴης
	3.	**s(i)i̯ēt*	*syā́t*	*hyāṯ*	εἴη
Plur.	1.	**sī-mĕ -mŏ*	*syā́ma*	*hyāmā*	εἶμεν, εἴη
	2.	**sīte*	*syā́ta*	*hyātā*	εἶτε, εἴητε
	3.	**s(i)i̯ent*	*syúr*	*hyąn hyąn, hyārə*	εἶεν, εἴησα
Du.	1.	**sī-u̯ĕ -u̯ŏ*	*syā́va*		[εἶμεν, εἴημ
	2.	**sītom*	*syā́tam*		εἶτον, εἴη
	3.	**sītām*	*syā́tām*		εἴτην, εἰή
Sing.	1.	**bheroi̯m̥* 'ich möchte tragen'	*bhárēyam*		φέροιμι, φέ ἐλαύνοια
	2.	**bherois*	*bhárēṣ*	*barōiš*	φέρσις
	3.	**bheroit*	*bhárēt*	*barōiṯ*	φέροι
Plur.	1.	**bheroi-mĕ -mŏ*	*bhárēma*	*baraēma*	φέροιμεν
	2.	**bheroite*	*bhárēta*	*baraēta*	φέροιτε
	3.	**bheroi̯n̥t*	*bhárēyur*	*barayən*	φέροιεν
Du.	1.	**bheroi-u̯ĕ -u̯ŏ*	*bhárēva*		[φέροιμεν]
	2.	**bheroitom*	*bhárētam*		φέροιτον
	3.	**bheroitām*	*bhárētām*		φεροίτην

iem sim	*sijau, witjau*	*sī, wiʒʒi*		
iēs sīs	*sijais, witeis*	*sīs sīst, wiʒʒīs wiʒʒīst*		*jaždь* (§ 457)
iet sit	*sijai, witi*	*sī, wiʒʒi*		[*jaždь* § (457)]
īmus	*sijaima, witeima*	*sīn, wiʒʒī-n -īmēs*		*jadimъ*
ītis] ?	*sijaiþ, witeiþ*	*sīt, wiʒʒīt*		*jadite*
ent sint, umbr. *sins*	*sijaina, witeina*	*sīn, wiʒʒīn*		
īmus]		[*sīn, wiʒʒī-n -īmēs*]		*jadivě*
tis (?)	*witeits*	[*sīt, wiʒʒīt*]		*jadita*
ient sint, umbr. *sins*]		[*sīn, wiʒʒīn*]		
	bairau	*bere*		
	bairais	*berēs*	apreuss. *wedais*	*beri*
	bairai	*bere*	*te-vedē̃*	*beri*
	bairaima	*berēm*		*berěmъ*
	bairaiþ	*berēt*	apreuss. *immaiti*	*berěte*
	bairaina	*berēn*	[*te-vedē̃*]	
	bairaiva	[*berēm*]		*berěvě*
	bairaits	[*berēt*]		*berěta*
		[*berēn*]	[*te-vedē̃*]	

4. **Imperativus Aktivi.**

		Grundform	Altind.	Avest. (Gthav. u. jgav.)	Armen.	Griech.
Sing.	2.	**ei* 'geh' **idhi* 'geh'	*śr̥ṇú* (?) *ihí śr̥ṇudhí*	*čiči* (?) *idī*		ἔξ-ει, ἵστη ἴθι ὄμνυθι
		**bhere* 'trag' **itōd, *bheretōd*	*bhára* *itā́d, bháratād*	*bara*	*ber*	φέρε ἐλθετως (§ 487
	3.	**itōd, *bheretōd*	*itā́d, bhára-tād, étu, bháratu*	*sraotū, baratu*		ἴτω, φερέτω
Plur.	2.	**eite *ité, *bherete* **itōd, *bheretōd*	*éta itá, bhá-rata* *itā́d, bháratād*		*berēḱ*	ἴτε, φέρετε
	3.	**itōd, *bheretōd*	*yántu, bhárantu*	*yantu, barəntu*		ἴτων, ἴτωσαν, φε-ρέτωσαν, φε-ντω -ντων -τνωσαν, φ-ροντον
Du.	2.	**itom, *bheretom*	*itám, bháratam*			ἴτον, φέρετ
	3.	**itām, *bheretām*	*itā́m, bháratām*			φερέτων

5. **Indikativus Perfekti Aktivi.**

		Grundform	Altind.	Avest. (Gthav. u. jgav.)	Griech.
Sing.	1.	**u̯oida* 'weiss', **ĝe-ĝona* 'genui'	*véda, jajána jajāna*	*vaēdā, dādarᵊsa*	οἶδα, γέγονα
	2.	**u̯oitˢtha, *ĝeĝontha*	*véttha, jajántha jajñithá*	*vōistā, dadāθā*	οἶσθα, γέγονας
	3.	**u̯oide, *ĝeĝone*	*véda, jajā́na*	*vaēdā, vavača*	οἶδε, γέγονε
Plur.	1.	**u̯id-mĕ -mŏ, *ĝeĝn̥-mĕ -mŏ*	*vidmá, cakr̥má jajñimá*	*didvīšma vaoxᵊmā*	ἴδμεν, γέγαμεν γ-γόναμεν
	2.	**u̯ide* (?), **ĝeĝne* (?)	*vidá, jajñá*		ἴστε, γέγατε γεγόν
	3.	**u̯id-r̥(r) -r̥s* (?), **ĝe-ĝn-r̥(r) -r̥s* (?)	*vidúr, jajñúr*	*vīdarᵊ, čikōitərᵊš*	ἴσᾱσι, λελόγχᾱσι
Du.	1.	**u̯id-u̯ĕ -u̯ŏ, *ĝeĝn̥-u̯ĕ -u̯ŏ*	*vidvá, cakr̥vá ja-jñivá*		[ἴδμεν, γέγαμεν γόναμεν]
	2.	?	*vidáthur, jajñáthur*		ἴστον, γέγατον γόνατον
	3.	?	*vidátur, jajñátur*	*yaētatarᵊ*	ἴστον, γέγατον γόνατον

ge ō, agitō	beir	baír	bir	ved (?)	
o, agitō	berad (§ 584, 2)	at-steigadau (§ 494)			
e, agite ōte, agitōte	mōraid, berid	bairiþ	tuot, birit beret	eĩkite, vèskite	
trantō, euntō aguntō	berat (§ 584, 2)	liugandau (§ 494)			
mbr. fututo (?)	[mōraid, berid]	baírats		eĩkita, vèskita	
mbr. habituto (?)					

Latein.	Ir.	Got.	Althochd.
dī	*-rerag, -gād*	*wait, was*	*weiʒ, was*
distī	*-rerag, -gād*	*waist, wast*	*weist, wāri*
dit, osk. deded	*-reraig, -gāid*	*wait, was*	*weiʒ, was*
dimus	*-rergammar, -gādammar*	*witum, wēsum*	*wiʒʒum, wārum*
distis] ?	*-rergaid, -gādid*	*witup, wēsuþ*	*wiʒʒut, wārut*
d-ērunt -ēre, osk. uupsens	*-rergatar, -gādatar*	*witun, wēsun*	*wiʒʒun, wārun*
dimus]	[*-rergammar, gādammar*]	*witu, wēsu*	[*wiʒʒum, wārum*]
distis (?)	[*-rergaid, -gādid*]	*wituts, wēsuts*	[*wiʒʒut, wārut*]
d-ērunt -ēre]	[*-rergatar, -gādatar*]	[*witun, wēsun*]	[*wiʒʒun, wārun*]

6. Indikativus Praesentis Medii.

		Grundform	Altind.	Avest. (Gthav. u. jgav.)
Sing.	1.	?	*ásē, bhárē*	*-mruyē, yaze*
	2.	**ēssai* 'du sitzest', **bheresai* 'du trägst dir'	*ássē, bhárasē*	vgl. Konj. *dåŋhē; pər^{ə}so*
	3.	**ēstai*, **bheretai*	*ástē, bháratē*	*-mrū^{i}te, yaza^{i}te*
Plur.	1.	**ēsmedh-*, **bheromedh-*	*ásmahē, bhárāmahē*	*mrūma^{i}de, yazama^{i}de ma^{i}nyāma^{i}de*
	2.	?	*ádhvē, bháradhvē*	*mər^{ə}ng^{ə}duyē, dīdraγžō.duyē*
	3.	**ēsn̥tai*, **bherontai*	*ásatē, bhárantē*	*-mərənča^{i}tē, hača^{i}ntē*
Du.	1.	**ēsu̯edh-?*, **bherōu̯edh-?*	*ásvahē, bhárāvahē*	
	2.	?	*ásāthē, bhárēthē*	
	3.	?	*ásātē, bhárētē*	*vīsaēte [čarōiθe]*

7. Indikativus Praeteriti und Injunktivus Medii.

		Grundform	Altind.	Avest. (Gthav. u. jgav.)
Sing.	1.	?	*ási, á-bharē*	*aoǰī, -ba^{i}re*
	2.	**ēsthēs*, **e-bhereso* (§ 577, 2)	*ásthās, á-bharathās*	*-aoγžā, -zayaŋha*
	3.	**ēsto*, **e-bhereto*	*ásta, á-bharata*	*-aog^{ə}dā*
Plur.	1.	**ēsmedh-*, **e-bheromedh-*	*ásmahi, á-bharāmahi*	*var^{ə}ma^{i}dī*
	2.	?	*ádhvam, á-bharadhvam*	*mąz-dazdūm, dārayaδ*
	3.	**ēsn̥to*, **e-bheronto*	*ásata, á-bharanta*	*varatā, yazənta*
Du.	1.	**ēsu̯edh-?*, **e-bherōu̯edh-?*	*ásvahi, á-bharāvahi*	*dva^{i}dī*
	2.	?	*ásāthām, á-bharēthām*	
	3.	?	*ásātām, á-bharētām*	*a-srvātəm, jasaētəm*

Griech.	Got.	Litau.	Altkirchensl.
ιαι, φέρομαι	[*baírada*], vgl. aisl. *heite*	*dûmē-si*?, apreuss. *asmai*?	Vgl. *vědě* (§ 571, 1)
ιαι, φέρεαι -ῃ	*baíraza*	*desë-s*?	*dasi*?, vgl. *věsi*
ιται, φέρεται	*baírada*		
.εθα, φερόμεθα	[*baíranda*]		
θε, φέρεσθε	[*baíranda*]		
ιται ἥνται, φέρον-ται	*baíranda*		
l. περι-δώμεθον			
θον, φέρεσθον			
θον, φέρεσθον			

Griech.	Latein.	Ir.
ιην, ἐφερόμην		
ιο ἐδόδης (§ 577, 2, b), ἐφέρεο -ου	*sequere*, *ex-perīrus* (§ 577, 2. 580)	*cluinte*, *suidigther* (§ 581)
στο, ἐφέρετο	Vgl. osk. *uincter* lat. *vertitur* § 606, 2, b. d	*comalnad* (§ 584, 2), vgl. *do-moinethar* § 606, 2, b
ιεθα, ἐφερόμεθα		
σθε, ἐφέρεσθε		
ατο ἧντο, ἐφέροντο	Vgl. marruc. *ferenter* lat. *vertuntur* § 606, 2, b. d	Vgl. *do-moinetar* § 606, 2, b
θον, ἐφέρεσθον		
θην, ἐφερέσθην		

X. Der Gebrauch der Formen des Verbum finitum.

1. Die Genera verbi (Diathesen) und die Verba reflexiva[1]).

A. Vorbemerkungen.

607. 1) Die verschiedenen sogen. Genera verbi geben im allgemeinen eine Stellung des Subjekts zu dem durch das Verbum bezeichneten Vorgang an und beleuchten ursprünglich und zum Teil auch noch in den historischen Sprachperioden einen Einfluss, den das Subjekt auf den Vorgangsverlauf hat.

Der Bedeutungsunterschied, der durch die Ausdrücke Aktivum, Medium und Passivum bezeichnet wird, haftet an den Personalendungen, doch in der Weise, dass die Passivbedeutung, so weit sie nicht durch eine umschreibende Wendung, sondern durch eine einfache Form des Verbum finitum gegeben ist, meist durch eine Form mit medialer, seltner durch eine Form mit aktiver Personalendung ausgedrückt ist. Überdies haben öfters Formen mit medialer Endung, die demgemäss

---

1) Vieles, was hierher gehört, ist enthalten in Schriften, die S. 583 ff. genannt sind. Ausserdem sei auf folgende Schriften verwiesen:

Delbrück Grundriss 4, 412 ff. Verf. K. vergl. Gramm. 598 ff. P. Diels Üb. das idg. Passivum, Jahresber. der Schles. Gesellsch. für vaterländ. Kultur, orient.-sprachwiss. Sektion, Breslau 1913. J. Wilde Die passivischen u. medialen Ausdrucksweisen objektiven Geschehens vom allgemein sprachwissenschaftlichen Standpunkte verfolgt an der frührömischen Literatur, Leipzig 1913.

Delbrück Altind. Synt. 229 ff. Speyer Sanskrit Synt. 235 ff., Ved. u. Skr.-Synt. 47 ff. D. Andersen Om Brugen og Betydningen af Verbets Genera i Sanskrit oplyst især ved undersøgelser om Sprogbrugen i Chāndogya-Upanishad, Kopenhagen 1892. Reichelt Aw. Elem. 296 ff.

Meillet Altarmen. Elem. 106 f., Recherches sur la syntaxe comparée de l'arm.: emploi des formes personelles des verbes, Mém. 16, 92 ff.

Kühner-Gerth Ausf. griech. Gr. 2³, 1, 90 ff. Brugmann-Thumb Gr. Gr.⁴ 525 ff. Stahl Krit.-hist. Synt. des gr. Verb. 42 ff. Poppo De Graecorum verbis mediis, passivis, deponentibus recte discernendis ac de deponentium usu, Frankf. a. d. O. 1827. Heurlin De significatione verbis Graecorum mediis propria iisdemque a deponentibus discernendis, Lund 1852. L. Janson De Graecorum verbis deponentibus vetustissimorum poetarum epicorum usu confirmatis, Festprogr. des Thorner Gymn., Thorn 1868. Kowalek Üb. Passiv und Medium vornehmlich im Sprachgebrauch

ursprünglich auch nur medialen Sinn hatten, diesen Sinn eingebüsst und sind semantisch zu schlichten 'Aktiva' geworden, z. B. griech. ἔσομαι 'werde sein', lat. *tutudī* 'habe gestossen'. Und umgekehrt haben sich zuweilen Formen mit aktiver Personalendung semantisch mit medialen Formen in der Weise gruppiert, dass sie diesen bezüglich der Diathesis völlig entsprachen, z. B. griech. γέγαμεν γεγόναμεν neben γιγνόμεθα, ἐγενόμεθα, γενησόμεθα (vgl. 3).

2) Dem als uridg. zu erschliessenden Zustand sind am nächsten geblieben das Arische und das Griechische in ihren ältesten uns zugänglichen Phasen. In beiden Sprachzweigen sehen wir mit der Zeit mediale Formen mit medialer Diathesis durch aktivische ersetzt werden mit Beibehaltung der alten medialen Bedeutung. Dies ist auch in andern Sprachgebieten und hier viel häufiger und schon in vorhistorischen Zeiten geschehen.

Dies ist aber nicht der einzige Weg, auf dem in den Sprachzweigen, die schon im Beginn der Überlieferung die

---

des Homer, Danzig 1887. H. Grosse Beiträge zur Syntax des griech. Mediums und Passivums, 2 Tle., Dramburg 1889 und Leipzig 1891. F. Hylak Üb. die passive Bedeutung medialer Aoristformen bei Homer, Meseritsch 1901. R. Wimmerer Das mediale Futurum sonst aktiver Verba im Griech., Stockerau 1894. Hatzidakis Zum Gebrauch der verbalen Medialformen im Neugriech., IF. 25, 357 ff.

Draeger Hist. Synt. 1², 142 ff. Kühner-Stegmann Ausf. lat. Gr. 2², 1, 90 ff. Schmalz Lat. Gramm.⁴ 490 ff. L. Ramshorn De verbis Latinorum deponentibus, Leipzig 1830. J. G. Ek De verbis deponentibus Latinorum iisdemque cum mediis Graecorum quodammodo comparandis, Lund 1835. Nölting Das lat. Deponens, Wismar 1859. A. W. Jahnsson De verbis Latinorum deponentibus, Helsingfors 1872. H. Kowalek De medio Latino quale apud Plautum inveniatur, Deutsch-Krone 1873. W. Nausester Beiträge zur Lehre vom Deponens u. Passivum des Lat., Novae symbolae Joachimicae, Halle 1907. E. Wölfflin Der reflexive Gebrauch der Verba transitiva, Wölfflin's Arch. 10, 1 ff. J. B. Hofmann De verbis quae in prisca Latinitate extant deponentibus, München 1910. A. Ernout Recherches sur l'emploi du passif latin à l'époque républicaine, Paris 1909.

Thurneysen Hdb. des Altir. 1, 308 f.

v. d. Gabelentz-Loebe Gramm. d. goth. Spr. 137 ff. Streitberg Got. Elem.³ 188 ff. K. Löffler Das Passiv bei Otfried u. im Heliand, Tübingen 1905.

uridg. mediale Verbalflexion eingebüsst hatten, diese verloren gegangen ist. Erstens hat sich im Italischen und im Keltischen das durch *r* charakterisierte sogen. Deponens (§ 603 ff.) an die Stelle der alten Medialform gesetzt, ein Prozess, der im wesentlichen als eine bloss formale Neuerung anzusehen ist, vgl. z. B. lat. *sequitur*, ir. *sechithir* gegenüber ai. *sácatē*, griech. ἕπεται 'folgt'. Zweitens hat in mehreren Sprachzweigen schon in vorhistorischer Zeit das bereits in uridg. Zeit vorhanden gewesene Reflexivum, d. h. die Verbindung der einfachen Verbalform mit einem obliquen Kasus des Pronomen reflexivum, dem alten Medium Boden abgewonnen und ist zu einem geringeren oder einem grösseren Teil in dessen Stelle eingerückt; dabei ist das Nebeneinander z. B. von lat. *castris se effundunt* und *effunduntur* zu vergleichen mit Doppelheiten wie griech. γυμνάζειν ἑαυτόν und γυμνάζεσθαι oder παρασκευάζειν ἑαυτῷ τι und παρασκευάζεσθαί τι (§ 628 ff.).

3) Der Gegensatz der beiden Genera Aktivum und Medium zeigt sich zwar bei allen Tempora. Doch nimmt das Perfektum unter den Tempora insofern eine besondere Stellung ein, als im Ar., Griech., Lat. zuweilen ein Perfektum in aktivischer Form mit andern Tempora medialer Prägung diathesisgleich erscheint. Dies muss aus uridg. Zeit ererbt sein: z. B. zu W. *u̯ert-* 'wenden' ai. *várta-tē vavárta*, lat. *re-vertitur re-vertit* (auch das Simplex Perf. *vertit* zuweilen intrans., bei Plautus u. a.); zu W. *men-* 'sinnen' ai. *mányatē* av. Part. Perf. *mamnūš*, lat. *re-miniscitur meminit*, griech. μαίνομαι μέμηνα; ai. *mr̥ṣyatē* 'vergisst', Aor. *a-mr̥ṣṭa*, Perf. *mamárṣa*; *pádyatē* 'fällt', Perf. *papāda*; griech. γίγνομαι 'entstehe', Aor. ἐγενόμην, Perf. γέγονα; δέρκομαι 'sehe', Perf. δέδορκα. Vermutlich hängt dies damit zusammen, dass das Perf. mit den ihm eigentümlichen indikativischen Personalendungen ursprünglich nur Zustände, nicht Vorgänge oder Handlungen, ausgedrückt und daher mit seiner Diathesis dem Medium anderer Tempora von Anfang an nahe gestanden hat. Wenn, wie § 501, 4, f S. 594 vermutet worden ist, die 3. Sing. auf *-e* ursprünglich ein Verbalabstraktum gewesen ist, so hätten wir es in den betreffenden Fällen des Anschlusses an das Medialsystem des Verbum finitum mit einer ähnlichen

Erscheinung zu tun, wie mit dem Anschluss der mit den Formantien ai. *-māna-*, griech. -μενο- usw. gebildeten Verbaladjektiva an's Medium (4). Vgl. auch über das *r*-Element als Endung der 3. Plur. Perf. Akt. S. 659 f.

4) Verschiedene Klassen von adjektivischen Verbalnomina, die sogen. Partizipien, waren schon in uridg. Zeit in bezug auf die Diathesis an's Verbum finitum fest angegliedert und blieben in der syntaktischen Weiterentwicklung mit diesem verbunden und in Übereinstimmung: die Formen mit Formans *-nt-* und die mit Formans *-u̯es- -u̯os-* gingen mit den Formen mit aktiver Personalendung zusammen, die mit *-meno-* (*-mo-*) mit den Formen mit medialer Personalendung. Adjektiva mit andern Formantien bekamen erst einzelsprachlich, durch ihre Konkurrenz mit den älteren Partizipien, selbst den Wert von Partizipien und damit auch eine mehr oder weniger bestimmte Beziehung zur Diathesis der Formen des Verbum finitum. S. 2, 1, 649 ff.

Dagegen waren die Kasus von Nomina actionis, die einzelsprachlich als Infinitive oder Supina erscheinen, in uridg. Zeit gegen die Diathesis noch indifferent, vgl. z. B. ai. *jṓṣad* . . . *sacádhyāi* 'will begleiten' (Medium tantum *sáca-tē*), *hantu̯ na šakyaḥ* 'kann nicht getötet werden', griech. ὁ Θεμιστοκλῆς ἄξιος θαυμάσαι 'ist bewundernswert', got. *qēmun daupjan* 'kamen, getauft zu werden'. Die speziell medialpassivische Diathesis der griech. Infinitive auf -σθαι (ἄγεσθαι) und der lat. auf *-ī* (*agī, darī*) war Neuerwerb dieser Sprachzweige. S. 2, 1, 141 f. 638 ff. 2, 3 § 804.

B. Aktivum und Medium.

a. Aktiva tantum und Media tantum.

608. Aktiva tantum. Es gab von uridg. Zeit her Verba, die, von der passivischen Diathesis abgesehen, nur éin Genus hatten, das 'Aktiv'. Sie bezeichneten in dieser Diathesis eine Handlung, einen Vorgang oder einen Zustand. So weit sie transitiv waren, war wohl schon in uridg. Zeit auch mediale Flexion zum Zweck des Ausdrucks passivischer Bedeutung (§ 620) üblich. Mediale Flexion mit medialer Bedeutung ist bei ursprünglichen Aktiva tantum öfters, vielleicht aber jedesmal erst einzelsprachlich, hinzugekommen, namentlich wenn durch Eingehen in eine kompositionelle Verbindung eine Bedeutung erzeugt wurde, wie sie bei andern, nichtkomponierten Verba durch mediale Flexion dargestellt war, z. B. griech. ἀπο-δίδομαι 'gebe mir eigenes weg, verkaufe', oder, als reziprokes Medium (§ 616), ai. *są́ gacchatē* 'er kommt zusammen mit' (neben *gácchati* 'er kommt').

Für ursprünglichen Gebrauch als Aktivum tantum ist nur die Flexion in den ar., griech., ital. und kelt. Sprachen beweiskräftig. Weswegen in der folgenden Beispielsammlung mit den Formen dieser Sprachen etymologisch verwandte Formen aus andern Sprachzweigen in Klammer gesetzt sind.

W. *g^u̯em-* und *g^u̯ā-* 'gehen, kommen': ai. *gáccha-ti* griech. βάσκω (S. 352), ai. *gámantu gamēma* [got. *qiman* ahd. *coman*] (S. 117. 124), ai. *á-gan* [arm. *e-kn*] (S. 89), griech. βαίνω, lat. *venio*; ai. *á-gāt* griech. ἔ-βην (S. 161 f.), ai. *jígā-ti* griech. βίβημι (S. 177). W. *steigh-* 'steigen': ai. *stighnō-ti stiənō-ti* (S. 330), griech. στείχω ir. *tiagu* [got. *steiga*] (S. 118), [aksl. *stignQ*]. W. *sqand-*: ai. *skánda-ti* 'schnellt, springt, spritzt', lat. *scando*, ir. *scendim* 'springe'. W. *serp-* 'kriechen': ai. *sárpa-ti*, griech. ἕρπω, lat. *serpo*. W. *tres-* 'zittern, fliehen': ai. *trása-ti*, griech. τρέω, vgl. griech. τρέμω lat. *tremo* (S. 339 f). W. *bheuq- bheug-* 'biegen, ausbiegen, fliehen': ai. *bhujá-ti*, griech. φεύγω, lat. *fugio* [got. *biugan* ags. *búȝan*]. W. *mezg-* 'untertauchen, eintauchen': ai. *májja-ti*, lat. *mergo* (S. 120). Basis **senā-*: ai. *snā́-ti* 'badet sich', lat. *nō*, vgl. ai. *snāu-ti* 'trieft', griech. νέω 'schwimme' (S. 161). W. *an-* 'atmen': ai. *áni-ti ána-ti* [got. *-anan*] (S. 121. 149). W. *reud-* 'weinen, schreien, klagen': ai. *ruda-ti rōdi-ti*, lat. *rudo rūdo* [ahd. *riozan*] (S. 125. 150). W. *sten-* 'stöhnen, dröhnen, ächzen': ai. *stána-ti stáni-ti*, griech. στένω [aisl. *stynia*, lit. *stenù* aksl. *stenją*] (S. 117. 123. 184).

W. *ĕd-* 'essen': ai. *átti*, griech. ἔδω, lat. *edo* [arm. *utem*, got. *itan*, lit. *ė́mi* aksl. *jamь*] (S. 96). W. *pō- (bō-)* 'trinken': ai. *píba-ti* lat. *bibo* ir. *ibim*, griech. πώνω πίνω (S. 140. 316). W. *deñk-* 'beissen': ai. *dáša-ti* griech. δάκνω (S. 125. 316). W. *g^u̯er- g^u̯el-* 'verschlingen: ai. *girá-ti gilá-ti* [aksl. *žьrą*] (S. 124), ai. *gara-t* [armen. *keri*] (S. 117), griech. βιβρώσκω (S. 361), lat. *voro*.

W. *bhes-* 'zermalmen, klein machen, zerkauen': ai. *bábhas-ti psá-ti*, griech. ψῆ (S. 171. 201). W. *reup-* 'zerbrechen': ai. *lumpá-ti*, lat. *rumpo* [ags. *réofan* aisl. *riúfa*]. W. *dheiĝh-*: ai. *dēhmi* 'bestreiche, verkitte', lat. *fingo* [got. *deigan* 'kneten, aus Ton formen']. W. *leip-*: ai. *limpá-ti* 'beschmiert, bestreicht', griech. ἀλείφω 'salbe' (φ für π: zu ἀλείψω schuf man ἀλείφω nach γράφω neben γράψω u. dgl.) [lit. *limpù* 'klebe, hafte'].

W. *u̯em-* 'vomere': ai. *vámi-ti vama-ti*, griech. ἐμέω, lat. *vomo* [lit. *vemiù*] (S. 149). Ai. *ṣṭhīva-ti* 'spuit', griech. πτύω, lat. *spuo* [got. *speiwan*, lit. *spiáuju* aksl. *pljują*], vgl. 1, 277. 509. 518f. 730.

W. *eus-* 'brennen, sengen': ai. *ṓṣa-ti*, griech. εὕω, lat. *ūro*. Ai. *bhr̥jjá-ti* 'röstet', griech. φρῡ́γω 'röste, dörre, brate', lat. *frīgo* (S. 126). W. *saus-* 'trocknen, dorren, welken': ai. *śúṣya-ti*, griech. αὔω (αὕω) [lit. *susù* aksl. *sъšą*] (S. 127. 194).

W. *dō-* 'geben': ai. *dádāti*, griech. δίδωμι, lat. *dō* [arm. *tam*, lit. *dūmi* aksl. *damь*].

W. *es-* 'sein': ai. *ás-ti*, griech. εἰμί, lat. *sum*, ir. *am* [arm. *em*, got. *im*, lit. *esmì* aksl. *jesmь*] S. 93ff. W. *bheu̯-* 'werden, da sein': ai. *bháva-ti*, Aor. *á-bhūt*, griech. ἔφῡν, alat. Konj. *fuam* [got. *bauan* ahd. *būan* 'wohnen']; im Griech. wird φύομαι neben Perf. πεφύᾱσι πεφυώς (S. 441) nach dem Verhältnis von γίγνομαι zu γέγονα, von ἵσταμαι zu ἕστηκα (ἕσταμεν) u. dgl. aufgekommen sein (unursprünglich ist auch die transitive (kausative) Bedeutung von φύω ἔφῡσα, vgl. στήσω ἔστησα). Ai. *jīva-ti* 'lebt', lat. *vīvo* [aksl. *živą*] (S. 270).

Basis *au̯ē-* 'wehen': ai. *vā́-ti vāya-ti*, gr. ἄημι [got. *waian*, aksl. *věją*] (S. 170. 201). W. *sreu̯-* 'fliessen': ai. *sráva-ti*, griech. ῥέω [lit. *sraviù*].

609. Media tantum. Auf der andern Seite gab es seit uridg. Zeit Verba, die, wiederum bei nicht passivischem Sinne, nur mediale Prägung hatten. Auch sie konnten Handlungen, Vorgänge oder Zustände ausdrücken. Wie ursprüngliche Aktiva tantum einzelsprachlich öfters mediale Flexion übernommen haben, so sind auch umgekehrt alte Media tantum öfters in die Weise der Aktiva übergeführt worden.

Die sichersten Beispiele von alten Media tantum sind die folgenden. Ai. *ás-tē* griech. ἧσται 'sitzt'. Ai. *šé-tē* griech. κεῖται 'liegt'. Ai. *nása-tē* 'geht liebevoll heran, gesellt sich zu, vereinigt sich mit', 3. Plur. *nịsatē* 'sie berühren nahe mit dem Körper, küssen', griech. νέομαι νίσομαι (νίσσομαι) 'komme glücklich heran an, kehre heim' (S. 106). W. *seq*ᵘ- 'sich zu jem. halten, mit jem. zusammen sein, folgen': ai. *sáca-tē*, griech. ἕπομαι, lat. *sequitur*, ir. *sechithir*. W. *u̯es-* 'anziehen, sich kleiden': ai. *vás-tē*, hom. 2. Sing. ἕσσαι, 3. Sing. ἐπί-εσται (S. 339); eine andre Präsensbildung war griech. ἕννῡμι (S. 327), seit Homer im Aktiv und Medium zugleich. W. *perd-* 'pedere': ai. *párda-tē*, griech. πέρδομαι. W. *men-*: ai. *mánya-tē* ir. *-moinethar -muinethar* 'denkt, meint', griech. μαίνομαι 'bin aufgeregten Sinnes', vgl. auch lat. *com- re-minīscor*. Griech. μέδομαι 'bin auf etwas bedacht' μήδομαι 'ersinne, fasse einen Entschluss', ir. *midithir* 'urteilt' Perf. *-mīdair* (S. 433. 446. 478), vgl. auch lat. *meditor*. Griech. μητίομαι 'ersinne', lat. *mētior* (S. 222). Av. *aoxte* 'verkündigt, spricht', griech. εὔχομαι 'rühme mich, bete' (S. 97), denen wohl auch das in der Bedeutung abweichende ai. *ṓha-tē* 'merkt' zuzugesellen ist. Ai. *pátya-tē* 'herrscht', lat. *potior*. Ai. *mriyá-tē mára-tē* 'stirbt', lat. *morior*. Weniger sicher ist etymologische Zusammengehörigkeit z. B. bei ai. *rámba-tē lámba-tē* 'hängt schlaff herab, sinkt herab' lat. *lābor* und bei lat. *loquor* ir. *-tluchur* 'spreche'.

Einzelsprachlich ging man teils so zu aktivischer Flexion über, dass die Bedeutung der Verbalform davon nicht berührt wurde, z. B. ai. *á-šaya-t* neben *šáya-tē*, volkslat. (alat.) *sequo* neben *sequor*, teils so, dass die neugebildete Aktivform kausativ-transitiven Sinn erhielt nach der Analogie von Fällen, in denen seit älterer Zeit Medium und Aktiv bedeutungsverschieden nebeneinander waren, z. B. griech. μαίνω (spät) 'betöre' zu μαίνομαι. Die erstere Weise ist derselbe Vorgang, der sich in denjenigen Sprachen vollzogen hat, in denen das Medium als besondere Diathesis überhaupt aufgegeben worden ist, z. B. got. *-nisan* 'genesen, errettet werden' zu ai. *nása-tē* usw., lit. *sekù* 'folge' zu ai. *sáca-tē* usw., aksl. *mьrą* 'sterbe' zu ai. *mriyá-tē* usw.

610. Die in § 609 gegebenen Belege für alte Media tantum zeigen dieses Genus jedesmal mindestens in zwei Sprachzweigen zugleich. Sicher ist aber die Zahl der Media tantum in den idg. Sprachen ursprünglich eine weit grössere gewesen, und das betreffende mediale Verbum ist zufällig nur noch in éinem Sprachzweig als Medium tantum erhalten geblieben. Hierhin darf man z. B. aus dem Ai. *smáya-tē* 'lächelt' (vgl. aksl. *směją sę*, Inf. *smijati sę* 'lachen'), aus dem Griech. φέβομαι 'fliehe' (vgl. lit. *bėgu* 'laufe, fliehe') rechnen. Auch mag in vielen Fällen, wo ein Verbum in mehreren Sprachzweigen zugleich von Anfang an sowohl in aktivischer als in medialer Flexion auftritt, dennoch die mediale Flexion einst die einzige gewesen und die aktive Form, sei es in gleicher, sei es in kausativ-transitiver Bedeutung, hinzugebildet worden sein, z. B. ai. *cyáva-tē* griech. σεύεται 'setzt sich in Bewegung, regt sich', woneben ved. *cyávam* 'setze ins Werke, schaffe' (RV. 1, 165, 10), griech. σεύω 'jage, hetze, schwinge'. Wirklich beweisen lässt sich dies ja freilich nicht.

Neben Verba, deren Charakter als ursprüngliche Media tantum als sicher gelten darf (vgl. § 609), zählt Delbrück Vergl. Synt. 2, 417 ff. eine grosse Anzahl von ar. und griech. Verba auf, für die ursprünglich nur mediale Flexion wenigstens zu vermuten ist, und teilt sie nach der Bedeutung in mehrere Gruppen ein. Dazu liessen sich zum Teil gleichartige Deponentia als Fortsetzung von Media aus dem Italischen und Keltischen hinzufügen, z. B. lat. *queror* wie ai. *kṛpá-tē* 'jammert' griech. ὀδύρομαι ὀλοφύρομαι 'klage'; *laetor* wie ai. *mōdē* griech. γάνυμαι ἥδομαι 'freue mich'; *īrāscor* wie griech. χώομαι 'zürne' σκύζομαι 'grolle'; *mīror* wie griech. ἄγαμαι 'bewundere, schätze hoch'; *vereor* wie griech. αἰδέομαι ἅζομαι 'trage Scheu'; *patior* wie ai. *kṣ̌áma-tē* 'erduldet'.

Im allgemeinen darf man sagen, dass unter den Verba, die man als alte Media tantum ansprechen darf, solche vorwiegen, die Handlungen, Vorgänge oder Zustände bezeichneten, welche ihren Schauplatz wesentlich im Subjekt und seinem Bereich haben, bei welchen das Subjekt ganz und allein beteiligt ist u. dgl. Dieser Nebenbegriff wird also einmal mit den medialen Endungen als solchen assoziiert gewesen sein.

Wenn nun die § 501, 2 geäusserte Vermutung richtig ist, dass die allerältesten Media nicht kraft ihrer Personalendungen, sondern kraft der Bedeutung ihrer Wurzel den 'medialen' Sinn gehabt haben und dieser sich erst hinterher den Endungen mitgeteilt hat, so muss die grosse Klasse der Verba, die seit uridg. Zeit aktives und mediales Genus zugleich aufweisen, im wesentlichen dadurch zustande gekommen sein, dass man zu ursprünglich nur mit aktivischer Flexion vorhandenen Verba mediale Formen hinzuschuf mit der durch die ältesten Media tantum den Endungen zugeführten besonderen Bedeutsamkeit. Dass dieser Vorgang einer frühen Periode der Zeit der idg. Urgemeinschaft angehört hätte, ergibt sich daraus, dass die Media schon in uridg. Zeit zum Teil zugleich Passivbedeutung bekommen hatten (§ 620).

b. Das Medium bei Verba mit doppeltem Genus.

611. Wie in uridg. Zeit Verba mit aktivem und medialem Genus zugleich zustande gekommen zu sein scheinen, haben wir in § 610 gesehen. Man unterscheidet hier nun herkömmlicherweise drei Gruppen des Gebrauchs der medialen Form, die man als dynamisches Medium, reflexives Medium und reziprokes Medium bezeichnet. Man darf diese Einteilung gelten lassen.

612. 1) Dynamisches Medium. Oft treten Verba, die schon ihrer Wurzelbedeutung nach einem Medium tantum (§ 609 f.) nahe stehen, ohne wesentlichen Sinnesunterschied in aktiver und medialer Form auf. So weit da nicht das Aktivum sekundär hinzugekommen ist, wie in den S. 684 genannten ai. *á-šayat*, volkslat. *sequo*, sondern umgekehrt die aktive Flexionsweise ursprünglicher war, hat man mediale Flexion angewendet, um gegenüber dem schlechthin die Ausführung durch das Subjekt angebenden Aktivum intensive (körperliche oder geistige) Beteiligung des Subjekts an dem Vorgang zu betonen, den Vorgang als eine vom Subjekt in sich oder mit sich selber vollzogene Tätigkeit stärker hervorzuheben. Wie weit in den Sprachzweigen, die diese Doppelheit aufweisen, in den ältesten Literaturdenkmälern der Sinnesunterschied noch empfunden worden ist, lässt sich nicht mehr feststellen, zumal da in der Dichtersprache augenscheinlich oft die metrische Bequemlichkeit die Wahl des

Genus bestimmt hat, z. B. bei Homer beim Verbum νήχω und νήχομαι 'schwimme'. Ein Bedeutungsunterschied darf also überall zunächst nur für vorgeschichtliche Zeiten behauptet werden.

U. a. scheinen sich hierher viele Verba der Bewegung zu stellen. Ich nenne einige, ohne behaupten zu wollen, dass gerade diese zu denen gehört haben, bei denen der Übergang zum Medium zuallererst stattgefunden hat. Ai. *ṛṇṓ-ti ṛṇva-ti* 'erhebt sich, bewegt sich', Aor. Med. *árta*, griech. ὄρνυμαι, Aor. ὦρτο, Konj. ὄρηται (vgl. auch ὀρούω 'erhebe mich, stürze los' S. 220), lat. *orior*; ist diese Auffassung des Verhältnisses von Aktiv und Medium bei diesem Verbum richtig, so war die transitive Bedeutung von griech. ὄρνῡμι, z. B. Ζ 263 σύ γ' ὄρνυθι τοῦτον (Aor. ὦρσα), eine griech. Neuerung. — Ai. *páta-ti* 'fliegt, eilt, senkt sich, fällt, gerät in etwas', im Epos auch Med., av. *pataⁱti* 'fliegt, fällt, strömt', apers. *ud-apatatā* 'lehnte sich auf, empörte sich', griech. πίπτω πιτνέω 'falle', πέτομαι 'fliege', lat. *peto* 'bewege mich auf etwas los, suche zu erlangen'. — Ai. *dhāva-ti* und *dhāva-tē* 'rennt, fliesst', griech. θέω 'laufe, rinne'. — Ai. *cára-ti* 'bewegt sich, wandert, streicht umher', griech. πέλω und πέλομαι 'versor', lat. *colo* ursprünglich intrans. 'wohne'. — Griech. πλέω πλώω 'schwimme, schiffe', ai. *práva-tē pláva-tē* 'fliesst, schwimmt, schwebt'. — Av. *aⁱwi-gərᵊδmahi* 'ingredimur, wir beginnen', lat. *gradior* 'schreite'. — Ai. *kráma-ti* (*út kramati* u. a.) und *kráma-tē* 'schreitet', *é-ti* und *áya-tē* (*úd ayatē* u. a.) 'geht', vgl. auch *tíṣṭha-ti* 'steht, bleibt stehen' und *tíṣṭha-tē* 'hält sich still'. — Griech. σπέρχω und σπέρχομαι 'stürme', ἀίσσω und ἀίσσομαι 'fahre daher, walle', νήχω und νήχομαι 'schwimme'. — Dazu kommen noch solche Doppelheiten aus zahlreichen andern Begriffsbezirken. Ich nenne nur z. B. ai. *šṓca-ti* und *šṓca-tē* 'stralt', *á-dyāut* 'stralte' und *dyṓtamāna-ḥ*, *bhrā́ja-ti* und *bhrā́ja-tē* 'glänzt', griech. λάμπω und λάμπομαι 'leuchte, strale'.

Auch transitive Media neben transitivem Aktiv können zum Teil als 'dynamische' Media betrachtet werden. Z. B. **bheretai* etwa 'trägt (bringt, nimmt) mit sich', wie RV. 10, 36, 9 *brahmadvíṣō víšvag ēnō bharērata* 'möchten die Brahmafeinde die Sünde nach allen Seiten hin mit sich nehmen', Ψ 151 Πατρόκλῳ ἥρωϊ κόμην ὀπάσσαιμι φέρεσθαι 'ich möchte dem P. das Haar geben, um es mit sich zu nehmen'. Dieser Gebrauch berührt sich besonders enge mit dem sogen. dativischen Medium (§ 613).

613. 2) Reflexives Medium. Zu transitiven Aktiva, bei denen die Richtung der Tätigkeit unbestimmt war, wurde ein Medium hinzugebildet, das besagte, dass das Subjekt mit der Handlung nicht aus sich herausgehe, sondern mit ihr in seiner Sphäre bleibe, oder dass die Handlung irgendwie auf das Subjekt zurückwirke. So waren ai. *nénējmi* griech. νίζω ir. *nigim* und griech. λούω, lat. *lavo* einfach 'ich wasche', mit oder ohne ausgesprochnes Objekt. Durch Medialisierung der Form kam der Nebensinn hinzu, dass die Handlung am Subjekt vor sich gehe. Trat nun kein Objektsakkusativ zu der Medialform hinzu, so übersetzen wir 'ich wasche mich', und man denkt sich entweder das ganze Subjekt oder einen Teil von ihm von der Handlung betroffen. Hiess es aber z. B. λούεται τὰς χεῖρας, ai. *pāṇí áva nēniktē*, so bekam die Medialform an sich keinen andern Sinn als wenn es ohne Objekt stand, es wurde nur noch der zur Sphäre des Subjekts gehörige Teil, der die Tätigkeit aufnimmt, näher bestimmt. Wir übersetzen dann 'ich wasche mir die Hände, die Hände von mir, meine Hände'. Oder παρασκευάζομαι bedeutete, wie παρασκευάζω, zunächst 'ich rüste', aber mit dem Nebensinn, dass das Rüsten nicht nur von mir ausgeht, sondern auch mich betrifft: also παρεσκευάσαντο 'sie rüsteten sich', παρεσκευάσαντο πλοῖα 'sie rüsteten für sich Schiffe, ihre Schiffe', παρεσκευάσαντο πάντα 'sie setzten alles bei sich, alles ihrige, alles für sich in Bereitschaft'. Dasselbe von Haus aus beim 'Deponens' im Ital. und Kelt.

Einigermassen lebendig erscheint der Gegensatz zwischen dem Aktiv und dieser Art von Medium nur noch in den älteren Perioden des Ar. und des Griech. Man pflegt da den Gebrauch des Mediums in den akkusativischen ('wasche mich') und den dativischen ('wasche mir' z. B. die Hände) zu zerlegen. Hierbei sind aber Kasusverhältnisse zum Massstab genommen, die keineswegs in derjenigen Klarheit den Sprechenden vorgeschwebt haben, welche die Benutzung des Pronomen reflexivum bei der Übersetzung leicht annehmen lässt. Denn oft tritt ein akkusativisches Objekt zum Medium eines Verbums der Bewegung auch dann hinzu, wenn etwas durch den Vorgang nicht dem Subjekt zustrebt, zugeht, sondern von ihm wegkommt, ausgeht z. B. ai. *pāpmā́nam ápa hatē* 'er wehrt die Sünde von sich ab', *sāinyą vyadrāvayata sarvaśaḥ* 'er trieb das Heer von sich weg nach allen Richtungen', griech. τρέπεταί τινα 'er wendet einen von sich ab, schlägt ihn in die Flucht' (lat. *aversatur aliquem*), ai. *prajā́patiḥ paśū́n asr̥jata* 'P. erschuf (eigentlich: entliess aus sich) die Tiere'. Man kann freilich, wie es gewöhnlich geschieht, meist auch ein dativisches Verhältnis annehmen und zwar den Dativ des Interesses. Doch hat dieser von Haus aus nicht in der Medialform als solcher gelegen, vielmehr weist diese Form, einerlei ob eine Bewegung nach dem Subjekt hin oder von ihm weg geschieht, nur allgemein darauf hin, dass eine Beziehung zur Sphäre des Subjekts besteht. In dem Satz *yá ēvā́smac chrḗyān bhrā́tr̥vyas tą́ tḗna prá ṇudatē* 'damit treibt er von sich [hält von sich ab] den Feind, der stärker als er selbṣt ist' darf man auch 'seinen Feind' übersetzen, nicht anders als z. B. in *índrō vr̥trā́ṇi jighnatē*: 'I. schlägt (tötet) seine Feinde'. Man wird also nur so viel sagen dürfen, dass mit der Zeit die Medialformen zum grossen Teil in Analogie zu der Ausdrucksweise mittels des Aktivums und eines von diesem abhängigen Kasus des Reflexivpronomens stehend empfunden wurden, und dass dabei das Akkusativ- und das Dativverhältnis am häufigsten gewesen sind. Ob dann aber die Sprechenden das Medium im einzelnen Fall z. B. in der Wendung τρέπεται τὸν ἐχθρόν mehr mit dem τρέπει ἑαυτῷ ('wendet für sich') oder mit dem τρέπει ἀφ' ἑαυτοῦ ('wendet von sich') gleichartig angeschaut haben, ist nicht mehr zu entscheiden.

614. Es möge noch eine Anzahl von Belegen für den 'reflexiven' Gebrauch folgen. Dabei sei innerhalb des weiten Rahmens dieses Gebrauchs nur so weit unterschieden, als das Medialverbum entweder (1) keinen Objektsakkusativ bei sich hat, also intransitiv ist, oder (2) einen Objektsakkusativ bei sich hat, also transitiv ist.

Zu **bhére-ti* 'trägt, bringt, holt'. 1) '(durch einen Raum hin) sich bewegen, fliegen, stürzen': griech. ἰθὺς φέρεται (Hom.) 'er (der Löwe) stürzt, stürmt gradeaus', lat. *cursu in hostem* *fertur* (Liv.), *Rhenus citatus fertur* (Caes.); so vielleicht auch RV. 1, 104, 4 *añjasī́ kuliśī́ vīrápatnī páyō hinvānā́ udábhir bharantē* 'A., K. und V. rollen hin in Wogen, Milch ergiessend'. 2) Ai. *árvadbhir vā́ją bharatē dhánā nŕ̥bhiḥ* (RV.) 'mit den Rossen trägt er Beute für sich davon, Schätze mit den Männern', griech. δεῦτε, φίλοι, ἤϊα φερώμεθα (Hom.) 'herbei, Freunde, dass wir uns die Reisekost hertragen!'

Zu **u̯eĝhe-ti* 'vehit'. 1) 'sich fahrend fortbewegen, fahren': ai. *váha-tē*, av. *barəmnō vā vazəmnō vā* 'reitend oder fahrend', lat. *vehor*, griech. ὀχέομαι (S. 249f.). 2) 'sich (ein Weib) heimführen, heiraten': ai. *váha-tē*.

Zu **aĝe-ti* 'agit'. 1) Lat. *agitur* = *se agit*, *festinat*, *currit*, *volat* u. ähnl. (Thes. l. Lat. 1, 1372); ebenso *circumagitur*. 2) Ai. *yṓ vāí bráhmiṣṭhaḥ sá ētā́ gā́ úd ajatām* (ŚB.) 'wer der weiseste ist, der möge diese Kühe für sich wegtreiben', griech. αὖτις δ' Ἀργείην Ἑλένην Μενέλαος ἄγοιτο (Hom.) 'M. möge die H. (mit) sich fortführen'.

Zu W. *reĝ-* 'recken, strecken'. 1) Ai. *sá jihváyā cáturanīka r̥ñjatē cā́ru vásānō váruṇō yátann arím* (RV.) 'vierantlitzig strebt mit der Zunge vorwärts V.', av. *aδāṯ fraša hąm.rāzayata ātarš* 'darauf richtete sich A. weiter auf', griech. οὗ παιδὸς ὀρέξατο (Hom.) 'reckte sich hin nach seinem Sohne', ebenso ὀριγνάομαι 'recke mich, lange, reiche', lat. *porrigitur* neben *se porrigit*. 2) Av. *yaṯ tūm . . . varᵊsā̊sča hąm.rāzayaŋha* 'wenn du dir die Haare zurechtgerichtet (geordnet) hast'.

Zu W. *k̑lei̯-* 'lehnen, stützen'. 1) Ai. *dēvā́ vāí nárcí ná yájuṣy aśrayanta, tē sā́mann ēvā́śrayanta* (TS.) 'die Götter konnten sich auf R̥c und Yajus nicht stützen, da stützten sie sich auf Sāman', griech. κλινάμενος σταθμῷ (Hom.) 'an den Pfosten sich lehnend', lat. *in-clinatur* und *se in-clinat*. Vgl. lat. *nītitur* 'stemmt sich, stützt sich' aus **nīvititur*, zu W. *kneigʷh-* 'conivere' (S. 366).

Zu W. *ster-* 'sternere'. 2) Ai. *bhrā́tr̥vyą str̥ṇutē* (TS.) 'er schlägt sich den (seinen) Feind nieder', griech. στορέσαντο χαμεύναν (Theokr.) 'breiteten sich ein Bodenlager aus'.

Zu **u̯erte-ti* 'vertit'. 1) Ai. *suvŕ̥d ráthō vártatē* (RV.) 'schön sich drehend dreht sich (rollend rollt) der Wagen', lat. *vertitur*, *convertitur* 'wendet sich' neben *se vertit*, *se convertit* (ebenso *versatur*), *avertitur* 'wendet sich ab'. — Der Objektsakkusativ in *avertitur* und *aversatur aliquid* (Thes. l. Lat. 2, 1318, 2. 1321, 40) beruht wohl nicht auf 'dativischem' Gebrauch des Deponens (vgl. Aeschyl. Sept. 1045 ἀλλὰ φοβοῦμαι κἀποτρέπομαι | δεῖμα πολιτῶν), sondern auf Einwirkung von Synonyma wie *contemnit*, *despicit*, *spernit*.

Zu Basis **u̯elāˣu̯-* 'winden, drehen, wälzen' (S. 156. 270). 1) Griech. εἰλύομαι εἰλύσθην εἴλῡμαι 'sich winden, sich schleppen' (Solmsen Untersuch. zur gr. Laut- u. Versl. 232 ff.), z. B. Ω 510 προπάροιθε ποδῶν Ἀχιλῆος ἐλυσθείς 'vor den Füssen des A. sich wälzend', lat. *volvitur* und *se volvit*, z. B. *illi qui volvuntur stellarum cursus sempiterni* (Cic.).

Zu W. *ĝheu̯-* (*ĝheu-d-*) 'giessen, schütten'. Griech. χέομαι 'ergiesse mich, fliesse', wie δάκρυα θερμὰ χέοντο (Hom.) 'Tränen ergossen sich', τοὶ δ' ἀπάνευθε νεῶν ἐχέοντο 'breiteten sich aus', lat. *funditur* und *se fundit*. 2) Griech. ἐπὶ δὲ Τρῶες . . . βέλεα στονόεντα χέοντο (Hom.) 'schleuderten ihre Geschosse (Geschosse von sich)', ai. *ágnē mánmāni túbhyą ką́ ghr̥tą́ ná juhva āsáni* (RV.) 'A., ich giesse meine Gebete (Gebete von mir) dir wie Butter in den Mund'.

Zu W. *meiḱ-* 'mischen'. 1) Griech. μίσγεσθαι, μίγνυσθαι (S. 331) 'sich mischen mit, verkehren mit', z. B. μεῖκτο ὁμίλῳ (Hom.), lat. *miscetur*, *immiscetur*, *intermiscetur*.

Zu W. *pel-* 'füllen'. 1) *ŏruvyácāḥ pr̥ṇatām ēbhír ánnāiḥ* (RV.) 'es füllte sich der weitfassende mit diesen Speisen', griech. ἐν δέ οἱ ὄσσε δακρυόφιν πίμπλαντο (Hom.) 'die Augen füllten sich ihm mit Tränen', lat. *impletur* und *se implet*, z. B. *implentur Bacchi carnisque* (Verg.) 'sie sättigen sich'. 2) Griech. πλησάμενοι δέ τε νῆας (Hom.) 'nachdem sie sich die Schiffe angefüllt (befrachtet) hatten'.

Ai. *aṅk-tē*, *abhy àṅktē* (S. 278), lat. *unguitur* 'salbt sich'. Vgl. griech. χρίεται 'salbt sich'.

Zu W. *peiḱ-* 'sticken, schmücken, zieren'. 1) Ai. *stirḗbhir áṅgāiḥ pururū́pa ugrṓ babhrúḥ šukrḗbhiḥ pipišē hiraṇyāiḥ* (RV.) 'mit festen Gliedern und mit hellen Goldflecken hat sich der vielgestaltige . . . geschmückt', lat. *numquam concessamus* | *lavari aut fricari aut tergeri aut ornari, poliri expoliri, pingi fingi* (Plaut.).

Zu W. *merĝ-* 'abwischen'. 2) Ai. *ētásmin vā́ ētāú mr̥jātē* (TS.) 'auf diesen streifen (wälzen) die beiden (die Schuld) von sich ab', griech. ἔνθ' ἄλλοι . . . δάκρυά τ' ὠμόργνυντο (Hom.) 'da wischten sich die andern die Tränen ab'.

Zu **añĝhe-ti* 'schnürt, engt ein'. 1) Griech. ἄγχομαι lat. *angor* und *me ango* 'ängstige mich'.

Zu W. *i̯eug-* 'schirren, verbinden'. 1) Ai. *háyō ná vidvā́n ayuji svayą́ dhurí* (RV.) 'wie ein kluges Ross habe ich mich selbst an die Deichsel gespannt', griech. τὼ μὲν ζευγνύσθην . . . κῆρυξ καὶ Πρίαμος 'die beiden machten sich zurecht', lat. *jungitur* und *se jungit alicui* 'schliesst sich einem an'. Vgl. lat. *cingitur . . . in proelia* (Verg.). 2) Ai. *vāyúr yuṅktē rṓhitā ráthē* (RV.) 'V. schirrt sich die beiden Roten an den Wagen', griech. ἵππους τε ζεύγνυντ' ἀνά θ' ἅρματα ποικίλ' ἔβαινον (Hom.) 'schirrten sich die Pferde an'.

Zu W. *leu̯-* 'lösen, schneiden'. 1) Griech. σπάρτα λέλυνται (Hom.) 'die Stricke haben sich gelöst', σὴ βίη λέλυται (Hom.) 'deine Kraft hat sich gelöst', lat. *solvuntur viscera* (Verg.); *solvo* aus **sĕ-luō* (2, 2, 772). 2) Griech. λύοντο δὲ τεύχε' ἀπ' ὤμων (Hom.) 'sie lösten (für) sich die Waffen (der Getöteten) ab'; vgl. ai. *átha rukmapāšám ún muñcatē* (ŠB.) 'dann macht er sich das Band los'.

Zu W. *dhē-* 'ponere'. 2) *sṓmam índraḥ sutą́ dadhḗ jaṭhárē* (RV.) 'I. nimmt sich in den (in seinen) Magen den gepressten Soma auf', *vā́saḥ pári dhattē* 'er zieht sich ein Kleid an', griech. ὅτι πολλοὶ ἐν αὐτῷ δαῖτα τίθενται | ἄνδρες (Hom.) 'dass sich viele Männer in ihm (dem Saale) ein Gastmahl bereiten', περιτίθεται στέφανον. Vgl. ai. *pári as-* Med. 'sich etwas (z. B. einen Gürtel) umwerfen, umlegen', *pári ūh-* Med. 'sich etwas umschieben, umlegen', *úd gūh-* Med. 'sich etwas umdecken, umbinden' u. dgl., griech. περιβάλλεται χλανίδα u. dgl., lat. *induitur vestem*, umbr. *perca arsmatiam anouihimu* 'virgam ritualem induitor'.

Zu W. *qu̯ei̯-* 'schichten, bauen'. 2) Ai. *yád agnį́ cinutḗ* (TS.) 'wenn er (für) sich den Feueraltar baut', griech. τόσσον ἔπ' εὐρεῖαι σχεδίην ποιήσατ' Ὀδυσσεύς (Hom.) 'so breit erbaute sich O. das Floss'.

Zu W. *peqᵘ-* 'coquere'. 2) *rā́jā tvā pakṣyatē* (ŚB.) 'der König will dich (ein Tier wird angeredet) für sich kochen', av. *pitūm pačata* 'er kochte sich Fleischspeise', griech. πέσσεσθαι πέμματα (Herod.) 'sich Kuchen backen'.

Zu W. *u̯eid-* 'finden'. 2) Ai. *vindáti* vom Finden von Verlorenem, *vindátē* vom Erwerben von Gold (Delbrück Altind. Synt. 253), griech. Τρῶες δ' ὡς εἴδοντο Μενοιτίου ἄλκιμον υἱόν (Hom.) 'als die T. den Sohn des M. erblickten'. Das griech. Medium kann ebenso wie ir. *ro-fitir* 'weiss, wusste' auch zu § 612 gezogen werden.

Zu W. *u̯el-* 'velle'. 2) Ai. *vr̥ṇutē* 'er wählt sich, wünscht sich, wirbt um', av. *taṯ aṯ vaˈrīmaˈdī* . . . *hyaṯ* 'das wollen wir uns erwählen, dass', griech. ἔλδομαι ἐέλδομαι 'verlange'. Vgl. griech. αἱρέομαι 'erwähle mir'.

615. Endlich erwähne ich noch einige Beispiele aus einzelnen Sprachgebieten.

Ai. *ví kr̥ṣatē* 1) 'er zerreisst sich', 2) 'reisst für sich, raubt'. *ví dhūnutē* 1) 'er schüttelt sich', 2) *áva dhūnutē* 'schüttelt etwas (von) sich ab'. *punītḗ* 'läutert sich, reinigt sich'. *vápatē* 'schert sich'. *sr̥játē* 'entlässt aus sich, erschafft' (S. 689). *hváyatē* 'ruft (zu) sich'. *aṅgúlīr acatē* 'er biegt seine Finger'. Beim Med. von ai. *yaj-* av. *yaz-* tritt hervor, dass die religiöse Handlung dem Subjekt zugute kommt oder von ihm bestritten und gebraucht wird (das Aktiv vom Priester, der im Auftrag opfert). Ai. *iṣáta íva hy ēṣá yṓ yájatē* 'denn es wünscht etwas für sich der, der ein Opfer darbringt', av. *yō naēčim isaˈti hunaranąm tanuye isaˈte θrāθrəm* 'der keine (besondere) Fertigkeit verlangt, (sondern) nur Schutz für seine Person verlangt'. Av. *pusąm bandayata* 'sie band sich das (ihr) Diadem fest'. *azāˈte* 'er soll (die Busse) auf sich nehmen'.

Griech. τάξασθαι 1) 'sich aufstellen, an seinen Posten treten', 2) 'für sich etwas aufstellen, bestimmen'. καλύψασθαι ἐγ-καλύψασθαι 1) 'sich verhüllen, sich bedecken', 2) 'sich etwas (z. B. den Kopf) verhüllen'. καθήρασθαι 'sich reinigen', κύψασθαι 'sich bücken', ὁρμίσασθαι καθ-ορμίσασθαι 'sich in den Hafen bringen, landen', ἔχεσθαι 'sich an etwas halten'. πιρι-ρρήξασθαι 'sich etwas (z. B. sein Kleid) zerreissen', μισθώσασθαι 'für sich mieten', ἀπο-θέσθαι 'von sich ablegen', ἀφ-ίεσθαι 'von sich entsenden, ablassen', παρα-σχέσθαι 'aus seinen Mitteln, aus sich, von sich, für sich geben, beibringen'. νόμους θέσθαι, γράψασθαι von dem Volk, das Gesetze gibt, denen es sich selbst unterwirft, dagegen das Aktiv allgemein von denen, die Gesetze geben, mögen sie ihnen unterworfen sein oder nicht.

Für den Fall 2 im Arischen und im Griechischen gilt folgendes. Es sieht oft so aus, als würden diese Media und die zu ihnen gehörigen Aktiva völlig gleich gebraucht. In den älteren Sprachphasen wenigstens war dies nicht der Fall. Der Schein der Gleichheit entsteht vielmehr dadurch, dass es eine Menge von Situationen gibt, in denen es von keinem praktischen Belang ist, ob gesagt oder nicht gesagt wird, dass das von der Handlung betroffene Objekt noch eine andere Beziehung zum Subjekt hat als die, dass dieses die Tätigkeit an ihm vollzieht. In diesen Fällen kann daher ein Staubkorn den Ausschlag für den Gebrauch der einen oder der andern Form geben. "So können wir z. B. ohne Schaden wechseln zwischen den Ausdrücken *setze den hut auf* und *setze dir den hut auf*, obwohl wir wissen, dass bei der letzteren Ausdrucksweise die Gesundheit oder Bequemlichkeit des Angeredeten mit in Betracht gezogen wird" (Delbrück Vergl. Synt. 2, 430).

Im Lateinischen ist in unserm 1. Fall der Bedeutungsunterschied zwischen der aktiven und der deponentialen Form immer gewahrt, z. B. *fert* und *fertur*, *cingit* und *cingitur*. Nur scheinbar widerspricht, wenn z. B. *vertit* und *vertitur* beide mit 'er wendet sich, kehrt um' übersetzt werden können; denn hier ist das Transitivum *vertit* absolut gebraucht. In unserm 2. Fall, bei akkusativischem Objekt, ist die deponentiale Form in der klassischen Periode in der Regel fest, z. B. *nanciscitur* 'erlangt, bekommt', *imitatur* 'macht nach, ahmt nach', *aggreditur* 'greift an'. Dass im Altlateinischen auch aktive Flexion erscheint (z. B. *imitat*, *aggredit*), beweist nicht, dass damals noch der feine Sinnesunterschied lebendig war, den wir für die älteste Gräzität vorauszusetzen haben. Vielmehr scheint hier Übergang medialer zu aktiver Flexion stattgefunden zu haben im Zusammenhang damit, dass das als Part. Perf. verwendete Verbaladjektiv, z. B. *imitatus*, auch passivisch verwendet wurde. Eher ist dagegen denkbar, dass der Wechsel zwischen beiden Flexionsweisen bei einigen Verben, die einen Gefühlszustand bezeichnen, und die man am besten zu § 612 zieht, z. B. *irascor* und *irasco*, *assentior* und *assentio* (solche Aktiva galten in dem klassischen Zeitalter als altmodisch) noch aus einer Sprachperiode stammte, in der man sie semantisch als verschieden empfand. Das Oskisch-Umbrische scheint mit seinen Deponentien im ganzen auf demselben Standpunkt gestanden zu haben wie das Latein. Z. B. osk. *censamur esuf in. eituam* 'er soll sich dabei einschätzen (lassen) und sein Vermögen' neben *pon censtur toutam censazet* 'wenn die Zensoren das Volk einschätzen werden', umbr. a m-p a r i h m u 'er stelle sich, surgito' neben a r v e n k l e t r a m a m-p a r i t u 'in arvo lecticam collocato', vielleicht auch *subra spahmu* 'se supericito' neben *uaso subra spahatu* 'vasa supericito'. Umbr. *perca arsmatiam anouihimu* 'virgam ritualem induitor' ist schon S. 692 erwähnt. Bemerkenswert ist noch, dass in dieser Dialektgruppe im Perfektsystem die Umschreibung mit dem *to*-Partizip gerade so üblich war, wie im Lateinischen, z. B. umbr. *persnis fust* als Fut. ex. 'precatus erit' neben *persnimu* 'precator'.

616. 3) Reziprokes Medium. Wenn es sich um einen Vorgang handelt, bei dem nicht einer, sondern mehrere Wesen als Subjekte beteiligt sind, z. B. um den Vorgang des Kämpfens oder Begegnens, so entsteht durch den Gebrauch der medialen Verbalform, die als solche die Tätigkeit sich in der Sphäre der Subjekte abspielen lässt, bei dualischem oder pluralischem Numerus oft von selbst der Begriff der gegenseitigen Einwirkung, vgl. unsere Reflexiva *sie begrüssen sich*, *sie verteilen sich etwas*. Auch diese Anwendung des Mediums dürfte aus uridg. Zeit ererbt sein, da sie ebenso in mehreren Sprachgebieten zugleich erscheint wie die andern Verwendungsweisen des Mediums.

Gleichwie man nun im Deutschen z. B. neben *sie grüssen sich* auch *er grüsst sich mit ihm* sagt, so verpflanzte sich der reziproke Gebrauch von der dualischen und pluralischen auf die singularische Medialform. Dies geschah um so leichter, als gewisse Media tantum, die durch sich selbst eine von mehreren Personen in gegenseitiger Einwirkung vollzogene Handlung bezeichneten, ohnehin von älterer Zeit her auch im Singular vorkamen, z. B. ai. *spárdhatē* mit Instr. und griech. μάχεταί τινι 'er streitet sich mit einem'. Hier hat die mediale Diathesis ursprünglich wahrscheinlich gar nichts mit dem Begriff einer Reziprozität zu schaffen gehabt, sondern das Medium wird ursprünglich ein 'dynamisches' oder 'reflexives' gewesen sein (vgl. λοιδορεῖσθαί τινι 'einen schimpfen' und λοιδορεῖσθαι 'einander schimpfen'). Der Reziprozitätssinn wird ursprünglich häufig überhaupt keinen Ausdruck am Verbum selbst gehabt haben, sondern war nur durch die Situation gegeben, wie denn, ohne dass der Reziprozitätssinn am Verbum selbst bezeichnet ist, z. B. bei Homer A 6 gesagt ist διαστήτην ἐρίσαντε Ἀτρείδης... καὶ δῖος Ἀχιλλεύς, oder nhd. *die beiden parteien kämpften lange zeit.*

Im Ar. begegnet dieser Gebrauch bei Simplizia und Komposita, im Ai. besonders bei Kompp. mit *sám* und *ví*. Z. B. ai. Du. *vádētē* 'die beiden reden miteinander', Plur. *vádantē* 'sie (mehrere) reden miteinander', *gą́ dīvyadhvam* (ŚB.) 'spielt untereinander um eine Kuh'. Av. *apərᵊsaētəm* 'die beiden befragten sich, besprachen sich', *pərᵊtənte* 'sie (mehrere) kämpfen gegeneinander'. Im Ai. Du. oder Plur. mit *sám* und *ví*, z. B. *są́ vad-* 'sich miteinander unterreden', *są́ car-* 'zusammentreffen, einander berühren', *są́ gam-* 'zusammenkommen', *są́ jñā-* 'einmütig sein', *ví tarh-* 'einander vernichten', *ví vad-* 'miteinander streiten', *ví dviṣ-* 'einander hassen'. Daneben das Verbum im Sing., z. B. *są́ gachasva pitŕ̥bhiḥ* (RV.) 'vereinige dich mit den Pitar', *utá sváyā tanvà są́ vadē tát* (RV.) 'mit meinem eignen Selbst bespreche ich das'.

Im Griech. begegnen ausser nichtkomponierten Verba des Streitens, wie ἐρίζεσθαι (vgl. aktivisch ἐρίσαντε oben), μάρνασθαι, μάχεσθαι, ἀγωνίζεσθαι, und etwa περιδίδοσθαι 'miteinander wetten' (Ψ 485 περιδώμεθον), ἀσπάζεσθαι 'sich begrüssen', κύσασθαι 'sich küssen' besonders viele Komposita mit σύν, διά, ἀντί, z. B. συναλλάττεσθαι 'sich versöhnen', συντίθεσθαι 'sich verabreden', συμφέρεσθαι 'sich vertragen, übereinstimmen', διαλέγεσθαι 'sich unterreden', διακελεύεσθαι 'sich gegenseitig auffordern', διαφέρεσθαι 'sich entzweien', διαδικάζεσθαι 'prozessieren', διανέμεσθαι 'unter einander verteilen', ἀνθομολογεῖσθαι 'sich gegenseitig zugestehen', ἀντασπάζεσθαι 'einander bewillkommnen', ἀντιδεξιοῦσθαι 'sich gegenseitig die Rechte geben'. Das Verbum erscheint oft auch singularisch, z. B. συναλλάττεταί τινι, διαλέγεταί τινι.

Lat. z. B. *luctantur*, *osculantur*; *copulantur dexteras* (Plaut. Aul. 116), *nequeunt complecti satis*; *etiam dispertimini?* 'wollt ihr gleich auseinander?' (Plaut. Curc. 189).

617. Das Medium ist nicht nur nicht einziger Ausdruck für den Begriff der Reziprozität, sondern vermutlich auch nicht der ursprünglichste in den idg. Sprachen und ist sichtlich vielfach als der undeutlichere Ausdruck vermieden worden.

1) Sicher war eine unserm nhd. *einander* entsprechende Ausdrucksweise altererbt. Dabei hatte das Verbum entweder aktive oder mediale Flexion; die letztere darf als Verstärkung des Begriffs der Wechselwirkung gelten.

Ai. z. B. Akt. *nḗd anyò 'nyą́ hinasāta íti* (ŚB.) 'damit sie einander nicht verletzen', Med. *yád idą́ dēvamanuṣyā̀ anyò 'nyásmāi sąprayáchatē* (MS.) 'was Götter und Menschen sich gegenseitig darreichen' (vgl. Delbrück Altind. Synt. 262). Griech. z. B. Akt. ἐριδαίνετον ἀλλήλοιιν (Hom.), ἀλλήλοισι κέλευον (Hom.), Med. διελεγέσθην ἀλλήλοιν (Plat.), συνθέσθαι ἀλλήλοις (Plat.), vgl. Stahl Krit.-hist. Synt. des griech. Verb. 57. Lat. *alter alterum* (ursprünglich nur von zweien) und *alius alium* (ursprünglich nur von mehreren), wofür altertümlicher *alisalium* (2, 1, 54. 2, 2, 129), wie *condamus alter alterum in nervom brachialem* (Plaut.), *ut concinant aliud alii* (Varr.), vgl. Thielmann Wölfflin's Arch. 7, 353 ff.

Entsprechendes auch in den andern Sprachzweigen bei aktivischem Verbum, z. B. ahd. *bechāmen ein anderen* 'begegneten einander' (vgl. Hänsel Üb. den Gebrauch der Pron. reflex. bei Notker, Halle 1876, S. 27 f.), lit. *jẽ pristój kìts kìtą* 'sie stehen einander bei'.

2) Wo sich neben das alte Medium das Reflexivum gestellt und dieses abgelöst hat, konnte dieses auch die Wechselwirkung ausdrücken. Griech. z. B. Isokr. οἱ μὲν (Θετταλοὶ) σφίσιν αὐτοῖς πολεμοῦσιν, Xen. φθονοῦσιν ἑαυτοῖς (vgl. Kühner-Gerth Ausf. Gr. 2³, 1, 573. 574 f.). Im Lat. zwar nur mit *inter se*, z. B.

inter se amant, aber in den roman. Sprachen auch *se*, z. B. italien. *si battono*, franz. *ils se battent* (vgl. Thielmann a. a. O. 344 ff., Meyer-Lübke Gramm. der rom. Spr. 3, 406 f., Thurneysen Wölfflin's Arch. 7, 523 ff.). Ebenso im Westgermanischen, z. B. nhd. *sich schlagen*, *sich lieben*, *sich treffen*, im Lit. z. B. *girtëjë mùszas, pẽszas karczemõj* 'die Betrunkenen schlagen und raufen sich in der Schenke', im Slav. z. B. nslov. *pogovoriti se* 'sich beraten', serb. *ljubiti se* 'sich küssen'.

Bei intransitiven komponierten Verben mit Reflexivpronomen ist dessen Hinzusatz durch dieselbe Vorstellung hervorgerufen, die intransitive Media derselben Begriffsgattung (§ 616) aufweisen: z. B. got. *gaqiman sik*, *gagaggan sik* (Mark. 5, 21 *gaqēmun sik manageins filu du imma* 'συνήχθη ὄχλος πολὺς ἐπ' αὐτον'), aksl. *sъniti sę* 'zusammenkommen, zusammentreffen' (z. B. im Kampf), *sъstati sę* 'συστῆναι' (Exod. 32, 1 *sъstaša sę ljudije na Aarona* 'συνέστη ὁ λαὸς ἐπὶ Ἀαρών'), *raziti sę* 'auseinandergehen, sich trennen' (Miklosich Vergl. Gramm. 4, 268 f.).

Dass der Gebrauch des Reflexivpronomens zum Ausdruck des Sinnes der Reziprozität weniger deutlich war als der Gebrauch von *einander*, ergibt sich am besten aus Wendungen wie Plato Phaedr. p. 237, c οὔτε γὰρ ἑαυτοῖς (jeder mit sich selbst) οὔτε ἀλλήλοις ὁμολογοῦσιν, p. 263, a ἀμφισβητοῦμεν ἀλλήλοις τε καὶ ἡμῖν αὐτοῖς, nhd. *sie trauten es weder sich noch einander zu*, vgl. Ov. Met. 1, 389 *repetunt . . . verba datae sortis secum inter seque volutant*, Cic. Tim. 7 *ut et ipsae secum et inter se . . . iungerentur*.

Wie dem Medium (1), so konnte auch dem Reflexivum zur Verdeutlichung des Begriffs der gegenseitigen Einwirkung noch *einander* beigegeben werden, z. B. lit. *jë mýlis kìts kìtą* 'sie lieben sich (unter) einander'.

Anm. Zur Bezeichnung der Wechselseitigkeit der Einwirkung hatten die idg. Sprachen auch noch andre Mittel, die uns aber hier nicht näher zu beschäftigen haben, z. B. die adverbialen Ausdrücke griech. ἀμοιβηδίς, κατὰ διαδοχήν, lat. *invicem*, *vicissim*, got. *missō*. Die Bedeutung 'gegenseitig', die im Kelt. das ir. *imb imm* und das kymr. *ym-* haben (Zeuss-Ebel Gramm. Celt.[2] 876. 898), deren Sinn sonst 'um' ist, beruht auf der uridg. Bedeutung 'beiderseits' (2, 2, 795): z. B. kymr. *ym-garu* 'amare inter se, amplecti' war ursprünglich 'beiderseits lieben'.

c. Wechsel zwischen aktiver und medialer Flexion in demselben Verbalsystem.

618. Seit uridg. Zeit gehörte zu einem sonst medialen Verbum öfters ein aktives Perfekt. Hierüber s. § 607, 3 S. 680f. Von den sonstigen Schwankungen im Genus innerhalb desselben Verbalsystems, die das Altindische und das Griechische aufweisen, mag ein Teil durch dieses uridg. Verhältnis veranlasst worden sein. Die aktive Perfektflexion scheint nämlich hie und da aktive Flexion des Aorists hervorgerufen zu haben, z. B. ai. *pádyatē* 'fällt' Perf. *papāda* und nach diesem im Aor. *padāti padāt* neben *ápadran padīṣṭá* (vgl. Delbrück Altind. Synt. 235f.), griech. δέρκομαι 'sehe' Perf. δέδορκα und nach diesem Aor. ἔδρακον neben ἐδέρχθην (vgl. S. 172f.). Oder das Perfekt selbst bekam mediale Flexion im Anschluss an ausserperfektische Medialformen, z. B. ai. *pēdirē* neben *papāda pēduḥ*, griech. γεγένημαι neben γέγονα (vgl. Fut. γενήσομαι).

619. Von den einzelsprachlichen Ungleichmässigkeiten sind besonders drei zu nennen, die in der griechischen Sprache in weiterem Umfang hervortreten.

1) Aoriste auf -ην mit intransitiver Bedeutung gruppierten sich mit medialen Präsentien, z. B. ἐμάνην mit μαίνομαι 'rase', ἐτάκην mit τήκομαι 'schmelze, zergehe'. Vgl. S. 171f.

2) Aoriste auf -θην, in der Diathesis mit denen auf -σαμην übereinstimmend, gesellten sich zu ausseraoristischen Media, z. B. αἰδέσθην und αἰδεσάμην zu αἰδέομαι 'scheue mich', ᾠίσθην und ᾠισσάμην zu οἴομαι 'glaube', διελέχθην zu διαλέγομαι 'unterrede mich'. Dieser Gegensatz war von Haus aus nicht vorhanden, wenn es richtig ist, dass der Ausgang -θης der 2. Sing. eine alte verkannte Medialendung gewesen ist. Vgl. S. 172f. 645f.

3) Häufig erscheint bei einem sonst aktivisch flektierten Verbum das σ-Futurum medial gebildet, z. B. βήσομαι zu βαίνω 'gehe', πείσομαι zu πάσχω 'leide', ἀποθανοῦμαι zu ἀποθνῄσκω 'sterbe'. Hierzu sekundär noch die aus Konjunktiven entstandenen Futura ἔδομαι und πίομαι nebst ἔσομαι ἔσται (s. S. 415. 525. 527). Eine nach jeder Richtung hin befriedigende Deutung dieser Erscheinung ist noch nicht gegeben. S. Brugmann-Thumb Griech. Gramm.⁴ 529f., Stahl Krit.-hist. Synt. d. griech. Verb. 48f.

C. Passivum.

620. Unter Passivum versteht man diejenige Gestaltung der Verbalform, durch die man einen Nominalbegriff als den Mittelpunkt eines von ihm ungewollten Vorgangs und somit als den 'leidenden' Mittelpunkt eines Vorgangs erscheinen lässt. Eine eigene Flexionsform für diese Diathesis hat es in den idg. Sprachen von Anfang an nicht gegeben.

Die älteste Bezeichnungsweise mittels einfacher Verbalformen, die sich schon in uridg. Zeit eingestellt hat, war die mittels der Medialformen. In diesen konnte sich am leichtesten ein in der Verbalform etwa noch mitenthaltener Tätigkeitsbegriff so verdunkeln, dass eine rein passive Vorstellung entstand. Ein Teil der Media, 'dynamische' (§ 612) und solche 'reflexive', die keinen Objektsakkusativ zu sich nahmen (§ 613 f.), bildeten als Intransitiva die Grundlage dafür. Auffallend gross ist die Zahl der medialen Perfektformen in passivischer Verwendung im Altind. und bei Homer, so dass es nicht unwahrscheinlich ist, dass bei diesem Tempus der Passivsinn zuerst in weiterem Umfang entwickelt worden ist. Es sind Perfekta wie ai. *tistiré* griech. ἔστρωται 'hat sich ausgebreitet, liegt hingebreitet da', ai. *juhuré* 'liegen hingegossen' griech. κέχυται 'liegt hingegossen', ai. *yuyujé* griech. ἔζευκται 'befindet sich in angeschirrtem, zusammengefügtem Zustand'. Doch mag die Entwicklung gleichzeitig auch schon bei andern Tempora eingesetzt haben. Kam dabei nun eine von dem Satzsubjekt verschiedene, als Agens wirkende Potenz zum Ausdruck, z. B. durch den Instrumental (2, 2, 527), und wurde diese äussere treibende Kraft in den Vordergrund gestellt, so war passivischer Sinn etwa ebenso weit gegeben wie in nhd. Ausdrücken wie *durch ihn hat sich das gerücht verbreitet.* Doch spricht man in diesem Falle des Gebrauchs der Medialform darum noch nicht von eigentlichem Passiv, weil er auf gleicher Linie erscheint mit Ausdrücken, in denen das Verbum auch aktive Flexion zeigt, wie z. B. bei griech. ὄλωλε neben ὄλλυται, ἀποθνῄσκει neben κτείνεται. Zur abschliessenden Vollendung kam die Entwicklung der auf dem Medium beruhenden Passivkategorie erst dadurch, dass man transitiven Aktiva tantum,

z. B. den Aktiva ai. *dádāti* griech. δίδωσι lat. *dat* 'gibt', ai. *píbati*
griech. πίνει lat. *bibit* 'trinkt' (§ 608), Medialformen nicht mit
Medial-, sondern mit Passivsinn gegenüberstellte. Dass dieser
Schritt schon in uridg. Zeit geschehen ist, ist um so wahrscheinlicher, als sich die uridg. Medialformen im Germanischen
nur in passivischer Verwendung erhalten haben: z. B. steht got.
baírada semantisch nur dem ai. *bháratē* griech. φέρεται lat. *fertur*
'wird getragen', nicht dem ai. *bháratē* griech. φέρεται lat. *fertur*
'bewegt sich durch einen Raum hin, fliegt, stürzt' (S. 689 f.) oder
dem ai. *bháratē* 'trägt (bringt, nimmt) mit sich' (S. 687) gleich.

　　Die Abspaltung des Passivs von den beiden andern Dia-
thesen ist erst möglich geworden nach der Differenzierung von
Nominativ und Akkusativ (vgl. 2, 2, 86. 121). Die Assoziation
zwischen Satzsubjekt und Nominativform hatte sich zu der Zeit,
als das Passivum entstand, schon befestigt, und so konnte, mit
oder ohne Angabe des Agens, solches im Nominativ erscheinen,
was eigentlich Objekt des affizierenden Vorgangs war. Das
Treibende war das Bedürfnis, dem Objekt eines Vorgangs die
zentrale Stellung im Satz anzuweisen und es damit psycho-
logisch über die Agensstellung zu erheben. Z. B. in der Stelle
γ 304 ἑπτάετες δ' ἤνασσε (Αἴγισθος) πολυχρύσοιο Μυκήνης, | κτεί-
νας Ἀτρείδην, δέδμηντο δὲ λαὸς ὑπ' αὐτῷ kam es darauf an,
nach Erwähnung der Herrschaft, die Aigisthos ausübte, das
Volk hervortreten zu lassen als im Zustand der Knechtung befindlich; Caes. bell. Gall. 1, 45 *multa a Caesare dicta sunt* wird
durch die passivische Wendung mit *multa* nachdrücklicher auf
die Fülle der diplomatischen Argumente hingewiesen; RV. 3, 51, 6
túbhyam bráhmāṇi gíra indra túbhyạ satrā dadhirē harivō jušásva
'dir sind, falbrossiger I., Gebete und die Lieder allesamt dargebracht, geniesse sie' kam es darauf an, im ersten Satz die Aufmerksamkeit auf die Gegenstände der Darbringung zu lenken. So
ist der Unterschied zwischen aktiver und passiver Konstruktion,
von Anfang an nicht bloss formal gewesen, vielmehr wurde
durch den Wechsel zwischen den beiden Konstruktionsweisen ein
feinerer psychologischer Unterschied erreicht. Man vergleiche
hierzu, wie in Fällen, wo das Verbum einen doppelten Akkusativ regierte, einen der Person und einen der Sache, bei der

Verwandlung ins Passiv bald der eine, bald der andere im Nominativ auftritt, je nachdem das Interesse mehr an der Person oder mehr an der Sache hing, wie Nep. 7, 5, 2 *id Alcibiades diutius celari non potuit* und Plaut. Pseud. 490 *quor haec ... celata me sunt?* (2, 2, 635 f.).

Am häufigsten ist es der sogen. Akkusativus des äusseren Objekts, der bei passivischer Wendung als Nominativ erscheint, wie in den eben angeführten Beispielen. Belege für den Nominativ an Stelle des Akkusativs des inneren Objekts sind griech. ὁ πόλεμος πολεμεῖται, lat. *bella pugnantur*, s. 2, 2, 622. 623 f. Auch steht der Nominativ einem solchen Akkusativ gleich, den man am ehesten der Kategorie des Akk. der Erstreckung über Raum oder Zeit zuteilen würde, wie griech. ἐπιβλέψειας ... τὴν θάλατταν πλεομένην oder ἤδη τρεῖς μῆνες ἐπετετριηράρχηντό μοι (2, 2, 625), oder einem Akk. der Richtung (2, 2, 627 ff.), wie ai. *jánō gantavyàḥ* 'die Leute sind aufzusuchen' (akt. *jáną gachati* 'er geht zu den Leuten').

Für Verba, die zwei Akkusative zu sich nehmen können, von denen der eine prädikativ ist (wie *facere aliquem heredem*), gilt im allgemeinen, dass nur der eine Akkusativ zum Nominativ wird, wie hom. βέβληαι κενεῶνα, lat. Cic. *rogatus sum sententiam*, Plaut. *quor haec ... celata me sunt?*, griech. πληγὰς τύπτομαι (2, 2, 633. 635 f. 637. 639). In den weitaus meisten Fällen ist es hier die Person, die im Nominativ erscheint, während die Sache im Akkusativ geblieben ist. Im Griechischen und Lateinischen ist die Heraushebung des persönlichen Begriffs durch den Nominativ in dem Mass zu einem Konstruktionsprinzip geworden, dass man auch Dative der Person, die das aktive Verbum bei sich hatte, in den Nominativ verwandelte, z. B. Thuk. 1, 140 ἄλλο τι μεῖζον εὐθὺς ἐπιταχθήσεσθε 'ihr werdet bald grösseres auferlegt bekommen' (ἐπιτάττω τί τινι), 1, 82 ἡμεῖς ὑπ' Ἀθηναίων ἐπιβουλευόμεθα 'wir erfahren von den A. Nachstellungen' (ἐπιβουλεύω τινί), lat. CIL 1, 206, 160 *quei lege pl(ebei) ve sc(ito) permissus est, ... utei leges ... daret*, Hor. ep. 1, 5, 21 *haec ego procurare ... imperor*, Ov. Tr. 3, 10, 35 *vix equidem credar*. In beiden Sprachen haben hier Synonyma mit älterer persönlicher Passivkonstruktion vorbildlich mitgewirkt, und im Lateinischen wurde diese Konstruktionsweise überdies durch den Einfluss des Griechischen begünstigt (Kühner-Stegmann Ausf. Gramm. 2^2, 1, 101 f.).

621. Öfters erscheint bei periphrastischer Ausdrucksweise, die aus einem Hilfsverbum mit einem Infinitiv besteht, die Passivität an dem Hilfsverbum (§ 811) ausgedrückt, z. B. ai. *hantu̯ šakyatē* 'er kann getötet werden', lat. (Pacuv.) *potestur investigari via.* Über die psychologische Grundlage dieser Ausdrucksweise s. Osthoff IF. 9, 180 ff.

622. Arisch.

1) Neben dem Gebrauch der medialen Formen in passivischer Bedeutung, der aus uridg. Zeit überkommen war, fand das Passivum im Präsens einen eigenen Ausdruck in der teils mit medialer teils mit aktivischer Personalendung auftretenden *ya*-Bildung, die S. 185 ff. behandelt ist. Die *ya*-lose Medialbildung des Präsens mit Passivbedeutung, wie *bhárate*, war im Ai. in ved. Zeit schon im Rückgang und ist in nachved. Zeit als Passivausdruck ganz aufgegeben worden, wogegen ausserhalb des Präsensstamms das Medium zum Ausdruck passivischer Bedeutung auch später verblieb, so dass die Medialform im Fut., Aor. usw. bald mediale, bald passivische, häufiger die erstere Funktion, zeigt.

2) Wie sich das Präsens mit dem stammbildenden Formans *-ya-* im Arischen zu einer besonderen Passivkategorie entwickelt hat, so geschah es auch mit der 3. Sing. Aor. auf *-i*, wie ai. *á-vāci* gthav. *vāčī* apers. *a-dāriy*, über die schon S. 434 f. 648 gesprochen ist. Dass die Bedeutung dieser Formation von Haus aus nicht eine ausgesprochen passivische war, zeigen *ápādi* 'ist gefallen' (neben *pádya-tē* 'fällt') u. a.; im Ai. sind auch in der klassischen Sprache noch gewisse Formen mit medialer, genauer intransitiver Bedeutung verblieben, wie, ausser dem genannten *apādi*, noch *ajani* 'ist entstanden', *abōdhi* 'ist erwacht' u. a. Als wirkliche Passiva aber erscheinen z. B. ai. *ákāri* 'ist gemacht worden', *ápāyi* 'ist getrunken worden', *áśrāvi* gthav. *srāvī* 'ist gehört worden', gthav. *vāčī* 'ist genannt worden', jgav. *ər*ᵉ*nāvi* 'ist gewährt worden', apers. *adāriy* 'ist festgehalten worden'.

623. Armenisch. Mit dem ar. *ya*-Passiv (§ 622, 1) war formantisch das arm. Passiv auf *-im* nächstverwandt, z. B. *berim* 'feror', zu *berem* 'fero'. Auch ist die semantische Entwicklung die gleiche gewesen, indem die Formation ursprünglich und zum Teil noch in geschichtlicher Zeit intransitiven Sinn gehabt hat. S. S. 187 f. Wie weit die Flexion vorhistorisch die mediale war, ist nicht mehr zu ersehen.

Im übrigen verweise ich auf Meillet Altarm. Elem. 106 f.

624. Griechisch. In der urgriechischen Periode müssen einmal alle Tempusbildungen medialer Prägung befähigt gewesen sein, die passivische Diathesis auszudrücken. Eine Einschränkung vollzog sich dann aber im Aorist, wo schon seit urgriechischer Zeit mehr und mehr die Formen auf -ην -ης usw., wie ἐδάμην 'ich unterlag', die alte Intransitiva waren (S. 171 f. 699), und die Formen auf -θην -θης usw., die freilich selbst an einer alten Medialbildung sich entwickelt zu haben scheinen (S. 172 f. 503. 646. 699), in die Rolle der normalen Passivform hineinkamen. Am frühesten haben sich die medialen σ-Aoriste auf -σαμην, wie ἐστησάμην, vom Passivgebrauch zurückgezogen; einige Stellen, an denen man solchen medialen σ-Aoristen noch Passivsinn zugeschrieben hat, lassen sich auch anders erklären. Von den sogen. starken Aoristen mit medialer Flexion erscheinen z. B. ἐκτάμην (S. 89), ἐσχόμην (S. 127), ἐβλήμην (S. 170) bei Homer auch noch als echtes Passivum. Doch haben sich auch diese Formen später der Passivbedeutung entschlagen zugunsten der Formen auf -ην und -θην, wie z. B. bei Homer schon ἐκτάθην neben passivischem ἐκτάμην auftritt.

2) Das Vordringen der ην- und θην-Aoriste in Passivbedeutung hatte eine Neuerung beim Futurum zur Folge. Die Formen wie βλάψομαι (βλάπτω), τρώσομαι (τιτρώσκω), ὀνειδιοῦμαι (ὀνειδίζω) behielten im Ion.-Att. bis ins 4. Jahrh. v. Chr. die Passivbedeutung bei. Doch machten ihnen mehr und mehr Konkurrenz die an die ην- und θην-Aoriste anknüpfenden, schon in urgriechischer Zeit aufgekommenen Formen auf -ησομαι und -θησομαι, wie βλαβήσομαι, τρωθήσομαι. Sie wurden regelmässig dann passivisch gebraucht, wenn die entsprechende Aoristform passivisch war. Wie den vom Perfektstamm aus gebildeten

Futura, z. B. τεθνήξω (zu τέθνηκα), κεκλήσομαι (zu κέκλημαι), perfektische Aktionsart zukam ('ich werde gestorben und tot sein', 'ich werde genannt sein und heissen'), so brachten jene vom Aorist aus gebildeten Futura zunächst nur aoristische Aktionsart zum Ausdruck, z. B. βλαβήσομαι 'ich werde Schaden erleiden' neben βλάψομαι 'ich werde Schaden leiden, haben', ἀχθεσθήσομαι 'ich werde böse werden' neben ἀχθέσομαι 'ich werde böse sein'.

3) Wie in uridg. Zeit die Entwicklung der auf dem Medium aufgebauten Passivklasse erst dadurch zum Abschluss kam, dass man zu Aktiva tantum, z. B. zu dem uridg. Vorläufer von ai. *dádāti*, Medialformen mit Passivsinn schuf, so wurden im Griechischen die ursprünglich intransitive Aoristkategorie auf -ην und die ihr angeschlossene Futurkategorie auf -ησομαι erst dadurch zu eigentlichen Passiva, dass sich den Aoristen wie ἐδάμην ('ich unterlag') analoge Bildungen aus Verben, welche aktivisch-transitiven Sinn hatten, in der Weise zugesellten, dass sie sofort mit ihrer Entstehung die spezifische Bedeutung des Betroffenwerdens von der Handlung bekamen, z. B. ἐτύπην ὑπ' αὐτοῦ, als Oppositum zu ἔτυψέ με.

625. Italisch und Keltisch.

1) Wie das *r*-Deponens in diesen beiden Zweigen die uridg. mediale Diathesis fortsetzte, so hat es in ihnen auch den passivischen Gebrauch der Medialformen aus uridg. Zeit überkommen, und so darf man z. B. lat. *datur* unmittelbar den Passiva ai. *dattḗ*, griech. δίδοται gleichstellen. Jedoch spielte in diesen Entwicklungsgang hinein die S. 664 f. besprochene Passivbildung der 3. Sing. auf *-r* ohne das Personalelement *t*, die im Osk.-Umbr. und im Kelt. auftritt, die aus einer Art von Impersonale voluntativen Sinnes erwachsen ist, z. B. umbr. *ferar* 'feratur', ir. *canar* 'canatur'.

2) Seit urital. Zeit war die mediopassive Form des Perfekts durch eine Umschreibung ersetzt, die aus dem Verbum substantivum mit dem *to*-Partizip bestand, z. B. lat. *domus aedificata est*. S. § 421, 1.

3) Diese selbe Periphrasis gehörte auch dem Urkeltischen an, nur liess man im Kelt. das Hilfszeitwort weg, z. B. ir. *ro carad* 'ist geliebt worden, wurde geliebt'. S. § 422, 1.

626. Germanisch.

1) Hier ist das altüberkommene, aus dem Medium entwickelte Passiv nur im Gotischen und in diesem nur im Präsens erhalten geblieben, z. B. 3. Sing. *baírada*: Matth. 7, 19 *all bagmē ... usmaitada jah in fōn atlagjada* 'πᾶν δένδρον ... ἐκκόπτεται καὶ εἰς πῦρ βάλλεται'. Des alten medialen Sinnes haben sich diese gotischen Formen schon in vorhistorischer Zeit begeben. Teils traten Reflexiva für die Media ein, z. B. *warmjan sik* 'θερμαίνεσθαι' (§ 633), teils blosse Aktivformen. Das letztere hat man sich wohl so vorzustellen, dass die Germanen zunächst da, wo Medium und Aktivum ohne grössere Bedeutungsverschiedenheit nebeneinander im Gebrauch waren, gegen diesen Unterschied gleichgiltig wurden und in der Folge die aktivische Ausdrucksweise zur Alleinherrschaft brachten, z. B. *taujan* gegenüber griech. ποιεῖν und ποιεῖσθαι (vgl. etwa Luk. 5, 33 *bidōs taujand* 'δεήσεις ποιοῦνται': Matth. 5, 46 *þata samō taujand* 'το αὐτὸ ποιοῦσιν'), dass dieses aber dann den Übergang zu aktivischer Flexion auch bei alten Media tantum nach sich zog, z. B. got. *ga-nisan* gegenüber griech. νέομαι (§ 609).

Die Ablegung der medialen Bedeutung, wie sie die Formen wie got. *baírada* zeigen, hat ihr Gegenstück in dem Verlust der passivischen Bedeutung, den die ai. Präsensformen wie *bháratē* und die griech. Aoristformen wie ἐστησάμην ἐσχόμην erfahren haben (§ 622, 1. 624, 1).

2) Ähnlich wie im Griechischen die intransitiven Aoriste auf -ην sich zu einer Passivklasse entwickelten, geschah dieses im Gotischen mit den auf der Präsensbildung mit *-nā-* : *-nə-* beruhenden intransitiven Verba auf *-nan* (S. 309 ff.). Z. B. Matth. 6, 9 *weihnai namō þein* 'ἁγιασθήτω τὸ ὄνομά σου'. Doch ist der spezifisch passivische Sinn durch diese Klasse weniger deutlich dargestellt als durch die alte Medialform im Präsens (1) und durch die periphrastischen Ausdrücke ausserhalb des Präsens (3). Dies zeigt sich besonders darin, dass die Verba auf *-nan* nicht erscheinen, wo der Urheber der Handlung mit *fram* c. dat. gegeben ist.

3) Ausserhalb des Präsens fanden seit urgermanischer Zeit Umschreibungen Verbreitung, die aus (got.) *wisan* und *waírþan*

mit dem Part. Perf. bestanden. Sie erscheinen im Westgermanischen bei Beginn der Überlieferung fast schon als das einzige Mittel, das Passivum auszudrücken. S. § 423, 1.

4) Wie die mediale Funktion der alten Medialformen in urgermanischer Zeit grossenteils auf das Reflexivum übergegangen ist, so hat dieses im Schwed. und Dän. auch passive Funktion angenommen, ähnlich wie das Reflexivum im Slavischen (§ 627, 2) und im Romanischen (§ 632). — Wenn bei Wulfila griechische Passivformen öfters durch Reflexiva wiedergegeben sind (v. d. Gabelentz u. Loebe Gramm. 139), so berechtigt das nicht zu der Annahme, dass für den Goten diese Ausdrucksweise denselben Diathesissinn hatte wie die Formen wie *bairada* (1) und die ausserpräsentischen periphrastischen Wendungen (3), z. B. entspricht Mark. 9, 2 *jah inmaidida sik in andwairþja izē* ('καὶ μετεμορφώθη ἔμπροσθεν αὐτῶν') nicht unserm *wurde verwandelt*, sondern unserm *verwandelte sich*.

627. Baltisch-Slavisch. Hier ist von Medialformen mit Passivbedeutung nichts erhalten.

1) Im ganzen balt.-slav. Sprachgebiet finden sich dafür Umschreibungen, bestehend aus dem Verbum substantivum und einem Part. Pass. S. § 424, 2.

2) Im Slav. erscheint für das Passiv auch das Reflexivum und zwar ebensowohl in Fällen, wo ein Urheber der Handlung nicht genannt ist und man zur Übersetzung ein Intransitivum gebrauchen könnte, z. B. *rěka, jaže slyšitъ sę Dunavъ* 'fluvius, qui vocatur Danubius', wie auch dann, wenn der Urheber genannt ist, z. B. *azъ trěbują otъ tebe krestiti sę* (Matth. 3, 14) 'ἐγὼ χρείαν ἔχω ὑπὸ σοῦ βαπτισθῆναι'. Im Balt. scheinen nur solche Fälle vorzukommen wie lit. *teĩp kal̃basi* 'so spricht es sich, so wird gesprochen' (verbreiteter ist *teĩp kalbamà*.)

Anm. Auch im Albanesischen erscheint als Passiv die Verbindung des Aktivs mit dem Reflexivpronomen *u* aus *[*s*]*u̯e*-, im Aor., Opt. und Imper., wobei das Pronomen, wie im Slav., für alle drei Personen gilt, z. B. zu *vjeθ* (Stamm *veδ*-) 'ich stehle' Aor. *u-voδa* oder *u-voθše*, Opt. *u-vjeθša*, Imper. *viδ-u* (2, 2, 396. 398). Vermutlich besteht in diesem Punkt ein historischer Zusammenhang zwischen Alban. und Slav. Dabei ist aber auch der Gebrauch des Reflexivs als Passiv im Romanischen (§ 632) zu berücksichtigen.

D. Reflexivum.

628. Die Verbindung des Aktivs mit einem von ihm abhängigen Kasus eines Reflexivpronomens, z. B. *er freut sich*, war von Haus aus nicht von andrer Art als die eines Aktivs mit dem gleichen Kasus eines beliebigen andern Pronomens oder Nomens, z. B. *er schlägt mich*, *er schlägt das tier*. Ein Teil jener Verbindungen aber stand seit uridg. Zeit dem Medium begrifflich ganz nahe und hat denn — als 'Reflexivum' bezeichnet — in mehreren Sprachgebieten das Medium (Deponens) mehr und mehr zurückgeschoben oder ganz ersetzt, ein Vorgang, der sich in seinem Verlauf am besten auf römischem Boden verfolgen lässt.

Zunächst war das Reflexivum nur dann gebraucht, wenn eine Person oder Sache, die zugleich das Subjekt und das Objekt eines Verbums bilden, als Subjekt und als Objekt einander ebenso gegenüberstehend empfunden wurden, wie wenn Subjekt und Objekt verschiedene Personen oder Sachen sind, namentlich also, wenn das Reflexivpronomen als Objekt den begrifflichen Gegensatz zu einem andern, sei es ebenfalls zu demselben Verbum hinzutretenden oder wenigstens aus dem Zusammenhang zu ergänzenden Objekt bildet, besonders wenn dieses ebenfalls ein Personalpronomen ist (z. B. *er schädigte mich und sich*).

Der Übergang zur Gleichstellung mit dem altüberkommenen Medium geschah dann dadurch, dass die Wendung mit dem Reflexivpronomen auch dann gebraucht wurde, wenn letzteres keinen Nachdruck hatte, also dadurch, dass sich — um es in nhd. Weise auszudrücken — *er schädigte sich*, *übte sich* neben *er schädigte sích*, *übte sích* stellte. Wo die Medialformen zugleich Passivbedeutung hatten, wird wohl öfters der Eindeutigkeit des Ausdrucks wegen zur Umschreibung mit dem Reflexivpronomen gegriffen worden sein, was dann zur Verbreitung des Reflexivums beitrug.

629. Arisch. Hier ist das Reflexivum noch nicht in die Stelle des alten Mediums eingerückt. Am häufigsten ist im Ai. die Wendung mit *ātmán-*. Das Verbum kann aktive und mediale Flexion haben; im letzteren Fall kann zum Teil Kontamination von zwei Ausdrucksweisen angenommen werden. Z. B. ai. *na svą šikṣyasi svayam* 'nicht belehrst du dich selbst', *yád yajamānabhāgą́ prāšnáty ātmánam ēvá prīṇāti* 'wenn er den Anteil des Opferers verzehrt, erquickt er sich' (sonst hat er die Aufgabe, andere zu erquicken), *sá yajñám ātmánq vy àdhatta* 'er verwandelte sich in das Opfer', av. *āaṯ azəm tanūm aguze* 'da begab ich mich ins Versteck'. S. 2, 2, 401 f., Delbrück Altind. Synt. 207 ff. 262 f., Speyer Ved. u. Sanskr.-Synt. 49.

630. Im Armenischen, wo das alte Medium erloschen ist, erscheint als dessen Ersatz das Aktivum in Verbindung mit *iur* und *inkn*, die beide zu dem Reflexivpronomen **seu̯e-* **su̯e-* zu gehören scheinen (2, 2, 396. 402), oder oft auch mit *anjn* 'Seele, Person' (2, 1, 687), das den 2, 2, 401 genannten Ersatzwörtern für das uridg. Reflexivpronomen anzuschliessen ist, z. B. Joh. 7, 4 *yaitnea zanjn ko ašxarhi* 'φανέρωσον σεαυτὸν τῷ κόσμῳ' (Meillet Altarm. Elem. 67).

631. Das Griechische befand sich im Altertum ungefähr in demselben Entwicklungsstadium wie das Altindische. Als Reflexivpronomen fungierten nicht nur eigentliche Pronominalformen, wie ἕ, ἑαυτόν, sondern im Epos wurden auch Substantiva wie θῡμός, φρήν, ähnlich wie im Ai. *ātmán-*, gebraucht, z. B. I 189 τῇ ὅ γε θυμὸν ἔτερπεν 'ergötzte sich'. Ferner verband sich, wie im Arischen, nicht nur das Aktivum sondern auch das Medium mit dem Reflexivpronomen oder dessen Stellvertreter, was ebenso wenig wie dort als Beweis dafür genommen werden darf, dass sich das Gefühl für die Bedeutsamkeit der medialen Flexion damals schon in höherem Masse abgestumpft hätte. Z. B. att. παρέδοσαν οἱ πάντες σφᾶς αὐτούς (Thuk.) 'se tradiderunt', Hom. ὅς τίς κε τλαίῃ, οἷ τ' αὐτῷ κῦδος ἄροιτο 'und sich Ruhm erwürbe', att. βλάπτειν ἑαυτόν 'sich schädigen', γυμνάζειν ἑαυτόν 'sich üben' (neben γυμνάζεσθαι), παρασκευάζειν ἑαυτῷ τι und παρασκευάζεσθαι ἑαυτῷ τι 'sich etwas bereiten'.

632. Italisch. Wie sich im Osk.-Umbr. Reflexivum und Deponens zueinander verhielten, ist bei dem Mangel an Belegen nicht zu wissen.

Im Lateinischen erscheint von Beginn der Überlieferung an bei den Verben, bei denen aktive und deponentiale Flexion nebeneinander lebendig waren, in Konkurrenz mit der deponentialen Form oft auch das Aktivum mit dem Reflexivpronomen. Und zwar war die letztere Ausdrucksweise auch in dem Fall, dass es auf Bezeichnung eines Gegensatzes des Reflexivpronomens zu einem andern substantivischen Wort nicht ankam, so häufig, dass das Reflexivum für gewöhnlich schon als gleichwertig mit dem Deponens, der Fortsetzung des alten Mediums, angesehen werden kann; die begriffliche Verschiedenheit, die wir im Nhd. z. B. zwischen *er übt sich* und *er übt sích* empfinden, war also in der historischen Latinität bei *exercetur* und *se exercet* nicht mehr vorhanden.

Auch im Lat. (vgl. § 628) wird die Wahl des Reflexivums öfters dadurch veranlasst worden sein, dass die Form des Deponens zugleich als Passivum fungieren, mithin Zweideutigkeit entstehen konnte. Z. B. *se unguit* und *unguitur*, *se exercet* und *exercetur*, *obviam alicui se fert* und *fertur*, *immiscent se rei* und *immiscentur*, *littera se fundit* und *funditur*, *castris se effundunt* und *effunduntur*. Nicht selten ist nur noch ein Reflexivum überliefert, wo in vorhistorischer Zeit auch deponentiale (mediale) Ausdrucksweise vorhanden gewesen sein dürfte, z. B. *dedecore se abstinebat* (vgl. griech. ἀπείχετο), *gloriam sibi peperit* (vgl. ἐπορίσατο, ἐκτήσατο). Vgl. hiermit osk. nep memnim nep úlam sífeí heriiad (v. Planta no. 129) 'nec monumentum nec ollam sibi capiat'.

Im Volkslatein griff das Reflexivum mehr und mehr um sich auf Kosten des Deponens und bemächtigte sich zugleich eines grossen Teiles des älteren passivischen Ausdrucks (persönliches Passiv z. B. italien. *il libro non si trova* 'liber non reperitur', unpersönliches Passiv z. B. italien. *si dice* 'dicitur', *si è detto* 'dictum est').

633. Im Germanischen und im Baltisch-Slavischen ist das Reflexivum schon in vorhistorischer Zeit an die Stelle des Mediums gerückt, soweit nicht, wie z. B. bei got. *ga-nisiþ* 'er kommt glücklich durch, findet Rettung' (ai. *násatē* griech.

νέομαι), aksl. *mьnją* 'ich meine' (ai. *mányatē* ir. *do-muiniur*), aktive Flexion die mediale ersetzt hat.

Z. B. got. *skaman sik* mhd. *sich schamen* 'sich schämen', got. *ōgan sis*, *faúrhtjan sis* 'sich fürchten', mhd. *nie ne vürhte dir*, got. *ga-wandjan sik* 'sich wohin wenden, zurückkehren', ahd. *chlagōn sih* 'klagen'. Im Nord. ist das Pronomen mit dem Verbum univerbiert und die Bedeutung ist überdies auch passivisch geworden, z. B. *kallask* 'sich nennen, genannt werden'.

Auch im Balt. ist das Pronomen mit der Verbalform univerbiert. Im Lit. erscheint *-si*, aus **së* (noch älter **sei* oder **soi*, 2, 2, 408) entstanden, sowohl beim 'akkusativischen' als auch beim 'dativischen' Reflexivum, z. B. *àsz sukù-s(i)* 'ich drehe mich', *àsz sukù-s(i) botãgą* 'ich drehe mir eine Peitsche'. Bei Präpositionalkomposita wird das Pronomen eingeschoben, z. B. *isz-si-mëgóti* 'sich ausschlafen', *su-si-bárti* 'sich mit einem verzanken'. In diesem Fall erscheint das Pronomen zuweilen zweimal gesetzt, z. B. *ap-si-vèsti-s* 'sich verheiraten' (*vèsti* 'führen, heimführen'), womit man *àsz sukù-s sáu botãgą* vergleiche, wie man sich ausdrückt, wenn ein gewisser Nachdruck auf dem 'sich' liegt (*àsz sukùs botãgą* : *àsz sukùs sáu botãgą* = griech. παρασκευάζεταί τι : παρασκευάζεται ἑαυτῷ τι, § 631). Manche lit. Verba reflexiva sind, gleichwie z. B. nhd. *sich schämen*, in einfach aktiver Form nicht mehr üblich, z. B. *bijóti-s* 'sich fürchten', *gėdėti-s* 'sich schämen', sie vergleichen sich also den alten Media tantum (§ 609). Dem lit. *-si* entspricht apreuss. *-si* in *grīki-si* 'er versündigt sich' u. dgl. (2, 2, 408 Fussn. 1, Trautmann Altpreuss. Sprachd. 271. 443).

Im Slav. ist das Reflexivpronomen mit dem Verbum nicht zu unlöslicher Einheit verschmolzen und hat in allen slav. Sprachen in der älteren Zeit noch nicht die feste Stellung wie jetzt z. B. im Russ., wo *sja* stets dem Verbum unmittelbar folgt. Im Slav. war es die Akkusativform *sę* (2, 2, 413), die verallgemeinert wurde. Z. B. aksl. *myti sę* 'sich waschen, baden', *moliti sę* 'beten' (*moliti* 'bitten'), *blьstěti sę* 'glänzen'. Auch hier kommen manche Verba nur als Reflexiva vor, wie *bojati sę* 'sich fürchten', *smijati sę* 'lachen'. Über den Gebrauch des slav. Reflexivs als Passivum s. § 627, 2.

2. Der Gebrauch der Tempora[1]).

A. 'Tempus' und 'Aktionsart'.

a. Allgemeines.

634. In den 'Vorbemerkungen über die Bedeutung der Tempus- und Verbalstämme' S. 68—86 ist von den sogen. Aktionsarten gehandelt worden, von denen man teils bezüglich ganzer Verbalsysteme spricht (z. B. Iterativa, Intensiva, Demi-

1) Vieles, was den Gebrauch der Tempora angeht, ist enthalten in den Schriften, die oben S. 41ff. 390ff. 427ff. wegen ihrer Bildung angeführt worden sind. Hier nenne ich nur noch solche Schriften, die sich ausschliesslich oder ganz vorzugsweise mit den Fragen des Gebrauchs befassen. Die Literatur über die Aktionsarten der Tempusstämme ist oben S. 68ff. angegeben. Es bleibt demnach hier etwa noch folgende Literatur zu nennen:

Allgemeinidg. Delbrück Vergl. Synt. 2, 1ff. Verfasser Kurze vergl. Gramm. 559ff., Die sogen. relative Zeitstufe, Ber. der sächs. Ges. der W. 1883 S. 173ff. Nerz Perfektum und Imperfektum, respektive Passé défini u. Imparfait, Nürnberg 1895. Rodenbusch Präsentia in perfektischer Bedeutung, IF. 28, 252ff.

Arisch. Delbrück Altind. Tempuslehre, Halle 1877, Altind. Synt. 273ff. Speyer Ved. u. Sanskrit-Synt. 50ff., Sanskrit Synt. 241ff. Flensburg Studier öfver den fornindiska tempusläran, Lund 1888. Whitney On the narrative use of perfect and imperfect tenses in the Brāhmaṇas, Amer. Or. Soc. Proc. 1891 S. 85ff. Bartholomae Altiran. Verb. 220ff. Reichelt Awest. Element. 301ff. Gray Contributions to Avestan Syntax: The Preterite Tenses of the Indicative, Journ. of the Am. Or. Soc. 21 (1900) S. 112ff. Wackernagel Futurum historicum im Altpers., Festschrift für V. Thomsen, 1912, S. 134ff.

Armenisch. Meillet Recherches sur la syntaxe comparée de l'arménien: Les temps, Mém. 16, 117ff., Altarm. Elem. 107ff.

Griechisch-Lateinisch. Kohlmann Üb. das Verhältnis der Tempora des lat. Verbums zu denen des griechischen, Eisleben 1881.

Griechisch. Kühner-Gerth Ausf. griech. Gr.[3] 1, 129ff. Brugmann-Thumb Griech. Gramm.[4] 538ff. Delbrück Grundlagen der griech. Synt. 80ff. Stahl Krit.-hist. Synt. des griech. Verb. 74ff. Aken Die Grundzüge der Lehre von Tempus u. Modus im Griech., historisch u. vergleichend dargestellt, 1861. Goodwin Syntax of the Moods and Tenses of the Greek Verb, London 1889. Flagg Outlines of the Temporal and Modal Principles of the Attic Prose, Berkeley Cal. 1893. Schlachter Statistische Untersuchungen üb. den Gebrauch der Tempora u. Modi bei einzelnen griech. Schriftstellern, IF. 22, 202ff. 23, 165ff. 24, 189ff. Kaiss-

nutiva), teils bezüglich derjenigen Teile eines einzelnen Verbalsystems, die man als dessen 'Tempora' unterscheidet. Diese sogen. Tempora haben als Stämme mit den rein subjektiven Zeitstufen Gegenwart, Vergangenheit und Zukunft ursprünglich nichts zu tun gehabt. Sie dienten zuerst vielmehr zur Charakterisierung verschiedener Aktionsarten in derselben Weise, wie das vielfach in den einzelnen idg. Sprachen bei verschiedenen zur selben Wurzel gehörigen ganzen Verbalsystemen, die nebeneinander im Gebrauch sind, der Fall ist, z. B. lat. *jactare* : *jacere*

ling Üb. den Gebrauch der Tempora u. Modi in des Aristoteles Politika u. in der Atheniensium Politia, Erlangen 1893. Burton Syntax of Moods and Tenses in New Testament Greek, 4. Ausg. Chicago 1909. Jacobsthal Der Gebrauch der Tempora u. Modi in den kret. Dialektinschriften, Strassburg 1907 (Beiheft zu IF. 21). Mutzbauer Die Grundlagen der griech. Tempuslehre u. der hom. Tempusgebrauch, 2 Bde., Strassburg 1893. 1909. Gildersleeve Problems in Greek Syntax: Times and Tenses, A. J. of Ph. 23, 241 ff. Dörrwald Zur griech. Tempuslehre, Gymnasium 1899 S. 145 ff. Meltzer Zur griech. Tempuslehre, Gymnasium 1899 S. 329 ff. Hartmann Die Aktionsarten des griech. Verbums, Sokrates 2 (1914) S. 630 f. Hultsch Die erzählenden Zeitformen bei Polybios, ein Beitrag zur Syntax der gemeingriech. Sprache, 3 Tle., Leipzig 1891—93. Thouvenin Der Gebrauch der erzählenden Zeitformen bei Ailianos, Jbb. f. class. Phil. 151 (1895) S. 378 ff. K. Roth Die erzählenden Zeilformen bei Dionysius von Halikarnass, Bayreuth 1897. Hultzsch Die erzählenden Zeitformen bei Diodor, Pasewalk 1902. Stiebeling Beiträge zum hom. Gebrauch der tempora praeterita, insbes. des Imperfektums, Siegen 1887. Miller The Imperfect and the Aorist in Greek, A. J. of Ph. 16, 139 ff. Ahlberg Nögra anmärkningar till imperfektets och aoristens syntax hos Thukydides, Från Filolog. Föreningen i Lund, Språkliga uppsatser, II, Lund 1902. Hillesum De imperfecti et aoristi usu Thucydideo, Leiden 1908. Kieckers Zum Gebrauch des Imper. Aor. u. Präs. (im Griech.), IF. 24, 10 ff. Donovan Greek Jussives, Class. Rev. 9, 289 ff. 342 ff. 444 ff. Rodemeyer Das Präsens historicum bei Herodot u. Thukydides, Basel 1889. Mahlow Üb. den Futurgebrauch griechischer Präsentia, KZ. 26, 570 ff. Meltzer Zur Lehre von der Bedeutung des Präsensstammes im Griech., Neues Korresp.-Bl. f. d. Gelehrten- u. Realschulen Württembergs 7, 445 ff. Franke Üb. den gnomischen Aor. der Griechen, Ber. d. sächs. G. d. W. 1854 S. 63 ff. E. Moller Üb. den gnomischen Aor., Philologus 8, 113 ff. Musić Gnomički aorist u grčkom i hrvatskom jeziku, Rad 112, Agram 1892. J. Schmidt Üb. den gnomischen Aor. der Griechen, Passau 1894. Elmer A note on the Gnomic Aorist, Proceed. of the Am. Phil. Ass. 25 (1894) p. LIX sqq. Rodenbusch Die temporale Geltung des Part. Aor. im

oder *parturire* : *parere*. Erst nach der Zusammenfassung zu einem einheitlichen Verbalsystem und dann auch erst ganz allmählich und nur teilweise kamen die 'Tempora' in den Dienst der Unterscheidung der Zeit des Vorgangs. In weiterem Umfang geschah dies nur bei den Indikativformen, bei denen das Augment Vergangenheitsbezeichnung war. Die morphologische Mannigfaltigkeit der Tempusstammbildung war aber aller Wahrscheinlichkeit nach ursprünglich auch nicht nur durch den Trieb ins Leben getreten, bestimmte, klarer empfundene Aktions-

---

Griech., IF. 24, 56ff. Derselbe Zur Bedeutungsentwicklung des griech. Perfekts, IF. 22, 323ff. Meltzer Gibt es ein rein präsentisches Perfekt im Griech.?, IF. 25, 338ff. Derselbe Nochmals das reine Perfekt, IF. 28, 120f. Kieckers Zum Perfekt des Zustandes im Griech., IF. 30, 186ff. Cloud Use of the Perfect Tense in the Attic Orators, Pennsylvania Univ. 1910. V. Magnien Le futur grec, 2 Tle., Paris 1912.

Italisch. Draeger Hist. Synt. der lat. Spr. 1², 228ff. Kühner-Stegmann Ausf. lat. Gramm. 1², 112ff. Schmalz Lat. Gramm.⁴ 483ff. 524ff. Blase Tempora u. Modi, in: Landgraf Hist. Gramm. d. lat. Spr. 3, 97ff. Bennett Syntax of Early Latin 1 (1910) S. 10ff. J. Schneider De temporum ap. priscos scriptores Latinos quaest. sel., Glatz 1888. Rodenbusch De temporum usu Plautino, Strassburg 1888. M. Schlossarek Temporum et modorum syntaxis Terentiana. Pars prior: De temporum usu (Breslau 1908). R. Lackner De casuum temporum modorum usu in ephemeride Dictyis-Septimii, Innsbruck 1908. Rickmann Zur lat. Tempuslehre, Güstrow 1902. Ley Vergilianarum quaestionum spec. prius, de temporum usu, Saarbrücken 1877. E. Zimmermann De epistulari temporum usu Ciceroniano quaest. gramm., Rastenburg 1886. 1887. 1890. 1891. Spindler Syntaxeos Propertianae capita duo, quae sunt de verbi temporibus et modis, Marburg 1888. Ehrismann De temporum et modorum usu Ammianeo, Strassburg 1886. M. Wetzel Selbständiger u. bezogener Gebrauch der Tempora im Lat., Paderborn 1890. Lattmann Zur lat. Tempuslehre, Z. f. d. Gymn. 57 (1903) S. 496ff. Elmer Studies in Latin Moods and Tenses, Cornell Studies in Class. Philol. 6, Ithaca 1898. R. Methner Untersuchungen zur lat. Tempus- u. Moduslehre mit besonderer Berücksichtigung des Unterrichts, Berlin 1901. H. C. Elmer The Distinction between the Latin Present and Perfect Tenses in Expressions of Contingent Futurity, Proceed. of the Am. Phil. Ass. 28 p. XXXVII sqq. Blase Zur Geschichte der Futura u. des Konjunktivs des Perfekts im Lateinischen, Wölfflin's Arch. 10, 313ff. Emery The Historical Present in Early Latin, Ellsworth (Maine) 1897. Tosatto De praesenti historico ap. Sall. Vell. Val. Curt. Flor., Padua 1905. Blase Studien u. Kritiken zur lat. Syntax I: Der Indik. des Imperf. im Altlat. u. anderes, Mainz

arten zum Ausdruck zu bringen. Zwar werden in uridg. Zeit schon sämtliche *s*-Aoriste und sämtliche Perfektformen eine bestimmte einheitliche Aktionsbedeutung gehabt haben, aber sicher kann das nicht von den Formen des Präsens und des sogen. starken Aorists gelten. Bei den sogen. primären verbalen Bildungen war augenscheinlich der Aktionssinn vielfach zunächst nicht an ein formantisches Element geknüpft, sondern an das, was die 'Wurzel' durch sich ausdrückte, z. B. 'finden', 'treffen', 'kommen'. Wenn sich nun so z. B. beim Stamm **u̯idó-* 'ausfindig

1904. A. L. Wheeler The Imperfect Indicative in Early Latin, A. J. of Ph. 24, 163ff. H. Neumann De futuri in priscorum Latinorum vulgari vel cottidiano sermone vi et usu, Breslau 1888. Sjögren Der Gebrauch des Futurums im Altlat., Upsala 1906. Cannegieter De formis quae dicuntur futuri exacti et coniunctivi perfecti syncopatae in *-so*, *-sim*, Traiecti ad Rh. 1896. Meifart De futuri exacti usu Plautino, Jena 1885. Blase Geschichte des Plusquamperfekts im Lateinischen, Giessen 1894. Foth Die Verschiebung der lat. Tempora in den roman. Sprachen, E. Boehmer's Roman. Studien, 8 (1876). Brehme Linguarum noviciarum laxam temporum significationem iam priscis linguae Lat. temporibus in vulgari elocutione perspici posse, Göttingen 1879. — v. Planta Osk.-umbr. Gramm. 2, 429ff. Buck Grammar 213f.

Keltisch. Vendryes Gramm. du vieil-irl. 251ff.

Germanisch. J. Grimm D. Gr. 4², 166ff. Erdmann Grundz. der deutsch. Syntax 1, 93ff. v. d. Gabelentz-Loebe Gramm. d. goth. Spr. S. 142ff. Streitberg Got. Elem.³ 199ff. Derselbe Das got. Perfektiv in seinem Verhältnis zum griech. Futurum, PBS. Beitr. 15, 119ff. Schleicher Das Futurum im Deutschen u. Slavischen, KZ. 4, 187ff. Marold Futurum u. futurische Ausdrücke im Got., Wissenschaftl. Monatsblätter 1875 S. 169ff. Cuny Der temporale Wert der passiven Umschreibungen im Ahd., Bonn 1905. Baeringer Das historische Präsens in der älteren deutschen Sprache, Diss. Stanford University 1912. Martens Die Verba perfecta in der Nibelungendichtung, KZ. 12, 31ff. 321ff. J. Knepper Tempora u. Modi bei Walther von der Vogelweide, Lingen 1899. R. Neuse Üb. Tempora u. Modi bei Nicolaus von Strassburg, Leipzig 1892. Herchenbach Das Praesens historicum im Mhd. (Palaestra CIV), Berlin 1911. E. Nader Tempus u. Modus im Beowulf, Anglia 10, 542ff. 11, 444ff. A. Wuth Aktionsarten der Verba bei Cynewulf, Leipzig 1915.

Baltisch-Slavisch. Schleicher Lit. Gr. 305ff. Kurschat Gramm. 368ff. Bezzenberger Beitr. z. Gesch. d. lit. Spr. 258ff. Miklosisch Vergl. Gramm. 4, 767ff. Vondrák Vergl. Slav. Gr. 2, 271ff. Gebauer Bedeutung des altböhm. Imperfekts, Arch. f. slav. Phil. 25, 341ff.

machen, auffinden' (ai. *vidá-* griech. ἰδό-) der Sinn des Perfektiven mit dieser Gestaltung des Stammes und mit seinem Tonsitz assoziiert hatte und diese Formation mit diesem Aktionssinn in uridg. Zeit für Neubildungen vorbildlich geworden ist, so folgt hieraus durchaus nicht, dass nun alle formantisch gleichen verbalen Stämme Perfektivsinn bekommen haben (vgl. S. 72. 80. 113ff.). Ebenso ist es unerweislich, dass z. B. alle in uridg. Zeit vorhanden gewesenen Nasalpräsentia oder auch nur alle Exempla einer einzelnen Klasse der Nasalpräsentia (S. 272ff.) eine und dieselbe bestimmte Aktionsart gehabt haben [1]). Von den verschiedenen idg. Volksstämmen und Stammesgruppen erscheinen die einen von der Zeit an, aus der ihre ältesten Sprachdenkmäler stammen, gegen die Aktionsunterschiede empfindlicher, die andern gleichgiltiger, und feinere an die Verbalformen geknüpfte aktionelle Unterscheidungen sehen wir im Lauf der Geschichte der verschiedenen Sprachen einesteils schwinden, anderenteils neu auftauchen. So ist es unmöglich, zu bestimmen, welcher von den einzelnen Sprachzweigen dem uridg. Stand am nächsten geblieben ist. Dass es derjenige gewesen sei, in dem sich die Aktionsbegriffe im weitesten Umfang und am lebendigsten mit den morphologischen Unterscheidungen verbunden zeigen, der baltisch-slavische, ist nicht irgendwie zu beweisen. Gibt man zu, dass in den meisten Fällen die besondere Aktionsbedeutung, die an eine bestimmte formantische Gestaltung geknüpft erscheint, an dieser ursprünglich nicht gehaftet hat und nicht erst durch sie hervorgerufen worden ist, so ist es vielmehr wahrscheinlich, dass man gerade in der Zeit der idg. Urgemeinschaft bei vielen verbalen Formen, namentlich bei Präsentien und Imperfekta (z. B. **ei-ti* 'geht'), in vielen Zusammenhängen überhaupt nichts (noch nichts) Aktionelles, wie Imperfektivität und Perfektivität, empfunden hat.

1) Sprachgeschichtliche Bestimmungen, die in diesen Hinsichten öfters getroffen wurden, sind wahrscheinlich ebenso falsch wie die Annahme, in Sprachen, in denen Verbal- oder Temporalstämme auf *-ē* gewöhnlich intransitive Bedeutung aufweisen, müssten auch solche Stämme, die eine Ausnahme von dieser Regel bilden und transitiven Sinn zeigen, alle einmal Intransitiva gewesen sein. Sieh hierüber S. 73f.

Natürlich ist hier immer nur von den einfachen Verbalformen die Rede, nicht von den Verbalkomposita mit Präpositionen, bei denen die Präposition vielfach auf ähnliche Weise zu einem aktionellen Ausdrucksmittel geworden ist, wie das Augment **e* in der Zusammensetzung mit einfachen Verbalformen zum Zeichen einer Zeitstufe geworden ist (vgl. S. 81 f.). Die durch Anwendung einer sogen. Präposition erreichte Darstellung einer bestimmten Aktionsart steht grundsätzlich auf gleicher Linie mit beliebigen 'umschreibenden' Wendungen, durch die man in aktioneller Beziehung ungefähr dasselbe, aber unzweideutiger ausdrücken konnte oder kann, was sonst eine bestimmte einfache Tempusbildung besagt, z. B. griech. διὰ φόβου ἔρχομαι = φοβοῦμαι, εἰς φόβον ἦλθον = ἐφοβήθην, lat. *discedere coepit* (Caesar) = *discessit* (ingressiv), *cognitum habeo* = *cognovi*. In einigen Sprachen ist diese oder jene Präposition in Univerbierung mit der Verbalform in dem Umfang Ausdruck perfektiver Aktion geworden, dass man sie fast ebenso als einen formantischen Bestandteil des Verbums rechnen darf, wie man als solchen das Augment zu rechnen pflegt, bei dem der enge Zusammenschluss mit der Verbalform schon in uridg. Zeit erfolgt ist, z. B. got. *þahan* : *ga-þahan* (S. 81 f.). — In Ergänzung dessen, was hierüber a. a. O. bemerkt ist, sei hier noch hinzugefügt, dass Präpositionen nicht immer bloss Perfektivierungsmittel sind. Z. B. bei Zusammensetzung mit διὰ in griech. Wendungen wie ποιῶν τι διαγίγνομαι, διάγω, διατελῶ gibt diese Präposition zwar einen gewissen Hinweis auf Abschluss der Handlung, aber dieses Bedeutungselement ist doch das nebensächliche, im wesentlichen wird die Vorstellung einer Imperfektivität hervorgerufen: ἄρχων διαγίγνομαι 'ich verharre in der Herrscherstellung'.

b. Präsensstämme und Aoriststämme.

635. Im allgemeinen stellen sich die einzelnen Formen, die in der traditionellen Grammatik als zu Präsensstämmen gehörig bezeichnet werden (Ind., Konj. usw. des Präsens und das Imperfekt), und die einzelnen Formen der sogen. Aoriststämme (Ind., Konj. usw.) so zueinander, dass jene gewöhnlich dann gebraucht werden, wenn imperfektive (durative, kursive), diese dann, wenn perfektive (punktuelle, momentane) Aktionsart gemeint ist (S. 79 ff.). Schwierig ist dabei aber die Frage, wie weit solche Aktionsbedeutung schon in uridg. Zeit den morphologisch verschiedenen 'präsentischen' und 'aoristischen' Formen in der Art angehaftet hat, dass die Form im Rahmen des ganzen Verbalsystems zu der betreffenden Aktionsart in ebenso notwendige und feste Beziehung gesetzt war, wie wir sie innerhalb des Tempussystems des Verbums für das Verhältnis der Perfektformen zur spezifisch perfektischen Aktionsart oder ausserhalb des Systems von Einzeltempora für das Verhältnis der Form gewisser sogen. deverbativen Verba zu einer bestimmten Aktionsart (vgl. z. B. ai. *patáya-ti* griech. ποτεῖται 'flattert, fliegt umher' neben *páta-ti* πέτεται 'fliegt', S. 54 ff.) als uridg. voraussetzen dürfen. Dass der Indikativ mit primärer Personalendung d. h. der Indik. Präs. an sich perfektive Aktionsart nicht ausgeschlossen hat, darauf weist am deutlichsten der auf Perfektivbedeutung beruhende Futursinn hin in Fällen wie av. *bava'ti* 'wird sein', griech. εἶμι 'werde weggehen', aksl. *reką* 'werde sagen' (§ 654).

Im einzelnen mag zu dieser (von Delbrück Vergl. Synt. 2, 16 ff. ausführlich behandelten) Frage im Anschluss an das, was S. 44 ff. erörtert ist, noch folgendes bemerkt sein:

636. I) Stammtypen, die seit uridg. Zeit nur als Präsensstämme fungiert haben.

a) Reduplizierte Präsentien mit *i* (*ī*) in der Reduplikation, wie ai. *bí-bharti* (*bi-bhárti*), griech. τί-θησι und ai. *bí-bhrati tí-ṣṭhati*, griech. γί-γνομαι (S. 27 ff. 104 ff. 138 ff. 177 f.). Möglich ist, dass hier der Sinn des Imperfektiven, wie Delbrück a. a. O. 16 annimmt, aus dem des Iterativen (Intensiven) entwickelt worden ist. Wenn z. B. *g^{u}*ā*- (ai. *á-gāt* griech. ἔ-βη) 'den Fuss zum Gehen aufsetzen' bedeutet hat, so mag *g^{u}*i*-g^{u}*ā*- (ai. *jígāti* griech. βίβησι) ursprünglich das wiederholte Aufsetzen des Fusses, 'schreiten, wandern' gewesen sein, z. B. ai. RV. *jígāti śēvṛdhō nŕ̥bhiḥ* 'der werte (Višnu) schreitet (wandert, marschiert) mit den Helden', Hom. μακρὰ βιβάς 'grosse Schritte machend'. Oder bei ai. *pi-parti* griech. πίμπλησι 'füllt' könnte die Reduplikation das nach und nach, in Absätzen sich vollziehende Anfüllen eines Raumes verdeutlicht haben. Indessen bleibt das nur eine Möglichkeit. Im wirklichen Gebrauch ist einzelsprachlich bei sämtlichen derartigen Präsensbildungen von der angenommenen Urbedeutung nichts mehr zu spüren, und für einige von den aus uridg. Zeit überkommenen Bildungen dieser Art, z. B. ai. *tiṣṭha-ti* griech. ἵστη-σι, lässt sie sich überhaupt kaum voraussetzen, so dass schon ihretwegen anzunehmen wäre, diese Grundbedeutung sei bereits in uridg. Zeit erloschen gewesen.

Im Ai. fungierte dieser Präsenstypus als Aorist bei den sogen. Kausativa, z. B. *á-pispr̥šat*, *á-pīpatat*, *á-jījanat*. Vgl. S. 28. 140. 141 f. Wie dieser Reduplikationstypus zu aoristischer Aktion gekommen ist, bedarf noch der Aufklärung, vgl. Delbrück S. 229. Vielleicht war der Hergang ein ähnlicher, wie bei der Verschiebung des alten Imperfekts ἐγενόμην in die Aoriststellung und ähnl. (S. 48 f.): es hätte etliche mit *ī* reduplizierte Imperfekta kausativer Bedeutung gegeben, neben denen Imperfekta des gleichen Sinnes auf *-ayat* standen, wie *á-pīpatat* und *á-pātayat* (S. 248), und daraufhin erfolgte eine aktionelle Differenzierung. Der Übergang zum Aorist konnte sich um so leichter ergeben, als in diesem Tempus auch andre reduplizierte Formen vorkamen, denen nichtreduplizierte Präsentia zur Seite standen, wie z. B. *āmamat*, zu *āmáya-ti* (S. 145).

637. b) Während man bei den § 636 besprochenen Präsentia an der Reduplikation als solcher einen gewissen Anhalt dafür hat, dass diese Bildungen von Beginn an nicht schlechthin 'Imperfektiva' gewesen sind, fehlt dagegen jeder Anhalt für die Bestimmung der besonderen Urbedeutung bei den Präsensstämmen auf *-ī-* : *-(i)i̯o-* und *-i̯e- -i̯o-* (S. 178 ff.), den Nasalpräsentien (S. 272 ff.) und den Präsensstämmen auf *-sk̂o-* (S. 350 ff.), um hier nur diejenigen Bildungstypen zu nennen, die schon in uridg. Zeit in grösserer Verbreitung als Präsentia in Gebrauch gewesen zu sein scheinen, und die Delbrück auf Besonderheiten ihrer Aktionsart hin näher geprüft hat (S. 27 ff. 41 ff. 59 ff.). Leider ist bei keiner Kategorie zu wissen, welche Formen in uridg. Zeit die Urmuster gewesen waren (vielleicht waren diese zu Ende dieser Periode sogar schon verschollen), und dass das betreffende Präsensformans in sich selbst ursprünglich einen besonderen aktionellen Sinn geborgen habe, ist von vornherein nicht wahrscheinlich. Man darf zugeben, dass *n*- und *sk̂o*-Bildungen ganz vorzugsweise da erscheinen, wo zugleich ein Ausgangs- oder ein Endpunkt des währenden Vorgangs ins Auge gefasst ist, z. B. RV. 1, 174, 2 *r̥ṇṓr apáḥ* 'du liessest die (eingesperrten) Wasser los, entliessest sie', Ψ 664 ὦς ἔφατ', ὤρνυτο δ' αὐτίκ' ἀνὴρ . . ., ἅψατο δ' ἡμιόνου d. i. setzte sich in Bewegung und ging auf das Maultier zu, das er anfasste, oder RV. 8, 35, 10 *pı̄bataṃ ca tr̥pṇutā́ ca* 'trinket und ersättiget euch, geniesset bis zur Ersättigung', im RV. *gáchati* stets von einer zum Ziele strebenden oder an das Ziel gelangenden Bewegung, und bei Homer βάσκ' ἴθι 'mach dich auf und geh', bei Äschylus βάσκε 'komm'. Aber das kann ja jedesmal auch der materiellen Bedeutung der betreffenden Verba zugeschrieben werden.

Auch bei diesen beiden Präsensbildungen zeigt sich einzelsprachlich Übertritt in das aoristische Tempus nach S. 48 f., z. B. griech. ἔπιτνον, arm. *harçi*.

638. II) Stammtypen, die seit uridg. Zeit sowohl als Präsensstämme als auch als Aoriststämme fungiert haben. Hier kann es unter allen Umständen im ersten Anfang nicht die formale Gestaltung, sondern nur der Sinn des Verbums an sich gewesen sein, was bei der Zuweisung zum Präsens oder zum Aorist Anleitung gab.

a) Themavokallose Stämme, aus einer leichten oder einer einsilbigen schweren Ablautbasis bestehend (S. 86 ff.), z. B. Präs. ai. *ḗti* griech. εἶσι lit. *eĩti* (S. 88), Aor. ai. *á-gan* arm. *e-kn* griech. βάτην (S. 89), ai. *á-dhāt* arm. *e-d* griech. ἔ-θεμεν (S. 99).

Themavokalische Stämme (S. 113 ff.), z. B. Präs. ai. *bhárati* griech. φέρει lat. *fero* ir. *berid* aksl. *beretъ* (S. 117), ai. *giráti giláti* aksl. *žьretъ* (S. 124), Aor. ai. *á-vidat* arm. *e-git* griech. εἶδε ἴδε (S. 124). Dass sich hier der aktionelle Unterschied bis zu einem gewissen Umfang frühzeitig mit der Verschiedenheit der Form assoziert hat, sahen wir S. 80. 114 f.

b) Stämme derselben Art mit *e*-Reduplikation (S. 24), z. B. Präs. ai. *dá-dhāti dá-dāti* lit. *de-ste de-dù* (S. 110), Aor. ai. *á-vōca-t* griech. ἔ-ειπε (S. 143), ai. Präs. *sá-šca-ti* griech. Aor. ἔ-σπετο (S. 143). Diese Formationen können zum grossen Teil auch zu dem in der gleichen Weise reduplizierten Perfekt gezogen werden, z. B. ai. *ájagan*, *ápaptat*, griech. -γεγάτην (S. 493 ff.), wie sie denn auch, als Indikative, einen teils dem Imperfekt teils dem Aorist analogen Gebrauch aufweisen (Delbrück S. 220 ff.). Ganz deutlich haben sie einige Male auch perfektische Aktionsart, wie λ 466 ἕσταμεν ἀχνύμενοι θαλερὸν κατὰ δάκρυ χέοντες 'wir standen betrübt da' (zu ἕστηκα 'stehe'). Dass in diesen Fällen erst sekundär ein Anschluss ans Perfektum stattgefunden hat, darauf deutet die Tatsache hin, dass es zu den drei typisch perfektischen Bildungen im Singular, wie ai. *jajána* griech. γέγονα usw., ursprünglich keine gleichstämmigen Augmentpräterita gegeben zu haben scheint.

c) Themavokallose Formen von zweisilbigen auf Langvokal endenden Basen mit Erhaltung des Langvokals (S. 157 ff.), z. B. Präs. ai. *vāti* griech. ἄησι (S. 170), Aor. ai. *á-prāt* griech. πλῆτο (S. 170), ai. Präs. *drāti* griech. Aor. ἔ-δρᾱν (S. 161).

In diesen drei Fällen (a—c) war die Stellung als Präsens oder als Aorist im Verbalsystem durch verschiedene Umstände, die nach und neben einander wirkten, bedingt worden, am frühsten durch die aktionelle Bedeutung des Verbums überhaupt, dann dadurch, dass Bedeutungsverwandtes Bedeutungsverwandtem folgte, z. B. griech. ἔδρᾱν Aor. wie ἔβην, vgl. auch ἔστην, ἔφθην (S. 164), ferner durch das Aufkommen von neuen Imperfekta neben den alten, die eine Gebrauchsdifferenzierung veranlassten, z. B. griech. ἐγενόμην Aorist wegen ἐγιγνόμην, aksl. *padъ* Aorist wegen *paděachъ* (S. 48 f.), und wohl auch noch durch andre, versteckter liegende Momente. Doch haben die Formen des Ind. Präs., gleichwie die aller andern Präsensformationen, sich von uridg. Zeit her immer die Möglichkeit bewahrt, auch in solchen Situationen gebraucht zu werden, wo der Sprechende Perfektivität meinte, sofern der betreffende Verbalbegriff, sei es von Anfang an sei es durch Analogiewirkung, überhaupt dieser Aktionsschattierung zugänglich war. Wenn z. B. griech. φεύγω je nach dem Zusammenhang übersetzt werden kann 1) 'ich bin auf der Flucht', 2) 'ich ergreife die Flucht', 3) 'ich entkomme' (als Praesens historicum), so steht nichts im Wege, diese Dreiheit des Gebrauchs für uridg. zu halten.

639. III) Ein Stammtypus, der seit uridg. Zeit nur als Aorist fungiert hat, war der sogen. *s*-Aorist (S. 390 ff.). Steht dieser Typus auch mit gewissen *s*- und *so*-Präsentien (S. 336 ff.) bildungsgeschichtlich in dem gleichen Zusammenhang wie die sogenannten starken Aoriste mit entsprechenden präsentischen Typen (§ 638), so hat er sich offenbar doch schon in uridg. Zeit zu einem vom Präsens schärfer geschiedenen Tempus nur aoristischer Bedeutung entwickelt. Wodurch es veranlasst worden ist, dass dieser Bildungstypus sich aktionell gerade nach dieser Richtung hin wandte, ist unklar.

Zwischen dem Gebrauch der *s*-Aoriste und dem anders geformter Aoriste sind in den einzelnen Sprachzweigen von Beginn der Überlieferung an Unterschiede nicht zu bemerken, und so darf angenommen werden, dass der beiderseitige Gebrauchsumfang schon in uridg. Zeit derselbe geworden war.

c. Perfektstämme.

640. Die Formen, die man in der vergleichenden Grammatik Perfekta nennt, sind einheitlicher gestaltet als die, welche man als Präsentia und als Aoriste bezeichnet. Eine wichtigere Verschiedenheit in dem Reich des Perfekts ist nur die, dass die Formen teils unredupliziert sind, wie z. B. **u̯oide* = ai. *vḗda* griech. οἶδε, teils redupliziert (mit *e*-Vokal), z. B. **dedorke* = ai. *dadárša* griech. δέδορκε (S. 427 ff.). Die Aktionsart war aber wahrscheinlich schon in uridg. Zeit für alle Formen die gleiche, und zwar wurde mit ihnen ein Zustand des Subjekts bezeichnet, der sich aus einer vorhergegangenen Handlung des Subjekts ergeben hat, z. B. **u̯oide* etwa 'er hat ausfindig gemacht und kennt nun' = 'er weiss' (S. 83 f.). Die Annahme, dass ursprünglich nur der unreduplizierte Typus diesen Sinn gehabt habe, der reduplizierte dagegen eher intensive Bedeutung, z. B. τέτλαθι 'trage stark!' (Meltzer Idg. Jahrb. 1, 238), ist kaum näher zu begründen.

Im allgemeinen erscheinen die Perfekta in ihrem ältesten Gebrauch als eine Abart des Präsens. Doch besteht sprachgeschichtlich folgender wichtige Unterschied zwischen beiden. Die Präsentia waren zum Teil schon in uridg. Zeit nicht mehr bloss, wie andere 'Tempora', ein Glied eines aus mehreren 'Tempora' bestehenden Verbalsystems (z. B. ai. *tíṣṭhati*, *ásthāt*, *tasthāú*, griech. ἵστημι, ἔστην, ἕστηκα), sondern bildeten auch sozusagen ein Verbum für sich selbst: der Präsensformation mit ihrer besondern Aktionsart traten andere, von ihnen abgeleitete Tempusbildungen an die Seite, die diese Aktionsart des Präsens mit enthielten, z. B. Intensivum ai. *nónavīti* (S. 113. 155 f.) mit dem Perf. *nónāva* (S. 453), griech. ποιφύσσω (S. 196) mit dem Aor. ἐποίφυξα und Fut. ποιφύξω (S. 403), Desiderativum ai. *ī́psatē* (S. 348) mit dem Aor. *āípsiṣam* (S. 413), Iterativum griech. ποτέομαι mit dem Perf. πεπότημαι (S. 249). Dagegen sind Perfekta mit ihrer perfektischen Aktionsart erst später Grundstock zur Schöpfung anderer Tempora geworden, z. B. griech. ἕστηκα, Fut. ἑστήξω nach der Weise von τήκω : τήξω, got. *man* Prät. *munda* nach der Weise von *þagkja* : *þāhta* (S. 369). Allerdings gab es neben den gewöhnlichen Perfekta mit *e* in der Reduplikationssilbe, wie es scheint schon seit uridg. Zeit, auch Perfekta mit *ē*, die eine besondere Begriffsfärbung der Intensität gehabt haben mögen, wie ai. *jā-gára* griech. ἐγρήγορα für *ἐγηγορα, zu W. *ger-* 'wachen' (S. 23. 27. 112. 430. 455). Doch waren die auf diesem Perfekttypus aufgebauten andern Tempora, wie ai. Fut. *jāgariṣyá-ti*, Perf. *ja-jāgāra* (dazu Nomina wie *jā́gṛvi-ḥ*, *jāgarū́ka-ḥ* und griech. ἐγρηγορτί, ἐγρήγορσις), wahrscheinlich alle ebenfalls einzelsprachliche Neubildung.

B. 'Tempus' und 'Zeitstufe'.

641. Nur kärglich waren von uridg. Zeit her die Mittel, um an der einfachen Verbalform die Zeitstufe, d. h. das zeitliche Verhältnis des Vorgangs zum Sprechenden, auszudrücken. Dem Bedürfnis, die Zeit zu bezeichnen, konnte natürlich stets auf andre Weise genügt werden, durch Verwendung besonderer Wörter wie 'jetzt', 'vorher' usw. oder, mit genauerer Begrenzung des Zeitraums, 'heute', 'gestern' usw.

Dass das vokalische Element der sogen. primären Personalendungen *-mai -mi*, *-sai -si* usw. an sich die Bedeutung der Gegenwart gehabt habe, wie angenommen worden ist, ist möglich, aber nicht mehr (§ 501, 4, a S. 593). Jedenfalls weist der Gebrauch des Indik. Präs. in allen Sprachzweigen darauf hin, dass im Ausgang der uridg. Periode der Gebrauch ein weiterer gewesen ist als der für die Gegenwart des Redenden (§ 646).

Vergangenheitszeichen war an den einfachen Verbalformen von Haus aus nur das sogen. Augment, ursprünglich ein selbständiges Wort, ein temporales Adverbium, dem sich die Verbalform ebenso enklitisch anschloss wie gewissen andern Adverbia (S. 10 ff.). Zwischen sekundärer Personalendung im Indikativ, die für die augmentierten Formen in uridg. Zeit obligatorisch war, und der durch das Augment bewirkten Vergangenheitsbedeutung muss sich schon frühe eine engere Bedeutungsbeziehung entwickelt haben, da in so vielen Sprachzweigen die Indikativformen mit sekundärer Personalendung auch ohne Augment mit Präteritalbedeutung auftreten (S. 13 f.). Über die Frage, ob der Bedeutungsübergang des Indikat. Perf. zum sogen. Perfectum historicum schon in uridg. Zeit stattgefunden hat, s. § 679.

Zum Ausdruck der Zukunft gebrauchte man schon seit uridg. Zeit, wie es scheint, als stammbildendes Formans *-si̯o-*, z. B. ai. *dāsyā́mi* lit. *dúsiu* ('werde geben'), wobei der zeitliche Sinn wesentlich durch das *s*-Element mag bewirkt worden sein (S. 383 ff.). Auf punktueller Aktionsart beruht der Gebrauch für die Zukunft bei präsentischen Indikativen wie griech. νέομαι ('werde heimkommen, ankommen'), aksl. *padą* ('werde fallen, auffallen'); doch bildeten derartige Präsensformen in uridg. Zeit noch nicht in der Weise wie **dōsi̯é-ti* eine geschlossene Formklasse. An dem Ausdruck zukünftigen Geschehens waren seit uridg. Zeit ferner der Konjunktiv und der Optativ, namentlich der erstere, beteiligt.

642. Relative Zeitstufe oder bezogener Tempusgebrauch. Davon spricht man, wenn die Zeit der Verbalhandlung nicht unmittelbar von der Zeit des Redenden aus, sondern von derjenigen eines andern Vorgangs aus, von dem zugleich die Rede ist, bestimmt wird, z. B. *dixerat haec, cum puer advenit* oder (Plaut.) *verbis paucis quam cito alium fecisti me: alius ad te veneram.* In den meisten idg. Sprachen begegnen zu besonderer Bezeichnung solcher Relativität, wo es die Unzweideutigkeit der Darstellung erwünscht erscheinen liess, mehrwortige Ausdrücke, d. h. das Zeitverhältnis wurde durch ein besonderes Wort neben der einfachen Verbalform ausgedrückt, z. B. E 127 ἀχλὺν ... ἕλον, ἣ πρὶν ἐπῆεν, oder durch sogen. Periphrasen, wie nhd. *ich hatte getan, werde getan haben.*

Einfache Verbalformen hierfür, Formen, die in sich selbst den Begriff der relativen Vergangenheit oder den der Gleichzeitigkeit enthielten, hat es in der Zeit der idg. Urgemeinschaft noch nicht gegeben. Vielmehr waren alle Verbalformen nur unmittelbar von der Gegenwart des Sprechenden aus orientiert.

So sind das Verhältnis der Gleichzeitigkeit und das der relativen Vergangenheit durch die Verbalform nicht ausgedrückt und ergeben sich nur aus dem Zusammenhang z. B. in den folgenden Sätzen. Ai. *uṣásaḥ pūrvā ádha yád vyūṣúr mahád ví jajñē akṣárą padé góḥ* (RV.) 'als die ersten Morgenröten aufleuchteten, entstand das grosse Unvergängliche auf der Spur des Rindes', *yáj jāyathās tád áhar asya kāmēšóḥ pīyūṣam apibō giriṣṭhām* (RV.) 'als du geboren wurdest (worden warst), an dem Tage trankst du, im Verlangen danach, die auf dem Berg stehende Milch der Pflanze', *ná vāí tvą tád akarōr yád ahám ábravam* (ŠB.) 'du tatest (damals) nicht das, was ich sagte (gesagt hatte)', *avadyám iva mányamānā gúhākar índrą mātā vīryēṇa nyṛ̀ṣṭam, áthōd asthāt* (RV.) 'ihn für einen Schandfleck haltend, hat (hatte) die Mutter den kraftgeschwellten I. verborgen, da hat er sich erhoben', *yadéd ádēvīr ásahiṣṭa māyā́ áthābhavat kévalaḥ sómō asya* (RV.) 'als er die ungöttlichen Anschläge überwand (überwunden hatte), da wurde der Soma ihm ganz zuteil', av. *hyat̰čā mōi mraoš ašəm jasō fraxšnənē at̰ tū mōi nōit̰ asruštā pairyaoγžā uzirəidyāi* (Y.) 'und als du mir sagtest "Zum Aša sollst du kommen zur Unterweisung", da befahlst du mir, nicht ohne dass ich gehorchte, "Mach dich auf" usw., *at̰čā hyat̰ tā həm mainyū jasaētəm paourvīm dazdē gaēmčā ajyāitīmčā* (Y.) 'und als diese beiden Geister zusammentrafen (zusammengetroffen waren), setzten sie fürs erste das Leben und das Nichtleben fest', *ahyā mainyəuš tvəm ahī tā spəntō yə̄ ahmāi gąm rānyōskərəitīm hə̄mtašat̰ at̰ hōi vāstrāi rāmādā ārmaitīm hyat̰ hə̄m vohū mazdā hə̄mfraštā manaŋhā* (Y.) 'du bist der heilige

Vater dieses Geistes, der für uns das glückbringende Rind schuf, aber zu dessen Weide die A., ihm Frieden gewährend, nachdem er, o M., mit VM. sich beraten hat (hatte)'; apers. *āyadanā tyā gaumātaʰ . . viyakaⁿ adam niyaθʳārayam* 'die Kultusstätten, die G. zerstört hat (hatte), setzte ich wieder in Stand', *yāθā kaⁿbūjiyaʰ mudrāyam ašiyavaʰ pasāvaʰ kāraʰ arikaʰ abavaʰ* 'als K. nach M. gezogen war, da wurde das Volk feindselig'. Griech. τοῖσι δ' ἀνέστη Νέστωρ, ὅς ῥα Πύλοιο ἄναξ ἦν (Hom.) 'N. stand auf, der der Herrscher von P. war', τοῖσιν δὲ κρειῶν πίνακας παρέθηκε συβώτης | ὀπταλέων, ἅ ῥα τῇ προτέρῃ ὑπέλειπον ἔδοντες (Hom.) 'er setzte ihnen vor, was sie am vorhergehenden Tag übrig liessen (gelassen hatten)', ἀπέστειλαν τὰς ἑκατὸν ναῦς περὶ Πελοπόννησον, ἅσπερ παρεσκευάζοντο (Thuk.) 'sandten die Schiffe ab, die sie ausrüsteten (ausgerüstet hatten)', μήτηρ ἐνάτη ἦν, ἣ τέκε τέκνα (Hom.) 'die Mutter war die neunte, die sie gebar (geboren hatte)', ἐπεὶ δὲ διέβησαν, ... ἐπορεύθησαν διὰ τῆς Ἀρμενίας (Xenoph.) 'als sie den Fluss überschritten hatten'. Lat. *erat haec disciplina, quom tu adulescens eras?* (Plaut.), *medioxumam quam duxit uxorem* ('heimgeführt hatte'), *ex ea natast haec* (Plaut.), *quosque fors obtulit, interfecere* (Liv.). Ir. *arrucestaigser frissin n-Ebride* 'indem du mit dem Hebräer disputiertest', Glosse (Ml.) zu *quia nuper cum Ebreo disputans quaedam testimonia protulisti*; *in tan dorolaig dia dō in n-uaill dorīgni, roīcad iarum* (Glosse, Ml.) 'als Gott ihm den Übermut verzieh (verziehen hatte), den er verübte (verübt hatte), ist er dann geheilt worden'; vgl. § 668. Ahd. *fon Egyptō fuarun, thie fordoron iro wārun* (Otfr.), got. *ataugida sik frumist Marjin þizai Magdalēnē, af þizaiei uswarp* ('ausgetrieben hatte') *sibun unhulþōns* 'ἐφάνη πρῶτον Μαρίᾳ τῇ Μαγδαληνῇ, ἀφ' ἧς ἐκβεβλήκει ἑπτὰ δαιμόνια', ahd. (Otfr.) *zēn houbiton (saȥ) ther ander, thār ther līchamo lag* ('gelegen hatte') *ēr*, (ders.) *iȥ was, ther hiar forna thie liuti bredīgōta* ('damals gepredigt hatte'), mhd. (Iw.) *in daȥ lant vuor künec Artūs, alse er swuor* ('geschworen hatte'), und auch noch nhd. (Schiller) *er selbst vertraute mir, was ich zwar längst | auf anderm weg schon in erfahrung brachte* ('gebracht hatte'). Lit. *kaĩp jìs jójo per̃ laukáti, laukùžis bildė́jo* (Dain.) 'als er über die Flur ritt, bebte die Flur', *kaĩp jìs manę̀ pamātė, jìs mán prė̃szais bė́go* (Erzähl.)

'als er mich erblickte (erblickt hatte), lief er mir entgegen', *kàd pàs ją ateĩna tasaĩ, kuȓ nakczà pàs ją ateĩdavo gulĩ* 'wie zu ihr derselbe hereinkommt, der nachts wiederholt zu ihr hereingekommen war, um sich hinzulegen'. Aksl. *ne vsegъda li, jegъda načьněěchomъ sę brati, glagolaachomъ psalъmosą sego?* (Supr.) 'sagten wir nicht immer, wenn wir zu kämpfen begannen, diesen Psalm?', *sъbrašę vьsę, ježe obrětošę, zъlyję že i dobryję* 'sie brachten alle zusammen, die sie fanden (gefunden hatten), Böse und Gute', aruss. *i postavi cerkъvь na cholmě ideže stojaše kumirъ Perunъ i pročii* (Nestor) 'und er baute eine Kirche auf den Hügel, wo das Götzenbild Perun stand (gestanden hatte) und die übrigen'.

643. So kam in den Sprachen, die nebeneinander präsentisches und aoristisches Tempus als einfache Verbalformen bewahrt haben, auch andern, nichtindikativischen Formen an sich der Sinn einer bestimmten Zeitstufe gegenüber einer andern Handlung nicht zu. Zwar steht z. B. das Part. Präs. gewöhnlich, wenn man sich vorstellen soll, dass der Vorgang des Partizipiums den des Hauptverbums begleitet, also bei Gleichzeitigkeit der beiden Handlungen, wie ai. *yą́ ta āsānó juhuté havíṣmān* (RV.) 'welches (Opfer) dir der Priester darbringt, indem er dabei sitzt', griech. τὸν δὲ καὶ Ἀργεῖοι μὲν ἐγήθεον εἰσορόωντες (Hom.) 'sie empfanden Freude, während sie betrachteten'. Aber im Griech. erscheint dieses Partizip nicht selten auch dann, wenn sein Vorgang vorausliegt oder erst in Zukunft zu erwarten ist, z. B. ἦ που καγχαλόωσι κάρη κομόωντες Ἀχαιοί | φάντες ἀριστῆα πρόμον ἔμμεναι (Hom.) 'fürwahr die A. frohlocken (jetzt), da sie doch meinten, der Vorkämpfer (Paris) sei ein Held', οἱ Κύρειοι πρόσθεν σὺν ἡμῖν ταττόμενοι νῦν ἀφεστήκασιν (Xen.) 'die K. sind jetzt abtrünnig, während sie sich früher mit uns zusammen aufstellten', ὥστε καὶ τοὺς προτέρους στρατιώτας νοσῆσαι . . . ἐν τῷ πρὸ τοῦ χρόνῳ ὑγιαίνοντας (Thuk.) 'so dass auch die Soldaten, die früher sich dort befanden, krank wurden, während sie vorher gesund gewesen waren', ἐγὼ παρὼν ἐρῶ (Soph.) 'ich will es sagen, da ich dabei war', ἔπεμψαν δὲ καὶ ἐς τὰς πόλεις πρέσβεις οἱ Συρακόσιοι ἀγγέλλοντας τὴν τοῦ Πλημμυρίου λῆψιν (Thuk.) 'die S. schickten Gesandte, die melden sollten' (Kühner-Gerth Ausf.

griech. Gramm. 1³, 141 f. 200); vgl. ai. *áhēḷatā mánasā́ yātam arvā́g aśnántā havyá̄ mā́nuṣīṣu vikṣú* (RV.) 'kommet hierher mit gnädigem Sinn, die ihr dann esset (um zu essen) das Opfer in den menschlichen Wohnungen', nhd. (Schiller) *der (der chor)* ... | *hervortritt aus dem hintergrund,* | *umwandelnd des theaters rund.* Diese Gebrauchsweise erklärt sich aus der uralten Natur des Partizips, wonach es nichts anderes als eine grammatisch kongruierende adjektivische Bestimmung eines Substantivs war und, wenn es auch als nur zeitweilig attribuiert erschien, doch an sich eine zeitliche Relativität ebenso wenig zu kennzeichnen vermochte wie jedes beliebige andere adjektivische Attribut. Man mag also z. B. παρὼν in ἐγὼ παρὼν ἐρῶ auch übersetzen 'als Augenzeuge' (vgl. Ἀχαιῶν οἶτον ἀείδεις ... ὥς τέ που ἢ αὐτὸς παρεὼν ἢ ἄλλου ἀκούσας Hom. 'entweder als Augenzeuge') und ἀγγέλλοντας in ἔπεμψαν πρέσβεις ἀγγέλλοντας auch 'als Verkündiger'.

644. Dass anderseits das Part. Aor. an sich nicht Vergangenheit gegenüber der übergeordneten Handlung ausgedrückt hat, erhellt am besten aus den Fällen, in denen die beiden Vorgänge sachlich ineinander liegen, wie Hom. βῆ δὲ κατ' Οὐλύμποιο καρήνων ἀΐξασα (ihr Sichaufmachen ging dadurch vor sich, dass sie sich in Schwung setzte), ὣς εἰπὼν ὤτρυνε 'indem (dadurch, dass) er so sprach, trieb er an', καὶ βάλ' ἐπαΐσσοντα τυχὼν κατὰ δεξιὸν ὦμον (dadurch, dass er traf), ai. *áśōcy agníḥ samidhānó asmé* (RV.) 'bei uns ist Agni dadurch erschienen, dass er aufflammte', *sū́ryasya cēti raśmíbhir dṛśānā́* (RV.) 'sie (die Morgenröte) zeigt sich, zur Erscheinung kommend durch der Sonne Strahlen'. Da das Partizipium in solchen Fällen nur sozusagen einen Teil oder eine Seite dessen, was als Haupthandlung vorgestellt war, ausdrückte, konnte die Vorstellung einer Zeitverschiedenheit so wenig Platz greifen, wie wenn wir sagen *er schalt ihn und gebrauchte die derbsten ausdrücke.* Anders, wenn von zwei verschiedenen Vorgängen die Rede ist, von zwei Vorgängen, die zwar einen inneren Zusammenhang haben können, die aber so vorgestellt sind, dass der eine auf der andern folgt. Hier verhinderte die punktuelle Bedeutung der aoristischen Nebenhandlung die Vorstellung, dass die eine

Handlung neben der andern hergehe, und durch die Erwähnung beider Handlungen im Satze wurde die Vorstellung, dass die aoristische Nebenhandlung vorausging, nur ebenso erzeugt wie bei der koordinierenden Nacheinandernennung verschiedener Vorgänge die Vorstellung hervorgerufen wird, dass ein Vorgang auf den andern gefolgt sei (*veni, vidi, vici*). Es betrifft das zunächst wieder das Partizip, z. B. ὣς εἰπὼν προΐει (Hom.) 'so sprach er und ging (dann) vor', 'nachdem er so gesprochen hatte, ging er vor', ai. *víśvē dēvā́ anamasyan bhiyānā́s tvā́m agnē támasi tasthivā̊sam* (RV.) 'alle Götter beteten, in Furcht geraten, dich an, o. A., als du im Dunkel dastandest'; im Slav., besonders im Russ. und im Čech., wird so das Part. Präs. Akt. von perfektiven Verba gebraucht, z. B. russ. *u-vidja čto nečego dělat' ja ušël* 'nachdem ich bemerkt hatte, dass sich nichts tun liess, ging ich fort' (Vondrák Vergl. Slav. Gramm. 2, 405). Aber auch bei jeder andern Form der grammatischen Unterordnung der einen Handlung unter die andere ergab sich für die aoristische Nebenhandlung dieses Zeitverhältnis gegenüber der Haupthandlung, wenn es zwei verschiedene Vorgänge waren. Für den Indikativ vgl. ausser S. 725f. noch z. B. οἱ δ' ὅτε . . . ἵκοντο . . ., νῆα . . . ἐπ' ἠπείροιο ἔρυσσαν (Hom.) 'als sie kamen (gekommen waren), zogen sie das Schiff an's Festland', lit. *kaī paválgysim, taī eĩsim tadà* 'wenn wir gegessen haben (werden), dann wollen wir gehen', für den Optativ πολλάκι ξείνισσεν . . . ὁπότε Κρήτηθεν ἵκοιτο (Hom.) 'oft beherbergte er ihn, wenn er aus K. kam (gekommen war)', für den Konjunktiv κἄν τι φάγωσιν, ἀναστήσονται (Xen.) 'wenn sie etwas essen (gegessen haben), werden sie wieder aufstehen'.

645. Klarerer Ausdruck des Sinnes relativer Zeit wurde in den meisten Sprachgebieten nur durch irgendwelche Periphrasis gewonnen.

Bloss in den altitalischen Sprachen haben auch einfache Verbalformen diesen Sinn bekommen. Es sind die Formen, die, weil sie gewohnheitsmässig in solchen Fällen gebraucht wurden, wo man an eine Vorhandlung dachte, die Namen Plusquamperfektum und Futurum exactum erhielten. (Die Anwendung dieser Namen auf die griech. Formen wie ᾔδεα, ἐπεποίθη und τεθνήξω, πεπράξομαι ist unzutreffend, da diese Formen der Zeitstufe nach nur einfache Präterita und einfache Futura mit perfektischer Aktionsart waren.)

Dass der ältere Zustand, bei dem die Vergangenheit mit Bezug auf eine andre Handlung nicht zu gesondertem Ausdruck am Verbum zu kommen brauchte, noch in die historische Zeit des Lateinischen hereinragt, zeigen ausser den S. 726 genannten Sätzen z. B. auch *ubi dixit* (Ind. Aor.), *abiit*, entsprechend dem griech. ἐπεὶ εἶπε, oder *si faxo* (Konj. Aor.), *vapulabo*, entsprechend dem griech. ἐὰν ποιήσω, u. dgl.

Im Lat. hat die semantische Verschmelzung des Indikativs des *s*-Aorists (*dīxī*, S. 397. 404f.) und des *is*-Aorists (*vīdis-tī*, S. 416f.) mit dem alten Indik. Perf. zur Folge gehabt die semantische Angliederung auch des Konjunktivs und des Optativs des *is*-Aorists (*vīder-o* und *vīder-im*, zu *vīdis-tī*, *vīdĕr-unt*) an das Perfektsystem (§ 435. 455, 1), die Neubildung des Indikativs auf *-eram* (*vīderam*) nach Massgabe des Verhältnisses von *eram* zu *ero* und von *-bam* zu *-bo*, sowie die Neubildung des Konjunktivs auf *-issem* (*vīdissem*) zum Infin. auf *-isse* nach Massgabe von *essem*, *vidērem* zu *esse*, *vidēre* (S. 416f.). Die Doppelbedeutung aber des Indik. Perf. als Perfectum praesens und als Aorist, die auch auf alle nichtindikativischen zum Perfektsystem gehörigen Formen sich erstreckte, bewirkte in dem Verhältnis von *videro*, *vīderam*, *vīdissem* zu *vīdī* für diese drei Formen einen Vergangenheitssinn gegenüber *vīdī*, wenn dieses selbst Aorist (Narrativ) war.

Ganz frei von diesem Nebensinn der relativen Zeitstufe blieben einerseits Formen auf *-ero -eram -issem* nur dann, wenn der zugehörige Indik. Perf. auf den Gebrauch als Perfectum praesens beschränkt war, wie z. B. bei *meminī* 'ich habe im Gedächtnis'; dieser Form gegenüber war natürlich *memineram* nur ein einfaches Präteritum, *meminero* nur ein einfaches Futurum, und darin gleichen also diese Formen den griechischen wie ἐτεθνήκει und τεθνήξει. Auch bekamen anderseits solche Formen auf *-ero*, die zu einem auch als Narrativ gebräuchlichen Ind. Perf. gehörten, doch nicht für alle Fälle den relativen Zeitsinn. Oft sind die gleichwie *faxo* aus dem Konj.

des sigmatischen Aorists hervorgegangenen Formen wie *fēcero dīxero* noch einfache, absolute Futura. Denn gegenüber den Formen wie *faciam*, *dīcam* wird mit ihnen gerne die Punktualität der Handlung angedeutet, z. B. Plaut. Stich. 351 *tu hoc converre.* # *ego fecero* 'ich werde es bewirken, vollbringen', Merc. 450 *ego aliquid videro* 'ich werde etwas ausfindig machen' (Delbrück Vergl. Synt. 2, 322 ff., Blase Hist. Gramm. 3, 180 ff.). Dieses *vīdero* unterschied sich von *vidēbo* (z. B. Plaut. Asin. 606 *bene vale : apud Orcum te videbo* 'ich werde dich vor meinen Augen haben, werde mit dir zusammen sein') ungefähr nur ebenso wie griech. ἀχθεσθήσομαι 'ich werde böse werden' von ἀχθέσομαι 'ich werde böse sein'. In diesem Nochfreisein von dem Sinn einer Vorhandlung gleicht mithin dieser Gebrauch dem der Optativformen auf *-erī-*, wie in *ne feceris*, das dem griech. μὴ ποιήσῃς entspricht.

Dagegen scheint, mit Ausnahme von *memineram meminissem*, *ōderam ōdissem* u. dgl., bei den Formen auf *-eram* und *-issem*, die jüngeren Alters waren als die auf *-ero* und *-erim*, von Beginn der Überlieferung der Sprache an immer auf eine Vorhandlung Rücksicht genommen worden zu sein in Haupt- wie in Nebensätzen, z. B. *verbis paucis quam cito alium fecisti me: alius ad te veneram* (Plaut.) 'ich war gekommen' (Blase a. a. O. 210 ff.).

Ob im Osk.-Umbr. ein dem lat. Plusquamperfekt auf *-eram* entsprechendes Tempus vorhanden gewesen ist, ein Präteritum also z. B. zu osk. kúmbened 'convēnit', ist unsicher. Das Fehlen in der Überlieferung kann ebenso zufällig sein, wie dass z. B. neben osk. prúftúset (paí teremenniú múíníkad tanginúd prúftúset rehtúd amnúd 'quae termina communi sententia posita sunt recto circuitu') kein prúftú fufans 'posita erant' überliefert ist.

Dagegen ist reichlich belegt ein dem lat. Tempus auf *-ero* entsprechendes 'Futurum exactum', dessen Hauptbildungselement die Silbe *-us-* war, wie umbr. *benust* 'venerit', osk. *fefacust* 'fecerit' (§ 421 Anm. 2). Wie dem lat. Aktiv *dedero* als Passiv *datus ero* gegenübersteht, so erscheint im Osk.-Umbr. als Passiv dasselbe *to*-Partizip mit *fust*, z. B. umbr. pihaz fust *pihos fust* 'piatus erit'. Beispiele: osk. *censamur esuf* ... *poizad ligud iusc censtur censaum angetuzet* 'censetor ipso loco, qua lege ii censores censere proposuerint', *suaepis* ... *zicolom dicust, izic comono ni hipid* 'si quis diem dixerit, is comitia ne habuerit', umbr. sve mestru karu fratru ... prusikurent rehte kuratu eru, eřek prufe si 'si maior pars fratrum pronuntiaverint recte curatum esse, id probe sit'; mit umbr. *sue muieto fust ote pisi arsir andersesust, disleralinsust* 'si muttitum erit aut quis ritus interruperit, irritum fecerit' vergleiche man lat. *si dixero mendacium, solens meo more fecero* (Plaut.). Aus der Entstehungsweise dieser osk.-umbr. Neubildung begreift sich, dass sie als einfaches Futurum, wie die lat. Formen auf *-ero* (S. 730f.), gebraucht nicht vorkommt, wenn freilich, bei der Spärlichkeit der Sprachüberlieferung, auf das Nichterscheinen dieser Anwendung nicht viel zu geben ist.

C. Gebrauch der Indikative der einzelnen Tempusstämme.

a. Indikativus Praesentis.

646. Will man die sämtlichen in den verschiedenen Sprachzweigen vorfindlichen Anwendungen des Ind. Präs. auf eine gemeinsame Formel bringen, so lässt sich sagen: mit dieser verbalen Form stellt der Sprechende einen Vorgang oder Zustand als etwas hin, was in seinem Bewusstsein gegenwärtig vorhanden ist und von ihm als etwas tatsächliches angeschaut wird. Ob diese weite Gebrauchsweise, die von einem Zeitstufenverhältniss absieht, die ursprüngliche gewesen ist, oder ob die uridg. Flexionsweise etwas an sich hat, was einst speziell auf die Gegenwart des Redenden hinwies, bleibt, wie hier nochmals bemerkt sein mag (vgl. § 641), zweifelhaft.

647. 1) In allgemeinen Aussagen, in Aussagen, die ohne Einschränkung auf eine bestimmte Zeit gelten sollen, ist der Ind. Präs. in allen Sprachen bis auf den heutigen Tag in Übung. Z. B. ai. *āsannataratām ēti mṛtyur jantōr dinē dinē* 'näher und näher rückt der Tod dem Menschen mit jedem Tag', griech. ὁ μὴ δαρεὶς ἄνθρωπος οὐ παιδεύεται, lat. *omnia vincit* *amor*, aksl. *nikyjiže rabъ ne možetъ dъvěma gospodьma rabotati* 'kein Sklave kann zwei Herrn dienen'.

648. 2) Für die Gegenwart des Sprechenden in mehr oder weniger klar empfundenem Gegensatz zu solchem, was sein wird oder was gewesen ist, z. B. A. *was schreibst du da?*, B. *ich rechne zusammen.* In der Regel empfindet der Sprechende als Gegenwart nicht bloss die Zeit, die das gerade Gesprochene in Anspruch nimmt, sondern dazu noch ein Stück dessen, was streng genommen Zukunft, und ein Stück dessen, was streng genommen Vergangenheit ist. Die Grösse dieser Stücke ist durch die jeweilige Bewusstseinsweite des Redenden gegeben. Auch dieser Gebrauch war und ist allgemeinindogermanisch.

Wegen der Ausdehnbarkeit des Sinnes der Gegenwart ist demnach oft keine begriffliche Grenze zu ziehen zwischen den Fällen, in denen das im Ind. Präs. Auftretende der Zukunft oder der Vergangenheit angehört (z. B. *ich komme mit* (zu einem, der weggeht, gesagt; *spät kommt ihr, doch ihr kommt!*), und dem Gebrauch einer Futur- oder Präteritalform.

649. 3) Das Praesens historicum konkurriert in allen idg. Sprachen mit den Präterita, mittels deren man vergangene Geschehnisse erzählt, und ist überall eine echt volkstümliche Ausdrucksweise. Der Sprechende hat die Handlung wie in einem Drama vor Augen, und über dem Interesse an ihr wird ihm die Vorstellung des Zeitverhältnisses zu ihr nicht lebendig. Dass es sich um Vergangenes handelt, ist für den Hörer meistens dadurch kenntlich gemacht, dass sich mit dem Praesens historicum selbst ein anderes, dieses Zeitverhältnis klar stellendes Wort verbindet, z. B. *gestern komme ich zu ihm, da* . . ., oder dass anderes, was im Zusammenhang mit dem steht, was durch das Präsens dargestellt wird, vorher im Präteritum gesagt worden ist, z. B. *ich ging zu ihm ins zimmer, finde ihn auf der erde liegend und* . . ., lat. Verg. Aen. 8, 83 *procubuit viridique in litore conspicitur sus* (vgl. die Aufeinanderfolge eines Futurums und eines futurischen Präsens § 653).

Diese präsentische Darstellungsform wird nur ganz selten für längere Erzählungen unverändert beibehalten. In der Alltagsrede wechselt in der Regel das Präsens mit den präteritalen Narrativen, wie sie in den verschiedenen Sprachen üblich sind. In Kunstsprachen wird dieser Wechsel, der sich in der Volkssprache naiv vollzieht, oft in stilistischem Interesse ausgenutzt: die präterital begonnene Erzählung des Geschehenen wird gern durch das Präsens in der Absicht fortgesetzt, vor dem Hörer oder Leser gleichsam ein Bild aufzurollen. Doch stellen sich die Kunstsprachen der verschiedenen Völker zum Praesens historicum ganz verschieden: während dieser Tempusgebrauch z. B. im Epos der Römer ganz geläufig ist, vermeiden ihn durchaus das homerische Epos und die mhd. Epen (vgl. J. Grimm D. Gr. 4², 172 f.).

Im Ai. erscheint das Praes. hist. nur selten: RV. *úttarā sū́r ádharaḥ putrá āsīd dā́nuḥ śayē sahávatsā ná dhēnúḥ* 'die Mutter war die obere, der Sohn der untere, da liegt nun Dānu da wie eine Kuh mit dem Kalb', MBh. *prahasanti ca tą̄ kēcid abhyasūyanti cāparē akurvata dayą̄ kēcit* 'einige verlachen sie, andere grollen ihr, einige hatten Mitleid'. Vgl. Whitney Sanskr. Grammar² 278, Speyer Ved. u. Sanskr.-Synt. 50 f., Delbrück Vergl. Synt. 261. — Ein Praes. hist. kommt im Av. nicht vor.

Belege für das Arm., in dem das Praes. hist. ebenfalls selten ist, gibt Meillet Mém. 16, 118, wie Mark. 8, 22 *gan i Betsayida ev acen aṙaǰi nora koir mi ev ałačein zna, zi merjesçi i na* 'sie kommen (im Urtext ἔρχονται) nach B. und bringen (φέρουσιν) vor ihn einen Blinden und lagen ihm an (παρακαλοῦσιν!), dass er ihn anrühre'.

Im Griech. lässt sich der volkstümliche Gebrauch am besten aus den Historikern erschliessen, z. B. Herodot ἐπείτε ἡσυχίη τῶν ἀνθρώπων ἐγένετο περὶ τὸ σῆμα, συγγινωσκόμενος ἀνθρώπων εἶναι τῶν αὐτὸς ᾔδεε βαρυσυμφορώτατος, ἐπικατασφάζει τῷ τύμβῳ ἑωυτόν 'nachdem es um das Grabmal still geworden war, schlachtet er sich selber auf dem Grabhügel', Thuk. ἦλθε δὲ καὶ τοῖς Ἀθηναίοις εὐθὺς ἡ ἀγγελία τῶν πόλεων ὅτι ἀφεστᾶσιν. καὶ πέμπουσιν, ὡς ᾔσθοντο . . ., δισχιλίους ἑαυτῶν ὁπλίτας 'Auch den A. ging die Nachricht von dem Abfall der Städte zu, und als sie vernahmen, dass . . ., schicken sie 2000 von ihren Schwerbewaffneten'.

Im Alban. häufig in Märchen, z. B. Pedersen Alban. Texte 30 *prapɛ po k' e bitisi, eδé vate tɛ falej; vate derviši è i θotɛ toiδjo fjal* 'wiederum, als er sie (die Moschee) vollendet hatte, ging er zu beten; es kam der Derwisch, und er spricht zu ihm dieselben Worte'.

Im Lat. bei den Komikern in regelloser Abwechslung mit Präteriten, wie Plaut. Capt. 505 ff. *tandem abii ad praetorem; ibi vix requievi; ilico rogo syngraphum; datur mihi; dedi Tyndaro; ille abiit domum. domo inde ilico praevortor* usw. Besonders häufig im Epos, z. B. Verg. Aen. 4, 579 *Dixit vaginaque eripit ensem | fulmineum strictoque ferit retinacula ferro. | idem omnes simul ardor habet, rapiuntque ruuntque; | litora deseruere; latet sub classibus aequor* usw.

Ebenso in den ir. Erzählungen, z. B. Tāin bō Cualnge (hg. v. Windisch) S. 71 *ocus gabsat oc fedad ind idi barbarda forācaib in rīgnia immun corthi. ocus gebid Ailill in n-id inna lāim, ocus tuc illaim Fergusa* 'und sie begannen den barbarischen Reifen anzusehen, den der königliche Held um den Pfeilerstein zurückgelassen hatte. Und Ailill nimmt den Reifen in die Hand und gab ihn dem Fergus in die Hand', S. 113 *ocus ros fuc dar bruach m̃-baire uadib. nad fegat uili in oenfecht amaide. ba machtad ocus ba iñgantus leo* 'Und er brachte sie (die Kugel) über den Rand des Zieles von ihnen weg. Alle sehen ihn da auf einmal an. Staunen und Verwunderung erfüllte sie'. Vgl. Zimmer KZ. 36, 486, Vendryes Gramm. du vieil-irl. 251.

Bei Wulfila erscheint das Praes. hist. nur, wo es auch die griechische Vorlage hat, z. B. Mark. 5, 40 *jah bihlōhun ina. iþ is uswairpands allaim ganimiþ attan* etc. 'καὶ κατεγέλων αὐτοῦ. ὁ δὲ ἐκβαλὼν πάντας παραλαμβάνει τὸν πατέρα' κτλ. Doch braucht er gewöhnlich für das griech. Praes. hist. das Präteritum. Vgl. Grimm D. Gr. 4², 167. Im Ahd. u. Mhd. in Erzählungen nur wenige Belege, z. B. ahd. Ludwigl. 45 *thō ni uuas iȝ burolang, fand her thia Northman: | gode lob sagēda, her sihit thes her gerēda* 'er sieht, was er begehrt hatte'. Im Mhd. unterbrechen die höfischen Dichter die Erzählung im Prät. nicht selten durch ein einzelnes Präs., mit dem sie angeben, wie weit sie ihren Helden geführt haben; damit entwerfen sie dem Leser gleichsam ein Bild, z. B. Pz. 452, 14 *der kiusche Trevrizent dā saȝ — an dem ervert nū Parzival diu verholnen maere umben gral.* Vgl. Grimm D. Gr. 4², 167 ff. Im Nhd. freierer Wechsel mit dem Prät., z. B. Lessing N. 1, 5 *Schon den hals entblösst, kniet' ich, als mich schärfer Saladin in's auge fasst* usw. Namentlich oft *spricht* für *sprach* u. dgl.

Im Lit. wie im Nhd., z. B. *àsz į stùbą įżeñgęs jám sakaũ* etc. 'nachdem ich ins Zimmer eingetreten, sag' ich ihm' usw. In den Erzählungen besonders oft *sãko*, z. B. *atė̃jo mótyna, sãko: kõ tu teĩp verkì?* 'da trat die Mutter heran und spricht: warum weinst du so?'. — Beispiele aus der aksl. Übersetzungsliteratur: Matth. 22, 16 *i posylajątъ kъ nemu učeniky svoję* 'καὶ ἀποστέλλουσιν αὐτῷ τοὺς μαθητὰς αὐτῶν', Joh. 1, 29 *vъ utrějь že dьnь viditъ Isusa . . . i glagola* 'τῇ ἐπαύριον βλέπει τὸν Ἰησοῦν . . . καὶ λέγει'. Im übrigen vgl. Delbrück Vergl. Synt. 2, 333 f., Vondrák Vergl. Slav. Gramm. 2, 273 f.

650. 4) Nahe berührt sich mit dem Praesens historicum das sogen. Praesens tabulare, auch Praesens annalisticum genannt. Auch hier steht das Ereigniss der Vergangenheit wie ein Bild vor dem Sprechenden, und von dem Zeitverhältnis wird abgesehen. Aber der Ausgangspunkt ist ein anderer. Das Praes. tab. kam erst durch bilderschriftliche oder buchstabenschriftliche Darstellung des Vorgestellten und Gesprochenen auf. Das Ereignis wird in einem Stammbaum, einer Liste, auf einem Weihgeschenk oder dgl. fixiert und steht nun geschrieben vor Augen. Während das Praes. hist. gewissermassen eine bioskopische Darstellung gibt, bei der das Bild wie im Kinematograph vor dem Angeredeten vorüberzieht, steht dieser beim Praes. tab. vor einem ruhenden Bild. Übrigens sind die beiden Präsensarten im Gebrauch der Schriftsteller oft nicht mehr auseinanderzuhalten.

Im Griech. kam der Gebrauch bei den Chronographen auf und ging auf die Historiker über, daher besonders oft geschichtliche Daten im Praes. tab., wie γίγνεται, γαμεῖ, τίκτει, τελευτᾷ u. dgl. Z. B. bei Herodot 6, 71 Λευτυχίδης . . . διεδέξατο τὴν βασιληίην, καί οἱ γίγνεται παῖς, τὸν . . . ἐκάλεον. οὗτος . . . οὐκ ἐβασίλευσε Σπάρτης· πρὸ Λευτυχίδεω γὰρ τελευτᾷ . . . Λευτυχίδης δὲ γαμέει δευτέρην γυναῖκα κτλ., Xen. An. 1, 1, 1 Δαρείου καὶ Παρυσάτιδος γίγνονται παῖδες δύο. Das stilistische Moment wirkte über den Kreis der Historiker hinaus. Denn das häufig von den Tragikern bei Angaben der Geburt usw. angewendete Präsens stammt sicher aus derselben Quelle, z. B. Soph. O. R. 437 τίς δέ μ' ἐκφύει βροτῶν; Auf Weihgeschenken öfters ἀνατίθησι, δίδωσι neben ἀνέθηκε, ἔδωκε u. dgl.

Gleichartiges im Lateinischen, allerdings teilweise in Abhängigkeit von dem Gebrauch im Griechischen. Z. B. Elog. Scip. *Scipio . . . Taurasia Samnio cepit, subigit omne Loucanam opsidesque abdoucit*, Liv. 1, 3, 6 *Silvius deinde regnat, Ascanii filius . . . is Aeneam Silvium creat, is deinde Latinum Silvium*, Verg. Georg. 1, 278 *partu Terra nefando Coeumque Iapetumque creat*, Aen. 8, 141 *(Maiam) idem Atlas generat.* Auf Inschr. *T. Quinctius . . . hic situs est, dat Hilarus libert.* u. dgl. (Konjetzny Wölfflin's Arch. 15, 336). Verg. Aen. 9, 266 *dabo . . . tripodas geminos, auri duo magna talenta, cratera antiquum, quem dat Sidonia Dido.*

Im Germ. oft in Chroniken, bei vorausgehender Datumsbezeichnung. Vgl. dazu Präsentia wie im Schluss des Nibelungenlieds *ditze ist der Nibelungen nôt.*

Hierher lassen sich ferner die so häufigen Präsentia λέγει, *dicit, ait, sagt* u. dgl., stellen, wenn ein Schriftsteller Subjekt ist und gemeint ist 'man liest bei dem und dem geschrieben'. (Beachtenswert ist, dass Wulfila das im NT. so häufige λέγει [im lat. Text *dicit* oder *ait*] stets durch *qaþ* überträgt.) Dass indessen auch noch ein anderer Ausgangspunkt für diese Präsentia in Betracht zu ziehen ist, wird sich § 652 zeigen.

651. 5) Der Indik. Praes. mit einem 'früher, sonst' u. dgl. bedeutenden Adverbium. Es wird ein gewohnheitsmässiges Verhalten oder eine gewohnheitsmässige Tätigkeit bezeichnet, die der Vergangenheit angehören und oft ausdrücklich in Gegensatz zu etwas Gegenwärtigem gestellt werden. Der Gebrauch des Präsens in diesem Falle vergleicht sich am nächsten mit dem in allgemeinen Aussagen (§ 647): man will eine Gesamtcharakteristik eines Subjekts geben, die sein Verhalten in der Vergangenheit nicht eigentlich erzählt, sondern es herüber und hereinzieht in das dem Sprechenden vor Augen stehende, also ein als gegenwärtig angeschautes Bild, das man beschreiben will, vgl. etwa *ich schlafe sonst gut, seit zwei tagen aber ist es mit meinem schlaf aus.* Dass der Gebrauch uralt war, ist um so wahrscheinlicher, als die in diesem Fall im Ai. und Griech. gewohnheitsmässig verwendeten Adverbia *purā́* und πάρος etymologisch engstens verwandt sind (2, 2, 864 ff.).

Ai. mit *purā́*. ŠB. *sá hāgnír uvācátha yán mą́ purā́ prathamą́ yájatha kvā̀hą́ bhavānī́ti* (die Götter boten den R̥bhu's die erste Stelle beim Opfer an, die bis dahin Agni eingenommen hatte) 'da sprach Agni: aber da ihr mich sonst als ersten beim Opfer verehrt, wo soll ich denn nun (bei der neuen Einrichtung) bleiben?', RV. *kvà tā́ni nāu sakhyā́ babhūvuḥ sácāvahē yád avr̥ką́ purā́ cit* 'wo ist unsere alte Freundschaft geblieben, da wir sonst harmlos verkehren (bisher harmlos verkehrten)?', RV. *ahą́ sṓ asmi yáḥ purā́ sutḗ vádāmi kā́ni cit* 'ich bin derjenige, der sonst beim Soma irgend etwas spricht'. Die schon erwähnte nahe Verwandtschaft mit § 647 tritt hervor in Stellen wie ŠB. *áhōtā vā́ ēṣá purā́ bhavati yadāìvāìną pravr̥ṇītḗ 'tha hṓtā* 'vorher ist er ein Nicht-hōtar, erst wenn er ihn erwählt, dann ist er hōtar' (vgl. Delbrück Altind. Synt. 278). Wie im Griech., erscheint statt des Präsens auch das Perfectum praesens, z. B. RV. *vidmā́ hí tē purā́ vayám ágnē pitúr yáthā́vasaḥ, ádhā tē sumnám īmahē* 'wir kennen ja bisher deine Hilfe, wie die eines Vaters, so bitten wir denn um dein Wohlwollen'. Häufig erscheint beim Präsens *purā́ ha sma* (z. B. ŠB. *tḗ ha sma dr̥šyámānā ēvá purā́ są́ pibanta utāìtárhy ádr̥šyamānāḥ* 'sie [die Götter] trinken sonst sichtbarlich mit, jetzt aber ungesehen'), wodurch der Gedanke der Vergangenheit deutlicher hervortritt, vgl. Delbrück Altind. Synt. 501 ff., Vergl. Synt. 2, 266 f., Speyer Ved. u. Sanskr.-Synt. 50 f.

Dadurch, dass an die Stelle des Zeitadverbiums das entsprechende Adjektivum trat (2, 2, 660 ff.), scheint im Avest. die Konstruktion des Indik. Praes. mit *paᵤrva-* 'prior' entstanden zu sein, wie Yt. 10, 45 *yōi paᵘrva miϑrəm druzinti* 'die erst den M. belügen (belogen haben)', s. Bartholomae Altiran. Wtb. 871 f.

Im Griech. πάρος, auch πρότερον und πάλαι. Hom. ἀλλ' ὄρσευ πόλεμόνδ', οἷος πάρος εὔχεαι εἶναι 'auf! in die Schlacht, als der, der du sonst zu sein dich rühmst', τίπτε Θέτι τανύπεπλε ἱκάνεις ἡμέτερον δῶ | αἰδοίη τε φίλη τε; πάρος γε μὲν οὔ τι θαμίζεις 'Warum kommst du in unser Haus? Sonst kommst du doch nicht zu Besuch'. Soph. κεῖνον γάρ, οὐδέν' ἄλλον ἰχνεύω πάλαι 'denn seine, keines andern, Spur suche ich schon lange'. Thuk. φίλον τε γὰρ ἡγοῦνται τὸν ὑπουργοῦντα, ἢν καὶ πρότερον ἐχθρὸς ᾖ 'man sieht den Dienste Leistenden als Freund an, wenn er auch von früher her Feind war (sonst Feind ist)'. Wie im Ai., erscheint statt des Präsens auch das Perfectum praesens, z. B. Hom. ἄλλους δ' ὀτρύνοντες ἐνήσομεν, οἳ τὸ πάρος περ | θυμῷ ἦρα φέροντες ἀφεστᾶσ' οὐδὲ μάχονται 'wir wollen andre in den Kampf schicken, die sich sonst fern halten und nicht kämpfen'.

Im Lat. *ōlim, quondam*. Hor. Sat. 1, 1, 25 *ut pueris olim* ('seit alters') *dant crustula blandi* | *doctores*, Inscr. Afr. 1523 b (c) 5 *Iulius hoc feci, mellitus qui vocor olim*, Ov. Met. 8, 191 *Sic rustica quondam* | *fistula disparibus paulatim surgit avenis*. Bei Plinius neben dem Präsens (1, 11, 1 *olim mihi epistulas nullas mittis*) auch das Perfekt, das man nach dem Ai. und dem Griech. (s. o.) als Perfectum praesens ansehen darf: 8, 9, 1 *olim non librum in manus, non stilum sumpsi* (§ 677).

Wie alt unser Präsensgebrauch im Germanischen ist, z. B. im Nhd. bei *sonst* ('unter andern Umständen', dann 'zu anderer Zeit') und *längst* (älter *längs*, mhd. *langes* 'vor langer Zeit'), bedarf noch näherer Feststellung.

652. 6) Der Indik. Praes. erscheint als resultatives Präsens, wo der eigentliche Vorgang vorüber ist, aber eine in der Gegenwart des Sprechenden als Zustand vorliegende Nachwirkung vorgestellt ist, wie in *ich höre, er sei angekommen*. Gewöhnlich hat das betreffende Präsens daneben auch noch seinen älteren eigentlichen Gebrauch, wonach es Verlauf der Handlung in der Gegenwart des Sprechenden ausdrückt, wie *ich höre ein summendes geräusch*. Doch haben in verschiedenen Sprachen Verba im Präsens diese letztere, ihnen ursprünglich eigne Bedeutung mehr oder weniger eingebüsst und sich auf resultative Anwendung beschränkt, so dass sie für gewöhnlich nur als Verba mit zuständlicher Bedeutung auftreten. So war z. B. lat. *teneo* (vgl. *tendo*, griech. τείνω), das ursprünglich etwa 'ich (um)spanne etwas' oder 'strecke mich über etwas aus' bedeutet hat, in der historischen Latinität gewöhnlich nur noch 'ich halte', griech. ἔχω (vgl. ai. *sáhatē* 'bewältigt, besiegt'), ursprünglich etwa 'ich packe, fasse fest', in der historischen Periode gewöhnlich 'ich habe', ἥκω (zu ἱκέσθαι, W. *sē(i)q-*, vgl. § 72, 2 S. 123), ursprünglich 'ich komme' (vgl. *ich komme, um dich zu warnen*), seit Homer 'bin da', nhd. *übertreffen*, ursprünglich 'über etwas hinaus treffen' (beim Schiessen), jetzt in der Regel nur 'besser sein als etwas anderes'.

Beispiele für resultativen neben sonstigem Präsensgebrauch. Griech. λέγω 'sage' (ὅπερ λέγω, ὥσπερ ἐγὼ λέγω u. a.), ἀκούω und κλύω 'höre', πεύθομαι πυνθάνομαι 'erfahre', ἀδικῶ 'tue Unrecht, bin Übeltäter', νικῶ 'siege, bin Sieger' u. a. Z. B. γ 186 ὅσσα δ' ἐνὶ μεγάροισι καθήμενος ἡμετέροισιν | πεύθομαι, . . . δαήσεαι 'alles, was ich erfahre (d. h. erfahren habe, weiss), sollst du zu hören bekommen', Soph. Phil. 261 ὅδ' εἴμ' ἐγώ σοι κεῖνος, ὃν κλύεις ἴσως | τῶν Ἡρακλείων ὄντα δεσπότην ὅπλων 'ich bin jener, von dem du vielleicht gehört hast, dass er Herr der Waffen des H. ist', Xen. An. 2, 1, 4 ἀπαγγέλλετε Ἀριαίῳ, ὅτι ἡμεῖς νικῶμεν βασιλέα 'meldet dem A., dass wir Sieger sind über den Grosskönig'. Lat. *dico, iubeo, veto, posco, polliceor, audio, accipio* u. a., z. B. Plaut. Amph. 561 AM. *Scelestissume, audes mihi praedicere id,* | *domi te esse nunc, qui hic ades?* SO. *Vera dico*, Aul. 796 *Ei mihi, quod facinus ex te ego audio?* Wie alt nhd. *wie ich höre, wie du sagst* u. dgl. ist, ist mir unbekannt; vielleicht ist fremder Einfluss mit im Spiel gewesen.

Dem Balt. und Slav. scheint diese Art als echt einheimische Ausdrucksweise fremd zu sein.

Anm. Zuweilen scheinen Verba, deren Urbedeutung 'sich setzen', 'sich legen', 'sich stellen' war, zu dem Sinn 'sitzen', 'liegen', 'stehen' gekommen zu sein, z. B. griech. ἕζομαι. Dies wird von Rodenbusch IF. 28, 274 ff. mit den eben genannten Erscheinungen auf gleiche Linie gestellt. Ich bezweifle aber, ob diese Auffassung richtig ist. Kaum mit mehr Berechtigung vergleicht Rodenbusch auch Ausdrücke wie *ein berg erhebt sich in der ebne, das dach springt vor*; dasselbe in andern idg. Sprachen,

z. B. im Lat. *murus oppidum cingit, silva hinc se deflectit.* Der Sprechende hat in solchen Fällen das Ausdrucksmittel für den ruhenden Zustand der Gewohnheit entnommen, das räumlich Koexistierende, um es durch sinnliche und geistige Wahrnehmung bewältigen zu können, in ein Konsekutives umzusetzen. Verfolgen wir einen Gegenstand in seiner Ausdehnung mit den Augen, so kommt die resultative Bedeutung zustande, wenn die Vorstellung der Bewegung zum Ende gelangt ist. Doch tritt hier gerade der resultative Sinn meist kaum ins Bewusstsein, vgl. z. B. *dort krümmt sich der weg, von dort an senkt sich das gelände.*

653. 7) Das Präsens für Zukünftiges bei beliebiger Aktionsbedeutung des Verbums. Die altüberkommene, wenn auch vielleicht nicht ganz ursprüngliche Gebrauchsweite des Indik. Praes. (§ 646) ermöglichte es, diese Verbalform auch für solches zu gebrauchen, was man als erst bevorstehend dachte. Das Bedeutungselement der Zukunft ergab sich dann einfach aus dem Zusammenhang, z. B. aus einem zur Verbalform hinzutretenden auf Künftiges weisenden Adverbium, z. B. *ich bin morgen auf dem lande, ich komme morgen.* Dass im Mhd. gerne dem futurischen Präsens ein umschriebenes Futurum vorausgestellt wird, z. B. Wigal. 12, 40 *ir sult morgen komen her und holt den gürtel* (J. Grimm D. Gr. 4², 213), vergleicht sich mit der Folge eines Präteritums und dann eines Präsens in der Erzählung vergangener Geschehnisse (S. 733).

Beispiele. Altind. *púnar āímíty ét tirōbhūtām* (ŠB.) 'ich komme wieder, mit diesen Worten war sie verschwunden', *tą vāí tvā yajñād antár ēṣyāma ity. ahám ápi hanmíti hōvāca* (ŠB.) "wir werden dich vom Opfer ausschliessen". „Dann schlage ich auch", sprach er (Mitra)', *yāvad ahą bhōjaną gṛhītvā samāgacchāmi tāvad atra tvayā sthātavyam* (Panc.) 'bis ich mit Nahrung wiederkomme, musst du hier stehen bleiben', *yadi na gamyatē švō rājasēvakā asmān niḥsārayanti* (Bhōj.) 'wenn wir nicht gehen, treiben uns morgen des Königs Bedienstete hinaus'. Vgl. Delbrück Altind. Synt. 278f., Speyer Ved. u. Sanskr.-Synt. 51. 85ff., Sanskrit Synt. 243f. 355. 368. — Armen. *ert'as ənd ar̄ns ənd aismik? ert'am* (Gen. 24, 58) 'πορεύσῃ μετὰ τοῦ ἀνθρώπου τούτου; πορεύσομαι'. Vgl. Meillet Mém. 16, 119. — Griech. οὐ σύ γ' ἔπειτα | Τυδέος ἔκγονός ἐσσι (E 813) 'nicht bist du in Zukunft der Sprössling des T.', εἰ δ' ἐθελήσει ... ἐς τὴν θυγατέρα ταύτην ἀναβῆναι ἡ τυραννίς ..., ἄλλο τι ἢ λείπεται τὸ ἐνθεῦτεν ἐμοὶ κινδύνων ὁ μέγιστος; (Herodot) 'wenn an seine Tochter das Königreich fallen sollte, laufe ich da nicht die grösste Gefahr?', εἰ αὕτη ἡ πόλις ληφθήσεται, ἔχεται καὶ ἡ πᾶσα Σικελία (Thuk.) 'wenn diese Stadt wird genommen werden, hat man auch ganz S. in Händen'. In gleicher Lage auch das Perf., wie εἴ με τόξων ἐγκρατὴς αἰσθήσεται, ὄλωλα (Soph.) 'wenn er, im Besitz des Bogens, mich bemerken wird, bin ich verloren' (§ 678). Vgl. Brugmann-Thumb Griech. Gramm.[4] 557 f. — Lat. *iam ego recurro huc: tu hunc hic intereà tene* (Plaut.), *manedum parumper: iam exeo ad te* (Plaut.), *tuemini castra, ego reliquas portas circumeo et castrorum praesidia confirmo* (Caes.), *si ero reprehensus, macto ego illum infortunio* (Plaut.). Vgl. Schmalz Lat. Gramm.[4] 484, Blase Landgraf's Hist. Gramm. 3, 1, 108 ff. — In allen german. Sprachen ist dieser Gebrauch ganz gewöhnlich, z. B. got. Joh. 14, 17 *iþ jus kunnuþ ina, untē is miþ izwis wisiþ jah in izwis ist* 'ὑμεῖς δὲ γινώσκετε αὐτό, ὅτι παρ' ὑμῖν μένει καὶ ἐν ὑμῖν ἔσται (in euch bleiben wird)', Joh. 14, 12 *þō waúrstwa þoei ik tauja, jah is taujiþ jah maizōna þaim taujiþ* 'τὰ ἔργα, ἃ ἐγὼ ποιῶ, κἀκεῖνος ποιήσει καὶ μείζονα τούτων ποιήσει', Joh. 16, 25 *akei qimiþ hweila, þanuh izwis ni þanaseiþs in gajukōm rōdja* 'ἀλλ' ἔρχεται ὥρα ὅτε οὐκέτι ἐν παροιμίαις λαλήσω ὑμῖν' (Streitberg PBS. Beitr. 15, 136 f.), ahd. Otfr. 4, 31, 24 *bist hiutu ziwāre mit mir saman thāre*, mhd. Iw. 4260 *als tuon ich iu morgen*, nhd. Klopstock An Fanny *wenn einst ich tot bin* usw. (J. Grimm D. Gr. 4², 206 f., Erdmann-Mensing Grundz. 1, 95 f., Erdmann Unters. 1, 4 f., Paul Mhd. Gr.[8] 128). — Das Litau. ist in der Zeitstufenbezeichnung genauer als das Deutsche, es heisst z. B. nur *àsz rytój pàs tavę apsilankýsiu* 'morgen besuche ich dich', nicht *apsilankaũ*. Im Slav. haben im allgemeinen die perfektiven Präsentia Futurbedeutung (§ 653), aber nicht die imperfektiven, bei denen eine Umschreibung durch den Infinitiv mit Hilfszeitwörtern, *imamь* ('ich habe') u. a., angewendet wird (§ 426).

Nach dem Gesagten begreift sich der Gebrauch des Indik. Praes. auch in Prophezeiungen: dem Seher steht, indem er aus dem Rahmen der Zeit heraustritt, die Zukunft gegenwärtig vor Augen, z. B. im Griech. ο 533 ὑμετέρου δ' οὐκ ἔστι γένος βασιλεύτερον ἄλλο | ἐν δήμῳ Ἰθάκης 'nicht wird ein anderes Geschlecht im Volk von I. höhere Herrschaft haben als das eure', Herodot 7, 140 οὔτε γὰρ ἡ κεφαλὴ μένει (v. l. μενεῖ) ἔμπεδον . . . οὔτε τι μέσσης λείπεται 'nicht wird das Haupt auf seinem Platz verharren, nichts in der Mitte bleiben'.

654. 8) Das Präsens für Zukünftiges bei perfektiver Aktionsart des Verbums.

War die Aktionsart eines Verbums an sich selbst perfektiv, sei es dass das Verbum ein Simplex oder ein Kompositum war (S. 79 ff.), so ergab sich leicht Zukunftsbegriff. Zwar nicht, wenn es sich um allgemeine, zeitlose Aussagen handelt, wie z. B. Matth. 6, 2 ἀπέχουσιν [οἱ ἀποκριταὶ] τὸν μισθὸν αὐτῶν 'die Heuchler haben ihren Lohn weg (dahin)' (S. 82), wohl aber wo der Redende von etwas spricht, was seine Gegenwart betrifft. Sage ich z. B. als Zuschauer eines Wettlaufs *er holt ihn ein,* so bewege ich mich mit dieser Aussage ebenso in der Gegenwart, wie wenn ich sage *er ist hinter ihm her*, aber der Augenblick des wirklichen Einholens liegt, während ich von dem vor mir sich abspielenden Vorgang spreche, notwendigerweise noch in der Zukunft. Wäre das Einholen in dem Augenblick, wo ich zu sprechen anfange, schon erfolgt, so müsste ich ein Präteritum gebrauchen. Und so in vielen Fällen. So kann also der Indik. Praes. der punktuellen Verba semantisch zu einem Indik. Fut. werden. Wenn dann aber dieser Gebrauch nicht bloss, wie es in dem angeführten Beispiel der Fall ist, für eine ganz nahe Zukunft gilt, sondern auch für eine beliebig ferne (vgl. die unten folgenden Beispiele), so kommt hierfür § 652 in Betracht. Der futurische Gebrauch von perfektiven Präsentien hatte also einen doppelten Ausgangspunkt.

Im Slavischen hat sich der Futursinn an die perfektiven Präsentia ganz regelmässig geknüpft. Das kam daher, dass hier beliebige Verba zugleich in imperfektiver und in perfektiver Gestaltung vorhanden waren (S. 76 ff. 79 ff.). Der Aktionsausdruck ist in dieser Sprachgruppe also systematisch zum Ausdruck einer Zeitstufe geworden.

Perfektiva waren z. B. aksl. *damь* 'gebe, überreiche', *vrъgą* 'tue einen Wurf', *imą* 'nehme, nehme hin', *padą* 'falle, schlage fallend auf', *reką* 'sage, sage heraus', *dvignę* 'setze in Bewegung', *vraštą* 'wende, gebe eine Wendung, drehe um'. Vor allem aber wurden imperfektive Verba durch Zusammensetzung mit Präpositionen perfektiv: z. B. *tvorją* 'mache' imperfektiv, wozu als Perfektiva *sъ-tvorją* 'mache fertig, erschaffe', *za-tvorją* 'mache zu, schliesse', *otъ-tvorją* 'mache auf, öffne'. Zu jedem an sich imperfektiven Verbum gehören hier so viele perfektive, als das Verbum Zusammensetzungen mit Präpositionen ermöglicht, wobei aber jedes Kompositum die besondere Bedeutungsschattierung hat, die der alte Sinn der Präposition verlieh. Jedoch hat *po-* seinen ursprünglichen räumlichen Sinn in dem Mass eingebüsst, dass es, ähnlich wie got. *ga-* und lat. *com-*, zu einer Bezeichnung der Perfektivierung schlechthin geworden ist, z. B. *tręsti* 'quatere' : *po-tręsti* 'concutere'; *moliti sę* 'προσεύχεσθαι' : *po-moliti sę* 'προσεύξασθαι' (2, 2, 774). Beispiele: *gospodь uslyšitъ mę* ('erhört mich'), *jegda vъzovą* ('rufe auf') *vъ njemu* Ps. 4, 4 'κύριος εἰσακούσεταί μου ἐν τῷ κεκραγέναι με πρὸς αὐτόν, dominus exaudiet me, cum clamavero ad eum', *ašte kъto ljubitъ mę* ('hat mich lieb'), *slovo moje sъbljudetъ* ('bewahrt') *i otьcь mojь vъzljubitъ jь* ('gewinnt ihn lieb') Joh. 14, 23 'ἐάν τις ἀγαπᾷ με, τὸν λόγον μου τηρήσει καὶ ὁ πατήρ μου ἀγαπήσει αὐτόν, si quis diligit me, sermonem meum servabit et pater meus diliget eum'.

Dabei ist zu beachten, dass, wenn das Präsens der Verba perfectiva auf Künftiges geht, es nicht unter allen Umständen die Zukunft vom Standpunkt des Sprechenden aus ist, die es bezeichnet. Z. B. erscheint es im Nebensatz nach der Finalpartikel *da* ('ἵνα, ut'), einerlei welches Tempus der Hauptsatz hat, z. B. *izvedošę jь, da jь propьnątъ* Mark. 15, 20 'sie führten ihn hinaus, damit sie ihn kreuzigten'.

Aus derselben perfektiven Bedeutung, die bei Präsentia wie *padą* zum Gebrauch als Futurum Anlass gab, erklärt sich, dass das alte zugehörige Augmentpräteritum nicht als Imperfektum, sondern als Aorist fungiert: *padъ* (§ 664. 667).

Es wäre nun wahrscheinlich nicht richtig, wollte man den gewohnheitsmässigen futurischen Sinn der perfektiven Präsentia als den Zustand betrachten, der dereinst auch in allen andern idg. Sprachen geherrscht habe. Dagegen spricht schon der gewohnheitsmässige Gebrauch der lit. Formen auf *-siu* als Futura, der mit dem gleichartigen Gebrauch der ai. Formen auf *-syāmi* übereinstimmt und daher wohl als altererbt anzusehen ist. Immerhin darf man aber vermuten, dass wenigstens die Ansätze zu dem im Slav. allgemein gewordenen Gebrauch aus uridg. Zeit stammten. Nur bei wenigen Perfektiva aber ist er auch in andern Sprachen usuell geworden.

So av. *bavaiti* 'er wird sein'[1]), ags. *béo* 'ich werde sein' und ebenso lat.-falisk. *-fō*, *-bō* in *amā-bo* usw., falls dieses *-fō* nicht erst zu *-fām* (*-bam*) hinzugebildet worden ist nach dem Muster von *ero* neben *eram* (§ 421, 3 S. 506).

Aus dem Griech. sind zu nennen εἶμι 'ich werde weggehen', νέομαι 'ich werde glücklich davon kommen, werde heimkommen', z. B. Α 169 νῦν δ' εἶμι Φθίην δε 'jetzt werde ich nach Ph. gehen', Ξ 152 ἀλλ' ἐγὼ οὐκ αὔτως μυθήσομαι, ἀλλὰ σὺν ὅρκῳ, | ὡς νεῖται Ὀδυσεύς 'ich sage es nicht nur so, sondern eidlich, dass O. heimkommen wird'; wonach gelegentlich auch die bedeutungsverwandten ἔρχομαι und πορεύομαι Futurbedeutung bekommen haben. (Dass es sich auch um eine ferne Zukunft handeln kann, mag zeigen λ 114 ὀψὲ κακῶς νεῖαι, ὀλέσας ἄπο πάντας ἑταίρους 'spät wirst du elend heimkehren nach Verlust aller Gefährten'.) Dazu stimmt der häufige Gebrauch der Präterita dieser beiden Verba als Aor., wie Ζ 189 τοὶ δ' οὔ τι πάλιν οἶκόν δε νέοντο 'sie sind nicht wieder nach Hause gekommen', wie denn auch die zugehörigen Partizipia ἰών und ἄσμενος (doch vgl. S. 92) aoristisch erscheinen, z. B. Η 115 ἀλλὰ σὺ μὲν νῦν ἵζευ ἰὼν μετὰ ἔθνος ἑταίρων ('nachdem du gegangen bist'), ι 63 ἔνθεν δὲ προτέρω πλέομεν ἀκαχήμενοι ἦτορ, | ἄσμενοι ἐκ θανάτοιο, φίλους ὀλέσαντες ἑταίρους ('nachdem wir glücklich davon gekommen waren und verloren hatten'). Auch scheint δήω 'ich werde finden' der Form nach ein Ind. Praes. gewesen zu sein.

1) Ai. *bhára-ti* ist nicht futurisch. Bemerkenswert ist für dieses Verbum, dass sich das Paradigma des Indik. Praes. von 'sein' in weiterem Umfang im Sanskrit aus *as-* und *bhū-* zusammengesetzt hat, und zwar wählte man *bhavāmaḥ*, *bhavatha*, *bhavataḥ*, um die dünnleibigen Einsilbler *smaḥ*, *stha*, *staḥ* zu vermeiden (J. und E. Marouzeau Sur les formes et l'emploi du verbe 'être' dans le Diyāvadāna, Mélanges S. Levi S. 151 ff.).

Im German. hat das reichliche Vorhandensein von perfektiven Präsentien, z. B. got. *qima* 'ich komme', *waírþa* 'werde', *finþa* 'erkenne', *ga-þaha* 'verstumme', *ga-rinna* 'erlaufe, erreiche durch Laufen, erringe', den futurischen Gebrauch des Indik. Praes. überhaupt (S. 741 f.) gefördert. Gegenüber dem Slav. ist jedoch zu betonen, dass der Indik. Praes. der Perfektiva im Germ. nicht futurisch sein muss, er begegnet ebenso oft auch ohne Zukunftssinn, z. B. Matth. 7, 15 *atsaíhviþ swēþauh faúra liugnapraúfētum þaim izei qimand at izwis in wastjōm lambē, iþ innaþrō sind wulfōs wilwandans* 'προσέχετε δὲ ἀπὸ τῶν ψευδοπροφητῶν, οἵτινες ἔρχονται πρὸς ὑμᾶς ἐν ἐνδύμασι προβάτων, ἔσωθεν δέ εἰσι λύκοι ἅρπαγες' (im Slavischen erscheint in solchen Fällen die 'Iterativform').

b. Imperfektum.

655. Der Gebrauch des Ausdrucks Imperfektum ist in der vergleichenden Grammatik der idg. Sprachen schwankend. Das rührt daher, dass man den Namen Indik. Praes. sowohl dann anwendet, wenn der Stamm 'präsentische' (imperfektive) Bedeutung hat, als auch dann, wenn er 'aoristische' (perfektive) Bedeutung hat, dagegen den zum Indik. Praes. gehörigen, stammhaft mit ihm identischen Augmentindikativ teils 'Imperfekt' nennt, einerlei ob die Bedeutung imperfektiv oder perfektiv ist, teils je nach der Aktionsart des Präsensstamms als 'Imperfektum' oder 'Aorist' auseinanderhält.

Vom Standpunkt der aus uridg. Zeit überkommenen zum Präsensstamm gehörigen Formen aus bezeichnet man demnach öfters als Imperfektum jedes Formsystem, das sich vom Indik. Praes. (abgesehen vom Augment) nur durch die durch's ganze System der Personen durchgeführten sekundären Endungen unterscheidet, wie es z. B. der Fall ist bei **é-bheret* ai. *ábharat* griech. ἔφερε neben **bhére-ti* ai. *bhárati* (griech. φέρει). Weil nun aber die Aktionsart der Präsensstämme von jeher teils imperfektiv, teils (gleichwie die Aktion des *s*-Aorists) perfektiv gewesen ist und sich in mehreren Sprachzweigen zum Ausdruck einer präteritalen imperfektiven Aktionsart eine besondere, von der Bildung des Stammes des Indik. Praes. verschiedene

Formation eingefunden hat (z. B. lat. *agēbat : agit*), ging man anderseits auch vom Standpunkt des Gebrauchs der Formen aus und benannte als Imperfekta nur die Präteritalformen, die imperfektive Bedeutung haben, und schlug die Präteritalformen mit perfektivem Sinn, auch wenn ihr Stamm mit dem des danebenstehenden Indik. Praes. identisch war, zum Aorist. In der slav. Grammatik z. B. führt man das mit dem perfektiven Indik. Praes. *rečetъ* 'er sagt, sagt heraus' (S. 744) stammgleiche perfektive Präteritum *reče* als Aorist auf (wie Luk. 5, 27 *i reče jemu: idi po mně* 'καὶ εἶπεν αὐτῷ· ἀκολούθει μοι'), daneben *rečaaše* als Imperfektum. Im Griech. anderseits waren, wie wir S. 745 sahen, perfektive Präsentia νέομαι, εἶμι, φημί, und in gleicher Weise perfektiv kommen die Augmentindikative vor, z. B. δ 585 ταῦτα τελευτήσας νεόμην ('als ich das vollbracht hatte, bin ich zurückgekehrt'[1])), Α 347 τὼ δ' αὖτις ἴτην παρὰ νῆας Ἀχαιῶν ('die beiden sind dann wieder zu den Schiffen der A. gegangen'), Χ 280 ἦ τοι ἔφης γε ('du hast es nur behauptet, wahr ist es nicht'). Letztere Formen nennt aber die griechische Grammatik nicht Aoriste, sondern Imperfekta. Wenn also für diese Präterita, trotz ihrer aktionellen Bedeutungsgleichheit mit Formen wie ἐγενόμην, ἔλιπον, ἔστην, welche Aorist heissen, der Name Imperfekt gebraucht wird, so geschieht das wegen der rein formalen Tatsache, dass in der historischen Sprachperiode neben ihnen stammgleiche Indikativi Praes. liegen, was bei den Formen ἐγενόμην usw. nicht der Fall ist.

Neben den eben besprochenen nicht aoristisch fungierenden Augmentpräterita gehen uns im folgenden die einzelsprachlich zur Verbreitung gekommenen Neubildungen wie z. B. lat. *agēbam* an. Von ihnen gilt im allgemeinen, dass sie die imperfektiven Gebrauchsweisen derjenigen uridg. Augmentindikative, die einst zu gleichstämmigen Präsensindikativen gehörten, übernommen und fortgesetzt haben. Zum Teil freilich können sie nicht schlechthin als solche Ersatzbildungen bezeichnet werden, sofern sie nämlich zwar ebenfalls 'Imperfekta' sind, aber doch einen engeren Bedeutungsbereich haben als die sonst 'Imperfekta' genannten

1) So übersetze ich νεόμην nach Massgabe des süddeutschen Gebrauchs des umschriebenen Perfekts. Entsprechend im folgenden.

Präterita: so die griech. Formen auf -σκον (§ 658) und die lit. Formen auf *-davau* (§ 663).

656. Im Arischen dürfen wir, gleichwie im Griech., insofern noch altertümlichere Gebrauchsweisen erwarten, als neben den alten Augmentindikativ zum gleichstämmigen Indik. Praes. keine mit ihm konkurrierende Neubildung nach Art von lat. *agēbam* usw. getreten ist. Die Aktionsart des Indik. Praes. war zugleich die des Augmentindikativs, so dass im allgemeinen bei imperfektiver Aktion ausgedrückt war, dass der Vorgang im Verlauf begriffen war, bei perfektiver, dass er zur Vollendung gekommen ist, oder einfach, dass er stattgefunden hat.

Als Tempus der Erzählung vergangener Geschehnisse konkurrierte das Imperfektum im Indischen wie im Iranischen mit dem Indik. Perf. Über einen gewissen feineren Unterschied, der zwischen dem erzählenden Imperfektum und dem erzählenden Perfektum in beiden Zweigen erscheinen soll, s. Delbrück Vergl. Synt. 2, 273 ff., Speyer Ved. u. Sanskrit-Synt. 52.

Gegenüber dem Indik. Aor. besteht im Ai. der Unterschied, dass das Imperfektum gebraucht wird, wenn der Sprechende etwas aus seiner persönlichen Erinnerung oder aus der des Hörenden mitteilt, der Aorist dagegen besonders solches mitteilt, was sich erst soeben ereignet hat, also noch gleichsam der Gegenwart des Sprechenden angehört. Anders ausgedrückt: im Imperfekt wird solches erzählt, was seine Aktualität verloren hat und schon der Geschichte angehört, im Aorist besonders solches, was entweder selbst oder doch mit seinen Folgen noch in die Gegenwart hineinragt, also Aktuelles (§ 668). Im Avest. dagegen erscheint, wie im Griech., der Augmentindikativ perfektiver Präsensstämme gleichbedeutend mit dem Indik. Aor.

Ich wähle Beispiele, die grossenteils das Imperfekt in Verbindung mit dem Indik. Perf. zeigen. Ai.: RV. 3, 34, 10 *índra ṓṣadhīr asanōd áhāni vánaspátīn̄r asanōd antárikšam | bibhḗda valá̧ nanudḗ virācṓ 'thābhavad damitā́bhíkratūnām* 'Indra erschuf die Pflanzen, die Tage, die Bäume schuf er und die Luft, er zerschmetterte den Vala, stiess die Gegner hinweg, und so wurde er der Bezwinger der Übermütigen', RV. 1, 32, 1 *áhann áhim ánv apás tatarda* ʽer erschlug den Drachen und machte die Wasser frei', RV. 8, 3, 12 *šagdhí nō asyá yád dha pāurám ávitha* . . ., *šagdhí yáthā rúšamą* . . . *prâvah* ʽgewähre uns von dem, worin du dem P. halfst, hilf uns, wie du den R. fördertest', ŠB. 11, 5, 1, 7 *tą́ hḗtarā práty uvāca* . . . *ná vái tvą́ tád akarōr yád ahám ábravam* ʽdie andre sprach zu ihm: du tatest (damals) nicht das, was ich sagte'. Av.: Yt. 13, 99 *vīštāspahe yō* . . . *ašāi ravō yaēša* . . . *ravō vīvaēḏa yō bāzušča upastača vīsata* ʽdes V., der dem Aša Raum suchte, Raum fand, der als Stütze und Beistand diente', Yt. 5, 127 *minum baraṯ* . . . *arᵊdvī* . . . *hā hē maⁱḏīm nyāzata* ʽein Halsgeschmeide trug A., sie schnürte sich ihre Taille', Yt. 19, 57 *nōiṯ taṯ xᵛarᵊnō paⁱri.abaom* 'nicht vermochte ich mich dieser Herrlichkeit zu bemächtigen'. Apers.: Bh. 1, 10 *yaθā kaⁿbūjiyaʰ mudrāyam ašiyavaʰ pasāvaʰ kāraʰ arikaʰ abavaʰ* ʽals K. nach M. gezogen war, da wurde das Volk feindselig'.

Dass im Ar. das Imperfekt auch da gebraucht worden ist, wo unsere Schriftsprache, wie die der Römer, das Plusquamperfekt vorzieht, ist S. 725 f. bemerkt.

657. Im Armenischen ist das altidg. Imperfektum, d. h. der Augmentindikativ zum Indik. Praes., zum Aorist geworden, als Imperfektum fungiert eine Neubildung auf -*i* (in der 1. Sing.), s. S. 49. 502. Der Sinn dieser Neubildung ist, dass der vergangene Vorgang in seiner Entwicklung und ohne Rücksicht auf Abschluss vorgeführt wird. Ein Beispiel ist S. 734 gegeben, wo sich das Imperf. mit dem Praes. historicum gesellt, Mark. 8, 22 *ev ataçein zna, zi merjesçi i na* ʽund sie lagen ihm an (suchten ihn zu bewegen), dass er ihn (den Blinden) anrühre'. Gen. 12, 15 f. wird erzählt: ἴδον αὐτὴν (Abraham's Weib) οἱ ἄρχοντες Φαραὼ καὶ ἐπήνεσαν αὐτὴν πρὸς Φαραὼ καὶ εἰσήγαγον αὐτὴν πρὸς Φαραὼ, καὶ τῷ Ἀβρὰμ εὖ ἐχρήσαντο δι' αὐτήν, καὶ ἐγένοντο αὐτῷ πρόβατα: der armen. Übersetzer gebraucht überall ebenfalls den Aorist, ausser dass er εὖ ἐχρήσαντο mit *baris aṙnein* gibt: ʽsie waren gut gegen ihn'. Vgl. Meillet Mém. 16, 103 f. 118.

Das Imperfekt erscheint auch als Irrealis in Bedingungssätzen, z. B. Luk. 7, 39 *sa te margarē oḱ ēr, apa gitēr* ʽοὗτος εἰ ἦν προφήτης, ἐγίνωσκεν ἄν', Joh. 11, 21 *ef̌e ast leal eir, etbairn im čēr meȓeal* 'εἰ ἦς ὧδε, οὐκ ἂν ἀπέθανεν ὁ ἀδελφός μου'. S. Meillet a. a. O. 119.

658. Das Griechische hat den alten Gebrauch des zum Indik. Praes. gehörigen Augmentindikativs im ganzen genommen ebenso festgehalten wie das Arische (§ 656). Die Aktionsart des Indik. Praes. war auch die des Augmentpräteritums, weshalb hier imperfektive und perfektive (aoristische) 'Imperfekta' zu unterscheiden sind (S. 746 f.). Meist war die Aktion die imperfektive, z. B. ἐβιάζετο etwa 'er war damit beschäftigt, war dabei, zu zwingen'. In der Mitteilung von Geschehnissen der Vergangenheit war von vorhistorischer Zeit her im Ai. der Indik. Perf., im Griech. dagegen der Aorist der Hauptkonkurrent des Imperfekts. Über die schwierige Frage, ob die Griechen einmal, wie andere Indogermanen, den Indik. Perf. als 'Perfectum historicum' gehabt haben, so dass im Griechischen einstens auch noch der Indik. Perf. mit dem Imperf. konkurriert hätte, s. § 683.

Die grosse Masse der Präsensstämme, die von Haus aus imperfektive Aktion hatten, läßt es begreifen, dass das Imperfektum so häufig da auftritt, wo der Vorgang nicht als zu seinem Abschluss gelangt, sondern nur als in der Entwicklung, im Vollzug begriffen vorgestellt ist, z. B. λ 324 ἥν ποτε Θησεὺς | ἐκ Κρήτης ἐς γουνὸν Ἀθηνάων ἱεράων | ἦγε μέν, οὐδ' ἀπόνητο· πάρος δέ μιν Ἄρτεμις ἔκτα 'die Th. von K. nach A. führte (d. h. mit der Th. von K. nach A. unterwegs war)', Xen. An. 5, 8, 2 ὅπου καὶ ῥίγει ἀπωλλύμεθα καὶ χιὼν πλείστη ἦν 'wo der Frost an unserm Untergang arbeitete'. Weshalb denn bei der Übersetzung oft unser *suchen, versuchen* zur Verdeutlichung gewählt werden kann, z. B. Xen. An. 1, 3, 1 Κλέαρχος τοὺς αὑτοῦ στρατιώτας ἐβιάζετο ἰέναι· οἱ δὲ αὐτὸν ἔβαλλον ἐπεὶ ἤρξατο προϊέναι 'K. suchte seine Soldaten zum Marschieren zu zwingen', Xen. Kyr. 5, 5, 22 ἔπειθον αὐτούς, καὶ οὓς ἔπεισα τούτους ἔχων ἐπορευόμην 'ich suchte sie zu überreden, und die ich überredete, mit denen brach ich auf'.

Dass der Begriff des Conatus in solchen Fällen nur aus dem Zusammenhang zu entnehmen ist, nicht in der Imperfektform an sich lag, ergibt sich u. a. daraus, dass seit Homer z. B. οὐκ ἔπειθον nicht 'ich redete nicht zu', sondern 'ich überredete nicht' bedeutete (X 78 οὐδ' Ἕκτορι θυμὸν ἔπειθε, π 192 οὐ γάρ πω ἐπείθετο ὃν πατέρ' εἶναι) oder οὐκ ἐδίδου nicht 'er bot nicht an', sondern 'er gab nicht' u. dgl. Die Negation ging also, wie das auch im Slav. der Fall ist, auf die auch beim Imperfektivum mit ins Auge gefasste Vollendung der zielstrebigen Handlung. Dasselbe gilt vom Indik. Praes. derselben Verba, z. B. ξ 392 ἦ μάλα τίς τοι θυμὸς ἐνὶ στήθεσσιν ἄπιστος, | οἷόν σ' οὐδ' ὀμόσας περ ἐπήγαγον οὐδέ σε πείθω 'du hast doch ein recht unüberredbares Herz, da du ein solcher bist, dass ich nicht einmal durch einen Schwur dir Glauben beigebracht habe und ich dich nicht überrede'. Die Negativpartikel hat hier einen ähnlichen Bezug zu dem durch das Verbum bezeichneten Vorgang wie in οὐ φυκτός 'dem man nicht zu entrinnen vermag' oder in ἄ-πιστος in der eben genannten Homerstelle, so dass man auch mit 'ich vermag dich nicht zu überreden' übersetzen kann. Das ist nicht anders als wie man in Aussagen von allgemeiner Giltigkeit, die im Indik. Praes. stehen, wenn sie negiert sind, häufig den Begriff des Könnens hinzubringen und z. B. bei ὁ μὴ δαρεὶς ἄνθρωπος οὐ παιδεύεται anwenden könnte 'ist nicht erziehbar'.

In der Erzählung vergangener Geschehnisse wechselte seit Homer das Imperfektum mit dem Aorist, z. B. E 364ff. ἡ δ' ἐς δίφρον ἔβαινεν ἀκηχεμένη φίλον ἦτορ. | πὰρ δέ οἱ Ἶρις ἔβαινε καὶ ἡνία λάζετο χερσί, | μάστιξεν δ' ἐλάαν, τὼ δ' οὐκ ἀέκοντε πετέσθην; weiterhin folgen hier ἔστησε, βάλεν, πῖπτε, ἐλάζετο, κατέρεξεν, ἔφατο (perfektiv), ὀνόμαζε. Dabei hat sich jedoch der alte semantische Unterschied, so weit die Imperfekta zu Präsensstämmen imperfektiver Aktion gehörten, nicht verwischt. Bei den Dichtern wird freilich oft das metrische Bedürfnis für die Wahl des Tempus mitbestimmend gewesen sein, etwa in B 43 περὶ δὲ μέγα βάλλετο φᾶρος und 45 ἀμφὶ δ' ἄρ' ὤμοισιν βάλετο ξίφος, oder Ψ 896f. δῶκε δὲ Μηριόνῃ δόρυ χάλκεον· αὐτὰρ ὅ γ' ἥρως | Ταλθυβίῳ κήρυκι δίδου περικαλλὲς ἄεθλον.

Wenn bei den Historikern so oft vor einer Rede ἔλεγε τάδε (in gleicher Weise bei Homer ἀγόρευε, προσεφώνεε u. dgl.)

und nach der vorgeführten Rede τοιαῦτα εἶπε oder dgl. erscheint, so wies das Imperfektum auf die Rede als etwas sich entwickelndes hin, während hinterher der Aorist komplexiv konstatierte, dass dies des Redners Worte gewesen sind, um darauf zu neuem, das zu erzählen ist, überzugehen.

Da bei Vorgängen, die sich in unbestimmt vielen Fällen oder gewohnheitsmässig in der Vergangenheit abgespielt haben, das Bedeutungsmoment der Vollendung und des Endziels zurücktritt, so ist begreiflich, dass von derartigen Vorgängen besonders oft das Imperfektum gebraucht erscheint, z. B. K 78 ᾧ ῥ' ὁ γεραιὸς | ζώννυθ', ὅτ' ἐς πόλεμον φθεισήνορα θωρήσσοιτο 'mit dem (dem Gurt) der Alte sich zu gürten pflegte', Thuk. 1, 68, 2 οὐ περὶ ὧν ἐδιδάσκομεν ἑκάστοτε τὴν μάθησιν ἐποιεῖσθε 'ihr zogt allemal keine Kunde ein über das, worüber wir euch belehrten'.

Hier mag auch erwähnt werden das ionische Iterativum auf -σκον, wie φεύγεσκον (S. 357), das bei Homer und vereinzelt bei Herodot auch vom Aoriststamm gebildet werde.

Dass der Aorist besonders zur Konstatierung bestimmter Einzelfälle diente, das Imperfekt aber mehr zur Darstellung dessen, was in unbestimmt vielen Fällen sich ereignete (vgl. S. 77), erklärt den Gebrauch im NT., dass die Einzeläusserung des Einzelnen mit dem Aorist, die Äusserungen einer unbestimmteren Mehrheit aber regelmässig durch das Imperfekt gegeben werden (Blass Gramm. des Neutestam. Griech.[2] 196). Damit vergleicht sich der Gebrauch des slav. Iterativs in dem Fall, dass mehrere Handelnde dasselbe tun.

Anwendung des Imperfekts statt des logisch richtigeren Präsens kann dadurch hervorgerufen werden, dass einer, der Vergangenes erzählt und dabei etwas Zuständliches erwähnt, das noch in der Gegenwart des Erzählenden besteht, dieses Zuständliche zeitlich dem Geschehnis assimiliert, vgl. *wir erstiegen gestern einen berg, der war sehr steil.* So z. B. Xen. Hell. 2, 1, 21 ἔπλευσαν εἰς Αἰγὸς ποταμοὺς ἀντίον τῆς Λαμψάκου· διεῖχε δ' ὁ Ἑλλήσποντος ταύτῃ σταδίους ὡς πεντεκαίδεκα 'sie fuhren nach Ä.; der H. hatte dort eine Breite von ungefähr 15 Stadien'.

Ferner das Imperf. von Zuständlichem, wenn ein gegenwärtiges Sein sich als Resultat einer Erfahrung für den Sprechenden bemerklich gemacht hat, z. B. π 420 σὺ δ' οὐκ ἄρα τοῖος ἔησθα 'du bist aber, wie sich aus deinem Anschlag (V. 383) herausgestellt hat, nicht ein solcher', Eur. Hipp. 1169 ὡς ἄρ' ἦσθ' ἐμὸς πατὴρ | ὀρθῶς 'so bist du also, wie sich aus der Erzählung des Boten herausgestellt hat, richtig mein Vater'.

Das Imperf. statt des Plusquamp. der lat. Schriftsprache s. S. 726.

Das Imperf. als Irrealis, z. B. ἔδει σε ποιεῖν 'du hättest es tun sollen', s. § 799.

659. Im Albanesischen, wo zur Mitteilung von Vergangenem Imperfekt, Aorist und Perfekt (das letztgenannte Tempus periphrastisch gebildet, s. § 420) gebraucht werden und im allgemeinen das Imperfekt imperfektive, der Aorist perfektive Aktionsart hat, ist nach Weigand Alban. Gramm. S. 128 folgendes der Gebrauchsunterschied: in der Erzählung dient das Imperf. für Schilderung, der Aorist für die Angabe der fortschreitenden Handlung, während das Perfekt für Handlungen gilt, die vom Sprechenden ausgeführt worden sind und länger zurückliegen. Vgl. § 667.

660. Im Italischen gingen, wohl schon in uritalischer Zeit, die Funktionen des uridg. Imperfekts, so weit dessen Aktionsart eine imperfektive war, auf die Komposita mit **-bhu̯ā-m* (§ 421, 3) über; an diese schloss sich auf römischem Boden noch die Neuschöpfung *eram* an. Zunächst übernahm die Form auf **-bhu̯ām* wahrscheinlich nur irgend eine speziellere von den uridg. Gebrauchsweisen und erstreckte sich dann allmählich noch auf die andern. Unter den dem altidg. Perfekt angeschlossenen Präterialformen mögen übrigens (trotz Sommer Lat. L. u. Fl.[2] 553) nicht bloss alte starke Aoriste aufgegangen sein, wie lat. *in-quit* osk. kúm-bened (S. 468), sondern auch alte Imperfekta, etwa *lambit, scandit, strīdit* u. ähnl., weil der Gebrauch des Imperfekts als Narrativ ja altüberkommen war (PBS. Beitr. 39, 87).

Die Hauptverwendung des lat. Imperf. ist die zur Schilderung von Vorgängen, Zuständen, Sitten u. dgl., die zu irgend einem vorher oder nachher genannten präteritalen Ereignis in Beziehung stehen, und dies mag der älteste Gebrauch der Neubildung gewesen sein. Z. B. Plaut. Rud. 955 *audi: | furtum ego vidi qui faciebat* ('ich habe einen gesehen, wie er damit beschäftigt war, zu stehlen'). Dahin gehört auch der einzige Beleg für die Imperfektbildung aus dem Osk.-Umbr., das fufans Cipp. Abell. 10 lígatúís Abellanúís íním lígatúís Núvlanúís, pús senateís tanginúd suveís pútúrúspíd lígatús fufans, ekss kúmbened 'legatis Abellanis et legatis Nolanis, qui senatus sententia sui utrique legati erant, sic convēnit'.

Für die Erzählung vergangener Vorkommnisse ist im allgemeinen das Mischtempus eingetreten, das in der Grammatik der altital. Sprachen 'Perfekt' heisst (S. 467 ff.). Doch scheint alter narrativer Gebrauch des uridg. Imperfekts, im Fall dass einer aus seiner Erinnerung erzählt oder sich an die Erinnerung des Angeredeten wendet, auch auf die ital. Neubildung übergegangen zu sein. Namentlich bei Verba des Sagens, z. B. Plaut. Most. 1001 *unum vidi mortuom efferri foras: modo eum vixisse aibant*, Pseud. 1314 *at negabas daturum esse te mihi*, Merc. 631 *promittebas te os sublinere meo patri*, Prop. 1, 9, 1 *dicebam tibi venturos, irrisor, amores.* Bei Verba andrer Bedeutung, z. B. Plaut. Trin. 400 *sed aperiuntur aedes, quo ibam : commodum ipse exit*, Cic. deor. n. 1, 96 *propius accedebat*, Att. 1, 10, 2 *quod ego etsi mea sponte ante faciebam, eo nunc tamen et agam studiosius et contendam.*

Imperfekt statt des logisch richtigeren Präsens durch Angleichung an einen logisch richtigen präteritalen Ausdruck: Ter. Andr. 85 *nam Andriae | illi id erat nomen* (den Namen hat sie noch zur Zeit dieser Mitteilung), Cic. de off. 1, 40, 143 *itaque, quae erant prudentiae propria, suo loco dicta sunt*, Caes. b. Gall. 2, 15, 3 *in fines Ambianorum pervenit, qui se suaque omnia sine mora dediderunt. Eorum fines Nervii attingebant.*

Im Lat. kam für das Imperf., wenn es neben einem andern narrativen Präteritum stand, der Gedanke der Gleichzeitigkeit von selber hinzu, z. B. *erat haec disciplina, quom tu adulescens eras?* (S. 726).

Für eine vorvergangene Handlung, d. h. im Sinne des im Lat. neu aufgekommenen Plusquamperfekts, scheint in der historischen Zeit das Imperf. nicht mehr vorzukommen.

661. Das keltische Imperfekt oder 'iterative Präteritum', auch 'Praesens secundarium' genannt, ist eine Neuschöpfung dieses Sprachzweigs, für welche sichere Anknüpfung an sonstige keltische oder an ausserkeltische Formen bis jetzt nicht gefunden ist, z. B. ir. *-carinn*, nkymr. *carwn* korn. *caren* mbret. *carenn*. Vgl. Zeuss-Ebel Gr. C.[2] 444ff. 517ff., Pedersen Vergl. Gr. der kelt. Spr. 2, 331ff., Thurneysen Handb. d. Altir. 1, 346ff., Windisch KZ. 27, 156ff., Strachan Z. f. celt. Ph. 2, 373ff. Klar ist wohl nur das, dass die 3. Sing. ir. *-carad*, *-bered* usw. identisch war mit der 3. Sing. Imper. auf **-to*, also eine mediale Form des alten Augmentindikativs zum Indik. Praes. (S. 521. 648). Pedersen a. a. O. 246ff. vermutet, dass eine Reihe von Formen des Paradigmas durch ein geschwundenes enklitisches Element ihren historischen Auslaut erhalten hätten.

Dieses Imperf. bezeichnet im Ir. eine Handlung, die in der Vergangenheit wiederholt oder gewohnheitsmässig stattfand, z. B. *dognīthe a n-asbered Moysi* 'what Moses used to say used to be done'. Im brit. Zweig bezeichnete unser Tempus ausserdem auch das, was in der Vergangenheit fortdauerte, in Ausführung war, z. B. mkymr. *ual y kyrchei ef y bont* 'während er sich der Brücke näherte'. Ferner erscheint es hier als Irrealis (§ 801).

Vorgesetzte Partikel *ro* drückt im Ir. aus, dass derselbe Vorgang wiederholt zum Abschluss gelangt ist; die Partikel findet sich also in Sätzen des Sinnes 'so oft dieses geschehen war [‚pflegte jenes zu geschehen]'. Vgl. *ro* beim 'Präteritum' § 668.

662. Germanisch. Das uridg. Imperfektum ist hier in ähnlicher Weise wie im Italischen und Keltischen im allgemeinen untergegangen. Es ist aber nicht, wie dort, durch eine Neubildung ersetzt worden, sondern von demjenigen 'Präteritum' aufgesogen worden, in dem sich uridg. Perfektformen und uridg. Aoristformen semantisch vereinigt haben.

Ob sich in dem Formenbestand der german. Präterita, wie er für die urgerman. Zeit vorauszusetzen ist, noch alte

Imperfektformen erhalten haben, ist zweifelhaft. Eventuell kommen hierfür in Frage die westgerm. Formen der 2. Sing. wie ahd. *māʒi, sāʒi*, worüber S. 123. 135f. 435.

Dass die schwachen Präterita zu Präteritopräsentia, wie got. *munda* (zu *man* 'meine, glaube, halte dafür'), vorzugsweise imperfektive Bedeutung haben im Gegensatz zu den andern schwachen Präterita, die meist aoristisch (narrativ) sind, z. B. *baúhta* (zu *bugja* 'kaufe'), hat mit dem alten Gegensatz von Imperfektum und Aorist nichts zu tun, sondern beruht auf der besonderen Aktionsart der Präteritopräsentia (vgl. PBS. Beitr. 39, 86).

663. Im Baltischen ist das alte themavokalische Imperfektum ebenso wie der alte themavokalische Aorist in vorhistorischen Zeiten untergegangen. Dagegen sind erhalten geblieben die Präteritalformen der uridg. *ā*- und *ē*-Stämme, doch ohne Scheidung in aktionell verschiedene Tempora, z. B. lit. *bùvo* 'er war', *lìjo* 'es regnete', apreuss. *kūra* 'er baute', lit. *gìnė* 'er jagte', *ẽmė* apreuss. *ymmi[-ts]* 'er nahm' (S. 168f. 176f.).

Die Formen dieser Art erscheinen also, wie unsere nhd. Präterita, ebensowohl 'imperfektisch' als auch 'aoristisch' in Angaben von gewohnheitsmässigem Geschehen, in Schilderungen, Konstatierungen, Erzählungen usw. Daneben aber hat sich im Lit. speziell zur Angabe von gewohnheitsmässigem Handeln eine Formkategorie auf *-davau* eingefunden (§ 425), z. B. *mãno tė́vas sakýdavo* 'mein Vater pflegte zu sagen', *kùnigas kasvãkarą siũsdavo alaũs panèszt* 'der Pfarrer pflegte jeden Abend zu schicken, um Bier zu holen'. Doch wechselte dieses Tempus mit dem einfachen Präteritum, wie im Griechischen das Iterativum auf -σκον mit dem einfachen Imperfektum, z. B. *taĩ tàs vaĩkas jė̃ms parnèszdavo mėsõs ir̃ nuszė́rė jùs* 'da pflegte ihnen (den Tieren) der Junge Fleisch heimzubringen und fütterte sie'.

Dass diese Präterita, die einfachen wie auch das Gewohnheitsimperfektum, auch im Sinne des Plusquamperfekts gebraucht werden, sahen wir S. 726f.

Modale Bedeutung hat das alte Imperf. des Präsensstamms uridg. **bhuī-* bekommen, in lit. *suktùm-bime* 'wir würden drehen', wie aksl. *bimъ* 'wir wären', s. § 424, 1. 788. 802. Doch erhielt sich daneben, in indikativischem Sinne, lit. *bit(i)* 'er war' (S. 153).

664. Im Slavischen sind alte Imperfekta aoristisch geworden, aktionell mit alten starken Aoristen und dem *s*-Aorist zusammengefallen, und die Imperfektformen haben sich zum Teil paradigmatisch mit Formen des *s*-Aorists verbunden, z. B. Sing. *věsъ vede vede*, Plur. *věsomъ* usw. (S. 49. 425. 747).

Diese Verschiebung der alten Imperfektformation geschah im Zusammenhang mit dem Aufkommen der Neubildung eines Imperfekts auf *-achъ*, dessen Entstehung noch nicht aufgeklärt ist (S. 516 f.). Dieses slav. Imperfekt stellt vergangene Handlungen in ihrem Verlauf dar, es beschreibt und dient ferner als Ausdruck gewohnheitsmässig sich vollziehender Handlung. Daher erscheint im Imperf. fast nie ein Perfektivverbum. Z. B. aksl. Luk. 2, 39 *vъzvratišę sę vъ Galilejǫ, otročę že rastěaše i krěpljaaše sę duchomъ* 'ὑπέστρεψαν εἰς τὴν Γαλιλαίαν, τὸ δὲ παιδίον ηὔξανε καὶ ἐκρατοῦτο πνεύματι', Mark. 2, 12 *vъsta abьje i vъzьmъ odrъ izide prědъ vъsěmi, jako divljaachą sę vьsi i slavljaachą boga* 'ἠγέρθη εὐθέως καὶ ἄρας τὸν κράββατον ἐξῆλθεν ἐναντίον πάντων, ὥστε ἐξίστασθαι πάντας καὶ δοξάζειν τὸν θεόν', aruss. Nestor 6 *Drěvljane živjachu zvěrinьskomь obrazomь, živušte skotьsky: ubivachu drugъ druga i jadjachu vьse nečisto i braka u nichъ ne byvaše* 'die D. lebten nach Art der wilden Tiere, indem sie viehisch lebten: sie erschlugen einander und assen alles Unreine, und Ehe gab es bei ihnen nicht'.

Über das Imperfekt mit der Geltung eines Plusquamperfekts s. S. 727.

In modalem Sinne, als Irrealis, dient *bimъ bi bi* usw., ein altes Imperfekt, dessen 1. Sing. *bimъ* primäre Personalendung angenommen hat, weil es als 'Konditionalis' keinen eigentlich präteritalen Sinn mehr hatte. S. § 424, 1. 788. 802.

c. Indikativus Aoristi.

665. Als ein seinem Gebrauch nach selbständiges Tempus ist der Aorist geblieben im Arischen, Armenischen, Griechischen, Albanesischen und Slavischen. Der Hauptvertreter und Hauptträger dieses Tempus war von Haus aus und blieb in den genannten Sprachen die sigmatische Bildung. Die andern Bildungen, der sogen. starke Aorist, konkurrierte im Indikativ vielfach mit dem Imperfektum.

Im Italischen ist der Indik. Aor., wahrscheinlich zusammen mit einem Teil des alten Imperfekts, im 'Indik. Perf.' aufgegangen (§ 385. 660); dabei treten indikativische Formen des *s*-Aorists nur im Lat. auf, nicht im Osk.-Umbr. Im Keltischen hat man ein 'Präteritum', das, funktionell einheitlich, sich zusammensetzt aus Formen des *s*-Aorists ('*s*-Präteritum', S. 392 ff.), Formen starker Präsens- oder Aoriststämme auf *-r, -l, -m, -g* ('*t*-Präteritum', S. 91. 367) und dem uridg. Indik. Perf. nebst ein paar themavokalischen Aoristen ('suffixloses Präteritum', S. 475 ff.). Ingleichen ist das germanische Präteritum ein Mischtempus. Hauptsächlich besteht es aus den uridg. Perfekta (S. 478 ff.), denen auch das sogen. schwache Präteritum zugerechnet werden darf, falls sein flexivischer Ausgang eine Umbildung nach dem (westgerm.) Präteritum *deda* 'tat', einem alten Perfekt, gewesen ist (S. 369 f. 480). Dazu kommen noch die 2. Sing. wie ahd. *zigi* und *māzi*, die wir S. 123 f. 136. 490 f. als themavokalische Präterita betrachtet haben. Endlich im Baltischen ist der alte Indik. Aor. mit dem alten Imperf. semantisch zusammengeronnen (§ 663).

Gebrauchsweisen dieser letzteren Sprachen, die als unmittelbare Fortsetzung der aus den andern idg. Sprachen zu erschliessenden ursprünglichen aoristischen Gebrauchsweisen betrachtet werden dürfen, werde ich jeweils hinter den Gebrauchsweisen dieser andern Sprachen, in denen sich der Aorist als besonderes Tempus erhalten hat, erwähnen.

666. Der Indik. Aoristi bezeichnet einen Vorgang der Vergangenheit in der Art, dass er ihn als geschehen einfach konstatiert und gleichsam in einem Punkt zusammenfasst[1]). Auf

1) Die Fähigkeit, zu konstatieren, haben freilich alle Indikative, nicht bloss die des Aorists. Indem ich sage: einfach konstatiert, soll betont werden, dass dem Indik. Aor. Nebenvorstellungen abgehen, wie sie sich bei den andern präteritalen Indikativen mit der allen Indikativen gemeinsamen Hauptvorstellung verbinden.

dasselbe kommt hinaus, wenn man dem Indik. Aor. 'perfektivischen' Sinn zuspricht.

Dieser Sinn war ursprünglich nicht durch die betreffenden temporalen Bildungsmittel gegeben. Er rührte vielmehr her von der Bedeutung gewisser Wurzeln, von denen eine solche Tempusform geschaffen war. Nachdem sich aber der aktionelle Sinn hier mit der besondern formantischen Gestaltung assoziiert hatte, stellte er sich auch bei Wurzeln anderer Aktionsart ein, von denen die gleiche verbale Form geschaffen war. So entwickelte sich in vielen Fällen ein Bedeutungsgegensatz zwischen Indik. Aor. und Imperf. Vgl. § 47.

Nach zwei Seiten kann man nun Unterscheidungen machen. Einerseits lässt sich, je nachdem man sich den Moment der Perfektwerdung, des tatsächlichen Zustandekommens als einen Anfang oder als einen Abschluss vorstellt, ein ingressiver und ein effektiver Gebrauch aufstellen, ingressiv z. B. griech. ἦρξα 'ich wurde Herrscher', ἔβαλον βέλος 'ich schleuderte ein Geschoss ab', effektiv z. B. ἀπέθανε 'er verstarb', ἔβαλον τὸν ἄνδρα 'ich traf (aus der Ferne) den Mann'. Anderseits kann der Zeitpunkt in der Vergangenheit von der Gegenwart des Sprechenden verschieden weit entfernt sein. Er kann noch gewissermassen in die Gegenwart des Sprechenden hineinfallen, kann aber auch einer von der Gegenwart völlig getrennten Vergangenheit angehören, z. B. griech. ἔλεξας: im Gespräch πῶς τοῦτ' ἔλεξας; 'wie meinst du das?', dagegen τότε ἔλεξας 'damals hast du gemeint (gesagt)'. In der letzteren Gebrauchsweise hat der Indik. Aor. in den meisten Sprachzweigen oft andern Präterita Konkurrenz gemacht.

Wie diese verschiedenen Gebrauchsarten aus uridg. Zeit überkommen waren, so auch die S. 725 ff. erwähnte plusquamperfektische Anwendung.

667. 1) Der Indik. Aor. von beliebig entlegener Vergangenheit. Es wird einfach konstatiert, dass ein Vorgang stattgefunden hat, mag der Vorgang ein- oder mehraktig gewesen sein, sich in einem Moment oder in längerem Verlauf abgespielt haben. Da bei längerem Verlauf der Vorgang durch den Aorist wie auf éinen Punkt zusammengezogen, wie mit éinem Blick ganz überschaut wird, so spricht man auch von konzentrierendem oder komplexivem Gebrauch.

Arisch. Im Ai. hat sich der Gebrauch, dass mit dem Aor. ein Geschehnis der Vergangenheit konstatiert, behauptet wird, allmählich so gut wie ganz verloren. Dieser Aor. erscheint neben dem Perfekt (§ 680) oder dem Imperfekt (§ 656). Z. B. RV. 1, 32, 6 *ayōddhḗva durmáda ā́ hí juhvḗ mahāvīrą tuvibādhám ṛjīṣám, nā́tārīd asya sámṛtį vadhā́nām* 'wie ein trunkener Nichtkämpfer forderte er den grossen, gewaltigen Helden heraus, aber er hat das Zusammentreffen mit seinen Schlägen nicht überstanden', 4, 17, 7 *tvám ádha prathamą́ jāyamānṓ 'mē víśvā adhithā indra kṛṣṭī́ḥ, tvám práti praváta āśáyānam áhį vájrēṇa maghavan ví vṛścaḥ* 'du, I., hast gleich bei der Geburt alle Leute in Schrecken gesetzt, du zerhiebst mit der Keule die Schlange, die an den Höhen lagerte'. Abwesenheit des narrativen Bedeutungselements tritt namentlich in den Schriften der Brāhmaṇa-Gattung zutage, wie ŚB. 6, 1, 2, 14 *tásmād āha: úpa dhāsyāmy, úpa dadhāmy, úpādhām* 'deshalb sagt man: ich werde darauf legen, ich lege darauf, ich habe darauf gelegt', AB. 7, 28, 1 *yatrēndrą dēvatāḥ paryavṛñjan viśvarūpą tvāṣṭram abhy amąsta, vṛtram astṛta, yatīn sālāvṛkēbhyaḥ prādād, arurmaghān avadhīd, bṛhaspatēḥ praty avadhīd iti, tatrēndraḥ sōmapīthēna vy ārdhyata* 'als die Götter den I. ausschlossen, indem sie sagten: "er hat dem V. T. nachgestellt, hat den V. gefällt, hat die Y. den Hyänen überantwortet, hat die A. erschlagen, hat dem B. widersprochen", da ging I. des Somatranks verlustig'. Mit dem Gebrauch im Ai. steht der des Av. zum Teil auf gleicher Stufe, z. B. Yt. 7, 3 *mā̊ŋhəm aiwivaēnəm* ... *mā̊ŋhəm aiwivīsəm* 'nach dem Mond schaute ich hin, den Mond habe ich wahrgenommen', Y. 44, 3 *kasnā xᵛəng strəmčā dāt̰ advānəm* 'wer hat den Weg der Sonne und der Sterne bestimmt?' Im Av. ist aber, wie im Griech., der Indik. Aor. auch in die Erzählung eingeführt worden (vgl. oberdeutsch *ich bin gegangen = ich ging*), so dass man bei der Übersetzung ins Schriftdeutsche meist das einfache Präteritum nehmen darf, z. B. Y. 9, 24 *kərəsānīm* ... *yō raosta xšaθrōkāmya yō davata* ... 'den K., welcher jammerte in der Sorge um seine Herrschaft, welcher sagte . . .', Yt. 19, 92 *vaēδəm . . . yim baraṯ . . . θraētaonō yaṯ ažiš dahākō ja'ni* 'die Waffe, die Th. trug, als der Drache D. getötet wurde'. Im Apers. ist der Indik. Aor. wohl überall einfach konstatierend, nicht narrativ, vgl. D. 6, 1 *bagaʰ vazarkaʰ aʰuraʰmazdā hyaʰ imām būmim adāʰ hyaʰ avam asmānam adāʰ . . ., hyaʰ dārayaʰvaʰum xšāyaθiyam akunauš* (über *akunauš* s. S. 401) 'ein grosser Gott ist A., der die Erde hier geschaffen hat, der den Himmel dort geschaffen hat, der den D. zum König machte'.

Im Sinne der Vorvergangenheit, als Plusquamperfektum, erscheint der Indik. Aor. gleicherweise im Indischen und im Avestischen. Beispiele S. 725f.

Armenisch. Der Indik. Aor. tritt hier im wesentlichen narrativ auf, dabei aber aktionell vom Imperfektum getrennt (§ 657), z. B. Joh. 9, 7 *čogav, logaçav ekn ev tesanēr* ('ἀπῆλθεν οὖν καὶ ἐνίψατο καὶ ἦλθε βλέπων') d. h. 'er ging, wusch sich, kam und von da an war er sehend'. Vgl. S. 749, Meillet Mém. 16, 105ff.

Im Griechischen wurden mit dem Indik. Aor. zunächst Geschehnisse der Vergangenheit konstatiert und über sie referiert, z. B. Künstler unterschreiben sich auf ihren Werken mit ὁ δεῖνα ἐποίησε 'hat verfertigt', ἔγραψε 'hat gemalt', oder er steht in zusammenfassenden Referaten, wie (Inschr.) οἱ βουλευταὶ καλῶς καὶ δικαίως ἐβούλευσαν καὶ ἐπρυτάνευσαν. Frühzeitig wurde aber der Indik. Aor. auch in der schildernden Erzählung angewendet, erscheint mit dieser Funktion schon bei Homer in weitem Umfang und hat so mit der Zeit dem Imperfektum immer mehr Boden abgewonnen. Beispiele s. S. 751f.

Dass der Aor. sich auch der Mitteilung wiederholter oder länger dauernder Geschehnisse nicht versagte, liegt in der Natur der Sache, da es bei ihm eben nur auf die Mitteilung der Tatsache an sich ankam, z. B. Φ 263 ὣς αἰεὶ Ἀχιλῆα κιχήσατο κῦμα ῥόοιο | καὶ λαιψηρὸν ἐόντα 'so erreichte die Welle des Stroms jedesmal (immer wieder) den A., so rasch er war', Xen. An. 4, 4, 1 ἐπορεύθησαν διὰ τῆς Ἀρμενίας πεδίον ἅπαν . . . οὐ μεῖον ἢ πέντε παρασάγγας.

Ganz gewöhnlich steht unser Tempus im Sinne der Vorvergangenheit. Beispiele S. 726.

Albanesisch. Konstatierend z. B. *hangra mejaft* 'ich habe genug gegessen'. Erzählend, untermischt mit Imperfekta (§ 659), z. B. *iš ńε mbret, kiš tre djelm; aí mbreti sevdún e tij e kiš nε džamí, nε tε falur. aštú bεri ńε džamí šumε tε mir* (Pedersen Alb. Texte 30) 'Es war ein König, der hatte drei Söhne. Dieser König liebte nichts so sehr wie Moscheen und Beten. So erbaute er eine sehr schöne Moschee'.

Slavisch. Der Ind. Aor. konstatiert und berichtet, dass ein Vorgang in der Vergangenheit stattgefunden hat, wobei die Aktion des Verbums sowohl die perfektive wie die imperfektive sein kann, aksl. z. B. Matth. 21, 35 *ovogo bišę* (imperfektiv), *ovogo že ubišę* (perfektiv) 'den einen schlugen sie, den andern erschlugen sie' ('ὃν μὲν ἔδειραν, ὃν δὲ ἀπέκτειναν'), Matth. 14, 20 *jašę* (imp.) *vьsi i nasytišę sę* (perf.) 'sie assen alle und wurden gesättigt' ('ἔφαγον πάντες καὶ ἐχορτάσθησαν'), Luk. 2, 39 *vьzvratišę sę* (perf.) *vъ Galileją* 'ὑπέστρεψαν εἰς τὴν Γαλιλαίαν', Matth. 8, 13 *jakože věrova* (imp.), *bądi tebě* 'wie du geglaubt hast, werde dir' ('ὡς ἐπίστευσας, γενηθήτω σοι'). Über das Verhältnis zum Imperfektum s. § 664. Entsprechend in andern slav. Sprachen, z. B. aruss. Nestor 5 *jakože rekochomъ* (perf.) 'wie wir (oben in diesem Buche) gesagt haben', 88 *jelikože Ljachovъ po gradomъ izbivajte ja, i izbiša* (perf.) *Ljachy* 'so viel Ljachen in den Häusern sind, schlagt sie tot, und sie schlugen die L. tot', 6 *Obre, iže i chodiša* (imp.) *na Iraklija cěsarja* '(um diese Zeit erschienen auch) die Avaren, die auch gegen Kaiser Heraklius gezogen sind'. Vgl. Vondrák Vergl. Slav. Gramm. 2, 276f., Leskien Gramm. d. abulg. Spr. 224ff.

Aorist für die Vorvergangenheit s. S. 727. Meist tritt hier aber schon im Aksl. eine Umschreibung auf mit *běachъ* oder *běchъ* (§ 424, 3).

Es folgen die Sprachen, in denen der Indik. Aor. in einem Mischtempus aufgegangen ist (§ 665):

Italisch. Am deutlichsten ist der alte Indik. Aor. im Lat. durchzuerkennen in temporalen Nebensätzen wie *postquam* (*ubi* u. a.) *dixit, abiit*, was auf gleicher Linie steht mit ai.

yadéd ádēvīr ásahiṣṭa und griech. ἐπεὶ δὲ διέβησαν (S. 725 f.). Ferner dürfen hierher gezogen werden der konstatierende Gebrauch, z. B. auf Weih-, Bauinschriften u. dgl. lat. *dedit, dedicavit, fecit,* osk. deded umbr. dede 'dedit', osk. dadíkatted 'dedicavit', upsed 'fecit', und der Gebrauch bei gefaßten Beschlüssen (vgl. griech. ἔδοξε), lat. *censuit senatus, placuit, iussit populus,* osk. ekss kúmbened 'sic convēnit', umbr. esuk frater Atiieřiur eitipes 'sic fratres Atiedii decreverunt'. Weiter narrativ z. B. lat. *heri profectus est.* Wiederholentlich Geschehenes ist nicht auszuschliessen, z. B. Enn. trag. 220 *multi suam rem bene gessere,* Cic. Cat. 3, 3 *semper vigilavi et providi.*

Für den Sinn der Vorvergangenheit kommen namentlich die temporalen Nebensätze wie *postquam dixit* (s. o.) in Betracht. Vgl. auch S. 726.

Keltisch. Das 'Präteritum', das aus uridg. Aorist-, Imperfekt- und Perfektformen besteht (§ 665), vereinigt perfektive und imperfektive Bedeutung. Im Ir. berichtet und erzählt das einfache Präteritum, d. h. das Präteritum ohne Partikel *ro*, ein früheres Geschehen und heißt dann narratives Präteritum, während es mit dem Zusatz von *ro* als sogen. perfektisches Präteritum ein Vorkommnis mit Rücksicht auf die Gegenwart des Redenden als Tatsache der Vergangenheit konstatiert. Bei beidem kann an uridg. Gebrauchsweisen des Aorists angeknüpft werden. Z. B. narrativ Ml. 23 b 10 *dobert goiste imma bragait fadesin* 'posuit (er legte) laqueum circum suam ipse cervicem', Ml. 16 c 10 *asbert side contra ezechiam atbela(d)* 'dixit hic (er sagte) ad Ez.: morieris', mit *ro*: Wb. 4 d 16 *nīceilsom tra asnē crist inlie asrubart* 'non celat ille ergo, quod is est Christus lapis quem dixit (genannt hat)'. Vgl. Vendryes Gramm. du vieil-irl. 244 f. 256 f., Pedersen Vergl. kelt. Gramm. 2, 306 f.

Über das Präteritum als Irrealis s. § 801.

Im Sinne der Vorvergangenheit findet sich sowohl das narrative als auch das perfektische Präteritum (vgl. S. 726), s. Vendryes a. a. O. 257.

Germanisch. Das germanische 'Präteritum' hat, wie man annehmen darf, in derselben Weise wie das lat. 'Perfekt' und das kelt. 'Präteritum' ursprüngliche aoristische Gebrauchsweisen fortgesetzt. Konstatierend got. z. B Joh. 16, 32 *sai, qimiþ hweila jah nu qam, ei distahjada hvarjizuh du seinaim* 'ἰδοὺ ἔρχεται ὥρα καὶ νῦν ἐλήλυθεν (und sie ist jetzt gekommen)' (vgl. § 675), Mark. 11, 2 *bigitats fulan gabundanana, ana þammei nauh ainshun mannē ni sat* 'εὑρήσετε πῶλον δεδεμένον, ἐφ' ὃν οὔπω οὐδεὶς ἀνθρώπων κεκάθικεν (gesessen hat)', ahd. Otfr. Hart. 108 *io āhta . . . thes guaten ther thār ubil was* 'immer hat den Guten verfolgt wer böse war', mhd. Iw. 21 *ein ritter, der gelēret was, der tihte* ('hat gedichtet') *ditz mære.* Narrativ got. z. B. Luk. 17, 29 *iþ þammei daga usiddja Lōd us Saúdaúmim, rignida swibla ja fūnin us himina jah fraqistida allaim* 'ᾗ δὲ ἡμέρᾳ ἐξῆλθεν Λὼτ ἀπὸ Σοδόμων, ἔβρεξεν θεῖον καὶ πῦρ ἀπ' οὐρανοῦ καὶ ἀπώλεσεν ἅπαντας', ahd. Hild. 22 *er rēt ostar hina,* mhd. Nib. 13 *ez troumde Kriemhilde in tugenden, der si pflac.*

Über das plusquamperfektische Präteritum s. S. 726.

Endlich das Baltische (§ 665). Im Lit. konstatierend z. B. *jìs mán taĩ sãkė* 'er hat mir das gesagt', in Frageform *ką̃ tù czè padareĩ?* 'was hast du da gemacht?'. Erzählend z. B. Anfang eines Märchens *Sýkį maskõlius iszsislũżyję̃s ė̃jo isz vaĩsko namõ; użė̃jo į vė́ną karczemą, rãdo pijõką* 'Einst ging ein ausgedienter Soldat vom Heere heimwärts; er geriet in eine Schenke und fand da einen Säufer'.

Das Präteritum im Sinne der Vorvergangenheit s. S. 726 f.

668. 2) Der Indik. Aor. besonders von solchem, was sich soeben ereignet hat. Der Zeitpunkt des Vorgangs fällt gleichsam noch in die Gegenwart des Sprechenden hinein, und der Vorgang erscheint für den Sprechenden als aktuell, nicht als schon historisch. Diese Verwendung tritt als eine gewohnheitsmässige nur im Arischen, Griechischen und Slavischen hervor.

Arisch. Diese Gebrauchsschattierung ist im ältesten Ai. die häufigste Verwendung dieses Tempus. Z. B. im RV. bei Beginn des Opfers *agním astōṣi* 'dem Agni lobsinge ich (ich habe hiermit meine Stimme erhoben)'; der Schüler, der sich beim Lehrer anmeldet, sagt (ŚB. 11, 5, 4, 1) *brahmacáryam ā́gām* 'um Schüler zu werden, komme ich (bin ich gekommen)'. Daher dieser Aorist oft verbunden mit *nú* 'jetzt', *adyá* 'heute' u. dgl.

Im Av. ist dieser Gebrauch selten, etwa Y. 45, 8 *nū zīt̰ čašma'nī vyādar'səm* (= *vī* + *ad.*) *vaṇhə̄uš ma'nyə̄uš šyaoθanahyā uxδaṅyāčā* 'denn nun hab' ich es (*xšaθrəm*) mit dem Auge erschaut, (das Reich) des guten Gedankens, Werks und Worts'. Griechisch. In der ganzen Gräzität üblich, öfters mit Zufügung von νῦν, νέον oder dgl. Z. B. Χ 15 ἔβλαψάς μ', Ἑκάεργε . . ., ἐνθάδε νῦν τρέψας ἀπὸ τείχεος 'du hast mich (soeben) irre geführt dadurch, dass du mich jetzt von der Mauer abgelenkt hast', π 181 ἀλλοῖός μοι, ξεῖνε, φάνης νέον ἠὲ πάροιθεν 'anders erscheinst du mir nun als vorher'. Öfters von Empfindungen, Stimmungen, die soeben über einen gekommen sind. So Ρ 173 νῦν δέ σευ ὠνοσάμην πάγχυ φρένας, οἷον ἔειπες 'jetzt (so) aber bin ich gegen dich eingenommen (schelte ich dich)', Soph. Phil. 1314 ἥσθην πατέρα τὸν ἀμὸν εὐλογοῦντά σε 'ich freue mich, dass du meinen Vater rühmst'; öfter ἀπέπτυσα in dem Sinne 'pfui!', ἐπῄνεσα in dem Sinne 'es ist gut! recht so!'. Vgl. Stahl Krit.-hist. Syntax 135 ff. Slavisch. Aruss. *dobri gostije pridoša* '(sie sagte zu den Ankömmlingen:) gute Gäste sind angekommen', serb. *danas se opomenih grijeha svojega* (1. Mos. 41, 9) 'heute sind mir meine Sünden in die Erinnerung gekommen'; in Märchen *za boga brate molim te, umreh od žedji*; *daj mi čašu vode* 'um Gott, Bruder, ich flehe dich an, ich bin hin (eigentlich: bin umgekommen) vor Durst, gib mir einen Becher Wassers', *halali nam, naša mila majko, mi odosmo u dušmanske ruke* 'segne uns, liebe Mutter, wir sind in Feindeshände gegangen' (sie halten aber noch zu Pferde vor dem Burgtor).

669. 3) Die Aoristhandlung ist zu einem miterwähnten andern Vorgang, der einer beliebigen Zeitstufe angehören kann, in Beziehung gesetzt, und die Beziehung zu diesem ist dieselbe, wie der in § 668 erwähnte Aorist zur Gegenwart des Sprechenden. So entsteht etwa dasselbe Gedankenverhältnis wie wenn wir sagen *er wird so und so verfahren und hat damit seine pflicht erfüllt* für *und wird damit seine pflicht erfüllen.*

Altindisch. MS. 1, 4, 7 (55, 10) *putrásya nā́ma gṛhṇāti prajā́m ēvā́nu sám atānīt* 'er gibt seinem Sohn (irgendwann) einen Namen und hat damit sein Geschlecht weitergeführt', TS. 7, 2, 8, 5 *ētád vāí tṛtī́yą yajñám āpad yác chándąsy āpnóti* 'damit hat er das dritte Opfer erlangt, wenn er die Metra erlangt'. Vgl. Delbrück Vergl. Synt. 2, 285. Griechisch. Δ 161 εἴ περ γάρ τε καὶ αὐτίκ' Ὀλύμπιος οὐκ ἐτέλεσσεν, | ἔκ τε καὶ ὀψὲ τελεῖ, σύν τε μεγάλῳ ἀπέτεισαν 'so wird er es spät noch in Erfüllung gehen lassen, und damit haben sie dann mit einem hohen Preis gebüsst', Thuk. 6, 80 εἰ γὰρ δ' ὑμᾶς μὴ ξυμμαχήσαντας ὅ τε παθὼν σφαλήσεται καὶ ὁ κρατῶν περιέσται, τί ἄλλο ἢ τῇ αὐτῇ ἀπουσίᾳ τοῖς μὲν οὐκ ἠμύνατε σωθῆναι, τοὺς δὲ οὐκ ἐκωλύσατε κακοὺς γενέσθαι; 'denn falls um eueretwillen, wenn ihr keine Bundeshilfe geleistet, der leidende Teil unterliegen und der starke obsiegen wird, habt ihr dann nicht durch eure Nichtteilnahme jenen den Beistand zu ihrer Rettung entzogen und diese nicht daran gehindert, sich schlecht zu benehmen?', herakl. (SGDI. no. 4619, 122) αἰ δέ κα μὴ πεφευτεύκωντι κὰτ τὰ γεγραμμένα, κατεδίκασθεν πὰρ μὲν τὰν ἐλαίαν δέκα νόμως ἀργυρίω κτλ. 'wenn sie die Anpflanzung nicht vorgenommen haben, sind sie damit der Verurteilung verfallen usw.', Herodot 2, 47 ὗν δὲ Αἰγύπτιοι μιαρὸν ἥγηνται θηρίον εἶναι· καὶ τοῦτο μὲν ἤν τις ψαύσῃ αὐτῶν παριὼν ὑός, αὐτοῖσι ἱματίοισι ἀπ' ὦν ἔβαψε ἑωυτὸν βὰς ἐπὶ τὸν ποταμόν 'das Schwein halten die Ä. für ein unreines Tier, und wenn einer auch nur im Vorbeigehen ein Schwein berührt hat, so steigt er auch schon samt den Kleidern in den Fluss und badet sich'. Vgl. Brugmann-Thumb Griech. Gramm.[4] 562f. Aus dem Slavischen vgl. etwa aksl. Matth. 5, 28 *vьsěkъ iže vъzьritъ na ženą sъ pochotiją, uže ljuby sъtvori sъ njeją srьdьci svojemь* 'πᾶς ὁ βλέπων γυναῖκα πρὸς τὸ ἐπιθυμῆσαι ἤδη ἐμοίχευσεν αὐτὴν ἐν τῇ καρδίᾳ αὐτοῦ'.

670. 4) Der sogenannte gnomische Aorist. Er tritt in weiterem Umfang im Griech. und im Slav. auf. Z. B. hom. I 320 κάτθαν' ὁμῶς ὅ τ' ἀεργὸς ἀνὴρ ὅ τε πολλὰ ἐοργώς 'in gleicher Weise stirbt ein untätiger Mensch und einer, der vieles geleistet hat', Υ 198 ῥεχθὲν δέ τε νήπιος ἔγνω 'ist etwas geschehen, so erkennt es auch ein Tor'. Dass der Aorist in solchen Fällen den Griechen kein 'historisches' Tempus war, erkennt man am besten daraus, dass sich mit ihm regelmässig konjunktivische Nebensätze verbanden, wie sie sonst nur im Zusammenhang mit sogen. Haupttempora üblich waren, z. B. P 99 ὁππότ' ἀνὴρ ἐθέλῃ πρὸς δαίμονα φωτὶ μάχεσθαι, | ὅν κε θεὸς τιμᾷ, τάχα οἱ μέγα πῆμα κυλίσθη 'wenn ein Mensch der Gottheit zum Trotz mit einem Mann, den der Gott ehrt, in einen Kampf sich einlässt, so wälzt sich gleich auf ihn ein grosses Unheil'. Serb. *čudo pasa ujedoše vuka* 'eine Menge Hunde beissen den Wolf tot', *što dikla navikla, to nevjesta ne odviče* 'was das Mädchen sich angewöhnt hat, das gewöhnt sich die junge Frau nicht ab'.

Die richtige Erklärung dieses oft behandelten Aoristgebrauchs (Literaturangaben bei Brugmann-Thumb Griech. Gramm.[4] 563f.) dürfte folgende sein. Mit dem Aorist, der soeben Geschehenes bezeichnete (§ 668) und bereits Geschehenes (§ 669), verband sich leicht die Vorstellung des mit dem Eintritt auch sofort Abgeschlossenen, und da in Sätzen, die den Charakter einer Sentenz haben, die eigentliche Gegenwart, d. h. die Gegenwart des Sprechenden, keine Rolle spielt, so gewann hier das Bedeutungselement, das der Aorist durch jene seine Aktionsart hatte, über das Bedeutungselement der Zeitstufe (Gegenwart des Sprechenden) durchaus das Übergewicht.

Gegenüber dem ebenfalls in solchen allgemeinen Erfahrungssätzen verwendeten Präsens war der Aorist die eindringlichere, nachdrücklichere, zuversichtlichere Darstellungsform des Gedankens (z. B. Υ 198 etwa 'ist etwas einmal geschehen, hat es auch der Tor weg', Ι 320 etwa 'dem Tod verfallen ist der Untätige wie der Tätige'), und man begreift leicht, wie diese Ausdrucksweise grössere Beliebtheit erlangen konnte. Man beachte dabei, dass im Griechischen mit einer ähnlichen Wirkung in allgemeinen Erfahrungssätzen auch der Ind. Perf. verwendet wurde, wie Xen. πολλοὶ δὲ διὰ τὸν πλοῦτον . . . ἀπόλλυνται, πολλοὶ δὲ διὰ δόξαν . . . μεγάλα κακὰ πεπόνθασιν 'sind im Besitz von schlimmen Erfahrungen', was nachdrucksvoller gesagt ist als präsentisch πάσχουσιν (§ 673).

Anm. Über Anklänge an den griech. Aoristus gnomicus bei römischen Schriftstellern s. Blase Hist. Gramm. 3, 1, 164f.

Das im Hochd. seit ahd. Zeit auftretende 'gnomische Präteritum' hat eine andere Grundlage, es ist nicht vom uridg. Aorist aus zu erklären. S. Erdmann Unters. 1, 12, Erdmann-Mensing Grundz. 1, 101.

Von gleicher Art wie der gnomische Aorist war bei den Griechen der Aorist in epischen Gleichnissen, wie Γ 23 ὥς τε λέων ἐχάρη μεγάλῳ ἐπὶ σώματι κύρσας 'gleichwie ein Löwe in Freude gerät', Γ 33 ὡς δ' ὅτε τίς τε δράκοντα ἰδὼν παλίνορσος ἀπέστη 'wie wenn einer, der eine Schlange erblickt hat, zurückfahrend von ihr wegtritt'. Auch hier ist der Indik. Aor. nicht von der Gegenwart des Sprechenden aus bemessen, sondern von einer Allgegenwart. Vermutlich hat sich dieser Aoristgebrauch erst im Anschluss an den gnomischen Aorist entwickelt. Er wurde zu einem festen Bestandteil der epischen Kunstsprache.

671. Für 'modale' Verwendung des Indik. Aor. kommt vor allem das Griechische in Betracht, wo dieser Indik., um der Bedeutung der Zeitstufe zum Ausdruck zu verhelfen, für den Optativ eingetreten ist in Fällen wie δ 732 εἰ γὰρ ἐγὼ πυθόμην ταύτην ὁδὸν ὁρμαίνοντα· τῷ κε μάλ' ἤ κεν ἔμεινε κτλ. 'hätte ich doch erfahren, dass er diese Reise vorhatte, dann wäre er entweder hier geblieben' usw. S. § 799.

Über scheinbar modalen Gebrauch des Indik. Aor. im Ved. s. Bloomfield A. J. of Ph. 33, 14 ff.

d. Indikativus Perfekti und das zugehörige Augmenttempus (Plusquamperfektum).

α. Der Indikativus Perfekti.

672. Der Ind. Perf. bezeichnete seit uridg. Zeit einen Zustand des Subjekts, der sich aus einem vorhergegangenen Geschehnis ergeben hat (vgl. *er hat sich gesetzt = er sitzt*). Auch eine dauernde Tätigkeit kann als Zustand aufgefasst werden, z. B. griech. μέμῡκε 'er ist ins Brüllen gekommen und ist nun im Brüllen drin'. Näheres s. S. 83 f.

Nicht beistimmen kann ich der Vermutung (s. Idg. Jahrb. 1, 238), die formale Doppelheit des reduplizierten und des unreduplizierten Perfekttypus (griech. δέδορκα und οἶδα) sei mit verschiedener Bedeutung verbunden gewesen: der reduplizierte habe ursprünglich intensiven Sinn gehabt. S. 2, 3, 431 ff.

Auch halte ich für wenig angebracht die Unterscheidung eines 'Perfekts des erreichten Zustands', wie griech. ἕστηκα 'ich habe mich gestellt und stehe', κέκτημαι 'ich habe mir erworben und besitze', und eines 'intensiven Perfekts', wie griech. γέγηθα 'ich bin voller Freude', τέθηλε 'er steht in voller Blüte', als wenn der letztere Gebrauch etwas besonders altertümliches und älter als der andere gewesen sei. Eine Art Intensivbedeutung mag man immerhin in vielen Fällen dem Perfektstamm zuschreiben, aber sie bestand doch nur insoweit im Verhältnis zur Bedeutung anderer Tempora desselben Verbums, z. B. τέθηλε und θάλλει, als der Begriff des erreichten Zustands (vgl. Plat. Krit. p. 46 a οὐδὲ βουλεύεσθαι ἔτι ὥρα, ἀλλὰ βεβουλεῦσθαι 'es ist nicht mehr die Zeit sich zu beraten, sondern mit der Beratung fertig zu sein, seine Beschlüsse gefasst zu haben') durch sich selber leicht die Vorstellung einer gewissen Fülle hervorruft. Auch sind ja in praxi in unzähligen Fällen die beiden Gebrauchsweisen gar nicht von einander zu scheiden. Vgl. dazu Brugmann-Thumb Griech. Gramm.[4] 550 f.

Hinsichtlich der Zeitstufe standen die Perfekta von Haus aus auf gleicher Linie mit den Präsentia. Wo die Perfektform nicht in lebendigem Gegensatz zu einer daneben stehenden Präsensform empfunden wurde und insofern isoliert war, lässt sie sich geradezu als Präsens bezeichnen (vgl. besonders die sogen. Präteritopräsentia des Germanischen) und hat denn in diesem Fall gewöhnlich auch die Begriffsschattierung, durch die sie ursprünglich von den andern Tempora geschieden war, eingebüsst. So ai. *véda* griech. οἶδα got. *wait* 'weiss', att. δέδια δέδοικα 'fürchte', lat. *ōdī*, got. *man* 'glaube' und viele andre, die man eigentlich nur der Form nach, nicht nach ihrem in der historischen Zeit der idg. Sprachen vorliegenden Gebrauch als Perfekta bezeichnen darf. Vgl. S. 78 über lat. *gusto*, *porto* usw. gegenüber dem ebenso gebildeten *jacto* (neben *jacio*).

Als lebendige Tempuskategorie ist das Perfekt überall bis in die historische Zeit hinein erhalten geblieben mit Ausnahme des Armenischen und des Baltisch-Slavischen (S. 430).

Über das Verhältnis des Gebrauchs der Perfektformen als Perfectum historicum zu ihrer ursprünglichen Bedeutung s. § 679 ff.

673. I) Das Perfekt als Perfectum praesens. Aus den germanischen Sprachen gehören nur die sogen. Praeteritopraesentia hierher, die sich auch formal von den sonstigen Präterita getrennt haben (S. 478f.). Vereinzelte Reste im Balt.-Slav. sind apreuss. *waisei waisse* 'du weisst', aksl. *vědě* 'ich weiss' (S. 430. 443).

674. a) In allgemeinen Aussagen, ohne Einschränkung auf eine bestimmte Zeit (vgl. § 647). Arisch. Ai. MS. 1, 10, 12 (152, 1) *yé hí pašávō lōma jagṛhús té médhą prāpuḥ* 'das Vieh, das Haare (gekriegt) hat, hat auch Fett (bekommen)', TS. 2, 5, 4, 3 *dārupātréṇa juhōti ná hí mṛnmáyam áhutim ānašé* 'er opfert mit einem Holzgefäss, denn ein irdenes fasst die āhuti nicht'. Av. Y. 44, 13 *yōi . . nōiṯ ašahyā ādīvyeintī hačə̄nā nōiṯ frasayā vaŋhə̄uš čāxnarə manaŋhō* 'die sich nicht um das Zusammensein mit Aša mühen noch dafür besorgt sind, sich von VM. beraten zu lassen', Yt. 13, 2 *aom asmanəm . . yō imąm ząm āča pairiča bvāva* 'den Himmel, der diese Erde von allen Seiten umgibt'. Griechisch. Π 384 ὡς δ' ὑπὸ λαίλαπι πᾶσα κελαινὴ βέβριθε χθών | ἤματ' ὀπωρινῷ 'wie unter einer Regenflut das ganze dunkle Land an einem Sommertag bedrängt ist', Xen. Comm. 4, 2, 35 πολλοὶ δὲ διὰ δόξαν καὶ πολιτικὴν δύναμιν μεγάλα κακὰ πεπόνθασιν 'viele sind wegen Ruhmes und politischer Machtstellung im Besitz von schlimmen Erfahrungen'. Lateinisch. Besonders oft *novit, odit, meminit, didicit* u. dgl. Verg. Georg. 1, 493 *fortunatus et ille, deos qui novit agrestis,* Sen. Dial. 6, 16, 1 *dolorem laboremque ex aequo mulieres, si consuevere, patiuntur.* Vgl. passivisch Cic. Lael. 102 *caritate sublata omnis est e vita sublata iucunditas.* Germanisch. Praeteritopraesentia, wie got. Joh. 12, 35 *saei gaggiþ in riqiza, ni wait ƕaþ gaggiþ* 'ὁ περιπατῶν ἐν τῇ σκοτίᾳ οὐκ οἶδεν ποῦ ὑπάγει', 1. Kor. 10, 23 *all binah, akei ni all daug* 'πάντα ἔξεστιν, ἀλλ' οὐ πάντα συμφέρει'.

675. b) Für die Gegenwart des Sprechenden (vgl. § 648).

Arisch. Ai. TS. 5, 1, 8, 2 *yávantō vāí mṛtyúbandhavas téṣą yamá ádhipatyą párīyāya* 'so viel sterbliche Wesen als es gibt, über die hat Yama die Herrschaft erlangt (und besitzt sie)'. Wegen des klassischen Sanskrit vgl. § 680. Av. Y. 45, 4 *ašāt̰ hačā mazdā vaēdā yə̄ īm dāt̰* 'durch Aša habe ich den kennen gelernt, o M., der es (das Leben) erschuf'.

Griechisch. A 555 νῦν δ' αἰνῶς δείδοικα 'ich bin jetzt in schrecklicher Furcht', Xen. An. 3, 2, 2 πρὸς δ' ἔτι καὶ οἱ ἀμφὶ Ἀριαῖον . . . προδεδώκασιν ἡμᾶς 'dazu haben uns auch noch die Leute des A. verraten'.

Italisch. Im Lat. auch hier besonders oft *novi* usw. (§ 674). Plaut. Persa 170 *mandata non consuevi simul bibere una*, Cic. de or. 2, 365 *quid mihi . . . quod dici possit, reliquisti?* Im Osk.-Umbr. sind zufällig nur periphrastische Formen sicher belegt, wie Tab. Bant. 25 *eizazunc egmazum pas exaiscen ligis scriftas set* 'earum rerum, quae hisce in legibus scriptae sunt', Tab. Iguv. VI a 8 *uerfale . . . eso tuderato est* 'templum . . . sic finitum est' ('hat folgende Grenzen').

Im Irischen sind als Praeteritopraesens erhalten geblieben *ro-fetar* 'ich weiss' (S. 443) und *do-fothraccar* 'ich will' (vgl. dazu Vendryes Gramm. du vieil-irl. 257).

Germanisch. Praeteritopraesentia, wie got. Joh. 11, 22 *akei jah nu wait, ei þishvah þei bidjis guþ, gibiþ þus guþ* 'ἀλλὰ καὶ νῦν οἶδα, ὅτι ὅσα ἂν αἰτήσῃ τὸν θεόν, δώσει σοι ὁ θεός'. Öfters erscheinen auch andere starke Praeterita so gebraucht, dass man geneigt sein kann sie hierher zu ziehen, wie got. Joh. 16, 32 *sai, qimiþ hveila jah nu qam* 'ἰδοὺ ἔρχεται ὥρα καὶ νῦν ἐλήλυθεν', ahd. Otfr. 2, 2, 31 *thaȝ wort, theist man wortan; iȝ ward hera in worolt funs ioh nu būit in uns* (wo *ward* dem *ist wortan* wie dem Präsens *būit* gleich steht). S. Erdmann Unters. 1, 11, Erdmann-Mensing Grundz. 1, 100f. Schwerlich liegt hier aber noch eine unmittelbare Fortsetzung der uridg. Gebrauchsweise des Perfekts als Perfectum praesens vor. Vielmehr werden solche Präterita, da sie nicht die besonderen flexivischen Eigentümlichkeiten der germ. Präteritopräsentien aufweisen, zunächst aoristisch geworden sein, und die in Rede stehende Anwendung beruht dann darauf, dass der Aorist Vorgänge der Vergangenheit einfach konstatierte (S. 763f.).

Aus dem Balt.-Slav. seien hier nochmals apreuss. *waisei* 'du weisst' und aksl. *vědě* 'ich weiss' (§ 673) genannt. —

Insofern der Zustand einen Abschluss bezeichnet, nach dem nichts mehr geschieht, kann beim Perfekt die Vorstellung des zeitlichen Vorüberseins dominieren (sogen. Perfectum logicum), z. B. Eur. Tro. 582 βέβακ' ὄλβος, βέβακε Τροία 'dahin ist das Glück, dahin T.', Ter. Heaut. 93 *filium unicum adulescentulum | habeo. ah, quid dixi habere me? immo habui, Chremes* = 'ich habe ihn jetzt nicht mehr', Verg. Aen. 2, 325 *fuimus Troes, fuit Ilium.* Im Hd. in diesem Fall gewöhnlich das umschriebene Präteritum, wie *Troja hat gestanden*, doch auch das einfache, wie Lessing Nath. 4, 3 *das ist er, ist er, — war er, war er, ach!*, was aber ebenso wenig mehr unmittelbar auf dem ältesten Gebrauch als Perfectum praesens beruht, wie jenes got. *qam* 'ἐλήλυθε' u. dgl., von dem oben die Rede war.

676. c) Gebrauch des Perfekts entsprechend dem Praesens historicum (§ 649) ist nur dann sicher zu konstatieren, wenn das Perfekt nicht unmittelbar zu einem 'Perfectum historicum' (§ 679) geworden ist. Griech.: Xen. Hell. 7, 1, 41 αὖθις δ' Ἐπαμεινώνδας, βουληθεὶς τοὺς Ἀχαιοὺς προσαγαγέσθαι, ὅπως μᾶλλον σφίσι καὶ οἱ Ἀρκάδες καὶ οἱ ἄλλοι σύμμαχοι προσέχοιεν τὸν νοῦν, ἔγνωκε στρατευτέον εἶναι ἐπὶ τὴν Ἀχαΐαν (darauf folgen die Praesentia historica πείθει, καταλαμβάνει, ὑπερβαίνουσι) 'E. ist der Meinung, man müsse gegen A. zu Felde ziehen'. Bei dem spärlichen Gebrauch des Präsens als Praesens historicum in den älteren germanischen Sprachen (S. 735) wird auch der entsprechende Gebrauch der Präteritopräsentien selten gewesen sein. Nhd. z. B. *er kommt gestern angelaufen und kann vor aufregung kaum sprechen.*

677. d) In Verbindung mit einem 'früher, sonst' u. dgl. bedeutenden Adverbium, gleichwie der Indik. Präs. (§ 651). Altind.: RV. 8, 75, 16 *vidmā́ hí tē purā́ vayám ágnē pitúr yáthā́vasaḥ* 'wir kennen ja bisher deine Hilfe, A., wie die eines Vaters', 2, 30, 4 *yáthā jaghántha dhr̥ṣatā́ purā́ cid ēvā́ jahi śátrum asmā́kam indra* 'wie du kühnlich bisher (die Feinde) geschlagen hast, so schlag (jetzt) unsern Feind, o I.'. Griech.: Ξ 132 ἄλλους δ' ὀτρύνοντες ἐνήσομεν, οἳ τὸ πάρος περ | θυμῷ ἦρα φέροντες ἀφεστᾶσ' οὐδὲ μάχονται 'wir wollen andre (in den Kampf) schicken, die sich bisher fern halten und nicht kämpfen', ω 509 μή τι καταισχύνειν πατέρων γένος, οἳ τὸ πάρος περ | ἀλκῇ τ' ἠνορέῃ τε κεκάσμεθα πᾶσαν ἐπ' αἶαν 'dass wir nicht etwa den Stamm unsrer Väter schänden, die wir bisher durch Kraft und Mannhaftigkeit über die ganze Erde hin ausgezeichnet sind'. Lat.: Plin. 8, 9 1 *olim non librum in manus, non stilum sumpsi* (vgl. S. 739). Im German. Praeteritopraesentia, wie nhd. *ich weiss längst* (vgl. S. 739).

678. e) Auf Zukünftiges bezogen, gleichwie das Präsens (§ 653). Griech.: Soph. Phil. 75 εἴ με τόξων ἐγκρατὴς αἰσθήσεται, | ὄλωλα καὶ σὲ προσδιαφθερῶ ξυνών 'wenn er, im Besitz des Bogens, mich bemerken wird, bin ich verloren und werde dich noch dazu ins Verderben bringen', Xen. An. 1, 8, 12 κἂν τοῦτο νικῶμεν, πάνθ' ἡμῖν πεποίηται 'und wenn wir dieses (das feindliche Zentrum) besiegen, ist alles von uns erledigt'. Lat.: Plaut. Amph. 320 *perii, si me aspexerit,* Cic. fam. 12, 6, 2 *si conservatus erit, vicimus,* Cass. bei Cic. fam. 15, 19, 4 *si Caesar vicit, celeriter me exspecta,* passivisch Plaut. Capt. 539 *occisast haec res, nisi reperio atrocem mi aliquam astutiam,* Ter. Andr. 961 *immortalitas partast, si nulla aegritudo intercesserit.* Im Germ. Praeteritopraesentia, wie Otfr. 4, 37, 45 *truhtīn ist sō guat, bi thiu eigīn iamēr frawaʒ muat, | eigun iamēr scōna frewida gizāma* 'der Herr ist so gut, deshalb lasst uns immerdar frohen Mut haben, (denn) wir werden immerdar Freude haben', nhd. *wenn du morgen kommst, kannst du alles sehen,* vgl. Schiller *jene hat gelebt, wenn ich dies blatt aus meinen händen gebe'.*

679. II) Das Perfekt als Perfectum historicum. Der Ind. Perf. bezeichnete zunächst einen in der Gegenwart erreichten Zustand und dabei oft zugleich den Abschluss des Vorgangs, auf dem der gegenwärtige Zustand beruht. Damit war das Bedeutungselement eines Vorgangs, der sich in der Vergangenheit abgespielt hat, gegeben. So kam das Perfekt dazu, ein der Vergangenheit angehöriges Ereignis mitzuteilen. Beleuchtet wird das dadurch, dass im Nhd. in den ober- und mitteldeutschen Mundarten das periphrastische Präteritum, z. B. *ich habe getan, bin gegangen,* zum Tempus der Erzählung vergangener Geschehnisse schlechthin geworden ist.

Von vorhistorischen Zeiten her war und ist dieser Gebrauch vorhanden im Arischen, Italischen, Keltischen und Germanischen, und zwar haben sich in den drei letztgenannten Sprachzweigen durch synkretistische Vereinigung mit aoristischen Formen Mischtempora entwickelt (§ 665). Im Griechischen tritt dagegen das Perfekt als Perfectum historicum erst spät, in alexandrinischer Zeit, auf.

Aber nicht alle altererbten Perfektformen haben gleichmässig diese Bedeutung bekommen. In einem Teil der Formen erlosch der Gedanke an die Vorhandlung, wodurch sie sich dieser Anwendung entzogen. Das sind die sogen. Praeteritopraesentia, wie ai. *véda, íšē,* nachved. *āha,* griech. οἶδα, lat. *ōdī, meminī* (vgl. *mementō*), *nōvī,* got. *wait, aih, man.* Bei diesen kann von einem Gebrauch zur Mitteilung von Vergangenem nur so weit die Rede sein, als sie in der Art des Praesens historicum angewendet werden (§ 676).

Über die Frage, ob das historische Perfekt schon als uridg. anzusehen ist, s. § 683.

680. Arisch. Schon in ved. Zeit wurden das historische Perfekt und das Imperfekt promiscue angewendet, in den Prosatexten herrscht teilweise dieses, teilweise jenes vor (vgl. § 656). Auch mit dem Aorist berührt sich das ved. Perfekt (vgl. § 667). Im klassischen Sanskrit hat das Perfekt fast immer die historische Bedeutung, und nur wenige Formen, vor allem *vēda* und *āha,* erhielten sich als Perfectum praesens. Nach den ind. Grammatikern unterscheidet sich das Perfekt vom Imperfekt und von sonstigen Tempora der Erzählung darin, dass es Selbsterlebtes zu erzählen nicht fähig ist, und im grossen Ganzen beachteten die klassischen Schriftsteller diese Eigentümlichkeit des Perfekts (vgl. hierzu Speyer Ved. u. Sanskrit-Synt. 53). Beispiele für das historische Perfekt sind gegeben in § 656 (Perfekt im Wechsel mit Imperfekt) und § 667 (Perfekt im Wechsel mit Aorist). Vgl. noch RV. 10, 130, 5 *víšvān dēvā́n jágaty ā́ vivēša téna cāklpra r̥šayō manuṣyā̀ḥ* 'in alle Götter ging die Jagatī ein, dadurch bildeten sich die Sänger und die Menschen', ŠB. 1, 2, 4, 17 *arárur ha vāí nā́māsurarakṣasám āsa tą dēvā́ asyā́ ápāghnata* 'es war ein Dämon, Namens A., den vertrieben die Götter von der Erde' (vgl. Delbrück Vergl. Synt. 2, 274), Nal. 1, 19 *sa dadarša tatō hąsān jātarūpapariṣkṛtān, vanē vicaratān tēṣām ēkañ jagrāha pakṣiṇam* 'er erblickte dann goldgeschmückte Wasservögel, und während sie sich in dem Walde umherbewegten, fing er einen Vogel'.

Die av. Belege sind teils einfach konstatierend, wie Y. 57, 17 *sraošəm . . yō nōiṯ pasčaēta hušx^vafa yaṯ* . . . 'S., der nicht mehr geschlafen hat, seitdem . . .', H. 2, 10 *čarāitiš . . yąm iṯ yava carāitinąm kəhrpa sraēštąm dādar^əsa* 'das an Gestalt schönste von den Mädchen, die ich je zu Gesicht bekommen habe', teils mehr erzählend, wie Y 30, 4 *aṯčā hyaṯ tā həm maⁱnyū jasaētəm pa^{ou}rvīm dazdē gaēmčā ajyāⁱtīmčā* 'und als diese beiden Geister zusammentrafen, da setzten sie fürs erste das Leben und das Nichtleben fest'.

681. Italisch, Keltisch, Germanisch und Albanesisch. Die Vermischung mit dem Aorist, die in diesen Sprachen ein synkretististes Tempus hervorrief (§ 665), ist in ihnen schon in vorhistorischen Zeiten eingetreten und abgeschlossen worden, abgesehen von gewissen Verba, die sich als 'Praeteritopraesentia' abseits gehalten und die aoristischen Funktionen nicht übernommen haben, wie lat. *nōvi*, ir. *ro-fetar*, got. *wait* (§ 674 f.).

Die Verschmelzung ist wahrscheinlich in der Weise vor sich gegangen, dass zunächst der Indikativ des alten Perfekts, wie im Arischen, von sich selbst aus Ausdruck des Konstatierens und Erzählens von vergangenen Geschehnissen wurde. Dadurch konnte er sich leicht mit Formen vermischen, die von sich aus angaben, dass etwas in der Vergangenheit eintrat. Man beachte, dass im Ital. und Kelt. auch die periphrastischen Formen (lat. *ortus sum, captus sum* § 421, 1, ir. *ro carad* § 422, 1), die von Anfang an nur die perfektische Aktionsart hatten, frühzeitig an dem Synkretismus teilgenommen haben (§ 689 ff.).

682. Dem Griechischen war das historische Perfekt bis in die alexandrinische Zeit hinein fremd. Damals erst wurde das Perfekt auch aoristisch, z. B. εἶδον καὶ ἠξίωκα (Pap. v. J. 160 v. Chr.). Dieser Promiskuegebrauch hatte dann den Untergang des Perfekts in den ersten christlichen Jahrhunderten zur Folge.

Die Art des Übergangs zum Vergangenheitstempus scheint dieselbe gewesen zu sein wie in den andern Sprachen (§ 679 ff.).

Mit diesem Synkretismus hing die Ersetzung des Ausgangs der 3. Plur. Akt. -ασι durch -αν, z. B. γέγοναν, zusammen (§ 552, 9).

683. Schwierig ist die Frage, ob die konstatierend-erzählende Anwendung des Indik. Perf., die sich aus dem Gebrauch als Perfectum praesens entwickelt hat, der urid g. Periode zuzuweisen ist in dem Sinne, dass anzunehmen wäre, an ihr habe auch der griechische Zweig in vorhistorischer Zeit einmal teil gehabt. Einerseits ist der in Rede stehende Bedeutungsübergang so leicht, dass die Annahme kaum bedenklich erscheint, er habe sich an den verschiedenen Punkten des idg. Sprachgebiets selbständig ereignet. So sind ja auch z. B. die umschreibenden Tempora verschiedner Sprachzweige, wie lat. *mortuus est* und hd. *ist gestorben,* die ursprünglich nur die Funktion eines Perfectum praesens gehabt haben, sicher unabhängig von einander dazu gekommen, vergangene Geschehnisse zu konstatieren oder zu erzählen. Anderseits ist aber auch gut möglich, dass in urgriechischer Zeit denjenigen Perfektformen, die von älterer Zeit her in beiderlei Weise angewendet worden wären, eventuell unter dem Einfluss der Perfektformen, die nur Perfectum praesens waren, wie οἶδα, der Gebrauch als historisches Tempus wieder abhanden kam, den dann allein der Indik. Aor. und das Imperfekt weitertrugen. Dies wäre damit zu vergleichen, dass im Griech. und zwar sehr wahrscheinlich schon in urgriechischer Zeit dem medialen *s*-Aorist (wie ἐστησάμην), der ursprünglich gleich den andern medial geformten Tempora auch passivisch gebraucht war, wegen des daneben stehenden Passivaorists auf -ην, -θην die passivische Anwendung wieder entzogen worden ist (§ 624). Vgl. auch die Bedeutungsverengerung des ai. *āha*, das in ved. Zeit 'ich sage' und 'ich sagte', später nur 'ich sage' bedeutet hat (§ 680). Das Gegenstück zu der Entwicklung, die der Gebrauch des Perfekts im Griechischen genommen hätte, lieferte das Germanische, indem nämlich hier Perfekta wie got. *qam* ahd. *quam* die andere Seite des Gebrauchs, die als Perfectum praesens (zugunsten periphrastischer Wendungen) aufgegeben haben.

Der griechische Gebrauch des Augmentpräteritums vom Perfektstamm und der perfektischen Modi zeigt nichts, was zur Entscheidung der Frage einen Anhalt böte.

Ich neige der Ansicht zu, dass der Gebrauch als 'historisches Perfekt' nicht ursprünglich über das ganze idg. Sprachgebiet verbreitet gewesen ist, dass ihn also das Griechische nie vor der alexandrinischen Zeit gekannt hat.

β. Das Plusquamperfektum.

684. Das sogen. Plusquamperfekt stand semantisch zum Perfectum praesens wie das Imperfekt zum Präsens.

Ob sich in uridg. Zeit sofort nach dem Auftreten der Perfektformen wie **u̯oida* griech. οἶδα, **ĝeĝona* griech. γέγονα stammgleiche Augmentformen dazu von derselben Art, wie in den verschiedenen Sprachzweigen präsentische Indikative und Imperfekta gleichen Stammes als uraltes Erbe nebeneinander lagen, eingestellt haben, ist sehr zweifelhaft. Eine formale Gleichartigkeit der Stammbildung und Flexion der beiden Tempora, nur mit den Unterschieden, wie sie zwischen den Formen des Indik. Präs. und des Imperf. seit uridg. Zeit bestanden haben, kann überhaupt nur insofern für die idg. Urzeit vorausgesetzt werden, als Arisch und Griechisch übereinstimmen in der Bildung der plusquamperfektischen Formen wie ai. 2. Du. Akt. *mumuktam*, 3. Sing. Med. *didiṣṭa*, griech. ἐ-πέπιθμεν, τετύγμην. In allen andern Beziehungen gehen hier die idg. Sprachen, so weit sie überhaupt Plusquamperfektformen aufweisen, auseinander, und es ist, wenn man den in Betracht kommenden Formenbestand der verschiedenen Sprachen überblickt, überhaupt in Zweifel zu ziehen, ob man in uridg. Zeit bereits ein Augmentpräteritum zum Ind. Perf. als durchgeführte Formkategorie besessen hat. S. S. 493 ff.

Am sichersten sind als einzelsprachliche Neuschöpfungen zu erkennen die lat. Formen auf *-eram*, wie *ōderam*, *memineram* (S. 416 f.), wie ja unzweifelhaft auch die Präterita zu den german. Präteritopräsentien, wie got. *ōhta*, *munda*, *wissa*, keinen uridg.

Plusquamperfekttypus repräsentieren (S. 369). Auch scheinen Neubildungen oder wenigstens Gebilde, die erst einzelsprachlich die Funktion als Präteritum zum Ind. Perf. übernommen haben, die griech. Bildungen wie ᾔδεα ἠείδει (S. 416, vgl. S. 494 Fussn. 1) gewesen zu sein. Dagegen mögen, wenn medial-passivische Perfekta wie ai. *cucyuvé, riricé, dadé*, griech. ἔσσυμαι, τέτυγμαι, δέδομαι, wozu auch lat. *tutudī, dedī* (§ 571, 1. 574), aus uridg. Zeit stammten, zu diesen Formen damals auch schon Präterita, also Formen wie die genannten ai. *didiṣṭa* griech. τετύγμην geschaffen worden sein. Vielleicht waren demnach zunächst nur medial-passivische Plusquamperfekta auf dem Plan, und zu diesen wurden dann auch aktive Formen mit gleicher Temporalbedeutung geschaffen bezw. ihnen angegliedert.

Der Name Plusquamperfekt, der auf Vorvergangenheit geht, ist, wie schon § 645 erwähnt worden ist, nur für die lat. Formen wie *vīderam, dīxeram* berechtigt. Missbräuchlich wird er für ar. und griech. Formen verwendet.

685. Im Arischen ist der Gebrauch der Formen nicht zu unterscheiden von dem des Imperfekts oder Aorists. Ai.: RV. 10, 72, 7 *átrā samudrá ā́ gūḷhám ā́ sū́ryam ajabhartana* (imperfektisch) 'da brachtet ihr die in dem Meer verborgene Sonne herbei', 7, 38, 1 *úd u ṣyá dēváḥ savitā́ yayāma hiraṇyáyīm amátį yā́m áśiśrēt* (aoristisch) 'so hat denn der Gott S. den goldenen Schimmer aufgerichtet, den er hingebreitet hat', 4, 18, 12 *kás tē mātáraą vidhávām acakrac chayų́ kás tvā́m ajighą̄sac cárantam* (imperfektisch) 'wer machte deine Mutter zur Witwe?'. Vgl. Delbrück Vergl. Synt. 2, 221 ff. Av.: Y. 51, 12 *hyaṯ ahmī "rūraost aštō* (imperfektisch) 'indem er es verwehrte, bei ihm Unterkunft zu nehmen', Yt. 19, 12 *niš taṯ pa'ti druxš nāšā'te yaδāṯ a'wičiṯ jaɣmaṯ* (aoristisch) 'die D. wird wieder fortgebracht werden dahin, woher sie kam (gekommen war)'. Vgl. Reichelt Aw. Elem. 312 f.

Der imperfektische Gebrauch ist ohne weiteres verständlich, weil der Perfektstamm an sich einen Zustand bezeichnete. Es ist also derselbe Fall wie griech. ᾔδεα 'wusste', ἐδέδμητο 'stand erbaut da', lat. *ōderam, memineram*, got. *wissa* 'ᾔδειν', *ōhta mis* 'ἐφοβούμην'. Was dagegen die aoristische Anwendung betrifft, so lasse ich es dahin gestellt, ob sich dieser Gebrauch unbeeinflusst von aoristischen Formen aus dem perfektischen entwickelt hat, eventuell im Zusammenhang mit dem aoristischen Gebrauch des Ind. Perf. (§ 667. 680), oder ob er auf einer Vermischung der ar. Plusquamperfekta mit den reduplizierten Aoristen wie ai. *ávōcat* = griech. ἔειπε, ai. *ápaptat* (S. 143 f.) beruht. Diese letzteren sind ja von den vom Perfektstamm aus geschaffenen Formen äusserlich nicht zu scheiden, weshalb auch die Benennung der Formen bei den europäischen Grammatikern schwankt.

Wo wir geneigt sind, ar. Plusquamperfekta mit unserm deutschen (umschriebenen) Plusquamperfekt wiederzugeben, wie in der genannten av. Stelle Yt. 19, 2, liegt der Begriff der relativen Zeitstufe natürlich nur im ganzen Zusammenhang (§ 642).

686. Im Griechischen tritt deutlicher als im Arischen das dem Verhältnis des Imperfekts zum Präsens gleichende Verhältnis zum Perfekt hervor. Z. B. Λ 683 γεγήθει δὲ φρένα Νηλεύς 'N. war in freudige Erregung geraten und war nun froh', γ 410 ἀλλ' ὁ μὲν ἤδη κηρὶ δαμεὶς Ἄϊδός δε βεβήκει 'aber der war schon im Hades', Herodot 7, 176 ἐδέδμητο δὲ τεῖχος 'eine Mauer stand erbaut da', Thuk. 2, 21, 3 χρησμολόγοι τε ᾖδον χρησμοὺς παντοίους, ὧν ἀκροᾶσθαι εἷς ἕκαστος ὥρμητο 'Wahrsager verkündeten mancherlei Sprüche, die jedermann zu hören begierig war'.

Zuweilen erscheint das Plusquamperfektum von Homer an allerdings auch da, wo man einen Aorist erwarten könnte (vgl. das Arische § 685), z. B. Δ 492 τοῦ μὲν ἅμαρθ', ὁ δὲ Λεῦκον ... βεβλήκει βουβῶνα νέκυν ἑτέρωσ' ἐρύοντα 'ihn fehlte er, doch den L. traf er in den Weichen'. Indessen kommt man überall mit dem 'imperfektischen' Gebrauch aus. Nur ist mir dabei zweifelhaft, ob die Wahl des Plusquamperfekts mehr durch die Vorstellung einer kräftigeren Aktion, als wie sie der Präsensstamm ausdrückt, bedingt war (vgl. § 672), oder mehr dadurch, dass ein sofortiges und sicheres Eintreten des einen Vorgangs nach dem andern angedeutet werden sollte, so dass man die genannte Iliasstelle übersetzen könnte 'doch dem L.

sass sein Geschoss in den Weichen' (vgl. Α 221 οὐδ' ἀπίθησεν | μύθῳ Ἀθηναίης· ἡ δ' Οὔλυμπόν δε βεβήκει und die ähnlichen von Stahl Hist.-krit. Synt. 123, 2 angeführten Stellen).

Dem Sinn der Vorvergangenheit nähert sich das griech. Plusquamperfekt am meisten da, wo das Ende einer Tätigkeit als vergangener Zustand bezeichnet wird, wie ρ 359 εὖθ' ὁ δεδειπνήκειν, ὁ δ' ἐπαύετο θεῖος ἀοιδός 'als er mit seinem Mahle zu Ende war, hörte der Sänger auf', Thuk. 6, 101, 3 οἱ δ' ἐπειδὴ τὸ πρὸς τὸν κρημνὸν αὐτοῖς ἐξείργαστο, ἐπιχειροῦσιν αὖθις τῷ τῶν Συρακοσίων σταυρώματι 'als sie aber mit der Verschanzung der Anhöhe fertig waren, greifen sie wiederum das Pfahlwerk der S. an'. Doch wäre es falsch, zu behaupten, das griech. 'Plusquamperfekt' hätte in gleicher Weise, wie gewöhnlich lat. *dixeram* u. dgl., durch sich selbst den Gedanken an relative Zeit angeregt (vgl. § 642).

687. Lateinisch. Die Form auf *-eram*, wie *memineram, dīxeram,* war wahrscheinlich eine speziell lat. Neubildung und kam auf zu einer Zeit, als der Indik. Perf. neben der Funktion als Perfectum praesens längst auch die konstatierend-narrative Bedeutung erhalten hatte.

In jedem von beiden Fällen bildete diese Form das Präteritum zum Indik. Perf., und so entsprachen semantisch einerseits *noveram* 'ich kannte', *memineram* 'ich hatte in der Erinnerung', *insueveram* 'ich war gewohnt' u. a. dem griech. Plusquamperf., z. B. Plaut. Capt. 306 *qui imperare insueram, nunc alterius imperio obsequor* 'der ich vordem zu befehlen gewohnt war', während anderseits meistens Vorvergangenheitsbedeutung bestand, z. B. Plaut. Trin. 161 *pro di inmortales, verbis paucis quam cito | alium fecisti me: alius ad te veneram* 'ich war mit andern Gedanken zu dir gekommen'.

688. Für das Germanische mag nochmals daran erinnert werden, dass die Präterita zu Präteritopräsentien, wie got. *ōhta* 'fürchtete', *wissa* 'wusste', die ebenso einzelsprachliche Neuschöpfungen waren wie die lat. Formen auf *-eram* (§ 687), darum semantisch nur einfache Präterita waren und sind, weil die Perfektformen wie *ōg, wait,* zu denen sie gehörten, der Zeitstufe nach nur als Präsentien gebraucht wurden. Vgl. § 684.

γ. Die periphrastischen Ausdrucksweisen.

689. Im Gebiet des Perfekts und Plusquamperfekts treten in den idg. Sprachen periphrastische Wendungen neben den einfachen Verbalformen und gleichwertig oder fast gleichwertig mit ihnen so frühzeitig auf, und gewisse von diesen Wendungen sind so weit verbreitet, dass man zu der Annahme berechtigt ist, diese Konkurrenzausdrücke hätten sich nicht überall erst einzelsprachlich eingefunden. Sie werden vielmehr teilweise schon in uridg. Zeit, damals freilich noch nicht als feste Typen im Konjugationssystem, vorhanden gewesen sein.

Es handelt sich um die Umschreibungen, die in dem Abschnitt § 414 ff. aufgeführt sind.

690. Arisch.

1) Verbaladjektiv auf *-to-* und *-no-* teils mit dem Verbum Substantivum, teils für sich allein. Zunächst war diese Ausdrucksweise nur mit dem Perfectum praesens und dessen Präteritum gleichwertig, z. B. RV. 1, 110, 1 *tatą́ mē ápas tád u tāyatē púnaḥ* 'getan ist mein Werk, und es wird wiederum getan', RV. 6, 16, 48 *agnį́ dēvā́sō agriyám indhátē vr̥trahántamam, yḗna vásūny ā́bhr̥tā tr̥ḷhā́ rákṣą̄si vājínā* 'den A. zünden die Götter an als Führer, als besten Vr̥tratöter, als den kraftvollen, durch den das Gut herbeigeschafft ist und die Unholde durchbohrt sind', TS. 2, 6, 9, 3 *iṣṭā́ dēvátā átha katamá ētḗ dēvā́ḥ* 'verehrt sind die Götter (indem man gewisse Worte spricht), aber welches sind diese Götter?', TS. 2, 6, 9, 4 *dēvā́nām vā́ iṣṭā́ dēvátā āsann, áthāgnir nṓd ajvalat* 'die Gottheiten waren von den Göttern verehrt, aber A. lohte nicht auf' (vgl. Delbrück Altind. Synt. 393). Y. 9, 26 *āaṯ aiwhe ahi aiwyāstō* 'seitdem bist du damit umgürtet', V. 3, 21 *yezića hē anya aγa šyaoϑna fravaršta paitita hē ćiϑa* 'und wenn von ihm andere Übeltaten begangen sind, so ist die Strafe dafür beglichen'.

Nun war es wohl die Gleichstellung mit den einfachen Formen des Indik. Perf. als Perfectum historicum, was diesen *to*-Partizipien auch die imperfektische oder aoristische Funktion zuführte. Z. B. Nal. 5, 29 *tatō hā hēti sahasā muktaḥ šabdō narādhipāiḥ* 'da wurde plötzlich von den Herrschern ein Ruf des Staunens erhoben', und so ganz gewöhnlich im klass. Sanskrit. Av.: Vr. 9, 3 *yōi hənti haoma . . . uzdāta . . . uzdāhyamna* 'die Haomazweige, welche aufgesetzt worden sind und aufgesetzt werden sollen', vgl. auch V. 2, 19 PüZ. *čvantəm zrvānəm maⁱnyava stiš . . . dāta as* 'wie lang ist es, dass die geistige Welt geschaffen wurde'.

2) Das im Ai. vom Atharvavēda an zu belegende periphrastische Perfekt wie *vidą̄ cakāra (āsa, babhūva)* bekam alle Funktionen, die die einfachen Perfektformen hatten, besonders die präteritale. Es hat, wenn nicht seine Entstehung, doch seine Ausbreitung dem Umstand zu verdanken, dass von gewissen Verba und Verbalklassen einfache Formen nicht zur Hand waren. Vgl. § 417.

691. Im Armenischen ist das alte einfache Perfekt schon in vorhistorischer Zeit zugrunde gegangen (nur zwei Reste, die präsentische Flexion angenommen haben, sind erhalten, *gitem* 'weiss' und *gom* 'bin', s. S. 458). Dafür erscheint eine Umschreibung, bestehend aus dem Partizip auf *-eal* und dem Verbum substantivum, die die vollendete Handlung bezeichnet, wie *cneal em* 'ich bin geboren', *cneal ei* 'ich war geboren'. S. § 418, 1.

692. Griechisch.

1) Von Homer an medial-passivische Wendungen wie τετελεσμένος εἰμί 'bin vollendet' neben τετέλεσμαι. Diese Umschreibung wurde, nachdem sie sich für die einfache Form zuerst im Konj. und Opt. festgesetzt hatte, in Attika von etwa 400 v. Chr. an im Indik. Perf. und im Plusqu. in der 3. Plur. obligatorisch. Bei ihrer Festsetzung waren formale Gesichtspunkte massgebend. S. § 414. 415. 419, 1.

2) Ebenso war durch formale Verhältnisse gefördert die Ausbreitung aktivischer Umschreibungen wie στήσας ἔχω 'habe gestellt', στήσας εἶχον 'hatte gestellt'. S. § 419, 3.

693. Albanesisch. Neben alten Perfekta mit aoristischer Bedeutung (§ 384) erscheinen mit der Bedeutung der vollendeten Handlung die periphrastischen Ausdrücke wie *kam lidurε* 'habe gebunden', *keše lidurε* 'hatte gebunden' und *jam lidurε* 'bin gebunden worden', *ješe lidurε* 'war gebunden worden'. S. § 420.

694. Italisch. Seit uritalischer Zeit wurde das medialpassivische Perfekt nur noch periphrastisch (*to*-Partizip mit dem Verbum substantivum) gebildet. Diese Ausdrucksweise ging semantisch den Aktivformen genau parallel, so dass sich zu dem anfänglichen Gebrauch als Perfectum praesens der als historisches Perfekt und im Lateinischen in der Verbindung mit *eram* der als Plusquamperfektum hinzugesellten, z. B. lat. *ortus sum, ortus eram, captus sum, captus eram*, osk. *scriftas set* 'scriptae sunt'. Wendungen wie umbr. *eno ocar pihos fust* 'tum mons piatus erit', esunu purtitu futu 'sacrificium porrectum esto' lassen vermuten, dass die Umschreibung mit dem Imperfekt des Hilfsverbums (osk. etwa *skriftas fufans 'scriptae erant') nur zufällig nicht belegt sind. Vgl. § 414. 421.

695. Das Keltische geht in der Bildung des passivischen Präteritums im wesentlichen Hand in Hand mit dem Italischen (§ 694), z. B. ir. *ro carad* 'ist geliebt worden, wurde geliebt'. S. § 422, 1. Bei den sonstigen besonderen Gemeinsamkeiten zwischen den keltischen und den italischen Sprachen (1 § 19 S. 25. 2, 1 § 158 f. 2, 3 § 447 ff.) liegt hier die Annahme eines historischen Zusammenhangs besonders nahe.

696. Germanisch.

1) Seit urgermanischer Zeit ist das Verbaladjektiv auf *-to-* und *-no-* mit dem Verbum substantivum eingetreten für das verloren gegangene Perf. Pass., z. B. got. *wasidai sind* 'sie sind bekleidet, tragen Kleidung', *wasidai wēsun* 'sie waren bekleidet, trugen Kleidung'. Dieselbe Wendung auch im Sinne des alten einfachen Imperfekts, z. B. got. *daupidai wēsun* 'ἐβαπτίζοντο', ahd. *was gitragen* 'ferebatur'. S. § 423, 1.

2) Jünger, aber wohl ebenfalls schon urgermanisch war die Umschreibung mit *sein* im Aktiv im Sinne des Perfectum praesens, wie ahd. *queman ist* 'ist gekommen', *queman was* 'war gekommen' (vgl. got. *sō baúrgs garunnana was at daúra* 'ἡ πόλις ἐπισυνηγμένη ἦν πρὸς τὴν θύραν'). Später ist *queman ist* im Ober- und Mitteld. auch narrativ, also mit *quam* gleichwertig geworden, was *queman was* zu einem dem lat. Plusquamperfekt (*vēnerat*) gleichstehenden Tempus werden liess. S. § 423, 2.

3) Dem lat. *cognitum habet* neben *cognovit* entsprach ahd. *habēt* mit dem auf das Objekt zu *habēt* bezogenen Partizip, wie *sie habēnt (eigun) mir ginomanan druhtīn mīnan* 'habent mihi demptum dominum meum'. Auch aus diesem Perfectum praesens (vgl. 2) wurde im Ober- und Mitteld. ein narratives Tempus, was dann wieder dieselbe Wendung mit dem Präteritum des Hilfsverbs *(hatte genommen)* zu einem Plusquamperfekt werden liess.

697. Im Baltisch-Slavischen erscheinen zum Ausdruck dessen, was das Perfectum praesens besagt, nur noch Umschreibungen.

1) Das Verbum substantivum (dessen Präsens ausgelassen werden kann) mit dem Part. Perf. Akt., z. B. lit. *àsz (esù) iszáugęs* 'bin herangewachsen', *àsz (esù) iszmókęs* 'habe erlernt', *àsz buvaũ iszáugęs* 'war herangewachsen', *àsz buvaũ iszmókęs* 'hatte erlernt', aksl. *prišьlъ jesmь* oder *jazъ prišьlъ* 'bin gekommen (bin da)', *dalъ běachъ* 'hatte gegeben'. Im Slav. wurde die Umschreibung mit *jesmь* frühe auch narrativ gebraucht. S. § 414. 424, 3.

2) Entsprechend das Passiv mit Benutzung passivischer Partizipien, z. B. lit. *jìs (yrà) prakéiktas* 'er ist verflucht', *jìs bùvo prakéiktas* 'er war verflucht', aksl. *dělanъ jestъ* 'ist gearbeitet', *dělanъ běaše (bě)* 'war gearbeitet'. S. § 424, 2.

e. Indikativus Futuri.

α. Allgemeines.

698. Mit dem Futurum treten wir zum Teil schon in das Gebiet der Moduslehre ein.

Den Indik. Fut. erwartet man, wo etwas nach des Sprechenden Ansicht, Erwartung, Befürchtung oder Absicht in näherer oder entfernterer Zukunft liegt. Sieht man davon ab, dass von uridg. Zeit her der Ind. Präs. von Verben beliebiger Aktionsart auch für solches, was als künftig gedacht ist, gebraucht wurde, wobei sich das Bedeutungselement der Zukunft lediglich aus dem Zusammenhang ergab (§ 658), so sind im übrigen zwei aus einer einfachen Verbalform bestehende Ausdrucksweisen zu nennen, die wahrscheinlich schon seit uridg.

Zeit durch sich selbst futurischen Sinn hatten, die *si̯o*-Bildung, wie ai. *dāsyā́mi* lit. *dúsiu* ('werde geben'), und eine Anzahl von Präsentia mit perfektiver Aktionsart, wie griech. νέομαι ('werde heimkommen, ankommen'). Vgl. S. 724.

Es gibt nun Sprachzweige, die weder den einen noch den andern von diesen beiden Futurausdrücken aufweisen, wie z. B. das Italische. Man darf aber annehmen, dass die Formen, die sie bieten, z. B. lat. *agam agēs* usw. und *amābō*, entweder ganz oder doch zum Teil die Gebrauchsweisen durch Synkretismus übernommen haben, die der uridg. Ausdruck gehabt hatte.

Diesem stand von vorhistorischer Zeit her dem Sinne nach am nächsten der Konjunktiv, und so findet sich dieser einzelsprachlich nicht nur in Konkurrenz mit dem Ind. Fut., sondern hat zum Teil diesen geradezu verdrängt, wie griech. ἔδομαι 'werde essen' (§ 434), lat. *ero* 'werde sein' (§ 435). Hierauf wird in dem Abschnitt über den Konjunktiv zurückzukommen sein (§ 744).

Unter den jüngeren Ersatzausdrücken begegnen auch periphrastische Ausdrücke, die wir mit heranziehen werden.

Ich unterscheide drei Gruppen in der Anwendung des in der Grammatik als Indik. Fut. benannten Ausdrucks. 1) Dieser bezeichnet eine vorausgesehene, in Aussicht genommene oder beabsichtigte Handlung. Hier näher zwischen der rein zeitlichen Bedeutung (Voraussicht ohne gemütliche Erregung) und der 'modalen' Bedeutung (Hoffnung, Furcht, Absicht) eine Einteilung zu treffen, ist kaum möglich, weil die Grenzen allzusehr verfliessen[1]). 2) Gebrauch des Indik. Fut. in der Vorführung vergangener Geschehnisse. 3) In der Vorführung allgemeiner Wahrheiten.

Jede von diesen Anwendungen begegnet in mehreren Sprachzweigen zugleich. Die beiden letzten mögen in einzelsprachlicher Zeit entwickelt sein.

---

1) Dass der modale Einschlag im Gebrauch dieses Tempus etwas sehr altes in den idg. Sprachen gewesen ist, wird neuerdings bestätigt durch die sorgfältigen Stoffsammlungen von V. Magnien Le futur grec, 2 Bde., Paris 1912.

β. Rein prospektiv und modal (konjunktivisch).

699. Arisch. *si̯o*-Indikative treten im Ai. und Av. von den ältesten Denkmälern an auf. Ai. z. B. RV. 1, 81, 5 *ná trā́vāñ índra káš caná ná jātṓ ná janiṣyatē* 'dir gleich, o I., ist niemand, ein solcher ist nicht geboren und er wird nicht geboren werden', RV. 10, 34, 6 *sabhā́m ēti kitaváḥ pr̥chámānō jēṣyā́mī́ti* 'zum Gasthaus geht der Spieler sich fragend: werde ich gewinnen?', RV. 1, 44, 5 *staviyā́mi tvā́m ahám* 'ich werde (will) dich preisen', ŠB. 3, 2, 4, 3 *tḗ hōcur yōṣítkāmā vāí gandharvā́ vā́cam ēvā̀ibhyaḥ prá hiṇavāma sā́ naḥ sahá sṓmēnā́ gamiṣyatī́ti* 'sie sprachen: weiberliebend sind die G., wir wollen die Vāc zu ihnen schicken, die wird mit dem Sōma zu uns kommen', ŠB. 1, 2, 5, 3 *prḗta tád ēṣyā́mō yátrēmā́m ásurā vibhájantē* 'wohlan, wir wollen dorthin gehen, wo die A. die Erde verteilen', AB. 3, 30, 2 *tān viśvē dēvā anōnudyanta nēha pāsyanti nēhēti* 'alle Götter stiessen sie zurück: sie werden (sollen) hier nicht trinken', Nal. 3, 11 *pravēṣṭum katham utsahē, pravēkṣyasīti tą śakraḥ punar ēvābhyabhāṣata* 'wie bin ich imstande (in den Palast) hineinzukommen? Du wirst hineinkommen, sagte zu ihm wiederum Indra', Nal. 1, 20 *hantavyō 'smi na tē rājan kariṣyāmi tava priyam* 'du darfst mich nicht töten, o König, ich werde (will) dir liebes erweisen'. Av.: Y. 50, 2 *ərᵊž́jīš ašā . . . ākāstəng mā nišąsyā dāθəm dāhvā* 'die gemäss dem heiligen Recht Lebenden werde (will) ich, wenn sie in der Manifestation stehen, in die Wohnungen für die Klugen gelangen lassen (versetzen)', Y. 46, 15 *haēčatąspā vaxšyā vō* 'ihr H., ich will euch Kunde geben', V. 8, 34 *nōiṯ hišku hiškvāi sraēšyeⁱti* 'Trocknes wird nicht an Trocknem haften', Vr. 12, 1 *haomanąmca harᵊšyamnanąm yōi harᵊšyente raθwe bərᵊzaⁱte* 'und der zu filternden Haomazweige, die gefiltert werden sollen für den hohen R.'

So weit nicht durch die Aktionsart des ganzen Verbums (der Wurzel) die Aktion des *si̯o*-Futurums von vornherein als perfektive oder als imperfektive bestimmt war, zeigt diese Futurbildung an sich keine besondere Neigung nach der einen oder andern Seite hin. Ai. *bhaviṣyáti*, zu W. *bheu̯-* 'werden', hatte beide

Aktionen, z. B. TS. 2, 1, 4, 3 *yádi bibhīyād duścármā bhaviṣyāmī́ti* 'wenn er befürchtet: ich werde hautkrank werden', ŚB. 3, 3, 4, 11 *āiṣámaḥ parjányō vŕ̥ṣṭimān bhaviṣyati* 'heuer wird P. regenreich sein': im letzteren Falle ist aber die Aktion wohl durch das imperfektive Präsens *ásti* beeinflusst worden.

In Konkurrenz mit dem *si̯o*-Fut. tritt seit urar. Zeit erstens der Konj. Aor. oder Präs. auf. Z. B. RV. 2, 38, 1 *úd u ṣyá dēváḥ savitā́ savā́ya śaśvattamą́ tádapā váhnir asthāt nūną́ dēvébhyō ví hí dhāti rátnam* 'Gott S. hat sich zur Belebung erhoben und wird nun den Göttern Gaben verleihen', RV. 1, 48, 3 *uvā́sōṣā́ uchā́c ca nú* 'erschienen ist die Morgenröte und wird auch jetzt erscheinen', RV. 8, 96, 7 *marúdbhir indra sakhyą́ tē astu áthēmā́ víśvāḥ pŕ̥tanā jayāsi* 'mit den M., o I., sei dir Bundesgenossenschaft, dann wirst du in allen diesen Kämpfen siegen', ŚB. 10, 4, 3, 9 *té hōcur nā́tō 'paraḥ kā́ś caná sahá śarīrēṇāmŕ̥tō 'sat* 'sie sprachen: von nun an wird niemand mit dem Leib unsterblich sein', RV. 10, 39, 5 *purāṇā́ vą vīryā̀ prá bravā jánē* 'euer beider alte Heldentaten will ich vor den Leuten preisen'. Y. 39, 2 *ašāunąm . . . yaēšąm vahehīš daēnā̊ vanaᵢntī vā və̄ṇ́ghən vā vaonarᵊ vā* 'der Gläubigen, deren besseres Ich den Sieg davonträgt oder davontragen wird oder davongetragen hat', Y. 31, 22 *hvō tōi mazdā ahurā vazištō aŋhaᵢtī astiš* 'der wird dir, o M. Ah., der nützlichste Geselle sein', V. 9, 31 *yat̰ hē tanuš hiškvi bavāt pasčaēta jasōit̰* 'wenn sein Leib trocken werden wird (geworden sein wird), dann möge er kommen', Y. 28, 4 *yavat̰ isāi tavāčā avat̰ xsāi aēšē ašahyā* 'so lang ich kann und vermag, will ich lehren das Aša zu suchen'. Vgl. § 748.

Zweitens konkurrierten im Ai. und im Av. Injunktivformen mit dem *si̯o*-Futurum. Beispiele s. § 429, 2 S. 522.

Ein dritter Konkurrent war im Ai. die seit der Brāhmaṇa-Periode hervortretende Umschreibung durch Nomina agentis auf *-tar-* mit dem Verbum substantivum, wie *dātā́smi* 'werde geben'. S. § 416.

Viertens ist für das Av. noch zu nennen der Gebrauch des Indik. Präs. mit perfektiver Aktionsart: *bavaᵢti* 'er wird sein'. S. S. 745.

Über feinere Bedeutungsunterschiede zwischen diesen verschiedenen Ausdrucksweisen vgl. ausser § 416 noch Delbrück Vergl. Synt. 2, 242 ff., Speyer Ved. u. Sanskr.-Synt. 54 f.

700. Armenisch. Zum Ausdruck der Zukunft dient meistens der Konjunktiv, entweder des Präsens oder häufiger des Aorists, z. B. Matth. 21, 2 *ertaik̔ i geutd . . . ev and gtaniçēk̔ ēš* 'πορεύεσθε εἰς τὴν κώμην . . . καὶ εὐθὺς εὑρήσετε ὄνον', Luk. 16, 31 *havaneşçin* 'πεισθήσονται'. Da dieser Modus, dessen Ursprung unklar ist (vgl. § 418, 4), zugleich voluntative Bedeutung hat, wird diese die ursprünglichere sein.

701. Griechisch. Was in der griechischen Grammatik als Indik. Fut. bezeichnet wird, war aller Wahrscheinlichkeit nach ein Gemisch von *si̯o*-Formen, etwa δείξω aus *δειξι̯ω, Formen des kurzvokalischen Konjunktivs des *s*-Aorists, z. B. ὀλέω ὀλῶ aus *ὀλεσω, und des kurzvokalischen Konjunktivs einiger andrer Tempusstämme, z. B. ἔδομαι. S. § 300 S. 385, § 340 S. 414 f., § 434. Daneben treten aber auch sonstige Konjunktive, die auch die Spezialgrammatik als Konjunktive bezeichnet, nicht selten gleichbedeutend mit dem 'Indik. Fut.' auf.

a) 'Indik. Fut.'. ψ 107 εἰ δ' ἐτεὸν δὴ | ἔστ' Ὀδυσεὺς καὶ οἶκον ἱκάνεται, ἦ μάλα νῶϊ | γνωσόμεθ' ἀλλήλων 'wenn es wirklich Odysseus ist und er nach Hause kommt, werden wir einander schon erkennen', H 291 νῦν μὲν παυσώμεσθα μάχης . . . ὕστερον αὖτε μαχησόμεθ', εἰς ὅ κε δαίμων | ἄμμε διακρίνῃ 'lass uns jetzt vom Kampf ausruhen, späterhin aber wollen wir kämpfen, bis uns ein Dämon trennt', Φ 61 ἀλλ' ἄγε δὴ καὶ δουρὸς ἀκωκῆς ἡμετέροιο | γεύσεται 'wohlan, jetzt soll er die Spitze auch unsrer Lanze zu kosten bekommen'. Dieselben Gebrauchsweisen in der nachhomerischen Zeit. Die Negation war teils οὐ, teils μή, letzteres bei voluntativer Meinung: z. B. sagt Zeus, der sicher voraussehende, P 448 ἀλλ' οὐ μὰν ὑμῖν γε καὶ ἅρμασι δαιδαλέοισιν | Ἕκτωρ Πριαμίδης ἐποχήσεται· οὐ γὰρ ἐάσω 'aber fürwahr nicht wird Hektor mit euch und dem kunstvollen Wagen einherfahren, denn ich werde es nicht zulassen', dagegen Hektor K 330 ἴστω νῦν Ζεύς . . ., μὴ μὲν τοῖς ἵπποισιν ἀνὴρ ἐποχήσεται ἄλλος | Τρώων 'nicht soll mit den Pferden ein andrer von den Troern einherfahren'.

b) 'Konjunktiv'. Hier ist die rein prospektive Bedeutung natürlich die seltnere; im Hauptsatz erhielt sie sich nur im homerischen Dialekt. Z. B. H 87 καί ποτέ τις εἴπῃσι καὶ ὀψιγόνων ἀνθρώπων κτλ. 'und dereinst wird dann mancher der spätgeborenen Menschen sagen' usw. In diesem Fall hatte der Konjunktiv οὐ, nicht μή, als Negation, wie A 262 οὐ γάρ πω τοίους ἴδον ἀνέρας οὐδὲ ἴδωμαι 'nicht habe ich solche Männer gesehen und werde sie zu sehen bekommen'.

Beim Konjunktiv (b) sind Präsens und Aorist aktionell so wie sonst auseinandergehalten. Dagegen war beim Futurum (a) die Aktion häufig auch bei demselben Verbum teils imperfektiv teils perfektiv, z. B. ὄψομαι 'werde anschauen' und 'werde erblicken', ἄξω 'werde geleiten' und 'werde hinbringen'. Zunächst war die Aktion von der Aktion der betreffenden Wurzel abhängig, z. B. perfektiv βήσομαι 'werde kommen', imperfektiv κείσομαι 'werde liegen'. Nun bestand aber schon frühe ein Verhältnis einerseits zum Präsens, anderseits zum Aorist, was in dem doppelten Ursprung des Indik. Fut. mag begründet gewesen sein: etwa ἄρξω 'werde Anführer sein' aus *ἀρξ̯ιω, zu ἄρχω, ἄρξω 'werde Anführer werden' Konj., zu ἦρξα. Nachdem dieser formale Unterschied aufgehoben war, nahmen die doppelte Funktion auch solche Formen an, die von Haus aus nur die eine von beiden Aktionsarten hatten, z. B. wurde ὄψομαι, das von Anfang an nur 'ich werde erblicken' bedeutet hatte, auch das Fut. zu ὁράω, so dass es nunmehr auch in dem Sinne 'ich werde schauen' verwendet wurde.

Daneben entwickelte sich aber noch neu ein Unterschied zwischen perfektivem und imperfektivem Futurum infolge davon, dass Futurformen vom Aorist aus gebildet wurden und mit aoristischer Aktion neben die zum Präsensstamm gehörigen Futurformen zu stehen kamen, z. B. σχήσω 'werde anhalten, abbringen' (καλῶς σχήσει 'wird sich gut gestalten, in gute Lage kommen'), zu ἔσχον, neben ἕξω 'werde haben' (καλῶς ἕξει 'wird sich gut verhalten, wird in guter Lage sein'), zu ἔχω, vgl. auch ἀνσχήσομαι 'werde überstehen', ἀνέξομαι 'werde dulden, duldend harren'. Ferner solche Futura mit Perfektivsinn vom ην- und θην-Aorist aus, z. B. βλαβήσομαι 'werde Schaden erfahren' (neben βλάψομαι 'werde Schaden haben'), ἀχθεσθήσομαι 'werde böse werden' (neben ἀχθέσομαι 'werde böse sein'), s. § 624, 2. Auch haben sich Futura an reduplizierte Aoriste angeschlossen mit aoristischer Aktion, z. B. πεφιδήσομαι 'werde verschonen', zu πεφιδέσθαι, πεπιθήσω 'werde einen bestimmen', zu πεπιθεῖν, und an Perfekta mit der Aktion des Perfectum praesens, z. B. τεθνήξω 'werde tot sein', zu τέθνηκα, κεκλήσομαι 'werde genannt sein, werde heissen', zu κέκλημαι. Vgl. Brugmann-Thumb Griech. Gramm.[4] 553 f.

Eine nur untergeordnete Rolle spielte im Griechischen als Ausdruck künftiger Geschehnisse der Indik. Präs. von Verba mit perfektiver Aktion, wie εἶμι 'werde gehen', νέομαι 'werde heimkommen'. S. § 654 S. 745.

702. Im Albanesischen wird das Fut. umschreibend gebildet, durch *do tε* mit Konj., wie *do tε kem* 'werde haben', *do tε l'iθ* 'werde binden', *do tε martóń* 'werde heiraten'. S. § 420.

703. Italisch. Die *si̯o*-Bildung ist vorhistorisch untergegangen.

Auf dem ganzen Sprachgebiet erscheinen dafür Konjunktivbildungen. Sie zerfallen in zwei Klassen. 1) Solche, die vom einzelsprachlichen Standpunkt aus nur als Indik. Fut. erscheinen. Das sind zunächst kurzvokalische Konjunktive wie lat. *ero* und lat. *dīxo, faxo* osk.-umbr. *fust* 'erit' osk. *deiuast* 'iurabit' umbr. pru-pehast 'ante piabit' (§ 435). Ferner *ē*-Konjunktive wie lat. *agēs -et* usw., wozu alat. 1. Sing. *agē* (§ 438. 443, 2). 2) Die éine lat. Form des *ā*-Konj. 1. Sing. *agam* (§ 448), durch die das alat. *agē* verdrängt worden ist, gehörte semantisch dem Indik. Fut. und dem Konj. Präs. zugleich an. Das lässt schliessen, dass die Willenserklärung, die in dieser 1. Person des Konj. lag, mit dem Zeitbegriff des Futurums näher verbunden war und ihn leichter auslöste als der Gedanke der Aufforderung, der in den andern Personen lag.

Speziell lateinisch-faliskisch, aber doch vielleicht aus voritalischer Zeit stammend, war die Bildung auf *-fō* (lat. *-bo*), wie lat. *plēbo*, falisk. *carefo* 'carebo' (§ 421, 3).

Anm. Der Indik. Präs. bei perfektiver Aktionsart des Verbums (§ 654) spielt in diesem Sprachzweig keine merkliche Rolle.

Die genannten Bildungen erscheinen in der historischen Latinität gleichmässig gebraucht in rein prospektivem und im modalen Sinn. Rein futurisch z. B. CIL 11, 4766 *neque cedito, nesei quo die deina anua fiet,* Plaut. Merc. 219 *si istac ibis, commodum obviam venies patri,* Sen. ep. 71, 7 *nihil patieris, si modo tecum erit virtus.* Ebenso im Osk.-Umbr. in Nebensätzen zu imperativischem Hauptsatz, wie osk. n. 17, 19 *pon censtur Bansae toutam censazet, pis ceus Bantins fust, censamur* 'cum censores Bantiae populum censebunt, qui civis Bantinus erit, censetor', umbr. I b 10 pune puplum aferum heries, avef anzeriatu etu 'cum populum circumferre voles, aves observatum ito'. Dagegen mehr oder weniger deutlich modal z. B. Plaut. Amph. 1048 *certumst, intro rumpam in aedis,* Plaut. Men. 187 *uter ibi melior bellator erit inventus, cum leges,* Cic. fam. 14, 8 *si quid acciderit novi, facies ut sciam,* Ter. Ad. 378 *ubi ego rediero, exossabitur: prius nolo.* Cic. imp. Cn. Pomp. 60 *non dicam hoc loco . . .; non commemorabo,* Cic. de or. 2, 60 *fatebor aliquid tamen.* Plaut. Merc. 762 *at ita me amabit* (soll) *Juppiter, ut ego illud numquam dixi.* Formelhaft *amabo (te)*, etwa unserm *bitte, bitte schön* entsprechend, z. B. Plaut. Men. 678 *immo edepol pallam illam, amabo te, quam tibi dudum dedi, mihi eam redde,* Plaut. Poen. 263 *eho, amabo, quid illo nunc properas?*; die Redensart ist ausgegangen von Fällen wie *fac, amabo te* 'tu das, ich will dich dafür lieb haben'. Im Osk.-Umbr. wohl nur éin Beispiel, das für modalen Gebrauch in Betracht kommen kann, osk. n. 130 diuvilam . . . sakrvist '*iovilam . . . sacrabit' (vgl. n. 139 diuvil. . . . sakruvit '*iovilam . . . sacrat').

Das sogen. 'Futurum der Wahrscheinlichkeit', z. B. Plaut. Pers. 645 *haec erit bono genere gnata,* Plaut. Pseud. 677 *sed profecto hoc sic erit: | centum doctum hominum consilia sola haec devincit dea, | Fortuna,* Cic. off. 2, 20 *hoc videbitur fortasse cuipiam durius,* will man auf die alten konjunktivischen Bestandteile des lat. 'Ind. Fut.' zurückführen, wonach auf den Gebrauch als ursprünglicher Optativus potentialis (§ 782) zurückzugehen wäre. Es scheint angemessener, wie bei nhd. *das wird so sein* 'hoc ita sit' (auch in bezug auf Vergangenes: *das wird so ge-*

wesen sein), echten Indikativ anzunehmen: die Vorstellung war etwa 'es wird sich herausstellen, dass es so ist, wenn man genau zusieht' (vgl. Lessing Juden 1, 2 *ich werde Martin Krumm heissen = ich heisse, wie sich zeigen wird, M. K.*).

Was die Aktionsart der Formen des 'Indik. Fut.' betrifft, so scheinen die Formen der Formklasse *faxo* ihre auf der Herkunft aus dem *s*-Aorist beruhende perfektive Bedeutung beibehalten zu haben: *faxo* nicht 'ich werde wirken, mit Ausführung beschäftigt sein', sondern 'werde bewirken', z. B. Plaut. Bacch. 848 *ni illum exanimalem faxo, si convenero, | nive exheredem fecero vitae suae* etc., Plaut. Capt. 695 *pol si istud faxis, haud sine poena feceris;* im Hauptsatz *faxo* meist in Parataxe, wie Plaut. Poen. 1228 *nam faxo eris mea sponsa,* Plaut. Bacch. 506 *ego faxo hau dicet nactam quem derideat* (vgl. Plaut. Amph. 972 *faxo haud quicquam sit morae).* So war dies denn auch die Aktionsart der an das Perfekt angeschlossenen Futura auf *-ero,* so weit diese nicht, wie *ōdero, meminero,* zu einem nur als Perfectum praesens fungierenden Indik. Perf. (*ōdī, meminī*) gehörten. Z. B. Plaut. Amph. 53 *deus sum, commutavero* 'ich bin ein Gott und werde die Sache ändern', Plaut. Merc. 450 *ego aliquid videro* 'ich werde etwas ausfindig machen', Plaut. Stich. 351 *ego fecero* 'ich werde es bewirken', Ter. Andr. 381 *dictum ac factum invenerit.* Dazu ist bei den Formen auf *-ero* noch die Bedeutung der relativen Zeitstufe gekommen, wie z. B. Plaut. Men. 521 *faxo haud inultus prandium comederis* 'sollst nicht ungestraft gegessen haben', Plaut. Rud. 1135 *si falsa dicam, frustra dixero* 'werde ich vergeblich gesprochen haben'. Nur in dieser letzteren Funktion scheint den lat. Formen auf *-ero* das osk.-umbr. 'Futurum exactum' auf *-ust* entsprochen zu haben, z. B. osk. n. 17, 11 *suaepis contrud exeic fefacust auti comono hipust, molto etanto estud* 'siquis contra hoc fecerit aut comitia habuerit, multa tanta esto'. Vgl. § 645.

Mit den einfachen Futurformen konkurrierte im Lateinischen bis zu einem gewissen Grade die Periphrasis wie *staturus sum*; über deren Ursprung § 421, 5. Sie bezeichnete eine bevorstehende Handlung, die entweder vom Willen des Subjekts ausgeht oder auf dessen Fähigkeit oder Macht beruht oder von vorhandenen Verhältnissen und äusseren Umständen abhängt, z. B. Plaut. Mil. 1299 *si itura est, eat* 'wenn sie gehen will, gehe sie', Cic. fin. 4, 64 *catuli, qui iam dispecturi sunt* 'die schon die Augen zu öffnen fähig sind', Cic. Cat. mai. 67 *quid timeam, si aut non miser post mortem aut beatus etiam futurus sum?* 'wenn es meine Bestimmung ist glückselig zu sein'. Diese Umschreibung erscheint in allen Formen, deren das Hilfsverbum *esse* fähig ist.

704. Keltisch. Die *si̯o*-Bildung ist verloren. Dafür erscheinen drei, aus urkelt. Zeit stammende Formationen, die im Irischen, wie es scheint, gleichbedeutend gebraucht werden. 1) das *b*- oder *f*-Futurum, z. B. ir. *-lēiciub* 'werde lassen', s. § 422, 2. 2) Das asigmatische Futurum starker Verba, das auf dem *ā*-Injunktiv (§ 447. 449) beruht, und wozu Formen gehören wie *gignithir* 'wird geboren werden' (§ 86), *-cēla* 'wird verhehlen' (§ 89). 3) Das *s*-Futurum, das in der Regel durch Reduplikation aus dem *s*-Konjunktiv (§ 323 ff. 350) gebildet ist, z. B. *fo-cicherr* 'wird werfen' (§ 262. 266 f.). Genaueres über die Bildungsweise s. Thurneysen Hdb. des Altir. 1, 370 ff., Pedersen Vergl. Gr. d. kelt. Spr. 2, 357 ff.

Beispiele: Wb. 12 d 12 *tucfa mo-menme an-asbērat mo beiūil* 'intelleget mens mea id quod dicent labia mea', Wb. 12 c 35 *dobēer desemmrecht dūib indorsa* 'dabo exemplum vobis nunc'. Vgl. Vendryes Gramm. du vieil-irl. 255.

705. Germanisch. Die *si̯o*-Bildung ist verloren. Auch ist der alte Konjunktiv in der prospektiven Bedeutung in keinem germanischen Dialekt mehr in Übung.

Anm. Da im Gotischen der 'Optativ' zuweilen als Vertreter des Futurums der griechischen Vorlage erscheint, so ist man versucht, dies auf den Synkretismus dieses Modus und des alten Konjunktivs zurückzuführen; dies liegt um so näher, als die 1. Sing. auf *-au* (got. *baírau*, aisl. *bera*) tatsächlich eine alte Konjunktivform zu sein scheint (§ 444). Z. B. Joh. 5, 47 *þandē nu jainis mēlam ni galaubeiþ, ƕaiwa meinam waúrdam galaubjaiþ?* 'εἰ δὲ τοῖς ἐκείνου γράμμασιν οὐ πιστεύετε, πῶς τοῖς ἐμοῖς ῥήμασιν πιστεύσετε;', Mark. 4, 13 *ni wituþ þō gajukōn, jah ƕaiwa allōs þōs gajukōns kunneiþ?* 'οὐκ οἴδατε τὴν παραβολὴν ταύτην, καὶ πῶς πάσας τὰς παραβολὰς γνώσεσθε;'. Da indessen dieser Optativ nur in Fragesätzen begegnet (vgl. noch Luk. 1, 34. 18, 18, Mark. 12, 9), so ist er doch wohl nicht anders aufzufassen als derjenige Optativ, dem im griechischen

Text der Indikat. Präs. gegenübersteht in Sätzen wie Joh. 16, 18 *þata ƕa sijai þatei qiþiþ?* 'τοῦτο τί ἐστιν ὃ λέγει τὸ μικρόν;' Dieser Optativ aber ist Fortsetzung des uridg. potentialen Optativs. Vgl. § 787.

Der gewöhnliche Ausdruck für zukünftig Gedachtes ist in allen germanischen Sprachen der Indik. Präs. bei beliebiger Aktionsart des Verbums; nur die Situation und der ganze Zusammenhang gibt das Bedeutungselement des Zukünftigen an die Hand (§ 653). Allerdings bevorzugt Wulfila bei diesen Präsentien unverkennbar *ga*-Komposita, die perfektive Aktionsart haben und eben darin eine Andeutung der Zukunft enthalten (§ 654), z. B. Joh. 16, 16 *leitil nauh jah ni saíƕiþ mik; jah aftra leitil jah gasaíƕiþ mik, untē ik gagga du attin* 'μικρὸν καὶ οὐκέτι θεωρεῖτέ με, καὶ πάλιν μικρὸν καὶ ὄψεσθέ με, ὅτι ὑπάγω πρὸς τὸν πατέρα' (vgl. Streitberg Got. Elem.[3] 200 f.).

Daneben auf dem ganzen germanischen Gebiet Umschreibungen mit Hilfsverba, die teils rein temporalen, teils zugleich einen modalen Sinn haben. S. § 423, 3.

Das Futurum exactum konnte und kann nur durch Periphrase ausgedrückt werden, z. B. nhd. *werde getan haben.*

706. Baltisch. Im Litauischen hat sich das *si̯o*-Futurum erhalten. Doch sind ins Paradigma Injunktivformen des *s*-Aorists eingemischt worden, und bei den Formen der 1. 2. Plur. auf *-sime, -site* scheinen die 'optativischen' Indikativformen *-bime -bite* vorbildlich beteiligt gewesen zu sein (S. 384. 389. 522). Diese Mischung lässt es natürlich erscheinen, dass der Indik. Fut. sehr oft modalen (voluntativen) Sinn hat. Beispiele: rein temporal *rytój lýs* 'morgen wirds regnen', *dë̃vas svëtą sū̃dys* 'Gott wird die Welt richten'. Voluntativ in der 1. Pers.: *àsz táu ką̃ sakýsiu* 'ich will dir was sagen', *mẽs jaũ namõn eĩsim* 'wir wollen schon nach Hause gehen', *duktẽ mãno, żẽnysimės mùdu* (Märchen) 'meine Tochter, lass uns beide Mann und Frau werden' (§ 763). In deliberativen Fragen: *ką̃ sakýsiu?* 'was soll ich sagen?', *ką̃ àsz bëdnàsis darýsiu?* 'was soll ich Ärmster tun?' (§ 764). Modal ist das Futurum auch in Sätzen wie *kodë̃l àsz jám taĩ dovanósiu?* 'warum sollte ich ihm das schenken?', *ką̃ àsz neverksiu?* 'warum sollte ich nicht weinen?'.

Ein Futurum exactum als einfache Verbalform ist nicht vorhanden. Meist steht das einfache Futurum mit perfektiver Aktion nach § 644. Ausser dem dort S. 729 genannten Beispiel vgl. *kàd tù gìrią prieĩsi, taĩ sùkkis añt deszinḕs* 'wenn du an den Wald kommen wirst (gekommen sein wirst), dann wende dich rechts'. Umschreibungen mit *búsiu* und Part. werden angewendet, wenn ausdrücklich Zuständliches bezeichnet werden soll, z. B. *kàd tù búsi sãvo metùs iszszlūżyjęs, taĩ gáusi sãvo algą* 'wenn du dein Jahr wirst zu Ende gedient haben, wirst du deinen Lohn bekommen' (vgl. § 424, 3).

Über den volkstümlichen Futurausdruck im Altpreussischen ist nichts sicheres zu wissen, da bei der Übersetzung sich deutscher Einfluss bemerkbar macht (vgl. Trautmann Altpreuss. Sprachd. 290 f.).

707. Slavisch. Das *s̯io*-Futurum als Bildungsklasse ist verschwunden. Dafür erscheint das perfektive Präsens systematisch zum Ausdruck dieser Zeitstufe geworden, d. h. es kann jedes perfektive Präsens, sei es ein einfaches Verbum mit immanenter perfektiver Aktion, wie aksl. *damь* 'gebe', oder ein durch Zusammensetzung mit einer Präposition perfektiv gewordenes Verbum, z. B. aksl. *sъ-tvorją* 'mache fertig, erschaffe', Futurbedeutung haben (§ 654). Daneben Umschreibungen durch die Verba aksl. *imamь* ('habe'), *choštą chъštą* ('will'), *na-čьną vъ-čьną* ('fange an') mit dem Inf. (§ 426, 1).

γ. Bei Vorführung vergangener Geschehnisse.

708. Wir haben oben folgende Arten der Mitteilung vergangener Geschehnisse, die als uridg. bezeichnet werden dürfen, kennen gelernt. Schildernde Erzählung geschah mittels imperfektiver Augmentpräterita, sogenannter Imperfekta (§ 655 ff.). Für einfache Konstatierung, dass etwas geschehen ist, hatte man perfektive Augmentpräterita, sogenannte Aoriste (§ 665 ff.). Soll sich der Hörende im Geist gewissermassen als Zuschauer vor die Bühne des Geschehens setzen, so gebrauchte man das Präsens, das in diesem Fall Praesens historicum heisst (§ 649).

Ob auch die konstatierend-erzählende Verwendung des Perfekts, die aus dem Gebrauch des Perfekts als 'Perfectum praesens' entwickelt ist, und die im älteren Griechisch nicht erscheint, einstens allen idg. Sprachen angehört hat, haben wir als zweifelhaft bezeichnet (§ 679 ff.).

Nun erscheint in verschiedenen Sprachzweigen überdies der Indikativ des Futurums in Erzählungen. Man geht in einer Kette von zu erzählenden Ereignissen von einem Präteritum zum Futurum über, indem der Redende vom Standpunkt eines als vergangen fixierten Vorgangs aus, als wenn er selbst bei diesem Vorgang zugegen wäre, das darauf Geschehene als nunmehr kommend anschaut. Dadurch, dass der Redende die Erzählung mit einem Präteritaltempus beginnt, bereitet er die richtige Auffassung von seiten des Angeredeten ebenso vor, wie bei dem Übergang von einem historischen Tempus zum Präsens, dem Praesens historicum (S. 733 f.); ausserdem vergleicht sich auch der Übergang von einem historischen Tempus zum Imperativ (§ 732). Dieser Futurgebrauch gehört natürlich der volkstümlichen Sprechweise in weit höherem Mass an als der schriftstellerischen Darstellung.

Im Prākrit z. B. Jacobi Ausgew. Erz. 23, 16 *samāsāsiyā vivāhiyā ya sā ya itthīrayaṇaṃ bhavissai* (= sanskr. *samāśvāsitā vivāhitā ca sā ca strīratną bhaviṣyati*) 'sie ward getröstet und geheiratet und wird eine ausgezeichnete Frau sein', s. v. a. 'wurde eine a. Fr.'. Wahrscheinlich gehört hierher die Angabe des Pāṇini, dass in Verbindung mit einem Verbum von der Bedeutung 'an etw. denken, sich erinnern' das Futurum steht, wenn die hinter dem Heute gelegene Vergangenheit bezeichnet werden soll (was sonst die Aufgabe des Imperfekts ist). Vgl. O. Franke BB. 16, 65 f., Delbrück Vergl. Synt. 2, 307 f.

Dieser Gebrauch liegt ferner in deutschen Dialekten vor, in erzgebirgischen u. nordböhmischen sowie niederd. Mundarten, z. B. erzgeb. *dō nailich traf ich n H., dār mīch bəschisn hōt, un dō tātr mīch ā noch sū grūsfrasich āgūkn, un dō wāring doch glai ānə naifanstrn*, nordböhm. *do giehn die jungen, suchen e stengel, traten under d' foieresse und warden ofangn zu stochern o dan säckel (= fingen an dem säckchen zu stochern an).* Auch bei hd. Schriftstellern begegnet man diesem Futurum, z. B. bei Spielhagen (Sturmflut) *ich also hin nach Tannenberg gemacht und werde dann gleich auf sein zimmer gehen.* S. Wegener in Paul's Grundr. d. germ. Phil. 1[1], 944, Schiepek Der Satzbau der Egerländer Mundart 1, 143f., O. Böttger Der Satzbau der erzgebirgischen Mundart 1904 S. 47 [1]).

Weiter ist der Gebrauch häufig im Baltischen und im Serbokroatischen. So lit. *vë́ns taĩ dãrė ir dabar̃ antràsis taĩ ir darýs* 'einer tat dieses und jetzt wird es der andre auch tun' s. v. a. 'tat es der andre auch', lett. *mês kõpa staigájám, tad es win'u prassíschu, wái jau édis, un wĩnsch man sazzís, ka wél náu; un tad igâjám krõgá* 'wir gingen miteinander, da werde ich ihn fragen (fragte ich ihn), ob er schon gegessen, und er wird mir sagen (sagte mir), dass er noch nicht habe; und darauf gingen wir ins Wirtshaus', serb. *Kain je bio težak a Avelj ovčar. Jednom ova dva brata prinesu gospodu žrtvu . . ., ali bogu bude ugodnija žrtva Aveljeva od Kainove* 'Kain war Ackersmann und Abel Schäfer. Einstmals werden beide Brüder dem Herrn ein Opfer bringen, aber Gott wird das Opfer Abels angenehmer sein als das Kains', d. i. 'brachten ein Opfer dar, aber Gott war das Opfer usw.' (vgl. Delbrück Vergl. Synt. 2, 334f.).

δ. Bei Vorführung allgemeiner Wahrheiten.

709. Mit dem Indik. Fut. will man in diesem Fall sagen, dass nach den bisherigen Erfahrungen das Eintreten eines Vorgangs oder Zustands allzeit erwartet werden kann. Dieser Gebrauch steht dem in der lat. Grammatik angesetzten 'Futurum der Wahrscheinlickeit' (S. 791) nahe. Beispiele:

Griech.: Herodot 5, 56 οὐδεὶς ἀνθρώπων ἀδικῶν τίσιν οὐκ ἀποτείσει 'kein Übeltäter wird der Strafe entgehen', Soph. Ant. 662 ἐν τοῖς γὰρ οἰκείοισιν ὅστις ἔστ' ἀνὴρ | χρηστός, φανεῖται κἀν πόλει δίκαιος ὤν 'denn wer in seinen häuslichen Angelegenheiten ein tüchtiger Mann ist, der wird sich auch im Staatswesen als gerecht erweisen', Demosth. 18, 205 ὁ μὲν τοῖς γονεῦσι μόνον γεγενῆσθαι νομίζων τὸν τῆς εἱμαρμένης καὶ τὸν αὐτόματον θάνατον περιμένει, ὁ δὲ καὶ τῇ πατρίδι ὑπὲρ τοῦ μὴ

1) Diese und verschiedene andere Nachweise aus nhd. Mundarten verdanke ich meinen Kollegen von Bahder und Leskien.

ταύτην ἐπιδεῖν δουλεύουσαν ἀποθνήσκειν ἐθελήσει 'wer nur für seine Eltern glaubt auf die Welt gekommen zu sein, sieht dem ihm vom Schicksal beschiedenen und auf natürlichem Weg erfolgenden Tod entgegen, wer aber auch für sein Vaterland glaubt auf die Welt gekommen zu sein, wird dafür zu sterben bereit sein, dass er dieses nicht unterjocht sieht'.

Lat.: Plaut. Most. 289 *pulcra mulier nuda erit quam purpurata pulcrior,* Ter. Ad. 55 *nam qui mentiri aut fallere insuerit patrem, fraudare tanto magis audebit ceteros,* Ps. Cornif. 3, 24 *sermo cum est in dignitate, plenis faucibus quam sedatissuma et depressissuma voce uti conveniet,* Petron. 43 *nunquam autem recte faciet qui cito credit.*

Aus den altgermanischen Sprachen, in denen meist der Indik. Präs., bei imperfektiver wie bei perfektiver Aktionsart des Verbums, auch futurisch gebraucht erscheint, kenne ich keinen Beleg. Die jüngere hochd. Umschreibung aber mit *werden* findet sich in diesem Fall häufig, z. B. *nur der tüchtige wird auf die dauer glück haben.*

Lit. *kàs võks, nepralõps* 'wer stehlen wird (stiehlt), wird nicht reich werden', *kàd iszeĩsi neválgęs, pareĩsi iszálkęs* 'wirst du ausgehen (gehst du aus) ohne zu essen, wirst du hungrig heimkommen'. Russ. *utla lodija porty pomočit, a zla žena žizn' vsju muža svojego pogubit* 'ein leckes Boot wird die Kleider nass machen, aber ein böses Weib wird das ganze Leben ihres Mannes zugrunde richten', serb. *voda svašto opere do pogana jezika* 'Wasser wird alles rein machen, nur nicht eine unflätige Zunge'.

3. Der Gebrauch der Modi [1]).

A. Allgemeines.

710. Unter dem Ausdruck Modi versteht man jetzt nur solche Verbalformen, die dem Gebiet des Verbum finitum angehören. Wo Infinitiv- und Partizipialformen Gebrauchsweisen von derselben Art zeigen, wie die der Formen des Verbum

1) Mancherlei, was den Gebrauch der Modi angeht, ist enthalten in den oben S. 517f. wegen der Bildung der Modi angeführten Schriften. Hier nenne ich nur noch solche Literatur, die sich ausschliesslich oder doch ganz vorzugsweise mit den Fragen des Gebrauchs befassen:

finitum (z. B. wo der Infinitiv genau dasselbe sagt, wie echte Imperativformen) oder doch Gebrauchsweisen, welche Bedeutungselemente von Modusformen mit enthalten (z. B. griech. ποιῆσαι ἄν gleichstehend dem Optativ mit ἄν, oder ὀλόμενος, hom. οὐλόμενος, 'unselig', das das Bedeutungselement des Wunsches, wie ὄλοιο, in sich birgt), handelt es sich um Anschluss

---

Allgemeinidg. Delbrück Vergl. Synt. 2, 346 ff. Verfasser Kurze vergl. Gramm. 578 ff. J. Jolly Ein Kapitel vergleichender Syntax: der Conj. u. Optat. u. die Nebensätze im Zend u. Altpers. im Vergleich mit dem Sanskr. und Griech., München 1872. Delbrück Die Grundbegriffe der Kasus u. Modi, Neue Jahrbb. 9 (1902) 317 ff. E. Rodenbusch Zur Frage nach dem Alters- und Verwandtschaftsverhältnis zwischen Optativ u. Potentialis, IF. 24, 181 ff. Delbrück Der Gebrauch des Conjunctivs u. Optativs im Sanskrit u. Griechischen (= Synt. Forsch. 1), 1871. G. Hale The Origine of Subjunctive and Optative Conditions in Greek and Latin. Harvard Studies 1901 S. 109 ff., On the Prospective Subjunctive in Greek and Latin, Class. Rev. 8, 116 ff., The Anticipatory Subjunctive in Greek and Latin, Studics of Class. Phil. I Chicago 1894. Tenney Frank The Semantics of Modal Constructions, Class. Philology (Chicago), 2, 163 ff. 3, 1 ff. J. Lattmann Die Bedeutung der Modi im Griech. u. Lat., Neue Jahrbb. 10 (1903) 410 ff. O. Behaghel Der Gebrauch der Zeitformen im konjunktivischen Nebensatz des Deutschen; mit Bemerkungen zur lat. Zeitfolge u. zur griech. Modusverschiebung, Paderborn 1899.

Arisch. Delbrück Altind. Synt. 302 ff. Speyer Ved. u. Sanskrit-Synt. 55 ff., Sanskrit Synt. 241 ff. M. Bloomfield On instability in the use of moods in earliest Sanskrit, A. J. of Ph. 31, 1 ff. R. Kohlmann Üb. die Bedeutung des 'Injunktivs' im Altind., Festschr. d. Gymnasiums in Quedlinburg 1890. Bartholomae Altiran. Verb. 181 ff. Reichelt Aw. Elem. 313 ff. J. Jolly Die Moduslehre in den altiran. Dialekten in ihrer Bedeutung für die Classification des ar. Sprachzweigs, München 1871.

Armenisch. A. Meillet Recherches sur la syntaxe comparée de l'arménien, IV, Les modes, Mém. 16, 113 ff., Altarm. Elem. 108 f.

Griechisch. Kühner-Gerth Ausf. griech. Gr.[3] 1, 202 ff. Brugmann-Thumb Griech. Gramm.[4] 571 ff. Stahl Krit.-hist. Synt. des griech. Verb. 220 ff. Delbrück Grundlagen der griech. Synt. 115 ff. K. Koppin Beitrag zur Entwicklung u. Würdigung der Ideen über die Grundbedeutungen der griech. Modi, Wismar 1877 u. Stade 1880. Gerth Grammatisch-kritisches zur griech. Moduslehre, Dresden 1878. K. Koppin Zur unterrichtlichen Behandlung der griech. Modi auf wissensch. Grundlage, namentlich in Bedingungssätzen, Progr. Stettin 1904—05 und 1906—07. C. Thiemann Grundzüge der homer. Modus-Syntax, Berlin 1881. Leo Meyer Üb. Modi im Griech., Nachr. d. Gött. Ges. d. Wiss. 1903 S. 313 ff.

an Bedeutungen von Modusformen, wie ja auch in andern Beziehungen, z. B. in bezug auf Zeitstufe, Infinitive und Partizipien den Sinn von Formen des Verbum finitum übernommen haben.

Innerhalb des Gebietes des Verbum finitum ist der Terminus Modus insofern nicht immer in der gleichen Umgrenzung

---

Methner Die Grundbedeutungen der Modi im Griech., Bromberg 1908. L. Wåhlin De usu modorum Theocriteo, Göteborgs Högskolas Årsskrift 1897; de usu modorum ap. Apollonium Rhodium, Lund 1892. Thouvenin Untersuchungen üb. den Modusgebrauch bei Aelian, Philol. 54, 599 ff. H. Hammerschmidt Üb. die Grundbedeutung von Konjunktiv u. Optativ u. ihr Verhältnis zu den Temporibus, auf Grund der homer. Epen erörtert, Erlangen 1892. C. Mutzbauer Das Wesen des Conj. u. Opt. im Griech., Verhandl. der 43. Philologenvers. S. 74 ff., Die Grundbedeutung des Konj. u. Opt. und ihre Entwicklung im Griech., Leipz. 1908, auch Philol. 62 (1903) S. 626 ff. Goecke Der Gebrauch des Konj. u. Opt. bei Homer, Malmedy 1881. Johnson De coniunctivi et optativi usu Euripideo, Berlin 1893. F. Slotty Der Gebrauch des Konjunktivs u. Optativs in den griech. Dialekten, I Der Hauptsatz, Göttingen 1915. De Cou The syntax of the subjunctive and optative in the Elean dialect, Transact. of the Am. Phil. Ass. 26 S. XLIX ff. E. A. Sonnenschein The Perfect Subjunctive, Optative and Imperative in Greek, Class. Rev. 19, 439 f. J. E. Harry The Perfect Subjunctive, Optative and Imperative again, Class. Rev. 20, 100 ff. M. L. Earle Some remarks on the moods of will in Greek, Transact. of the Am. Phil. Ass. 1895 S. 4 f. E. Kieckers Zum Gebrauch des [griech.] Imperativus Aoristi und Praesentis, IF. 24 (1909) S. 10 ff. J. P. Postgate The Greek Imperative, Transact. Cambridge Phil. Soc. 3 (1886—93) S. 50 ff. C. Hentze Der homer. Gebrauch des Imperativs 3. Person, KZ. 43, 121 ff. C. W. E. Miller The Limitation of the Imperative in the Attic Orators, A. J. of Ph. 13, 399 ff. F. W. Mozley Notes on the Biblical Use of the Present and Aorist Imperative, Journ. of Theol. Stud. 4 (1903) S. 279 ff. J. Donovan The prospective subjunctive and optative, Class. Rev. 8, 145, Greek Jussivs, Class. Rev. 9, 145 ff. 289 ff. 342 ff. 444 ff. A. Musić Zum Gebrauch des negierten Konjunktivs für den negierten Imperativ im Griech., Glotta 6, 206 ff. Mc Whorter A study of the so-called deliberative type of question (τί ποιήσω), as found in Aeschylus, Sophocles and Euripides, Transact. of the Am. Phil. Ass. 41, 157 ff. H. Vandaele L'optatif grec, Essai de syntaxe historique, Paris 1897. M. L. Earle A suggestion on the development of the greek optative, Class. Rev. 14, 122 f. H. D. Naylor On the optative and the graphic construction in Greek subordinate clauses, Class. Rev. 14, 247 ff. 345 ff. Mein De optativi obliqui usu Homerico, Euskirchen 1903. 1908. W. Jones Homeric opta-

gebraucht worden, als man den Indikativ teils ausgeschlossen, teils eingeschlossen hat. Da der Ausdruck Modi (die Griechen sagten dafür ἐγκλίσεις) an sich ziemlich nichtssagend ist, ist es nur Sache der Verabredung, wie man sich zu dieser Alternative stellt. Ich schliesse den Indikativus aus, namentlich deshalb, weil die Formen des Konjunktivs und des Optativs

---

tives in Sophocles, Class. Rev. 24, 118f. R. Kapff Der Gebrauch des Optat. bei Diodorus Siculus, Tübingen 1903. K. Reik Der Optativ bei Polybios u. Philo von Alexandria, Leipzig 1907. Urtel Üb. den homer. Gebrauch des Opt. der abhängigen Rede, Weimar 1884. J. T. Allen On the so-called iterative optative in Greek, Transact. of the Phil. Ass. 33 (1903) S. 101ff. J. Scham Der Opt. bei Klemens von Alexandrien in: Forsch. zur christl. Literatur- u. Dogmengesch., hg. von Ehrhard u. Kirsch, 11. Bd., 4. Heft, Paderborn 1913.

Italisch. Draeger Hist. Synt. der lat. Spr. 1[2] 228ff. Kühner-Stegmann Ausf. lat. Gramm. 1[2], 168ff. Schmalz Lat. Gramm.[4] 473ff. Blase Tempora u. Modi in: Landgraf Hist. Gramm. d. lat. Spr. 3, 97ff. Bennett Syntax of Early Latin 1, 145ff. A. Dittmar Studien zur lat. Moduslehre, Leipz. 1897, Grammatische Zukunftsgedanken, Neue Jahrbb. 1900 S. 154ff. 282ff. und 1901 S. 258ff., Zur Moduslehre, Neue Jahrbb. 6 (1900) S. 155ff. H. C. Elmer Studies in latin moods and tenses, Cornell Stud. in Class. Phil. No. VI, Ithaca N. Y. 1898. R. Lackner De casuum temporum modorum usu in ephemeride Dictyis-Septimii, Innsbruck 1908. T. Frank The Semantics of Modal Constructions, Class. Philol. (Chicago) 2 (1907) S. 163ff. 3 (1908) S. 1ff. E. Hoffmann Das Modusgesetz im lat. Zeitsatze, Wien 1891. H. Glaesener L'emploi des modes chez Lactance Musée Belge 14, 26ff. T. Frank Attracti n of Mood in Early Latin, Chicago 1904. F. Antoine L'attraction modale en latin, Mél. Boissier, 1903, S. 25ff. Krarup De usu imperativi ap. Latinos, Hafniae 1825. E. Wölfflin Zur Lehre vom [lat.] Imperativ, Wölfflin's Archiv 10, 130. Riemann La question de l'impératif latin en *-to*, Rev. de philol. 1886 S. 161ff. Loch Zum Gebrauch des Imperativs bei Plautus, Progr. Memel 1871. J. Stahl De natura atque usu imperativi ap. Terentium, Marburg 1886. Ebeling De imperativi usu Horatiano, Wernigerode 1870. Thurot De l'impératif futur latin, Rev. de philol. 4, 113ff. Kruczkiewicz Zur Grundbedeutung des Conjunctivs im Lateinischen, Z. f. österr. G. 1894 S. 694ff. H. Lattmann De coniunctivo Latino (Sonderabdruck aus der Festschrift zur Feier des 350jähr. Bestehens der Königl. Klosterschule Ilfeld), Göttingen 1896. E. A. Sonnenschein The Unity of the Latin Subjunctive, London 1910. E. Bottek Die ursprüngliche Bedeutung des Konjunktivs in lat. Nebensätzen, I. Teil, Wien 1899. F. Gaffiot Le subjonctif de subordination en latin, Paris 1906. M. Wetzel Die Zulässig-

zum grossen Teil erst von solchen Tempusstammformen abgeleitet erscheinen, die, nur durch 'Personalendungen' vermehrt, als 'Indikativ' verwendet werden.

Den Indikativ definiert man gewöhnlich als diejenige verbale Form, welche beim Behaupten, Feststellen, Erklären u. dgl. gebraucht wird, und unzweifelhaft ist, dass manche Gebrauchs-

---

keit des Konjunktivs der Nebentempora nach Nichtpräteritis im Lat., Gymnasium 2 (1884), n. 21. 22. R. Methner Bedeutung u. Gebrauch des Konjunktivs in den lat. Relativsätzen u. Sätzen mit *cum*, Berlin 1911. Ch. E. Bennett Critique of some recent subjunctive theories, Cornell Stud. in Class. Phil. 9, 48ff. E. P. Morris The Subjunctive in Independent Sentences in Plautus, A. J. of Ph. 18 (1897), 133ff. 275ff. 383ff. R. Fusco De coniunctivi Latini usu ap. priscos scriptores usque ad Terentium, Neapel 1902. C. Thulin De coniunctivo Plautino, Lund 1899. Ch. L. Durham The subjunctive substantive clauses in Plautus not including indirect questions, Transact. of the Am. Phil. Ass. 31 (1900) S. 223ff. Ch. E. Bennett The Stipulative Subjunctive in Latin, Transact. of the Amer. Phil. Ass. 31 (1900) S. 223ff. H. Blase Der Konjunktiv des Präsens im Bedingungssatze, Wölfflin's Archiv 9, 17ff. W. G. Hale The anticipatory subjunctive in Greek and Latin, Chicago 1894. L. Valmaggi Sul congiuntivo iterativo, Boll. di fil. class. 10 (1903—04) S. 17f. H. C. Elmer A discussion of the Latin prohibitive, Ithaca N. Y. 1894 (vgl. hierzu noch Schmalz Vollmöller's Jahresb. 6, 1, 99), The Supposed May-Potential Use of the Latin Subjunctive, Proceed. of the Am. Phil. Ass. 28, p. XVI sqq., A neglected Use of the Latin Subjunctive, Class. Rev. 12, 199ff. M. Schmerl Der Prohibitiv bei Plautus, Krotoschin 1886. W. K. Clement Prohibitives in Silver Latin, A. J. of Ph. 21, 154ff. Heidtmann Die Negation bei dem lat. coniunctivus prohibitivus, Wesel 1858. Kienitz De *qui* localis modalis ap. priscos scriptores Latinos usu, Leipz. 1879. Schmalz Potentialis Perf. act. plur. und Perf. depon., Wölfflin's Archiv 1, 347ff. F. Cramer De perf. coniunctivi usu potentiali ap. priscos scriptores Latinos, Marburg 1886. H. Blase Der Potential des Perfekts mit Vergangenheitsbedeutung im Lateinischen, Philol. 63 (1904) S. 636ff. W. G. Hale Is there still a Latin Potential?, Transact. of the Amer. Phil. Ass. 31 (1900) S. 138ff. A. Obermaier Die coniugatio periphrastica activa und der irrealis im Lat., Regensburg 1887. Priem Die irrealen Bedingungssätze bei Caesar u. Cicero, Philologus Suppl. 5, 262ff. — v. Planta Osk.-umbr. Gramm. 2, 432ff. Buck Grammar 214ff.

Keltisch. Pedersen Vergl. kelt. Gramm. 2, 312ff. Vendryes Gramm. du vieil-irl. 251ff. Atkinson On the Function of the Subjunctive Mood in Irish, Proceed. of the Royal Irish Academy, III (1894) S. 428ff. Strachan On the Uses of the Subjunctive Mood in Irish, Transact. Phil. Soc. 1895—98 S. 225ff.

weisen von Indikativen in den Einzelsprachen, die mit Gebrauchsweisen von nichtindikativischen Bestandteilen des Verbum finitum übereinstimmen, erst sekundär von diesen herübergenommen worden sind: z. B. griech. εἴθ' εἶχον 'hätte ich doch gehabt!' entstand nach εἴθ' ἔχοιμι, ἔγνως ἄν 'du würdest erkannt haben' nach γνοίης ἄν. Aber trotzdem wäre wahrscheinlich

---

Germanisch. J. Grimm D. Gr.[2] 4, 77 ff. Erdmann Grundz. der deutsch. Synt. 1, 113 ff. Wilmanns D. Gr. 3, 1, 216 ff. Delbrück Der german. Optativ im Satzgefüge, PBS. Beitr. 29, 200 ff. T. Frank On constructions of indirect discourse in early germanic dialects, Journ. of Engl. and German. Phil. 7 (1908), 64 ff. Streitberg Got. Elem.[3] 203 ff. F. Burckhardt Der got. Konjunktiv, verglichen mit den entsprechenden Modis des neutestamentlichen Griechisch, Zschopau 1872. A. Köhler Der syntaktische Gebrauch des Optativs im Got., Bartsch's Germanistische Stud. 1 (1872), 77 ff. E. Bernhardt Der got. Optativ, Z. f. deutsche Phil. 8 (1882), 1 ff. Lidforss Beiträge zur Kenntnis von dem Gebrauch des Conjunctivs im Deutschen, Uppsala 1862. R. Holtheuer Der deutsche Conjunctiv nach seinem Gebrauche in Hartmann's Iwein, Z. f. d. Ph. 1874 Ergänzungsband, S. 140 ff. L. Bock Üb. einige Fälle des Conjunctivs im Mhd., Quellen u. Forsch. 27, Strassb. 1878. L. Weingartner Die von L. Bock aufgestellten Kategorien des Konj. im Mhd., untersucht bei Hartmann von Aue, Troppau 1881. E. Pantl Die von L. Bock aufgestellten Regeln über den Gebrauch des Konj. im Mhd., untersucht an den Schriften Meister Eckarts, Freistadt in O.-Österr. 1901. 1902. K. Förster Gebrauch der Modi im ahd. Tatian, Kiel 1895. Heynisch Der Konj. im Alexanderlied des Pfaffen Lamprecht, Meiningen 1890. J. Knepper Tempora u. Modi bei Walther von der Vogelweide, Lingen 1889. R. Neuse Üb. Tempora u. Modi bei Nicolaus von Strassburg, Leipzig 1892. H. Goehl Die Modi in den Werken Wolfram's von Eschenbach, Leipz. 1889. F. Berdolet Die Modi bei Neidhart von Reuenthal, Tübingen 1899. S. W. Cutting Der Konj. bei Hartmann von Aue, Germanic Studies, Chicago 1894. J. P. Hoskins Üb. die Arten der Konjunktivsätze in der Klage, Berlin 1895. J. Kjederquist der Konj. in Hauptsätzen indirekter Rede u. Absichtssätzen, Lund 1896. R. Blümel Vom heutigen nhd. Modus, Germ.-roman. Monatsschr. 6 (1914), 379 ff. W. Fleischhauer Üb. den Gebrauch des Conjunctivs in Alfred's altengl. Übersetzung von Gregor's Cura pastoralis, Erlangen 1885. M. Nygaard Om brugen af konjunktiv i oldnorsk, Ark. f. Nord. Fil. 1—3. T. Frank The Use of the Optative in the Edda, A. J. of Ph. 27, 1 ff.

Baltisch-Slavisch. Schleicher Lit. Gr. 226 f. 228 ff. Kurschat Gramm. 371 ff. Miklosich Vergl. Gramm. 4, 790 ff. Vondrák Vergl. Slav. Gr. 2, 280 ff.

unrichtig die Annahme, die Gestalt der Tempusstämme, die im Indikativ hervortritt, habe jedesmal von Haus aus nur dazu gedient, Behauptungen, Feststellungen usw. auszudrücken, dies sei also die 'Grundbedeutung' der Indikativformen gewesen. Denn erstens liegt dieselbe Gattung von Tempusstämmen seit uridg. Zeit mit voluntativer, also entschieden 'modaler' Bedeutung in sogen. Injunktiv- und Imperativformen vor (z. B. ai. *bhárata* griech. φέρετε 'ferte' § 429), und der sogen. kurzvokalische Konjunktiv mit *-e-* : *-o-* hinter der Wurzelsilbe, wie ai. *ása-t(i)* (§ 430 ff.), ist formantisch dieselbe Klasse wie der themavokalische Indikativ (§ 33). Zweitens aber liegt in den Fällen, in denen eine Formation seit uridg. Zeit eine 'indikativische' und eine voluntative Bedeutung vereinigte, von vornherein keinerlei Grund vor, die erstere Bedeutung für die der Form ursprünglich einzig anhaftende und die letztere für eine Entwicklung aus der ersteren zu halten. Denn für Wille, Wunsch u. dgl. besass man sicher mindestens ebenso frühe verbale Ausdrucksformen wie für Behauptungen. Es kann sein und es liesse sich durch mancherlei Analoges in modernen Sprachen stützen, dass dereinst nur verschiedene Betonungsweise und zwar entweder Verschiedenheit der Wortbetonung oder der Satzbetonung die Verwendung der Verbalform in der einen oder der andern Meinung bestimmt hat.

711. Wir sehen demnach im folgenden zunächst von den Formen ganz ab, die herkömmlicherweise als Indikative bezeichnet werden. Anhangsweise aber wird (§ 796 ff.) zu besprechen sein, wie weit Formen, die von einer älteren Zeit her in semantischer Hinsicht ganz oder doch wesentlich indikativisch gewesen sind, sekundär modale Funktion übernommen haben.

Wegen der 'modalen' Gebrauchsweisen des *s̯io*-Futurums genügt es auf § 698 ff. zu verweisen.

712. Wie die Formgruppen, die in der traditionellen Grammatik Konjunktiv (oder Subjunktiv), Optativ und Imperativ heissen, in morphologischer Beziehung keine Einheiten darstellen, so erscheint auch ihr Gebrauch nicht als ein so einheitlicher, dass er irgendwo mit einem kurzen einheitlichen Ausdruck dargestellt werden könnte.

Wie überall in der vergleichenden Syntax, haben wir auch bei den Modi zu versuchen, den Gebrauch der uridg. Zeit zu ermitteln. Diese Ermittlung ist aber erschwert durch die mannigfachen synkretistischen Vorgänge, die sich einzelsprachlich abgespielt haben. Diese sind meistens offenbar durch den Umstand hervorgerufen worden, dass sich schon die aus uridg. Zeit ererbten Gebrauchsweisen der verschiedenen Modi innerlich vielfach nahe standen. Z. B. sind im Italischen Konjunktiv und Optativ zusammengeflossen, im Slavischen Optativ und Imperativ.

Am besten scheint die uridg. Geschiedenheit im Griechischen gewahrt zu sein. Der Unterschied zwischen Konjunktiv- und Optativgebrauch ist hier schärfer als im Arischen, und es ist, wenn man die Einzelheiten ins Auge fasst, wahrscheinlicher, dass im Arischen eine teilweise Verwischung stattgefunden hat, als dass im Griechischen zuerst Ungeschiedenes sich hinterher geschieden habe.

Vom Ansatz von 'Grundbedeutungen' sehen wir hier, wie in allen ähnlichen Fällen, ab. Wohl nie wird die Grundbedeutung des Optativs festzustellen sein, da die Wunschbedeutung und die sogen. potentiale Bedeutung beide als uridg. betrachtet werden müssen, über deren geschichtliches Verhältnis zueinander aber nichts mit einiger Wahrscheinlichkeit auszusagen ist.

Alle modalen Gebrauchsweisen sind mit der temporalen Bedeutung der Zukunft insofern eng verwandt, als der, welcher begehrt, will, wünscht, auffordert, seine Gedanken auf Künftiges richtet. Der sogen. prospektive Konjunktiv aber ist, bei Lichte besehen, kein 'Modus', sondern ein Indikativus. In den Sprachen, wo die betreffenden Formen daneben auch voluntative Bedeutung haben, herrscht der Name Konjunktiv, wo dagegen die prospektive Bedeutung dominiert (griech. ἔδομαι, lat. *ero* u. a.), werden die Formen Indik. Fut. genannt.

713. Die Verwendung des Injunktivus, Konjunktivus und Optativus in abhängigen Sätzen (Nebensätzen) war vom Gebrauch in Hauptsätzen in uridg. Zeit wohl noch kaum verschieden. Doch entstand schon frühzeitig auf dem ganzen idg. Sprachgebiet eine breitere Kluft infolge davon, dass gewisse Arten von Sätzen, deren Verbum einer jener Modi war, in einer logischen Abhängigkeit waren von einem andern Satz, z. B. lat. *fac, noscam,* Hom. ἀλλ' ἄγε νῦν ἐπίμεινον, ἀρήϊα τεύχεα δύω 'warte, ich will mich rüsten'. Vgl. Verf. Kurze vergl. Gramm. 656 ff. Zuerst und am ausgesprochensten befestigte sich der Charakter von Nebensätzen in dem Fall, dass das Verbum ein Konjunktiv war.

Allmählich kamen in solchen Nebensätzen allerlei Verschiebungen des anfänglichen Gebrauchs auf, die die Kluft zwischen Haupt- und Nebensatz verbreitern halfen. Der interessanteste Fall ist die weitverbreitete Entwicklung eines Modus der abhängigen Rede ('Modus obliquus') aus dem Optativus, z. B. lat. *nescio, ubi sit,* Hom. εἴροντο, τίς εἴη 'sie fragten, wer er sei' (§ 791 ff.). Von den sonstigen Neuerungen dieser Art mag beispielsweise noch erwähnt sein der Gebrauch des Konjunktivs statt des erzählenden Indikativs in lat. Temporalsätzen mit *quom* 'als' (vgl. Schmalz Lat. Gramm.[4] 560 ff.).

Im folgenden haben wir es zunächst nur mit dem Gebrauch der Modi im unabhängigen Satz zu tun. Der Gebrauch im abhängigen Satz kommt nur nebenher in Betracht.

Im Hintergrund bleibt in diesem Abschnitt die Frage der Zeitstufen- und der Aktionsbedeutung. Abgesehen davon, dass eine Begehrung naturgemäss auf die Zukunft geht, haben die Modi an sich keine Beziehung zu der Zeitstufe gehabt; Vergangenheit und Gegenwart wurden allein in den Indikativen unmittelbar oder mittelbar bezeichnet. Die Aktion aber war dieselbe, die dem Indikativ des gleichen Tempusstamms eignete.

714. Der Modalitätssinn eines Vorgangs wird oft durch Partikeln (Adverbia) verstärkt oder, wo die Modusform an sich mehrere Verwendungsweisen hat, näher bestimmt. Ersteres z. B. in lat. *age (agedum) fac, facite.* Letzteres z. B. in griech. οὕτως ἂν ἔχοι 'so dürfte es sein' (durch ἄν, über dessen Ursprung § 868, war der Optativ dagegen geschützt, als Wunschmodus verstanden zu werden). Besonders wichtig ist hierbei die in mehreren Sprachgebieten auftretende doppelte Form der Negation, die aus uridg. Zeit überkommen war: **nĕ* (im Griech. durch οὐ verdrängt), die Giltigkeit der Aussage schlechthin verneinend, und **mē,* eine Handlung ablehnend und abwehrend (§ 852 ff.).

Solche den Modalformen beigesellte adverbiale Wörter wurden oft mit der Verbalform univerbiert. In einigen Fällen hat sich diese Einung, wie es scheint, schon in uridg. Zeit vollzogen: s. § 479 über die Imperativformen auf **-dhi,* § 484 über die auf **-tōd.* Auf jüngeren derartigen Univerbierungen beruhen mehr oder minder wahrscheinlich z. B. ai. *ástu sántu* (§ 490, 1), *brávāṇi* (§ 503, 3), *bhárasva* (§ 490, 3), got. *bairau* (§ 444. 456. 468. 494. 509, 2), lit. *dė́k(i)* (§ 476), preuss. *quoitīlai* (§ 496).

Über die Moduspartikeln vgl. § 848 ff.

B. Injunktiv und Imperativ.

a. Allgemeines.

715. Diejenigen Formensysteme, die in den einzelsprachlichen Grammatiken als Imperativ bezeichnet werden, stimmen zwar ihrem Gebrauch nach in den wesentlichen Punkten durchaus überein, haben sich aber, wie wir § 473 gesehen haben, aus formal sehr verschiedenen Bestandteilen zusammengefunden. Zu den aus uridg. Zeit überlieferten Bestandteilen sind Formen des Konjunktivs, des Optativs und vielleicht auch des Infinitivs (§ 826) hinzugekommen. Diejenigen Formen, die seit uridg. Zeit nur imperativisch gebraucht waren, haben wir die echten Imperativformen genannt, z. B. griech. ἄγε, ἀγέτω. Doch waren auch schon die Formen des uridg. Imperativsystems nicht alle einheitlich, da ein Teil des uridg. Formensystems aus Injunktivformen bestand, diese aber weder damals noch später auf den imperativischen Gebrauch beschränkt waren.

Injunktivformen heissen (nach § 427 f.) Verbalformen, die sich, äusserlich betrachtet, als augmentlose Indikative eines Augmenttempus darstellen, wie 2. Plur. ai. *ája-ta* griech. ἄγε-τε. Diese Formen erscheinen in mehreren Sprachzweigen auch in allen den Gebrauchsweisen, die die entsprechenden augmentierten Formen haben, d. h. in indikativischer Anwendung. Im Verbot mit der Prohibitivpartikel ai. *mā́* airan. *mā* wurde im RV. und in den Gāϑā's normalerweise nur der Injunktiv gebraucht, nicht der echte Imperativ, nicht der Konjunktiv und auch nicht der Optativ, und zwar scheint von Haus aus der aoristische Injunktiv Regel gewesen zu sein, z. B. ai. *mā́ dhāḥ* 'setze nicht hin'.

Für die hohe Altertümlichkeit dieser Ausdrucksweise spricht nicht nur der arische Gebrauch, sondern auch die regelmässige Verwendung von Aoristformen im Verbot im Griechischen (μὴ ποιήσῃς gegenüber μὴ ποίει), ferner die Verhältnisse im Ital. (§ 738). Hierauf und auf die Tatsache, dass der Indik. Aor. seit uridg. Zeit häufig ein Geschehnis enthält, das nicht einer beliebig fernen Vergangenheit angehört, sondern für den Sprechenden als aktuell erscheint und gleichsam noch in seine Gegenwart hineinfällt (§ 668), gründet sich die Vermutung von Delbrück (Vergl. Synt. 2, 356f. 373), dass die Injunktivformen in uridg. Zeit einmal alle 'indikativisch' gemeint gewesen seien, dass der modale Injunktiv also nicht von Anfang an ein selbständiger Modus gewesen sei, sondern eine Abspaltung des Indikativs. Freilich braucht aber der modale Gebrauch des Injunktivs nicht zuerst beim Verbot aufgekommen und erst von da aus, wie Delbrück annimmt, auf das Gebot verpflanzt worden zu sein. Bei dem Unterschied indikativischen und modalen Gebrauchs des Injunktivs müssen von jeher Verschiedenheiten der Satzbetonung (Befehlston usw.) eine Rolle gespielt haben und gewisse modale Gebrauchsweisen des Injunktivs können ebensogut in positiven wie in negativen Sätzen entwickelt worden sein.

716. Was die nicht-indikativische Masse des Injunktivs betrifft, so ist hier zu scheiden zwischen den Injunktivformen, die seit uridg. Zeit ein mehr oder minder fester Bestandteil des Imperativsystems waren, wie **áǵete* 'agite', und denjenigen, die in den einzelnen Sprachzweigen gleichwertig mit solchen Formen auftreten, die dort als 'Konjunktiv' oder 'Optativ' bezeichnet werden. Diese letzteren Injunktivformen bilden, abgesehen von ihrem Gebrauch im Verbot, der § 733 ff. zu besprechen sein wird, für die vergleichende Syntax keine besondere Klasse, da sie synkretistisch im Konjunktiv oder Optativ aufgegangen sind.

Hierzu sei noch folgendes bemerkt.

Im Arischen erscheinen solche Injunktive meist parallelgehend mit Konjunktiven. So voluntativ z. B.: RV. 1, 32, 1 *índrasya nú vīryàṇi prá vocam* 'jetzt will ich Indra's Heldentaten preisen, RV. 4, 2, 8 *yás tvā dōšā́ yá ušási prašą́sāt tám ąhasaḥ pīparō dāšvą́sam* 'wer dich am Abend und am Morgen preist, den rette aus der Not, wenn er opfert', Y. 43, 10 *aṯ tū mōi dāiš ašəm* 'zeig mir (lass mich sehen) das A.', Y. 45, 8 *təm nə staotāiš nəmaṇhō āvīvarᵉšō* 'ihn sollst du uns mit den Preisliedern der Ehrfurcht zu gewinnen suchen'. Futurisch z. B. RV. 1, 24, 1 *kṓ nō mahyā́ áditayē púnar dāt* 'wer wird uns der grossen A. zurückgeben?', 1, 84, 8 *kadā́ mártam arādhásą padā́ kṣúmpam iva sphurat kadā́ naḥ šušravad gíraḥ* 'wann wird er den kargen Sterblichen wie einen Pilz mit dem Fusse wegstossen, wann wird er unsere Lieder hören?', Y. 44, 6 *taibyō xšaθrəm vohū činas manaṇhā* 'wird von dir her V. M. das Reich zuerkennen?', Y. 34, 11 *vaṇhəuš xšaθrā manaṇhō ašā maṯ ārmaitiš vaxšt utayūitī təvīšī* 'die Reiche des V. M. wird zusammen mit Aša Arm. erhöhen, den Bestand und die Kraft'. Im Ai. aber kann mitunter auch optativischer Sinn angenommen werden, was um so eher erlaubt ist, als hier Konjunktiv- und Optativgebrauch nicht mehr so scharf auseinandergehalten sind als sie der Wahrscheinlichkeit nach noch in uridg. Zeit waren (S. 805). So RV. 1, 173, 13 *ēṣā́ stṓma indra túbhyam asmḗ ētḗna gātų́ harivō vidō naḥ ā́ nō vavṛtyāḥ suvitā́ya dēva* 'hier ist, o I. mit den goldfarbigen Rossen, dieser Lobgesang bei uns für dich, um deswillen mögest du uns den Pfad zeigen und uns zum Heile bringen, o Gott', 2, 33, 14 *pári ṇō hētí rudrásya vṛjyāḥ pári tvēṣásya durmatír mahī́ gāt* 'verschonen möge uns die Lanze des Rudra, des raschen schweres Übelwollen uns meiden'.

Im Italischen und Keltischen sind die *ā*-Konjunktive alte Injunktive. Sätze wie Ter. Andr. 789 *ne me attigas* lassen sich unmittelbar mit den altindischen wie *mā́ dhāḥ* (S. 807) zusammenstellen. In diesen beiden europ. Sprachzweigen sind aber in vorgeschichtlichen Zeiten diese Injunktive, die alten echten Konjunktive und die Optative syntaktisch zusammengeflossen. Das erschwert ausserordentlich die entwicklungsgeschichtliche Darstellung für diese Sprachen.

b. Gebot, Befehl.

717. Die echten Imperativ- und die ihnen angeschlossenen Injunktivformen, welche das aus uridg. Zeit überkommene Imperativsystem ausmachen, dienen dazu, eine andere Person zum

Vollzug einer Handlung anzuregen. Der zum Ausdruck kommende Wille ist entweder der Wille des Sprechenden selbst oder der eines andern, auf dessen Standpunkt sich der Sprechende stellt.

Dabei kann die Imperativform von jeher jedes Verlangen vom schroffsten Befehl bis zur flehentlichen Bitte ausdrücken. Am stärksten herabgedrückt erscheint das Verlangen, wo der Imperativsatz den Wert eines Bedingungs- oder Konzessivsatzes hat. Jenes z. B. in nhd. *sage mir, mit wem du umgehst, und ich will dir sagen* usw., Plat. Theaet. p. 154 c σμικρὸν λαβὲ παράδειγμα καὶ πάντα εἴσει, ἃ βούλομαι, Cic. Tusc. 4, 24, 53 *tracta definitiones fortitudinis, intelleges eam stomacho non egere,* ahd. Otfr. 4, 30, 28 *stīg nidar, wir gilouben thir sār* 'wenn du niedersteigst, so werden wir dir glauben', lit. (Sprichwort) *iszeĩk neválgęs, pareĩsi iszálkęs* 'geh ohne gegessen zu haben aus, (und) du kommst hungrig nach Haus'. Konzessiv z. B. Δ 29 ἔρδ', ἀτὰρ οὔ τοι πάντες ἐπαινέομεν θεοὶ ἄλλοι 'magst du es tun, so stimmen doch wir andern Gottheiten dir nicht bei', Plaut. Trin. 384 *tibi permitto, posce, duce*; kret. SGDI. 4991, 6, 6 ἅ τι δέ κ' αὐτὸς πάσεται . . ., ἀποδιδόθθω, αἴ κα λῇ 'was er selbst erworben hat, mag er verkaufen, wenn er will', lat. Zwölftafelges. 3, 3 f. *vincito . . ., aut si volet maiore vincito; si volet suo vivito.*

Die Imperativformen unterliegen, ähnlich wie im Gebiet der Nominalformen die Vokative, den verschiedenen Arten von 'Affektbetonung' (vgl. 2, 1 § 20. 2, 3 § 474). Hierdurch kommen zunächst und am unmittelbarsten die verschiedenen Stärkegrade des Verlangens des Redenden zum Ausdruck. Ausserdem aber wird das Begehren oft auch noch gekennzeichnet durch besondere partikelartige Wörter und Wörtchen, die dem Imperativ beigegeben werden, und die die Aufforderung teils nachdrücklicher machen, teils mildern; dem ersteren Zweck dienten z. B. griech. ἄγε, φέρε, lat. *age agedum*, dem letzteren z. B. lat. *amābo, sīs (= sī vīs).* Angehängte Partikeln dieser Art haben teils in uridg. Zeit, teils später, nach völliger Univerbierung mit der Imperativform, den Charakter von bloss flexivischen Endungen angenommen: dieses Ursprungs ist z. B. wahrscheinlich das *-*dhi* von ai. *viddhí* griech. ἴσθι usw. (§ 479), sicher das -*k(i)* von lit. *eĩ-k(i)* (§ 475 f.).

Einem andern Zweck diente von Haus aus das angehängte Adverbium **tōd* der Form **bhére-tōd* ai. *bháratāt* griech. φερέτω. S. § 484. 728.

718. Im folgenden behandeln wir den gewöhnlichen Gebrauch derjenigen Imperativformen der verschiedenen Sprachen, die entweder als direkte Fortsetzung von Formen des uridg. Imperativsystems oder als deren einzelsprachlicher Ersatz zu gelten haben. Dabei bleiben aber zunächst noch die *tōd*-Formen beiseite, weil sie im uridg. Formensystem semantiseh eine ganz eigenartige Stellung hatten (§ 428. 728).

Im Germanischen und im Baltisch-Slavischen haben Optativformen in weitem Umfang die Stelle von Imperativformen eingenommen.

Anm. Im allgemeinen ist es nur Sache der Verabredung, ob man in der vergleichenden Grammatik die 1. Personen volitiven (voluntativen) Sinnes, die wie eine Selbstaufforderung wirken (vgl. Pott Kuhn-Schleicher's Beitr. 1, 53) und insofern mit den 2. und 3. Personen des Imperativs innerlich nächstverwandt erscheinen, zum Imperativ rechnet oder nicht. Von uridg. Zeit her werden so Formen gebraucht, die als Formen Konjunktive oder Injunktive sind, z. B. ai. RV. 6, 59, 1 *prá nú vōcā sutḗṣu vām* 'ich will euch beide jetzt beim Trank preisen', 1, 32, 1 *índrasya nú vīryā̀ṇi prá vōcam* 'ich will jetzt Indra's Heldentaten preisen', 6, 55, 4 *pūṣáṇaṃ nv àjā́śvam úpa stōṣāma vājínam* 'den mit Böcken fahrenden kräftigen P. wollen wir jetzt preisen', griech. υ 296 ἀλλ' ἄγε οἱ καὶ ἐγὼ δῶ ξείνιον 'aber wohlan auch ich will ihm ein Gastgeschenk geben', lat. Plaut. As. 448 *adeam, optumumst*, ir. *tiag (tiach)* 'eam!', *beram* 'feramus!', *seichem* 'sequamur!', got. Röm. 13, 12 *uswaírpam nu waúrstwam riqizis, iþ gawasjam sarwam liuhadis* 'ἀποθώμεθα οὖν τὰ ἔργα τοῦ σκότους, ἐνδυσώμεθα δὲ τὰ ὅπλα τοῦ φωτός', lit. *eimè* 'lasst uns gehen', *eivà* 'lass uns beide gehen'. Die ind. Grammatiker nennen diese Personen Imperative (§ 473, 2), und im Kelt. und Germ. wird wenigstens die 1. Plur. ebenfalls dem Imperativsystem zugezählt, während man in der Grammatik der klassischen Sprachen alle Formen dem Konjunktiv (bezieh. Injunktiv) zurechnet.

Am rationellsten erscheint die Einbeziehung in's Imperativsystem im Baltisch-Slavischen. Die im Lit. im Anschluss an die 2. Sing. Imper. wie *dů-k(i)* — die die Imperativpartikel -*ki* enthält — neu geschaffenen Formen 1. Plur. *dů́kime* 'lasst', 1. Du. *dů́kiva* 'lass uns geben' (§ 496) zeigen klar, dass dem Volk selbst die Aufforderung, die der Sprechende an sich selbst und andere zugleich richtet, auf gleicher Linie stand mit der Aufforderung, die man nur an eine andere Person richtet. Dasselbe ersieht man im Slav. daraus, dass z. B. *vedêmъ* 'lasst uns führen', *vedêvê* 'lass uns (beide) führen' ebenso Optativformen waren wie die 2. Personen *vedête, vedêta,* und *vidimъ* 'lasst uns sehen', *vidivê* 'lass uns (beide) sehen' ebenso Injunktivformen wie die 2. Personen *vidite, vidita* (§ 470).

719. Arisch. Die 1. Personen lasse ich beiseite (s. § 718 Anm.). — Ai.: RV. 1, 16, 6 *imé sṓmāsa índavaḥ sutā́sō ádhi barhíṣi tā́ñ indra sáhasē piba* 'hier sind die gepressten Somatropfen auf dem Barhis, trink sie, I., zur Stärkung', TS. 2, 5, 2, 6 *té dēvā́ vṛtrą́ hatvā́gnī́ṣṓmāv abruvan: havyą́ nō vahatam íti* 'nachdem die Götter den V. getötet hatten, sprachen sie zu A. und S.: führt ihr unser Opfer', RV. 9, 67, 27 *punántu mą́ dēvajanā́ḥ punántu vásavō dhiyā́ víšvē dēvāḥ punītá mā jā́tavēdaḥ punīhí mā* 'es sollen mich die Göttermannen läutern, es sollen mich die Vasu läutern mit Eifer, alle Götter läutert mich, Jātavēdas läutre mich'; ŠB. 1, 1, 4, 12 *tā́ni vā́ ētā́ni catvā́ri vā́cá éhī́ti brāhmaṇásyā́ gahy ā́ dravḗti vāíšyasya ca rājanyàbandhōš cá dhāvḗti šūdrásya* 'das sind die vier Formen der Anrede, *éhi* (geh herbei) bei einem Brāhmaṇa, *ā́ gahi* (komm herbei) und *ā́ drava* (eile herbei) bei einem Vāišya und einem Rājanyabandhu, *ā́ dhāva* (lauf herbei) bei einem Šūdra', also, wie Delbrück Altind. Synt. 361 bemerkt, eine Höflichkeitsskala nach Verbis, nicht etwa nach Modis (vgl. unten das Griechische). Av.: Y. 43, 10 *pərᵊsā́čā nā́ yā tōi əhmā parštā* 'nun frag uns, was du uns zu fragen hast', V. 18, 19 *paⁱti mąm raočaya* 'lass mich wieder aufflammen', Y. 51, 3 *ā və̄ gə̄ušā hə̄myantū yōi* . . . 'eure Ohren sollen sich (mit denen) in Verbindung setzen, die' usw. Apers.: Beh. 4, 14 *avaiy ahifraštādiy parsā* 'jene richte in strengem Gericht', Beh. 4, 5 *hačā draugāʰ daršam patipayaʰuvā* 'hüte dich sehr vor der Lüge', X. 1, 4 *mām aʰuraʰmazdā pātuv utamaiy xšaθʳam* 'mich schirme AM. und mein Reich'.

720. Armenisch. Der 'Imper.' nur als 2. Sing. und 2. Plur., und zwar wird im Gebot nur der 'Imper. Aor.' gebraucht. Dazu gehören Formen, die teils ursprüngliche Aoristformen waren, wie *lik̄* = griech. λίπε, Plur. *lk̄ēk̄*, teils solche, die ursprünglich präsentisch waren, wie *ber* = griech. φέρε, Plur. *berēk̄*

(§ 478). Ein Teil der Formen ist seinem Ursprung nach unklar, z. B. die Formen wie 2. Sing. *ankir*, 2. Plur. *ankaruk̃*, zu Präs. *ankanim* 'falle' (Aor. *ankay*). Vgl. zu *erknčim* 'fürchte', Aor. *erkeay*: Matth. 10, 28 *mi erknčik̃* (Imper. Präs.) *yainçanē or* . . . *ail erkeruk̃ yainmanē or* usw. 'fürchtet euch nicht vor denjenigen, die . . . fürchtet euch dagegen vor demjenigen, der' usw. In den 3. Personen gilt der 'Konjunktiv', dem oft der Imperativ *tot* 'lass' vorausgesetzt wird, z. B. *tot ekesçē* 'veniat' (§ 752).

721. Griechisch. 2. Personen: Β 200 δαιμόνι', ἀτρέμας ἧσο καὶ ἄλλων μῦθον ἄκουε, | οἳ σέο φέρτεροί εἰσι 'sitz ruhig, du Tor, und höre auf das Wort von andern, die dir überlegen sind', Α 37 κλῦθί μευ, Ἀργυρότοξ', ὃς κτλ. 'höre mich, du mit dem silbernen Bogen'.

In der feineren Sprache der Attiker trat bei höflicher Aufforderung und bei der Bitte der Imper. zurück gegen Wendungen mit δέομαι, αἰτοῦμαι u. dgl., was sich besonders bei den attischen Rednern zeigt, die eine förmliche Höflichkeitsskala gegenüber den Zuhörern festsetzten. Wenn also Protagoras den Homer tadelt, ὅτι εὔχεσθαι οἰόμενος ἐπιτάττει εἰπὼν μῆνιν ἄειδε θεά (Aristot. Poet. c. 19), so zeigt das eine konventionelle Einschränkung des Gebrauchs des Imperativs, die sich, wie Delbrück Vergl. Synt. 2, 358 passend bemerkt, mit der Beschränkung unseres *du* in der Anrede vergleicht.

722. Albanesisch. Hier der 'Imper.' nur in der 2. Sing. und 2. Plur., z. B. *θuaj* 'sprich', *θoni* 'sprecht', *škruaj* 'schreib', *škruani* 'schreibt'. — In den 3. Personen gilt der Konj., dem oft *l'ē* 'lass' vorausgeschickt wird, z. B. *l'ē te dálε* 'er soll herausgehen' (vgl. das Armenische § 720).

723. Italisch. 2. Personen: Plaut. As. 367 *nunc tu abi et narra*, Ter. Ad. 155 *obsecro, populares, ferte misero . . . auxilium, subvenite inopi*, Eun. 1048 *o Iuppiter, serva, obsecro, haec bona nobis*, Cic. Rosc. com. 32 *pete tu tuum*, de or. 1, 34 *pergite, ut facitis, adulescentes, atque in id studium, in quo estis, incumbite*. In der Kommandosprache des römischen Heeres *statue signum! surgite!* u. a.

Diese Imperativformen haben in der historischen Zeit die *tōd*-Formen mehr und mehr ersetzt. Doch erscheint umgekehrt, wie schon § 489 Anm. 2 S. 578 erwähnt ist, **scī* von Anfang an durch das lautvollere *scītō* verdrängt (im Plur. *scīte* und *scītōte*), *es, este* wichen früh den Formen *estō estōte* (in der klassischen Zeit steht neben *macte este* schon regelmässig *macte esto*), und das Perfectum praesens *meminī* hat als Imper. überhaupt nur die Formen *mementō, mementōte*. S. § 728.

Umbr. VI a 4 *arfertur eso anstiplatu: ef aserio parfa dersua, curnaco dersua* etc. 'flamen sic instipulator: tum observa parram prosperam, cornicem prosperam', päl. *eite uus pritrome pacris puus ecic lexe lifar* 'ite vos protinus placidi, qui hunc legistis titulum'.

724. Keltisch. Die 1. Personen lasse ich beiseite (s. § 718 Anm.). Ir.: Wb. 31 b 20 *dēiccesiu inteist dorat afili fēsine* 'vide tu testimonium, quod dedit eorum poeta ipsorum', Wb. 7 b 13 *bad chore dūib friu huili et gaibid desimrect diacāingnīmaib* 'sit pax vobis cum iis omnibus et sumite exemplum ab eorum benefactis', SM. 12 *baad cach oen oirges duine* 'moriatur quicunque occidit hominem', Wb. 13 a 11 *ēitset frisinprecept et berat brith fuiri* 'auscultent doctrinam et ferant iudicium de ea'.

725. Germanisch. Die 1. Plur. bleibt beiseite (s. § 718 Anm.).

Da wir die got. Formen wie *at-steigadau* zu dem *tōd*-Typus rechnen (§ 494), so kommen hier zunächst nur 2. Personen in Betracht. Diese erscheinen im Got. in der Regel dann, wenn der Aufforderung unmittelbar Folge gegeben werden soll, weshalb sie sich meist dem griech. Imper. Aor. gegenüberstellen, z. B. Luk. 5, 4 *qaþ du Seimōnau: brigg ana diupiþa, jah athāhid þō natja izwara du fiskōn* 'εἶπεν πρὸς τὸν Σίμωνα· ἐπανάγαγε εἰς τὸ βάθος, καὶ χαλάσατε τὰ δίκτυα ὑμῶν εἰς ἄγραν', Mark. 14, 13 *qaþuh du im: gaggats in þō baúrg* 'καὶ λέγει αὐτοῖς· ὑπάγετε εἰς τὴν πόλιν'. In den andern germ. Sprachen herrschen diese Formen ohne alle aktionelle Unterschiede, z. B. ahd. *nim, nemet*.

Aber schon seit urgerm. Zeit machte der präskriptive Optativ dem Imper. Konkurrenz, und er muss grossenteils geradezu als Ersatz für alte echte Imperativformen angesprochen werden. Es erscheint der Opt. im ganzen germ. Sprachgebiet regelmässig in den 3. Personen, oft auch in den 2. Personen neben den alten Imperativformen — wobei Aktionsunterschiede kaum in Betracht kommen können[1]) —, und im Got. in den 2. Personen ausschliesslich bei dem Verbum *sein* (*sijais, sijaiþ*, vgl. ahd. *sīt* 'estote') und bei den Präteritopräsentien (z. B. *kunneis, witeiþ*; entsprechend ahd. *magīs* 'χαῖρε, vale', *wizzīt* 'wisset' u. a.). Besonders war der Optativ auch im Verbot (mit *ni*) im Got. Regel (§ 740). Für dieses Eindringen des Opt. in das Gebiet des Imper. im german. Sprachgebiet hat es ohne Zweifel mehrere Anlässe nebeneinander gegeben, formale und semantische. Sie im einzelnen aber näher zu bestimmen und die Reihenfolge, in der sie seit urgerm. Zeit in die Entwicklung eingegriffen haben, festzustellen, dürfte kaum mehr möglich sein, zumal da vorgermanische Unterschiede im Gebrauch der Formen, wie der Unterschied zwischen den *tōd*-Formen und den andern Imperativformen, der zwischen Präsens- und Aoristformen und der im Gebot und im Verbot, schon im Beginn der Überlieferung verwischt sind.

726. Baltisch. Im Lit. erscheinen zunächst vereinzelte Reste alter *dhi*-Formen der 2. Sing.: *veizdi* 'sieh', *dũdi* 'gib' (§ 483). Ferner die Formen mit Partikel *-k(i)*, z. B. *darýk taĩ* 'tu das', Plur. *darýkite taĩ* Du. *darýkita taĩ* 'tut das', *eĩk-sz* 'komm her', *eĩkszte* 'kommt her'. Zu diesen *ki*-Formen sind als Neuschöpfungen die 1. Personen des Plur. und des Du., wie *darýkime, darýkiva*, hinzugekommen als Ersatz für den älteren Injunktivtypus, der sich noch in *eimè* 'lasst uns gehen', *eivà* 'lass uns (beide) gehen' bewahrt hat (§ 496. 718 Anm.).

Als 3. Personen (in allen Numeri gilt die 3. Sing.) treten, mit Vorausschickung der Partikel *te* (Leskien IF. 14, 113), teils Injunktivformen auf, wie *te ei* 'er gehe, sie sollen gehen', *tè-suka* 'er drehe, sie sollen drehen', *te-mãto* 'er sehe, sie sollen

1) Wenn im Gotischen der Opt. besonders oft in dauernden Geboten, die für alle Fälle gelten, auftritt (z. B. Luk. 16, 9 *jah izwis qiþa: taujaiþ izwis frijōnds us faihuþraihna inwindiþōs* 'κἀγὼ ὑμῖν λέγω, ποιήσατε ἑαυτοῖς φίλους ἐκ τοῦ μαμωνᾶ τῆς ἀδικίας'), so hängt das wohl nicht mit dem aktionellen Unterschied von Präsens und Aorist zusammen, sondern damit, dass für jene Gebote eine mildere Form der Aufforderung (die optativische Form muss ja wenigstens ursprünglich diesen Charakter gehabt haben) häufiger am Platz ist als für Aufforderungen zu einer Handlung, die sofort vollzogen werden soll.

sehen' (§ 429, 1 S. 522), teils Optativformen, wie *te-sukē* 'er drehe, sie sollen drehen' (§ 469). Die übliche Benennung dieser Formen als 'Permissiv' ist ungeschickt, weil sie von Beginn der Überlieferung an ebensowohl in echt 'imperativischer' Bedeutung begegnen wie in dem Sinn des Einverstandenseins mit der Handlung eines andern; imperativisch z. B. Genesis 1, 3 *ir dëvas tarė: tesiranda szvësa* 'und Gott sprach: es werde Licht', 1. Kor. 11, 28 *bet żmogus patsei tesimėgin ir taipo tevalgo tos dûnos* 'der Mensch aber prüfe sich selbst, und also esse er von dem Brod'. Sowohl dem befehlenden als auch dem einwilligenden 'Permissiv' wird oft noch *te-gùl'*, d. i. der Permissiv zu *guliù gulëti* 'liegen', vorausgeschickt, z. B. *tegùl' tepasilēkt namē* 'er soll zu Hause bleiben' und 'er mag zu Hause bleiben'; wie *tegùl'* zu dieser Anwendung gekommen ist, ist unklar. — Im Lett. erscheint der Optativ in der 2. Plur., z. B. *metīt* 'werft' (§ 469).

Im Preussischen begegnen in den 2. und 3. Personen Injunktivformen, wie *teīks* 'stelle dar, indica' (§ 429, 1 S. 522), *quoitī-lai* 'er wolle' (§ 496), daneben in den 2. Personen Optativformen, wie *immais* 'nimm', *immaiti* 'nehmt' (§ 469). An die 3. Sing. *quoitīlai* haben sich als Neubildungen die 2. Sing. *quoitīlai-si* und die 2. Plur. *quoitīlai-ti* angeschlossen (§ 496).

727. Slavisch. In noch weiterem Umfang als im Germanischen und im Baltischen ist hier der Optativ an die Stelle des alten Imperativs gerückt. So aksl. 2. Sing. *vedi* 'führe', 2. Plur. *veděte*, 2. Du. *veděta*, 3. Sing. *vedi* (§ 470), z. B. Luk. 5, 8 *izidi otъ mene, jako mąžь grěšьnъ jesmь, gospodь* 'ἔξελθε ἀπ' ἐμοῦ, ὅτι ἀνὴρ ἁμαρτωλός εἰμι, κύριε'. Hiernach haben auch die 1. Plur. und 1. Du. Opt. imperativische Bedeutung bekommen, *veděmъ* und *veděvě*. Neben diesen Formen, die dem *oi̯*-Typus des Opt. angehören, liegen Formen des *-(i)i̯ē : -ī*-Typus, wie 2. Plur. *jadite* 'esst', 2. Du. *jadita*, wozu wiederum auch 1. Personen, Plur. *jadimъ*, Du. *jadivě* (§ 457). Die zu letzteren gehörige 2. Sing. *jaždь* (ebenso noch *viždь* u. a.) scheint Fortsetzung der uridg. Formation auf **-dhi* zu sein, jedoch lautlich beeinflusst durch verschollene Formen mit dem Optativformans *-(i)i̯ē-*; dass diese Form auf urslav. **-di̯ь* auch als 3. Sing. fungierte, war eine Folge der Gleichheit von *vedi* für 2. und 3. Pers. (§ 457. 483).

Was sonst noch den slav. Imperativsystemen angehört, fällt wahrscheinlich alles dem Injunktiv zu, aksl. *bądą* 'sunto' und der Imperativ der Verba auf *-iti*, wie 2. Sing. *vidi*, 2. Plur. *vidite*, 2. Du. *vidita* nebst 1. Plur. *vidimъ*, 1. Du. *vidivě* (§ 429, 1 S. 522, § 470).

728. Die *tōd*-Formen. Die Formation auf **-tōd* mit den mannigfachen Neubildungen, die sich einzelsprachlich angeschlossen haben, bedeutete von uridg. Zeit her, dem wahrscheinlichen Ursprung des Ausgangs **-tōd* entsprechend (§ 484), eine Aufforderung, der erst in einem gewissen Zeitpunkt der Zukunft oder in verschiedenen Zeitpunkten der Zukunft nachgekommen werden soll. So blieb die Anwendung im grossen Ganzen im Altindischen und im Italischen. Im Griechischen war die Form, soweit es sich um Verwendung für 2. Personen handelt, schon im Beginn der Überlieferung durch den imperativischen Infinitiv zurückgedrängt (§ 826). Im Gotischen scheinen die Formen wie *at-steigadau* auf der *tōd*-Bildung zu beruhen (§ 494), doch zeigen sie nicht mehr deren ursprüngliche besondere Gebrauchsfärbung. In den andern idg. Sprachzweigen fehlen die *tōd*-Formen, und es begegnen auch keine andere Imperativformen, die speziell ihren alten Gebrauch fortgesetzt hätten.

Im Altindischen ist der ursprüngliche Sinn meistens noch deutlich zu erkennen. Gewöhnlich erscheint die Form als 2. Sing.: RV. 10, 16, 1 *yadā́ śṛtą́ kṛṇávō jātavēdṓ 'thēm ēną prá hinutāt pitṛ́bhyaḥ* 'wenn du ihn gar gekocht hast, o J., dann befördere ihn hin zu den Vätern', ŠB. 3, 2, 1, 22 *ihā̀ivá mā tíṣṭhantam abhyḗhíti brūhi, tą́ tú na ā́gatą̄ pratiprá brūtāt* 'sag zu ihr "komm zu mir, während ich hier stehen bleibe", und wenn sie dann gekommen ist, sag es uns'. Seltener ist der Gebrauch als 3. Sing.: ŠB. 14, 6, 11, 6 *ábhayą tvā́ gachatād yṓ nō bhagavann ábhayam vēdáyasē* 'in Zukunft soll Sicherheit dir zuteil werden, da du uns, Erhabner, kund tust, dass wir nichts zu fürchten haben'. Vereinzelt nur begegnet die Form als 2. Plur. und 2. Du., z. B. RV. 10, 24, 5 *nā́satyāv abruvan dēvā́ḥ púnar ā́ vahatād íti* 'zu den beiden N. sprachen die Götter: bringet sie (Himmel und Erde) wieder herbei'. S. Delbrück Vergl. Synt. 2, 361 f. — Die Media, die, von der Form *vārayadhvāt* § 486 abgesehen, diese Imperativbildung nicht kennen, zeigen an ihrer Stelle den Konj., wofür Delbrück Synt. Forsch. 3, 3 aus dem ŠB. anführt *gandharvā́ vāí prātár várą dātā́ras, tą́ vr̥ṇāsāi* 'die G. werden dir morgen etwas freistellen, das bitte dir dann aus'.

Im Italischen erscheinen die *tōd*-Formen, in Übereinstimmung mit ihrem ursprünglichen Sinn und daher nicht unpassend als 'Imper. Fut.' bezeichnet, besonders in allgemeingiltigen gesetzlichen und sonstigen Vorschriften, wo nicht an eine unmittelbare Ausführung der Handlung gedacht ist. So lat. CIL. 11, 4766 *sei quis violasit dolo malo, Iovei bovid piaclum datod et a. CCC moltai suntod*, leg. XII tab. 8, 21 *patronus si clienti fraudem fecerit, sacer esto*, leg. reg. 2 a 4 *cuius auspicio classe procincta opima spolia capiuntur, Iovi Feretrio bovem caedito*, Cato agr. 86 *graneam triticeam sic facito*, Plaut. Curc. 470 *qui periurum convenire volt hominem, ito in comitium*, Cic. Mur. 31, 65 *immo insistito, cum officium et fides postulabit*; osk. tab. Bant. 11 *suaepis contrud exeic fefacust auti comono hipust, molto etanto estud* 'si quis contra hoc fecerit aut comitia habuerit, multa tanta esto', umbr. VI a 22 *pre uereir Treblaneir Iuue Grabouei buf treif fetu* 'ante portam Trebulanam Iovi Grabovio boves tres facito'.

Hierher gehören wohl auch die *tōd*-Formen in den an Gottheiten gerichteten Aufforderungen der Iguvinischen Tafeln, wie VI a 41 f. *di Grabouie, saluo seritu ocre Fisim, salua seritu totam Iiouina . . .; futu fons pacer pase tuua ocre Fisi tote Iiouine* 'Juppiter Grabovi, salvam servato arcem Fisiam, salvam servato civitatem Iguvinam . . .; esto favens propitius pace tua arci Fisiae, civitati Iguvinae'. Das, worum gebeten wird, wird so nicht bloss für jetzt, sondern für jede künftige Eventualität erfleht.

Aus dem Lat. sei noch angeführt: Plaut. As. 228 *remeato audacter, mercedem si eris nactus: nunc abi*, Rud. 813 *si appellabit quempiam, vos respondetote*, Amph. 353 *at nunc abi sane, advenisse familiares dicito*, 917 *vel hunc rogato Sosiam* (sc. wenn er da sein wird), Cic. Att. 1, 12, 4 *quod in buccam venerit, scribito*. In der Zeit nach Cicero blieben die *tōd*-Formen nur in der Gesetzessprache noch die Regel, während sonst der

Bedeutungsunterschied zwischen den beiden Klassen von Imperativformen schwand. Hierfür kommt in Betracht, dass für die 3. Personen keine andern streng imperativischen Formen zu Gebote standen als die *tōd*-Formen.

Da schon im Altlateinischen die Formen der Typen *age*, *agite* auch da auftreten, wo man *tōd*-Formen erwarten könnte, z. B. Plaut. Pers. 46 *quicquid erit, recipe te ad me,* so ist nicht auffallend, dass sich damals auch schon umgekehrt *scītō* für **scī* festgesetzt hat (§ 723).

Im Griechischen haben sich die *tōd*-Formen als 3. Personen behauptet, und hier wurden sie sowohl für solche Aufforderung, die sofortige Erfüllung heischt, als auch als sogen. Imper. Fut. gebraucht. Der letztere Gebrauch ist aber schon bei Homer der seltnere. Z. B. nichtfuturisch Θ 517 κήρυκες δ' ἀνὰ ἄστυ διίφιλοι ἀγγελλόντων | παῖδας . . . | λέξασθαι περὶ ἄστυ 'Herolde sollen durch die Stadt hin verkünden, dass sich Knaben rings um die Stadt lagern sollen'; futurisch Γ 72 ὁππότερος δέ κε νικήσῃ . . ., | κτήμαθ' ἑλὼν εὖ πάντα γυναῖκά τε οἴκαδ' ἀγέσθω 'wer von beiden siegt, der nehme die Schätze alle und das Weib und führe sie nach Hause', und oft in Inschriften der verschiedensten Mundarten, z. B. delph. SGDI. n. 2561 A 35 αἰ δέ κα δέξωνται . . ., ἀποτεισάτω Ϝέκαστος δέκα δραχμάς. Für die 2. Person ist in der futurischen Bedeutung teils der Imper. Präs. oder Aor. eingetreten, wie γ 46 αὐτὰρ ἐπὴν σπείσῃς τε καὶ εὔξεαι, ἣ θέμις ἐστίν, | δὸς καὶ τούτῳ ἔπειτα δέπας 'aber nachdem du gespendet und gebetet hast, gib auch diesem den Becher', teils und ganz besonders der Infinitiv, wie ζ 298 αὐτὰρ ἐπὴν ἥμεας ἔλπῃ ποτὶ δώματ' ἀφῖχθαι, | καὶ τότε Φαιήκων ἴμεν ἐς πόλιν ἠδ' ἐρέεσθαι | δώματα πατρὸς ἐμοῦ 'wenn du glaubst, dass wir bei der Wohnung angekommen sind, gehe alsdann in die Stadt der Phäaken und erkundige dich nach meines Vaters Wohnung', Soph. Phil. 1080 νὼ μὲν οὖν ὁρμώμεθον, | ὑμεῖς δ', ὅταν καλῶμεν, ὁρμᾶσθαι ταχεῖς 'lass uns also aufbrechen, ihr aber brecht, wenn wir rufen werden, eilig auf'.

Für den Ersatz der *tōd*-Formen durch den Infinitiv (vgl. § 826) kommt wohl hauptsächlich folgendes in Anschlag. Von uridg. Zeit her folgte oft auf einen Imper. Präs. oder Aor. eine *tōd*-Form, wie in der S. 817 genannten Stelle ^*^SB. 3, 2, 1, 22 *brūhi . . . brūtāt* 'sag zu ihr (jetzt) und dann sag es uns' oder Ter. Eun. 595 *cape hoc flabellum, ventulum huic sic facito, dum lavamus.* Ferner ging dem imperativischen Infinitiv oft der Imperativ eines andern Verbums voraus, von dem jener Infinitiv teilweise abhängig und ihm untergeordnet gedacht werden kann, wie sich der mehreren Sprachzweigen gemeinsame uralte adhortative Gebrauch des Infinitivs ja überhaupt entwickelt hat durch Verselbständigung des Infinitivs, dadurch, dass die Satzaussage, zu der der Infinitiv von Haus gehörte, unausgesprochen blieb (§ 826). So noch O 158 βάσκ' ἴθι, Ἶρι ταχεῖα, Ποσειδάωνι ἄνακτι | πάντα τάδ' ἀγγεῖλαι 'mach dich auf (und) melde' oder 'um zu melden', Ζ 255 ὄρσεο δὴ νῦν, ξεῖνε, πόλινδ' ἴμεν 'erhebe dich (und) geh' oder 'um zu gehen' (vgl. bei vorausgehender 3. Person Η 373 ἠῶθεν δ' Ἰδαῖος ἴτω κοίλας ἐπὶ νῆας | εἰπέμεν 'I. soll gehen, um zu melden'). In Stellen wie Α 322 ἔρχεσθον κλισίην Πηληϊάδεω Ἀχιλῆος, | χειρὸς ἑλόντ' ἀγέμεν Βρισηΐδα, Β 8 βάσκ' ἴθι, οὖλε ὄνειρε, θοὰς ἐπὶ νῆας Ἀχαιῶν, | ἐλθὼν ἐς κλισίην Ἀγαμέμνονος Ἀτρείδαο | πάντα μάλ' ἀτρεκέως ἀγορευέμεν ist zwar der Zusammenhang mit dem vorausgehenden Imperativ durch die eine neue Handlung angebenden Partizipien (ἑλόντε und ἐλθών) schon gelockert, aber das Asyndeton weist doch noch in derselben Weise auf eine Abhängigkeit hin, wie z. B. in dem Fall, dass ein voluntativer Konjunktiv nachfolgt, wie Χ 450 δεῦτε, δύω μοι ἕπεσθον, ἴδωμ', ἅ τιν' ἔργα τέτυκται 'folgt mir, ich will zusehen (dass ich zusehe)', γ 17 ἀλλ' ἄγε νῦν ἰθὺς κίε Νέστορος ἱπποδάμοιο, | εἴδομεν ἥν τινα μῆτιν ἐνὶ στήθεσσι κέκευθε, oder bei der Aufeinanderfolge zweier Imperativformen zweiter Person, wie κ 320 ἔρχεο νῦν συφεόνδε, μετ' ἄλλων λέξε' ἑταίρων. Das Asyndeton war hier dasselbe, das regelmässig erscheint, wo ein Zweites die nähere Ausführung (Epexegese) eines Ersten bringt. Erst wo der auffordernde Infinitiv mit δέ u. dgl. angeschlossen ist, war er wirklich verselbständigt und unabhängig, wie Δ 70 αἶψα μάλ' ἐς στρατὸν ἐλθὲ μετὰ Τρῶας καὶ Ἀχαιούς, | πειρᾶν δ', ὥς κε κτλ.

Wenn es demnach begreiflich wird, dass der Infinitiv gerade die *tōd*-Formation zurückgedrängt hat, so fragt sich noch, warum diese Verdrängung nicht zugleich den Gebrauch der *tōd*-Formen für die 3. Personen betroffen hat, da der imperativische Infinitiv ja auch für 3. Personen galt. Vermutlich hatten die *tōd*-Formen den nicht futurischen Imperativausdruck für die 3. Personen bereits in weiterem Umfang ersetzt (vgl. den Zustand, wie er in der historischen Latinität war, S. 818 f.), als der Infinitiv dem Imperativ stärkere Konkurrenz zu machen begann. In den 3. Personen vermochte daher der Infinitiv die *tōd*-Bildung nicht mehr zu überwinden. Dadurch aber, dass man bei den 2. Personen den Infinitiv (neben den Formen wie φέρε, φέρετε) über die *tōd*-Formen obsiegen liess, erreichte man den Vorteil, dass die *tōd*-Formen bezüglich des Personenunterschieds eindeutig wurden.

Im Irischen ist die alte Funktion der (in diesem Sprachzweig verlorenen) *tōd*-Formen speziell auf den Konjunktiv übergegangen, z. B. Wb. 32 a 26 *act dorronai cori frissom, dognē q. dico* 'modo feceris pacem cum eo, facito q. d.'.

729. Die weite Geltung der 2. Sing. Imper. Dass die Formtypen **ei* und **aĝe*, lat. *ei ī* und *age,* in der uridg. Zeit einmal nicht auf die 2. Person und auf den Singular beschränkt waren, sondern die Aufforderung zu einem Tun schlechthin ausdrückten (Person und Numerus ergaben sich aus der Situation), ist an sich wahrscheinlich, weil sie jeglicher Personalendung entbehren, und namentlich auch wegen der alten Weite des Gebrauchs des Typus **aĝe-tōd* lat. *agitō* (§ 484. 728) glaublich. Auch der Ausgang *-dhi* des Typus **i-dhi*, griech. ἴθι, scheint keine Personalendung gewesen zu sein (§ 479). Wenn nun auch schon seit uridg. Zeit, je reicher allmählich das Imperativsystem in formaler Hinsicht nach Person und Numerus ausgestaltet wurde, um so mehr die Typen **ei, *aĝe, *idhi* auf die Anwendung als 2. Sing. eingeschränkt wurden, so wird doch diese Beschränkung vorhistorisch zu keiner Zeit ganz durchgedrungen sein. Denn bei dem immer lebendig gebliebenen an's Interjektionale angrenzenden Charakter des Imperativs muss es bei gewissen Verbalbegriffen — bei Verba von einer allgemeineren Bedeutung, besonders solchen, bei denen der Imperativ mehr die Erregung grösserer Aufmerksamkeit als die Aufforderung zu einem bestimmten Tun bezweckt — jederzeit nahe gelegen haben, jenen Formtypen ihren alten freieren Gebrauchscharakter zu bewahren und neben ihnen neu aufgekommenen Imperativen ähnlicher Bedeutung, wenn sie die freiere Geltung nicht schon hatten, diese zu geben.

In erster Linie handelt es sich hier um die Erstarrung solcher Formen zu 'Partikeln'. Diese bekundet sich namentlich darin, dass die Formen nicht bloss da erscheinen, wo man eine 2. Sing. erwartet, sondern beliebig darüber hinaus.

Ich lasse nun Belege für solche partikelartigen Imperative folgen. Dabei versuche ich es aber nicht, das Urindogermanische von dem Einzelsprachlichen zu scheiden; jenes ergibt sich ja keineswegs sicher aus solchem, was in mehreren Sprachen zugleich vorkommt.

Altind. *ēhi* aus **ā-ihi* ('komm her') 'wohlan'; *paśya* ('sieh'), auch *paśya paśya*, vgl. P. Wtb. 4, 602; für *brūhi* ('sag') ist solche Adverbialität daraus zu erschliessen, dass Nationalgrammatiker diesen Imper. unter den 'Indeklinabilia' aufführen (vgl. unten griech. εἰπέ μοι).

Griech. ἄγε (ἀλλ' ἄγε) 'wohlan' mit der 2. Plur. z. B. B 331 ἀλλ' ἄγε μίμνετε πάντες 'wohlan, bleibt alle', mit 3. Personen z. B. Θ 542 ἀλλ' ἄγ' ὁ μὲν σχεθέτω 'wohlan er halte ein', B 437 ἀλλ' ἄγε κήρυκες μὲν ... ἀγειρόντων 'wohlan die Herolde sollen versammeln'. φέρε 'wohlan, ei' z. B. Aristoph. Thesm. 789 φέρε δή νυν, εἰ κακόν ἐσμεν, τί γαμεῖθ' ὑμεῖς; 'ei warum heiratet ihr denn?'. ἴθι 'auf!', z. B. Aristoph. Frö. 1378 ἴθι νυν παρίσϝασθον παρὰ τὼ πλάστιγγε 'auf nun, stellt euch neben den beiden Wagschalen auf'. ἰδέ und ἰδοῦ 'sieh, schau' (aus letzterem ἰδοὺ als Proklitikon), z. B. Soph. Trach. 821 ἴδ' οἷον, ὦ παῖδες, προσέμιξεν ἄφαρ | τοὔπος τὸ θεοπρόπον ἡμῖν κτλ. 'schau, wie sich, ihr Jungfrauen, uns die Weissagung erfüllt'. εἰπέ μοι etwa 'ich möchte hören, wissen', z. B. Aristoph. Pax 383 εἰπέ μοι, τί πάσχετ', ὦνδρες; Über anderes der Art s. Brugmann-Thumb Gr. Gr.[4] 620f., Wackernagel Verm. Beitr. 25.

Lat. *age agedum* 'wohlan' z. B. Plaut. Mil. 928 *age igitur intro abite,* Ter. Phorm. 1027 *age nunc Phormionem qui volet lacessito. cave* z. B. Plaut. Poen. 117 *cave dirumpatis,* Men. 994 *cave quisquam . . . fecerit. puta* 'zum Beispiel' (auf Grund von 'nimm an' oder 'setze in Rechnung'), z. B. Hor. Sat. 2, 5, 32 *"Quinte", puta, aut "Publi" (gaudent praenomine molles | auriculae), "tibi"* etc. Die Erstarrung bekundet sich bei *cave* und *puta* auch darin, dass sie die Kürze des Schlussvokals, die sie nach dem Jambenkürzungsgesetz bekommen hatten, zu der Zeit noch beibehielten, als andere Imperative nach dem Muster derer wie *mordē, plantā* wieder langen Vokal angenommen hatten (z. B. *valē, rogā*). (Dass auch *vel* ein solcher erstarrter Imper. sei, ist sehr unwahrscheinlich, s. zuletzt hierüber Sommer Krit. Erläut. zur Lat. L. u. Fl.² 151. 196.) — Wie ai. *paśya* und griech. ἰδέ, so franz. *voiçi, voilà.*

Unter den hochd. imperativischen Interjektionen (J. Grimm D. Gr. 3², 238 f. 299 f. 4², 1216 f.) werden mehrere, die der Form nach 2. Sing. sind, auch in der Anrede an mehrere gebraucht: *sieh (sieh da), horch, halt, wart, geh,* z. B. Crusius Ann. Suev. (Eichholtz Uhland's Schwäb. Ball. S. 20) *erschrecket nicht! stehet tapffer! siehe die feindt fliehen!,* rheinfränk. *geh, tut mir den gefallen!*

Anm. Ob das auf verschiedene Weise als Partikel gebrauchte unflektierbare lit. *bú-k* hierher gehört, ist unsicher. Die angehängte Partikel *-k(i)* gehörte ursprünglich nicht ausschliesslich den Formen der 2. Person an, und vielleicht bestand unmittelbarer historischer Zusammenhang mit der slav. Partikel *by* (Miklosich Vergl. Gramm. 4, 153 f., Vondrák Vergl. Slav. Gramm 2, 181 f.).

730. Unterscheidung der Aktionsarten im Gebot. Die semantischen Unterschiede der imperfektiven, der perfektiven und der perfektischen Aktionsart, wie sie von uridg. Zeit her durch den präsentischen, den aoristischen und den perfektischen Tempusstamm zum Ausdruck gekommen sind, hafteten von dieser Zeit her auch an den verschiedenartigen imperativischen Gebilden je nach ihrer formantischen Zugehörigkeit zu den drei genannten Tempusstämmen, dabei auch an den *tōd*-Bildungen ebenso wie an den andern Imperativbildungen.

Am besten ist das noch im Griechischen erkennbar. Z. B. B 200 ἀτρέμας ἧσο καὶ ἄλλων μῦθον ἄκουε 'sitz ruhig da und höre der Rede andrer zu', Ζ 325 νῦν δή πέρ μευ ἄκουσον, ἐπεὶ πάρος οὔ ποτ' ἄκουσας 'jetzt wenigstens erhöre mich'; kret. Inschr. SGDI. n. 5040, 68 οἱ κόσμοι ... ἐγγύος καθιστάντων 'die Kosmoi haben Bürgen zu stellen', eine dauernde Bestimmung, dagegen Z. 61 οἱ κόσμοι ... ἐγγύος καταστασάντων, eine Bestimmung zu einmaliger und sofortiger Erledigung; β 356 τὰ δ' ἀθρόα πάντα τετύχθω 'das soll alles beisammen zurechtgelegt sein'.

Im Ai. ist die alte Aktionsart der Perfektformen noch deutlich zu erkennen. Wie weit aber der alte Unterschied zwischen Präsens und Aorist noch empfunden worden ist, z. B. zwischen *kr̥ṇu kr̥ṇuhí* und *kr̥dhí, śr̥ṇuta* und *śrutá śrṓta, kr̥ṇutāt* und *vōcatāt*, ist schwer zu sagen: RV. 2, 41, 13 *víśvē dēvāsa á gata śr̥ṇutá ma imą́ hávam* etwa 'alle Götter, kommet her, höret auf diesen meinen Ruf', 5, 87, 8 *advēṣṓ nō marutō gātúm étana śrṓtā hávą jaritúḥ* 'holdgesinnt kommt, o M., zu unserm Gesang, vernehmt (erhört) des Sängers Ruf'.

Die armenische, die albanesische, die italische, die keltische, die germanische und die baltische und slavische Grammatik kennen, wenn man vom Imperativ des uridg. Perfekts (lat. *mementō*, got. *witeis* als Vertreter des alten Imper. zu *wait,* aksl. *vězdь* u. dgl.) absieht, nur eine Imperativklasse ohne Unterscheidung von Präsens und Aorist. Hier handelt es sich daher darum, ob das Verbum an und für sich imperfektive oder perfektive Aktionsart hatte; am klarsten tritt das im Slavischen, nächstdem im Germanischen hervor. In den meisten Sprachen konnte dieser Aktionsunterschied auch dadurch dargestellt werden, dass man zur Bezeichnung des Perfektiven Präpositionen zu Hilfe nahm (S. 81 f.), z. B. lat. *conticete : tacete,* got. Mark. 4, 9 *saei habai ausōna hausjandōna, gahausjai* 'wer Ohren hat, das Mittel zum Hören, der vernehme'.

731. Gebrauch in abhängigen Sätzen.

Imperative erwartet man nur im unabhängigen Satz, da sich der Imperativ, wie der Vokativ, eigentlich durch nichts 'regieren' lässt. Dennoch erscheint dieser in mehreren Sprachzweigen auch in Nebensätzen.

Im Ved. kennt Delbrück Altind. Synt. 365 nur éin Beispiel: RV. 1, 127, 2 *šōcíṣkēšą vŕ̥ṣaṇą yám imā́ víšaḥ prā́vantu jūtáyē víšaḥ* 'den flammenhaarigen, den Stier, den diese Menschen zur Eile antreiben sollen'. Mehr Belege aus der nachved. Zeit, wie *yēna ... gr̥hṇātu* 'damit er bekomme', bei Speyer Ved. und Sanskr.-Synt. 57. Av.: Y. 60, 11 *yaϑa nō ... xᵛāϑravaⁱtīš tanvō həntō* 'auf dass unsere Leiber selig seien'.

Griech., z. B. Herodot 1, 89 κάτισον ... φύλακας, οἳ λεγόντων πρὸς τοὺς ἐκφέροντας τὰ χρήματα 'stelle Wachen aus, die zu denen, die die Schätze forttragen, sagen sollen', Thuk. 4, 92 χρὴ ... δεῖξαι, ὅτι ... κτάσθωσαν 'man muss ihnen zeigen, dass sie erwerben sollen (mögen)', Lys. F. 75, 3 λέγων, ὅτι ... πιέτω 'sagend, dass er trinken solle', Soph. El. 352 ἐπεὶ δίδαξον 'daher belehre mich'. — Gewissermassen als Vertreter des 'Konj. dubitativus' erscheint der Imper. in den formelhaften interrogativischen Redensarten mit οἶσθα, wie Soph. O. T. 543 οἶσθ' ὡς πόησον; ('weist du, wie du tun sollst?', direkt: 'wie soll ich tun?'), Eur. Hek. 235 οἶσθ' οὖν ὃ δρᾶσον; ('weisst du, was du tun sollst?'), Eur. I. T. 1203 οἶσθά νυν ἅ μοι γενέσθω; ('weisst du, was mir werden soll?'), ähnlich wie der Indik. Fut. Eur. Kykl. 131 οἶσθ' οὖν ὃ δράσεις; vgl. Postgate Transact. Cambridge Philol. Soc. 3, 50 ff., Stahl Krit.-hist. Synt. 562 f. Vgl. unten mhd. *tuo*.

Lat., bei Cicero z. B. rep. 2, 45 *hic ille iam vertetur orbis, cuius naturalem motum atque circuitum a primo discite cognoscere,* l. agr. 2, 94 *quid enim viderunt? Hoc, quod nunc vos, quaeso, perspicite*, in einem Konzessivsatz Cluent. 183 *mihi venit in mentem, quid dici possit, tametsi adhuc non esse hoc dictum mementote.*

Aus dem German. mehreres bei Erdmann-Mensing Grundz. 1, 119 f., Erdmann Unters. 1, 9, Wilmanns D. Gr. 3, 1, 236 (wo auch noch andere Literatur angeführt ist). Aus dem Got. ziehe ist hierher Mark. 8, 15 *saíhviþ ei atsaíhviþ izwis þis beistis Fareisaiē* 'seht darauf, dass ihr euch hüten sollt (möget) vor dem Sauerteig der Ph.', vgl. Matth. 27, 49 *lēt ei saíhvam qimaiu Hēlias nasjan ina* 'ἄφες ἴδωμεν, εἰ ἔρχεται Ἡλίας σώσων αὐτόν ('lass, dass wir wollen sehen'); über 2. Tim. 4, 15 *þammei jah þu witai* s. Streitberg Got. Elem.[3] § 351 Anm. 2. Ahd.: z. B. Otfr. 4, 19, 47 *sīs bimunigōt, thaz thu unsih nu gidua wīs* 'du seist beschworen, dass du uns unterrichtest'. Nfrk. Osperspiel V. 645 *ich bidde, dat du heilich mich.* — Im Mhd. oft der Imper. *tuo* in einem mit *waz, wie* eingeleiteten indirekten Fragesatz: *ich sage dir* oder *ich râte dir, waz du tuo* oder *wie du tuo* (vgl. auch Weinhold Mhd. Gramm.[2] 379). Zugrunde lag die direkte Frage 'was (wie) soll ich tun?'. Vgl. oben griech. οἶσθ' ὅ usw.

Slav.: z. B. nslov. *vēš, kako naredi?* 'weisst du, wie du es machen sollst?'. S. Miklosich Vergl. Gramm. 4, 798.

732. Gebrauch statt eines Präteritums in der Erzählung.

In § 708 sahen wir, dass der Erzählende öfters in einer Reihe von zu berichtenden Geschehnissen den Standpunkt des Erzählers in der Weise verlässt, dass er ein neues Geschehnis nicht als darauf erfolgt, sondern als nunmehr kommend, als künftig mittels des Futurums darstellt. Ein ähnliches Aufgeben der Rolle als Berichterstattender ist es, wenn der Erzählende, zu Ereignissen übergehend, bei denen es lebhaft hergegangen ist, zum Imperativ greift. Er heisst den Handelnden oder die Handelnden das nunmehr tun, was in der gewöhnlichen Form der Darstellung als nunmehr geschehen mitzuteilen wäre. Ein bekanntes Beispiel aus dem Nhd. ist in Scheffel's Trompeter *Dort bei Prag am weissen Berge | Wird um Böhmens Kron gewürfelt. | Pfalzgraf, 's war kein kurzer Winter, | Pfalzgraf, hast die Schlacht verloren, | Sporn den Gaul und such das Weite.*

In manchen Fällen, im Deutschen und anderwärts, hat der Imperativ bei dieser Verwendung weniger den Anstrich einer Aufforderung, die nur für diesen speziellen Einzelfall erteilt wird, als den eines für derartige Situationen allgemeingiltigen Ratschlags, grundsätzlichen Geheisses, z. B. in Heinrich's von Freiberg Tristan V. 1804 ff. *islicher von dem andern sluoc | da mangen stehelinen rinc. | nu slaha slah, nu clinga clinc,* in einem Gedicht auf den Tod Adolf's von Nassau (Z. f. d. Alt. 3, 6 ff.) V. 472 *koninck Adolf voyr den sīnen nā: | stich, slach, vaa va.* Plaut. Trin. 288 f. *quod manu non queunt tangere, tantum fas habent quo manus apstineant: | cetera rape, trahe, fuge, late : lacrumas haec mihi, quom video, eliciunt.* Vgl. auch das als Interjektion gebrauchte nhd. *husch* in Erzählungen, z. B. *er sprang auf und husch in den wald hinein,* u. dgl. mehr.

Der Imperativ für das erzählende Präteritum erscheint am verbreitetsten in den slav. Sprachen (Miklosich Vergl. Gramm. 4, 794ff., Vondrák Vergl. Slav. Gr. 2, 281, Delbrück Vergl. Synt. 2, 396f.), z. B. russ. *izdali uvidit lešča da i chvat' jego zubami* 'aus der Ferne sieht er einen Brassen und nun pack ihn (= packt er ihn) mit den Zähnen'. Die 2. Sing. erscheint im Slav. regelmässig auch da, wo mehrere Subjekte sind. So russ. *davaj,* eigentlich 'gib, begib dich an', dann 'vorwärts, nun los', das so ganz die Natur einer Partikel angenommen hat. Z. B. *baba brosilas' v chatku, uviděla čto děvočka ušla i d a v a j bit' kota* 'die Alte stürzte in die Hütte, sah, dass das Mädchen fort war, und nun vorwärts schlug sie auf die Katze los', *sěli za stol i d a v a j pit'* 'sie setzten sich an den Tisch und nun vorwärts zum Trinken'. Serb. *ona tri zmaja uteku* (Praes. histor.) *u jazbinu; onda ova dvojica brže vuci slamu, pa t u r a j u onu jazbinu, pa onda zapale* (Praes. histor.), *i tako sva tri zmaja onde propadnu* (Praes. histor.) 'jene drei Drachen fliehen in die Grube; da schleppen jene zwei (Menschen) Stroh herbei, werfen es in die Grube und zünden es an, und so gehen alle drei Drachen zugrunde'.

Neben dem eigentlichen Imperativ begegnet im Slav. in lebhafter Erzählung auch der imperativische Infinitiv, worüber § 826.

c. Verbot, Abwehr.

733. Soweit das Verbot nicht durch den Imperativ eines Verbums ausgedrückt wird, das in sich selbst den Begriff eines Nicht-tuns enthält (z. B. nhd. *unterlass das*), ist von uridg. Zeit her das Verbot mit Hilfe der Prohibitivpartikel **mē* ausgedrückt worden. Erhalten ist sie im Arischen (ai. *mā́*), Armenischen (*mi*), Griechischen (μή) und Albanesischen (*mos,* bestehend aus **mo* [aus älterem **mē*] und *s* 'nicht', das wahrscheinlich aus lat. *dis-* am Verbum erwachsen ist).

Anderwärts ist meist für **mē* das an sich nicht prohibitive **ne͡* eingetreten. Aus **ne͡* germ. *ni* und balt.-slav. *ne.* Das Lat. verwendete *nē* = uridg. **nē,* in älterer Zeit auch *nī* = uridg.

*nei. Im Ir. *nī*, das sowohl uridg. *nē als auch uridg. *nĕ fortsetzen kann; es tritt nur zum imperativischen Konj., während beim eigentlichen Imperativ im Ir. wie im Brit. als Negation ein nicht sicher erklärtes *nak, ir. *nă(ch-)*, erscheint (§ 739). Die Verdrängung von *mē durch die *n*-Partikel begreift sich aus der Tatsache, dass diese, wie namentlich das Arische noch erkennen lässt, von uridg. Zeit her von der Verbindung mit gewissen Modusformen, die ein Begehren und Wünschen ausdrückten, nicht ausgeschlossen gewesen ist. Es waren demnach von Anfang an mehrere semantische Berührungsstellen vorhanden.

Wie § 715 bemerkt ist, war *mē in uridg. Zeit einmal wahrscheinlich nur mit dem Injunktiv des Aorists verbunden, z. B. **mḗ dhēs* 'setz nicht hin', **mḗ dhēt* 'er setze nicht hin'. Von da aus erst kam diese Prohibitivpartikel oder die an ihre Stelle getretene *n*-Partikel, wenn ein Verbot ausgedrückt werden sollte, zum präsentischen Injunktiv, zum Imperativ und zum Konjunktiv. —

In der folgenden Übersicht über den Gebrauch der Tempora im Verbot mag das Perfectum praesens unberücksichtigt bleiben, weil es überall, so viel ich sehen kann, mit dem Präsens völlig Hand in Hand geht.

734. Arisch. Im Ved. und im Iran. *mā* mit dem Injunktiv. Ai.: Aor. z. B. RV. 1, 104, 8 *mā́ nō vadhīr indra mā́ párā dā mā́ naḥ priyā́ bhṓjanāni prá mōṣīḥ* 'töte uns nicht, Indra, gib uns nicht preis, entziehe uns nicht die liebe Nahrung', 8, 30, 3 *tḗ nas trādhvą . . . | mā́ naḥ patháḥ pítriyān mānavā́d ádhi dūrą́ nāiṣṭa parāvátaḥ* 'so rettet uns; führt uns nicht weit hinweg von dem väterlichen Menschenpfad', 1, 38, 6 *mṓ ṣu ṇaḥ párā-parā nírṛtir durhánā vadhīt* 'nicht treffe uns Verderben und Ungemach fort und fort', Präs. z. B. RV. 2, 11, 1 *śrudhí hávam indra mā́ riṣaṇyaḥ syā́ma tē dāvánē vásūnām* 'vernimm den Ruf, Indra, schädige uns nicht, möchten wir dir angehören für die Verschenkung von Gütern', 2, 27, 14 *mā́ nō dīrghā́ abhí naśan tā́misrāḥ* 'nicht soll die lange Finsternis an uns herankommen'. Av.: Aor. P. 17 *mā zī ahmi nmāne . . . frīm vaočata mąm* 'nicht heisst mich Freund in dem Hause', Präs. H. 2, 17 *mā dim pər°sō yim pər°sahi* 'frag den nicht, den du fragst',

Y. 31, 17 *vīdvå vīdušē mraotū mā əvīdvå aipī dəbāvayaṯ* 'der Wissende gebe dem Wissenden Kunde, nicht länger mehr betöre der Nichtwissende', apers. Präs. D. 6, 6 *paθim tyām rāstām mā avaradaʰ mā staravaʰ* 'vom gebahnten Pfad weich nicht ab, versündige dich nicht'.

In der ältesten Prosa des Altind. erscheint allermeistens der aoristische Injunktiv, und auch in der späteren Sprache ist diese Ausdrucksweise die regelmässige, wie z. B. dem Gebot *śabdą kuru* 'erheb die Stimme' als Verbot *mā śabdą kārṣīḥ* gegenüberstand. Doch kam *mā* in der klass. Sprache auch zum Imperativ, z. B. Kathās. 39, 233 *yāta mā smēha tiṣṭhata* 'geht, bleibt nicht hier stehen'.

735. Armenisch. Eine Scheidung zwischen dem Ausdruck für das Gebot und dem für das Verbot hat sich hier so vollzogen, dass der 'Imper. Aor.' beim Gebot, der 'Imper. Präs.' beim Verbot Regel wurde, z. B. *likʿ* 'lass', *lkʿēkʿ* 'lasst', aber *mi lkʿaner* 'lass nicht', *mi lkʿanēkʿ* 'lasst nicht'. Vgl. § 720 und über das *-r* von *lkʿaner* § 491. Der Imper. Präs. im Verbot ist durch Vermittlung des präsentischen Injunktivs üblich geworden, und dieser Imper. ist auf den Gebrauch im Verbot beschränkt worden. Hierauf fällt Licht durch das Griechische und das Slavische: im Griechischen erscheint nämlich zwar im Präsens μὴ λεῖπε, μὴ λείπετε neben λεῖπε, λείπετε, aber der Aorist λίπε, λίπετε wurde fast nur im Gebot gebraucht (§ 736), und im Slav. stehen gewöhnlich einander gegenüber das Perfektivum im Gebot, z. B. *ponesi* 'trag', und das Imperfektivum im Verbot, z. B. *ne nosi* 'trag nicht' (§ 741).

736. Griechisch. Im Griechischen, wo der Konjunktiv in die Stelle des Injunktivs eingerückt ist, erscheint bei den 2. und 3. Personen in älterer Zeit im allgemeinen, wenn Aoristformen genommen wurden, der Konjunktiv, dagegen bei präsentischen Formen der Imperativ. Aorist: z. B. Ε 684 Πριαμίδη, μὴ δή με ἕλωρ Δαναοῖσιν ἐάσῃς | κεῖσθαι 'lass mich nicht als Beute für die D. daliegen', Δ 37 μὴ τοῦτό γε νεῖκος ὀπίσσω | σοὶ καὶ ἐμοὶ μέγ' ἔρισμα μετ' ἀμφοτέροισι γένηται 'der Streit hierüber soll zu keinem Zank zwischen uns beiden in der Zukunft werden', Herodot 1, 187 λαβέτω ὁκόσα βούλεται χρήματα· μὴ μέντοι, μὴ σπανίσας γε, ἄλλως ἀνοίξῃ 'er soll so viel Geld (aus dem Grabmal) nehmen als er will; er soll es jedoch nur wenn er in Not geraten ist öffnen', Dem. 18, 199 καί μου πρὸς Διὸς καὶ θεῶν μηδεὶς τὴν ὑπερβολὴν θαυμάσῃ, ἀλλὰ μετ' εὐνοίας ὃ λέγω θεωρησάτω 'und niemand wundre sich über meine Übertreibung, sondern er betrachte mit Wohlwollen, was ich sage', Plat. Apol. 20 e μὴ θορυβήσητε μηδ' ἐὰν δόξω τι ὑμῖν μέγα λέγειν 'erhebt keinen Lärm, auch wenn es euch vorkommen wird, als spreche ich ein grosses Wort aus', Thuk. 3, 39 καὶ μὴ τοῖς μὲν ὀλίγοις ἡ αἰτία προστεθῇ, τὸν δὲ δῆμον ἀπολύσητε 'es werde nicht der Minderzahl die Schuld zugeschoben, während ihr die Masse des Volkes von ihr freisprecht'. Präsens: z. B. A 363 ἐξαύδα, μὴ κεῦθε νόῳ 'sprich, verhehl es nicht', Δ 234 Ἀργεῖοι, μή πω τι μεθίετε θούριδος ἀλκῆς 'lasst nicht ab in der stürmenden Kraft', Soph. O. R. 231 εἰ δ' αὖ τις ἄλλον οἶδεν ... | τὸν αὐτόχειρα, μὴ σιωπάτω 'kennt aber einer einen andern als den Mörder, so schweig' er nicht', kret. SGDI. 4991, 11, 18 γυνὰ δὲ μὴ ἀμφαινήθθω μηδ' ἄνηβος 'eine Frau aber soll nicht adoptieren noch ein Unmündiger'.

Frühzeitig traten jedoch im Aorist in den 3. Personen die *tōd*-Formen an die Stelle der Konjunktivformen, z. B. π 301 μή τις ἔπειτ' Ὀδυσῆος ἀκουσάτω ἔνδον ἐόντος 'keiner erfahre davon, dass O. daheim ist', Plat. Apol. 17 c καὶ μηδεὶς ὑμῶν προσδοκησάτω ἄλλως 'und keiner erwarte es anders', in jüngeren Inschriften verschiedener Dialekte (Jacobsthal Gebrauch d. Temp. u. Modi in den kret. Dialektinschr. 52 f.), z. B. delph. μὴ ἀπαλλοτριασάτω, mess. μὴ ἀναχρησάσθω. Diese Neuerung erklärt sich leicht daraus, dass μή mit einer *tōd*-Form als Ausdruck eines Verbots eindeutig war, μή mit Konj. nicht, und dass im Präsens schon vorher μή mit der *tōd*-Form aufgekommen war.

Über die vielbehandelte Frage, wie sich Präsens und Aorist im Verbot semantisch (aktionell) unterschieden haben, s. Brugmann-Thumb Gr. Gr.[4] 575 Anm.

Μή mit dem Konj. Aor. ist als unmittelbare Fortsetzung des uridg. **mē* mit Inj. Aor. zu betrachten. S. § 715. 733.

737. Im Albanesischen erscheint *mos* in Verbindung mit denselben Formen, die im Gebot erscheinen (§ 722), z. B. *mos* θ*uaj* 'sprich nicht'.

738. Italisch. Hier wurden ebenfalls, wie im Arischen und im Griechischen, verschiedene Verbalformen angewendet, je nachdem geboten oder verboten wird, und diese Unterschiede sind unschwer mit dem in Einklang zu bringen, was wir für die idg. Urzeit vorausgesetzt haben.

Der alat. Ausdruck *ne me attigas* 'rühr mich nicht an' (Ter. Andr. 789, inschriftlich auf einer Lampe CIL. 1^2 499) zeigt einen injunktivischen aoristischen 'Konjunktiv' (§ 447 f. 716), entspricht also genau dem ai. *mā́ dhāḥ*. Aoristisch waren ferner die zahlreichen *s*-Formen, die ursprünglich Optativ waren, einerseits die Formen wie *dīxīs, faxīs, amāssīs,* anderseits die (an's Perfekt angegliederten) wie *dīxerīs, fēcerīs* (§ 455, 1). Z. B. Plaut. Mil. 282 *tute scias soli tibi, | mihi ne dixis, scire nolo,* Poen. 553 *nos tu ne curassis: scimus rem omnem,* Cic. legg. 2, 19 *separatim nemo habessit deos*; Plaut. Persa 793 *ne sis me uno digito attigeris*, Mil. 862 *ne dixeritis obsecro huic nostram fidem,* Cic. ad Att. 10, 13, 1 *scribes igitur ac, si quid ad spem poteris, ne demiseris,* Sall. Iug. 85, 74 *capessite rem publicam neque quemquam ex calamitate aliorum aut imperatorum superbia metus ceperit.* Selten Deponentia, wie Ter. Phorm. 514 *ne oppertus sies,* Cic. off. 2, 35 *ne quis sit admiratus.*

Daneben erscheint mit Beginn der Überlieferung auch schon der 'Konj. Präs.', wie Plaut. Cist. 558 *nam illaec tibi nutrix est: ne matrem censeas*, Mil. 1378 *ne me moneatis: memini ego officium meum.*

Eine den lat. *attigant, advenant* entsprechende Aoristform scheint in umbr. neiř habas enthalten zu sein: 4, 33 huntak piři prupehast, eřek ures punes neiřhabas 'puteum cum ante piabit, tum illis poscis ne adhibuerint'. Im Oskischen erscheinen perfektische *ē*-Konjunktive, die ebenso wie lat. *fēcerīs* (in *ne feceris*) als Ersatz des vorital. aoristischen Injunktivs angesehen werden dürfen, z. B. n. 17, 10 *factud pous . . . nep fefacid pod pis dat eizac egmad min[s] deiuaid dolud malud* 'facito, ut . . ., neve fecerit quo quis de ea re minus iuret dolo malo', n. 127, 48 eíseí tereí nep Abellanúis nep Núvlanúis pídum tríbarakattíns 'in eo territorio neque Abellani neque Nolani quicquam aedificaverint'. — Ob sich im Osk. auch der

'Konj. Präs.' danebengestellt hat, ist zweifelhaft; in n. 128, 8 [Exsecration] puu far kahad, nip putiiad edum nip menvum limu 'cum far capiat, nec possit edere nec minuere famem' liegt wohl alter echter Optativ vor.

Nur im Lat. erscheint *nē* auch beim eigentlichen Imperativ (Imper. I). Häufig so im Altlatein und später bei Dichtern, wie z. B. bei Plautus öfters *ne time*, Verg. Aen. 2, 48 *ne credite*, während der klassischen Prosa dafür die Umschreibung mit *nōlī, nōlīte* geläufig war. Dagegen findet sich wieder in beiden Dialektgruppen (im Lat. und im Umbr.) die Prohibitivnegation mit *tōd*-Formen verbunden, z. B. lat. Leg. XII tab. 10, 1 *hominem mortuum in urbe ne sepelito neve urito*, Plaut. Merc. 1021 *neu quisquam prohibeto post*, Cato r. r. 145, 2 *ne tangito*, umbr. VIb 52 *neip amboltu, prepa desua combifianši* 'neve ambulato, priusquam prosperam nuntiaverit'.

Wie weit bei der Doppelheit lat. *ne attigas, ne faxis, ne curassis, ne feceris* einerseits und *ne facias* anderseits ein Aktionsunterschied von den Sprechenden empfunden worden ist, ist schwer zu sagen (vgl. Delbrück Vergl. Synt. 2, 276 ff., Blase Landgraf's Hist. Gramm. 3, 1, 197, Hale IF. 31, 272 ff.). Vermutlich haben der Umstand, dass die aoristischen Modusformen wie *attigam, advenam* in nichtimperativischen Gebrauchsweisen im Verlauf der altlat. Zeit durch *attingam, adveniam* usw. ersetzt worden sind, und der Umstand, dass für den eigentlichen Imperativ im Verbot nur präsentische Formen zur Verfügung standen, z. B. *ne time* und *ne timeto*, schon in altlat. Zeit bewirkt, dass die Grenzlinien verschwammen. Wobei natürlich von dem Fall abzusehen ist, dass der Konj. Perf. als Perfectum praesens gedacht war, wie Liv. 9, 11, 4 *nemo quemquam deceperit* 'niemand soll betrogen haben'.

739. Keltisch. Dieselben Verbalformen, die im Gebot erscheinen, begegnen auch im Verbot.

Vor dem Imperativ lautet die Negation **nak*, das ursprünglich emphatischen Sinn hatte und doch wohl irgendwie (vgl. Trautmann Germ. Lautges. 67, Pedersen Vergl. kelt. Gramm. 2, 253) mit dem uridg. **nĕ* zusammenhängt (§ 733). Im Ir. *nach* (gelegentlich *nāch*-, eine sekundäre Vokallängung) vor infigierten

Pronomina, z. B. *nacham-dermainte* 'vergiss mich nicht', *nachib-erpid si* 'vertraut euch nicht an', Passiv *nachib-berar* 'nolite ferri', sonst *na-* (*nā-*, vgl. oben *nāch-*), bei dem die 'Gemination' bez. 'Nichtlenierung' im konsonantischen Anlaut der folgenden Verbalform (vgl. 1, 923. 1096) noch Zeugnis für Entstehung aus **nak-* ist, z. B. *na-cuindig* 'verlange nicht', *na-gudid* 'bittet nicht', *na-comēitged dō* 'er soll gegen ihn nicht Nachsicht haben', *na-berat* 'sie sollen nicht wegnehmen'. Entsprechend im Brit., z. B. mkymr. *na dos* 'geh nicht' (Pedersen Vergl. kelt. Gramm. 2, 258 f.).

Wird im Ir. der imperativische Konjunktiv gebraucht, der die ursprüngliche Geltung der *tōd*-Formen fortgesetzt hat (§ 728 S. 821), so steht als Prohibitivpartikel *nī- ni-*, z. B. *ni-gessid* 'ihr sollt nicht bitten, ne rogatote'. Auch hinter *nĭ-*, von dem nicht sicher ist, ob es auf uridg. **nĕ* oder **nē* oder auf beide zugleich zurückzuführen ist, wird allgemein-inselkeltisch 'geminiert'; eine Vermutung über die Ursache dieser Erscheinung bei Thurneysen Handb. d. Altir. 1, 152.

740. Germanisch.

Im Gotischen ist in den 2. und 3. Personen der Optativ Regel, z. B. Matth. 5, 21 *ni maúrþrjais* 'töte nicht, du sollst nicht töten', Matth. 6, 3 *iþ þuk taujandan armaíōn ni witi hleidumei þeina, hva* etc. 'σοῦ δὲ ποιοῦντος ἐλεημοσύνην μὴ γνώτω ἡ ἀριστερά σου, τί' κτλ., Röm. 14, 16 *ni wajamērjaidau unsar þiuþ* 'μὴ βλασφημείσθω οὖν ἡμῶν τὸ ἀγαθόν'. Dieser Modus erscheint sowohl gegenüber μή mit Imper. Präs. als auch gegenüber μή mit Konj. Aor. des griechischen Textes, z. B. 2. Kor. 6, 17 *inuh þis usgaggiþ us midumai izē jah afskaidiþ izwis, qiþiþ frauja, jah unhrainjamma ni attēkaiþ* 'διὸ ἐξέλθετε ἐκ μέσου αὐτῶν καὶ ἀφορίσθητε, λέγει κύριος, καὶ ἀκαθάρτου μὴ ἅπτεσθε', 1. Tim. 5, 1 *sineigana ni andbeitais* 'πρεσβυτέρῳ μὴ ἐπιπλήξῃς'. Wenn daneben hie und da nach *ni* ein Imper. folgt und es sich dabei um eine Aufforderung dazu handelt, mit einer schon begonnenen Tätigkeit aufzuhören, wie Luk. 8, 52 *gaigrōtun þan allai jah faíflōkun þō. þaruh qaþ: ni grētiþ* 'ἔκλαιον δὲ πάντες καὶ ἐκόπτοντο αὐτήν. ὁ δὲ εἶπεν· μὴ κλαίετε', so wird hier *ni* nicht Satz-, sondern Wortnegation gewesen sein: 'ich verlange Nicht-weinen von euch'. — Dagegen ist im Hd. *ni* + Imper. die Regel, wie Otfr. 3. 13, 13 *ni-giwahin es, druhtīn, furdir* 'tue, Herr, dessen weiter keine Erwähnung', wie hier auch der zu *wesan* gehörige Imper. *wis, weset* im Gebot und im Verbot erscheint: *ni wis* 'sei nicht', *ni weset* 'seid nicht' (neben *ni sīs(t), ni sīt*). Doch hatten im Ahd. die Präteritopräsentia auch im Verbot nur den Optativ.

Der Weg, auf dem sich diese Verhältnisse aus dem vorgermanischen Zustand entwickelt haben, ist eben so unklar wie die Entstehungsweise der Ausdrücke für das Gebot (§ 725). Als Grundlage für eine Rekonstruktion des Entwicklungsgangs wird kaum die unsichere Vermutung dienen können, dass in ahd. *ni curi* 'noli', *ni curet* 'nolite' (neben dem optativischen *ni curīs, ni curīt*) eine aoristische Injunktivbildung erhalten sei (§ 429, 1 S. 521). Erwähnt sei aber noch zweierlei. Erstlich: got. *ōgs* 'fürchte', ein kurzvokalischer Konjunktiv zu *ōg* (§ 437), kommt zweimal im Gebot vor (Röm. 11, 20. 13, 4), viermal im Verbot, wie Joh. 12, 15 *ni ōgs þus* 'μὴ φοβοῦ'. Zweitens: der Formtypus got. *at-steigadau* (§ 494) erscheint nur im Gebot (§ 725).

741. Im Baltisch-Slavischen begegnen dieselben Verbalformen wie im Gebot, z. B. Luk. 11, 4 lit. *ir̃ nevèsk mùs į̃ pagùndymą*, aksl. *i ne vъvedi nasъ vъ iskušenije* 'und führe uns nicht in Versuchung'. Doch bevorzugt das Slav. im Verbot die Imperfektiva (§ 735).

C. Konjunktiv.

a. Allgemeines.

742. Der Gebrauch des Namens Konjunktiv (oder Subjunktiv, nach dem griech. ὑποτακτική) hat wegen synkretistischer Vorgänge, die die Modusformen in den meisten Sprachzweigen betroffen haben, in der Grammatik ebenso eine verschiedene Weite wie die Namen mehrerer Kasus (2, 2, 476 ff.). Besonders oft sind Konjunktiv und Optativ in eins zusammengeflossen, und die Formklassen, die auf diesem Wege gleichbedeutend geworden sind, heissen in derselben Weise gemeinsam Konjunktiv, wie z. B. die griech. Form λύκοιο λύκου, obwohl sie neben der Genitivbedeutung auch die Ablativbedeutung in sich aufgenommen hat, doch nur Genitiv genannt wird (2, 2, 490).

Nur das Arische und das Griechische haben den uridg. Konjunktiv und den uridg. Optativ auseinandergehalten, am schärfsten das Griechische, und so bilden diese beiden Sprachzweige die hauptsächlichsten Wegweiser für die Bestimmung der vorhistorischen Geschichte dieser beiden Modusformklassen in den andern idg. Sprachen.

Anderseits zeigen sich auch Gebrauchsberührungen und Vermischungen mit dem Injunktivus-Imperativus, wie z. B. im Griechischen im Verbot der Konjunktiv an die Stelle des Injunktivs getreten ist (§ 736).

743. Nach § 430 ff. zerfallen die Konjunktivbildungen der idg. Sprachen in zwei Hauptgruppen:

1) Formen auf *-e- : -o-* (durch Kontraktion mit vorausgehendem Stammauslaut auch *-ē- : -ō-*), die erhalten sind im Ar., Griech., Ital., Kelt., Germ. (got. *ōgs* § 437 und die 1. Personen im Sing. wie *baírau* § 444).

2) Formen auf *-ā-* im Ital. und Kelt. Diese Formgruppe lässt sich, wie wir sahen, auch zum Injunktiv schlagen, da ihr sekundäre Personalendungen eignen und die betreffenden Stämme zum Teil auch als Indikativ fungieren, z. B. lat. *fuat* (älter **fuād*) : lit. *bùvo* 'erat' (§ 447 ff. 738). Dass ich in diesem Werke dieser Gruppe mit *-ā-* ihren in der einzelsprachlichen Grammatik üblichen Namen lasse und sie unter dem Konjunktiv behandle, geschieht aus Gründen der Bequemlichkeit der Darstellung. Und es ist um so unverfänglicher, als diese Modusbildung des Italischen und des Keltischen offenbar syntaktisch in den meisten Beziehungen Erbe der eigentlichen Konjunktivbildung geworden ist.

744. Es ist der Übersichtlichkeit wegen zweckmässig, die als uridg. sich ergebenden Gebrauchsweisen des Konjunktivs in drei Hauptgruppen zu zerlegen: die volitive (voluntative) Bedeutung, bei der ein Wille des Sprechenden zum Ausdruck kommt, die deliberative, in Fragen, wenn gefragt wird, was geschehen soll, zu geschehen habe, und die prospektive, bei der eine Voraussicht ausgedrückt wird. Dass man auch anders einteilen kann, ohne unrichtig einzuteilen, ist unbedingt zuzugeben. Unsere volitive Bedeutung des Konj. ist nicht genauer abzugrenzen gegen die Gebrauchsweisen des Inj.-Imper., und die prospektive Bedeutung des Konj. nicht genauer gegen die Gebrauchsweisen des Indik. Fut. Die ursprünglichen Grenzlinien könnten wohl nur dann angegeben werden, und wohl nur dann ergäbe sich eine Einteilung als die notwendige, wenn man zur wirklichen Grund- und Urbedeutung jeder Formation vorzudringen in der Lage wäre.

Eine Anzahl von griechischen und italischen kurzvokalischen Konjunktiven hat sich auf den prospektiven Gebrauch beschränkt und stimmt semantisch so vollkommen mit den futurischen Indikativen überein, dass die einzelsprachliche Grammatik sie geradezu diesen Indikativen zugerechnet hat und noch heute zurechnet. Dahin gehören aus dem Griechischen die Futura wie ἔδομαι u. a. und die Klasse der Futura wie κρεμάω, ἐμέω, ὀλέω (§ 351. 434), aus dem Italischen die Futura wie lat. *ero, faxo, vīdero, dīxero,* umbr.-osk. *fust* (§ 435). Aus diesem Gebrauch dieser Formen darf nun nicht geschlossen werden, dass die prospektive Bedeutung des Konj. in uridg. Zeit speziell an der *e : o*-Bildung dieses Modus gehangen habe. Dabei bliebe ganz unverständlich, warum nicht auch in den andern Sprachzweigen diese Konjunktivklasse einfach als Indik. Fut. erscheint, während ja z. B. *ása-t(i)* oder got. *ōgs* semantisch in demselben Umfang Konjunktive waren wie die langvokalische Bildung. Es hat demnach vermutlich eine Verengung des Gebrauchs stattgefunden in ähnlicher Weise, wie sich z. B. griech. ἐστησάμην vom Passivgebrauch, den es in vorhistorischer Zeit neben dem medialen hatte, zurückgezogen hat (§ 624), oder wie sich lat. *viās* 'des Weges', das seit uridg. Zeit Gen. und Abl. gewesen war, in der historischen Zeit auf die Genitivbedeutung beschränkt hat (2, 2, 152 ff. 477). Der Anlass zu jener Einschränkung war wohl folgendes. Erstens der Umstand, dass in der Zeit, als die Bedeutungsverengung geschah, für die weitere und volle konjunktivische Bedeutung jedesmal noch andere Formen zu Gebote standen, im Griech. z. B. ἔδω ἔδωμεν ἔδητε etc. neben ἔδομαι (dessen Medialflexion erst durch die Einreihung in den Indik. Fut. hervorgerufen worden ist), im Lat. z. B. *sim, faxim, vīderim* neben *ero, faxo, vīdero*; ähnlich konnte sich ἐστησάμην darum auf die Medialbedeutung beschränken, weil für den Passivsinn ἐστάθην zu Gebote stand, lat. *viās* auf die Genitivbedeutung, weil für die ablativische *viād* da war. Zweitens der Umstand, dass der konjunktivische Stammauslaut *-e : -o* die Formen gerade mit den indikativischen Formen, die diesen selben Stammauslaut hatten, sich enger hatte assoziieren lassen. Dazu kommt für das Italische noch die Tatsache, dass der kurzvokalische Konjunktiv primäre Personalendungen hatte (osk. 3. Sing. *fust,* 3. Plur. *censazet,* lat. *erit erunt*) gegenüber dem *ā*-Konj. (ursprünglich *ā*-Injunktiv) mit sekundären Personalendungen (osk. 3. Sing. fakiiad, 3. Plur. *deicans*). Auch diese primären Personalendungen liessen den kurzvokalischen Konjunktiv auf gleicher Linie mit dem (unaugmentierten) Indikativ stehend erscheinen.

Auch die lat. Konjunktivbildung *agē -ēs -et* usw. (§ 438) ist zum Indik. Fut. geworden. Hier mag für die Bedeutungsdifferenzierung, bez. Bedeutungseinschränkung gegenüber den *ā*-Formen ebenfalls die Verschiedenheit der Personalendungen bestimmend (oder mitbestimmend) gewesen sein, wie sie von voritalischer Zeit her ererbt war. Im Osk. zeigt der *ē*-Konj. freilich sekundäre Endung: *fefacid* 'fecerid'. Aber das kann leicht auf Nachahmung sowohl des 'Konj. Imperf.' mit *ē* beruhen, den ich in seinem Ausgang für einen ursprünglichen Indik. Prät. halte (IF. 30, 338 ff.), als auch auf dem Einfluss des *ā*-Konjunktivs.

745. Die Grundbedeutung des Konj. zu bestimmen — gewöhnlich wird die volitive Bedeutung als die Bedeutung betrachtet, aus der die andern entwickelt worden seien, s. Delbrück Neue Jahrbb. 1902 S. 330 ff. — ist auch dann kaum mehr möglich, wenn man, wie man ja tun muss, den ital.-kelt. *ā*-Konj. als ursprünglichen Injunktiv beiseite lässt. Das *-e- : -o-* des Konj. wird man von dem sogen. thematischen Vokal des Indik. nicht trennen können, vgl. insbesondere auch die 1. Sing., z. B. griech ἄγω, die Indik. und Konj. zugleich war. Dann scheint aber ein 'modaler' Sinn durch dieses Bildungselement ursprünglich überhaupt nicht ausgedrückt gewesen zu sein.

Anm. Eine Schwierigkeit dieser Art liegt, um das gleich hier zu erwähnen, für die Bestimmung der Urbedeutung des Optativs nicht vor, da dessen Bildungselement *-(i)i̯ē- : -ī-* mit keinem andern gleichlautenden verbalen Element in Konkurrenz ist (§ 768).

746. Die Negation beim Konjunktiv war von uridg. Zeit her wahrscheinlich, wie beim Optativ (§ 769), nicht das prohibitive **mē*, sondern **nĕ*.

Dafür spricht das Altindische, da hier in der älteren Sprache der Konjunktiv *ná* hatte, z. B. RV. 10, 34, 5 *yád ādídhyē ná daviṣāṇy ēbhiḥ* 'wenn ich mir vornehme, ich will mit ihnen nicht spielen'. Das einzige Beispiel für *mā́* mit Konj., welches Delbrück gefunden hat, ŠB. 11, 5, 1, 1 *akāmą́ sma mā́ ní padyāsāi mō̆ sma tvā nagną́ daršam* 'wider meinen Willen sollst du dich nicht bei mir zum Beischlaf niederlegen, und ich darf dich auch nicht nackt erblicken (dass ich dich nicht nackt erblicke)', erklärt sich so, dass der Injunktiv *daršam* für die Art der Negierung des Konjunktivs massgebend gewesen ist (Vergl. Synt. 2, 368). Erst nachvedisch kommt beim Konjunktiv *mā* auf: es hat sich, wie zu dem Imperativ (§ 734), so zu den (von den Indern zum Imperativ gerechneten) 1. Personen des Konjunktivs gesellt.

Im Griechischen blieb οὐ (als Fortsetzung von uridg. **nĕ*) beim prospektiven Konj., z. B. A 262 οὐ γάρ πω τοίους ἴδον ἀνέρας οὐδὲ ἴδωμαι 'noch nicht hab ich solche Männer zu sehen bekommen, noch werd ich sie zu sehen bekommen'. So οὐ natürlich auch bei den zum Indik. Fut. gewordenen Konjunktiven wie ἔδομαι (§ 744). Sonst ist μή dafür eingetreten, volitiv z. B. X 123 μή μιν ἐγὼ μὲν ἵκωμαι 'ich will ihm ja nicht nahen', Δ 37 μὴ τοῦτο ... γένηται, deliberativ z. B. Xen. Comm. 1, 2, 45 πότερον βίαν φῶμεν ἢ μὴ φῶμεν εἶναι; Vgl. die Übertragung von μή auch auf den Optativ (§ 769).

Im Lat. *nōn* bei den zu Indik. Fut. gewordenen Konjunktiven: so nicht nur *non erit, non vīdero* u. dgl., sondern auch *non agēs -et* usw. (§ 744). Dagegen *nē* beim volitiven Gebrauch, z. B. Plaut. Most. 601 *molestus ne sis*, As. 460 *ne duit, si non volt* (die alten konjunktivischen Bestandteile des Mischmodus sind hier oft von den optativischen nicht mehr zu scheiden), doch erscheint hier nicht selten auch *nōn,* z. B. Ter. Andr. 787 *non te credas Davom ludere*, Scipio bei Gell. 4, 18, 3 *non igitur simus adversum deos ingrati*, was vielleicht aus einer Zeit herrührt, in der *nōn* (aus *ne oinom*) semantisch noch ein verstärktes *nĕ* war. In deliberativen Konjunktivsätzen darf *nōn* wohl immer als Wortnegation angesehen werden, wie Cic. Fam. 14, 4, 3 *quid nunc? rogem te, ut venias? non rogem?* Im Osk. *ni* 'ne' = lat. *nē*, z. B. Tab. Bant. 8 *eizeic zicelei comono ni hipid* 'eo die comitia ne habuerit', dagegen *nep* 'neve' = lat. *nĕ-que*, z. B. ibid. 10 *factud pous . . . deicans . . . nep fefacid pod pis dat eizac egmad mins deiuaid* 'facito, ut dicant, neve fecerit, quo quis de ea re minus iuret'. Weiteres s. bei v. Planta Osk.-umbr. Gramm. 2, 468 f.

b. Arisch und Griechisch.

747. I) Der volitive Gebrauch. In selbständigen Sätzen war der Sprechende der Wollende, in abhängigen teils ebenfalls der Sprechende, teils eine von diesem verschiedene Person eines übergeordneten Verbums.

Abhängige Sätze mit dem volitiven Konjunktiv muss es schon in uridg. Zeit gegeben haben.

748. 1) Der Gebrauch in Hauptsätzen.

Als hauptsächlichster Konkurrent des Konj. Präs. und Aor. erscheint der Indik. Fut. Die nahe Beziehung zu diesem stammte wohl schon aus uridg Zeit. S. hierüber § 698 ff.

A) Willenserklärungen, die durch die 1. Personen gegeben werden, wirken oft wie eine Selbstaufforderung. Deshalb wurden diese Personen von den Indern dem Imperativsystem zugerechnet. S. § 718 Anm.

Beispiele für die 1. Sing: ai. RV. 10, 39, 5 *purāṇā vą̄ vīryā̀ prá bravā jánē* 'euer beider alte Heldentaten will ich vor den Leuten preisen', RV. 7, 86, 7 *árą dāsō ná mīḷhúṣē karāṇi* 'ich will dem Gnädigen dienen wie ein Sklave', mit Partikel *hánta* RV. 10, 119, 9 *hántāhą̄ pṛthivī́m imą̄ ní dadhānīhá vēhá vā* 'wohlan ich will die Erde hierhin oder hierhin setzen'; av. Y. 28, 4 *yavaṯ isāi tavāčā avaṯ xšāi* 'so lang ich kann und vermag, will ich lehren', mit der Partikel *aṯ* Y. 50, 11 *aṯ vō staotā aojāi mazdā aŋhāčā* 'euer Lobsänger, o M., will ich heissen und sein'; X 450 δεῦτε δύω μοι ἕπεσθον, ἴδωμ', ἅτιν' ἔργα τέτυκται 'hierher, folgt mir ihr beiden, ich will sehen, was geschehen ist', Ψ 71 θάπτε με ὅττι τάχιστα, πύλας Ἀΐδαο περήσω 'begrab mich so schnell als möglich, ich will die Pforten des Hades durchschreiten', meist mit ἄγε, φέρε, wie χ 139 ἀλλ' ἄγεθ' ὑμῖν τεύχε' ἐνείκω 'wohlan ich will euch Kriegsgeräte bringen', Plat. Phaed. 63, b φέρε δή, ἦ δ' ὅς, πειραθῶ πρὸς ὑμᾶς ἀπολογήσασθαι 'wohlan denn, ich will mich vor euch verteidigen'.

Bei der 1. Du. und 1. Plur. kann man danach unterscheiden, ob zwei und mehrere als das Gleiche sprechend erscheinen oder nur einer spricht.

a) Im ersteren Fall kann es eine einfache gemeinsame Willenserklärung sein, z. B. TS. 2, 5, 6, 5 *té abrūtą: várą vṛṇāvahā āvą dēvā́ną bhāgadhé asāva* 'da sagten die beiden: wir wollen uns etwas ausbedingen, wir wollen die Zuteiler der Götter sein', TS. 7, 1, 5, 1 *té dēvā́ḥ prajā́patim abruvan: prá jāyāmahā íti* 'die Götter sprachen zu Pr.: wir wollen uns fortpflanzen'. Die Form kann aber auch als Aufforderung wirken, sei es dass die Sprechenden einander auffordern, z. B. AB. 2, 25, 1 *tē sąpādayantō 'bruvan: hantājim ayāma sa yō na ujjēṣyati sa prathamaḥ sōmasya pāsyatīti* 'sie sprachen, indem sie übereinkamen: wohlan, lasst uns einen Wettlauf anstellen; wer von uns siegen wird, der wird zuerst vom Soma trinken', oder dass sie eine oder mehrere angeredete Personen in die Aufforderung einschliessen, z. B. TS. 6, 4, 7, 1 *vāyų́ dēvā́ abruvan sṓmą rā́janą hanāméti* 'die Götter sprachen zu V.: lass uns den König Soma töten', Soph. Phil. 539 (der Chor spricht) ἐπίσχετον, μάθωμεν 'verweilt, lasst uns hören'.

b) Der gewöhnlichere Fall ist, dass nur einer spricht. Dann kann es ebenfalls eine einfache Willenserklärung sein, indem einer im Namen mehrerer redet, z. B. RV. 1, 94, 4 *bhárāmēdhmą kṛṇávāma havī̇̄ṣi* 'wir wollen dir Brennholz bringen, wollen dir Opfer bereiten', RV. 7, 81, 5 *yát tē divō duhitar martabhṓjaną tád rāsva bhunájāmahāi* 'was du, Himmelstochter, Menschenerquickendes besitzest, das gib, wir wollen es geniessen', Y. 34, 3 *at̰ tōi myazdəm ahurā nəmaŋhā aṣ̌āičā dāmā* 'wir wollen dir, o Ah., und dem Aša in Ehrfurcht das Opfer weihen'. Meistens aber enthält der Satz eine an andere gerichtete Aufforderung. Diese ist entweder an ein anderes Subjekt (bei der 1. Du.) oder an mehrere andere Subjekte (bei der 1. Plur.) gerichtet: so RV. 10, 95, 1 *hayé jāyē mánasā tíṣṭha ghōrē vácąsi miśrā́ kr̥ṇavāvahāi nú* 'wohlan du grausam Gesinnte, steh still, lass uns Worte wechseln', Y. 45, 8 *at̰ hōi vahmǝng dǝmānē garō nidāma* 'lasst uns ihm Gebet im Haus des Lobs niederlegen', Δ 418 ἀλλ' ἄγε δὴ καὶ νῶι μεδώμεθα θούριδος ἀλκῆς 'wohlan denn, lass uns auch beide auf stürmische Abwehr bedacht sein', θ 133 δεῦτε, φίλοι, τὸν ξεῖνον ἐρώμεθα 'lasst uns den Fremdling befragen', oft ἴωμεν 'lass' oder 'lasst uns gehen'. Oder die Aufforderung, die der Satz enthält, gilt einer ausserhalb der Subjekte der Verbalform stehenden Person. So RV. 3, 33, 10 (die Flüsse sprechen zum Sänger) *ā́ tē kārō śr̥ṇavāmā vácąsi* 'wir wollen deine Worte hören, o Sänger', d. h. 'lass uns deine Worte hören', RV. 8, 63, 11 *jḗṣāmēndra tváyā yujā́* 'lass uns siegen mit dir, o Indra, als unserm Genossen'.

B) Die 2. und 3. Personen erscheinen in der älteren Sprache der Inder häufig, auffordernd, anweisend, bestimmend, in der alten Prosa besonders ausbedingend. Z. B. RV. 4, 31, 3 *abhī́ ṣú naḥ sákhīnām avitā́ jaritr̥̄ṇā́m | śatám bhavāsy ūtíbhiḥ* 'du sollst herbeikommen (komm herbei) als Helfer unserer lobsingenden Freunde mit hundert Hilfen', RV. 8, 9, 8 *ā́ nūnǭ raghúvartanį ráthą tiṣṭhāthō aśvinā* 'ihr sollt jetzt, o A., den raschfahrenden Wagen besteigen (besteigt)', AB. 1, 7, 4 *athō ētą varam avr̥ṇīta: mayāiva prācį diśą pra jānāthēti* 'dabei machte er diese Bedingung: durch mich sollt ihr die östliche Gegend auffinden', RV. 5, 40, 4 *yúktvā háribhyām úpa yāsad arvā́ṅ mā́dhyądinē sávanē matsad índraḥ* 'nachdem er angeschirrt hat, komme er mit den Falben herwärts, an dem Mittagsopfer erfreue sich Indra', RV. 8, 43, 24 *agním īḷē sá u śravat* 'Agni flehe ich an, er höre', RV. 1, 29, 6 *pátāti vā́taḥ* 'es fliege der Wind (heiss ihn fliegen)'. Av.: Y. 43, 1 *tat̰ mōi dā̊ ārmaᶦtē* 'das, o A., sollst du mir gewähren (gewähre)', Y. 28, 7 *dāᶦdī ašā tąm ašīm . . . dāᶦdī tū ārmaᶦtē īšǝm . . . dāstū* (d. i. *dās* + Partikel *tū*) *mazdā xšayāčā yā vǝ mąθrā srǝvīm ārādā* 'gewähre, o A., den Lohn, gewähre, o A., den Wunsch, und du, o M. und König, sollst gewähren (gewähre), dass euer Prophet sich Gehör verschaffe', Yt. 19, 44 *tē mē vāšǝm θanjayąnte* 'die sollen meinen Wagen ziehen'. Im Griechischen, wo im abhängigen Satz die 1. Personen ganz geläufig waren (§ 749), kommen die 2. und 3. Personen im unabhängigen Satz nur ganz selten vor. Im Ion.-Att. wohl nur Soph. Phil. 300, φέρ', ὦ τέκνον, νῦν καὶ τὸ τῆς νήσου μάθῃς. Auf einer jüngeren Inschrift aus Elis SGDI. n. 1172 Z. 32 τὸ δὲ ψάφισμα ... ἀνατεθᾷ ἐν τὸ ἰαρόν 'soll in dem Heiligtum aufgestellt werden', Z. 36 περὶ δὲ τῶ ἀποσταλᾶμεν τοῖρ Τενεδίοιρ τὸ γεγονὸρ ψάφισμα ἐπιμέλειαν ποιήαται Νικόδρομορ 'soll N. die Besorgung übernehmen'. Anderes, aus späterer Zeit, s. bei Brugmann-Thumb Griech. Gramm.[4] 574. Vermutlich liegt hier dieselbe Ausdrucksweise vor, die sonst nur in Sätzen, die als Nebensätze gekennzeichnet waren, geläufig war. Auch die 1. Personen des volitiven Konjunktivs kommen meist nur auf Grundlage und in Abhängigkeit von einem vorausgehenden Sprachelement auffordernden Sinnes vor, wie z. B. φέρε, ἴδω (vgl. S. 840). Diese Art Abhängigkeit begegnet häufig auch im Ai. bei den 1. Personen, z. B. ŚB. 3, 6, 2, 6 *éhīdą pátāva* 'komm her, dass wir jetzt eilen'. In dieser Sprache aber auch bei den 2. und 3. Personen (Delbrück Altind. Synt. 43f. 309ff.), so dass sich jenes sophokleische φέρε, μάθῃς z. B. mit RV. 1, 37, 14 *prá yāta* ... *mādayādhvāi* 'eilt herbei, wollt euch ergötzen' = 'dass ihr euch ergötzet' vergleicht. In der Stelle des el. Ehrendekrets schwebte hiernach wohl als Grundlage für den Konjunktivsatz der Gedanke 'es ist beschlossen' oder dgl. vor.

Ob diese Art griechischer Konjunktivsätze mit 2. und 3. Personen Fortsetzung und Überbleibsel des vorgriechischen Typus oder ebenso neu entwickelt war, wie etwa der Konj. mit ἵνα in dem neutestamentlichen ἡ δὲ γυνὴ ἵνα φοβῆται τὸν ἄνδρα (Eph. 5, 33) 'das Weib aber fürchte den Mann' (entsprechend im Alat. *ut* beim jussiven Konj., wie Plaut. *ut caveas,* Ter. *at ut omne reddat,* Blase Hist. Gramm. 3, 1, 129, im Slav. *da* mit Indik. als Jussiv, z. B. *da pridetъ* 'ἐλθέτω, veniat', Vondrák Vergl. Slav. Gramm. 2, 281) [1]), ist schwer zu sagen. Die Analogie von φέρε, ἴδω, zudem vielleicht auch die von μὴ ποιήσῃς,

1) Vgl. überdies das Unabhängigwerden der ai. Fragesätze mit *kuvít* und dem haupttonigen Konjunktiv (Delbrück Altind. Synt. 315) oder unserer hd. Fragesätze mit *ob (ob er kommen wird?).*

μὴ ποιήσῃ, kann ebenso gut konservierend als neuerungschaffend gewirkt haben.

Anm. Die genannte Sophoklesstelle φέρε . . . μάθῃς als Umsetzung eines vorschwebenden φέρε, διηγήσωμαι zu deuten, halte ich nach dem Gesagten für ebenso unnötig wie die öfters begegnende Annahme, die 3. Person des Konjunktivs in deliberativen Fragen wie Soph. Ai. 404 ποῖ τις οὖν φύγῃ; 'wohin soll einer nun fliehen?' (§ 750) sei nur infolge davon möglich geworden, dass der Redende sich selbst als Subjekt des Verbums einschloss.

749. 2) Der Gebrauch in Nebensätzen. Häufig muss der volitive Konjunktiv schon in uridg. Zeiten auch in abhängigen Sätzen gewesen sein. Hier erscheint er allgemeingriechisch auch bei den 2. und 3. Personen.

Innere Abhängigkeit eines Konjunktivsatzes von einem vorausgegangenen Satz ist vielfach auch da anzunehmen, wo äussere Zeichen der Unterordnung fehlen, wofür Beispiele in § 748 gegeben sind. Man darf also z. B. ved. *prá yāta . . . mādayādhvāi* durch 'eilt herbei, dass ihr euch ergötzet', hom. δεῦτε δύω μοι ἕπεσθον, ἴδωμι durch 'folgt mir, damit ich sehe' übersetzen. Im Ai. ist die selbständige Betonung des Konjunktivs auch äusseres Zeichen in Fällen wie *éhīdą pátāva* 'komm her, dass wir jetzt eilen' (s. § 748 und Delbrück Altind. Synt. 43 f.).

Dazu kommen im Arischen wie im Griechischen die Nebensätze, die mit einem flektierten Relativum oder einer Konjunktion eingeleitet sind. Beispiele:

Ai.: RV. 10, 44, 9 *imą bibharmi súkṛtą tē aṅkušą yénārujási maghavañ chaphārújaḥ* 'ich bringe dir diese wohlgefertigte Waffe, mit der du, o Herr, zerbrechen sollst die Hufzerbrecher', RV. 6, 54, 1 *są pūṣan vidúṣā naya, yṓ áñjasānušā́sati* 'bring uns, o P., mit einem klugen (Führer) zusammen, der uns flugs Anweisung geben soll', ŠB. 1, 6, 4 4 *yán mā dhinávat tán mē kuruta* 'was mich erquicke, das schafft mir', RV. 10, 52, 5 *ā́ vō yakṣy amṛtatvą suvī́rą yáthā vō dēvā várivaḥ kárāṇi* 'ich will euch mit Helden versehene Unsterblichkeit eropfern, damit ich euch, ihr Götter, einen Dienst erweise', RV. 3, 19, 4 *sá ā́ vaha dēvátātį yaviṣṭha šárdhō yád adyá divyą yájāsi* 'bring hierher die Götter, o Jüngster, damit du heute die himmlische Schar verehrest'. Av.: Y. 50, 7 *aṯ vǝ̄ yaojā zǝvīštyǝ̄ng aᵘrvatō yāiš azāθā* 'ich will euch schirren die raschesten Renner, mit denen ihr herankommen sollt', Y. 28, 6 *dāidī rafᵊnō yā dᵃibišvatō dvaēšå taᵘrvayāmā* 'gewähre Unterstützung, damit wir durch sie des Feindes Feindseligkeiten überwinden', Y. 44, 1 *aṯ nǝ̄ ašā fryā dazdyāi hākurᵊnā yaθā nǝ̄ ā vohū jimaṯ manaŋhā* 'und durch den Freund A. soll er uns Unterstützungen gewähren, damit der gute Sinn sich bei uns einstelle'.

Griech.: α 89 Ἰθάκηνδ' ἐσελεύσομαι, ὄφρα οἱ υἱὸν | μᾶλλον ἐποτρύνω καί οἱ μένος ἐν φρεσὶ θήω 'ich werde nach Ithaka hineingehen, damit ich ihm den Sohn noch mehr antreibe und ihm Mut einflösse' (vgl. konjunktionslos Ψ 71 θάπτε με ὅττι τάχιστα, πύλας Ἀίδαο περήσω S. 839f.), Λ 290 ἐλαύνετε μώνυχας ἵππους | ἰφθίμων Δαναῶν, ἵν' ὑπέρτερον εὖχος ἄρησθε 'treibet die Rosse auf die Danaer zu, auf dass ihr höheren Ruhm gewinnet', γ 327 λίσσεσθαι δέ μιν αὐτός, ἵνα νημερτὲς ἐνίσπῃ 'bitte ihn aber selbst, auf dass er Untrügliches aussage', Xen. Comm. 3, 2, 3 βασιλεὺς αἱρεῖται, οὐχ ἵνα ἑαυτοῦ καλῶς ἐπιμελῆται, ἀλλὰ ἵνα καὶ οἱ ἑλόμενοι δι' αὐτὸν εὖ πράττωσι 'einen Fürsten wählt man, nicht damit er für sich gut sorge, sondern damit auch die, die ihn gewählt haben, durch ihn Wohlbefinden haben'.

750. II) Der deliberative Gebrauch. Es wird gefragt, was geschehen soll. Man fragt entweder einen andern ('konsultative' Frage), oder die Frage gehört in Fällen, wo man verlegen und unschlüssig ist, mehr dem Selbstgespräch an. Naturgemäss überwiegen ganz bedeutend die 1. Personen.

Ai.: RV. 10, 95, 2 *kím ētā́ vācā́ kr̥ṇavā* 'was soll ich mit dieser deiner Rede machen?', ŚB. 1, 6, 1, 6 *kvā̀hạ bhāvāni* 'wo soll ich bleiben?', RV. 5, 41, 11 *kathā́ mahḗ rudríyāya bravāma* 'wie sollen wir zu der grossen Marutschar sprechen?', 1, 65, 6 *ká ī̄ varātē* 'wer soll ihm wehren?', TS. 6, 5, 9, 1 *tạ́ vy àcikitsaj: juhávānī3 mā́ hāuṣā3m* 'in bezug auf den überlegte er: soll ich opfern, soll ich nicht opfern?' (zu den Auslauten *-ī3, -ā3m* vgl. Vok. *dēvadattā3,* s. 2, 1, 45). Av.: Y. 46, 1 *kąm nǝmōi ząm kuθrā nǝmōi ayenī* 'in welches Land, um zu entfliehen, wohin, um zu entfliehen, soll ich gehen?', Y. 46, 1 *kaθā θwā mazdā xšnaošāi ahurā* 'wie soll ich dich, o M. Ah., zufriedenstellen?'.

Griech.: ο 509 πῇ γὰρ ἐγώ, φίλε τέκνον, ἴω, τεῦ δώμαθ' ἵκωμαι; 'wohin soll ich gehen, zu wessen Haus mich begeben?', Eur. Ion 758 εἴπωμεν ἢ σιγῶμεν; 'sollen wir reden oder schweigen?', Soph. Ai. 404 ποῖ τις οὖν φύγῃ; 'wohin soll man fliehen?'. Ebenso in abhängigem Fragesatz, wie Π 436 διχθὰ δέ μοι κραδίη μέμονε . . ., | ἤ μιν ζωὸν ἐόντα μάχης ἄπο δακρυοέσσης | θήω . . ., | ἦ ἤδη ὑπὸ χερσὶ Μενοιτιάδαο δαμάσσω 'zwiefach sinnt mein Herz, ob ich ihn lebend aus der Schlacht bringen soll oder unter den Händen des M. fallen lassen soll'; oft nachhom. οὐκ ἔχω, ὅ τι λέγω 'ich weiss nicht, was ich sagen soll'; mit Personenverschiebung z. B. Aristoph. Av. 164 ΈΠ. τί σοι πιθώμεσθ'; ΠΕΙ. ὅ τι πίθησθε; '(du fragst) was ihr gehorchen sollt?'.

751. III) Der prospektive Gebrauch. In diesem Fall ist der Konj. zunächst vom Indik. Fut. kaum zu scheiden. Beispiele aus dem Ar. und Griech. sind S. 787 und 788f. gegeben; am zweitgenannten Ort sahen wir, dass gewisse Konjunktivformen, wie ἔδομαι, ὀλέω, in der historischen Gräzität überhaupt nur mit dem 'futurischen' Sinn erscheinen und demgemäss auch benannt werden. Aber weiter ist aus naheliegenden Gründen auch innerhalb des Konjunktivs selbst eine genaue Abgrenzung gegen die volitive Verwendung (§ 749) und den deliberativen Gebrauch (§ 750) häufig kaum möglich.

Der prospektive Gebrauch findet sich in beiden Sprachzweigen auch in Fragesätzen. Z. B. RV. 4, 43, 1 *ká u śravat katamó yajñíyānā̃ vandā́ru dēvā́ḥ katamó juṣātē* 'welcher von den verehrungswürdigen, welcher von den vielen, wird hören, welcher Gott wird sich an unserer Verehrung erfreuen?', RV. 7, 86, 2 *kadā́ nv àntár váruṇē bhuvāni* 'wann werde ich in Varuna eingehen?', ε 465 ὤ μοι ἐγώ, τί πάθω; τί νύ μοι μήκιστα γένηται; 'weh, was werde ich erfahren? was wird mir endlich noch geschehen?', Aesch. Suppl. 297 τί γένωμαι; 'was wird aus mir werden?'; ebenso in abhängigem Satz Thuk. 2, 52 οὐκ ἔχοντες ὅ τι γένωνται ἐς ὀλιγωρίαν ἐτράποντο καὶ ἱερῶν καὶ ὁσίων ὁμοίως 'da sie nicht wussten, was mit ihnen geschehen werde, wurden sie gleichgiltig sowohl gegen göttlich wie gegen menschlich Geheiligtes'.

Im Griechischen ist der prospektive Gebrauch nur in zwei Fällen vom volitiven und vom deliberativen klar zu scheiden:

a) Im negativen Satz war die Negation οὐ, nicht μή (vgl. μὴ ποιήσῃς und φῶμεν ἢ μὴ φῶμεν;), z. B. Α 262 οὐ γάρ πω τοίους ἴδον ἀνέρας οὐδὲ ἴδωμαι (§ 746).

b) Wie der Indik. Fut., konnte der prospektive Konj. die Partikeln ἄν, κὲν zu sich nehmen. So Α 184 τὴν μὲν ἐγὼ σὺν νηΐ τ' ἐμῇ καὶ ἐμοῖς ἑτάροισι | πέμψω, ἐγὼ δέ κ' ἄγω Βρισηΐδα 'sie werde ich mit meinem Schiff und meinen Gefährten senden, ich aber werde mir die Br. holen', Λ 387 οὐκ ἄν τοι χραίσμῃσι βιὸς καὶ ταρφέες ἰοί 'nichts wird dir helfen der Bogen und die dichten Pfeile'. So auch in abhängigen Sätzen, wie Ψ 345 οὐκ ἔσθ' ὅς κέ σ' ἕλῃσι μετάλμενος 'keinen gibt es, der nachspringend dich einholen wird', Ζ 448 ἔσσεται ἦμαρ, ὅτ' ἄν ποτ' ὀλώλῃ Ἴλιος ἱρή 'kommen wird der Tag, da Ilios verloren sein wird'. Nur in Nebensätzen ist dieser Konj. mit ἄν, κὲν (und des letzteren Nebenformen) in der gesamten Grazität erhalten geblieben, und zwar in Relativ-, Temporal-, Frage- und Bedingungssätzen; meistens ist hier der Zusatz jener Partikeln in ähnlicher Weise obligatorisch geworden wie ihr Zusatz zum Optativus potentialis (§ 775).

c. Armenisch.

752. Der armenische 'Konjunktiv' setzt zugleich den alten Konjunktiv und den alten Optativ fort. Die Formation des Modus ist unaufgeklärt.

Deutlicher treten der volitive und der prospektive (futurische) Gebrauch hervor, doch ist beim volitiven Gebrauch eine Grenze gegen den wünschenden Optativ nicht zu bestimmen (§ 779). Vgl. Meillet Mém. 16, 114 ff.

1) Volitiv. 1. Personen: Luk. 6, 9 *harçiç inč zjez* 'ich will euch etwas fragen', Luk. 15, 23 *keriçuk̔ ev urax liçuk̔* 'lasset uns essen und fröhlich sein'. Die 3. Personen können zum Imperativ gezogen werden, z. B. *beriçē* oder *berçē* 'er bringe', mit Vorausschickung von *t̔ol* ('lass') z. B. *t̔ol ekesçē dma uraxut̔iun* 'es komme ihm Freude' (§ 720). Ferner dieser Modus in Nebensätzen mit *zi* 'dass, damit', oft nach *kamim* 'will, wünsche',

wie Matth. 13, 28 *kamis zi ertʻiçukʻ* 'willst du, dass wir gehen?', aber auch im Anschluss an Hauptsätze anderer Art, wie Joh. 10, 17 *es dnem zanjn im, zi miusangam aṙiç zna* 'ἐγὼ τίθημι τὴν ψυχήν μου, ἵνα πάλιν λάβω αὐτήν'.

2. Prospektiv. Dem griech. Indik. Fut. steht meistens der Konj. Präs. oder Aor. gegenüber, z. B. Matth. 21, 2 Präs. *ertʻaikʻ i geutd ... ev and gtaniçēkʻ ēš* 'πορεύεσθε εἰς τὴν κώμην ... καὶ εὐθὺς εὑρήσετε ὄνον', Luk. 16, 31 Aor. *havanesçen* 'πεισθήσονται'.

d. Italisch und Keltisch.

753. Der ital. und kelt. 'Konjunktiv' setzte semantisch zugleich den alten Konjunktiv und den alten Optativ fort. Die beiden Sprachzweigen gemeinsame 'Konjunktivbildung' mit *-ā-*, wie lat. *agam -ās* usw., war, wie wir gesehen haben, ein ursprünglicher Injunktiv, und besonders diese Gemeinsamkeit in der Formation empfiehlt es, Italisch und Keltisch hier zusammenzufassen. Im Italischen sind aber auch noch alte Optativbildungen in dem Mischmodus aufgegangen. S. § 432. 435 f. 438 f. 443. 447 ff. 452. 455. 458. 462. 716. 743 f.

754. A) Italisch. (Über den Gebrauch des sogen. Konj. Imperf. s. § 800.)

I) Volitiver Gebrauch. Die alten konjunktivischen und die alten optativischen Gebrauchsweisen sind schon in uritalischer Zeit in dem Grade zusammengeflossen, dass eine genauere gegenseitige Abgrenzung für die historischen Perioden nicht mehr möglich ist. Für den Italiker der geschichtlichen Zeit bildete der 'Konjunktiv' einen Modus, der der verschiedensten Abstufungen vom leisesten Wunsch bis zur schroffsten Willensäusserung in ähnlicher Weise fähig war, wie der 'Imperativus' schon von uridg. Zeit her die ganze Skala von der flehenden Bitte bis zum nachdrücklichsten Befehl enthalten hat (§ 717). Wie beim Imperativ und sonst in ähnlichen Fällen, bekam die Verbalform in der in Rede stehenden Richtung ihre besondere Bedeutsamkeit teils durch die Betonungsart (Affektbetonung), teils durch andere Bestandteile desselben Satzes (z. B. lat. *utinam* beim Konjunktiv, wenn das Begehren ein Wunsch ist).

1. Sing.: Plaut. Bacch. 1049 *quid ego istic? quod perdendumst properem perdere,* Plaut. Pers. 542 *videam modo mercimonium,* Tib. 1, 1, 58 *tecum | dummodo sim, quaeso, segnis inersque vocer.* Unsicherheit besteht oft bei den Formen auf *-am* insofern, als sie auch Indik. Fut. sein konnten; als volitiv dürfen noch z. B. gelten Plaut. As. 448 *adeam, optimumst,* Plaut. Aul. 681 *certumst, malam rem potius quaeram cum lucro,* Cic. Marc. 4 *hoc pace dicam tua.* 1. Plur.: Plaut. Men. 1152 *in patriam redeamus ambo,* Cic. Sest. 143 *amemus patriam, pareamus senatui, consulamus bonis,* Cic. off. 1, 41 *meminerimus etiam adversus infimos iustitiam esse servandam.* Hierher zieht man am besten den Konj. in Verwünschungen, wie *peream* 'ich will des Todes sein' (z. B. Varro r. r. 3, 3, 9 *peream, ni piscem putavi esse*).

2. und 3. Personen häufig im Alat., später die 2. Personen fast nur in der Dichtersprache. Dass dieser konjunktivische Ausdruck gegenüber dem Imperativ eine mildere Form der Willensmeinung des Redenden gewesen sei, ist wenigstens für die geschichtliche Zeit der altitalischen Sprachen zu leugnen, schon darum, weil auch der Imperativ eine milde Form der Aufforderung sein konnte. Übrigens ist keine Grenze zu ziehen gegenüber dem 'präskriptiven' Optativ (§ 767. 776. 780). Beispiele: Plaut. Poen. 1349 *leno, in ius eas,* Cato agr. 3, 1 *ita aedifices, ne villa fundum quaerat neve fundus villam,* Verg. Aen. 4, 497 *erige et arma . . . superimponas. Valeas, salvos sis, taceas* wechselten mit *vale, salve, tace.* Plaut. As. 39 *fiat: geratur mos tibi,* Plaut. Mil. 81 *qui autem auscultare nolet, exsurgat foras,* Ter. Heaut. 743 *eatur,* 745 *ne quaeras: ecferant quae secum huc attulerunt,* Cato agr. 87 *siliginem purigato bene, postea in alveum indat,* Cic. off. 1, 114 *suum quisque noscat ingenium.* Volsk. n. 240 *sepis atahus pis uelestrom faɔia esaristrom* 'siquis attigerit(?) quis Veliternorum, faciat sacrificium', umbr. Va 17 ape apelust muneklu habia numer prever pusti kastruvuf 'ubi impenderit, munusculum habeat nummis singulis in fundos', osk. n. 134 pún medd. pís . . . fust sakrid sakrafír 'cum meddix quis . . . erit, hostiā sacretur (soll Weihung stattfinden)'.

Ebenso alle Konjunktivformen seit uritalischer Zeit auch in untergeordneten Sätzen. Ohne ein die Unterordnung kennzeichnendes Wort lat. z. B. Plaut. Most. 849 *mane sis, videam*, 373 *cedo, bibam*, Ter. Heaut. 1049 *obsecro, mihi ignoscas*, überall Wendungen wie *fac noscam, noscas, noscat, volo occupes, occupet*; umbr. IIa 17 heriei façiu ařfertur, avis anzeriates menzne kurçlasiu façia tiçit '(si) velit facere flamen, avibus observatis mense ultimo(?) faciat decet', VIa 2 *eso ... arsferture ehueltu: stiplo aseriaia parfa dersua* ... 'sic ... flaminem iubeto: stipulare, (ut) observem parram prosperam' etc. Von den abhängigen Sätzen mit satzunterordnenden Wörtern seien nur die Absichtsätze genannt, z. B. Cato agr. 5 *aratra vomeresque facito uti bonos habeas*, osk. Tab. Bant. 9 *(meddis) factud pous touto ... tanginom deicans* '(meddix) facito, ut populus sententiam dicant'.

755. II) Deliberativer Gebrauch (vgl. § 750). Im Lat. zu allen Zeiten in Fragen der Unschlüssigkeit und Verlegenheit, wie Enn. tr. 231 *quo nunc me vortam? quod iter incipiam ingredi?*, Plaut. Men. 963 *quid ego nunc faciam?*, Cic. Fam. 14, 4, 3 *o me perditum, o afflictum! quid nunc? rogem te, ut venias, mulierem aegram et corpore et animo confectam? non rogem?*, Ov. Met. 3, 204 *quid faciat? repetatne domum et regalia tecta | an lateat silvis?*

In abhängigen Sätzen: Plaut. Bacch. 745 *loquere quid scribam modo* 'was ich schreiben soll', Ter. Phorm. 223 *quin tu, quid faciam, impera*, umbr. V b 3 ehvelklu feia fratreks ute kvestur panta muta ařferture si 'decretum faciat magister aut quaestor, quanta multa adfertori sit (sein soll)'.

Im unabhängigen Satz erscheint im Lateinischen in konsultativer Frage, d. h. wenn man von einem erfahren will, was man zu tun habe, statt des 'Konj. Präs.' der 'Indik. Präs.', z. B. Plaut. Most. 774 *eon? voco huc hominem? i, voca*. Vermutlich beruht dies darauf, dass z. B. *eō* tatsächlich ursprünglich Konj. gewesen ist (= ai. *ayā*). S. § 435 Anm. 1.

756. III) Prospektiver Gebrauch. Hier sind zunächst die 'themavokalischen' Formen des Lat. und des Osk.-Umbr. zu nennen, die in der Grammatik als Indik. Fut. bezeichnet werden, ursprünglich aber Konj. waren, wie lat. *ero, dīxo faxo, vīdero dīxero*, osk.-umbr. *fust* 'erit', osk. *deiuast* 'iurabit' (§ 435). Ferner die ebenfalls Indik. Fut. genannten ursprünglichen *ē*-Konjunktivformen des Lat., wie *agē agēs aget* usw. (§ 443, 2).

Was bei diesen Formationen vermutlich die Einschränkung auf die prospektive Anwendung herbeigeführt hat, ist § 744 gezeigt.

Über den Gebrauch dieser Bildungen als 'Indik. Fut.' ist § 703 gehandelt.

757. B) Keltisch.

I) Volitiver Gebrauch. Vom wünschenden Konj., d. h. von den alten optativischen Bestandteilen, ist der volitive Konj. im Irischen dadurch geschieden, dass beim Wunsch die Partikel *ro* erscheint (§ 784). Der volitive Konj. findet sich gewöhnlich in Aufforderungen, wenn das, was ausgeführt werden soll, erst bei einer gewissen Gelegenheit oder, wie in Lebensregeln, allgemein in der Zukunft geschehen soll. Wb. 5d 39 *dognē-su maith fris-som et bid maid som iarum* 'tu ihm Gutes und er wird nachher gut werden'; Wb. 10a 21 *ce chonīis cor do sētche uait nīis-coirther* 'wenn du auch dich entledigen kannst deiner Frau, entledige dich ihrer nicht', Wb. 11a 24 *ni gessam-ni nīi bes chotarsne di ar n-īcc* 'bitten wir um nichts, was unserm Heil zuwider wäre!'.

Von den Nebensätzen mit dem Konj. gehören vor allem die Absichtsätze mit *ara n-* 'damit', *co n-* und *co* 'damit' hierher, wie Wb. 11a 7 *arm-bad irlamu de don buaith* 'ut sit promptior ad victoriam', Wb. 7a 17 *arm-bat buidich* 'ut sint grati'. Ferner z. B. die Sätze mit *co n-, co* 'bis' in dem Fall, dass eine Absicht ausgedrückt werden soll, wie Wb. 29a 22 *ni taibre grād for nech ɔ-feser a inruccus don grād sin* 'du sollst niemandem einen geistlichen Grad zuerkennen, bis dass du seine Würdigkeit für diesen Grad kennest'.

Entsprechendes im Brit., z. B. mkymr. Mab. 208, 2 *kyweirer y minneu vy march* 'man rüste mir mein Pferd aus', im Nebensatz Mab. 131, 10 *mal y crettoch* 'damit ihr glaubet' (Pedersen Vergl. Kelt. Gramm. 2, 320 ff.).

Eine Trennung des alten volitiven Konjunktivs im Kelt. vom alten 'präskriptiven' Optativ (§ 767. 776. 780) ist ebensowenig mehr angängig wie im Ital. (§ 754).

II) Deliberativer Gebrauch. Da der ir. Indik. Fut. auf dem alten *ā*-Konjunktiv beruht (S. 141. 144), dürfen hier erwähnt werden Fragen wie *cid dugēn-sa* Ml. 30 b 9 'quid faciam? was soll ich tun?'. Für den Gebrauch im Nebensatz vgl. Wb. 31 b 10 *ara scrūta cid forchana do hīcc cāich* 'damit er erwäge, was er zum Heil eines jeden lehren soll'.

III) Für den prospektiven Gebrauch ist der 'Indik. Fut.' zu nennen, der auf dem Konj., bezieh. Inj. beruht. S. § 704.

e. Germanisch und Baltisch-Slavisch.

758. Auch hier sind Konjunktiv und Optativ zusammengeflossen. In beiden Sprachzweigen gemeinsam bilden den grössten Teil des Mischmodus alte Optativformen, wobei dahingestellt bleiben muss, wie weit der 'präskriptive' Optativ (§ 776) beteiligt gewesen ist. Auch ist in beiden Sprachzweigen übereinstimmend der prospektive Gebrauch grösstenteils vom Indik. Präs. oder Fut. abgelöst worden.

759. A) Germanisch.

I) Volitiver Gebrauch.

In der 1. Plur. erscheinen im Got. und im Ahd. teils Optativformen, teils Formen, die mit dem Indik. übereinstimmen, aber auf altem Injunktiv zu beruhen scheinen, wie got. *faram* ahd. *faramēs* (§ 429 S. 521, § 718 Anm.). Über den Ausgang *-mēs* von ahd. *faramēs*, der bei Otfr. fast ganz auf den Adhortativ beschränkt ist, s. § 537, 3.

Die Gleichwertigkeit beider Ausdrucksweisen im Got. ergibt sich aus Luk. 9, 33 *gōd ist unsis hēr wisan, jah gawaúrkjaima hleiþrōs þrins* und Mark. 9, 5 *gōþ ist unsis hēr wisan, jah gawaúrkjam hlijans þrins* 'καλόν ἐστιν ἡμᾶς ὧδε εἶναι, καὶ ποιήσωμεν σκηνὰς τρεῖς', vgl. auch das Nebeneinander beider Ausdrucksweisen Röm. 13, 12 f. *uswaírpam nu waúrstwam riqizis, iþ gawasjam sarwam liuhadis. swē in daga garēdaba gaggaima* 'ἀποθώμεθα οὖν τὰ ἔργα τοῦ σκότους, ἐνδυσώμεθα δὲ τὰ ὅπλα τοῦ φωτός. ὡς ἐν ἡμέρᾳ εὐσχημόνως περιπατήσωμεν'.

Andere Stellen: Luk. 2, 15 *þaírhgaggaima ju und Bēþlahaím jah saíhwaima waúrd þata waúrþanō* 'διέλθωμεν δὴ ἕως Βηθλεὲμ καὶ ἴδωμεν τὸ ῥῆμα τοῦτο τὸ γεγονός', Luk. 15, 23 *wisam waila* 'εὐφρανθῶμεν'.

Im Ahd. z. B. *singēm* 'psallamus', *duruch wacheēm* 'pervigilemus' (die Optativform besonders in den Hymnen) neben *faramēs* 'lasst uns ziehen' (Erdmann Unters. 2, 9 f.).

Ausschliesslich Optativformen begegnen im Got. wie im Ahd. bei den Präteritopräsentien und im Ahd. beim Verbum substantivum: got. 2. Kor. 7, 2 *gamōteima in izwis* 'χωρήσατε ἡμᾶς', eigentlich 'lasst uns bei euch Raum finden', 1. Thess. 5, 8 *iþ weis dagis wisandans usskawai sijaima* 'ἡμεῖς δὲ ἡμέρας ὄντες νήφωμεν' (in gleichem Sinn *wisam*, s. o.), ahd. Otfr. 4, 37, 44 *bi thiu eigīn iamēr frawaʒ muat* 'deshalb lasst uns immer frohen Sinn haben', 3, 7, 7 *sīmēs ouh giwisse* 'lasst uns auch gewiss sein'.

Als 1. Sing. gehört aus dem Got. hierher Philem. 20 *jai, brōþar, ik þeina niutau in fraujin* 'ναί, ἀδελφέ, ἐγώ σου ὀναίμην ἐν κυρίῳ, lass mich deiner froh sein in dem Herrn', aus dem Ahd. z. B. Otfr. Hartm. 3 *bimīde ih thaʒ wiʒi* 'ich will die Strafe vermeiden', vgl. nhd. *ich sei . . . in eurem bunde der dritte.*

In den 2. Personen erscheinen im Got. und Ahd. Optativformen gleichwertig mit Imperativformen; regelmässig jedoch Optativformen bei den Präteritopräsentien und im Gotischen beim Verbum substantivum. Vgl. § 725. Beispiele für Optativformen: Got. Luk. 17, 3 *jabai frawaúrkjai brōþar þeins, gasak imma; jah þan jabai idreigō sik, fralētais imma* 'ἐὰν ἁμάρτῃ ὁ ἀδελφός σου, ἐπιτίμησον αὐτῷ, καὶ ἐὰν μετανοήσῃ, ἄφες αὐτῷ', 1. Kor. 11, 24 *þata waúrkjaiþ du meinai gamundai* 'τοῦτο ποιεῖτε εἰς τὴν ἐμὴν ἀνάμνησιν', 2. Tim. 3, 1 *aþþan þata kunneis ei* etc. 'τοῦτο δὲ γίνωσκε ὅτι' κτλ., Luk. 10, 11 *þata witeiþ þatei* etc. 'τοῦτο γινώσκετε ὅτι' κτλ., Matth. 5, 52 *sijais waila hugjands* 'ἴσθι εὐνοῶν', 1. Thess. 5, 14 *usbeisneigai sijaiþ wiþra allans* 'μακροθυμεῖτε πρὸς πάντας'. Fast regelmässig wird im Got. im Verbot mit *ni* der Optativ gebraucht (§ 740). Im Ahd. oft Präteritopräsentia und Verb. subst., wie Otfr. Hartm. 108 *wiʒīst thū thaʒ* 'du sollst das wissen', 2, 21, 15 *wiʒīt thaʒ*, 5, 16, 35 *eigīt ir giwalt* 'ihr sollt Gewalt haben', 4, 19, 47 *sīs bimunigōt* 'du sollst erinnert sein', 1, 11, 18 *al sīt iʒ brieventi* 'ihr sollt es aufschreiben'. Andre Fälle im Ahd. sind selten, wie Otfr. 4, 30, 17 f. *stīg nu nidar herasun, thes selben ouh giflīȥēs, thih lōsēs theses wīȥes* 'steig hierher herab, dabei sollst du bestrebt sein dich von dieser Strafe zu befreien', im Verbot Notk. Ps. 6, 2 *ne irrefsēst du mih* 'ne corripias me'.

Ein Überrest des kurzvokalischen Konjunktivs war got. *ōgs* 'fürchte', *ni ōgs* 'fürchte nicht' (§ 437. 740), z. B. Röm. 11, 20 *ni hugei hauhaba, ak ōgs* 'μὴ ὑψηλοφρόνει, ἀλλὰ φοβοῦ', Joh. 12, 15 *ni ōgs þus, daúhtar Sion* 'μὴ φοβοῦ, θύγατερ Σιών'.

Als 3. Personen nur Optativformen (abgesehen von dem dem alten Imperativ zuzurechnenden Formtypus got. *at-steigadau*, § 494. 725). Hier gilt ganz besonders, dass eine genauere Abtrennung vom wünschenden Optativ (§ 786) nicht mehr möglich ist. Z. B. got. Matth. 5, 16 *swa liuhtjai liuhaþ izwar in andwaírþja mannē* 'οὕτως λαμψάτω τὸ φῶς ὑμῶν ἔμπροσθεν τῶν ἀνθρώπων', Eph. 5, 22 *qēneis seinaim abnam ufhausjaina swaswē fraujin* 'αἱ γυναῖκες τοῖς ἰδίοις ἀνδράσιν ὑποτασσέσθωσαν ὡς τῷ κυρίῳ', ahd. Otfr. 5, 23, 211 *thīn herza mir giloube* 'dein Herz glaube mir', 1, 1, 123 *nu frewēn sih es alle, sō wer sō wola wolle* 'nun freue sich jeder dessen, wer etwa den Willen dazu hat'.

In abhängigen Sätzen spielte der Unterschied der Personen keine Rolle. Z. B. got. 2. Thess. 3, 6 *aþþan anabiudam izwis* . . ., *ei gaskaidaiþ izwis af allamma brōþrē* 'παραγγέλλομεν δὲ ὑμῖν . . . στέλλεσθαι ὑμᾶς ἀπὸ παντὸς ἀδελφοῦ, dass ihr euch entziehet', Joh. 6, 5 *ƕaþrō bugjam hlaibans, ei matjaina þai?* 'πόθεν ἀγοράσομεν ἄρτους, ἵνα φάγωσιν οὗτοι;', ahd. Otfr. 4, 15, 51 *theist gibōt mīnaȥ, ir iwih minnōt* 'das ist mein Gebot, dass ihr euch lieben sollt', 2, 2, 12 *er quam, sie manōti* 'er kam, damit er sie ermahnte' (eigentl. 'er kam, er sollte sie ermahnen'), 4, 28, 9 *riatun, sie wurfīn iro lōȥa* 'sie rieten, sie sollten ihre Lose werfen', 4, 6, 23 *gibōt, thaȥ sies gizilōtīn* 'er gebot, dass sie rasch dahinterher wären'.

760. II) Deliberativer Gebrauch. Im Gotischen sind bei der 1. Plur., wie in I (§ 759), die Optativ- und die Konjunktiv- bez. Injunktivformen nebeneinander gebraucht. So Matth. 6, 31 *ni maúrnaiþ nu qiþandans: ƕa matjam aiþþau ƕa drigkam aiþþau ƕē wasjaima?* 'μὴ οὖν μεριμνήσητε λέγοντες· τί φάγωμεν ἢ τί πίωμεν ἢ τί περιβαλώμεθα;', Mark. 4,

30 *ƕē galeikōm þiudangardja gudis, aiþþau in ƕileikai gajukōn gabairam þō?* 'τίνι ὁμοιώσωμεν τὴν βασιλείαν τοῦ θεοῦ, ἢ ἐν ποίᾳ παραβολῇ παραβάλωμεν αὐτήν;'. Joh. 12, 27 *ƕa qiþau?* 'τί εἴπω;', Luk. 7, 31 *ƕē nu galeikō þans mans þis kunjis?* 'τίνι οὖν ὁμοιώσω τοὺς ἀνθρώπους τῆς γενεᾶς ταύτης;'. Ahd. z. B. Notk. Ps. 58, 14 *waʒ tuoien wirs bruodera?*, doch ist hier dieser Gebrauch früh abgestorben (Ersatz mittels modaler Hilfsverba, besonders *sollen* und *wollen*).

761. III) Prospektiver Gebrauch ist nicht nachzuweisen. Denn was der Mischmodus, als Fortsetzung des ursprünglichen Konjunktivs, prospektiven Sinnes zu enthalten scheint, nämlich in Fragesätzen die got. Optativformen gegenüber dem Indik. Fut. des griech. Textes, wie Joh. 5, 47 *galaubjaiþ* gegenüber πιστεύσετε, ist auf den potentialen Sinn des uridg. Optativs zu beziehen (§ 705 Anm., § 787).

Anm. Wo im griech. Text der Indik. Fut. in Vorschriften gebraucht ist und der got. Text dafür Optativformen zeigt, wie Matth. 5, 21 *ni maúrþrjais* 'οὐ φονεύσεις', Luk. 1, 13 *qēns þeina Aíleisabaiþ gabaírid sunu þus, jah haitais namō is Iōhannēn* 'ἡ γυνή σου Ἐλισάβετ γεννήσει υἱόν σοι, καὶ καλέσεις τὸ ὄνομα αὐτοῦ Ἰωάννην', gehört dieser Optativ zu § 759.

762. B) Im Baltisch-Slavischen sind die ursprünglichen Verhältnisse besonders stark verschoben. Von den alten Konjunktivformen scheint auf dem ganzen Sprachgebiet seit Beginn der Überlieferung nichts mehr vorhanden zu sein. Als Haupterben des alten Konjunktivs treten, von periphrastischen Wendungen abgesehen, der Injunktiv, der Optativ und der Indik. (Fut.) auf.

763. I) Volitiver Gebrauch.

Als 1. Plur. und 1. Du. im Lit. *eimè* 'lasst uns gehen', *eivà* 'lass uns gehen', die dem Injunktiv angehören (§ 429, 1. 496). Sonst Formen auf *-kime, -kiva,* wie *dűkime* 'lasst uns geben', *dűkiva* 'lass uns geben', die im Rahmen des Imperativsystems (*dű-k(i)* usw.) neu entstanden sind (§ 496. 718 Anm.), z. B. Märch. *kaĩ aĩs isz bażnýczos, palẽkim smãlą, taĩ lìks czeverýkas* 'wenn sie aus der Kirche gehen wird, lasst uns Teer hingiessen, dann wird ihr Schuh kleben bleiben'. Auch im Slav. stehen diese 1. Personen im Imperativsystem, und zwar sind Formen wie *veděmъ* 'lasst uns führen', *veděvě* 'lass uns führen' formal ebenso Optative wie *veděte, veděta,* und Formen wie *vidimъ* 'lasst uns sehen', *vidivě* 'lass uns sehen' formal Injunktive (§ 718 Anm.), z. B. aksl. Cloz. 744 *priděte ubo, bratrьja, vidimъ bolězni grobьnije* 'δεῦρο δὴ οὖν, ἀδελφοί, μείνωμεν τὰς ὠδίνας τοῦ τάφου'.

Ausserdem erscheint bei den 1. Personen des Plur. und Du. im Lit. auch der Indik. Fut., z. B. Märch. *nà, važiũsim in szliúbą* 'komm, wir wollen jetzt zur Trauung fahren', *duktẽ mãno, žẽnysimės mùdu* 'Tochter, lass uns beide Mann und Frau werden'. Diese Verwendung des Indik. Fut. ist dieselbe wie in den deliberativen Fragen (§ 764), und sie hängt vermutlich mit der nicht rein indikativischen Natur dieser Indikativbildung (S. 384. 389. 522. 794) zusammen. Übrigens begegnet auch im Slav. so die 1. Plur. des perfektiven (und dadurch futurischen) Indik. Präs., wie russ. *pojdëm* 'allons' (Boyer-Spéranski Manuel 163).

Auch bei den 2. und 3. Personen sind Injunktiv und Optativ beteiligt. Beide Modusformen im Lit. in dem auf die 3. Personen beschränkten sogen. Permissiv, z. B. *dẽvas tãrė: tesirañda szvësà* 'Gott sprach: es werde Licht' (§ 429, 1. 469. 726). Im Preuss. und im Lett. Optativformen auch im Gebiet der 2. Personen, wie preuss. *immais* 'nimm', *immaiti* 'nehmt', lett. *metit* 'werft' (§ 469). Im Slav., gleichwie bei den 1. Personen, beide Modi zugleich, z. B. Matth. 6, 6 *vъlězi vъ klětь svoją, zatvori dvьri svoję i pomoli sę* 'εἴσελθε εἰς τὸ ταμεῖόν σου, καὶ κλείσας τὴν θύραν σου πρόσευξαι', Matth. 9, 29 *po věrě vaju bądi vama* 'κατὰ τὴν πίστιν ὑμῶν γενηθήτω ὑμῖν'. Eine Injunktivbildung war auch aksl. *bądą* 'sunto' (§ 727), z. B. Luk. 12, 35 *bądą črěsla vaša prěpojasana* 'ἔστωσαν ὑμῶν αἱ ὀσφύες περιεζωσμέναι', Kiev. Bl. 5, 15 f. *i na očiščenie namъ bądą* 'et in purificationem nobis sunto'.

Im Lit. der Indik. Fut. auch in abhängigen Sätzen, z. B. Märch. *jìs pasisteliãvo dañg drutũ výru, kurẽ razbáinikus turės tvért* 'er bestellte viele starke Männer, die die Räuber ergreifen sollten'.

764. II) Deliberativer Gebrauch. Dieser ist im Lit. auf den Indik. Fut. übergegangen, der uns soeben auch im volitiven Gebrauch begegnet ist, z. B. *ką̃ sakýsiu, ką̃ darýsiu?*

'was soll ich sagen, was tun?'. Ebenso im abhängigen Satz, z. B. *àsz nežinaũ, ką̃ darýsiu* 'ich weiss nicht, was ich tun soll'.

Das Slav. hat den Indik. Präs. als Vertreter des Indik. Fut., z. B. Matth. 19, 16 *čьto blago sъtvorją?* 'τί ἀγαθὸν ποιήσω;', Psalt. sin. 136, 4 *kako pojemъ pěsnь gospodьnją na zemlji tuždeji* 'πῶς ᾄσωμεν τὴν ᾠδὴν κυρίου ἐπὶ γῆς ἀλλοτρίας;'.

765. III) Der prospektive Gebrauch ist ganz auf Indikativ-, bezieh. Injunktivformen übergegangen. Für das Balt. s. § 305. 706, für das Slavische § 707.

D. Optativ.

a. Allgemeines.

766. Wie wir § 742 sahen, haben nur das Arische und das Griechische die uridg. formale und semantische Getrenntheit des Optativs und des Konjunktivs bis in die historische Zeit hinein festgehalten, während in den andern Sprachzweigen der Optativ schon in vorhistorischen Zeiten synkretistisch untergetaucht ist. Wir haben daher auch hier wieder jene beiden Sprachzweige voranzustellen als diejenigen, die es allein ermöglichen, die Entwicklung seit uridg. Zeit zu zeichnen.

767. Der Übersichtlichkeit wegen scheint es angemessen, die als uridg. sich ergebenden Gebrauchsweisen des Optativs in drei Gruppen zu zerlegen, die man bezeichnen kann als den wünschenden Gebrauch, wonach ein Begehren mit Betonung eines Lust- oder Unlustgefühls ausgedrückt ist, den potentialen, demzufolge dieser Modus besagt, dass etwas sein oder geschehen würde, könnte, dürfte u. dgl., und den präskriptiven, wonach man mit der Optativform etwas vorschreibt, einen anweist etwas zu tun u. dgl.

Von dieser unserer Einteilung gilt dasselbe, was § 744 von der Gruppierung der Gebrauchsweisen des Konjunktivs gesagt ist. Man kann und darf auch anders einteilen als wir tun (s. z. B. Slotty Gebr. des Konj. u. Opt. 1, 71 ff.). Eine wirklich notwendige Einteilung ergäbe sich nur, wenn es gelänge, zum Urgebrauch der Optativformation vorzudringen, wovon im nächsten Paragraph zu handeln sein wird.

768. Da die Bildungsweise des uridg. Optativs einheitlich war — das *-i̯-* der Formen wie **bheroi̯-t* griech. φέροι war mit dem *-ī-* der Formen wie **s-ī-te* lat. *sītis* identisch (§ 450) —, so steht hier der Frage nach der 'Grundbedeutung' keine grundsätzliche Schwierigkeit (vgl. § 745) entgegen.

Klar ist von vornherein, dass der präskriptive Gebrauch nicht die älteste Anwendung gewesen ist. Er lässt sich aber ebensogut als Abart des wünschenden wie als Abart des potentialen Gebrauchs begreifen. Im letzteren Fall vergliche sich unser nhd. Ausdruck *du kannst, magst das und das tun* im Sinn von *tu es* oder der Potentialis mit κὲν, ἄν im Griech. z. B. in Gesetzesvorschriften wie el. συμμαχία κ' ἔα ἑκατὸν Ϝέτεα 'das Bündnis mag (soll) 100 Jahre gelten'. Vgl. § 776.

Welches dagegen das historische Verhältnis der beiden andern Anwendungen zueinander gewesen ist, ist unklar. Meistens betrachtet man die Wunschbedeutung, nach der die Griechen diesen Modus benannt haben, als die ältere. S. hierüber u. a. Delbrück Neue Jahrbb. 1902 S. 328 ff., Rodenbusch IF. 24, 181 ff., Meltzer Bursian's Jahresb. 159 S. 361 f. Da aber die Bedeutung, die das formantische Element *-(i)i̯ē- : -ī-* den Tempusstämmen zu der Zeit zugeführt hat, als diese Modusbildung ins Leben trat, gänzlich unbekannt ist, lässt sich m. E. der 'Potentialis' ebensogut aus dem 'Optativus' ableiten wie umgekehrt. Zum Übergang des potentialen Gebrauchs in den wünschenden liesse sich die Gebrauchsentwicklung unseres nhd. *mögen* vergleichen, das ursprünglich 'imstande sein, können' bedeutet hat, sowie der Gebrauch des griech. Potentialis (Optativ mit ἄν, κὲν), wo er sich der wünschenden, bittenden oder befehlenden Bedeutung näherte (§ 776). Vgl. auch franz. *pouvoir* in Wünschen, wie *puisse le ciel vous donner de longs jours!* 'möge Ihnen der Himmel ein langes Leben verleihen!', *puissent vos projets réussir!* 'mögen Ihre Pläne gelingen!'. Bei der entgegengesetzten Annahme ergäbe sich ein Wandel, der auf einer Abschwächung des Bedeutungselements der Begehrung, einer Verringerung der subjektiven Erregung des Sprechenden beruht hätte. Daneben bliebe auch noch zu erwägen, ob nicht die Urbedeutung die des Gefühlszustands des Wohlgefallens oder

der Billigung gewesen sei und diese, in den historischen Perioden überwundene, Bedeutung einerseits zu der wünschenden, anderseits zu der potentialen Verwendung geführt habe (vgl. Rodenbusch a. a. O.).

769. Die Negation beim Optativ war von uridg. Zeit her wahrscheinlich, wie beim Konjunktiv (§ 746), ***nĕ**.

Im ältesten Indisch bei allen Gattungen des Optativs *ná*, z. B. RV. 6, 54, 9 *ná riṣyēma kádā caná* 'möchten wir niemals Schaden erleiden'. *mā́* nur in der im RV. fünfmal vorkommenden Verbindung *mā́ bhujēma* 'möchten wir nicht zu fühlen bekommen, auszukosten bekommen', z. B. 6, 51, 7 *mā́ va énō anyákṛtą bhujēma* 'möchten wir nicht euch gegenüber fremde Sünde auszukosten bekommen'. Im späteren Indisch begegnet *mā* beim Optativ auch sonst.

Im Griech. blieb οὐ (als Vertreter von **nĕ*) beim Potentialis (§ 775), während beim wünschenden und präskriptiven Gebrauch μή Regel war. Durch die Art der Negation wird hier die engere Zusammengehörigkeit des präskriptiven mit dem wünschenden Optativ verbürgt, vgl. z. B. σ 141 τῷ μή τίς ποτε πάμπαν ἀνὴρ ἀθεμίστιος εἴη, ἀλλ' ὅ γε σιγῇ δῶρα θεῶν ἔχοι 'drum sei nimmer ein Mensch frevelhaft, sondern empfange still die Geschenke der Götter'.

Im Lat. *nōn* in Wunschsätzen und beim Potentialis, doch in jenen von Anfang der Überlieferung an auch *nē*. Für die Doppelheit *utinam ne aegrotes* und *utinam non aegrotes* gilt dasselbe, was § 746 über *ne : non* beim echten alten Konjunktiv gesagt ist. Der präskriptive Gebrauch des Optativs hat hier wegen des Synkretismus der verschiedenen Modi ausser Betracht zu bleiben.

b. Arisch und Griechisch.

770. I) Der wünschende Optativ. Am reinsten tritt die Wunschbedeutung bei den 1. Personen, besonders der 1. Sing., hervor. Bei den 2. und 3. Personen nähert sich die Wunschäusserung oft einer Konzession oder einer Bitte oder einer Aufforderung.

1. Personen. Ai.: RV. 7, 59, 12 *mṛtyṓr mukṣīya* 'ich möchte vom Tode frei werden', TS. 2, 1, 2, 3 *yáḥ kāmáyēta prá-*

thēya paśúbhiḥ prá prajáyā jāyēyéti 'wenn einer wünschen sollte: ich möchte reich werden an Vieh und mich fortpflanzen in Kindern und Enkeln', RV. 7, 66, 16 *tác cákṣur dēváhitą śukrám uccárat páśyēma śarádaḥ śatą́ jīvēma śarádaḥ śatám* 'wir möchten dieses von den Göttern eingesetzte helle Auge hundert Jahre aufgehen sehen, wir möchten hundert Jahre leben', RV. 6, 54, 9 *ná riṣyēma kádā caná* 'wir möchten niemals Schaden leiden'. Av.: Y. 43, 8 *haiθyōdvaēšå hyaṯ isōyā drəgvāitē aṯ ašaonē rafənō hyəm aojōnghvaṯ* 'ich möchte ein echter Feind, so gut ich es vermag, dem Druggenossen sein, aber eine kraftvolle Stütze dem Ašaanhänger', Y. 9, 21 *paurva tāyūm ... būiδyōimaiδe* wir möchten zuerst des Diebs gewahr werden'. Griech.: Σ 98 αὐτίκα τεθναίην 'ich möchte sofort tot sein', ν 42 ἀμύμονα δ' οἴκοι ἄκοιτιν | νοστήσας εὕροιμι 'untadelig möchte ich nach meiner Rückkehr zu Hause die Gattin finden'. Verwünschung: Β 259 μηδ' ἔτι Τηλεμάχοιο πατὴρ κεκλημένος εἴην, | εἰ μὴ ἐγώ σε λαβὼν ἀπὸ μὲν φίλα εἵματα δύσω 'ich will nicht Vater des T. heissen, wenn ich dich nicht packe und dir deine Kleider ausziehe', Herodot 7, 11 μὴ γὰρ εἴην ἐκ Δαρείου ... γεγονώς, μὴ τιμωρησάμενος Ἀθηναίους 'ich will nicht der Sohn des D. sein, wenn ich nicht die A. züchtige'.

2. und 3. Personen. Ai.: RV. 6, 11, 1 *á nō mitrāváruṇā nā́satyā dyā́vā hōtrā́ya pṛthivī́ vavṛtyāḥ* 'möchtest du M. und V., die N., Himmel und Erde zu unserm Opfer herbringen', RV. 8, 18, 22 *yé cid dhí mṛtyubándhava ā́dityā mánavaḥ smási prá sú na ā́yur jīvásē tirētana* 'möchtet ihr, A., das Leben von uns Menschen, die wir dem Tode verwandt sind, verlängern', ŠB. 1, 7, 1, 7 *ánapakramiṇyō 'smín yájamānē bahvyàḥ syāta* 'möchtet ihr, nicht weglaufend, zahlreich bei diesem Opferer sein', RV. 10, 10, 3 *jányuḥ pátis tanvàm ā́ viviśyāḥ* 'möchtest du als Gatte in der Gattin Leib eingehen', RV. 5, 33, 5 *ásmā́n jagamyād ahiśuṣmasátvā* 'möge er zu uns kommen, dessen Helden wie Schlangen glänzen', RV. 1, 23, 24 *vidyúr mē asya dēvā́ḥ* 'die Götter mögen mir dafür Zeuge sein', TS. 1, 7, 1, 3 *yą́ kāmáyētāpaśúḥ syād íti* 'derjenige, von dem er wünscht: möchte er ohne Herde sein'. Av.: Y. 68, 9 *sᵘrunuyå nō yasnəm ... xšnuyå nō yasnəm ... upa nō yasnəm āhīša* 'möchtest du auf unser

Gebet hören, möchtest du dir unser Gebet gefallen lassen, du unser Gebet erfüllen', Y. 41, 4 *rapōiščā tū nō darᵉgəmčā uštāčā hātąm hudāstəmā* 'möchtest du uns Unterstützung gewähren auf lange und nach unserm Wunsch, der du es mit den Seienden am besten meinst', Y. 43, 3 *at̰ hvō vaŋhāuš vahyō nā aⁱbījamyāt̰* 'der möge zu dem, was besser ist als gut, gelangen'; apers. Bh. 4, 10, 16 *aʰuraʰmazdāʰ* θuvām *dauštā biyāʰ* 'möge A. dir gewogen sein'. Griech.: φ 200 Ζεῦ πάτερ, αἲ γὰρ τοῦτο τελευτήσειας ἐέλδωρ 'Vater Zeus, möchtest du mir doch diesen Wunsch erfüllen', Soph. Ai. 550 ὦ παῖ, γένοιο πατρὸς εὐτυχέστερος 'Kind, möchtest du glücklicher werden als dein Vater', γ 205 εἰ γὰρ ἐμοὶ τόσσηνδε θεοὶ δύναμιν παραθεῖεν 'möchten mir die Götter so grosse Kraft verleihen', Ζ 180 σοὶ δὲ θεοὶ τόσα δοῖεν 'möchten dir die Götter so viel geben', Ι 601 ἀλλὰ σὺ μή μοι ταῦτα νόει φρεσί, μηδέ σε δαίμων | ἐνταῦθα τρέψειε 'nicht denke du mir so, und möge dich nicht ein Dämon dahin verleiten', Xen. An. 3, 2, 37 εἰ μὲν οὖν ἄλλο τις βέλτιον ὁρᾷ, ἄλλως ἐχέτω· εἰ δὲ μή, Χειρίσοφος μὲν ἡγοῖτο κτλ. 'wenn nun jemand etwas anderes, was besser ist, sieht, soll es anders sein, wenn nicht, möge Ch. anführen', kret. SGDI. 5024, 75 ἵλεοι ἁμὶν εἶεν 'sie (die Götter) mögen uns gnädig sein'. Verwünschung: Ζ 164 τεθναίης, ὦ Προῖτ', ἢ κάκτανε Βελλεροφόντην 'den Tod über dich, Pr., oder töte den B.', Soph. El. 126 ὡς ὁ τάδε πορὼν ὄλοιτο 'Verderben über den, der dies verübt hat'.

771. Die dem Ai. eigentümliche Gestaltung des Optativs, die Prekativ heisst (§ 471), kommt nur in Wünschen vor, z. B. RV. 3, 53, 21 *yó nō dvéṣṭy ádharaḥ sás padīṣṭa* 'wer uns hasst, der möge zu Boden fallen'. S. Delbrück Altind. Synt. 352 f.

772. Der wünschende Optativ galt im Ai. für die Gegenwart oder für die nächste oder alle Zukunft und scheint nicht für die Vergangenheit nachgewiesen zu sein. In letzterem Sinne finden sich im älteren Griechischen ein paar Beispiele, doch erweisen sie kaum, dass der Optativ damals beliebig und uneingeschränkt für die Vergangenheit verwendet werden konnte.

Anm. ν 79 νῦν μὲν μήτ' εἴης, βουγάιε, μήτε γένοιο ist wegen Ζ 201 und π 437 etwa (mit Ameis) zu übersetzen 'du verdientest weder zu leben noch zu erstehen'. In Ν 826 εἰ γὰρ ἐγὼν οὕτω γε Διὸς πάϊς αἰγιόχοιο | εἴην ἤματα πάντα, τέκοι δέ με πότνια Ἥρη ist τέκοι vom vorausgegangenen εἴην beherrscht, was man durch τεκούσης με Ἥρης verdeutlichen könnte. Wegen ὅπου κακῶς ὄλοιτο Eur. Hel. 1215 s. Kühner-Gerth Ausf. Gramm.[3] 1, 228.

773. II) Beim potentialen Optativ lassen sich verschiedene Gebrauchsschattierungen unterscheiden. Man mag sie aus den anzuführenden Beispielen sich selbst entnehmen, da keine Einteilung ohne grössere Willkürlichkeit möglich ist (vgl. Slotty Gebr. d. Konj. u. Opt. 1, 82 ff.).

Ai.: RV. 9, 44, 23 *yád agnē syā́m ahą̄ tvą̄ tvą̄ vā ghā syā́ ahám, syúṣ ṭē satyā́ ihā́šíṣaḥ* 'wenn ich, o A., du wäre oder du ich wärest, würden deine Gebete hier erfolgreich sein', MS. 2, 2, 1 *yády ēkatayī́ṣu dvayī́ṣu vāvagáchēd aparṓdhukā ēną syuḥ* 'wenn er schon bei einer oder zwei Spenden zurückkehren würde, könnten sie ihn noch von der Herrschaft fernhalten', RV. 8, 5, 1 *mahḗ caná tvā́m adrivaḥ párā šulkā́ya dēyām* 'selbst für grossen Gewinn würde ich dich, o Indra, nicht hingeben', RV. 10, 117, 7 *pr̥ṇánn āpír ápr̥ṇantam abhí syāt* 'ein Freund, der schenkt, übertrifft wohl (würde übertreffen) den nichtschenkenden', MS. 1, 8, 2 (117, 17) *nā́tišr̥tą kā́ryą rḗtaḥ šōṣayēt* 'es ist nicht allzu heiss zu machen; es würde (sonst) den Samen eintrocknen lassen', MS. 1, 4, 12 (60, 12) *tḗ 'bruvann utā́itēna yájamānō yájamānād bhrā́tr̥vyāt pā́pīyān syād íti* 'sie sprachen: damit könnte ein Opfernder (oder: ein damit Opfernder) aber auch seinem opfernden Nebenbuhler unterliegen', ŠB. 12, 6, 1, 39 *kį́ máma tátaḥ syād íti sárvasya tē yajñásya prā́yaščittį brūyām íti* 'was würde ich dann bekommen? ich würde dir die Busshandlung für das ganze Opfer sagen', Kathās. 2, 37 *sakr̥c chrutam ayą bālaḥ sarvą cādhārayēd dhr̥di* 'dieser Knabe könnte (kann) alles, was er nur einmal gehört hat, genau im Gedächtnis behalten, ŠB. 11, 1, 6, 6 *sá yáthā nadyāi pārą parāpášyēd ēvą svásyā́yuṣaḥ pārą párā cakhyāu* 'als ob er in der Ferne das andere Ufer eines Flusses sähe, so sah er das Ende seines Lebens von ferne'. Av.: Yt. 8, 56 *yaṯ aˈryā̊ daˈǝṅhāvō tištryehe aˈwisačyārᵊš dāˈtīm yasnəmča . . . nōiṯ iθra fraš hyāṯ haēna* 'wenn die arischen Länder an des T. gebührende Anbetung . . . dächten, würde nicht hier ein Feindesheer herankommen', Yt. 8, 11 *yeδi zī mā mašyāka yazayanta . . . frā šušuyąm* 'wenn mich die

Menschen verehren würden, würde ich mich aufmachen', V. 18, 38 *hō mąm avaθa vər*ᵊ*nąn nija'nti yaθa vəhrkō bar*ᵊ*θryāt̰ hača puθrəm niždar*ᵊ*da'ryāt̰* 'der zerstört meine Leibesfrucht ebenso, als ob ein Wolf das Kind aus dem Mutterleib herausrisse'; apers. Bh. 1, 13 *kāraʰšim hačā daršmaⁿ atarsaʰ: kāram vasi avājaniyāʰ hyaʰ paranam bardiyam adānāʰ* 'die Leute fürchteten von seiner Gewalttätigkeit: er könnte (dürfte wohl) viele Leute töten, die vormals den B. gekannt hatten'.

Griech.: Α 255 ἦ κεν γηθήσαι Πρίαμος Πριάμοιό τε παῖδες ..., | εἰ σφῶϊν τάδε πάντα πυθοίατο μαρναμένοιιν 'freuen würde sich P. und des P. Söhne, wenn sie das alles hörten, wie ihr streitet', γ 231 ῥεῖα θεός γ' ἐθέλων καὶ τηλόθεν ἄνδρα σαώσαι 'leicht könnte ein Gott, wenn er will, auch von Ferne einen Mann erretten', Δ 93 ἦ ῥά νύ μοί τι πίθοιο, Λυκάονος υἱὲ δαΐφρον; 'würdest du mir wohl folgen?' (wird von Slotty Gebr. des Konj. und Opt. 1, 72 f. weniger angemessen zum wünschenden Optativ gezogen), α 65 πῶς ἂν ἔπειτ' Ὀδυσῆος ἐγὼ θείοιο λαθοίμην; 'wie könnte ich denn des göttlichen O. vergessen?', Soph. El. 1372 οὐκ ἂν μακρῶν ἔθ' ἡμὶν οὐδὲν ἂν λόγων, | Πυλάδη, τόδ' εἴη τοὔργον 'diese Tat dürfte für uns nicht mehr ein Gegenstand langer Reden sein', Plato Krat. 402 a δὶς ἐς τὸν αὐτὸν ποταμὸν οὐκ ἂν ἐμβαίης 'zweimal könntest du nicht in denselben Fluss hineinsteigen', Xen. An. 5, 4, 25 δόρατα ἔχοντες παχέα μακρά, ὅσα ἀνὴρ ἂν φέροι μόλις 'mit dicken langen Speeren, wie sie ein Mann kaum tragen kann'.

774. Der potentiale Optativ galt auch mit Bezug auf Vergangenes (vgl. § 772). Ai.: Ch. Up. 4, 14, 2 *kō nu mām anušiṣyāt* 'wer würde mich das gelehrt haben?' (als Antwort auf die Frage des Lehrers *sāumya kō nu tvānušašāsa* 'mein Lieber, wer hat dich das gelehrt?'), R. 2, 20, 36 *yadi putra na jāyēthā mama šōkāya* etc. 'wenn du, mein Sohn, nicht zu meinem Kummer wärest geboren worden ...'. Griech.: Ρ 70 ἔνθα κε ῥεῖα φέροι κλυτὰ τεύχεα Πανθοίδαο | Ἀτρείδης, εἰ μή οἱ ἀγάσσατο Φοῖβος Ἀπόλλων 'leicht hätte der A. die herrliche Rüstung des P. davontragen, wenn es ihm nicht Ph. A. missgönnt hätte', Ε 311 καί νύ κεν ἔνθ' ἀπόλοιτο ἄναξ ἀνδρῶν Αἰνείας, | εἰ μὴ ἄρ' ὀξὺ νόησε ... Ἀφροδίτη 'und dort wäre Ä. umgekommen, wenn ihn nicht A. scharf bemerkt hätte', Herodot 1, 2 εἴησαν δ' ἂν οὗτοι Κρῆτες 'es könnten aber Kreter gewesen sein'.

775. Im Griech. ist der potentiale vom wünschenden Optativ erstens durch die Verschiedenheit der Negationspartikel getrennt (vgl. § 769). Vgl. ausser den § 773 angeführten Stellen aus Sophokles und Plato noch Τ 321 οὐ μὲν γάρ τι κακώτερον ἄλλο πάθοιμι 'denn nicht könnte mir etwas schlimmeres widerfahren'. Ausserdem wurden dem potentialen Opt. und nur ihm seit urgriechischer Zeit oft die Partikeln ἄν und κὲν beigegeben. Ihre Hinzusetzung wurde im Attischen fast geradezu Regel (vgl. Slotty Gebr. d. Konj. u. Opt. 1, 83 ff.).

776. III) Der präskriptive Optativ.

Ai.: ŚB. 11, 6, 1, 2 *prā́ putraka vrajatāt. tátra yát pā́śēs tán ma ā́ cakṣ̌īthāḥ* 'gehe nach Osten, mein Sohn. Was du dort sehen wirst, das magst (sollst) du mir mitteilen', MS. 2, 1 8 (9, 12) *yádi purā́ sąsthā́nād dī́ryētā́dyá varṣ̌iṣ̌yatī́ti brūyāt* 'wenn das Gefäss vor Vollendung des Opfers zerbrechen sollte, so mag (soll) er sagen: heute wird es regnen', MS. 1, 4, 5 (52, 14) *purā́ vatsā́nām apā́kartōr dámpatī aśnīyātām* 'vor dem Wegtreiben der Kälber (beim Opfer) mögen (sollen) Mann und Frau essen', MS. 1, 6, 4 (93, 8) *kṣ̌āúmē vásānā agním ā́ dadhīyātą, tḗ adhvaryávē dḗyē* 'Linnengewänder anziehend mögen (sollen) sie das Feuer anlegen, die sind (nachher) dem A. zu geben'. Av.: V. 9, 6 f. *paoʼrīm upa maγəm niθwərᵊsōiš* 'ein erstes Loch magst (sollst) du ausstechen', V. 14, 16 *biš hapta puθrąm gaδwąm uzjāmōiţ* 'zweimal sieben junge Hunde mag (soll) er grossziehen'.

Griech.: Ω 149 κῆρύξ τίς οἱ ἕποιτο γεραίτερος 'ein älterer Herold mag (soll) ihm folgen'. Im Kypr. erscheint in solchem Fall die Partikel νὺ: SGDI. 60, 6 ἢ δυϝάνοι νυ ἀ (ν)τὶ τῶ ἀργύρων[1]) τῶδε 'oder er mag (soll) anstatt dieses Geldes geben . . .', 16 ἢ διώκοι νυ βασιλεύς 'oder der König mag (soll) geben . . .'. Wo μή auftritt, bekundet sich dadurch Verwandtschaft mit dem wünschenden Optativ, wie σ 141 τῷ μή τίς ποτε πάμπαν ἀνὴρ ἀθεμίστιος εἴη, | ἀλλ' ὅ γε σιγῇ δῶρα θεῶν ἔχοι 'drum sei nimmer ein Mensch frevelhaft, sondern empfange still die Geschenke

1) Nach E. Hermann ἄργυρον (genitivischer Akk.).

der Götter'. Wo aber zum Optativ ἄν oder κὲν hinzutritt, lag der Potentialis zugrunde, wie Soph. Phil. 674 χωροῖς ἂν εἴσω 'du magst hineintreten'. In diesem Fall tritt denn, wie zu erwarten, οὐ auf, nicht μή, wie Aristoph. Vesp. 726 πρὶν ἂν ἀμφοῖν μῦθον ἀκούσῃς, οὐκ ἂν δικάσαις 'du magst (sollst) nicht urteilen, bevor du beider Rede gehörst hast'.

Dieser Optativgebrauch begegnet im Griech. auch bei der 1. Sing.: Ψ 151 νῦν δ', ἐπεὶ οὐ νέομαί γε φίλην ἐς πατρίδα γαῖαν, | Πατρόκλῳ ἥρωϊ κόμην ὀπάσαιμι φέρεσθαι 'jetzt, da ich nicht ins liebe Vaterland zurückkehren werde, möchte (will) ich dem Helden P. mein Haupthaar mitgeben' (das geschieht nacher, V. 152), wenn man hier und in der gleichartigen Stelle O 38 (παραμυθησαίμην) nicht vielmehr mit W. Schmid Woch. f. klass. Phil. 1916 Sp. 116f. dem Optativ Wunschbedeutung zuzuweisen hat. Mit οὐ: ark. Solmsen Inscr. Gr.³ n. 2, 11 (in einem Schwur) ο]ὐδ' ἂν ἀνισταίμαν 'ich will nicht abfallen', 29 οὐδ' ἂν ἐξελαύνοια 'ich will nicht vertreiben'. Diese Ausdrucksweise steht im Einklang mit der 3. Person des Optat. + κὲν in Gesetzen und Verträgen, wie el. SGDI. n. 1149 συνμαχία κ' ἔα ἑκατὸν Fέτεα 'das Bündnis soll 100 Jahre gelten', mit οὐ n. 1157, 7 οὐζέ κα μί' εἴη (sc. βωλά) 'es soll aber keine Ratssitzung stattfinden'.

Anm. Die Polemik Slotty's Der Gebr. des Konj. u. Opt. 1, 76ff. 93ff. verfehlt insofern ihr Ziel, als sie von der Voraussetzung ausgeht, diejenigen, welche den Optativus praescriptivus zum Teil aus dem potentialen Gebrauch entstanden sein lassen, meinten, die Griechen selbst hätten den Opt. + ἄν, κὲν immer nur als eine mildere, höflichere Form der Aufforderung empfunden. Diese Voraussetzung trifft nicht zu. Die öfters gewählte Übertragung ins Deutsche mit *kann, könnte* u. dgl. soll nur den ursprünglichen Sinn der Wendung andeuten. Dass aber der Potentialis mit allmählicher Verwischung seines eigentlichen Sinnes auch in die Sprache amtlicher Erlasse eingedrungen und zum Teil Gesetzesstil geworden ist, ist gar nicht so auffallend, wie es auf den ersten Blick scheint: auch bei uns heisst es in obrigkeitlichen Bestimmungen z. B. *die strafsumme ist dann und dann zahlbar = soll, muss bezahlt werden* neben *die schuld ist übertragbar = kann, darf übertragen werden.* Das οὐ in den oben zuletzt genannten Beispielen mit dem ai. *ná* beim wünschenden Optativ unmittelbar zusammenzubringen, wie Slotty S. 98f. tut, halte ich für unstatthaft. Gegen Slotty jetzt auch W. Schmid a. a. O. Sp. 118.

777. Wie der Konjunktiv (§ 749), so wird auch der Optativ schon in uridg. Zeit häufig in abhängigen Sätzen vorgekommen sein.

Relativsätze: AV. 8, 10, 9 *iyám ēvá tád vēda yád ubháya upajīvēma* 'diese weiss dasjenige, wovon wir beide leben könnten'. Υ 286 ὁ δὲ χερμάδιον λάβε χειρί . . ., ὃ οὐ δύο γ' ἄνδρε φέροιεν 'er ergriff einen Feldstein mit der Hand, den nicht zwei Männer tragen könnten'.

Finalsätze: RV. 7, 97, 2 *á dāívyā vṛṇīmahē 'vā̜si bŕhaspátir nō maha á sakhāyaḥ, yáthā bhávēma mīḷhúṣē ánāgāḥ* 'wir erflehen die göttliche Hilfe, B. wird von uns gepriesen, ihr Freunde, damit wir dem gnädigen gegenüber schuldlos seien'; Yt. 16, 3 *aϑa nā āxšta buyą̄n yaϑa na buyāṯ hvāyaonåŋhō pantānō* 'so mögen uns friedliche Zustände werden, damit uns gut fahrbare Strassen seien'. ρ 250 τόν ποτ' ἐγὼν . . . ἄξω τῆλ' Ἰθάκης, ἵνα μοι βίοτον πολὺν ἄλφοι 'ich werde ihn fern von Ithaka wegführen, damit er mir Reichtum einbringe'.

Für die Bedingungssätze sind in § 773. 776 Beispiele vorgekommen. Andere noch: AB. 7, 7, 4 *yadi na šaknuyāt sō 'gnayē purōḷāšą nir vapēt* 'wenn er das nicht können sollte, opfere er dem A. einen Kuchen', Ε 273 εἰ τούτω κε λάβοιμεν, ἀροίμεθά κε κλέος ἐσθλόν 'wenn wir diese beiden fingen, würden wir trefflichen Ruhm gewinnen', el. SGDI. n. 1152, 2 αἰ ζέ τις κατιαραύσειε, Ϝάρρην 'wenn aber einer zum Schaden jemandes opfern sollte, soll er verbannt werden'.

778. Übereinstimmend im Ar. und im Griech. wurde der Optativ öfters zugleich im Haupt- und im Nebensatz in der Weise gesetzt, dass der optativische Sinn eigentlich nur für den Hauptsatz galt, das Verbum im abhängigen Satz sich also nur assimilatorisch dem Modus des Hauptsatzes fügte. So ŠB. 11, 5, 1, 4 *átha hāyám īkšą̄ cakrē kathą̄ nú tád avīrą̄ katham ajaną̄ syād yátrāhą̄ syām íti* 'er dachte: wie könnte das heldenlos und leutelos sein, wo ich bin?', AB. 7, 22, 1 *yathā ha kāmayēta tathāitē kuryāt* 'wie er will, so mag er die beiden machen', Y. 43, 3 *aṯ hvō vaŋhēuš vahyō nā a[i]bījamyāṯ yə̄ nå ər[ə]zūš savaŋhō paϑō šišōiṯ* 'zu dem, was besser ist als gut, gelange der, der uns die rechten Wege des Nutzens lehrt', α 47 ὡς ἀπόλοιτο καὶ ἄλλος, ὅτις τοιαῦτά γε ῥέζοι 'ginge doch auch sonst jeder zugrunde, der solches tut'. Vgl. Delbrück Altind. Synt. 553 Fussn. 1, Reichelt Aw. Elem. 369, Brugmann-Thumb Griech. Gramm.[4] 583. 643, E. Hermann Griech. Forsch. 1, 13, Jahresber. des philol. Ver. 40, 144.

c. Armenisch.

779. Der arm. 'Konjunktivus' setzt, wie schon § 752 bemerkt ist, zugleich den alten Konjunktiv und den alten Optativ fort; die Formation des Modus ist unaufgeklärt.

Wie viel von den historischen Gebrauchsweisen auf den alten wünschenden und wie viel auf den alten präskriptiven Gebrauch zurückzuführen ist, ist unklar, weil eine Grenze gegen die konjunktivische 'volitive' Anwendung nicht mehr zu ziehen ist.

Zum Potential scheint zunächst der Ausdruck für 'vielleicht' zu gehören: *guçē,* Konj. zu *goy* 'ist, existiert', also ursprünglich 'kann sein, peut-être', z. B. Matth. 25, 9 *guçē oč̣ içē mez ev jez bavakan* 'μή ποτε οὐ μὴ ἀρέσκῃ ἡμῖν καὶ ὑμῖν'. Ferner etwa z. B. Luk. 16, 17 *diurin içē* 'es mag leicht sein', Luk. 6, 48 *nman ē aṙn or šiniçē tun* 'er ist gleich einem Mann, der ein Haus bauen würde'. Vgl. Meillet Mém. 16, 114 f.

d. Italisch und Keltisch.

780. Der 'Konjunktiv' der italischen und der keltischen Sprachen ist Nachkomme dreier uridg. Modusbildungen, darunter des alten Optativs, worüber § 753.

Der 'präskriptive' Gebrauch bleibt im folgenden beiseite, weil es unmöglich ist, eine Grenze gegen die volitive Verwendung des uridg. Konjunktivs zu ziehen (§ 754. 757, I).

781. A) Italisch.

I) Der wünschende Optativ. Lat.: Plaut. Epid. 196 *di immortales, utinam conveniam domi Periphanem, per omnem urbem quem sum defessus quaerere,* Plaut. Men. 1104 *utinam efficere quod pollicitu's possies,* Plaut. Pseud. 108 *utinam quae dicis dictis facta suppetant,* Plaut. Aul. 182 *saluos atque fortunatus, Euclio, semper sies,* Cic. Mil. 34, 93 *valeant cives mei, valeant, sint incolumes, sint florentes, sint beati, stet haec urbs praeclara.* Die Negation geschah teils mit *nē*, teils mit *nōn*, z. B. Cic. Att. 11, 9, 3 *quo (die) utinam susceptus non essem aut ne quid ex eadem matre postea natum esset.* Im Osk.-Umbr. hat man wahrscheinlich diesen Optativ in umbr. VI b 7 (Gebet an eine Gottheit) *fons sir, pacer sir* 'favens sis, propitius sis' und in Verwünschungen, wie osk. n. 128, 9 suluh Pakis . . . turumiiad 'omnino Pacius . . . torqueatur', 8 pun far kahad nip putiiad edum nip menvum limu 'cum far capiat, nec possit edere nec minuere famem'.

Über den 'Konj. Imperf.' in Wünschen s. § 800.

782. II) Der potentiale Optativ. Die Negation geschah mit *nōn*. Besonders oft *dicam, dixerim, non (haud) negaverim, velim, possim, ausim* u. dgl. (sowie *inquam*, ursprünglich 'möcht' ich sagen', mit Verlust der modalen Bedeutung, vgl. S. 541), *dixerit quispiam, dicat aliquis* u. dgl. und 2. Sing. im Sinn des allgemeinen 'man', wie *dicas, possis, putes* usw. Z. B. Plaut. As. 811 *emori me malim quam haec non eius uxori indicem,* Plaut. As. 503 *haud negassim,* Cic. Tusc. 5, 12 *Bruti ego iudicium, pace tua dixerim, longe antepono tuo,* Plaut. Capt. 118 *numquam postilla possis credere,* Cic. Cat. m. 8 *fortasse dixerit quispiam.* Alat. *fors fuat an,* wie Plaut. Pseud. 432 *fors fuat an istaec dicta sint mendacia,* jünger *fors sit an, forsitan.* Sonstiges: Plaut. Poen. 1091 *male faxim lubens,* Plaut. Cas. 347 *non ego istuc verbum empsim titivillicio,* Cic. de or. 2, 286 *saepe etiam facete concedas adversario,* Plaut. Amph. 1060 *nec me miserior feminast neque ulla videatur magis,* Plaut. Capt. 208 *haud nos id deceat fugitivos imitari,* Cic. div. 2, 124 *sed haec in promptu fuerint,* Suet. Oct. 73 *quorum pleraque vix privatae elegantiae sint.* Im Osk.-Umbr. ist der Potentialis wenigstens im Nebensatz belegt, s. § 783.

Über den 'Konj. Imperf.' als Potentialis s. § 800.

783. Der Optativ kam auch in Nebensätze zu stehen, namentlich der potentiale.

Wunschsatz: lat. Ter. Andr. 568 *si eveniat, quod di prohibeant, discessio,* Cael. bei Cic. Fam. 8, 1, 4 *te . . . subrostrani, quod illorum capiti sit, dissiparant perisse.*

Potentialis. Lat: Plaut. Capt. 632 *meam rem non cures, si recte facias,* Cic. off. 3, 29 *nonne igitur sapiens, si fame ipse conficiatur, abstulerit cibum alteri homini ad nullam rem utili?,* Plaut. Truc. 569 *quod des, devorat,* Ter. Ad. 739 *ita vitast hominum, quasi quom ludas tesseris,* Plaut. Pers. 73 *si id fiat, ne isti faxim nusquam appareant.* Umbr.: VIb 47 *suepo esome esono anderuacose, uasetome fust* 'sive horum sacrificiorum intervacatio sit, in vitiatum erit'.

784. B) Keltisch.

I) Der wünschende Optativ. Im Ir. erscheint bei diesem Gebrauch *ro* vor der Verbalform, ausgenommen die sigmatische Bildung, wenn das Verbum ein Kompositum ist. Wb. 31a 2 *darolgea dia doib* 'Gott verzeihe es ihnen', Wb. 23b 41 *imb i cēin fa i n-accus beosa niconchloor act for cāinscēl* (*con-* statt *ro-*, s. Vendryes Gramm. du vieil-irl. 248) 'möge ich, ob ich fern oder nahe bin, nichts als gute Nachrichten von euch hören', Hymn. 4, 2 *donfē don bithḟlaith* 'er möge uns zum ewigen Reich führen'. Brit.: Grussformel akymr. *anbiic guell* (Gl. 'vale') mkymr. *hanpych gwell* 'mögest du besser herkommen'; mkymr. Mab. 199, 22 *ny chatwyf vy wyneb ot af* 'möge ich meine Ehre nicht behalten, wenn ich gehe', Mab. 15, 2 *duw a rodo da ytt* 'Gott gebe dir Gutes'.

II) Der potentiale Optativ. Auch hier im Ir. zum Teil *ro.* Wb. 32a 9 *dofuthris-se* 'ich wünschte', wie lat. *velim* (§ 782), Wb. 30a 10 *nī rohēla uait* 'ich könnte (würde) dir nicht entrinnen'. In den älteren Denkmälern regelmässig nach *bēs* 'vielleicht': Wb. 5b 38 *bēss rīsat ade anī asatorbatha* 'vielleicht erreichen sie das, von dem sie weggeschnitten worden sind'.

Häufig auch in abhängigen Sätzen, z. B. Wb. 10d 24 *mani pridag atbēl ar ocht et gorti* 'wenn ich nicht predigen sollte (könnte), werde ich vor Kälte und Hunger sterben', Wb. 9b 19 *fo bīith precepte dōib, dūus inducc atar fo hiris* 'um ihnen zu predigen, ob sie etwa zum Glauben gebracht werden können', Ml. 94c 17 *intan bes n-āil do* 'wann immer es ihm gefallen mag'.

Wegen der (etwas verwickelteren) Verhältnisse im Brit. s. Pedersen Vergl. kelt. Gramm. 2, 321 ff.

e. Germanisch und Baltisch-Slavisch.

785. Während aus dem Mischmodus noch einigermassen klar die alten Elemente des wünschenden und des potentialen Optativs auszuscheiden sind, ist dagegen dunkel, was dem alten präskriptiven Gebrauch des Optativs (§ 776) zuzuweisen ist; hier ist keinerlei Grenze gegen den alten volitiven Konjunktiv (§ 759) zu ziehen.

786. A) Germanisch.

I) Der wünschende Optativ.

a) Mit Konj. Präs. Got.: Röm. 15, 5 *iþ guþ þulainais jah þrafsteinais gibai izwis þata somō fraþjan* 'ὁ δὲ θεὸς τῆς ὑπομονῆς καὶ τῆς παρακλήσεως δῴη ὑμῖν τὸ αὐτὸ φρονεῖν', 2. Thess. 2, 17 *gaþrafstjai hairtōna izwara jah gatulgjai in allaim waúrstwam jah waúrdam gōdaim* 'παρακαλέσαι (ὁ θεὸς) ὑμῶν τὰς καρδίας καὶ στηρίξαι ἐν παντὶ ἔργῳ καὶ λόγῳ ἀγαθῷ', Luk. 20, 16 *gahausjandans qēþun þan: nis-sijai* 'ἀκούσαντες δὲ εἶπον. μὴ γένοιτο', Gal. 5, 12 *wainei jah usmaitaindau þai drōbjandans izwis* 'ὄφελον καὶ ἀποκόψονται οἱ ἀναστατοῦντες ὑμᾶς'; aisl. Edda Vm. 4 *heill þú farir, heill aptrkomir, heill þú á sinnum sér!* 'glücklich mögest du ausreisen, glücklich wiederkommen, glücklich mögest du sein auf deinen Wegen!'. Aus dem Ahd. hierher z. B. Otfr. Lud. 5 *themo sī iamēr heilī* 'ihm sei immer Heil!', aus dem Mhd. z. B. Walther 18, 25 *zuo fliege im aller sælden flug*, aus dem Nhd. z. B. *lang lebe der könig*. Bei der nahen Berührung mit dem volitiven uridg. Konj. kann freilich manches auch zu § 759 gestellt werden.

b) Der Konj. Prät. in Wünschen, die man mit dem Bewusstsein ausspricht, dass man die Verwirklichung selbst herbeizuführen nicht imstande ist. Got.: 1. Kor. 4, 8 *ju sadai sijuþ, ju gabigai waúrþuþ, inu uns þiudanōdēduþ; jah wainei þiudanōdēdeiþ, ei jah weis izwis miþþiudanōma* 'ἤδη κεκορεσμένοι ἐστέ· ἤδη ἐπλουτήσατε· χωρὶς ἡμῶν ἐβασιλεύσατε· καὶ ὄφελόν γε ἐβασιλεύσατε, ἵνα καὶ ἡμεῖς ὑμῖν συμβασιλεύσωμεν', 2. Kor. 11, 1 *ei wainei usþulaidēdeiþ meinaizōs leitil hva unfrōdeins; akei jah usþulaiþ mik* 'ὄφελον ἀνείχεσθέ μου μικρόν τι ἀφροσύνης· ἀλλὰ καὶ ἀνέχεσθέ μου'. Ahd.: Notk. B. 1, 31, 21 *wolti got, ha-*

bētīn wir deheina 'utinam esset ulla', 1, 98, 2 *wolti got, erwundīn dise* 'utinam redirent', mhd. Walther 70, 10 *wesse ich, war si wolten strīchen.* Ob dieser Gebrauch des Konj. Prät. unmittelbar an den wünschenden Gebrauch des uridg. Optativs anzuknüpfen ist, ist freilich sehr unsicher, s. Wilmanns D. Gr. 2, 1, 231 f.

Anm. Diese Unsicherheit hängt zum Teil damit zusammen, dass der Ursprung des got. *wainei* nicht feststeht (vgl. Luft KZ. 36, 143 f., v. Grienberger Unt. 235 f.).

787. II) Der potentiale Optativ ist im Got. erstlich noch kenntlich in Fragesätzen, wo er deshalb besonders beliebt gewesen sein muss, weil er hier gewöhnlich, ohne dass er durch die Vorlage hervorgerufen sein könnte, erscheint, z. B. Joh. 7, 36 *ƕa sijai þata waúrd, þatei qaþ ...?* 'τίς ἐστιν οὗτος ὁ λόγος, ὃν εἶπεν ...;', Joh. 7, 35 *ƕadrē sa skuli gaggan, þei weis ni bigitaima ina?* 'ποῦ οὗτος μέλλει πορεύεσθαι ὅτι ἡμεῖς οὐχ εὑρήσωμεν αὐτόν;', Joh. 5, 47 *þandē nu jainis mēlam ni galaubeiþ, ƕaiwa meinam waúrdam galaubjaiþ?* 'εἰ δὲ τοῖς ἐκείνου γράμμασιν οὐ πιστεύετε, πῶς τοῖς ἐμοῖς ῥήμασιν πιστεύσετε;'. In diesen Fällen erscheint der Potentialis als Ausdruck des nur Vorgestellten und deshalb Unsicheren. Vgl. § 705 Anm., § 761. Hierzu gesellen sich aus dem Ahd. ein paar Fragesätze, wie Otfr. 4, 24, 8 *thū sus inan nu lāȥēs?* 'und du würdest ihn so frei lassen?'. Ferner im Got. in Hauptsätzen zu Bedingungsnebensätzen: Joh. 8, 55 *jah jabai qēþjau, þatei ni kunnjau ina, sijau galeiks izwis liugnja* 'καὶ ἐὰν εἴπω ὅτι οὐκ οἶδα αὐτόν, ἔσομαι ὅμοιος ὑμῶν ψεύστης, würde ich ein Lügner sein', 1. Kor. 13, 3 *jah jabai fraatjau allōs aihtins meinōs ..., ni waíht bōtōs mis taujau* 'καὶ ἐὰν ψωμίσω πάντα τὰ ὑπάρχοντά μου ..., οὐδὲν ὠφελοῦμαι, würde es mir nichts nützen'. Vgl. noch Mark. 2, 22 *ni manna giutiþ wein juggata in balgins fairnjans; ibai auftō distairai wein þata niujō þans balgins jah wein usgutniþ* 'καὶ οὐδεὶς βάλλει οἶνον νέον εἰς ἀσκοὺς παλαιούς· εἰ δὲ μή, ῥήσσει ὁ οἶνος ὁ νέος τοὺς ἀσκοὺς καὶ ὁ οἶνος ἐκχεῖται, der neue Wein würde die Schläuche zerreissen'.

Im Hd. ist der Konj. Prät. an die Stelle des Konj. Präs. getreten, z. B. Otfr. 2, 14, 13 *tu mohtīs ein gifuari mir giduan* 'du könntest mir einen Dienst erweisen', Notk. B. 3, 61 *ih wolti iʒ gerno bechennen* 'cognoscere malim' (vgl. § 786, I, b).

Häufig erscheint der Potentialis in relativischen Nebensätzen, wobei sich die Beliebtheit dieses Modus im Got. darin bekundet, dass die Vorlage keine unmittelbare Veranlassung zur Wahl gerade dieses Modus bot, z. B. Mark. 4, 9 *saei habai ausōna hausjandōna, gahausjai* 'ὁ ἔχων ὦτα ἀκούειν, ἀκουέτω', Luk. 7, 49 *ƕas sa ist saei jah frawaúrhtins aflētai?* 'τίς οὗτός ἐστιν ὃς καὶ ἁμαρτίας ἀφίησιν;', Matth. 10, 38 *saei ni nimiþ galgan seinana jah laistjai afar mis, nist meina waírþs* 'ὃς οὐ λαμβάνει τὸν σταυρὸν αὐτοῦ καὶ ἀκολουθεῖ ὀπίσω μου, οὐκ ἔστιν μου ἄξιος'. Ebenso in konjunktionalen Nebensätzen, z. B. Gal. 5, 11 *aþþan ik, brōþrjus, jabai bimait mērjau, duƕē þanamais wrikada?* 'ἐγὼ δέ, ἀδελφοί, εἰ περιτομὴν ἔτι κηρύσσω, τί ἔτι διώκομαι;', 1. Kor. 7, 9 *gōþ ist im, jabai sind swē ik; iþ jabai ni gahabaina sik, liugandau* 'καλὸν αὐτοῖς ἐστιν ἐὰν μείνωσιν ὡς κἀγώ· εἰ δὲ οὐκ ἐγκρατεύονται, γαμησάτωσαν', Matth. 9, 28 *ga-u-laubjats þatei magjau þata taujan?* 'πιστεύετε ὅτι δύναμαι τοῦτο ποιῆσαι;', 1. Kor. 7, 16 *ƕa nuk-kannt þu, qinō, ei aban ganasjais?* '*aiþþau ƕa kannt, guma, þatei qēn ganasjais?* 'τί γὰρ οἶδας, γύναι, εἰ τὸν ἄνδρα σώσεις; ἢ τί οἶδας, ἄνερ, εἰ τὴν γυναῖκα σώσεις;'.

Im Gegensatz zum Verhalten im Hauptsatz (s. o.) zeigt im Hd. der Nebensatz noch oft den Konj. Präs. als Fortsetzung des Potentialis; daneben aber auch hier der Konj. Prät. Ahd. Otfr. 4, 30, 17 *oba thū sīs gotes sun, stīg nū nidar herasun* 'wenn du Gottes Sohn sein solltest, steig hierher herab', Otfr. H. 1 *oba ih ... iawiht missikērtī ... bimīde ih hiar thaʒ wīʒi* 'wenn ich etwas verkehrt haben sollte, so möge ich hier der Strafe entgehen', Otfr. 5, 23, 209 *allo wunnā, thio sīn* 'alle Freuden, die es geben mag', Otfr. 1, 5, 63 *nist wiht, suntar werde in thiu iʒ got wolle* 'nichts ist, was in eigner Weise (von Gottes Willen abweichend) geschehen könnte, wenn Gott es will', Otfr. H. 7 *rihti pedī mīne, thar sīn drūtā thīne* 'richte meine Pfade dahin, wo deine Trauten sein mögen', mhd. Nib. 402 (A) *behabe er die meisterschaft, sō wird ich sīn wīp.*

788. B) Baltisch-Slavisch. Während die ursprünglichen Optativformen in diesem Sprachzweig in der historischen

Zeit diejenigen Gebrauchsweisen zeigen, die in uridg. Zeit vorzugsweise Konjunktivformen hatten (§ 762 ff.), ist der Haupterbe des uridg. Optativs eine periphrastische Wendung geworden, die bestand aus einem Indik. Prät. der Basis **bheu̯ēi̯-* 'werden' und einem Partizip, für das im Lit. ein Infin. auf *-tum* eingetreten ist, z. B. aksl. 1. Sing. *bimъ bylъ*, 1. Plur. *bimъ byli,* lit. 1. Sing. *suktùm-biau*, 1. Plur. *suktùmbime.* Im Slav. stehen neben den Formen *bimъ* usw. in dieser Periphrase auch die Aoristformen *bychъ by by bychomъ* usw.

Das Wesen dieses Ausdrucks läßt erkennen, dass er semantisch zunächst ein 'Optativus Praeteriti' oder 'Irrealis' (§ 795. 796 ff.) gewesen ist. Mit dem uridg. zeitlosen Optativ kam er aber dadurch in Konkurrenz, dass dieser, bei seiner von den Zeitstufen unabhängigen Geltung, die Beziehung auf Vergangenheit und somit auch auf Irrealität von vornherein nicht ausschloss (§ 772. 774). Die Vorstellung der Vergangenheit und Irrealität trat also mit der Zeit zurück und dafür die der blossen Annahme in der Art in den Vordergrund, dass die Wendung auch für die Sphäre der Gegenwart zur Anwendung kam. Diese letztere Neuerung ist dieselbe, durch die der Konj. Prät. im Germ. zu seiner Gegenwartsbedeutung gelangt ist, z. B. *wenn du jetzt gingest, wäre mir das lieb* (§ 786 f.), und der uns in § 796 ff. auch noch bei andern Präteritalindikativen verschiedener Sprachen begegnen wird.

789. Im Litauischen ist unser periphrastischer Ausdruck seinem Gebrauch nach (im Gegensatz zum Slavischen, § 790) schon ganz zu einem 'Optat. Präs.' geworden und daher genau durch unsern nhd. Optat. Prät. übersetzbar, wenn auch dabei der Begriff der Irrealität oft noch — je nach dem Zusammenhang — mit eingeschlossen geblieben ist. Zum Ausdruck der Vergangenheit ist — in Übereinstimmung mit der Entwicklung, die der entsprechende hd. Ausdruck genommen hat — eine besondere Neubildung erforderlich geworden, z. B. *kàd jìs bútu klaũsęs, taĩ jìs bútu sveĩks pasilìkęs* 'wenn er gehorcht hätte, wäre er gesund geblieben', *àk kàd àsz jõ búczau klaũsęs* 'o dass ich ihm doch gehorcht hätte'.

Potentialis. *vẽlyczau-s* 'ich würde mir wünschen, wünschte, möchte', z. B. *vẽlyczaus mir̃ti* 'ich möchte sterben', wie lat. *velim*

(§ 782). *ràsi kàs mìslytu* 'vielleicht würde jemand denken', Märch. *kàd àsz tikraĩ nežinóczau nẽszams bùvęs, tarýczau àsz bėgte bė́gau* 'wenn ich nicht bestimmt wüsste, dass ich getragen worden bin, würde ich sagen, ich sei gelaufen', *jéi óras rytój gražùs bútu, taĩ mẽs rugiùs kir̃stumbim* 'wenn es morgen schönes Wetter würde, mähten wir den Roggen', Märch. *ką̃ tãvo tė́vas darýtu, kàd añt szìtos gìrios vãlę turė́tu?* 'was täte dein Vater, wenn er über diesen Wald Verfügung hätte?' (Antwort: *medžùs kir̃stu* 'er würde die Bäume fällen'), *àsz žinaũ mer̃gą taĩ jìs ją̃ galė́tu žẽnytis* 'ich kenne ein Mädchen, die könnte er heiraten', *ar̃ jũs negalė́tumet iszim̃t tą̃ ãkmenį?* 'könntet ihr nicht den Stein herausholen?'.

Der Gebrauch beim Wunsch geht augenscheinlich dem potentialen Gebrauch parallel und ist möglicherweise erst nach diesem aufgekommen (vgl. nhd. *ich möchte* in Wunschsätzen). Z. B. Dain. *į̃ žvejùs jóczau, žvejùs lankýczau, žvejũ mergáte vèsczau* 'ich möchte zu den Fischern reiten, die Fischer besuchen, der Fischer Mägdlein freien', Dain. *kàd àsz turė́czau nórs motinė̃lę* 'wenn ich wenigstens ein Mütterlein hätte', Märch. *kàd jẽ važiũtu sù tĩ kẽtvertu arkliũ namõ õ mùmëm palìktu szìtą kumelìkę* 'wenn sie doch mit ihrem Viergespann nach Hause führen und uns die kleine Stute liessen'.

790. Im Slavischen, wo unser periphrastischer Ausdruck den Namen 'Konditionalis' trägt (vgl. Miklosich Vergl. Gramm. 4, 806), tritt noch die Vergangenheitsbedeutung, d. h. der Gebrauch als 'Optat. Prät.', hervor in Sätzen wie aksl. Joh. 11, 21 *ašte bi sьde bylъ, ne bi bratъ mojь umrьlъ* 'εἰ ἦς ὧδε, οὐκ ἂν ἀπέθανεν ὁ ἀδελφός μου', wörtlich: 'wenn du hier (gewesen) warst, war mein Bruder nicht gestorben', Matth. 26, 24 *dobrěje bi bylo jemu ašte sę bi ne rodilъ člověkъ tъ* 'καλὸν ἦν αὐτῷ, εἰ οὐκ ἐγεννήθη ὁ ἄνθρωπος ἐκεῖνος'. Die Vergangenheitsbedeutung begegnet aber in den aslav. Quellen auch schon gegen die Vorstellung der Nichtwirklichkeit so zurückgetreten, dass der Ausdruck als Irrealis der Gegenwart gilt, z. B. Luk. 17, 6 *ašte byste iměli věrą . . ., glagolali byste* 'εἰ εἴχετε πίστιν . . ., ἐλέγετε ἄν, wenn ihr Glauben hättet, würdet ihr sagen'. Und schliesslich war damals auch schon der Zustand erreicht, dass man sich in Fragesätzen mit *kъto* dieser Ausdrucksweise bediente, wo man einen Gedanken schlechthin nur als solchen, als der Sphäre der Vorstellung angehörig, äussern will, z. B. Luk. 9, 46 *vъnide že pomyšlenije vъ nję, kъto jichъ vęštejь bi bylъ* 'εἰσῆλθεν δὲ διαλογισμὸς ἐν αὐτοῖς τὸ τίς ἂν εἴη μείζων αὐτῶν'.

In finalen Nebensätzen mit *da*, wenn von einer Absicht, die bestanden hat, erzählt wird, liess der Erzählende durch den 'Konditionalis' die beabsichtigte Handlung nicht als etwas auf Verwirklichung Hinstrebendes (vgl. *da jь propьnątъ* S. 744), sondern von seinem Standpunkt aus als etwas nur Vorgestelltes und zwar für die Vergangenheit Vorgestelltes erscheinen, z. B. Mark. 9, 22 *i mъnožiceją i vъ ognь vъvrъže i vъ vodą, da jь bi pogubilъ* 'καὶ πολλάκις αὐτὸν καὶ εἰς πῦρ ἔβαλε καὶ εἰς ὕδατα, ἵνα ἀπολέσῃ αὐτόν, damit er ihn umbrächte' (vgl. § 791 über den 'Optativus obliquus').

Über die Gebrauchsweisen des 'Konditionalis' als Potentialis in den neueren slav. Sprachen s. Miklosich Vergl. Gramm. 4, 808 ff., Vondrák Vergl. Slav. Gramm. 2, 283 ff.

Wie im Litauischen, geht die Anwendung des 'Konditionalis' in Wunschsätzen parallel dem potentialen Gebrauch: Supr. 306, 16 *jaru i togo da bychъ ne vědělъ* 'εἴθε μὴ τοῦτον ἐγίνωσκον, utinam ne ipsum quidem nossem', Psal. 118, 5 *ašte byšę ispravili sę pątije moji* 'ὄφελον κατευθυνθείησαν αἱ ὁδοί μου', Supr. 26, 7 *moljachą sę, da by šьlъ* 'sie baten, er möge gehen'. Wegen der neueren Dialekte s. Miklosich a. a. O., Vondrák a. a. O.

f. Anhang 1: der Optativ als Modus der Oratio obliqua.

791. Ursprünglich wurden Meinungen und Aussagen anderer in ihrer originalen Form, der 'Oratio recta', vorgebracht. Dies ist bis in die historischen Perioden hinein nicht nur im Altindischen Regel geblieben, sondern hat sich vielfach auch bei andern Völkern, wenigstens in der Sprache des gemeinen Mannes, als die gewöhnliche Art der Wiedergabe erhalten, z. B. nhd. *er sagte (dachte): was soll ich dabei tun?* (neben *was er dabei tun solle*). Auf mehrfache Weise kam man nun, zum grössten Teil aber in verschiedenen Sprachgebieten auf die gleiche

Art, dazu, die Wiedergabe äusserlich in Abhängigkeit vom Standpunkt der berichtenden Person zu bringen.

Eines dieser Mittel, die Aussage 'indirekt' zu gestalten, ist die Modusverschiebung, genauer die Umwertung einer Verbalform mit einer modalen Bedeutung. Zunächst kam das dann auf, wenn es sich für den Sprechenden um die Wiedergabe von Gedanken oder Aussprüchen anderer handelte, z. B. *er sah sich um, wohin er fliehen könne.* Bald kam man dann auch dazu, eigene Aussagen oder Ansichten in diese Form zu kleiden, z. B. *ich sagte, ich sei genug belohnt; ich meine, ich sei genug belohnt.*

An dieser Stelle handelt es sich nun um die Beteiligung des Optativus potentialis an dieser Entwicklung. Er ist zum Modus obliquus geworden im Griechischen, Italischen und Germanischen.

792. Im Griechischen erscheint dieser Optativ als Vertreter eines Konjunktivs oder eines Indikativs der direkten Redeweise, in der Regel aber nur dann, wenn das Verbum des übergeordneten Satzes ein historisches Tempus ist.

In der homerischen Sprache findet sich der Opt. erstlich für den Konj. in volitiven (finalen und den diesen nahverwandten Befürchtungssätzen, vgl. § 748 f.), z. B. Ζ 50 βῆ δ' ἴμεναι διὰ δώμαθ', ἵν' ἀγγείλειε τοκεῦσι 'sie ging durch das Haus, damit sie es den Eltern meldete', Σ 34 δείδιε γάρ, μὴ λαιμὸν ἀποτμήξειε σιδήρῳ 'er fürchtete, dass er sich die Kehle mit dem Eisen abschneiden würde', in deliberativen Fragesätzen (vgl. § 750), z. B. Ξ 507 πάπτηνεν δὲ ἕκαστος, ὅπῃ φύγοι αἰπὺν ὄλεθρον 'jeder sah sich um, in welcher Richtung er dem Verderben entfliehen solle', und in Bedingungs- und Temporalsätzen (vgl. § 751), z. B. ὁμοκλέομεν ἐπέεσσιν | τόξον μὴ δόμεναι, μηδ' εἰ μάλα πόλλ' ἀγορεύοι 'wir riefen, dass man ihm nicht den Bogen geben solle, wenn er auch noch so vieles rede', θ 376 τὸν μοχλὸν ὑπὸ σποδοῦ ἤλασα πολλῆς, | ἧος θερμαίνοιτο 'ich stiess den Pfahl unter die reichliche Asche, damit er sich erhitzte'. Zweitens für den Indik. in Frage- und verallgemeinernden Relativsätzen, z. B. ρ 368 ἀλλήλους τ' εἴροντο, τίς εἴη καὶ πόθεν ἔλθοι 'sie fragten einander, wer er sei und woher er gekommen sei', ν 415 ὅς . . . | ᾤχετο πευσόμενος μετὰ σὸν κλέος, εἴ που ἔτ' εἴης 'welcher ausging nach Kunde von dir, um zu erfahren, ob du noch irgendwo lebest', E 301 τὸν κτάμεναι μεμαώς, ὅστις τοῦ γ' ἀντίος ἔλθοι 'den zu töten trachtend, wer immer ihm entgegenträte'.

Zuerst ist der Konj. durch den Opt. ersetzt worden. Wollte der Erzählende die Handlung seinem eignen Standpunkt anpassen, so lag der Opt. als Modus der reinen Annahme und zwar der reinen Annahme ohne Rücksicht auf Verschiedenheiten der Zeit nahe. Aus ἐπάπτηνε· πῇ φύγω; ('er sah sich ängstlich um: wohin soll ich fliehen?') wurde einerseits und zuerst, mit Personenverschiebung, ἐπάπτηνε, πῇ (ὅπῃ) φύγῃ, anderseits mit dem Opt. Prät. und so mit noch weitergehender Anlehnung an den Standpunkt, von dem aus der Erzählende die Situation betrachtet, ἐπάπτηνε, πῇ (ὅπῃ) φύγοι 'wohin konnte er wohl fliehen?' ('wohin er wohl fliehen konnte'). Bei dieser Ausdrucksweise assoziierte sich denn vermutlich zuerst die potentiale Bedeutung mit der Vergangenheitsbedeutung des Verbums des übergeordneten Satzes dergestalt, dass daraus ein festes Verhältnis wurde. Ein Satzgefüge wie εἴροντο, πόθεν ἔλθοι mag ursprünglich gewesen sein 'sie fragten: woher mag er gekommen sein?'. Daneben sagte man auch εἴροντο, πόθεν ἦλθεν. Da sich nun aber schon in Sätzen wie ἐπάπτηνε, πῇ (ὅπῃ) φύγοι ein Optativus obliquus entwickelt hatte, fand im Anschluss hieran bei εἴροντο, πόθεν ἔλθοι eine Umdeutung zu 'woher er gekommen sei' statt. Hiernach bekamen schliesslich, in nachhomerischer Zeit, auch die Aussagesätze mit ὡς, ὅτι und die übrigen Arten von Nebensätzen den Opt. als Modus obliquus.

793. Italisch. Da das Lateinische im Gebrauch des Modus obliquus in seiner historischen Periode mit dem Oskisch-Umbrischen in Übereinstimmung war, darf angenommen werden, dass die Entwicklung im ganzen schon in uritalischer Zeit stattgefunden hat.

Ist das Verbum des Hauptsatzes kein historisches Tempus, so erscheint im Nebensatz der Konj. Präs., wenn zwischen der Zeitlage der Hauptsatz- und der der Nebensatzhandlung kein Unterschied ist, z. B. lat. *nescio, quid sit,* der Konj. Perf., wenn die Nebensatzhandlung vor der des Hauptsatzes liegt, z. B. lat. *nescio, quid fuerit,* umbr. Va 24 ehvelklu feia fratreks ute kvestur, sve rehte kuratu si 'decretum faciat magister aut quaestor, si recte curatum sit'. Rückt aber der Hauptsatz in die Vergangenheit, so erscheint in dem Nebensatz, entsprechend dem griechischen Optativ, der Konj. Imperf. (d. h. der 'Optat. Prät.'), bezieh. der Konj. Plusqu., z. B. lat. *nesciebam, quid esset* und *nesciebam, quid fuisset,* vgl. osk. n. 127, 50 (ekss kúmbened . . .) avt thesavrúm púd eseí tereí íst, pún patensíns, múíníkad ta[n]ginúd patensíns '(sic convēnit . . .) at thesaurum, qui in eo territorio est, cum aperirent, communi sententia aperirent', wo das erste patensíns Konj. der indirekten Rede ist (IF. 30, 339 ff.).

Den lat. 'Konj. Imperf.' halte ich für einen ursprünglichen Indik. Prät.; er scheint auf einer periphrastischen Wendung zu beruhen, deren Schlussteil der Indik. Prät. zu *eo* 'gehe' gewesen, und die schon in vorhistorischer Zeit univerbiert worden ist (§ 800). Ist diese Ansicht richtig, so hat sich zunächst, entsprechend dem Griechischen, in Sätzen wie *circumspiciebat, quo fugeret* die Umdeutung vom Potentialis (vgl. Hauptsätze wie *quid rescriberem?, quis expectaret?*) zum Modus der oratio obliqua vollzogen.

Nicht zu wissen ist aber nun, ob sich auf italischem Boden beim Konj. des Präs. (und des Perfectum praesens) diese Art von Umdeutung selbständig eingefunden hat, wonach z. B. *nescio, quid hoc sit* ursprünglich 'ich weiss nicht: was mag das sein?' bedeutet hätte und diese Ausdrucksweise dann unmittelbar und ohne Einwirkung des Gebrauchs des Konj. Imperf. an die Stelle von *nescio, quid hoc est* gekommen wäre, oder ob zu der Zeit, als der Konj. Präs. die Funktion eines Modus obliquus bekam, der Konj. Imperf. diese Rolle bereits übernommen hatte und der Konj. Präs. nun erst in analogischem Anschluss hieran die gleiche Funktion erworben hat.

794. Das Germanische hatte von der Zeit seiner Ureinheit her einen 'Konj. Präs.' (zu dem syntaktisch auch der Konj. der Präteritopräsentien zu rechnen ist) und einen 'Konj. Prät.', der im Anschluss an den präteritalen Sinn des zugehörigen Indikativs selbst präteritale Bedeutung bekommen hatte.

Ist nun das Verbum des Hauptsatzes **kein historisches
Tempus**, so erscheint als Modus obliquus im Nebensatz der
Konj. Präs., wenn zwischen der Zeitlage des Hauptsatzvor-
gangs und der des Nebensatzvorgangs kein Unterschied ist, z. B.
got. 1. Kor. 10, 19 *ƕa nu qiþam? þatei þō galiugaguda ƕa si-
jaina aíþþau þatei galiugam saljada ƕa sijai?* ʽτί οὖν φημι;
ὅτι εἴδωλόν τί ἐστιν ἢ ὅτι εἰδωλόθυτόν τί ἐστιν; was sollen wir
nun sagen? dass die Götzen etwas seien oder dass Götzenopfer
etwas sei?', Mark. 9, 11 *qiþand þai bōkarjōs, þatei Hēlias
skuli qiman faírþis* ʽλέγουσιν οἱ γραμματεῖς, ὅτι Ἡλίαν δεῖ
ἐλθεῖν πρῶτον, es sagen die Schriftgelehrten, dass Elias zuvor
kommen müsse', ahd. Otfr. 4, 13, 43 *ioh sweris filu heiʒo, ni sīs
thero ginōʒo* ʽund du schwörst gar zornig, du seist nicht ihr
Genosse', mhd. Walther 16, 30 *kristen, juden unde heiden jehent,
daʒ diz ir erbe sī.* Dagegen der Konj. Prät., wenn die Nebensatzhandlung der Hauptsatzhandlung vorausgeht, z. B. got. Joh.
9, 19 *sau ist sa sunus izwar, þanei jus qiþiþ þatei blinds gabaúrans waúrþi?* ʽοὗτός ἐστιν ὁ υἱὸς ὑμῶν, ὃν ὑμεῖς λέγετε ὅτι
τυφλὸς ἐγεννήθη; von dem ihr sagt, dass er blind geboren
worden sei?', 1. Kor. 1, 16 *þata anþar ni wait, ei ainnōhun
daupidēdjau* ʽλοιπὸν οὐκ οἶδα, εἴ τινα ἄλλον ἐβάπτισα, im
übrigen weiss ich nicht, ob ich einen getauft habe', ahd. Otfr.
2, 3, 11 *maht lesan, wio iʒ wurti* ʽdu kannst lesen, wie es geschehen ist', Otfr. 3, 16, 60 *ni weiʒ iʒ manno nihein, wanana er
selbo quāmi* ʽkein Mensch weiss (wird wissen), von wo er gekommen ist (sein wird)', mhd. Walther 104, 15 *er seit von grōʒer
swære, daʒ mīn pferit mære dem rosse sippe wære* ʽverwandt
gewesen wäre'.

Ist aber das Verbum des Hauptsatzes **ein historisches
Tempus**, so erscheint als Modus obliquus im Nebensatz wieder
der Konj. Präs., wenn kein Unterschied der Zeitlage besteht,
z. B. got. Joh. 12, 34 *weis hausidēdum ana witōda, þatei Xristus
sijai du aiwa* ʽἡμεῖς ἠκούσαμεν ἐκ τοῦ νόμου, ὅτι ὁ Χριστὸς
μένει εἰς τὸν αἰῶνα, dass Ch. ewiglich bleibe', ahd. Otfr. 4, 23,
25 *er gikundta herasun, thaʒ er sī selbo gotes sun* ʽer verkündete,
dass er selbst Gottes Sohn sei'. Doch erscheint in demselben
Fall auch der Konj. Prät., z. B. got. Luk. 20, 7 *jah andhōfun,*

ei ni wissēdeina hvaþrō 'καὶ ἀπεκρίθησαν μὴ εἰδέναι πόθεν, dass sie nicht wüssten, woher (sie sei)', Joh. 13, 29 *sumai mundēdun . . ., þatei qēþi imma Iēsus: bugei* usw. 'τινὲς γὰρ ἐδόκουν, ὅτι λέγει αὐτῷ ὁ Ἰησοῦς· ἀγόρασον κτλ., dass Jesus zu ihm sage', Mark. 6, 55 *þadei hausidēdun ei is wēsi* 'wo sie hörten, dass er wäre', ahd. Otfr. 4, 18, 10 *quad, ni westi wiht thes mannes* 'er sagte, er wisse nichts von dem Manne', mhd. Greg. 405 *daʒ sich diu vrouwe des enstuont, daʒ si swanger wære*, Iw. 3951 *der lēwe wānde, er wære tōt.* Der Konj. Prät. steht ferner auch dann, wenn die Nebensatzhandlung der des Hauptsatzes vorausgegangen ist, z. B. got. Joh. 12, 18 *duþþē iddjēdun gamōtjan imma managei, untē hausidēdun ei gatawidēdi þō taikn* 'διὰ τοῦτο ὑπήντησεν αὐτῷ ὁ ὄχλος, ὅτι ἤκουσαν τοῦτο αὐτὸν πεποιηκέναι τὸ σημεῖον, da sie hörten, er hätte dieses Zeichen getan', ahd. Otfr. 4, 20, 17 *quādun, sih bihiaʒi, er gotes sun hiaʒi* 'sie sagten, er hätte sich angemasst Gottes Sohn zu heissen'.

Eine feste Grenze zwischen der alten Geltung des Konj. als Potentialis und seiner Geltung als Modus obliquus ist im Germanischen ebensowenig zu ziehen, wie in andern Sprachzweigen, da der Konj. im Nebensatz oft noch — zum Teil bis auf den heutigen Tag — als Reflex eines Potentialis der direkten Rede angesehen werden kann. Man vergleiche z. B. got. Matth. 9, 13 *ganimiþ, hva sijai* 'μάθετε, τί ἐστιν' mit Joh. 7, 36 *hva sijai þata waúrd?* 'τίς ἐστιν οὗτος ὁ λόγος;' (§ 787). Diese semantische Unklarheit des Konj. im abhängigen Satze hat mit dazu beigetragen, dass der Konj. als Modus obliquus allgemeine Geltung nie erreicht hat. Oft findet sich auch der Indik. im Nebensatz, z. B. Otfr. 1, 17, 19 *sagētun, thaʒ si gāhūn sterron einan sāhun*, 5, 14, 6 *will ih gizeigōn, wār thu es lisis mēra.*

g. Anhang 2: Optativus Präteriti im Lateinischen, Avestischen und Germanischen.

795. Die uridg. Optativformen waren in uridg. Zeit semantisch unabhängig von den Unterschieden der Zeitstufe, sie konnten also auf Gegenwärtiges, Zukünftiges und Vergangenes gehen. Diese Gebrauchsweite zeigt sich in historischer Zeit noch im Altindischen und im Griechischen bei potentialer Funktion

(§ 774). In drei Sprachzweigen, dem arischen, dem italischen und dem germanischen, führte aber das Bedürfnis, beim Optativ vergangene Handlungen als solche zu kennzeichnen, dazu, dass man den zu einem präteritalen Indikativ gehörigen Optativ an dessen präteritaler Bedeutung teilnehmen liess.

Im Lateinischen begegnet so der 'Konj. Perf.' (der Form nach Optat. des sigmatischen Aorists) in Wunschsätzen und als Potentialis. Wünschend z. B. Plaut. Poen. 799 *abscessit.* # *Utinam hinc abierit malam crucem* 'möchte er weggegangen sein', Cic. rep. 4, 8 *cui quidem utinam vere fideliter auguraverim,* Plin. ep. 3, 18, 10 *precor, ut quandoque veniat dies (utinamque iam venerit!), quo* etc. Potential z. B. Catull 67, 20 *non illam vir prior attigerit,* Cic. Tusc. 3, 36 *fortuna pervellere te forsitan potuerit et pungere, non potuit certe vires frangere;* besonders oft erscheint dieser Gebrauch in Nebensätzen, z. B. *nescio, quis fecerit.* Dass ein sicherer analoger Beleg aus dem osk.-umbr. Dialektgebiet fehlt[1]), wird Zufall sein.

Im Avestischen und im Germanischen hat sich, nachdem man die Vergangenheitsbedeutung des Indik. Perf. auf den zugehörigen Optativ übertragen hatte und so ein Optativus Präteriti entstanden war, hieraus in derselben Weise weiterhin ein 'Irrealis', zunächst für die Vergangenheit, dann auch für die Gegenwart des Redenden, entwickelt, wie in andern Sprachzweigen präteritale Indikativformen zu dieser Funktion gekommen sind (§ 796 ff.).

Avestisch. Opt. Perf. als Irrealis von der Vergangenheit: V. 1, 1 *ye^{i}δi zī azəm nōiṯ da^{i}δyąm asō rāmōdā^{i}tīm nōiṯ kudaṯšā^{i}tīm vīspō aŋhuš . . . a^{i}ryanəm vaējō frašnvāṯ* 'denn wenn ich nicht bewirkt hätte, dass auch ein nicht irgend welche Freuden bietender Ort Frieden gewährt, würde die ganze Menschheit nach A. V. gekommen sein', Yt. 8, 54 *yeδi zī azəm nōiṯ da^{i}δyąm . . . tištrīm . . pa^{i}rika yā dužyā^{i}rya vīspahe aŋhāuš astvatō parōiṯ pa^{i}riθnəm aŋhvąm avahišiδyāṯ* 'wenn ich nicht den T. geschaffen hätte, würde die P. des Miswachses die Lebenskraft der ganzen körperlichen Welt gänzlich entzweispalten'. Als Beispiel für die

1) Vielleicht gehört osk. dadid 'dediderit, reddiderit' hierher in no. 128, 4 svai neip dadid lamatir 'si nec dediderit, uratur (?)'.

Gegenwart kann das *avahišiδyāt* der letztgenannten Stelle dienen. Ausserdem Yt. 13, 12 *ye'δi zī mē nōiṯ da'δīṯ*[1]) *upastąm uγrā ašāunąm fravašayō nōiṯ mē iδa å̃nhātəm pasu vīra* 'denn wenn mir nicht Beistand leisteten die starken Fr. der Frommen, nicht würde es mir hier Tiere und Menschen geben'.

Im Germanischen hat sich der präteritale Gebrauch des zu präteritalem Indikativ gehörigen Konjunktivs wohl schon in der Zeit der Ureinheit eingestellt. Got.: Joh. 7, 48 *sai, jau ainshun þizē reikē galaubidēdi imma aiþþau Fareisaiē?* 'μή τις ἐκ τῶν ἀρχόντων ἐπίστευσεν εἰς αὐτὸν ἢ ἐκ τῶν Φαρισαίων;', Mark. 14, 5 *maht wēsi auk þata balsan frabugjan in managizō þau þrija hunda skattē* 'ἠδύνατο γὰρ τοῦτο τὸ μύρον πραθῆναι ἐπάνω τριακοσίων δηναρίων, es wäre möglich gewesen', Joh. 12, 5 *duƕē þata balsan ni frabaúht was in ·t· skattē jah fradailiþ wēsi þarbam?* 'διατί τοῦτο τὸ μύρον οὐκ ἐπράθη τριακοσίων δηναρίων καὶ ἐδόθη πτωχοῖς;', Matth. 25, 44 *frauja, ƕan þuk sēƕum grēdagana . . . jan-ni andbahtidēdeima þus?* 'κύριε, πότε σε εἴδομεν πεινῶντα . . καὶ οὐ διηκονήσαμέν σοι;'. Ahd.: Otfr. 2, 9, 49 *er ni dwalti* 'er würde nicht gezögert haben' (das Dazwischentreten des Engels änderte seinen Entschluss), Notk. M. Cap. 1, 11 *genuoge getrunchīn gerno* 'manche hätten gerne getrunken', Otfr. 3, 24, 51 *wārīst thu hiar!* 'wärest du hier gewesen!'. Besonders oft in Nebensätzen, wo der Konj. meist Modus obliquus ist (§ 794): got. Gal. 4, 11 *ōg izwis, ibai swarē arbaididēdjau in izwis* 'φοβοῦμαι ὑμᾶς, μήπως εἰκῇ κεκοπίακα εἰς ὑμᾶς, an euch gearbeitet haben möchte', 1. Kor. 1, 16 *þata anþar ni wait, ei ainnōhun daupidēdjau,* ahd. Otfr. 2, 3, 11 *maht lesan, wio iʒ wurti* (S. 878).

Weiter ist der 'Optativus Präteriti' zum 'Irrealis' geworden. So got.: von der Vergangenheit Matth. 11, 23 *jabai in Saúdaúmjam waúrþeina mahteis þōs waúrþanōns in izwis, aiþþau eis wēseina und hina dag* 'εἰ ἐν Σοδόμοις ἐγένοντο αἱ δυνάμεις αἱ γενόμεναι ἐν σοί, ἔμειναν ἂν μέχρι τῆς σήμερον', von der Gegenwart Joh. 8, 19 *ni mik kunnuþ nih attan meinana; iþ mik kunþēdeiþ, jah þau attan meinana kunþēdeiþ* 'οὔτε ἐμὲ οἴδατε οὔτε τὸν

1) Unsichere Lesart. Man erwartet eine 3. Plur.

πατέρα μου· εἰ ἐμὲ ᾔδειτε, καὶ τὸν πατέρα μου ᾔδειτε ἄν'. Ahd.: von der Vergangenheit Otfr. 1, 11, 59 *ni wāri thō thiu giburt, thō wurti worolti firwurt* 'wäre damals nicht die Geburt (Christi) gewesen, so wäre der Welt Verderben zuteil geworden'; von der Gegenwart Otfr. 3, 20, 159 *ni wāri thesēr gotes drūt, ni dāti er sulīh wuntar* 'wäre er nicht Gottes Freund, würde er nicht solch Wunder tun'. Als deutlichere Bezeichnung der Vergangenheitsbedeutung drang seit der mhd. Zeit das im Nhd. allein übliche umschriebene Plusquamp. Konj. ein, z. B. mhd. Iw. 129 *het er die künegin gesehen, im waer die selbe zuht geschehen* (dagegen V. 6096 *westet ir* ['hättet ihr gewusst'], *ir waeret vür gekēret*).

E. Übertragung optativischen Sinnes auf präteritale Indikative.

796. Die optativischen Formen hatten, wie wir oben sahen, von Haus aus mit den Unterschieden der Zeitstufe nichts zu tun. Da aber das Bedürfnis aufkam, am Verbum eine Bezeichnung für die Zuweisung des Begriffsinhalts des Optativs an die Vergangenheit zu haben, so wurde diese Rolle in den meisten Sprachzweigen Indikativformen zugeteilt. Daraus entwickelte sich dann weiter der sogen. Irrealis. Jene Sprachzweige sind der arische, der armenische, der griechische, der italische und der baltisch-slavische.

Auf anderem Wege kam, wie § 795 gezeigt ist, das Germanische zu einem Ausdruck für denselben Sinn.

797. Arisch. Im Ai. besagte das zum *sya*-Futurum hinzugebildete Augmentpräteritum — eine, wie es scheint, speziell indische Neubildung[1]), die 'Konditionalis' genannt wird — für die Vergangenheit das, was der Optativ als Potentialis für die Gegenwart aussagte. Die Form stellte sich daher als Konkurrenzform

1) In gleicher Weise sollen nach Magnien Le futur grec (Paris 1912) 2, 1 f. die Griechen zu ihrem Futurum auf -σω ein Augmentpräteritum gebildet haben, das in den homer. Formen (ἐ)δώσετο, (ἐ)βήσετο vorliege, eine Deutung dieser Formen, die Walde Z. f. österr. Gymn. 1915 S. 122 gelten lässt. Meiner Ansicht nach hat vielmehr Wackernagel Verm. Beitr. 47 die richtige Erklärung dieser Präterita gegeben.

neben den für Vergangenes geltenden potentialen Optativus (§ 774). Doch wurde sie seit dem Ende der Brāhmaṇaperiode auch als Irrealis des Präsens verwendet.

Im RV. für diese Bildung nur erst ėin Beleg: 2, 30, 2 *yó vṛtrā́ya sínam átrā́bhariṣyat prá tą́ jánitrī vidúṣa uvāca.* Hier scheint noch ihr ursprünglicher Sinn vorzuliegen: 'der dem V. *sína* (Stärkung?) bringen wollte (allaturus erat)', vgl. Oldenberg zu der Stelle.

In den jüngeren Texten tritt dann modaler Sinn überall klar hervor. Z. B. ŠB. 14, 4, 2, 3 *táta ēvàsya bhayą́ vīyāya kásmād dhy ábhēṣyat* 'darauf verging seine Furcht, denn vor wem hätte er sich fürchten sollen, quem enim metueret?', TB. 3, 11, 8, 7 *sá vāí tą́ nā́vindad yásmāi tą́ dákṣiṇām ánēṣyat* 'er fand niemand, dem er diesen Opferlohn hätte geben können', ŠB. 11, 5, 1, 4 *cirą́ tán mēnē yád vā́saḥ paryádhāsyata* 'er hielt es für zu lange, dass er das Gewand umtäte'. Ganz besonders oft begegnet die Form in hypothetischen Satzgefügen, wo sie der Exponent des Gedankens der Irrealität war: zunächst tritt sie hier als Irrealis der Vergangenheit auf, wie ŠB. 11, 5, 3, 13 *yád ēvą́ nā́vakṣyō mūrdhā́ tē vy àpatiṣyat* 'hättest du nicht so gesprochen, so wäre dir der Kopf zersprungen', alsdann auch als Irrealis der Gegenwart, was bis in die klassische Zeit blieb, z. B. Kum. 6, 68 *gām adhāyat kathą nāgaḥ . . . ā rasātalamūlāt tvam avalambiṣyathā na cēt* 'wie würde der Schlangendämon die Erde tragen, wenn du sie nicht vom Unterweltgrund her aufgerichtet hättest?'.

Dem iranischen Zweig war diese Neubildung fremd. Über den 'Konditionalis' im Av. s. § 795.

798. Im Armenischen erscheint das Imperfektum in Bedingungssätzen als Irrealis: Joh. 11, 21 *etʿe ast leal eir, etbairn im čʿēr meṙeal* 'εἰ ἦς ὧδε, οὐκ ἂν ἀπέθανεν ὁ ἀδελφός μου', Luk. 7, 39 *sa tʿe margarē okʿ ēr, apa gitēr* 'οὗτος εἰ ἦν προφήτης, ἐγίνωσκεν ἄν', Eznik 1, 22 (S. 86) *kaxardn etʿe hanēr, apakʿēn divawkʿ hanēr* 'wenn der Zauberer (ihn) austriebe, dann würde er (ihn) durch Teufel austreiben'. Vgl. Meillet Mém. 16, 119.

799. Im Griechischen hat sich schon in der ältesten Sprachüberlieferung z. B. für und neben εἴθ' ἔχοιμι 'hätte ich doch gehabt!' (vgl. § 772) der indikativische Ausdruck εἴθ' εἶχον eingestellt und entsprechend z. B. ἀπώλετο ἄν, εἰ μή κτλ. 'er wäre zugrunde gegangen, wenn nicht' neben ἀπόλοιτο ἄν, εἰ μή κτλ. (vgl. § 774). Der Übergang zu dieser Ausdrucksweise vollzog sich um so leichter, als die Partikel, die der Verbalform selbst beigegeben wurde, dem Satz seinen optativischen Charakter wahrte.

Z. B. δ 732 εἰ γὰρ ἐγὼ πυθόμην ταύτην ὁδὸν ὁρμαίνοντα· | τῷ κε μάλ' ἤ κεν ἔμεινε καὶ ἐσσύμενός περ ὁδοῖο | ἤ κέ με τεθνηυῖαν ἐνὶ μεγάροισιν ἔλειπεν 'hatte ich es doch erfahren, dass er diese Reise im Sinne habe! Dann wäre er entweder hier geblieben, oder er hätte mich tot zurückgelassen', Aesch. Ag. 1537 ἰὼ γᾶ γᾶ, εἴθ' ἔμ' ἐδέξω, πρὶν ... ἐπιδεῖν κτλ. 'o wenn du, Erde, mich in dich aufgenommen hättest, bevor ich zu sehen bekommen hätte' usw., Π 638 οὐδ' ἂν ἔτι φράδμων περ ἀνὴρ Σαρπηδόνα δῖον | ἔγνω 'auch ein kundiger Mann hätte nicht mehr den S. erkannt', Ε 679 καί νύ κ' ἔτι πλέονας Λυκίων κτάνε δῖος Ὀδυσσεύς, | εἰ μὴ ἄρ' ὀξὺ νόησε μέγας κορυθαίολος Ἕκτωρ 'und noch mehr Lykier hätte O. getötet, wenn ihn nicht H. scharf bemerkt hätte', Xen. An. 5, 8, 13 εἰ δὲ τοῦτο πάντες ἐποιοῦμεν, ἅπαντες ἂν ἀπωλόμεθα 'wenn wir dies alle getan hätten, wären wir allesamt zugrunde gegangen'.

In nachhomerischer Zeit bekam diese Ausdrucksweise dann auch für die Gegenwart Geltung in derselben Weise, wie z. B. ἔδει σε ποιῆσαι von der Bedeutung 'du hättest das (damals) tun müssen' zu der Geltung 'du müsstest das (jetzt) tun' gekommen ist, z. B. Eur. El. 1061 εἴθ' εἶχες, ὦ τεκοῦσα, βελτίους φρένας 'hättest du doch, Mutter, bessere Sinnesart', Soph. Ant. 755 εἰ μὴ πατὴρ ἦσθ', εἶπον ἄν σ' οὐκ εὖ φρονεῖν 'wenn du nicht mein Vater wärst, würde ich dich töricht nennen', Xen. An. 5, 1, 10 εἰ μὲν ἠπιστάμεθα σαφῶς, ὅτι ἥξει πλοῖα Χειρίσοφος ἄγων ἱκανά, οὐδὲν ἂν ἔδει ὧν μέλλω λέγειν 'wenn wir genau wüssten, dass Ch. mit einer genügenden Anzahl von Fahrzeugen kommen wird, brauchte ich nichts von dem zu sagen, was ich zu sagen im Begriff bin'.

Ob im Hauptsatz Imperfekt oder Aorist stand, richtete sich nicht nach der Zeitstufe, sondern nach der Aktionsart. Hatte der Bedingungssatz den Aorist und waren die Handlung des Bedingungssatzes und die des Hauptsatzes sachlich verschieden, so musste die Handlung des Bedingungssatzes als vergangen gegenüber der Handlung des Hauptsatzes erscheinen, und dasselbe Verhältnis konnte obwalten, wenn der Nebensatz das Imperfektum hatte (§ 642).

800. Aus dem Italischen gehört aller Wahrscheinlichkeit nach hierher der sogen. Konj. Imperf. mit dem Formans *-sē-*, eine aus uritalischer Zeit überkommene Bildung, der sich auf römischem Boden als Neuschöpfung der sogen. Konj. Plusquamperf. angeschlossen hat, z. B. osk. fusíd 'foret, esset', lat. *forem, essem, stārem* und *fuissem* usw.

Zu den ältesten Gebrauchsweisen des Konj. Imperf. im Latein gehört solches wie Plaut. Capt. 537 *utinam te di prius perderent, quam periisti e patria tua* 'hätten dich doch die Götter früher vernichtet!'. Häufig *diceres* 'du hättest sagen können (sollen)', entsprechend *putares, cerneres* u. dgl. Ferner in konditionalen Satzgefügen, wie Plaut. Aul. 741 *quid vis fieri? factumst illud: fieri infectum non potest.* | *deos credo voluisse: nam ni vellent, non fieret, scio* 'wenn sie nicht gewollt hätten, wäre es nicht geschehen', Plaut. Rud. 590 *si invitare nos paulisper pergeret, ibidem obdormissemus.* Dieselbe Formation tritt im Altlateinischen auch schon, wie regelmässig in der späteren Latinität, als Irrealis für die Gegenwart auf, z. B. Plaut. Rud. 533 *utinam fortuna nunc hic anatina uterer,* Plaut. As. 592 *vale.* # *Aliquanto amplius valerem, si hic maneres,* Cic. Fin. 1, 42 *sapientia, quae ars vivendi putanda est, non expeteretur, si nihil efficeret.* Bei Plautus daneben häufiger noch der Konj. Präs. für den Irrealis der Gegenwart, z. B. Men. 640 *me rogas?* # *Pol haud rogem te, si sciam,* Cas. 293 *liber si sim, meo periclo vivam; nunc vivo tuo.*

Im allgemeinen gilt für den Konj. Imperf., dass er sich im älteren Latein in grösserem Umfang den ursprünglichen Präteritalsinn bewahrt hat als später.

Im Umbr. ist die *sē*-Bildung, wohl zufällig, überhaupt nicht belegt. Im Osk. und Päl. kommt sie vor, aber zu spärlich (nur in abhängigem Satz), als dass über ihre Entwicklung und Ausdehnung in diesem Dialektgebiet etwas ausgesagt werden könnte. Ein Beispiel ist Cipp. Abell. 17, wo von ekss kúmbened 'sic convēnit' abhängt puz ídík sakara[klúm] íiním ídík terúm múíní[kúm] múíníkeí tereí fusíd [íním] . . . fruktatiuf . . . múíníkú pútúrú[mpíd fus]íd 'ut id templum et id territorium commune in communi territorio esset et . . . usus . . . communis utrorumque esset'.

Ob die von mir IF. 30, 388 ff. (vgl. § 421, 4) vorgetragene Hypothese über den Ursprung der *sē*-Bildung richtig ist, muss in derselben Weise dahingestellt bleiben wie die Richtigkeit aller Hypothesen über Sprachschöpfungen so früher vorhistorischer Zeiten. Jedenfalls erscheint sie als haltbar und nach meinem Ermessen den Tatsachen des historischen Gebrauchs weit besser gerecht werdend als diejenigen Hypothesen, nach denen diese Bildung kein altes Präteritum, sondern ein alter Konjunktiv oder auch Optativ gewesen sein soll.

Anm. Zu den gegen meinen Deutungsversuch gerichteten Darlegungen von Sommer Lat. L. u. Fl.[2] 523 f., Krit. Erläut. 145 ff. sei hier das folgende bemerkt. Eine Deutung, wonach die *sē*-Formation ein alter Konj. war, wäre nur dann glaubhaft, wenn es gelänge, zu zeigen, wie das Italische dazu kommen konnte, eine alte Konjunktivform nur in optativischer Geltung am Leben zu erhalten und ihr, obwohl sie weder einem präteritalen Indikativ angegliedert war noch auch sonst ein präteritales Element in sich barg, diejenige Vergangenheitsbedeutung zuzuführen, die sie im Lateinischen seit der ältesten Zeit der Überlieferung aufweist. Wenn dagegen *forem, amarem* ursprünglich etwa dasselbe wie *futurus eram, amaturus eram* bedeuteten und dann zum Optativus Prät. wurden, so ist das dieselbe Entwicklung, die sich bei den ai. Formen wie *ádhāsyat* zeigt (§ 797). Sommer sagt: "Wenn das römische Sprachgefühl dahin drängte, den 'Irrealis' formell zu bezeichnen, so war es das einzig Vernünftige, von den vorhandenen [das soll doch heissen: von den aus uridg. Zeit ererbten?] Modusformen eine auszuwählen". Nun, das Baltisch-Slavische hat ja diesen 'einzig vernünftigen' Weg sicher nicht beschritten, sondern eine umschreibende Ausdrucksweise von ähnlicher Art gewählt, wie sie nach meiner Vermutung das Italische gewählt hat.

Dass für den osk. Konj. Imperf. keine Vergangenheitsbedeutung nachzuweisen ist, spricht weder gegen meine Ansicht noch für Sommer's Deutung. Es handelt sich im Osk. um das Vorkommen unseres Modus nur in ein paar abhängigen Sätzen, und es begegnet kein Satz, in dem man zu erwarten hätte, dass die Form nach der Art des auf Vergangenes gehenden Konj. Imperf. des Lateinischen gebraucht aufträte. Die geschichtliche Erklärung unseres Modus muss sich also an das Lateinische halten, und dieses weist so deutlich als nur möglich auf Vergangenheitssinn als ältere Bedeutung hin.

Sommer bezweifelt, ob die alat. Wendungen wie *turbāre it* gegenüber *turbātum it* 'altererbt' seien. Gewiss mag *turbātum it* älter gewesen sein als *turbāre it.* Aber man hat die Verba des Gehens auch im Balt-Slav. mit dem Infinitiv statt mit dem Supinum verbunden, wenn auch erst in neuerer Zeit, z. B. lit. *eĩkit pažiurė́t* 'gehet zuzusehen', russ. *rabotat' idut* 'sie kommen zu arbeiten' (Delbrück Vergl. Synt. 2, 465), und im Ai. finden sich von denselben Verba des Gehens die verschiedensten Arten von Infinitivbildungen abhängig gemacht (Delbrück Altind. Synt. 410 ff.). Warum also soll lat. *īre* im Uritalischen einzig und allein die Form auf *-tum* zu sich genommen haben? Gerade der Umstand, dass dieses Verbum als Hilfszeitwort in unserer Verbindung seine sinnliche Bedeutung früh eingebüsst haben und, wie später *vado,* in die Reihe der 'futurischen' Hilfsverba, deren Grundbedeutung 'darauf aus sein, wollen' u. dgl. war, eingetreten sein müsste, würde es gut begreiflich machen, dass man schon in vorhistorischen Zeiten zur Verbindung auch mit andern Infinitivformen als der auf *-tum* kam.

Mir scheint demnach meine Ansicht, dass wir es mit einer alten Präteritalform zu tun haben, durch Sommer's Ausführungen nicht erschüttert zu sein. Unwahrscheinlich ist mir auch die neueste Meinung über den Ursprung von *amārem* (Hirt IF. 35, 140), es sei aus **amāsei̯ēm* hervorgegangen, einem *-i̯ē*-Optativ des *s*-Aorists, der auch durch den griechischen sogen. äolischen Optativ auf -σεια vertreten sei (vgl. § 472).

801. Im Keltischen wird der einschlägige Gebrauch von präteritalen Indikativformen ebenfalls aus der Zeit der Urgemeinschaft dieses Sprachzweigs stammen.

Im Altirischen erscheint in irrealen konditionalen Satzgefügen das Präteritum des Konjunktivs im Nebensatz und das Präteritum des Futurums (Futurum secundarium) oder das Präteritum des Konjunktivs oder das Imperfektum im übergeordneten Satz. Diese Ausdrucksweisen galten ebensogut für die Vergangenheit wie für die Gegenwart, so dass ein Satz wie (Wb. 9 d 9) *isglē limm, nicondigēnte ētrad ma-rufeste inso* sowohl 'es ist mir klar, dass ihr das schnöde Gelüste nicht würdet befriedigt haben, wenn ihr dies gewusst hättet' bedeuten konnte als 'dass ihr befriedigen würdet, wenn ihr wüsstet'. Andre Beispiele: Wb. 11 a 22 *docoith dīgal forru, matis tuicsi nī rīgad* 'venit vindicta super eos; si essent electi, non venisset', Wb. 10 a 27 *ar mad forn̄gaire dognein do-coischifed pian a-thairmthecht* 'nam si praeceptum (mandatum) facerem, sequeretur poena transgressionem eius'. Auch das einfache Präteritum kommt im Hauptsatz vor, nämlich wenn das Verbum das Verb. subst. ist, z. B. Wb. 10 d 31 *ar-bōi sōn in potestate mea ma-dagnenn* 'nam esset id in potestate mea, si facerem'. S. Vendryes Gramm. du vieil-irl. 368 f.

Über die britann. Dialekte s. Pedersen Vergl. kelt. Gramm. 2 § 575, 1, d S. 278, § 597, 4 S. 330, § 615 S. 370 f.

802. Baltisch-Slavisch. Über die hier einschlägigen umschreibenden Wendungen des Baltischen und des Slavischen, die entwicklungsgeschichtlich zusammengehören, und deren Hilfszeitwort ein Präteritum war, ist in § 788 ff. gehandelt. Beispiele des Gebrauchs als Irrealis sind:

Slav.: Joh. 11, 21 *ašte bi sъde bylъ, ne bi bratъ mojь umrьlъ* 'wenn du hier gewesen wärest, wäre mein Bruder nicht gestorben', Luk. 17, 6 *ašte byste iměli věrą . . ., glagolali byste* 'wenn ihr Vertrauen hättet, würdet ihr sagen'.

Das Litauische steht insofern auf einer schon vorgeschritteneren Stufe, als unsere Formen nur noch für die Gegenwart gelten. Z. B. *kàd àsz žinóczau, taĩ sakýczau* bedeutet also nicht mehr 'wenn ich es gewusst hätte, hätte ich es gesagt', sondern nur noch 'wenn ich es wüsste, würde ich es sagen'. Jenen ersteren Gedanken drückt man jetzt so aus: *kàd àsz búczau žinóję̨s, taĩ búczau sãkę̨s* (§ 789).

XI. Der Gebrauch der Formen des Verbum infinitum.

1. Der Gebrauch der Infinitive und Supina [1]).

A. Allgemeines.

803. In 2, 1 § 502 ff. ist über das Wesen und die Entwicklung der unter den Namen Infinitiv und Supinum gehenden verbalen Formen im allgemeinen und über ihre formantische Bildung gehandelt.

1) Allgemeinidg. Delbrück Vergl. Synt. 2, 440 ff. Verfasser Kurze vergl. Gramm. 603 ff. J. Jolly Geschichte des Infinitivs im Idg., München 1873. E. Wilhelm De infinitivi linguarum Sanscritae Bactricae Persicae Graecae Oscae Umbrae Latinae Goticae forma et usu, Eisenach 1873. J. Vendryes Sur l'emploi de l'infinitif au génitif dans quelques langues indo-européennes, Mem. 16, 247 ff. F. W. Thomas On the Accusative with Infinitive, Class. Rev. 11, 373 ff.

Hier sind nunmehr die Gebrauchsweisen im einzelnen darzustellen.

Die Unterscheidung, die in einzelsprachlicher Grammatik zwischen 'Infinitiv' und 'Supinum' gemacht wird, kann für die vergleichende Grammatik unterbleiben, weil diejenigen Funktionen,

---

Arisch. F. Wolff Die Infinitive des Indischen u. Iranischen, KZ. 40, 1 ff. Zur Frage des Accusativs mit dem Inf., KZ. 39, 490 ff. Delbrück Altind. Synt. 410 ff. Speyer Ved. u. Sanskrit-Synt. 65 ff., Sanskrit Synt. 300 ff. A. Ludwig Üb. den Inf. im Veda, Prag 1871. Brunnhofer Üb. die durch einfache Flektierung der Wurzel gebildeten Infinitive des Veda, KZ. 30, 504 ff. Bartholomae Altiran. Verb. 152 ff. Reichelt Aw. Elem. 337 ff. Bartholomae Der Gebrauch des Infinitivs im Dialekt der Gāthā's, KZ. 28, 23 ff. C. de Harlez Les infinitifs avestiques et les dissidences des Zand-scholars, BB. 25, 181 ff. A. Grégoire Les infinitivs de l'Avesta, KZ. 35, 79 ff.

Armenisch. Meillet Altarmen. Elem. 109 ff.

Griechisch. Kühner-Gerth Ausf. griech. Gr. 2[3], 1, 192 ff. 2[3], 2, 1 ff. Brugmann-Thumb Griech. Gramm.[4] 592 ff. Stahl Krit.-hist. Synt. des griech. Verb. 596 ff. Delbrück Grundlagen der griech. Synt. 121 ff. H. Jacobsthal Der Gebrauch der Tempora u. Modi in den kret. Dialekt-inschriften, Strassburg 1907, S. 122 ff. B. Delbrück De infinitivo Graeco, Halle 1863. E. Herzog Die Syntax des Infinitivs, Jbb. f. class. Ph. 1873, 1 ff. B. Szczurat De infinitivi Homerici origine casuali, Brody 1902. Leo Meyer Der Infinitiv der homer. Sprache, Göttingen 1856. G. Englich De infinitivo Homerico, Breslau 1867, Schrimm 1868. J. La Roche Der Infinitiv bei Homer, Homer. Untersuch. 2, 1 ff. K. Koch Zum Gebrauch des Infinitivs in der homer. Sprache, Braunschweig 1871. C. Meierheim De infinitivo Homerico capita tria I. Göttingen 1875, II. Lingen 1876. O. E. Tudeer De infinitivi sermonis Homerici ratione syntactica, Helsingfors 1876. O. Seip De participii et infinitivi ap. Hesiodum usu, Giessen 1886. J. Steinacher Die Syntax des Hesiodeischen Infinitivs mit stetem vergleichenden Rückblick auf Homer, Landskron 1885. R. Sharp De infinitivo Herodoteo, Leipzig 1880. Sprotte Die Syntax des Infinitivs bei Sophokles, Glatz 1887. 1891. E. Lehner Der Infinitiv bei Xenophon, Freistadt 1891. R. Tetzner Der Gebrauch des Infinitivs in Xenophons Anabasis, Dobran 1891. H. F. Allen The infinitive in Polybius compared with the infinitive in Biblical Greek, Chicago 1907. E. Nordenstam Studia syntactica I. Syntaxis infinitivi Plotiniana, Upsala 1893. J. M. Granit De infinitivis et participiis in inscriptionibus dialectorum Graecarum quaestiones syntacticae, Helsingfors 1892. Cavallin De temporum infinitivi usu Homerico quaestiones, Lund 1873. C. Hentze Aktionsart u. Zeitstufe der Infinitive in den homer. Gedichten, IF. 22, 267 ff. R. Wagner Der Gebrauch des imperativischen Infinitivs im Griech., Schwerin 1891. C. Hentze Der imperativische Infinitiv in den homer. Gedichten, BB. 27,

welche sich bei den sogen. Supinformen finden, keine andern sind als die, welche von uridg. Zeit her in verschiedenen Sprachen bei Formen vorkommen, die hier Infinitiv heissen.

804. Wir sahen, dass alle Infinitive von Haus aus Casus obliqui von Nomina actionis oder Verbalabstrakta gewesen sind,

106 ff. H. Kluge Syntaxis Graecae quaestiones selectae (Berlin 1911) S. 12 ff. Ch. J. Ogden De infinitivi finalis vel consecutivi constructione ap. priscos poetas Graecos, New York 1909. C. Hentze Der Acc. c. Inf. bei Homer, Ztschr. f. d. Gymn. 1866, S. 721 ff. C. Fleischer De primordiis Graeci accusativi cum inf., Leipzig 1870. A. Albrecht De accusativi cum infinitivo coniuncti origine et usu Homerico, Curtius' Stud. 4, 1 ff. F. W. Thomas Some remarks on the Acc. with Inf., Class. Rev. 11, 373 ff. G. A. Weiske Der Gebrauch des substantivierten Infinitivs im Griech., Jbb. für class. Ph. 1882, S. 502 ff. Birklein Entwicklungsgeschichte des substantivischen Infinitivs, Würzburg 1888. Krapp Der substantivierte Infinitiv abhängig von Präpositionen u. Präpositionsadverbien in der historischen Grazität, Heidelberg 1892. Behrendt Üb. den Gebrauch des Infinitivs mit Artikel bei Thucydides, Berlin 1886.

Albanesisch. Weigand Alban. Gramm. 134 ff.

Italisch. Draeger Hist. Synt. der lat. Spr. 1[2] 329 ff. 2[2], 300 ff. 819 ff. Kühner-Stegmann Ausf. lat. Gramm. 1[2] 662 ff. Schmalz Lat. Gramm.[4] 419 ff. Bennett Syntax of Early Latin 1, 366 ff. M. Schmidt Üb. den Infinitiv, Ratibor 1826. P. Genberg De verbo infinito Latinorum, Lund 1837. E. Herzog Die Syntax des Infinitivs, Jahrbb. f. class. Phil. 1873 S. 1 ff. W. Deecke Beiträge zur Auffassung der lat. Infinitiv-, Gerundial- und Supinum-Konstruktionen, Mülhausen i. E. 1890. Th. Bögel De nomine verbali Latino, Jahrbb. f. class. Phil. Suppl. 1903. G. Müller Zur Lehre vom Infinitiv im Lat., Görlitz 1878. Howard The Perfect Infinitive with the force of the Present, Harvard Stud. 1890 S. 122. O. v. Golenski De infinitivi ap. poetas Lat. usu, Königsberg 1863. H. Merguet De usu syntactico inf. Lat. maxime poetico, Königsberg 1863. Golling Syntax der lat. Dichtersprache, I. Infinitiv, Wien 1892, Gymnasium 1889 S. 473 ff. P. Barth De infinitivi ap. scaenicos poetas Latinos usu, Leipzig 1881. F. Lübker De usu infinitivi Plautini, Gesammelte Schriften 1 (Halle 1852) S. 128 ff. E. Walder Der Infinitiv bei Plautus, Berlin 1874. G. Votsch De infinitivi usu Plautino, Halle 1874. C. Wallquist De infinitivi usu ap. Terentium, Upsala 1897. Reichenhardt Der Infinitiv bei Lucretius, Acta semin. Erlang. 4, 457 ff. A. Cramer Der Infinitiv bei Manilius, Commentationes in honorem Guil. Studemund, Strassburg 1889, S. 60 ff. G. Finály De usu infinitivi ap. Caesarem, Klausenburg 1894. J. Eidenschink Der Infinitiv bei Cornelius Nepos etc., Passau 1877. Sorn Der Infinitiv bei Sallust, Florus, Eutrop u. Persius, Innsbruck 1887. Senger Üb. den Infinitiv bei Catull, Tibull u. Properz, Speier 1886. Ch. Jänicke

die an gewissen Konstruktionsweisen der Formen des Verbum finitum teil bekommen haben. Der Anfang hierzu wurde schon in der Zeit der idg. Urgemeinschaft gemacht. Doch ist es unmöglich, genauer zu bestimmen, wie weit man damals mit dem Vorgang der Ablösung von der Nominalkategorie und des An-

---

Die sogen. Gräcismen im Gebrauch des Infinitivs bei Vergil, Oberhollabrunn 1875. A. v. Steltzer Üb. den Gebrauch des Infinitiv bei Vergil, Nordhausen 1875. F. Maixner De infinitivi usu Vergiliano, Zagrabiae 1877. H. Krause De Vergilii usurpatione infinitivi, Halle 1878. F. W. Dahleke De usu infinitivi Horatiano I, Breslau 1854. F. I. Hester De infinitivi natura et ap. Horatium usu, Münster 1858. H. O. Indebetou De usu infinitivi Horatiano, Upsala 1875. H. Dittel De infinitivi ap. Horatium usu, Red 1880. P. Lewicki De natura infinitivi atque usu ap. Horatium praecipue lyrico, Lemberg 1891. G. V. Bucht De usu infinitivi ap. Ovidium, Upsala 1875. E. Trillhaas Der Infinitiv bei Ovid, Erlangen 1877. Hoffmann De infinitivi ap. Ovidium usu, Schlawe 1889. L. Winkler Der Infinitiv bei Livius in den Büchern I. XXI. XLV, Brüx 1895. J. Schmidt De usu infinitivi ap. Lucanum, Valerium Flaccum, Silium Italicum, Halle 1881. W. K. Clement The Use of the Infinitive in Silius Italicus, A. J. of Ph. 20, 195ff. Derselbe The Use of the Infinitive in Lucan, Valerius Flacc., Stat. and Juv., Proceedings of Am. Phil. 1902, LXXI. F. Lohr De infinitivi ap. P. Papinium Statium et Juvenalem usu, Marburg 1875. Eger De infinitivo Curtiano, Darmstadt 1885. F. Korb Der Gebrauch des Infinitivs bei Qu. Curtius Rufus I u. II, Prag 1896. 1898. Ph. Menna De infinitivi ap. Plinium min. usu, Rostock 1902. P. Czensny De inf. Taciteo I., Breslau 1868. H. Wentzel De infinitivi ap. Justinum usu, Berlin 1893. J. H. Schmalz Infinitivus pro imperativo im Lat., Berl. phil. Woch. 1909, Sp. 27ff. E. Wölfflin Der substantivierte Infinitiv, Wölfflin's Archiv 3, 70ff. N. Sjöstrand De futuri infin. usu Latinorum, Lund 1892. T. Frank The influence of the infinitive upon verbs subordinated to it, A. J. of Ph. 25, 428ff. Kübler De infinitivo ap. Romanorum poetas a nominibus adiectivis apto, Berlin 1861. C. Wagener Der Inf. nach Adj. bei Horaz, Neue Philol. Rundschau 1902, S. 1ff. G. Ramain L'infinitif d'exclamation chez Plaute et chez Terence, Rev. de philol. 35, 28ff. C. Lindskog Zur Erklärung der Akk. mit Inf.-Konstruktion im Lat., Eranos 1, 121ff. A. Dittmar Der echte Acc. c. inf., Neue Jahrbb. 1901 S. 258ff. J. M. Reinkens Üb. den Acc. cum inf. bei Plautus u. Terentius, Düsseldorf 1887. Franzen-Swedelius De usu acc. c. inf. coniuncti ap. Livium, New York 1907. H. C. F. Prahm Versuch üb. das Wesen des histor. Infinit. in der lat. Sprache, Altona 1798 und 1827. A. Mohr Üb. den histor. Infinitiv der lat. Sprache, Meiningen 1822. H. L. O. Müller De usu atque natura infinitivi historici ap. Latinos, Celle 1833. Th. R. Mende De infin. histor. ap. scriptores Lat. spec. I, Brieg

schlusses an die Verbalkategorie schon gekommen war. Und zwar ist das darum unmöglich, weil in mancherlei Fällen vollständigerer Verbalisierung von Nomina actionis, in denen verschiedene Sprachzweige genau übereinstimmen, diese Sprachgruppen ohne allen Zweifel unabhängig von einander denselben

1845. F. C. Spiess De Infinitivo historico, Accusativo cum infinitivo etc., Wiesbaden 1847. G. Mohr De infinitivo historico, Halle 1878. B. Incze De origine infinitivi historici, Egyetemes Philol. Közlöny S. 81 ff. J. Hegedüs Quaedam observationes de infinitivo historico, Egyetemes Philol. Közlöny S. 211 ff. H. Jaenicke Erklärung u. Gebrauch des sogen. infinitivus historicus, Jahrbb. f. class. Phil. 151 (1895) S. 134 ff. E. Wölfflin Die Entwicklung des Infinitivus historicus, Wölfflin's Archiv 10, 177 ff. J. Wackernagel Üb. die Geschichte des historischen Infinitivs, Verhandl. der 39. Philologenvers. S. 276 ff. M. Wisén Zum historischen Infinitiv, Wölfflin's Archiv 15, 282 f. P. Kretschmer Zur Erklärung des sogen. Infinitivus historicus, Glotta 2, 270 ff. J. J. Schlicher The historical infinitive, Class. Phil. 9 (1914) S. 279 ff. 374 ff. H. Koziol Üb. die Bedeutung u. den Gebrauch des histor. Infinitivs bei Sallust, Iglau 1866. Hübenthal Der historische Infinitiv bei Sallust u. Tacitus, Halle 1881. A. G. Gernhard De supino et gerundio verborum ap. Latinos, Opuscula (Leipzig 1836) S. 110 ff. Görlitz Das Gerundiv und Supinum bei Caesar, Rogasen 1887. A. Jaumann De supinis linguae Lat., München 1830. E. L. Richter De supinis linguae Latinae, Königsberg, Prog. 1856—60. N. Sjöstrand De vi et usu supini secundi Latinorum, Lund 1891. Rotter Üb. das Gerundium der lat. Sprache, Cottbus 1871. W. J. Snellmann De gerundiis orationum Ciceronis, Helsingfors 1894. A. Stitz Üb. das Gerundium im allgemeinen u. seine Verwendung bei Sallust, Krems 1889. F. Gustavsson De gerundio iterum, Eranos 6, 132 ff. J. Weisweiler Der finale Gen. gerundii, Köln 1890. Ott Zur Lehre vom Abl. gerundii, Stuttgart 1877. Üb. das lat. Gerundium vgl. auch die Litaturangaben vor § 831. — v. Planta Osk.-umbr. Gramm. 2, 437 ff. Buck Grammar 221.

Keltisch. Zeuss-Ebel Gramm. Celt.[2] 483 ff. 534 ff. Pedersen Vergl. kelt. Gramm. 2, 411 ff. Vendryes Gramm. du vieil-irl. 259 ff. Windisch Zum ir. Infinitiv, BB. 2, 72 ff.

Germanisch. J. Grimm D. Gr.[2] 4, 98 ff. Erdmann Grundz. der deutsch. Synt. 1, 91 ff. Wilmanns D. Gr. 3, 1, 113 ff. Streitberg Got. Elem.[3] 208 ff. A. Köhler Der syntaktische Gebrauch des Infinitivs im Got., Germania 12, 421 ff. A. Denecke Der Gebrauch des Infinitivs bei den ahd. Übersetzern des 8. u. 9. Jahrh., Leipzig 1881. S. v. Monsterberg-Münckenau Der Infinitiv in den Epen Hartmanns von Aue, Breslau 1885, Der Infinitiv nach *wellen* u. den Präterito-Präsentia in den Epen Hartmanns, Z. f. deutsche Phil. 18, 1 ff. 144 ff. 301 ff. M. R. Steig Üb.

Entwicklungsweg gegangen sind, und es dadurch wahrscheinlich wird, daß auch in andern Fällen näherer Übereinstimmung, in denen eine chronologische Bestimmung nicht mehr möglich ist, die Gleichheit nicht in unmittelbarem historischen Zusammenhang zustande gekommen ist.

Die Tendenz, Nomina actionis in dieser oder jener Richtung an's Verbum näher anzugliedern und so zu Infinitiven werden zu lassen, ist von uridg. Zeit her wohl überall und immer lebendig geblieben. Sie bildet das Gegenstück zu der mehrfach zu beobachtenden Rückkehr von infinitivisch gewordenen Gebilden zu rein nominaler Geltung (z. B. griech. τὸ ἀποθανεῖν, nhd. *das leben, das zustandekommen*).

Die engere Anschliessung des Nomen actionis an's Verbum geschah namentlich in folgenden Beziehungen:

1) Der erste Schritt bestand wohl allenthalben darin, dass man sich gewöhnte das Nomen actionis an der verbalen Kasusrektion teilnehmen zu lassen. Im Ved. erscheint z. B. neben *gōtrásya dāvánē* (RV. 8, 52, 5) 'zum Schenken des Rinderstalls' auch bereits *máhi dāvánē* (8, 46, 25) 'Grosses zu schenken', das dem griech. μέγα δοῦναι (kypr. δοϝεναι) entspricht [1]).

Diese Art der Verbalisierung des Nomens ist die verbreitetste in den idg. Sprachen, und man darf sie als das wesentlichste Kennzeichen des Infinitivs als solchen bezeichnen.

2) Ein anderes war der Anschluss an bestimmte einzelne Tempusstämme. Dieser Schritt war dadurch wirksam vorbereitet, dass oft schon an der sogen. Wurzel eine bestimmte

---

den Gebrauch des Infin. im Altniederd., Z. f. deutsche Phil. 16, 488ff. Morgan Callaway The Infinitive in Anglo-Saxon, Washington 1913.

Baltisch-Slavisch. W. Miller Üb. den letto-slavischen Infinitiv, Kuhn-Schleicher's Beitr. 8, 156ff. Schleicher Lit. Gr. 311ff. Kurschat Gramm. 380. 403. 405f. Miklosich Vergl. Gramm. 4, 844ff. Vondrák Vergl. Slav. Gr. 2, 413ff. Th. Forssmann Der Infinitiv im Ostromir'schen Evangelium, Strassburg i. E. 1888.

1) Sätze wie *tvą́ sutásya pītáyē sadyṓ vṛddhṓ ajāyathāḥ* (RV. 1, 5, 6) — woneben *éndra yāhi pītáyē mádhu* (8, 33, 13) 'komm herbei, Indra, den Meth zu trinken' — dürfen für den adnominalen Genitiv nicht angeführt werden; denn *sutásya* darf als Genitivus partitivus gelten: 'du bist sogleich erwachsen geboren worden, (um) von dem Soma zu trinken'.

Aktionsbedeutung haftete, die sie zu einem bestimmten Tempusstamm in eine nähere Beziehung brachte.

Gab es von uridg. Zeit her z. B. eine Abstraktbildung oder einige Abstraktbildungen zu Wurzel *es-* 'sein' (vgl. gthav. *stōi,* griech. ἔμμεναι, ἔμμεν, εἶναι, lat. *esse* umbr. *erom* u. a.), so fielen diese als Infinitiv naturgemäss dem Präsenssystem zu (gthav. *astī* usw.); ebenso stellte sich ai. *jīvásē* 'um zu leben' lat. *vīvere* (2, 1, 525), falls es schon vor der Einbeziehung in's Verbum gebildet worden war, zum Präsens *(jīva-ti vīvit).* Anderseits fiel griech. ἐνέγκαι, ἐνεγκεῖν naturgemäss dem Aorist (ἤνεγκα ἤνεγκον) zu. Griech. ἴδμεναι ἴδμεν 'wissen' wird unmittelbar mit ai. *vidmán-* 'Wissen, Weisheit' *vidmánē* 'zum Wissen' zusammengehören, es gliederte sich an das Perfectum praesens οἶδα 'weiss' an, wurde also Infin. Perf.

Zum Teil sind die infinitivischen Nomina von Anfang an aktionell indifferent gewesen. Dann kann ihre äussere Gestaltung die Zuweisung an einen bestimmten Tempusstamm herbeigeführt haben. So mögen z. B. kypr. δοϜεναι att. δοῦναι (ai. *dāvánē*) und hom. δόμεναι δόμεν (ai. *dāmanē*) nur wegen des Wortstücks δο- an den Aorist gekommen sein, und es ist nicht unwahrscheinlich, dass, wenn Formen wie griech. δεῖξαι, γράψαι mit solchen wie av. *raose* 'zu wachsen' (W. *raod-*) entwicklungsgeschichtlich zusammenhingen, ihr Anschluss an den *s*-Aorist nur durch den Ausgang -σαι bestimmt worden ist (2, 1, 142).

Bei der Ausbreitung der Infinitivkategorie in den einzelnen Sprachen wurde für die Neubildungen am häufigsten der Präsensstamm zugrunde gelegt. Dafür hat es überall gewisse aus uridg. Zeit stammende Muster gegeben. So entstanden z. B. ai. *puṣyásē* zu *púṣya-ti* 'blüht', *gṛṇīṣáṇi* zu *gṛṇá-ti* 'lobsingt', *-pṛ́ccham* zu *pṛcchá-ti* 'fragt', av. *-usąm* zu *-usa'ti* 'leuchtet auf', ai. *pṛṇádhyāi* zu *pṛṇá-ti* 'füllt', av. *-hinčāi* zu *hinča'ti* 'giesst', griech. βαίνειν βαινέμεν zu βαίνω 'gehe', δεικνύναι zu δείκνῡμι 'zeige', lat. *gignere* zu *gigno, spernere* zu *sperno,* got. *falþan* zu *falþa* 'falte', *þriskan* zu *þriska* 'dresche', *nasjan* zu *nasja* 'rette', *salbōn* zu *salbō* 'salbe'.

Ausserhalb des Gebietes des Präsensstamms haben sich nur das Griechische und das Italische systematisch ganze Klassen von einfachen Infinitivformen geschaffen, z. B. griech. βῆναι, βεβηκέναι, βήσεσθαι neben βαίνειν, lat. *genuisse, genitūrum* (S. 507 f.) neben *gignere*. In den andern Sprachzweigen finden sich nur Ansätze zu dieser Besonderung, wie im Ai. (ausser dem genannten, zum Perf. *vḗda vidúḥ* gehörigen *vidmánē*) z. B. *vāvr̥dhádhyāi* 'zu stärken, zu erquicken' zum Perf. *vāvr̥dhúḥ* 'sie haben gestärkt und stärken', im Av. z. B. gthav. *vīdvanōi* 'zu wissen' zum Perf. *vaēdā*, jgav. *vīvīse* 'sich bereit zu stellen' (zu einem nicht überlieferten Ind. Perf.), *vaočaŋhē* 'zu sagen, zu verkünden' zum Perfektpräteritum (Aorist) *vaočaṯ* (S. 142 f.). Auch sind hier die Infinitive zu den german. Präteritopräsentien, wie got. *witan* 'wissen' zu *wait*, zu nennen.

Jüngerer Erwerb waren im allgemeinen die periphrastischen Infinitivgebilde, die zum Teil ebenfalls der Tempusunterscheidung dienten, wie lat. *factum esse, factum īrī*, im Hd. z. B. mhd. Nib. 792, 2 *du möhtes wol gedaget hān und wær dir ēre liep* 'du würdest geschwiegen haben, wäre dir deine Ehre lieb' (Umschreibungen zur Unterscheidung der Genera verbi waren im Germanischen schon älter, s. 3).

3) Weiter die Teilnahme an den Unterschieden des Genus verbi. Bei den einfachen Infinitivformen findet sich diese nur im Griechischen und Lateinischen, z. B. griech. ἄγεσθαι Med. und Pass. neben Akt. ἄγειν, lat. *sequī* Med., zu *sequitur, agī* Pass., zu *agitur* (2, 1, 141 f. 638 ff., 2, 3, 681). Der griech. Infinitivausgang -σθαι hatte wahrscheinlich eine nähere Verwandtschaft mit den ai. Infinitivausgängen *-dhyāi, -dhēyāya, -dhāi, -dhē*, deren *dh-* zur Wurzel *dhē-* 'setzen, tun' zu gehören scheint, so dass alte Komposita vorlägen. Z. B. εἴδεσ-θαι lässt sich zum Stamm ϝειδεσ- (τὸ εἶδος) ziehen, und -θαι, als -θ-αι, wäre Dat. Sing. des Wurzelnomens uridg. **dhē-* (vgl. ai. *śrad-dh-é*). Nach Anschluss an εἴδε-ται wurde εἴδεσθαι dann als εἴδε-σθαι empfunden, und -σθαι kam darauf als Formans weiter in Übung. Die medial-passivische Bedeutung aber wurde durch analogische Einwirkung der den Konsonanten θ enthaltenden Personalendungen (-σθε -σθον -σθην -μεθα) hervorgerufen. Vgl. Bartholomae Rhein. Mus. 45, 151 ff., Brugmann-Thumb Griech. Gramm.[4] 410 f. Weniger klar ist, wodurch die lat. Formen *sequī, agī* usw.

dem mediopassivischen Gebrauch zugeführt worden sind. Hierüber s. ausser 2, 1, 142 noch Sommer Lat. L. u. Fl.[2] 593 ff., Krit. Erläut. 173. Ob es auch im Osk.-Umbr. eine besondere Formation als Medium oder Passiv zu den aktivischen Formen auf *-om* (z. B. umbr. *afero* 'circumferre') gegeben hat, steht dahin.

Auch periphrastische Wendungen zur Bezeichnung des Mediums oder Passivs. Im Italischen lat. *secūtum esse, factum esse, factum īrī*, umbr. kuratu eru 'curatum esse'. Im Germanischen in Anschluss an die umschreibende Darstellung des Passivs im Gebiet des Verbum finitum z. B. got. Luk. 9, 22 *skal sunus mans ... uskusans fram sinistam wairþan* 'δεῖ τὸν υἱὸν τοῦ ἀνθρώπου ἀποδοκιμασθῆναι ἀπὸ τῶν πρεσβυτέρων' (vgl. *mēlida wisan* in der Unterschrift des ersten Korintherbriefs), ahd. ebenfalls mit *werdan* und *wesan*, z. B. Tat. c. 112, 2 *mugut ir gitoufit wesan* 'potestis baptizari'.

4) Teilnahme an den Unterschieden der Zeitstufe zeigt sich bei einfachen Infinitivformen nur wieder im Griechischen und Italischen.

Futurbedeutung hatten im Griech. die Formen auf -σειν -σεσθαι, wie δώσειν δώσεσθαι, z. B. Xen. An. 2, 2, 13 ἐπορεύοντο ἐν δεξιᾷ ἔχοντες τὸν ἥλιον, λογιζόμενοι ἥξειν ἅμα ἡλίῳ δύνοντι εἰς κώμας τῆς Βαβυλωνίας χώρας 'sie marschierten, indem sie die Sonne zur Rechten hatten und berechneten, dass sie mit Sonnenuntergang nach Dörfern des b. Landes gelangt sein würden'. Die Infinitivi Präs., Aor. und Perf. konnten, gleichwie die entsprechenden Optative der obliquen Rede, als Reflex eines präteritalen Indikativs der direkten Rede im Sinne der Vergangenheit im Verhältnis zu dem regierenden Verbum gebraucht werden, z. B. θ 516 ἄλλον δ' ἄλλῃ ἄειδε πόλιν κεραϊζέμεν 'er sang, dass der eine hier der andre dort die Stadt verheert habe', A 398 ἔφησθα κελαινεφέϊ Κρονίωνι | οἴη ἐν ἀθανάτοισιν ἀεικέα λοιγὸν ἀμῦναι 'du erzähltest, du habest allein unter den Unsterblichen dem K. schmähliches Verderben abgewehrt'. Im Grunde bekundet sich hierin freilich noch der von Zeitbeziehung unabhängige Gebrauch des alten Verbalabstraktums, bei dem nur der ganze Zusammenhang jeweils das zeitliche Verhältnis bestimmte, vgl. nhd. *er erzählte die verheerung der stadt.* Daher auch oft noch der Inf. Aor. oder Präs. (statt Fut.) nach Verba des Voraussagens, Hoffens u. dgl., z. B. Herodot 7, 220 ἐκέχρητο γὰρ ὑπὸ τῆς Πυθίης . . . ἢ Λακεδαίμονα ἀνάστατον γενέσθαι ὑπὸ τῶν βαρβάρων ἢ τὸν βασιλέα σφέων ἀπολέσθαι 'es war von der P. prophezeit, entweder werde L. von den Barbaren zerstört werden oder ihr König werde fallen', vgl. nhd. *es war zerstörung prophezeit.*

Im Lat. haftete in der klass. Zeit an den Formen wie *fēcisse* schon fester und ausschliesslicher Präteritalbedeutung, z. B. *narrat (narravit) hostem urbem obsedisse.* Für die Zukunft hatte das Latein nur eine Umschreibung: *narrat (narravit) hostem urbem obsessurum esse.*

Im Germanischen begegnet bei Beziehung auf die Vergangenheit entweder der einfache Infinitiv, wie ahd. Tat. 60, 6 *ih weiȥ megin fon mir ūȥ gangan* 'novi virtutem de me exisse', oder eine Umschreibung in Anschluss an die zusammengesetzten Formen des Verbum finitum. z. B. Boeth. 1, 35, 3 *zigun si mih pesmiȥȥen habēn* 'mentiti sunt polluisse me'.

5) Teilnahme an modalen Beziehungen erscheint oft im Griech. als Reflex von modalen Wendungen im Verbum finitum. Z. B. εἴργειν μὴ εἰσελθεῖν 'hindern am Hereinkommen', nach μὴ εἰσέλθῃ oder μὴ εἰσέλθοι, und Homer I 684 καὶ δ' ἂν τοῖς ἄλλοισιν ἔφη παραμυθήσασθαι 'auch den andern, sagte er, würde er zureden' (oratio r.: καὶ δ' ἂν παραμυθησαίμην), Thuk. 3, 89 ἄνευ δὲ σεισμοῦ οὐκ ἄν μοι δοκεῖ τὸ τοιοῦτο ξυμβῆναι γενέσθαι 'ohne ein Erdbeben würde, wie ich glaube, ein solches Ereignis nicht eingetreten sein' (oratio r.: οὐκ ἂν ξυνέβη γενέσθαι).

Aus dem Lat. lässt sich hierherziehen *dixit, si quid habuisset, daturum se fuisse* (oratio r.: *dedissem*).

805. Alle obliquen Kasus des Singulars sind unter den Formen vertreten, die zu infinitivischer Erstarrung gelangt sind, und sie waren vermutlich alle, die einen mehr die andern weniger, auch schon in uridg. Zeit in denjenigen syntaktischen Gruppen im Gebrauch, in denen infinitivische Erstarrung überhaupt stattgefunden hat.

Die grösste Mannigfaltigkeit von Kasusformen begegnet naturgemäss einesteils in solchen Sprachen und Sprachperioden, wo die Infinitivkategorie ihrem Ursprung noch am nächsten geblieben ist, und anderenteils in solchen, wo die meisten Arten von Verbalabstrakta lebendig waren, die die Anlage zum Infinitivwerden in sich trugen.

Wenn sich das Verhältnis, in dem die Kasusform des Nomen actionis als Kasus in der Gruppe seine syntaktische Bestimmtheit gehabt hat, verdunkelt hatte, trat leicht und oft ein Promiskuegebrauch der verschiedenen auf der Bahn zum fertigen Infinitiv befindlichen Kasusformen ein. Das führte aus demselben Motiv, wie bei den als Kasussynkretismus bezeichneten Vorgängen (2, 2, 476 ff.), zu Verarmung im Formenbestand. Am besten lässt sich diese Entwicklung auf indischem Boden verfolgen: im Ved. noch eine grosse Mannigfaltigkeit von Stämmen und Kasus der Nomina actionis; in der Brāhmaṇaperiode Verlust fast aller Stämme, die nicht *tu*-Stamm waren, und bei diesen schon Vorherrschaft des Akk. auf *-tum*; in der klassischen Sprache dann Alleinherrschaft dieser Form auf *-tum*.

Es folgen nunmehr Belege für die Beteiligung der genannten Kasus an dem Bestand von Infinitivformen. Dabei berücksichtige ich nur die Infinitive im engeren Sinn, also nicht solche, die nicht die kasuelle Erstarrung erfahren haben, sondern noch in einem System von Kasus mit deutlich unterschiedener, lebendiger Kasusbedeutung drinstehen, wie z. B. die kelt. Infinitive oder das lat. sog. Gerundium. Ferner wird von kasuell unklaren Formen wie armen. *tal* lit. *dúti* aksl. *dati* ('geben') abgesehen.

Akkusativ. Ai. *dhā́tum* lat. *con-ditum* lit. *dė́tų* aksl. *dětъ* 'setzen' (2, 1, 441 f. 2, 2, 140 f.). Av. *dā'tim* 'geben' (2, 1, 433). Got. *wairþan* ahd. *werdan* 'werden', *gān* 'gehen' (2, 1, 259. 267. 2, 2, 149 f.). Av. *gərᵊbąm* 'festhalten' *γᵊnąm* 'schlagen', ai. *-dhām* gthav. *dąm* 'setzen' (2, 1, 138 f. 640. 2, 2, 139). Av. *snaθəm* 'schlagen', osk. *ezum* umbr. *erom* 'sein' (2, 1, 640). Vgl. auch § 492, 1 über griech. δεῖξον, εἶπον, λάβον und § 421, 5 über lat. *statūrum (esse)*.

Genitiv. Ai. *ni-míšaḥ* '(die Augen) zuschliessen', gthav. *sarə̄* 'vereinigen' (2, 1, 138 f.). Ai. *dātōḥ* 'geben' (2, 1, 442). Gthav. *darštōiš* 'erschauen' (2, 1, 431).

Ablativ. Gthav. *darᵊsāṯ* 'schauen' (2, 1, 156 ff.); über die jgav. Formen wie *haxtōiṯ* 'begleiten' (2, 1, 431) s. Wolff KZ. 40, 50 f. Ai. *ava-pádaḥ* 'herabfallen' (2, 1, 138 f.). Gthav. *ava-pastōiš* 'herabfallen' (2, 1, 431).

Dativ. Ai. *dāmanē* griech. δόμεναι 'geben', ai. *vidmánē* griech. ἴδμεναι 'wissen' (2, 1, 241. 2, 2, 167. 172); hierher eventuell auch lat. Imper. *sequiminī* (S. 508). Ai. *dāvánē* kypr. δοϜεναι att. δοῦναι 'geben', gthav. *vīdvanōi* griech. εἰδέναι 'wissen' (2, 1, 312. 2, 2, 167. 172). Ai. *bhárasē* 'tragen' *jīvásē* 'leben' av. *avaŋhe* 'helfen', ai. *jiṣé* 'siegen' av. *raose* 'wachsen', wozu vermutlich griech. δεῖξαι 'zeigen' (2, 1, 142. 525. 2, 2, 174). Ai. *éṣē* gthav. *aēšē* 'suchen', wozu vermutlich lat. *agī* (2, 1, 142. 2, 2, 171). Ai. *śrad-dhé* 'glauben', griech. εἴδεσ-θαι 'scheinen' (S. 895). Ai. *dr̥śáyē* 'sehen' (2, 1, 167). Ai. *pītáyē* 'trinken' av. *kərᵊtōe* 'machen' (2, 1, 429 ff.). Av. *-xšōiθne* 'bewohnen', apers. *čartanaiy* 'machen' (2, 1, 312). Ai. *váhadhyāi* 'fahren' av. *vazaδyāi* 'hinfliessen' (2, 1, 641. 2, 2, 168). Gthav. *sąstrāi* 'vollenden' (2, 1, 640 f.).

Lokativ. Av. *-tačahi* 'laufen', lat. *vehere stāre* (2, 1, 525. 536 f. 2, 2, 184). Ai. *nēṣáṇi* 'führen', wozu vermutlich griech. ἄγειν dor. ἄγην, aus *ἄγεεν = *ἄγεσεν (2, 1, 311. 2, 2, 178). Av. *rōiθwən* 'sich mengen' (2, 2, 177). Griech. ἴδμεν 'wissen' (2, 1, 241. 2, 2, 178). Gthav. *varᵊzī* 'wirken' (2, 1, 139). Vgl. auch das lat. sogen. Sup. II auf *-tū* (*cultū optumus* 'am besten zum Pflegen') aus **-tēu̯* oder **-tōu̯* (2, 2, 177).

Instrumental. Gthav. *rāⁱtī* 'verleihen' (2, 2, 191), jgav. *-ričyā* 'im Stich lassen' (2, 2, 188).

806. Wenn Heraustreten des Kasus obliquus des Verbalabstraktums aus dem lebendigen Kasusverband, das einen Infinitiv entstehen ließ, unzweifelhaft schon in uridg. Zeiten vorgekommen ist, so wäre es doch ebenso sicher falsch, alle Fälle, in denen uns die infinitivische Erstarrung erst im Anfangsstadium begriffen erscheint, für etwas besonders Altertümliches zu erklären, als ob sie Überbleibsel aus der Zeit seien, in der der Vorgang des Infinitivwerdens überhaupt zuerst eingesetzt hat.

Wäre dem so, dann stünde die altirische Sprache dem uridg. Zustand noch am nächsten, hätte das uridg. Erbe am treuesten festgehalten. Vielmehr muss bedacht werden, dass sich die Prozesse, durch die sich Nomina actionis von den rein nominalen Konstruktionsgepflogenheiten loslösten und entfernten, einzelsprachlich an vielen Orten immer von neuem abgespielt haben und zwar durchaus nicht immer bloss in analogischer Nachahmung von lebendig gebliebenen alten infinitivischen Ausdrucksweisen. Nicht anders ist es hier zugegangen als z. B. bei den Adverbia: Adverbia gab es schon in uridg. Zeit, und viele von ihnen haben sich in den Einzelsprachen durch alle Perioden hindurch erhalten. Daneben sind aber zu allen Zeiten teils einzelne Kasusformen teils ganze nominale Wortgruppen neu in den das Wesen dieser Wortklasse ausmachenden Isolierungsprozess hineingezogen worden, vgl. nhd. *teils, eines teils (einesteils), aller dinge (allerdings),* lat. *prōrsus, domī meae* (2, 2, 670 ff.). Zum Teil sind alte, vielleicht direkt aus uridg. Zeit überkommene fertige Infinitivkonstruktionen dauernd aufgegeben worden zugunsten der Verwendung von Verbalabstrakta mit noch rein nominaler Konstruktion, so, wie wenn im Nhd. z. B. *er befahl, ihn abzuführen*, durch *er befahl seine abführung* oder *er gab befehl, ihn abzuführen* durch *er gab befehl zu seiner abführung* dauernd ersetzt würde. Nur so erklärt sich ohne Zwang erstens der Zustand, in dem uns die Infinitivkategorie in der ältesten Überlieferung des Irischen entgegentritt (z. B. *ar-dot-chuibdig fri sechem na m-briathar sin* 'verpflichte dich zur Befolgung dieser Worte'): man wird annehmen müssen, dass in diesem Sprachzweig mancherlei alte echte infinitivische Ausdrucksweisen, wie sie in andern Sprachzweigen, wie dem griechischen oder italischen, noch entgegentreten, in vorhistorischer Zeit untergegangen sind. Zweitens versteht man auch nur so die ausserordentlich grosse Verschiedenheit, die bezüglich der Stammbildung der Infinitivformen zwischen den idg. Einzelsprachen besteht: sie weist eben deutlich darauf hin, dass von uridg. Zeit her immer neue Verbalabstrakta, einzelstehende oder ganze Klassen, in dieser oder jener Weise in den Kreis der infinitivischen Wendungen hineingeraten sind.

Die historisch ältesten Infinitive sind hiernach grundsätzlich nicht unter den Gebilden zu suchen, die sich einzelsprachlich als erst werdende Infinitive darstellen, sondern unter denjenigen, von denen nach ihrer Stamm- und Kasusformation anzunehmen ist, dass sie, schon in der Zeit der einzelsprachlichen Ureinheit isoliert, der lebendigen Bildungs- und Gebrauchsweise der Kasus entfremdet waren, und unter diesen dürfen im grossen ganzen wiederum diejenigen als die ältesten gelten, die so genaue Parallelen in andern Sprachzweigen haben, dass man nicht gut an bloss zufällige Übereinstimmung denken kann.

Unter den Infinitiven, denen man uridg. Alter zuschreiben darf, scheinen den grössten Anspruch auf Zurückdatierung in diese Zeit zu haben die *dh*-Gruppe (ai. *-dhyāi,* griech. -σθαι), falls diese Infinitive wirklich eine Zusammensetzung mit dem Wurzelnomen **dhē-* waren (S. 895), und die Akkusativformen auf **-tu-m* (§ 807). Dabei fällt dort beweiskräftig ins Gewicht die eigentümliche Gestaltung des Verbalabstraktums an sich, hier der im Ar., Ital., Balt.-Slav. gleichmässig auftretende Gebrauch in Abhängigkeit von Verba der Bewegung (§ 809, 1).

807. Gleichwie das Wesen der Erstarrung eines Kasus oder einer kasuellen Wortgruppe zum Adverbium allein da hinlänglich erkannt und kontrolliert werden kann, wo sich der Isolierungsvorgang nur erst in den ersten Anfängen stehend zeigt (wie z. B. bei nhd. *sommers, stehenden fusses, einesteils, nachhause,* s. 2, 2, 672 ff. 749 ff.), so kann auch die Art der Entstehung eines Infinitivs aus dem Kasus eines Verbalabstraktums nur da genügend erkannt werden, wo der Infinitiv noch bis zu einem gewissen Grad in seinem alten Kasusgebrauch stecken geblieben ist und auch sonst der syntaktische Zusammenhang noch in Analogie zu rein nominaler Konstruktion befindlich angeschaut werden kann.

Verschiedene Entwicklungsstufen nebeneinander lassen sich an der Hand der Überlieferung am besten im arischen Sprachzweig beobachten, besonders im Indischen. Sind in diesem Sprachgebiet auch bei weitem nicht sämtliche Wege eingeschlagen worden, die die Infinitivierung von Verbalabstrakta in den idg. Sprachen überhaupt gegangen ist, so sind doch gerade diejenigen Stadien der Umwertung hinlänglich zu beobachten, die die Vorstufe gewesen sind für andere, nur mehr in andern Sprachzweigen, namentlich im griechischen und italischen, uns entgegentretende Entwicklungsstufen. Der wichtigste Punkt ist die ursprüngliche Kasusnatur der Infinitive, und hiernach gruppieren wir die vorzuführenden Beispiele.

1) Genitivische Formen mit alter Genitivbedeutung. RV. 7, 4, 6 *īšē ... dātōḥ* 'er kann geben', eigentl. 'er verfügt über Geben, ist Gebens fähig', TS. 2, 2, 10, 5 *sá īšvará ártim ártōḥ* 'er kann in üble Lage geraten', RV. 2, 28, 6 *nahí tvád ārē nimíṣaš canēšē* 'denn ich bin nicht fähig fern von dir die Augen zuzumachen', eigentl. 'Zumachens der Augen', vgl. av. P. 23 *naēča pasčaēta hāu nā ahmat̰ hača gātaot̰ isaēta frašūtōit̰ (-tōiš?) nōit̰ apašūtōit̰ (-tōiš?) θrayąmčina gāmanąm* 'und dann wird der Mann nicht mehr fähig sein sich von diesem Ort nach vorn oder nach hinten zu entfernen (eigentl. 'des Sichentfernens von), auch nicht drei Schritte'. Vgl. ar. **aiš-* 'verfügen über' mit Gen., z. B. AB. 3, 44, 5 *yadi vāca īšita* 'wenn er über die Stimme verfügt, bei Stimme ist' (2, 2, 595). Verdunkelt ist die Kasusnatur z. B. MS. 1, 6, 5 *tád ēvą́ vḗditōr ná tvèvą́ kártavāi* 'das ist so zu wissen, aber nicht so zu tun'.

Wie nun im klass. Sanskrit die Akkusativform auf *-tum* zum allgemeinen Infinitiv geworden ist und demnach auch in Abhängigkeit vom Verbum *īš-* und vom Adjektiv *īšvara-ḥ* gekommen ist (z. B. *sōḍhum īšē* Bagh. 14, 38, *vāsayitum īšvaraḥ* R. 2, 101, 21), so mögen auch in andern Sprachzweigen Verba mit dem Sinn 'vermögen, imstande sein, können' u. dgl. und zugehörige Adjektiva, die sich mit nichtgenitivischen Infinitivformen verbanden, ursprünglich mit Infinitiven in genitivischer Form verbunden gewesen sein, z. B. lat. *potis sum possum, potens,* griech. δύναμαι, δυνατός εἰμι, got. *mag.*

2) Ablativformen mit alter Ablativbedeutung. RV. 2, 15, 5 *sá ī mahī́ dhúnim ētōr aramṇāt* 'er hinderte den grossen Strom zu fliessen', eigentl. 'am Fliessen'. RV. 3, 54, 18 *yuyṓta nō anapatyā́ni gántōḥ* 'rettet uns davor, zu Kinderlosigkeit zu kommen', eigentl. 'vor dem Kommen zu Kinderlosigkeit', RV. 2, 17, 5 *ástabhnān māyáyā dyā́m avasrásaḥ* 'er stützte mit Zauberkraft den Himmel davor, herabzufallen', vgl. av. Y. 44, 4

*kasnā dər*ᵉ*tā ząmčā . . . avapastōiš* 'wer bewahrte die Erde davor, herabzufallen?'. Abhängig von Präpositionen: RV. 3, 30, 10 *purā́ hántōr bháyamānō vy āra* 'vor dem Schlagen verzog er sich, indem er sich fürchtete', RV. 1, 161, 10 *ā́ nimrúcaḥ* 'bis zum Untergehen (der Sonne)'. Vgl. dazu die Verba des Entfernens, Schützens, Hinderns usw. mit dem Abl., z. B. *trā-* 'schützen', *duritā́t* 'vor Not' (2, 2, 496 ff.), sowie *purā́* 'vor' mit Abl. (2, 2, 884).

Aus andern Sprachzweigen vgl. die Konstruktion mit dem Infinitiv z. B. bei ῥύομαι 'schütze vor etwas' (Eur. Alk. 11 ὃν θανεῖν ἐρρυσάμην), κωλύω 'hindre', φοβοῦμαι 'fürchte', lat. *prohibeo, caveo, timeo,* got. *ōg* 'fürchte mich' (Luk. 9, 45 *ōhtēdun fraíhnan ina* 'ἐφοβοῦντο ἐρωτῆσαι αὐτόν').

3) Akkusativformen mit alter Akkusativbedeutung. RV. 5, 34, 5 *vā́ṣṭy ārábham* 'er wünscht zu ergreifen', MS. 1, 10, 19 *únnētum arhati* 'er vermag wegzuführen', vgl. av. Y. 44, 16 *čiθrā mōi dąm ahūmbišratūm čīždī* 'durch ein Gesicht versprich mir, zu bestimmen den das Leben heilenden Richter'. Die Formen auf *-tum* besonders oft zur Bezeichnung des Ziels und Zwecks bei Verba der Bewegung, wie RV. 1, 164, 4 *kó vidvā́ṃsam úpa gāt prā́ṣṭum ētát* 'wer ist zum Weisen hingegangen, ihn das zu fragen?', TS. 6, 3, 1, 6 *hṓtum ēti* 'er geht zu opfern'.

Zum Teil mag es sich hier um Objektsakkusativ handeln, vgl. dazu z. B. RV. 2, 14, 1 *tád íd ēṣá vaṣṭi* 'das eben wünscht er'. Bei Verba der Bewegung aber hat man's zu tun mit dem Akkusativ des Ziels, wie er auch sonst sowohl bei Örtlichkeitsbezeichnung erscheint als auch bei Bezeichnungen eines Vorgangs, z. B. RV. 2, 11, 17 *yāhí háribhyą sutásya pītim* 'fahre mit den Falben zum Trank des Soma' (2, 2, 627 ff.). Dass die Form auf *-tum*, die schon im Ved. als die häufigste der zur Infinitivierung neigenden Akkusativformen erscheint, im spätern Indisch allgemeiner Infinitiv geworden ist, rührt wohl daher, dass sie einen so weiten Gebrauchsbereich bezüglich der Kasusbedeutung hatte und ihr Ziel und Zweck-Sinn dem Sinn des finalen Dativs (s. unten) sehr nahe verwandt war. Dass übrigens auch noch in der klassischen Sprache die Form auf *-tum* nicht ganz reine Verbalform geworden war, zeigt die Tatsache, dass man mit dieser Form als Vorderglied Nominalkomposita so schuf, dass *-tu-* für den Ausgang *-tum* eintrat, z. B. *vaktu-manas-* 'sagen wollend' (*kį vaktumanā bhavān* 'was wollen Sie sagen?')[1].

Der Umstand, dass die Formation auf *-tum* im Italischen und im Baltisch-Slavischen auf den Gebrauch bei Verba der Bewegung beschränkt ist, in welcher Funktion sie als Supinum bezeichnet wird (§ 809, 1), lässt schliessen, dass gerade diese Anwendung uralt war, aus uridg. Zeit stammte, wenn sie auch in dieser Zeit nicht die ausschliessliche Verwendung gewesen ist.

4) Dativformen mit alter Dativbedeutung. RV. 10, 113, 3 *sám asthithā yudháyē* 'du hast dich erhoben zum Kämpfen', RV. 1, 123, 11 *āvís tanvą̀ kr̥ṇuṣē dr̥śé kam* 'du entblössest deinen Leib, damit man ihn schaue' (eigentl. 'zum Schauen'), vgl. av. Y. 31, 5 *taṯ mōi vīčidyāi vaočā* 'davon gib mir Kunde, damit ich unterscheide' (eigentl. 'zur Unterscheidung'), Y. 36, 3 *ātarš vōi mazdå ahurahyā ahī* 'als Feuer bist du (gereichst du) zur Freude (eigentl.: zum Sichfreuen) des AhM.'. Abhängig von Adjektiven (§ 823): z. B. RV. 1, 117, 5 *śubhé rukmą ná darśatą́* 'wie einen Goldschmuck, der schön ist, so dass er prangt' (eigentl. 'schön für das Prangen'). Vgl. dazu den sonstigen finalen Dativ, wie ŠB. 1, 2, 3, 1 *agnį hōtrāya prāvr̥ṇata* 'sie wählten den A. zum Priestertum (damit er Priester werde)', 2, 2, 560f. Wegen der nahen Gebrauchsberührung des dativischen Infinitivs mit dem Infinitiv auf *-tum* bei Verba der Bewegung vgl. ausser der genannten Stelle RV. 10, 113, 3 noch z. B. RV. 5, 46, 5 *mārutą śárdha ā́ gamat . . . barhír āsádē* 'die Marutschar komme herbei, um sich auf die Opferstreu zu setzen.'

Die gleichartigen finalen Gebrauchsweisen des Infinitivs der andern idg. Sprachzweige sind um so sicherer direkt oder indirekt an uridg. dativische Formen anzuknüpfen, als in diesen Sprachen allgemein-infinitivische dativische Formen begegnen, die als Überbleibsel aus vorhistorischen Perioden anzusprechen sind, wie griech. ἴδμεναι δοῦναι (S. 899).

1) Das Gegenteil hiervon zeigt z. B. rumän. *nu menţireţi* 'lügt nicht!': an die als 2. Sing. Imperativi fungierende Infinitivform **menţire* ist pluralische Personalendung angetreten (Meyer-Lübke Roman. Gramm. 3, 755).

5) Lokativische Formen mit alter Lokativbedeutung. Die ai. Lokativformen auf *-sáni* zeigen keine speziell lokativische Gebrauchsweise mehr (s. Delbrück Altind. Synt. 416), wohl aber dürfen hier genannt werden die av. lokativischen Infinitivformen in der Verbindung mit *ah-* 'sein' im Sinne von ital. *stare lavorando,* engl. *to be labouring* (etwa 'bei der Arbeit sein'), z. B. Y. 47, 4 *ašāunē kāϑē arəhaṯ* 'man soll dem Ašaanhänger in Liebe zugetan sein' (Reichelt Aw. Elem. 340 f.).

So sicher nun auch andere Sprachzweige altererbte lokativische Infinitivformen besitzen (S. 899), so zeigen diese Formen doch keine Gebrauchsweisen, bei denen von ursprünglich lokativischem Sinn notwendigerweise ausgegangen werden müsste. Möglich wäre dieser Sinn freilich nicht selten, z. B. bei Abhängigkeit von Ausdrücken des Hoffens auf etwas, z. B. β 280 ἐλπωρή τοι (sc. ἐστίν) ἔπειτα τελευτῆσαι τάδε ἔργα, vgl. Tāṇḍ. Br. 13, 6, 9 *hantu̦ nāšąsata* 'er hoffte nicht (rechnete nicht darauf) zu töten' gegenüber AV. 12, 4, 44 *yá āšą̄sēta bhū́tyām* 'der auf Gedeihen hofft (rechnet)'.

808. Hiernach dürfen wir uns die Genesis der Infinitive etwa so vorstellen. Schon in einer frühen Periode der idg. Urgemeinschaft bekamen gewisse Kasus von Nomina actionis dadurch, dass sie häufiger verbale Konstruktion hatten, eine engere innere Beziehung zum Verbalen. Noch in der Ursprache war bei einigen von ihnen die Erstarrung so weit vorgeschritten, dass eine neue verbale Kategorie, eben die des Infinitivs, in's Bewusstsein trat. Einige Exemplare dieser neuen Formgattung mögen damals auch schon in formal ausgeprägte Beziehung zu einzelnen Tempussystemen gekommen sein, wobei sie deren Aktionsart vertraten. Ob schon alle Kasus, die durch die einzelsprachlichen Infinitivformen vertreten sind, damals fertige Infinitive geliefert haben, bleibt ungewiss. Dieser oder jener Kasus mag erst auf dem Wege zur Infinitivierung gewesen sein. Weiterhin steht aber nichts im Wege, anzunehmen, dass zwischen den Kasusformen, die in der Ursprache fertige Infinitive geworden waren, auch schon synkretistischer Austausch begonnen hat. Namentlich zwischen dativischen und akkusativischen Formen, welche Zweck und Ziel bedeutend syntaktisch einander engstens berührten.

Indem wir nun im folgenden infinitivische Gebrauchsweisen vorführen, die gleichmässig in einer grösseren Anzahl von Sprachzweigen auftreten, haben wir nach dem, was oben dargelegt worden ist, zu einem grossen Teil von der ursprünglichen Kasusnatur der jeweiligen Infinitivformen ganz abzusehen.

B. Der Infinitiv zur Ergänzung einer Satzaussage oder eines Verbums.

809. Der Infinitiv ergänzt gewöhnlich eine Satzaussage oder ein Verbum, denen der Begriff einer aktiven oder passiven Bewegung inne wohnt, in der Weise, dass er eine beabsichtigte oder eine als Folge erscheinende Handlung ausdrückt. Eine strenge Scheidung zwischen Absicht und Folge ist dabei nicht zu machen.

Diese Anwendung muss durch die dativischen, lokativischen und akkusativischen Infinitive (S. 903ff.) zustande gekommen sein.

Nach ihrer Bedeutung geordnet, dürften folgende Wendungen und Einzelverba diejenigen sein, an die sich am häufigsten in mehreren Sprachzweigen zugleich ein solcher finaler oder konsekutiver Infinitiv anschliesst.

1) Sich in Bewegung setzen, gehen, kommen u. dgl.

S. 901. 903f. ist schon hingewiesen auf die genaue Übereinstimmung zwischen Arisch, Italisch und Baltisch-Slavisch im Gebrauch der Infinitivform auf **-tum* bei dieser Bedeutungsgruppe. Ai. RV. 1, 164, 4 *kō vidvą́sam úpa gāt prā́ṣṭum ētát* 'wer ist zum Weisen hingegangen, (ihn) das zu fragen?', TS. 6, 3, 1, 6 *hōtum ēti* 'er geht zu opfern', Pañc. 315 *ahą tvą praṣṭum āgataḥ* 'ich bin zu dir gekommen, (dich) zu fragen', R. 2, 96, 17 *āvą hantų samabhyēti* 'er nähert sich uns, (uns) zu töten'; lat. häufig *cubitum it, abit, venit, se confert* u. dgl., wozu auch der sog. Inf. Fut. Pass. *datum iri* gehört, umbr. anzeriatu etu 'observatum ito'; lit. *jìs ateĩs sū́dytų gyvū́ju ir̃ nimìrusiųju* 'er wird kommen zu richten die Lebendigen und die Toten', *eĩksz válgytų* 'komm essen', *eĩkim rugiū̃ piáutų* 'lasst uns gehen Korn mähen', aksl. Joh. 21, 3 *idą rybъ lovitъ* 'ὑπάγω ἁλιεύειν'.

Gegen urindogermanisches Alter der völligen infinitivischen Erstarrung der Formen auf **-tum* darf nicht geltend gemacht werden, dass im Balt.-Slav. das Objekt des Infinitivs im Genitiv (statt im Akkusativ) erscheint, vgl. ausser den genannten Beispielen noch aksl. *ne pridъ bo pravьdьnikъ prizъvatъ nъ grěšniky* 'οὐ γὰρ ἦλθον καλέσαι δικαίους ἀλλὰ ἁμαρτωλούς'. Diese Genitive sind, wie schon 2, 2, 629 f. bemerkt worden ist, weder adnominale Genitive, 'zum Richten der Lebendigen und der Toten' usw. (Vendryes Mém. 16, 249), noch partitive (Vondrák Vergl. Slav. Gramm. 2, 323. 422), sondern (wie für das Litauische bereits Kurschat Gramm. 380 richtig angenommen hat) Genitive des Zwecks, abhängig von dem regierenden Verbum des Gehens (oder Schickens). Vgl. § 813.

Andere Infinitivformen:

Arisch. Ai.: RV. 5, 46, 5 *ā gamat . . . barhír āsádē* 'sie (die Marutschar) komme herbei, sich auf die Opferstreu zu setzen', RV. 7, 68, 2 *árą gantą havíšō vītáyē* 'kommt heran, von meinem Opfer zu geniessen', RV. 9, 97, 20 *dḗvāsas tā́n úpa yātā píbadhyāi* 'ihr Götter', kommt zu diesen (den Somatränken), (sie) zu trinken', RV. 5, 30, 4 *vḗšíd ḗkō yudháyē bhū́yasaš cit* 'du allein eilst viele zu bekämpfen'. Av.: Y. 46, 1 *kąm nəmōi ząm kuθrā nəmōi ayenī* 'in welches Land, um zu entfliehen, wohin, um zu entfliehen, soll ich gehen?', Y. 43, 12 *ašəm jasō frāxšnənē* 'zum Aša sollst du kommen, um unterwiesen zu werden'; apers.: Bh. 2, 7 *paraitā . . . hamaranam čartanaiy* 'sie (die Aufrührer) zogen ins Feld, eine Schlacht zu liefern'.

Griechisch. Oft bei Homer βῆ ἴμεν oder ἴμεναι, ἰέναι 'er schritt aus (machte sich auf) zu gehen', γ 176 ὦρτο δ' ἐπὶ λιγὺς οὖρος ἀήμεναι 'es erhob sich ein pfeifender Wind zu wehen', Soph. Oed. K. 12 μανθάνειν γὰρ ἥκομεν | ξένοι πρὸς ἀστῶν 'wir sind gekommen als Fremde Kunde einzuziehen von den Einwohnern', Thuk. 1, 128 ἀφικνεῖται ἐς Ἑλλήσποντον, τῷ μὲν λόγῳ ἐπὶ τὸν Ἑλληνικὸν πόλεμον, τῷ δὲ ἔργῳ τὰ πρὸς βασιλέα πράγματα πράσσειν 'er kommt in den H., angeblich zum Zweck der Teilnahme am medischen Krieg, in Wirklichkeit aber, um die Sache des Perserkönigs zu betreiben'.

Lateinisch. Bei Plautus *turbare it, it visere, ibit arcessere, iit videre* u. dgl., Ennius fr. 534 *ibant viere.* Plaut. Bacch. 631 *venerat aurum petere,* Rud. 847 *ad me profectu's ire,* As. 910 *ecquis currit pollinctorem accersere?,* Trin. 1015 *recurre petere,* Varro r. r. 2, 1, 1 *cum visere venissemus.* Im klass. Latein war dieser Infinitivgebrauch nicht mehr lebendig.

Germanisch. Hier tritt, um den Gedanken der Zielstrebigkeit zu betonen, oft die Präposition 'zu' (got. *du,* nord. *at,* westgerm. *tō*) zum Inf. hinzu. Got. Matth. 5, 24 *jah gagg faúrþis gasibjōn brōþr þeinamma* 'καὶ ὕπαγε, πρῶτον διαλλάγηθι τῷ ἀδελφῷ σου', Joh. 12, 18 *duþþē iddjēdun gamōtjan imma managei* 'διὰ τοῦτο ὑπήντησεν αὐτῷ ὁ ὄχλος', Luk. 6, 17 *qēmun hausjan imma* 'ἦλθον ἀκοῦσαι αὐτοῦ', 1. Kor. 9, 25 *saei haifstjan sniwiþ* 'ὁ ἀγωνιζόμενος, der zu kämpfen eilt', 1. Thess. 2, 17 *ufarassau sniumidēdum andaugi izwara gasaiƕan* 'περισσοτέρως ἐσπουδάσαμεν τὸ πρόσωπον ὑμῶν ἰδεῖν', Joh. 12, 13 *jah urrunnun wiþragamōtjan imma* 'καὶ ἐξῆλθον εἰς ὑπάντησιν αὐτῷ', woneben *du* mit Inf. z. B. Luk. 8, 5 *urrann saiands du saian fraiwa seinamma* 'ἐξῆλθεν ὁ σπείρων τοῦ σπεῖραι τὸν σπόρον ἑαυτοῦ'. Ebenso im Hd. bei *gangan, queman* u. dgl., z. B. Otfr. 5, 5, 19 *giangun . . . thiz ahtōn,* 4, 3, 6 *quam ther liut thaʒ seltsāni scouōn,* 2, 7, 25 *imo īlt er sār gisagēn thaʒ,* auch mit *zi,* wie Otfr. 1, 9, 7 *quamun zisamane, thaʒ kindilīn zi sehanne,* Tat. c. 185, 7 *giengut ir mit suerton inti mit stangon mih zi fāhanne.* Vom blossen Infinitiv bei diesen Verba sind im Nhd. nur noch gewisse Reste übrig geblieben, wie *baden gehen, essen kommen.*

Baltisch-Slavisch. Lit.: Märch. *aĩkit pažiurė́t, kur̃ jì yrà* 'gehet zuzusehen, wo sie ist', *eĩksz válgyti* 'komm essen', *jójo sunùs karãliaus parnèszt tõs paũksztės* 'der Königssohn ritt den Vogel zu holen'. Aksl.: Luk. 12, 51 *mьnite li jako mira pridъ dati na zemljǫ?* 'δοκεῖτε ὅτι εἰρήνην παρεγενόμην δοῦναι ἐν τῇ γῇ;', Luk. 12, 49 *ognja pridъ vъvrěšti vъ zemljǫ* (so Zogr., dagegen Mar. *vъvrěštъ*) 'πῦρ ἦλθον βαλεῖν ἐπὶ τὴν γῆν'. Auch in andern slav. Sprachen dieser Inf., z. B. russ. (Tolstoj) *rabotat' idut* 'sie kommen, um zu arbeiten', *prišli prosit'* 'sie kamen, um zu bitten'. Die mehrfach begegnende Annahme, dass bei den

Verba des Gehens usw. im Balt.-Slav. überall einmal nur das Supinum zu Hause gewesen (s. S. 906f.) und der Inf. nur erst als Ersatz für dieses aufgekommen sei, ist nicht hinlänglich begründet.

2) In Bewegung setzen, schicken, antreiben, an- und aufrufen, heissen u. dgl.

Arisch. Ai.: RV. 1, 61, 12 *íṣyann árṇąsy apą́ carádhyāi* 'die Fluten der Wasser entsendend zum Laufen (damit sie oder so dass sie laufen)', RV. 1, 124, 1 *dēvṓ nō átra savitā́ nv árthą prā́sāvīd dvipā́t prá cátuṣpad ityāí* 'dabei hat der Gott Savitar unsere Zwei- und Vierfüssler angetrieben, zur Arbeit zu gehen', RV. 10, 160, 5 *hávāmahē tvṓpagantavā́ u* 'wir rufen dich, hierher zu kommen', RV. 1, 13, 7 *náktōṣā́sā . . . úpa hvayē idą́ nō barhír āsádē* 'Nacht und Morgen rufe ich an, sich auf unsere Opferstreu zu setzen', ŠB. 4, 1, 5, 4 *gōpālą́š cāvipālą́š ca sąhvayitavā́ uvāca* 'er hiess die Rinderhirten und Schafhirten zusammenrufen'. Av.: Y. 51, 10 *maibyō zbayā ašəm vaŋhuyā ašī gatē* 'ich rufe mir Aša, heranzukommen mit dem guten Los', Y. 68, 14 *ite vīse āfrīnāmi* 'ich flehe (dich) an, in das Haus zu gehen'; apers.: X. 7, 3 *pasāvah adam niyaštāyam imām dipim nipištanaiy* 'darauf befahl ich, diese Inschrift niederzuschreiben'.

Griechisch. ι 88 ἑτάρους προΐειν πεύθεσθαι ἰόντας 'ich schickte Gefährten voraus, hinzugehen und sich zu erkundigen', Ι 442 τοὔνεκά με προέηκε διδασκέμεναι τάδε πάντα 'darum schickte er mich voraus, dieses alles mitzuteilen', Α 442 πρό με πέμψεν . . . | παῖδά τε σοὶ ἀγέμεν Φοίβῳ θ' ἱερὴν ἑκατόμβην | ῥέξαι 'er schickte mich fort, dir dein Kind zuzuführen und dem Ph. eine Hekatombe zu opfern', Thuk. 6, 50 δέκα δὲ τῶν νεῶν προὔπεμψαν ἐς τὸν μέγαν λιμένα πλεῦσαί τε καὶ κατασκέψασθαι, εἴ κτλ. 'zehn von den Schiffen schickten sie nach dem grossen Hafen voraus, um (dort) zu kreuzen und zu sehen, ob' usw., Α 386 αὐτίκ' ἐγὼ πρῶτος κελόμην θεὸν ἱλάσκεσθαι 'sogleich forderte ich zuerst auf, den Gott zu versöhnen', Β 114 καί με κελεύει | δυσκλέα Ἄργος ἱκέσθαι 'und er heisst mich, ruhmlos nach Argos zu kommen'.

Lateinisch. Plaut. Pseud. 642 *reddere hoc, non perdere erus me misit,* Ovid Heroid. 1, 37 *te quaerere misso,* Ter. H.

T. 585 *iube hunc abire aliquo,* Plaut. Truc. 547 *vocatus sum ire,* Lukr. 5, 942 *sedare sitim fluvii vocabant.*

Germanisch. Got. ohne und mit *du*: Mark. 3, 14 *jah ei insandidēdi ins mērjan* 'καὶ ἵνα ἀποστέλλῃ αὐτοὺς κηρύσσειν', Luk. 4, 18 *insandida mik du ganasjan þans gamalwidans hairtin* 'ἀπέσταλκέν με ἰάσασθαι τοὺς συντετριμμένους τὴν καρδίαν', Matth. 27, 64 *hait nu witan þamma hlaiwa* 'κέλευσον οὖν ἀσφαλισθῆναι τὸν τάφον', Luk. 8, 31 *ei ni anabudi im galeiþan* 'μὴ ἐπιτάξῃ αὐτοῖς ἀπελθεῖν', Luk. 4, 10 *aggilum seinaim anabiudiþ bi þuk du gafastan þuk* 'τοῖς ἀγγέλοις αὐτοῦ ἐντελεῖται περὶ σοῦ τοῦ διαφυλάξαι σε'. Ähnlich im Hochd.: z. B. ahd. Otfr. 1, 27, |9 *santun thie lantwalton ... irfrāgēn, wer er wāri,* 2, 14, 109 *ih santa iwih arnōn* neben 1, 4, 63 *santa er mih von himile thiz selba thir zi saganne,* 4, 36, 9 *heiʒ thes grabes waltan,* mhd. Wig. 84, 9 *diu küniginne bat den riter mit ir varn,* Walther 109, 4 *mich mant singen ir vil werder gruoʒ.* Auch hier (vgl. S. 908) hat der Inf. mit *zu* mit der Zeit zugenommen, heute aber wieder nur noch Reste des blossen Inf., wie *einen weggehen heissen.*

Baltisch-Slavisch. Lit.: Mark. 3, 14 *kàd jùs iszsiũstu apsakýti dẽvo żõdį* 'dass er sie aussendete, Gottes Wort zu verkündigen', Matth. 27, 64 *tõdėl lẽpk sérgėti grãbą ik' treczõs dënõs* 'darum befiehl das Grab zu bewahren bis an den dritten Tag', Donal. *oraĩ drugnì krúmus iszbùdino kéltis* 'laue Lüfte weckten die Sträucher sich zu erheben'. Aksl.: Luk. 14, 23 *ubědi vъniti* 'ἀνάγκασον εἰσελθεῖν', Mark. 6, 27 *povelě prinesti glavą jego* 'ἐπέταξεν ἐνέγκαι τὴν κεφαλὴν αὐτοῦ', Luk. 23, 26 *zaděšę jemu krъstъ nositi* 'ἐπέθηκαν αὐτῷ τὸν σταυρὸν φέρειν'.

3) Bringen, geben u. dgl.

Arisch. Ai.: RV. 8, 77, 8 *téna stōtŕ̥bhya á bhara nŕ̥bhyō nā́ribhyō áttavē* 'mit Hilfe dieser (der Waffe) bring den Betern, Männern und Weibern, zu essen', RV. 3, 41, 9 *arvā́ñcą tvā sukhḗ ráthē váhatām indra ... barhír āsádē* 'sie (die Rosse) sollen dich, o I., auf leichtrollendem Wagen hierher bringen, auf die Opferstreu dich zu setzen (damit du dich auf die O. setzest)', RV. 7, 37, 1 *á vō vā́hiṣṭhō vahatu stavádhyāi ráthaḥ* 'der bestfahrende Wagen bringe euch herbei, damit man euch preise', RV. 3, 36, 10 *samé šatą̄ šarádō jīvásē dhāḥ* 'gib uns hundert Jahre zu leben', RV. 9, 91, 6 *jyóꝫ naḥ sū́ryą dṛšáyē rirīhi* 'schenk uns für lange die Sonne zu schauen', nachved. *dā-* mit Inf. 'einem etwas zu tun (z. B. *rakṣitum* 'zu bewachen') geben, ihn tun lassen', *na dā-* mit Inf. 'einem nicht zugeben, nicht gestatten' (PW. 3, 567). Av.: V. 19, 21 *gaomaēzəm . . . yaoždāta frabarōiš* 'du sollst Rindsurin herbringen, zu purifizieren (um Purifikation vorzunehmen)', Y. 49, 10 *tat̰čā mazdā θwahmī ā dąm nipåŋhē . . . avəm* 'und das, o M., will ich in deinem Haus in Obhut geben, darüber zu wachen (dass du darüber wachst)'.

Griech. Xen. Kyr. 7, 1, 1 τῷ Κύρῳ προσήνεγκον οἱ θεράποντες ἐμπιεῖν καὶ φαγεῖν 'dem K. brachten die Diener zu trinken und zu essen', B 107 Θυέστ' Ἀγαμέμνονι λεῖπε φορῆναι 'Th. hinterliess es (das Szepter) zu tragen', Φ 297 δίδομεν δέ τοι εὖχος ἀρέσθαι 'wir geben dir Ruhm zu gewinnen', H 471 χωρὶς δ' Ἀτρείδῃς . . . | δῶκεν Ἰησονίδης ἀγέμεν μέθυ χίλια μέτρα 'gesondert aber hatte der Iasonide tausend Maass Wein gegeben, um sie für die Atriden mitzubringen', Herodot 6, 23 τοὺς δὲ κορυφαίους αὐτῶν τριηκοσίους ἔδωκε τοῖσι Σαμίοισι κατασφάξαι 'ihre Häupter aber, dreihundert an der Zahl, gab er den Samiern, um sie zu töten', γ 89 παρέχουσιν ἐπηετανὸν γάλα θῆσθαι 'sie (die Herden) bieten reichlich Milch zu melken dar', Xen. An. 1, 2, 19 ταύτην τὴν χώραν ἐπέτρεψε διαρπάσαι τοῖς Ἕλλησιν 'er gab dieses Land den Griechen zur Plünderung preis', Plat. Apol. 33 b ὁμοίως καὶ πλουσίῳ καὶ πένητι παρέχω ἐμαυτὸν ἐρωτᾶν 'ich stelle mich in gleicher Weise dem Reichen und dem Armen zum Befragen zur Verfügung'.

Lateinisch. Besonders häufig bei *dare*, wie Plaut. Pers. 821 *bibere da usque plenis cantharis*, Cato agr. 89 *dato bibere.* Cic. Tusc. 1, 26 *ut Iovi bibere ministraret*, Ov. Heroid. 5, 132 *quae totiens rapta est, praebuit ipsa rapi*, Cic. Verr. 5, 22 *ut iam ipsis iudicibus . . . coniecturam facere permittam.*

Germanisch. Got. wieder mit und ohne *du*: Luk. 2, 22 *brāhtēdun ina in Iaírusalēm atsatjan faúra fraujin* 'ἀνήγαγον αὐτὸν εἰς Ἱεροσόλυμα παραστῆσαι τῷ κυρίῳ' und Luk. 4, 29 *jah brāhtēdun ina und aúhmistō þis fairgunjis ... du afdrausjan ina* 'καὶ ἤγαγον αὐτὸν ἕως ὀφρύος τοῦ ὄρους ... εἰς τὸ κατακρημνίσαι αὐτόν', Mark. 15, 23 *jah gēbun imma drigkan wein miþ smyrna* 'καὶ ἐδίδουν αὐτῷ πιεῖν ἐσμυρνισμένον οἶνον' und Joh. 6, 31 *hlaif us himina gaf im du matjan* 'ἄρτον ἐκ τοῦ οὐρανοῦ ἔδωκεν αὐτοῖς φαγεῖν'. Im Hochd. herrscht hier von Anfang an *zu* mit Inf., wie ahd. Otfr. 5, 4, 13 *druagun iro salbūn, Krist zi salbōnne,* Otfr. 2, 14, 40 *gibu zi drinkanne.*

Baltisch-Slavisch. Lit.: Märch. *siuñcze sāvo mergáitę, kàd parnèsztu szẽpelį nõ brólio pinigáms mërü̃t* 'er schickt sein Mädchen, dass sie ein Scheffelmass vom Bruder bringe, um das Geld zu messen', *daviaũ táu māno súnų nuszáut* 'ich gab dir meinen Sohn zum Erschiessen', *kàd jẽ mùmëm palìktu szìtą kumelìkę vèsztë żuvìmi iñ mẽstą* 'wenn sie uns doch diese kleine Stute überliessen, um die Fische in die Stadt zu fahren'. Aksl. Joh. 4, 33 *jeda kъto prinese jemu jasti* ačech. *zda mu kto přinesl jiesti* 'μή τις ἤνεγκεν αὐτῷ φαγεῖν;', čech. *nesu někomu jísti (píti)* 'ich bringe einem zu essen (trinken)', sowie *dám jísti (píti)* 'ich gebe zu essen (trinken)'. Ebenso Inf. bei *dati* 'anheimgeben, lassen', wie aksl. Luk. 12, 39 *se že vědite, jako ašte by vědělъ gospodinъ chraminy, vъ ky časъ tatь pridetъ, bъdělъ ubo by i ne dalъ podъkopati domu svojego* 'τοῦτο δὲ γινώσκετε, ὅτι εἰ ᾔδει ὁ οἰκοδεσπότης, ποίᾳ ὥρᾳ ὁ κλέπτης ἔρχεται, ἐγρηγόρησεν ἂν καὶ οὐκ ἂν ἀφῆκεν διορυχθῆναι τὸν οἶκον αὐτοῦ', Luk. 4, 41 *ne daděaše glagolati* 'οὐκ εἴα λαλεῖν'.

810. Ferner erscheint der Infinitiv abhängig von verbalen Aussagen, die einen Zustand bezeichnen. Die betreffenden den Infinitiv regierenden Verba sind freilich zum Teil auch als Vorgangs- und damit in gewisser Hinsicht zugleich als Bewegungsbegriffe anschaubar, oder sie können wenigstens als Ergebnis eines Bewegungsvorgangs angesehen werden. Insofern ist die Grenze gegenüber § 809 vielfach fliessend.

Der Infinitiv ist auch hier meistens ursprünglich ein dativischer, lokativischer oder akkusativischer Kasus des Verbalabstraktums gewesen.

Wenn Verba, die 'sich scheuen', 'sich hüten', 'hindern' u. dgl. bedeuten, im Griechischen, Italischen, Germanischen und Baltisch-Slavischen den Infinitiv zu sich nehmen, ohne dass diese Sprachzweige ablativische Formen mit Infinitivbedeutung aufweisen, so ist hieraus nicht zu schliessen, dass ablativische Infinitivformen in diesen Sprachgebieten verloren gegangen sind, woran das Arische denken lässt (vgl. z. B. RV. 2, 15, 5 *sá ī mahī́ dhúnim étōr aramṇāt* 'er hinderte den grossen Strom zu fliessen', Y. 44, 4 *kasnā dərᵊtā zą̄mčā . . . avapastōiš* 'wer bewahrte die Erde davor, herabzufallen'). Diese Konstruktion dieser den Ablativ heischenden Verba kann jedesmal nach der Konstruktion von begrifflich entgegengesetzten Verba aufgekommen sein, was seine Parallele in Vorgängen des lebendigen Kasusgebrauchs hätte (z. B. 'einem etwas nehmen' für 'von einem' nach 'einem etwas geben' oder 'sich mit einem trennen' für 'von einem' nach 'sich mit einem verbinden' 2, 2, 483 f.). Oder sie kann sich auch eingestellt haben zu einer Zeit, da am Infinitiv überhaupt nichts Kasusartiges mehr empfunden wurde, sondern nur der als eine Art Ergänzung andrer Verba dienende reine Verbalbegriff.

Beispiele für den Infinitiv in Verbindung mit ruhebegrifflichen Verba:

Arisch. Ai.: MS. 4, 7, 7 (102, 15) *yádi šaknṓti gráhītum* 'wenn er zu fassen imstand ist', ŠB. 12, 6, 1, 41 *sá ha vāí brahmā́ bhávitum arhati* 'der verdient ein Brahman zu sein', ŠB. 4, 1, 4, 9 *ná cakamē hántum* 'er wünschte nicht zu töten', RV. 8, 56, 19 *nā́smā́kam asti tát tára ādityāsō atiṣkádē* 'nicht ist, ihr Ād., diese unsere Insbrunst zu übersehen' und mit Weglassung von *ásti* MS. 1, 6, 4 (93, 10) *tán ná nirastavāí* 'das ist nicht hinauszuwerfen', Daš. 178 *jīvituṃ jihrēmi* 'ich schäme mich zu leben'. Av.: Y. 31, 19 *yə̄ . . . ərᵊžuxδāi vačaŋhąm xšayamnō hizvō vasō* 'der nach Gefallen die Worte einer Zunge wahrgesprochen zu machen die Macht hat', Yt. 10, 71 *naēδačīm γᵊną̄m sadayeⁱti* 'und er glaubt nicht einen Schlag zu führen, es ist ihm nicht so, als führe er einen Schlag', Yt. 1, 10 *yezi vaši . . . avā ṯbaēšā taᵘrvayō* 'wenn du die Anfeindungen überwinden willst', V. 2, 24 *parō zəmō aētaŋhā daŋhə̄uš aŋhaṯ bərᵊtō vās-*

trəm 'ante hiemem eius regionis erat proferre pratum, pflegte das Land Grasweide zu tragen'.

Griechisch. Σ 62 οὐδέ τί οἱ δύναμαι χραισμῆσαι 'und nichts vermag ich ihm zu helfen', ι 411 νοῦσόν γ' οὔ πως ἔστι Διὸς μεγάλου ἀλέασθαι 'eine von Zeus gesandte Krankheit abzuwenden ist auf keine Weise möglich', Xen. 2, 2, 11 ἐκ τῆς χώρας οὐδὲν εἴχομεν λαμβάνειν 'aus dem Lande konnten wir nichts bekommen', Ζ 90 πέπλον, ὅς οἱ δοκέει χαριέστατος ἠδὲ μέγιστος | εἶναι 'das Gewand, das ihr das schönste und grösste zu sein dünkt', Μ 215 νῦν αὖτ' ἐξερέω, ὥς μοι δοκεῖ εἶναι ἄριστα 'wie es mir am besten zu sein dünkt', Soph. El. 664 πρέπει γὰρ ὡς τύραννος εἰσορᾶν 'denn sie erscheint anzuschauen wie eine Herrscherin (nach ihrem Ansehen gleicht sie einer Herrscherin)', Xen. An. 1, 3, 1 ὑπώπτευον ἤδη ἐπὶ βασιλέα ἰέναι 'sie argwöhnten schon, dass es gegen den Grosskönig gehe', ζ 168 δείδια δ' αἰνῶς | γούνων ἅψασθαι 'ich scheue mich sehr, deine Kniee zu berühren', Xen. An. 1, 3, 17 ἐγὼ γὰρ ὀκνοίην μὲν ἂν εἰς τὰ πλοῖα ἐμβαίνειν ἃ ἡμῖν δοίη, . . . φοβοίμην δ' ἂν τῷ ἡγεμόνι ᾧ δοίη ἕπεσθαι 'ich würde zaudern die Fahrzeuge zu besteigen, die er uns gäbe, und mich fürchten dem Führer, den er gäbe, zu folgen.

Italisch. Lat.: Plaut. Amph. 147 *videre poterit,* Curc. 590 *cupio dare mercedem,* Amph. 294 *volt pallium detexere,* Asin. 608 *me morti dedere optas,* Bacch. 581 *fores pultare nescis,* Amph. 267 *decet mores huius similis habere,* Amph. 388 *ut liceat te alloqui,* Curc. 180 *dum mihi abstineant invidere,* Epid. 41 *simul ire mecum veritust,* Amph. frgm. 17 *nihilne te pudet in conspectum ingredi?,* Aul. 248 *metuit congrediri.* Gleichartiges auch in der jüngeren Latinität. Osk. n. 129 nep fatíum nep deíkum pútíans 'nec fari nec dicere possint', n. 17, 12 *moltaum herest* 'multare volet', n. 17, 13 *moltaum licitud* 'multare liceto', umbr. IIa 16 heriei façiu ař̌fertur 'velit facere adfertor'.

Germanisch. Got.: Matth. 8, 28 *swaswē ni mahta manna usleiþan þairh þana wig jainana* 'ὥστε μὴ ἰσχύειν τινὰ παρελθεῖν διὰ τῆς ὁδοῦ ἐκείνης', 1. Thess. 4, 4 *ei witi ƕarjizuh izwara gastaldan sein kas in weihiþai* 'εἰδέναι ἕκαστον ὑμῶν τὸ ἑαυτοῦ σκεῦος κτᾶσθαι ἐν ἁγιασμῷ', Luk. 14, 18 *land baúhta jah þarf galeiþan jah saíhvan þata* 'ἀγρὸν ἠγόρασα καὶ ἔχω ἀνάγκην ἐξελθεῖν καὶ ἰδεῖν αὐτόν', Luk. 15, 16 *jah gaírnida sad itan haúrnē* 'καὶ ἐπεθύμει χορτάσθαι ἐκ τῶν κερατίων', Röm. 14, 2 *sums raíhtis galaubeiþ matjan allata* 'ὃς μὲν πιστεύει φαγεῖν πάντα', Luk. 16, 3 *bidjan skama mik* 'ἐπαιτεῖν αἰσχύνομαι', Luk. 9, 45 *jah ōhtēdun fraíhnan ina* 'καὶ ἐφοβοῦντο ἐρωτῆσαι αὐτόν'. Im Kreis dieser Verbalausdrücke erscheint der Infin. ohne *du*. Dieses tritt nur dann hinzu, wenn das Verbum nicht den Charakter eines Hilfsverbums hat, sondern ein Ausdruck für echt finalen Wert des Infinitivs erstrebt wird, wie Luk. 18, 35 *blinda sums sat faúr wig du aihtrōn* 'τυφλός τις ἐκάθητο παρὰ τὴν ὁδὸν προσαιτῶν'. Ebenso seit dem Ahd. der Infin. bei *können*, *dürfen* usw. Doch hat der Zusatz von *zu* zum Infinitiv mit der Zeit zugenommen, z. B. nhd. *er weiss zu erwerben* gegen got. *wait gastaldan* (s. o.). Nur bei bestimmten Verba, *können*, *dürfen* usw., bei denen der Infinitiv nicht eine losere nähere Bestimmung, sondern eine notwendige Ergänzung des regierenden Verbums ist, fehlt *zu* noch heute regelmässig.

Baltisch-Slavisch. Lit. *sweikàsis gál válgyti* 'der Gesunde kann essen', *ar̃ mókì raszýti* 'verstehst du zu schreiben?', *ligónis tùr patalè gulė́ti* 'der Kranke muss im Bett liegen', *àsz nenóriu sakýti* 'ich will nicht sagen', *swēczas meĩlytu namõn keliáuti* 'der Gast möchte gern nach Hause reisen'. Ebenso im Slav. der Inf. bei (aksl.) *mošti* 'können', *chotěti* 'wollen', *želati* 'wünschen' usw., auch bei *bojati sę* 'sich fürchten, sich scheuen', wie Matth. 1, 20 *ne uboj sę prijęti Mariję* 'μὴ φοβηθῇς παραλαβεῖν Μαριάμ'.

811. Der Infinitiv bei den sogen. Hilfsverba.

Wo der Infinitiv eine notwendige Ergänzung des regierenden Verbums bildet, indem man neben diesem Verbum ohne weiteres noch etwas Verbales erwartet, auf das der Begriff von jenem gerichtet ist, entwickelt sich die Klasse von Verba, die man Hilfsverba nennt, z. B. *ich will gehen*. In solcher Verbindung büssen sowohl das regierende Verbum wie der Infinitiv von ihrem ursprünglichen Wesen ein, der Infinitiv vor allem seinen Kasuscharakter. Die Wendung als Ganzes nähert sich begrifflich öfters solchem, was durch eine einfache Form des Verbum finitum ausgedrückt wird. Ja sie kann auf die Dauer völlig in die Stelle einer einfachen Verbalform einrücken. So entspricht z. B. got. *haba* engl. *shall* nhd. *werde* slav. *imamъ* mit Inf. begrifflich dem einfachen Futurum (§ 414. 423, 3. 426, 1. 705. 707) oder nhd. *er kann recht haben, dürfte recht haben* dem potentialen Optativ (§ 773). Die Verflüchtigung des ursprünglichen Sinnes des Verbums tritt am greifbarsten zutage in Fällen wie nhd. *es wird werden,* aksl. *iměti imaši* 'ἕξεις' (Matth. 19, 21).

Dasselbe Verbum kann als Vollverbum und als Hilfsverbum zugleich gebraucht werden. Man spürt den Unterschied z. B. bei nhd. *gehen,* je nachdem es sich mit dem präpositionalen oder dem einfachen Infinitiv verbindet, etwa *er geht, zu baden (um zu baden)* und *er geht baden.* Man sagt zwar *er geht diesen sommer schwimmen* aber nicht *(um) zu schwimmen.* Beim blossen Infinitiv hat *er geht* eine allgemeinere, inhaltlich reduzierte Bedeutung. Vgl. § 825.

Von Hilfszeitwörtern kann für die Zeit der idg. Urgemeinschaft kaum die Rede sein. In den einzelnen Sprachen aber, wo dieses Entwicklungsstadium erreicht worden ist, ist der Begriff des Hilfsverbums doch nicht fest gegenüber andern aus Verbum und Infinitiv bestehenden Wendungen abzugrenzen, weil man überall Vollverba erst auf der Bahn zum Hilfsverbum hin begriffen antrifft. Man kann also nur sagen, je mehr sich eine aus Verbum und Infinitiv bestehende Verbindung in der Weise mechanisiert hat, dass beide Glieder ihrer ursprünglichen Bedeutung bis zu einem gewissen Grade verlustig gegangen sind und sich semantisch vereinheitlicht haben, um so eher ist Anwendung der Bezeichnung Hilfsverbum berechtigt.

Im weitesten Umfang haben es das Griechische, Italische, Germanische und Baltisch-Slavische zu Hilfsverba gebracht: es handelt sich hier um die bekannten Begriffe 'können', 'wollen' usw. Im Ai. verdienen wohl am ehesten *śak-* und *arh-* in der Bedeutung 'vermögen, können' den Namen, auch schon in der vedischen Sprache, z. B. RV. 1, 94, 3 *śakéma tvā samídham* ('möchten wir dich zu entfachen vermögen, entfachen können'), RV. 5, 79, 10 *bhū́yō vā dā́tum arhasi* ('oder du vermagst mehr zu geben, kannst mehr geben'). Die Vereinheitlichung von *šak-* mit dem Infin. tritt besonders an den Passivwendungen wie *hantu̦ šakyatē* hervor (§ 621).

C. Substantiva, die syntaktisch zum Verbum und zum Infinitiv zugleich gehören.

812. Die Fälle, in denen die infinitivische Wendung einen Substantivbegriff enthält, der sowohl zum regierenden Verbum als auch zum Infinitiv nähere syntaktische Beziehung hat, sind sehr mannigfaltiger Art. So kann z. B. das Substantivum als Subjekt des Verbums und des Infinitivs zugleich vorgestellt sein, wie bei *der vogel kann fliegen, mein freund wünscht zu kommen*, oder das Substantivum bildet einerseits das Objekt des Verbums, ist aber zugleich Träger der Infinitivhandlung, wie *ich hiess den boten warten*. Oder, da der Infinitiv als Nomen actionis gegen den Unterschied im Genus verbi gleichgiltig war (nur im Griechischen und Lateinischen wurde dieser Beziehungsverschiedenheit formal Rechnung getragen, s. § 804, 3, S. 895f.), so kommt es darauf an, ob man sich den Infinitiv aktivisch oder passivisch denkt: z. B. in *ich sah den knaben schlagen* kann *den knaben* Objekt zu *sah* und Subjekt von *schlagen* sein (= *ich sah, dass der knabe schlug)*, oder auch Objekt zu beidem (= *ich sah, dass der knabe geschlagen wurde)*.

Einige von den einschlägigen Fällen, die gleichmässig mehrere Sprachzweige angehen, bedürfen einer besonderen Besprechung, zu der ich mich nunmehr wende.

813. I) Abhängigmachung des dem Infinitiv untergeordneten obliquen Substantivkasus vom regierenden Verbum.

Es handelt sich hier um eine Art Antizipation. Der Infinitiv steht in irgend einer Beziehung zu dem (vorausgehenden) regierenden Verbum, und von ihm selbst ist dem Zusammenhang nach der Kasus eines Substantivs abhängig gedacht. Dieser Kasus nun, statt sich dem Infinitiv zu fügen, kommt unter die Rektion des regierenden Verbums. So ist z. B. der Gedanke 'die Priester stärkten den Indra zur Tötung der Schlange (um die Schlange zu töten)' in RV. 5, 31, 4 so ausgedrückt: *brahmāṇa índram . . . ávardhayann áhayē hántavā́ u*, wörtlich: 'stärkten ihn für die Schlange, (sie) zu töten'. Daraus, dass der Kasus vom regierenden Verbum getrennt werden und hinter den Infinitiv treten konnte (Beispiele s. unten § 814 ff.), ergibt sich, dass der Inf. gleichwohl mit diesem Kasus zusammen als ein Satzteil für sich angeschaut wurde.

Die Empfindung der Sprechenden war also hier ähnlich derjenigen der Römer teils bei Sätzen wie *decemviros legibus scribendis creavimus,* teils bei solchen wie *dictator deligendus exercendis quaestionibus fuit,* und das Verhältnis zu den Konstruktionen wie RV. 6, 67, 7 *tā́ vigrą́ dhāithē jaṭhárą pṛṇádhyāi* 'so nehmt den starken Trank, den Bauch zu füllen' entspricht dem Verhältnis von lat. *legibus condendis opera dabatur* (Liv. 3, 34, 1) zu *hominem investigando operam do* (Plaut. Mil. 260).

Weiter verbreitet findet sich die in Rede stehende Ausdrucksweise im Ar., Griech., Balt.-Slav.

814. Arisch. 1) Der Infinitiv ist dativisch. Ai.: RV. 10,16,12 *uśánn uśatá ā́ vaha pitṝn haviṣē áttavē* 'willig bring die Willigen, die Väter, herbei für das Opfer, (es) zu geniessen' = 'um das Opfer zu geniessen', RV. 5, 2, 9 *śíśītē śṛ́ṅgē rákṣasē viníkṣē* 'er schärft die Hörner für das Ungetüm zum Durchbohren' = 'um das Ungetüm zu durchbohren', ŠB. 1, 8, 1, 1 *mánavē ha vāí prātáḥ avanégyam udakám ā́jahrur yáthā idą́ pāṇíbhyām avanéjanāya āháranti* 'dem M. brachten sie in der Frühe Waschwasser, wie man es bringt für die Hände zum Abwaschen' = 'um die Hände abzuwaschen'. Stellung des Dativs nach dem Infin.: RV. 10, 14, 12 *tā́v asmábhyą dṛśáyē sū́ryāya púnar dātām ásum adyḗhá bhadrám* 'die beiden sollen uns für die Sonne, (sie) zu schauen (= zum Schauen der Sonne, damit wir die Sonne schauen), wieder heute hier glückliches Leben verleihen'. Av.: Y. 10, 8 *frā ābyō tanubyō haomō vīsā'te baešazāi* 'denen wird sich H. bereit stellen für ihren Leib, (ihn) zu heilen' = 'ihren Leib zu heilen'. Stellung des Dativs nach dem Infin.: Yt. 5, 18 *yaϑa azəm hāčayene . . . zaraϑuštrəm anumatōe daēnayāi anuxtōe daēnayāi anuvarštōe daēnayāi* 'dass ich den Z. antreibe zur Religion, ihr gemäss zu denken, zur R., ihr gemäss zu reden, zur R., ihr gemäss zu handeln' = 'zu denken gemäss der R.' usw.

2) Der Infinitiv ist der Form nach lokativisch, hat aber finale Bedeutung wie die dativischen Infinitive (vgl. S. 905). Sichere Beispiele nur im Av., und zwar erscheint hier das Substantiv in dativischer Form, ein Beweis für vollendeten Synkretismus zwischen Dativ und Lokativ beim Infinitiv. Mit Stellung des Lokativs hinter dem Infinitiv: V. 4, 45 *uxšne xraθwe vīdrvānahe ašāṯ* 'für die Weisheit des am Aša Festhaltenden für ihre Mehrung' = 'um die Weisheit des am A. Festhaltenden zu mehren'.

3) Der Infinitiv ist genitivisch. Ai.: RV. 6, 18, 11 *yásya nū́ cid ádēva ī́śē yōtōḥ* 'über den nimmer ein Gottloser die Macht hat über Fernhaltung' = 'den fernzuhalten nimmer ein G. die Macht hat', AV. 4, 27, 6 *yádi idŕg ára yūyám īšidhvē tásya níṣkṛtēḥ* 'wenn ich diesen Schaden erlitten habe, ihr habt Macht ihn zu heilen'. Av.: Y. 49, 3 *tā vaŋhə̄uš sarə̄ izyā manaŋhō* 'drum verlange ich nach V. M. nach Sichanschliessen' = 'dass man sich an V. M. anschliesse'.

4) Der Infinitiv ist ablativisch. Ai.: RV. 10, 138, 5 *índrasya vájrād abibhēd abhiśnáthaḥ* 'sie fürchtete sich vor des Indra Keil vor Zerschmetterung' = 'davor, durch den Keil zerschmettert zu werden', RV. 2, 29, 6 *trā́dhvą kartā́d avapádaḥ* 'rettet (uns) vor der Grube vor dem Fallen' = 'davor, in die Grube zu fallen', ŠB. 1, 1, 2, 3 *tḗ 'surarakṣasḗbhya āsaŋgā́d bibhayą́ cakruḥ* 'die (Götter) fürchteten sich vor den A. vor dem Sichanhängen' = 'davor, dass die A. sich ihnen anhängten', TS. 6, 1, 3, 8 *purā́ dákṣiṇābhyō nḗtōḥ* 'vor dem Herbeibringen der Opferkühe' (vgl. § 824). Stellung des Ablativs nach dem Inf.: RV. 8, 48, 5 *tḗ mā rakṣantu visrásaḥ carítrāt* 'sie mögen mich davor bewahren, den Fuss zu brechen'. Av.: Y. 31, 15, mit Nachstellung des Abl., *hanarᵊ . . . vāstryehyā aēnaŋhō pasə̄uš vīrāaṯčā adrujyantō* 'ohne zu vergewaltigen die Tiere und Leute des arglosen Bauern' (vgl. § 824).

815. Griechisch. Da die kasuelle Gestalt des Infinitivs in dieser Sprache keine Rolle mehr spielte, geschieht die Einteilung nach dem Kasus des Substantivs.

1) Das Substantiv ist dativisch. Plat. Gorg. p. 513e ἆρ' οὖν οὕτως ἐπιχειρητέον ἡμῖν ἐστὶ τῇ πόλει καὶ τοῖς πολίταις θεραπεύειν; 'müssen wir also so Hand anlegen (herangehen) an den Staat und die Bürger, an das Sorgetragen (für sie)' = 'daran, für den St. und die B. Sorge zu tragen?'.

2) Das Substantiv ist genitivisch. Soph. Ant. 490 κείνην ἴσον | ἐπαιτιῶμαι τοῦδε βουλεῦσαι τάφου 'ich beschuldige sie gleichfalls wegen dieser Bestattung, (sie) beschlossen zu haben' = 'diese B. beschlossen zu haben', Pind. Ol. 3, 33f. τῶν (δενδρέων) νιν γλυκὺς ἵμερος ἔσχεν ... φυτεῦσαι 'nach diesen Bäumen hat ihn Verlangen ergriffen, (sie) zu pflanzen' = 'danach, diese Bäume zu pflanzen'.

3) Das Substantiv ist ablativisch. Σ 585 οἱ (κύνες) δ' ἤτοι δακέειν μὲν ἀπετρωπῶντο λεόντων 'diese wandten sich ab von den Löwen, (sie) zu beissen' = 'davon, die Löwen zu beissen', Η 409 οὐ γάρ τις φειδὼ νεκύων κατατεθνηώτων | γίγνεται ... πυρὸς μειλισσέμεν ὦκα 'denn es gibt kein Zurückhalten davon, dass man die Toten mit Verbrennung bald beruhige', Σ 100 ἐμεῖο δ' ἔδησεν ἀρῆς ἀλκτῆρα γενέσθαι 'er hat dessen entbehrt, dass ich Abwehrer des Unheils würde', Xen. An. 5, 4, 9 τί ἡμῶν δεήσεσθε χρήσασθαι; 'wozu werdet ihr uns nötig haben, (uns) zu gebrauchen' = 'wozu werdet ihr unsern Dienst nötig haben?', Thuk. 3, 6 τῆς μὲν θαλάσσης εἶργον μὴ χρῆσθαι τοὺς Μυτιληναίους 'sie hielten die M. vom Meer ab, (es) zu benutzen' = 'davon ab, das Meer zu benutzen'.

Auch in Abhängigkeit von Präpositionen (vgl. av. *hanarᵉ* mit Abl., § 814, 4): Η 408 ἀμφὶ δὲ νεκροῖσιν κατακαιέμεν οὔτι μεγαίρω 'ich weigere mich mitnichten inbetreff der Toten, (sie) zu verbrennen' = 'inbetreff der Totenverbrennung', Thuk. 5, 63 ἐπειδὴ δὲ καὶ περὶ Ὀρχομενοῦ ἠγγέλλετο ἑαλωκέναι 'als auch darüber Meldung kam, dass O. genommen sei', Thuk. 6, 69 Ἀθηναῖοι (ἐχώρουν μαχούμενοι) περί τε τῆς ἀλλοτρίας οἰκείαν σχεῖν 'um darum zu kämpfen, den fremden Boden als eigenen in Besitz zu bekommen'.

Aus den Beispielsammlungen bei Krüger Sprachl. § 61, 6, Kühner-Gerth Ausf. Gramm. 2, 576f. seien zur Beleuchtung des psychologischen Wesens dieser 'Antizipationen' noch ein paar

Stellen angeführt: Soph. Phil. 62 οἵ σ' ... οὐκ ἠξίωσαν τῶν Ἀχιλλείων ὅπλων | ἐλθόντι δοῦναι 'welche dich nicht der Waffen des A. für wert gehalten haben, (sie) dir nach deiner Ankunft zu geben', Soph. Ai. 1201 κεῖνος οὔτε στεφάνων | οὔτε βαθειᾶν κυλίκων | νεῖμεν ἐμοὶ τέρψιν ὁμιλεῖν 'er liess mir nicht die Labung an Kränzen noch an tiefen Bechern, mich (ihr) hinzugeben', Soph. El. 1277 μή μ' ἀποστερήσῃς | τῶν σῶν προσώπων ἡδονὰν μεθέσθαι 'beraube mich nicht der Freude an deinem Antlitz, sodass ich mich (ihrer) entschlagen sollte' (ἀποστερεῖν τινά τι, μεθέσθαι τινός).

816. Im Baltisch-Slavischen findet sich die in Rede stehende Erscheinung beim sogen. Supinum und beim Infinitiv im engeren Sinn. Da die Kasusform des Infinitivs selbst hier, wie im Griechischen, keine Rolle mehr spielt, teilen wir auch hier nach dem Kasus des Substantivs ein. Der Kasus steht bald vor, bald hinter dem Infinitiv.

1) Das Substantiv steht im Dativ. Wie es scheint, ist dieser Fall nur im Litauischen zu belegen. Z. B. *tàs mólis àtvesztas skylėms užlaistýti* 'der Lehm ist angefahren für die Löcher, (sie) zu verschmieren' = 'ist angefahren, die Löcher zu verschmieren', *pàdavė jém abrūsą búrnai nuszlůstyt* 'sie reichte ihm das Handtuch, den Mund abzuwischen', *kàd parnèsztu szẽpelį pinigáms mërūt* 'dass sie ein Scheffelmass bringe, das Geld zu messen'; *kàd jë̃ mùmëm palìktu szìtą kumelìkę vèsztë żuvìmi iñ mẽstą* 'wenn sie uns doch diese kleine Stute überliessen, die Fische in die Stadt zu fahren'. — Dieselbe Erscheinung findet sich, wenn der Inf. von einem Nomen abhängt, wie *sztaĩ vandeñs búrnai praũstis* 'da ist Wasser für den Mund, sich (ihn) zu waschen' = 'da ist Wasser, sich den Mund zu waschen', *àsz girdė́jau, kàd tù turì dùkterį smãkui prarýt* 'ich hörte, du habest eine Tochter für einen Drachen zum Verschlingen' = 'die ein Drache verschlingen soll' (kurz zuvor heisst es in dem Märchen: *szìtas karãlius tùri dùkterį añt praryjìmo smãkui*).

2) Das Substantiv steht im Genitiv, welcher unter die Rubrik des Gen. des Sachbetreffs (wie lit. *àsz ateinù grė́blio* 'ich komme wegen (nach) der Harke', 2, 2, 576 ff.) fällt. Lit.:

àsz aĩsiu pýpkės užsidė̀kt 'ich werde gehen nach einer Pfeife, mir sie anzuzünden' = 'mir eine Pfeife anzuzünden', *ainù iñ pēklą sâvo rãsztu parsinė̀szt* 'ich gehe in die Hölle, mir meine Verschreibung zu holen'; *jójo parnė̀szt tõs paũksztës* 'er ritt, den Vogel zu holen', *taĩ siuñtė jį̃į, kàd pirmà aĩtu szlũt kamìnu* 'da schickte er ihn, dass er erst die Esse kehren ginge'. Aksl.: Joh. 21, 3 *idą rybъ lovitъ* 'ich will gehen Fische zu fangen'; Cloz. 1, 233 *pride prolitъ krъve svoję* 'er kam, sein Blut zu vergiessen', Gen. 39, 11 *priide dělati dělesъ svojichъ* 'er ging, seine Geschäfte zu verrichten'. Vgl. S. 906.

817. Was die andern idg. Sprachzweige betrifft, so sei hier nochmals (vgl. S. 918) auf die italischen Gerundivkonstruktionen verwiesen, wie Liv. 3, 34, 1 *legibus condendis opera dabatur* (neben Plaut. Mil. 260 *hominem investigando operam do*); Plaut. Epid. 433 *pugnis memorandis meis eradicabam hominum auris* (neben Plaut. Amph. 1014 *sum defessus quaeritando*); Tac. Ann. 4, 29 *cum primores civitatis ... turbandae rei publicae accerserentur*, umbr. *uerfale pufe arsfertur trebeit ocrer peihaner* 'templum, ubi flamen versatur arcis piandae'; Plaut. As. 559 *qui me est vir fortior ad sufferundas plagas?* (neben Cic. Fam. 9, 15, 4 *ponor ad scribendum*); Cic. leg. 1, 52 *in voluptate spernenda et repudianda virtus vel maxime cernitur* (neben Plaut. Trin. 224 *multum in cogitando dolorem indipiscor*); umbr. VI a 20 *porsi ocrer pehaner paca ostensendi* 'quae arcis piandae causa ostendentur'.

Der Ursprung der Bildung des ital. Gerundiums und Gerundivums ist noch unklar (zuletzt darüber Sommer Lat. L. u. Fl.[2] 615 f.). Dennoch ist von vornherein wahrscheinlich, dass diese Gerundivkonstruktionen die Fortsetzung von Infinitivkonstruktionen von der Art gewesen sind, wie sie in den vorausgehenden Paragraphen behandelt sind.

Hierfür spricht namentlich die viel, zuletzt von Vendryes Mém. 16, 252 f., Kühner-Stegmann Ausf. Gramm.[2] 2, 1, 744 f. behandelte Konstruktionsweise, nach der von einem Substantiv zugleich der Genitiv eines andern Substantivs und der eines Gerundiums abhängen, wo man nach sonstigem Sprachgebrauch den Akkusativ dieses zweiten Substantivs erwarten sollte (vgl. *nulla causa iusta est contra patriam arma capiendi*), z. B. Plaut. Capt. 852 *nominandi istorum* (geht auf die vorher genannten Speisen) *tibi erit magis quam edundi copia*, Ter. H. T. 29 *novarum (sc. fabularum) qui spectandi faciunt causam*, Cic. Verr. 2, 77 *reiciundi trium iudicum potestas*. Da das regierende Glied ein Nomen ist, so stehen am nächsten ai. Sätze wie TS. 2, 1, 2, 6 *yá īśvarō vācō váditōḥ sán vā́cą ná vadēt* 'wer, obwohl er die Stimme erschallen zu lassen (zu sprechen) fähig wäre, es nicht tut'.

Diese Konstruktion hat sich im Lateinischen erhalten, weil der zum Gerundium gehörige Genitiv so angeschaut werden konnte, als hänge er vom Gerundium in derselben Weise ab, wie sonst Genitive von Substantiven.

Anm. Aus dem Griech. vgl. Demosth. Ol. 2, 4 τούτων οὐχὶ νῦν ὁρῶ τὸν καιρὸν τοῦ λέγειν mit Sauppe's ausführlicher Besprechung in der Anm. zu der St.

818. II) Das Subjekt des mit einem Infinitiv verbundenen Verbums *sein* und seine Beziehungsverschiebung.

Seit uridg. Zeit konnte zu Sätzen des Typus *dies ist, hoc est* oder mit Negation *dies ist nicht, hoc non est* ein final-konsekutivischer Infinitiv hinzugesetzt werden, wodurch der Infinitiv ein Teil des Prädikats wurde. War das Subjekt von *ist* zugleich Objekt des Infinitivs, so entstand auf Grund der ursprünglichen Kasusnatur des Infinitivs der Sinn des Könnens oder Sollens, Müssens, und der Infinitiv erschien, am Genus des Verbum finitum gemessen, als passivisch: z. B. *dies ist zu wissen, zu tun.* Als Prädikativum bildete der Infinitiv eine Art von indeklinablem Adjektiv (Gerundivum), das Verbum *ist* aber konnte, zur Kopula entwertet, auch weggelassen werden, gleichwie diese z. B. fehlt in ai. *sá mē pitā́* 'der ist mein Vater' oder in lat. *omnia praeclara rara.*

Ohne wesentliche Änderungen begegnet diese Ausdrucksweise im Arischen, Germanischen, Baltisch-Slavischen. Z. B. ai. RV. 4, 2, 1 *havyā́ir agnír mánuṣa īrayádhyāi* 'Agni ist lebendig zu machen (soll lebendig gemacht werden) durch die Opfer des Menschen', RV. 10, 85, 34 *tr̥ṣṭám ētát káṭukam ētád apāṣṭhávad viṣávan nā́itád áttavē* 'rauh ist dies, scharf ist dies, mit Widerhaken versehen, mit Gift versehen, nicht zu essen ist dies', RV. 8, 56, 19 *násmā̆kam asti tát tára ādityāsō atiṣkádē* 'nicht ist, ihr Ā., diese unsere Inbrunst zu übersehen', MS. 1, 6, 4 (93, 10) *tán ná nirastavā́í* 'das ist nicht hinauszuwerfen', RV. 3, 56, 1 *ná párvatā ninámē tasthivā́ṃsaḥ* 'nicht zu beugen sind die feststehenden Berge', av. Y. 32, 14 *gāuš ja'dyāi* 'das Rind ist zu töten', Y. 45, 4 *nōit̰ diwža'dyāi vīspāhišas ahurō* 'nicht zu betrügen ist der alles wahrnehmende Ahura'. Ahd.: Tat. c. 93, 1 *mannes sun ist zi sellenne in hant manno* 'hominis filius est tradendus in manum hominum', Is. 19, 12 *ni sindun zi chilaubanne* 'non sunt credendi', nhd. *dies ist (steht, bleibt) zu erwarten, ist nicht zu sagen, ist nicht auszuhalten.* Lit.: Märch. *nedovanaĩ gáut gyvũ krḗtku ragaž̀ìkė* 'nicht umsonst ist zu bekommen die Matte von lebenden Blumen'; dieser Nominativ ist auch geblieben, wenn zu deutlicherer Bezeichnung des Begriffs der Notwendigkeit *reĩkia* ('es ist nötig') an die Stelle der Kopula getreten ist, wie *reĩke burnà nusiszlũstyt* 'der Mund ist notwendigerweise abzuwischen, es ist nötig, den Mund abzuwischen', *pasākė põnui, kàd tóke graž̀ì reĩke atim̃t dė̃l põno* 'er sagte dem Herrn, dass ein so schönes Mädchen notwendigerweise für den Herrn zu nehmen sei', Hochzeitsbitterspruch *añt pė̃czaus reĩks jė̃ pasodį́t* 'sie werden auf den Ofen hingesetzt werden müssen'[1]). Aruss.: *molodymъ pěti slava* 'Ruhm ist zu singen den jungen (Fürsten)', *imětь strachъ božij i tělesnaja čistota* 'Gottesfurcht und körperliche Reinheit ist zu haben (muss man haben)'.

Bei Bewahrung der persönlichen Konstruktion ist der Infinitiv im Griech. und im Ital. durch das deklinable Gerundivum verdrängt worden, z. B. ὠφελητέα ἡ πόλις ἐστίν 'der Staat

1) Vgl. hiermit das Substantivum als Subjekt des Satzes in ähnlichen Wendungen, z. B. Märch. *karãlius pažiurė́jo, kàd ìsz tókiu szipulìùku nemõžna padarýt varstótas* 'der König sah, dass eine Werkstatt aus solchen Holzstückchen unmöglich zu bauen sei', Dain. *sunkù mą́ jáunai stovė́ti, | rugiũ vainìkas turė́ti* 'für mich Junge ist schwer zu stehen, der Ährenkranz schwer zu halten' (Leskien-Brugmann Lit. Volksl. u. März. 323 f.). Analoges im Ai.: Śāk. 35, 16 B. *yuktam asya abhilāṣō 'bhinanditum* 'es ist angemessen, ihren Herzenswunsch zu billigen', Hit. ed. Tārān. 2, 148 *duḥkham ātmā paricchētum* 'das Selbst ist schwer genau zu kennen' (Speyer Ved. u. Skr.-Synt. 67 f.).

ist zu unterstützen', lat. *hoc dicendum est,* umbr. IIa 43 katel asaku pelsans futu 'catalus ad aram sepeliendus (?) esto'. Solche Verbaladjektiva für die Begriffe der Möglichkeit, Fähigkeit, Notwendigkeit gab es auch in andern Sprachzweigen, z. B. ai. *tvą́ hávyaḥ* 'du bist anzurufen' (2, 1, 652 f.), und man hat wohl beide Ausdrucksweisen, die mit einem Infinitiv und die mit einem Verbaladjektivum (Gerundivum), als aus uridg. Zeit stammend zu betrachten.

819. In der Wendung mit dem Infinitiv trat nun in einigen Sprachzweigen eine Verschiebung der Beziehung ein, durch die die 3. Sing. **ésti* zum Impersonale wurde. Das Substantivum zog man als Objekt zum Infinitiv, wodurch das Verbum 'sein' auf der andern Seite allein übrig blieb, den Sinn der Möglichkeit oder Geeignetheit beibehaltend, der durch die Verbindung mit dem Infinitiv in es eingezogen war.

Griechisch. Z. B. Φ 565 οὐκέτ' ἔπειτ' ἔσται θάνατον καὶ κῆρας ἀλύξαι 'alsdann wird es nicht mehr möglich sein, dem Tod und Verhängnis zu entrinnen', Ξ 212 οὐκ ἔστ' οὐδὲ ἔοικε τεὸν ἔπος ἀρνήσασθαι 'nicht ist es möglich noch ziemt es sich, dein Wort zu verleugnen'. Das Objekt, das ursprünglich als Satzsubjekt notwendig war, konnte nunmehr auch fehlen, d. h. als Infinitiv konnten auch Intransitiva und Passiva eintreten, wie Φ 193 ἀλλ' οὐκ ἔστι Διὶ Κρονίωνι μάχεσθαι 'nicht ist es möglich, mit Zeus zu kämpfen', ο 392 ἔστι μὲν εὕδειν, | ἔστι δὲ τερπομένοισιν ἀκούειν 'es ist möglich (erlaubt), zu schlafen, aber auch, wenn man Freude daran (an der Unterhaltung) findet, zuzuhören'. Schliesslich konnte für den blossen Infin., wie bei andern Impersonalia des Könnens, Sollens u. dgl., auch der Acc. cum inf. eintreten, z. B. N 787 πὰρ δύναμιν δ' οὐκ ἔστι καὶ ἐσσυμένον πολεμίζειν 'über die Kraft kann auch ein Stürmischer nicht kämpfen'.

Vgl. hierzu die unpersönlichen Konstruktionen des Verbaladjektivs auf -τέος: mit Akkusativ als Objekt z. B. Isokr. 6, 91 τὸν θάνατον ἡμῖν μετ' εὐδοξίας αἱρετέον ἐστίν 'wir müssen den Tod mit Ehre wählen', bei Intransivität des Verbums z. B. Soph. Ant. 678 οὔτοι γυναικὸς οὐδαμῶς ἡσσητέα 'man muss auf keine Weise einem Weib weichen', endlich auch die durch die Analogie der Konstruktion von δεῖ u. dgl. hervorgerufene Konstruktion, bei der die tätige Person durch den Akkusativ bezeichnet wurde, wie Isokr. 9, 7 οὐ δουλευτέον τοὺς νοῦν ἔχοντας τοῖς κακῶς φρονοῦσιν 'Verständige müssen nicht Schlechtgesinnten dienstbar sein'.

Im Lateinischen so *est* z. B. Mummius Com. Rom.[2] p. 273 Ribb. *ad spectacula est videre, in testu quantum sit caput,* Gellius 12, 9, 1 *est plurifariam videre atque animadvertere in veteribus scriptis pleraque vocabula, quae* etc., Plin. nat. hist. 36, 43 *membra pervidere non est,* Hor. sat. 2, 5, 103 *est* | *gaudia prodentem voltum celare,* Tertull. Coron. 40 *per nares floribus frui est.* Wie weit die Verbreitung dieser im Grunde wohl echt lat. Ausdrucksweise durch Einfluss des Griechischen gefördert worden ist, ist unklar. S. Wölfflin in s. Arch. 2, 135 f. Vgl. hierzu die Konstruktionen des Gerundiums, wie Plaut. Trin. 869 *mi advenienti hac noctu agitandumst vigilias,* Varro r. r. 1, 32, 2 *serendum viciam, lentem, cicerculam,* Catull. 39, 9 *quare monendum est te mihi,* Plaut. Curc. 486 *linguae moderandumst mihi,* Cic. nat. de. 3, 1 *cum suo cuique iudicio sit utendum,* und Plaut. As. 682 *inambulandumst,* Cic. nat. de. 3, 32 *omne animal confitendum est esse mortale.*

Althochdeutsch z. B. Hymn. 17, 1 *za petōnne ist* 'orandum est', Is. 35, 19 *nist zi chilaubanne.*

Baltisch-Slavisch. Lit. z. B. 3. Mos. 20, 20 *be vaiku anėmus mirti* wörtlich 'ohne Kinder ist ihnen zu sterben' = 'ohne K. sollen sie sterben' (Bezzenberger Beitr. z. Gesch. d. lit. Spr. 259 f.), Dain. *músu nėrà neĩgi* (scil. *brólis*) *kám jóti* 'wir haben keinen (Bruder), dem es zukäme, zu reiten', Sprichw. (žemait.) *kàd nėrà kám* (scil. *dìrbti*), *reĩk dìrbti patiém* 'wenn nicht jemand da ist, dem es zukäme, zu arbeiten, muss man selbst arbeiten', Dain. *brolýczui jóti, bróliui nejóti?* 'soll das Brüderchen reiten, soll der Bruder nicht reiten?', auch mit unausgesprochenem Dativ Märch. *ar̃ eĩt ar̃ nè?* 'soll ich gehen oder nicht?' (Schleicher Lit. Gramm. 312 f.). Aksl. z. B. Supr. 309, 3 *otъ sego viděti jestъ silą christosovą* 'hier ist zu sehen (kann man sehen) die Macht Christi', Supr. 325, 1 *něstъ namъ ubiti* 'occidere non debemus', Supr. 37, 5 *semu jestъ byti* 'hoc fieri debet' (Delbrück Vergl. Synt. 3, 28, Vondrák Vergl. Slav. Gramm. 2, 416 f.).

820. III) Accusativus cum infinitivo und Dativus cum infinitivo. Mit diesen Namen könnte man zunächst in jeder Sprache alle Sätze belegen, die von der Art der Sätze wie nhd. *ich hiess ihn schweigen,* lat. *jussi eum tacere* und nhd. *ich half ihm arbeiten,* got. *gēbun imma drigkan* 'sie gaben ihm zu trinken', lat. *date illi bibere* sind. Indessen werden die Namen meist beschränkt auf den Fall, dass eine gewisse Ablösung des obliquen Kasus von dem regierenden Verbum und damit eine Verschiebung der syntaktischen Gliederung stattgefunden hat. Nur in diesem Sinn also spricht man dann von Acc. cum inf. im Arischen, Griechischen, Italischen, Germanischen, Baltisch-Slavischen und von Dat. cum inf. im Gotischen und Slavischen.

821. Was zunächst den Accusativus cum inf. betrifft, so ist der Akk. z. B. in *ich lasse ihn schlagen* Objekt zu *lasse,* während er zu *schlagen* ebenfalls Objekt sein kann (= *ich lasse zu, dass man ihn schlägt*), aber auch Subjekt (= *ich lasse zu, dass er schlägt*). Diese letztere Doppeldeutigkeit war, bei der ursprünglichen Natur des Infinitivs als Nomen actionis, aus uridg. Zeit ererbt, und sie wurde nur im Griechischen und Lateinischen beseitigt dadurch, dass der Infinitiv bei passivischer Anschauung passivisches Gepräge erhielt (§ 804, 3 S. 895f.), z. B. lat. *iubeo te feriri* gegen *iubeo te ferire.*

Es trat nun eine Verschiebung der syntaktischen Gliederung ein, bei der die Vorstellung, der Akkusativ sei das Objekt des regierenden Verbums verdrängt wurde durch die andre Vorstellung, er sei das Subjekt des Infinitivs.

In Sätzen wie *ich lasse ihn arbeiten, er lehrt mich singen* lässt sich der Infinitiv als ein zweites Objekt zum Verbum ansehen [1]), so dass der Infinitiv zum Akkusativ in dasselbe Verhältnis kommt, in dem sonst zwei Akkusative zueinander stehen, die von demselben Verbum abhängen: vgl. *er machte mich stutzen* und *er machte mich stutzig* oder ai. (ved.) *kavím akr̥ṇuta vicákṣē* 'ihr habt den Sänger aufblicken machen (habt gemacht, dass der Sänger aufblickte)' und *asmā́n sú jigyúṣaḥ kr̥dhi* 'mach uns siegreich'. Hier stehen der Akkusativ und der Infi-

1) Auch der Infinitiv allein kann als Objekt angeschaut werden, z. B. *ich lasse arbeiten.*

nitiv ebenso wie die beiden Akkusative in einem Verhältnis zueinander, das analog ist dem von Subjekt und Prädikat. Das kann sie für das Sprachgefühl zu einem besonderen Satzglied gegenüber dem regierenden Verbum erheben, und das wird besonders dann leicht stattfinden, wenn dieses Satzglied noch mit weiteren Zusätzen ausgestattet wird, z. B. wenn zum Infinitiv noch ein von ihm abhängiges Objekt oder eine adverbiale Bestimmung usw. hinzutritt (vgl. z. B. *ich lasse ihn die arbeit rasch und mit möglichster sorgfalt machen*). Im Griech. und im Lat. ist in dieser Richtung offenbar auch die Beschaffung einer besonderen passivischen Form für den Infinitiv förderlich gewesen. Sozusagen das Schlussglied in der Entwicklung der Konstruktion des Acc. cum inf. ist es, wenn diese Konstruktion übertragen wird auf solche Verba, von denen an sich ein Akkusativ als Objekt nicht abhängen kann, wie z. B. im Lat. auf *constat, utile est.* Doch braucht man die Benennung Acc. cum inf. natürlich nicht auf diesen letzteren Fall zu beschränken.

Arisch. Zunächst mag erwähnt sein, dass im Ai. *kar-* 'machen' öfters neben einem Objektsakkusativ einen Infinitiv zu sich nimmt. Dabei kann der Akkusativ etwas sein, was etwas bewirken soll, z. B. RV. 1, 116, 14 *utṓ kavím purubhujā yuvą́ ha kṝpamāṇam akṛṇutą vicákṣē* 'ihr habt, vielbesitzende, den trauernden Sänger aufschauen gemacht' = 'habt bewirkt, dass er aufschaute', RV. 7, 21, 3 *tvám indra srávitavā́ apás kaḥ* 'du, Indra, hast die Wasser fliessen machen' = 'hast bewirkt, dass die Wasser fliessen'. Oder der Akkusativ kann etwas sein, mit dem etwas vorgenommen werden soll; der Infinitiv ist transitiv, und so erscheint der Akkusativ entweder zugleich als dessen Objekt oder, bei passivischer Anschauung des Infinitivs, als sein Subjekt, z. B. RV. 7, 32, 9 *kṛṇudhvą́ rāyá ātújē* 'macht Reichtümer herbeischaffen' d. i. 'bewirkt, dass man R. herbeischaffe' oder 'bewirkt, dass R. herbeigeschafft werden'.

Weiter vorgeschritten zeigt sich die Loslösung des Akkusativs vom regierenden Verbum bei dem Verbum ai. *vaš-* av. *vas-* 'wünschen, wollen'. Es erscheint ohne Infinitiv zwar mit sachlichem Objekt verbunden (z. B. RV. 2, 14, 1 *tád íd ēṣā́ vaṣṭi* 'das gerade wünscht er', Y. 34, 12 *kaṯ vašī* 'was willst du?') aber nicht mit persönlichem. Tritt nun bei hinzukommendem Infinitiv ein persönlicher Akkusativ als dessen Subjekt auf, so muss ein fertiger 'Acc. cum Inf.' empfunden worden sein. So RV. 10, 74, 6 *yád īm uśmási kártavē kárat tát* 'was wir wünschen, dass er tue, das tue er', RV. 1, 91, 6 *tvą́ ca sōma nō vášō jīvā́tu ná marāmahē* 'und wünsch, o S., dass wir leben (wünsch uns Leben), nicht wollen wir sterben', Y. 46, 16 *yə̄ng usvahī uštā stōi* 'von denen (den Frommen) wir beide wünschen, dass sie sich nach Wunsch befinden', und so hierher auch Y. 50, 2 *yə̄ hīm ahmāi vāstravaitīm stōi usyāṯ* 'welcher wünscht, dass es (das Rind) samt Weide ihm zuteil werde', Y. 34, 4 *aṯ tōi ātrəm ... usəmahī ... stōi rapantē čiθrāavaŋhəm* 'von deinem Feuer wünschen wir, dass es dem Getreuen augenfälliges Behagen schaffend sei'. Ausserdem begegnet ein fertiger Acc. cum inf. bei av. *var-* 'überzeugt sein, vertrauen': Y. 46, 3 *maibyō θwā sąstrāi vərənē ahurā* 'dass du es für mich (zu meinen Gunsten) vollendest, darauf vertraue ich'.

Vgl. Bartholomae BB. 15, 13 f., Wolff KZ. 39, 490 ff., Reichelt Aw. Elem. 347 f.

Im Griechischen sind alle Entwicklungsphasen vertreten, z. B. B 11 θωρῆξαί ἑ κέλευε κάρη κομόωντας Ἀχαιοὺς | πασσυδίῃ 'er hiess ihn die A. in aller Eile wappnen', B 190 οὔ σε ἔοικε κακὸν ὣς δειδίσσεσθαι 'nicht ziemt es sich, dass du dich wie ein Feiger fürchtest', Xen. An. 5, 1, 6 κίνδυνος οὖν (scil. ἐστι) πολλοὺς ἀπόλλυσθαι 'es ist daher Gefahr, dass viele zugrunde gehen'. Wegen Gleichstellung mit Nebensätzen vgl. z. B. Thuk. 3, 3 ἐσηγγέλθη αὐτοῖς, ὡς εἴη Ἀπόλλωνος Μαλόεντος ἔξω τῆς πόλεως ἑορτή, ... καὶ ἐλπίδα εἶναι ἐπειχθέντας ἐπιπεσεῖν ἄφνω 'es wurde ihnen gemeldet, dass das Fest des A. M. ausserhalb der Stadt stattfände, und es sei Hoffnung vorhanden, durch Beschleunigung sie plötzlich zu überfallen'.

Die Selbständigmachung der Verbindung gegenüber dem regierenden Verbum tritt u. a. auch noch hervor durch ihre Substantivierung mittels des Artikels τό, durch den auch einfache Infinitive zu ihrer nominalen Natur zurückgeführt wurden (z. B. τὸ ἀποθανεῖν), wie z. B. Demosth. 1, 4 τὸ γὰρ εἶναι πάντων ἐκεῖνον ἕνα ὄντα κύριον ... πρὸς τὸ τὰ τοῦ πολέμου ταχὺ καὶ κατὰ καιρὸν πράττεσθαι πολλῷ προέχει 'dass jener allein über alles die Verfügung hat, ist von grossem Vorteil dafür, dass sich die Kriegsoperationen schnell und zur rechten Zeit vollziehen'.

Die italischen Sprachen zeigen dasselbe Bild wie das Griechische. Der Akk. kann noch vom regierenden Verbum abhängig gedacht werden z. B. Ter. H. T. 585 *iube hunc abire aliquo,* osk. Tab. B. 10 *deicum, pod ualaemom touticom tadait ezum* 'dicere, quod optimum publicum censeat esse', umbr. Vb 3 panta muta fratru Atiieřiu mestru karu pure ulu benurent ařferture eru pepurkurent 'quantam multam fratrum Atiediorum maior pars, qui illo venerint, adfertori esse poposcerint'. Dagegen nicht mehr, so dass freier Acc. cum inf. anzunehmen ist, z. B. Plaut. Merc. 644 *certumst ire me,* osk. Tab. B 5 *deiuatud ... perum dolom mallom siom ioc comono ... pertumum* 'iurato sine dolo malo, se ea comitia perimere', umbr. VIIb 2 *pifi reper fratreca parsest erom ehiato* 'quas (hostias) pro re collegii par est esse emissas'.

Die germanischen Sprachen erscheinen ungefähr auf demselben Stand wie die arischen. Allermeistens kann der Akkusativ, der das Subjekt des Infinitivs ist, von einem persönlichen aktiven Verbum abhängig sein, z. B. got. Luk. 5, 3 *haíhait ina aftiuhan faírra staþa leitil* 'ἠρώτησεν αὐτὸν ἀπὸ τῆς γῆς ἐπαναγαγεῖν ὀλίγον', Luk. 9, 15 *gatawidēdun anakumbjan allans* 'ἀνέκλιναν ἅπαντας', Mark. 13, 29 *þan gasaíhviþ þata waírþan* 'ὅταν ἴδητε ταῦτα γινόμενα', ahd. Otfr. 3, 4, 38 *er hiaʒ mih gangan* 'er hiess mich gehen', Otfr. 5, 7, 44 *thār sah si druhtīn stantan* 'da sah sie den Herrn stehen', Otfr. 1, 25, 15 *then fater hōrt er sprechan* 'den Vater hört er sprechen', aisl. Hǫ́v. 155 *ef ek sé túnriþor leika lopte á* 'wenn ich Zauberweiber in der Luft hin und herfahren sehe', Fáfn. 43, 1 *veitk á fjalle folkvítt sofa* 'scio in monte virginem pugnandi peritam dormire'. Daneben gibt es auch Fälle des losgelösten Acc. cum inf., z. B. got. 1. Kor. 16, 7 *untē wēnja mik hvō hveilō saljan at izwis* 'ἐλπίζω γὰρ χρόνον τινὰ ἐπιμεῖναι πρὸς ὑμᾶς' (denn *wēnjan* hat sonst keinen persönlichen Objektsakkusativ bei sich, und der griechische Text kann hier nicht vorbildlich gewirkt haben). Schwer ist aber zu bestimmen, wie weit der freie Acc. cum inf. im Got. und im Ahd. in der volkstümlichen Sprache im Gebrauch war. Denn augenscheinlich hat in unsern Denkmälern, im Got. Einfluss des griechischen Originals, im Hd. lateinischer Einfluss gewaltet. Näheres s. bei Grimm D. Gr.[2] 4, 129 ff., Wilmanns D. Gr. 3, 1, 118 ff., Streitberg Got. Elem.[3] 211 f., Apelt Germania 19, 280 ff., Erdmann Unters. 1, 205 ff.

Im Baltisch-Slavischen scheint der freie Acc. cum inf. der volkstümlichen Sprache bis heute überall fremd geblieben zu sein.

822. Ein Dativus cum infinitivo war in verschiedenen Sprachzweigen von vorhistorischen Zeiten her vorhanden in Wendungen, in denen der Dativ vom regierenden Verbum abhängig war, wie griech. συμβαίνει, πρέπει μοι ποιεῖν τι, lat. *contigit duci evadere.* Eine Ablösung des Dativs vom regierenden Verbum und engere Verbindung mit dem Infinitiv als dessen Subjekt war also hier an und für sich ebenso möglich wie die entsprechende Ablösung des Akkusativs, die den freien Acc. cum inf. aus dem gebundenen sich entwickeln liess.

Klar und weiter verbreitet liegt solche Weiterentwicklung im Slavischen vor, z. B. aksl. Supr. 75, 18 *ne dobro jestъ mnogomъ bogomъ byti* 'es ist nicht gut, dass es viele Götter gebe', Supr. 402, 15 *uvěděšę někojemu otъšьlьcu byti na městě tomь* 'cognoverunt eremitam quendam esse in eo loco', Luk. 20, 27 *glagoljąšte vъskrěšeniju ne byti* 'welche reden, es sei keine Auferstehung'. Diese Konstruktion erscheint auch in dem Fall, dass der Infinitiv finalen Charakter hat, wie Matth. 5, 34 *azъ že glagolją vamъ, ne klęti sę vamъ otъnądь* 'ἐγὼ δὲ λέγω ὑμῖν μὴ ὀμόσαι ὅλως, dass ihr ganz und gar nicht schwören sollt', Luk. 23, 24 *posądi byti prošeniju ichъ* 'ἐπέκρινεν γενέσθαι τὸ αἴτημα αὐτῶν, dass ihre Bitte erfüllt werden solle'. S. Miklosich Vergl. Gramm. 4, 619 ff., Vondrák Vergl. Slav. Gramm. 2, 366 f.

Im Gotischen gibt es wenigstens éin Verbum, bei dem sich ein Dat. cum inf. entwickelte, *warþ*, als Übertragung von ἐγένετο mit Acc. cum inf. Dass der Dativ nicht mehr mit *warþ* enger zusammengenommen wurde, zeigt seine Stellung:

z. B. Luk. 6, 1 *jah warþ in sabbatō anþaramma frumin gaggan imma þairh atisk* 'ἐγένετο ἐν σαββάτῳ δευτεροπρώτῳ διαπορεύεσθαι αὐτὸν διὰ τῶν σπορίμων', Luk. 6, 6 *jah warþ þan in anþaramma daga sabbatō galeiþan imma in synagōgein* 'ἐγένετο δὲ καὶ ἐν ἑτέρῳ σαββάτῳ εἰσελθεῖν αὐτὸν εἰς τὴν συναγωγήν', Luk. 16, 22 *warþ þan gaswiltan þamma unlēdin jah briggan fram aggilum in barma Abrahamis* 'ἐγένετο δὲ ἀποθανεῖν τὸν πτωχὸν καὶ ἀπενεχθῆναι ὑπὸ τῶν ἀγγέλων εἰς τὸν κόλπον Ἀβραάμ'. S. dazu Streitberg Got. Elem.[3] 212f.

Vergleicht man diese dativischen Konstruktionen des Slavischen und Germanischen mit dem freien Acc. cum inf., so gewahrt man einen Unterschied, der sich kurz dahin bestimmen lässt, dass man von einem Infinitivus cum dativo, nicht Dativus cum infinitivo, wie Accusativus cum infinitivo, sprechen sollte.

D. Adnominaler Infinitiv und Infinitiv in Abhängigkeit von Präpositionen.

823. Adnominaler Infinitiv.

Gleichwie verschiedene oblique Kasus, die von Haus aus nur von Verba abgehangen haben, engeren Anschluss an Nomina, Substantiva und Adjektiva, gewonnen haben, z. B. der Dativ in griech. ἐπιβουλή ἐμοί, lat. *obtemperatio legibus,* griech. φίλος τινί, lat. *amicus alicui* (2, 2, 467. 561 ff.), so hat sich auch der Infinitiv Nomina enger zugesellt. Die wesentlichste Grundlage für diese Entwicklung bildete das häufige Vorkommen von Substantiva und Adjektiva in einem verbalen Satzteil, wenn dieser durch einen Infinitiv ergänzt war, wie z. B. griech. θαῦμά ἐστιν ἰδεῖν, ἄξιός ἐστι θαυμάσαι. Schon hier ist der Infinitiv für das Sprachgefühl vielfach inniger mit dem Nomen verbunden gewesen. Man ging aber öfters hierüber hinaus dadurch, dass man das Nomen mit dem angeschlossenen Infinitiv aus dem verbalen Verband, in dem es stand, in derselben Weise heraushob, wie wenn sich z. B. im Lat. an *signum dare receptui* angeschlossen hat *receptui signum audire non possumus* (Cic. Phil. 13, 15). Der Infinitiv wurde also dann gleichwie eine attributive Bestimmung mittels eines Kasus angeschaut.

Wo der Infinitiv beim Nomen in einem verbalen Satzteil erscheint, kann er natürlich oft doch rein adnominal empfunden worden sein.

Altindisch. Oft finden sich in einem prädikativen Satzteil mit oder ohne das Verbum substantivum *īšvará-ḥ* 'vermögend, imstande seiend', *šákya-ḥ* 'möglich, ausführbar', *yuktá-ḥ* 'geeignet', wie TS. 2, 1, 2, 6 *yá īšvarȯ vācȯ váditōḥ sán vācą ná vadēt* 'wer, obwohl er imstande wäre zu sprechen, nicht spricht', MS. 4, 1, 9 (11, 10) *sá īšvarȯ 'šāntas téjasā yájamānasya pašū́n nirdáhaḥ* 'er ist imstande, wenn er nicht besänftigt ist, durch Feuerkraft das Vieh des Opfernden zu verbrennen', R. 2, 86, 11 *na dēvāsurāiḥ sarvāiḥ šakyaḥ prasahitų yudhi* 'er kann nicht von allen Göttern und Dämonen im Kampf überwunden werden', Kathās. 22, 169 *yuktā pariṇētum asāu mama* 'sie ist geeignet von mir geheiratet zu werden'. Dazu gelegentlich noch ein paar bedeutungsverwandte Adjektiva, z. B. *dádhr̥vir bháradhyāi* 'kräftig (fähig) zu tragen' (RV. 6, 66, 3).

Ausserhalb solcher Stellung scheinen Adjektiva mit regiertem Infinitiv nur im Ved. und hier nur so vorzukommen, dass der Infinitiv noch dem lebendigen Kasus nahe geblieben ist: RV. 1, 117, 5 *šubhḗ rukmą ná daršatą níkhātam* 'wie einen vergrabenen Goldschmuck, der schön für das Prangen ist' d. i. 'schön ist, so dass er prangt', RV. 1, 124, 6 *ēvéd ēṣā́ purutámā dr̥šḗ ką nā́jāmį ná pári vr̥ṇakti jāmím* 'diese (die Morgenröte), die immer wiederkehrt zum Sichsehenlassen, übergeht nicht Fremde noch Verwandte'.

Im Griechischen der Inf. häufig bei Adjektiva wie ῥᾴδιος 'leicht', χαλεπός 'schwer', ἄξιος 'würdig, wert', δεινός 'schrecklich' usw. und bei Substantiva wie σχολή 'Musse, Bequemlichkeit', ἀσχολία 'Mangel an Musse, Abhaltung', καιρός 'rechter Zeitpunkt', κίνδυνος 'Gefahr' usw., wenn sie im prädikativen Satzteil stehen, z. B. Σ 258 τόφρα δὲ ῥηΐτεροι πολεμίζειν ἦσαν Ἀχαιοί 'so lange waren die A. leichter zu bekämpfen', Thuk. 1, 138 ἦν γὰρ ... μᾶλλον ἑτέρου ἄξιος θαυμάσαι 'er war mehr als ein anderer wert, bewundert zu werden', Xen. An. 1, 6, 9 ὡς ... σχολὴ ᾖ ἡμῖν τοὺς φίλους τούτους εὖ ποιεῖν 'damit wir Zeit haben, diesen Freunden Wohltaten zu erweisen', λ 330 ἀλλὰ καὶ ὥρη | εὕδειν 'aber es ist Zeit, schlafen zu gehen'. Oft wurde aber auch das Nomen mit dem Inf. zusammen vom Verbum losgelöst gebraucht; als Übergangsstufe dazu kann man Sätze wie Xen. Kyr. 4, 4, 3 μείζους φαίνεσθε καὶ καλλίους καὶ γοργότεροι ἢ πρόσθεν ἰδεῖν und N 98 νῦν δ' εἴδεται ἦμαρ ὑπὸ Τρώεσσι δαμῆναι betrachten. Besonders häufig sind dabei Infinitive, die eine sinnliche Wahrnehmung bedeuten, wie ἰδεῖν und ἀκοῦσαι (vgl. oben ai. *dṛśé*). So Xen. Kyr. 7, 5, 46 τοὺς δὲ σπανίους ἰδεῖν στρατηγούς 'die sich selten sehen lassenden Strategen', Aesch. Pers. 385 ἐπεὶ ... ἡμέρα | πᾶσαν κατέσχε γαῖαν εὐφεγγὴς ἰδεῖν 'als das Tageslicht, schön strahlend anzuschauen, das ganze Land in Besitz genommen hatte'; öfter θαῦμα ἰδεῖν (ἰδέσθαι), ὁρᾶν, ἀκοῦσαι 'ein Wunder zu schauen' usw., wie E 725 αὐτὰρ ὕπερθεν | χάλκε' ἐπίσσωτρα προσαρηρότα, θαῦμα ἰδέσθαι 'aber darüber hin sind eherne Beschläge, anpassende, ein Wunder zu schauen'.

Im Lateinischen z. B. *servire amanti miseriast* (Plaut.), *operam sumo quaerere* (Plaut.), *Galli consilium ceperunt ex oppido profugere* (Caes.) usw., wo der Infinitiv nicht vom Substantiv allein abhing; dagegen, auf sich gestellt, nur *opera quaerendi, consilium excedendi* usw. Anders bei den Adjektiva: nicht nur *potis est facere* (Enn.), *officium facere immemor est* (Plaut.) u. dgl., sondern in der Sprache der Dichter erscheint häufig auch die Verbindung von Adjektiv mit Infinitiv vom Verbum losgelöst, wie bei Horaz Carm. 2, 6, 2 *Gades aditure mecum et | Cantabrum indoctum iuga ferre nostra,* Sat. 1, 6, 51 *te ... cautum dignos adsumere,* Carm. 1, 10, 7 *te ... callidum quidquid placuit iocoso | condere furto,* Carm. 1, 15, 18 *celerem sequi | Aiacem.*

Hierher stellt sich auch das sogen. Supinum II auf *-tū,* wie *dictu,* eine Lokativform mit dativischer Funktion (2, 2, 177), gleichbedeutend also mit der echten Dativform auf *-tuī,* wie Plaut. Bacch. 62 *quia istaec lepida sunt memoratui.* Diese Bildung auf *-tū* kam speziell bei Adjektiva wie *horridus, crudelis, iucundus, gravis, levis, difficilis, facilis* usw. in Übung, und von *res facilis est factu* kam man zu *rem factu facilem suscipis* usw.: Plaut. Pseud. 824 *herbas ... congerunt formidu-*

losas dictu, non esu modo, Cic. Planc. 99 *o rem cum auditu crudelem, tum visu nefariam!*

Germanisch. Im Got. mit Subst. z. B. Phil. 1, 23 *lustu habands andlētnan jah miþ Xristau wisan* 'τὴν ἐπιθυμίαν ἔχων εἰς τὸ ἀναλῦσαι καὶ σὺν Χριστῷ εἶναι', Joh. 19, 10 *waldufni aih ushramjan þuk* 'ἐξουσίαν ἔχω σταυρῶσαί σε', mit Adj. z. B. *skulds im* 'ich muss' (wobei der Inf. Passivsinn hat), wie Joh. 12, 34 *skulds ist ushauhjan sa sunus mans* 'δεῖ ὑψωθῆναι τὸν υἱὸν τοῦ ἀνθρώπου', Matth. 27, 15 *biūhts was sa kindins fralētan ainana* 'εἰώθει ὁ ἡγεμὼν ἀπολύειν ἕνα', 2. Kor. 9, 8 *aþþan mahteigs ist guþ alla anst ufarassjan in izwis* 'δυνατὸς δὲ ὁ θεὸς πᾶσαν χάριν περισσεῦσαι εἰς ὑμᾶς'. Entsprechend im Ahd. *giwon ist* 'er ist gewohnt', wie Otfr. 1, 17, 43 *sō ther sterro giwon was queman zin.* Daneben im Ahd. der Inf. mit *zu*: z. B. Tat. c. 197, 8 *ih habēn giwalt thih zi irhāhanne* 'potestatem habeo crucifigere te', Tat. c. 199, 1 *was giwon ther grāvo zi forlāȥȥanne* 'consuerat praeses dimittere'.

Baltisch-Slavisch. Lit.: mit Subst. z. B. *jaũ (yrà) czė̃sas kéltis* 'es ist schon Zeit aufzustehen', *negarbė̃ výrui bijótis* 'es ist eine Unehre für einen Mann, sich zu fürchten'; so, dass der Inf. das Subst. allein bestimmt, z. B. *sztaĩ vandeñs búrnai praũstis* 'da ist Wasser zum Mundwaschen', *tà szãkė mëszláms kratýti* 'die Gabel zum Düngerstreuen' (über die Dative *búrnai* und *mëszláms* s. § 816, 1). Mit Adj. z. B. *jìs (yrà) gãtavs keliáuti* 'er ist bereit zu reisen', *jìs (yrà) veȓtas į áuksztą garbę pareĩti* 'er ist wert zu hoher Ehre zu gelangen', Sprichwort *drúts ożỹs mílżt* 'hart ist der Bock zu melken'. Aksl.: mit Subst. z. B. Mark. 2, 10 *vlastь imatъ otъpuštati grěchy* 'ἐξουσίαν ἔχει ἀφιέναι ἁμαρτίας', 2. Kor. 10, 15 *upъvanije imąšte blagověstiti* 'ἐλπίδα ἔχοντες εὐαγγελίσασθαι', Gal. 5, 3 *dlъžьnikъ jestъ vьsь zakonъ tvoriti* 'ὀφειλέτης ἐστὶν ὅλον τὸν νόμον ποιῆσαι'; mit Adj. z. B. Röm. 11, 23 *silьnъ jestъ paky prisaditi ję* 'δυνατός ἐστι πάλιν ἐγκεντρίσαι αὐτούς', Mark. 1, 7 *něsmь dostojinъ razdrěšiti remene sapogu jego* 'οὐκ εἰμὶ ἱκανὸς λῦσαι τὸν ἱμάντα τῶν ὑποδημάτων αὐτοῦ', Supr. 326, 3 *dlъžьnъ jestъ umrěti* 'er ist schuldig zu sterben'.

824. Der Infinitiv von einer Präposition abhängig gemacht.

Wo der Infinitiv mit einer Präposition verbunden ist, ist zum Teil anzunehmen, dass diese Verbindung zu einer Zeit zustande kam, als der Infinitiv noch lebendiger Kasus war (vgl. § 447, 3 S. 467 f.). Dies ist zunächst im Arischen der Fall. Im Ved. erscheinen *ā, purā* und andere Präpositionen und im Gthav. *hanarᵊ* bei ablativischem Infinitiv, wie sonst beim Ablativ (2, 2, 819. 884. 894), z. B. ai. *ā́ tā́mitōḥ* 'bis zum Erschöpftsein', *purā́ hántōḥ* 'vor dem Schlagen', gthav. *hanarᵊ aēnaŋhō* 'ohne Vergewaltigung'. Dass aber diese Infinitive in dieser Präpositionalverbindung doch nicht mehr rein nominal empfunden worden sind, ergibt sich aus der sogen. Kasusattraktion, die vom Infinitiv abhängige Nomina erfahren haben, wie ai. *purā́ dákṣiṇābhyō nḗtōḥ*, gthav. *hanarᵊ aēnaŋhō pasə̄uš vīrāatčā* (§ 814, 4). Ferner ist hier aus dem Germanischen zu nennen die ahd. Verbindung von *zi (za, ze)* mit dem 'Dativ' auf *-nne* (sogen. Gerundium), z. B. *zi nemanne* 'zu nehmen' (2, 1, 195), die, als sie aufkam, von derselben Art war wie die sonstigen Verbindungen dieser Präposition mit dem Dativ (2, 2, 813). Dass aber infinitivische Natur eingezogen ist, zeigen die Konstruktionen wie Otfr. 1, 9, 7 *si qāmun thaȥ kindilīn zi sehanne,* wo sich der Objektsakkusativ in derselben Weise eingestellt hat, wie er von älterer Zeit her beim präpositionslosen Infinitiv in Gebrauch war, z. B. Otfr. 2, 7, 25 *imo ilt er sār gisagēn thaȥ.*

Die genannten ar. und ahd. Verbindungen stehen auf gleicher Linie mit lat. *a, de, ex, in cogitando, ad, ante, ob, inter cogitandum.* Auch hier tritt die gegenüber sonstigen Verbindungen von Präposition und Kasus höhere Verbalität zutage an Wendungen wie *a recte consulendo, ad discernendum figuras.* Die ar. Verbindungen mit sogen. Kasusattraktion vergleichen sich mit lateinischen wie Liv. 23, 1, 10 *ab oppugnanda Neapoli Poenum absterruere conspecta moenia* (vgl. § 813).

825. Von anderer Art sind die Fälle, in denen von einer Präposition ein schon fertiger, d. h. nicht mehr in seiner ursprünglichen kasuellen Eigenart empfundener Infinitiv von einer Präposition abhängig gemacht wurde. Diese Entwicklung, der Hinzutritt eines präpositionalen Adverbiums zum fertigen Infinitiv, erfolgte in Fällen, wo zwischen dem Verbum und dem

Infinitiv ein Gedankenverhältnis von gleicher Art bestand wie zwischen einem Verbum und einer aus Präposition und lebendigem Kasus bestehenden Verbindung. So ging man z. B. im Germanischen von *er ging (kam) ihn holen* zu *ihn zu holen* über nach *er ging (kam) zu der arbeit* u. dgl. (vgl. got. Luk. 8, 5 *urrann du saian* 'er ging aus, zu säen' neben Mark. 14, 48 *urrunnuþ greipan mik* 'ihr gingt aus, mich zu greifen' nach Joh. 9, 39 *du stauai qam* 'εἰς κρίσιν ἦλθον' u. dgl.). Dafür, dass die Verbindungen von Präposition mit lebendigem Kasus vorbildlich waren, ist bezeichnend z. B. Ovid Her. 7, 164 *quod crimen dicis praeter amasse meum* (vgl. Plaut. Curc. 28 *ita tuom conferto amare semper, si sapis*).

Im Griechischen erscheint der Infinitiv gewöhnlich nur dann von einer Präposition abhängig, wenn er durch τό wieder zum Nomen gemacht war, wie πρὸ τοῦ ἀποθανεῖν. Ausnahmen machen πλήν 'ausser' (2, 2, 683. 922) und ἀντί 'für, anstatt' (2, 2, 802 ff.). πλήν mit Inf. z. B. Soph. O. C. 954 θυμοῦ γὰρ οὐδέν ἐστι γῆρας ἄλλο πλὴν | θανεῖν 'für die Leidenschaft gibt es kein Ende, ausser dass man stirbt'; wobei zu berücksichtigen ist, dass πλήν auch vor konjunktionalen Nebensätzen steht, πλὴν εἰ, πλὴν ὅταν u. a., und in dem Sinne 'nisi quod, nur dass' selbst, als Konjunktion, abhängige Sätze einleitet. ἀντί ein paarmal bei Herodot: 1, 210 ἀντὶ μὲν δούλων ἐποίησας ἐλευθέρους Πέρσας εἶναι, ἀντὶ δὲ ἄρχεσθαι ὑπ' ἄλλων ἄρχειν ἁπάντων 'du hast es bewirkt, dass die Perser statt Sklaven freie Leute sind und, statt von andern beherrscht zu werden, alle beherrschen', 7, 170 (Κρῆτας) μεταβαλόντας ἀντὶ μὲν Κρητῶν γενέσθαι Ἰήπυγας Μεσσαπίους, ἀντὶ δὲ εἶναι νησιώτας ἠπειρώτας 'sie seien andere geworden, seien aus Kretern japygische Messapier geworden und, statt Inselleute zu sein, Festlandsleute', 6, 32 παῖδας τοὺς εὐειδεστάτους . . . ἐξέταμνον καὶ ἐποίευν ἀντὶ εἶναι ἐνόρχιας εὐνούχους 'die wohlgebildetsten Knaben entmannten sie und machten sie aus Zeugungsfähigen zu Eunuchen'.

Im Lateinischen kam in der klass. Sprache *praeter* cum inf. auf, doch mag, da das nur bei Dichtern auftritt, griech. πλήν cum inf. (s. o.) vorbildlich mitgewirkt haben, z. B. Hor. Sat. 2, 5, 69 *nil sibi legatum praeter plorare suisque*, Ovid Her.

18, 16 *quod faciam, superest praeter amare nihil.* Im Spätlatein auch bei *ad, contra, de, pro* u. a., z. B. Hilar. Trinit. 10, 1 *ad velle id, quod verum est, moveretur.* S. Wölfflin in seinem Arch. 3, 70 ff.

Im Germanischen spielt unter den Infinitivpräpositionen die mit der Bedeutung 'zu', die den finalen Sinn des Infinitivs betonte, die grösste Rolle: got. *du,* ahd. *zuo, za ze zi* (2, 2, 812), aisl. *at* (2, 2, 793), z. B. got. Matth. 27, 7 *usbaúhtēdun akr kasjins du usfilhan* 'ἠγόρασαν τὸν ἀγρὸν τοῦ κεραμέως εἰς ταφήν', Luk. 4, 18 *insandida mik du ganasjan* 'ἀπέσταλκέν με ἰάσασθαι', aisl. Hǫ́v. 19 *at þú ganger snimma at sofa* 'wenn du frühzeitig schlafen (zum Schlafen) gehst'. Im Ahd. nur selten, im bair. Dialekt, z. B. Freis. Patern. *daʒ allero manno welīh sih selpan des wirdīcan gatōe, cotes sun ze wesan,* gewöhnlich dafür die Dativform auf *-nne* (§ 824); auch ags. z. B. *tó bindan* neben *tó bindenne,* und beides nebeneinander scheint aus der westgerm. Urzeit zu stammen. Der Typus *zi wesanne* mag beim adnominalen Infinitiv (*zeit zum schreiben haben,* S. 935) aufgekommen sein und sich von da aus verbreitet haben.

Im ganzen germ. Sprachgebiet hat sich der ursprüngliche Gebrauch dieser Präposition beim Infin. stark erweitert, und im grossen ganzen darf man sagen, dass sich nur 'Hilfszeitwörter' (§ 811) von der Ergänzung durch präpositionale Infinitive frei gehalten haben (nhd. z. B. *gehen wollen, gehen sollen*). Vgl. Delbrück IF. 21, 355 ff., Wilmanns D. Gr. 3, 1, 125 ff.

Anm. Gewöhnlich werden got. *du* und westgerm. *tō* etymologisch zusammengebracht, und daraufhin wird angenommen, der Infinitiv mit *zu* stamme aus urgermanischer Zeit und aisl. *at* sei an die Stelle von *zu* getreten. Dass der in Rede stehende präpositionale Infinitiv aus der urgerm. Zeit ererbt war, kann zugegeben werden. Dagegen ist die etymologische Zusammengehörigkeit von got. *du* und westgerm. *tō* äusserst zweifelhaft. Weder der Konsonant noch der Vokal stimmen zusammen. Der Hinweis aber auf got. *dis-* : ahd. *zir-* (urgerm. *t-* = uridg. *d-* soll im Got. proklitisch zu *d-* geworden sein) genügt nicht zur Erklärung der konsonantischen Unstimmigkeit (vgl. Loewe KZ. 40, 547 ff.).

Andere präpositionale Verbindungen im Mhd. Mit *āne* 'ohne': Wolfr. Lied. 4, 29 *er muoʒ et hinnen balde und āne sûmen sich.* Mit *ûf* 'auf': Kelin MSH. 3, 408ª *Algast der wolte rīten ūf stelen.* Öfters mit *durch* 'um zu': z. B. Iw. 4293 *dō ich dar kom durch klagen,* Iw. 7736 *dō vlōh man unde wīp durch behalten den līp.*

E. Unabhängig gewordener Infinitiv.

826. I) Konjunktivisch-imperativischer Gebrauch. In verschiedenen Sprachgebieten erscheint der Infinitiv da, wo man eine konjunktivisch-volitive oder eine Imperativform statt seiner erwarten könnte. Es gilt für alle Sprachen, die diesen Gebrauch zeigen, dass er durch Ellipse entsprungen ist. Anfangs nämlich schwebte eine verbale Äusserung, an die sich ein Infinitiv in finaler Funktion anschloss, dunkel vor, war zum Infinitiv dunkel hinzuempfunden. Die Auslassung geschah vornehmlich dann, wenn es auf Kürze des Ausdrucks ankam, und der Befehlston, mit dem der Infinitiv gesprochen wurde, machte ihn ebenso unmissverständlich, wie andere im gleichen Ton gesprochene Redeteile, wie z. B. nhd. *aufgepasst!* oder *vorsicht!* Nach den ersten Mustern und nachdem der selbständige Gebrauch mehr oder weniger habituell geworden, hat dann eine Erweiterung des Gebrauchs in verschiedenen Richtungen stattgefunden, und solche Infinitive rückten oft für das Sprachgefühl in die Reihe der Formen des Verbum finitum ein.

Als Negation erscheint, wie sonst in Ausdrücken des Verbots (§ 733), im Griech. μή.

Der in Rede stehende Gebrauch kann sich in jedem Sprachzweig gesondert eingestellt haben.

Arisch. Im Ai. hat sich diese Verwendung des Infinitivs in der nachved. Zeit verloren. 2. und 3. Personen: Ai. RV. 6, 15, 6 (neben einem Imper.) *agním-agnį vaḥ samídhā duvasyata priyą́-priyą vō átithį gr̥ṇīšáṇi* 'verehrt euren Agni mit Holz, euren lieben Gast preiset', RV. 5, 10, 6 *asmákāsaš ca sūráyō víšvā ášās tarīšáṇi* 'und unsere Helden sollen alle Gegenden überschreiten', RV. 1, 122, 5 *á vō ruvaṇyúm āušijó huvádhyāi ghṓšēva šą́sam* 'der Sohn der Ušij soll euch einen schallenden Lobgesang singen, wie ein Weib', av. Y. 43, 12 *aṯ tū mōi nōiṯ asruštā paⁱryaoγžā uzirᵊⁱdyāi parā hyaṯ mōi ājimaṯ sᵊraošō* 'da befahlst du, nicht ohne dass ich gehorchte: mach dich auf, bevor dass mein Sr. herzukommt', Y. 65, 7 *mā nō āpō dušmanaŋhe . . . māδa nō ahmi frāδāiti āpō vaŋuhīš . . . yō* etc. 'nicht dem Übeldenkenden gebt uns, ihr Wasser, nicht dem uns, ihr guten Wasser, preis, der' usw., Y. 3, 25 (neben einem Imper.) *yaθā ahū vairyō zaotā frā mē mrūtē . . . aθā ratuš ašāṯčiṯ hača frā ašava viδvå mraotū* '. . . soll der Oberpriester aufsagen, . . . soll der wissende Gläubige aufsagen'. 1. Personen (dieser Gebrauch war im Vedischen der häufigste): RV. 7, 67, 1 *práti vą̄ ráthą nṛpatī jarádhyāi* 'euren Wagen will ich anrufen, ihr Herrn der Männer', RV. 6, 44, 6 *tád va ukthásya barháṇēndrāyōpastṛṇīṣáṇi* 'diesen Teil des Liedes will ich eurem Indra dicht hinstreuen (wie die Opferstreu)', Y. 44, 8 *məndāidyāi yā tōi mazdā ādištiš yāčā vohū uxδā frašī manaŋhā yāčā ašā aŋhəuš arəm vaēdyāi* 'deiner Willensmeinung will ich eingedenk bleiben, o M., und recht begreifen lernen die Sprüche des Lebens, die ich von VM. erfrage und von Aša', Vr. 4, 2 *frā gave vərəndyāi mazdayasna* 'zugunsten des Rinds wollen wir das Glaubensgelübde ablegen als M.'. Ohne Bezug auf eine bestimmte Person, so dass mit 'man' übersetzt werden kann: z. B. V. 14, 11 *kąstəm paitišhərəzəm* 'einen Spaten soll man durch Metallguss herstellen'.

Überdies scheinen hierherzuziehen die folgenden medialen (passivischen) Imperativformen: 3. Sing. ved. *duhā́m, vidā́m* (*vid-* 'finden'), *śayā́m*, gthav. *ərəž-ūčąm* 'es soll kund werden', *vī-dąm* 'soll festgesetzt werden'[1] (3. Plur. ved. *duhr-ā́m* neben *duhr-atā́m*). Wie in der 1. Aufl. (2, 1328), möchte ich auch jetzt noch *vidā́m* für dasselbe Verbalnomen halten wie das in der Verbindung *vidā́ cakāra* (§ 417) enthaltene. Die ebenfalls medialen (passivischen) Imperativausgänge *-tām, -ntām,* z. B. ai. 3. Sing. *bhára-tām*, 3. Plur. *bhárantām,* gelten mir jetzt für unabhängig von den Formen auf *-ām* entstanden (§ 490, 2), und ich vermute, dass der gleiche Auslaut mit ihnen analogisch den engeren

1) Prellwitz Etym. Wtb. d. griech. Sprache² 183: „θήν 'doch wohl' (besonders nach οὐ gebraucht: οὔ θην 'gewiss nicht' Hom.) scheint Instr. oder Akk. des Wurzelnomens idg. *dhē* 'Tat' (τίθημι) zu sein. Vgl. alban. *dot*, besonders nach der Negation *s-* 'gar nicht', von Pedersen BB. 20, 236 aus idg. **dhētim* erklärt".

Gebrauch jener Nominalformen als 3. Sing. Med. (Pass.) hervorgerufen hat. Diese semantische Regulierung konnte um so leichter eintreten, als die Verbalabstrakta ja von Haus aus gegen den Begriff der Diathesis neutral gewesen sind und es leicht scheinen mochte, als seien die Formen auf *-ām* von derselben Art wie die *t*-losen Indikativformen *duhé, vidé* usw.

Im Griechischen überwiegt der Gebrauch für 2. und 3. Personen ganz bedeutend den für 1. Personen. Z. B. E 124 θαρσῶν νῦν, Διόμηδες, ἐπὶ Τρώεσσι μάχεσθαι 'kämpfe jetzt, D., mutig gegen die Tr.', O 159 πάντα τάδ' ἀγγεῖλαι μηδὲ ψευδάγγελος εἶναι 'verkündige alles dieses und sei nicht täuschende Botin', B 75 ὑμεῖς δ' ἄλλοθεν ἄλλος ἐρητύειν ἐπέεσσιν 'ihr aber haltet sie, der eine von dieser, der andere von jener Seite her, mit Worten zurück', Herodot 3, 134 σὺ δέ μοι ἐπὶ τὴν Ἑλλάδα στρατεύεσθαι 'ziehe mir gegen H. in den Kampf'; H 79 τεύχεα συλήσας φερέτω κοίλας ἐπὶ νῆας, | σῶμα δὲ οἴκαδ' ἐμὸν δόμεναι πάλιν 'meinen Leib aber soll er in die Heimat zurückgeben'. Für die 1. Personen war dieser Infinitiv in den historischen Zeiten nicht üblich, doch beruht darauf wahrscheinlich z. B. T 423 οὐ λήξω, πρὶν Τρῶας ἄδην ἐλάσαι πολέμοιο: nach der ursprünglichen Meinung 'ich werde nicht ablassen, zuvor will ich die Troer genug im Kampf herumtreiben', wie auch der sogen. limitative Infinitiv, z. B. τὸ ὀρθὸν εἰπεῖν ('um die Wahrheit zu sagen'), teilweise von hier ausgegangen zu sein scheint (vgl. Brugmann-Thumb Griech. Gramm.[4] 594 f. 598 f.).

Dieser Infinitiv ist im Griechischen in die Bedeutungssphäre der Infinitivformen auf *-tōd* eingerückt. Wie dies gekommen ist, ist § 728 S. 819 ff. gezeigt.

Für den Nominativ beim Inf. kommt seit Homer auch der Acc. cum inf. vor: Γ 285 εἰ δέ κ' Ἀλέξανδρον κτείνῃ ξανθὸς Μενέλαος, Τρῶας ἔπειτ' Ἑλένην καὶ κτήματα πάντ' ἀποδοῦναι 'wenn aber M. den A. erlegt, dann sollen die T. die H. und alle Schätze zurückgeben'. So besonders oft in Gesetzen in verschiedenen Mundarten, wo dieser Gebrauch in der archaischen Zeit der gewöhnlichste Ausdruck des Willens des Gesetzgebers ist, z. B. Ges. von Gortyn 1, 13 αἰ δ' ἀννίοιτο μὴ ἄγεν, τὸν δικαστὰν ὀμνύντα κρίνεν 'wenn er aber die Wegführung leugnet, soll der Richter unter Eid entscheiden'. Hier hat im Anfang etwas wie 'es wird bestimmt' (δοκεῖ, δέδοκται, ἔδοξε) vorgeschwebt.

Wie sich im Lateinischen der Infinitivus pro imperativo aus der Einwirkung der Umgebung entwickeln konnte, zeigt Varro r. r. 1, 31, 1 *tertio intervallo inter vergiliarum exortum et solstitium haec fieri debent. Vineas novellas fodere aut arare, et postea occare*: es folgen dann noch andere Infinitive, die, je weiter von *debent* entfernt, um so eher wie blosse Imperative wirken. In der Volkssprache taucht der freie Gebrauch seit der klassischen Zeit auf (CIL. 1, 1439 *credis quod deicunt? non sunt ita. ne fore stultu* 'sei kein Tor'), in der Literatursprache zuerst bei Valerius Flaccus: 3, 412 *ergo ubi puniceas oriens ascenderit undas, | tu socios adhibere sacris*. S. Bücheler Glotta 1, 6 ff., Schmalz Berl. phil. Woch. 1909 Sp. 27 ff., Kühner-Stegmann Ausf. Gramm. 1, 666. 2, 636. — Den Streit über das Alter des Gebrauchs im Lat. — ob uridg. oder nicht — halte ich bis auf weiteres für müssig: es lässt sich in dieser Beziehung nichts wissen. Selbst das ist zweifelhaft, ob der lat. Gebrauch (*ne fore stultu*) mit dem Prohibitiv in roman. Sprachen, z. B. italien. *non far questo!*, afranz. *ne te tamer!* (Meyer-Lübke Roman. Gramm. 3, 754 f.), unmittelbar zusammengehangen hat.

Über die Annahme, die imperativische 2. Plur. wie *sequimini*, sei eine Infinitivform gewesen, s. § 493.

Germanisch. Wie alt der gebietende hd. Infinitiv, wie *stille sein!, den fuss vorsetzen!* (Grimm. D. Gr. 4², 92 ff. 98), ist, bedarf noch näherer Untersuchung.

Baltisch-Slavisch. Unklar ist mir, wie ein paar lit. Beispiele bei Bezzenberger Beitr. z. Gesch. d. lit. Spr. 218 f. (wie Br. 1. Sam. 9, 19 *jus szę dëną su manimi valyti* 'ihr sollt heute mit mir essen') zu beurteilen sind, ebenso die Fälle wie russ. *molčat'! byt' po semu!* 'still sein! so sei es!', klruss. *tycho śidity* (Miklosich Vergl. Gramm. 4, 850 f.). Dagegen gilt mir als sicher, dass der slav. 'Infinitivus historicus' eine Weiterentwicklung des imperativischen Gebrauchs ist, so dass der infinitivische Imperativ in derselben Weise in der Erzählung benutzt worden ist wie der eigentliche slav. Imperativ (§ 732). Öfters in russ. Märchen,

z. B.: es wird erzählt, dass einer seine Tochter zur Heirat zwingen will, dann *Alënuška plakat', ničego ne pomogajet* 'Al. weint, es hilft nichts'. Auf diese Natur des Infinitivs weist besonders die Zugabe der auffordernden Partikel *nu (nutko)* hin, wie *dvoje vylězli i nu kumu bit'* 'zwei schlüpften heraus und hieben auf den Gevatter los'. S. Miklosich Vergl. Gramm. 4, 851, Vondrák Vergl. Slav. Gramm. 2, 415, Delbrück Vergl. Synt. 2, 458 f. —

Schliesslich erinnere ich noch an die Komposita wie ai. *dā́ti-vāra-ḥ,* griech. ἑλκεσί-πεπλος. Ihr Vorderglied muss wohl zur Zeit der Entstehung dieses Kompositionstypus imperativisch gedacht gewesen sein, und es könnte dann zunächst ein infinitivisches Gebilde gewesen sein. Vgl. 2, 1, 64 f., Wackernagel Altind. Gramm. 2, 1, 320 f.

827. Zuweilen entspricht der Infinitiv nicht sowohl dem Konjunktiv oder Imperativ als dem wünschenden Optativ. So av. Y. 10, 4 *haoma raose* (Inf.) *gara pa'ti uta frādaēša* (Opt.) *višpaθa* 'H., wachsen mögest du auf dem Berg und gedeihen allerwärts', und besonders im Griech., wie H 179 Ζεῦ πάτερ, ἢ Αἴαντα λαχεῖν ἢ Τυδέος υἱόν 'möchte A. das Los bekommen oder des T. Sohn', B 413 Ζεῦ κύδιστε . . ., | μὴ πρὶν ἠέλιον δῦναι καὶ ἐπὶ κνέφας ἐλθεῖν, | πρίν κτλ. 'O Z., möchte nicht eher die Sonne untergehen und die Finsternis heraufkommen, ehe' usw. Diese infinitivischen Ausdrucksformen werden sich nicht etwa im Anschluss an eine 'ich wünsche' oder dgl. bedeutende Wendung entwickelt haben, sondern in sekundärer Anlehnung an den imperativischen Infinitiv, nachdem dieser bereits habituell geworden war. Bei der nahen Verwandtschaft von Befehl, Bitte und Wunsch kann eine solche Ausdehnung des Infinitivgebrauchs nicht auffallen. Vgl. hierzu Hentze's Darlegungen BB. 27, 131 f.

828. II) Der Infinitiv in Ausrufen der Verwunderung u. dgl. Auch hier darf für die Zeit der ersten Entstehung Unterdrückung eines dem Infinitiv übergeordneten verbalen Ausdrucks angenommen werden, dessen Sinn 'ich staune', 'es ist schrecklich' oder dgl. war, wie solche Ellipse ja oft auch für die aus einem indirekten Fragesatz bestehenden Ausrufe des Staunens angenommen werden muss, z. B. Soph. ὦ φίλταθ' Αἷμον, ὥς σ' ἀτιμάζει πατήρ 'welchen Schimpf dir dein Vater antut!', Cic. *quam hoc non curo!* (Verf. Kurze vergl. Gramm. 695). Auch hier blieb dann, ähnlich wie beim imperativischen Infinitiv, durch die besondere Art der Affektbetonung, auch nachdem die Auslassung habituell geworden war, das Verständnis gesichert.

Griech. z. B. Aesch. Eum. 837 ἐμὲ παθεῖν τάδε, φεῦ 'dass ich solches erleide!', Ai. 410 ὦ δυστάλαινα, τοιάδ' ἄνδρα χρήσιμον | φωνεῖν, ἃ πρόσθεν οὗτος οὐκ ἔτλη ποτ' ἄν 'dass ein wackerer Mann solches spricht, was er vorher nie ertragen hätte!'. Häufiger in diesem Fall τό vor dem Inf., wie Soph. Phil. 234 φεῦ τὸ καὶ λαβεῖν | πρόσφθεγμα τοιοῦδ' ἀνδρὸς ἐν χρόνῳ μακρῷ 'ach, nach so langer Zeit auch nur die Anrede eines solchen Mannes zu erhalten!'.

Lat. z. B. Cic. Att. 9, 10, 3 *quid enim? sedere totos dies in villa!*, Liv. 9, 11, 12 *haec ludibria religionum non pudere in lucem proferre!*, Plaut. As. 127 *foras aedibus me eicier!*, Cic. Verr. 5, 100 *o spectaculum miserum atque acerbum! ludibrio esse urbis gloriam et populi Romani nomen!*

829. III) Der sogen. Infinitivus historicus.

Hier ist zweierlei zu unterscheiden. Einerseits sahen wir in § 826, dass in lebhafter Erzählung im Slavischen der imperativische Infinitiv ebenso statt eines historischen Tempus verwendet wird wie der eigentliche Imperativ. Der Infinitivus historicus ist aber auch noch von anderswoher entsprungen, und zwar im Lateinischen, Germanischen und Litauischen (vielleicht ist auch der slav. Inf. hist. wenigstens teilweise hierher zu rechnen). Für diese zweite Art, die Kretschmer Glotta 2, 270ff. behandelt hat, wäre die Benennung descriptivus zutreffender.

Der Infinitiv hat sich nämlich vielfach seines ursprünglichen besonderen kasuellen Sinnes in der Weise begeben, dass er im Satz die Rolle eines als Subjekt oder als Objekt fungierenden Nomen actionis bekommen hat, z. B. *schweigen ist gut, er liebt zu rauchen*; daher die Substantivierung mit dem Artikel wie griech. τὸ ἀποθανεῖν, nhd. *das sterben*, sowie lat. (Plautus) *tuom amare* u. dgl. Gleichwie nun Schilderungen mittels freier, absoluter Substantiva geschehen können (sogen. Nominalsätze)

— wie D. v. Liliencron *Flatternde fahnen | und frohes gedränge, | fliegende kränze | und siegesgesänge* —, so können auch Infinitive der genannten Art, aus Satzzusammenhängen herausgelöst, zum Zweck des Schilderns für sich selbständig angewendet werden. Ehe solche Darstellungsart habituell wurde, schwebte etwas wie 'das geschah', 'das tat er' oder dgl. vor (vgl. mhd. Gottfr. Tristan 2111 *wol schirmen, starke ringen, | wol loufen, sêre springen, | darzuo schiezen den schaft, | daz tete er wol nâch sîner kraft*). Als Satzobjekt war der Infinitiv vorgestellt, wenn ein Nominativ als Subjekt hinzutrat, wie ein älterer deutscher Grammatiker anführt: *er aber immerzu schlahen* pro *er aber schlug immerzu*. In der Regel geht dem Infinitivus descriptivus, ähnlich wie dem Imperativus historicus, ein Tempus historicum oder sonst etwas voraus, was den Standpunkt angibt, von dem aus der Infinitiv als eine auf Vergangenes bezügliche Mitteilung unzweideutig verstanden wird, z. B. Plaut. Amph. 1107 *postquam in cunas conditust, devolant angues . . . ego cunas recessim rursum vorsum trahere et ducere.*

Ich gebe noch einige Beispiele aus dem Lateinischen und dem Litauischen.

Lateinisch. Ter. Hec. 181 *sic vita erat* (das Leben meines Sohnes): *facile omnes perferre ac pati, cum quibus erat cumque una, eis se dedere, eorum studiis obsequi,* Cic. Att. 5, 21, 11 *voco illos ad me, remoto Scaptio. quid vos? quantum, inquam, debetis? respondent, cui. refero ad Scaptium, homo clamare,* Sall. Cat. 60, 4 *maxima vi certatur. interea Catilina cum expeditis in prima acie versari, laborantibus succurrere, integros pro sauciis arcessere, omnia providere, multum ipse pugnare, saepe hostem ferire. strenui militis et boni imperatoris officia simul exsequebatur.* — Derselbe Infinitivgebrauch in den roman. Sprachen, vielleicht aber überall durch Neuschöpfung, s. Meyer-Lübke Roman. Gramm. 3, 569ff.

Litauisch. Aus Märchen: *paskuĩ jisaĩ pàszaukė: "aĩkim, visì mãno brólei, výkim katrą̃ àsz atsìvedżau". taĩ jë̃ visì ję̃ výt* 'drauf rief er: auf, alle meine Brüder, dass wir der, die ich hergebracht habe, nachsetzen; und sie setzten ihr alle nach', *kálvis parējęs tūjaũs į visùs kampùs jëszkót* 'als der Schmied nach Hause kam, suchte er sogleich in allen Winkeln'.

F. Geschichte des Infinitivs im Armenischen, Albanesischen und Keltischen.

830. In diesen Sprachen erscheinen seit Beginn der Überlieferung die Wege, die der aus uridg. Zeit überkommene Infinitiv gegangen war, so vollkommen verlassen, dass nicht mehr zu ersehen ist, wie weit sich das Altererbte fortentwickelt hatte, als das Neue einsetzte, und demnach auch unklar ist, aus welchen Motiven und wie die neuen Ausdrucksweisen für das Alte Platz gegriffen haben.

Der armen. Infinitiv ist ein Verbalabstraktum auf *-l*, ursprünglich wohl ein Neutrum auf **-lo-m*, das sich ganz an den Präsensstamm angeschlossen hat, z. B. *acel* zu *acem* 'ich führe', *aṙnul* zu *aṙnum* 'ich nehme' (2, 1, 366. 375. 641). Dasselbe Formans erscheint als Partizipialformans (2, 1, 653). Die bewahrte nominale Natur tritt in beibehaltener Kasusflexion und darin hervor, dass das Subjekt des Infinitivvorgangs im Genitiv erscheint, z. B. Luk. 9, 51 *i katarel avurç veranaloj nora* 'ἐν τῷ συμπληροῦσθαι τὰς ἡμέρας τῆς ἀναλήμψεως αὐτοῦ'. Vgl. § 418, 1.

Auch im Albanesischen dienen zum Ausdruck des Infinitivischen Nomina, die zugleich als Partizip fungieren (2, 1, 641). Zugleich erscheint als Ersatz der Konjunktiv mit *tε* ('dass, damit'), was dem Ersatz des Infinitivs im Neugriechischen entspricht.

Im Keltischen gehört zu jedem Verbum ein bestimmtes Abstraktum, zum Teil mit dem Verbum etymologisch unverwandt (z. B. ir. *serc* 'Liebe, lieben' zu *carimm* 'ich liebe'), das deklinierbar ist und nominal konstruiert wird. Vgl. Windisch BB. 2, 72ff., Vendryes Mém. 16, 249, Pedersen Vergl. kelt. Gramm. 2, 411ff. Mag dieser Stand auch allgemeinkeltisch sein, so ist es doch unglaublich, er sei der festgehaltene uridg. Stand. Man ist so vielfach nachweislich von stark verbalisierten Infinitiven zu nominaler Ausdrucksweise zurückgekehrt (z. B. ahd. *zi wesanne* für *ze wesan* got. *du wisan,* S. 938), dass das auch im Keltischen geschehen sein wird. Es erfolgte dann also dasselbe, als wenn im Nhd. durch die Wendungen wie *benutzung dieses weges ist verboten, er befahl seine abführung* solche wie *diesen weg zu benutzen ist verboten, er befahl ihn abzuführen* völlig verdrängt worden wären. Vergleichbar ist auch die Bevorzugung nominaler Ausdrucksweise gegen verbale im jüngeren Indisch.

2. Der Gebrauch der Partizipia und Verbaladjektiva [1]).

A. Allgemeines.

831. Über das Wesen dieser verbalen Nominalbildungen oder nominalen Verbalbildungen und ihr Verhältnis zu den Adjektiva ist 2, 1, 649ff. gehandelt.

Die Grenze zwischen Partizip und Verbaladjektiv ist seit uridg. Zeit fliessend, und man kann im allgemeinen nur den Unterschied aufstellen, dass das Verbaladjektiv vom Verbal-

---

1) Allgemeinidg. Delbrück Vergl. Synt. 2, 476ff. Verfasser Kurze vergl. Gramm. 606ff. Jolly Zur Lehre vom Particip, Sprachwiss. Abh. aus G. Curtius' Gramm. Gesellsch. S. 71ff. Ovsjaniko-Kulikovskij Syntakt. Stud. 3, Žur. Min. 323, Juni S. 398ff. (s. IF. Anz. 12, 166).

Arisch. Delbrück Altind. Synt. 368ff. 397ff. Speyer Ved. u. Sanskrit-Synt. 61ff., Sanskrit Synt. 278ff. F. de Saussure L'emploi du génitif absolu en sanscrit, Genève 1881. Reichelt Aw. Elem. 324ff. 333ff. Bartholomae Absol. Lok. mit Part. Präs. im Avesta, IF. 1, 178ff.

Armenisch. Meillet Altarmen. Elem. 112ff.

Griechisch u. Lateinisch. F. H. Kämpf Üb. den aoristischen Gebrauch des Particips der griech. Aoriste u. des Part. Perf. der lat. Verba passiva, neutro-passiva u. deponentia, Neu-Ruppin 1861. F. W. Hoffmann De casibus absolutis ap. Graecos et Latinos etc., Bautzen 1836.

Griechisch. Kühner-Gerth Ausf. griech. Gr. 2³, 1, 197ff. 2³, 2, 46ff. Brugmann-Thumb Griech. Gramm.⁴ 601ff. Stahl Krit.-hist. Synt. des griech. Verb. 680ff. Delbrück Grundlagen der griech. Synt. 125. J. Keelhoff Du participe et du style grecs, Rev. des humanités en Belg. 1899, Jan. D. C. Hesseling Quelques observations sur l'emploi et l'histoire du participe grec, Mélanges Kern (1903) S. 69ff. Seymour On the use of the aorist participle in Greek, Proceed. Am. Phil. Ass. 1881 S. 24ff. Humphreys On some uses of the aorist participle, Class. Rev. 5, 3ff. J. Arens De participii subjuncti ratione Homerica, Kattowitz 1878. Krukenberg Üb. das gegensätzl. Part. bei Homer, Züllichau 1857. G. M. Bolling The Participle in Hesiod, Washington 1897, The Participle in Apoll. Rhod., Studies in Honor of B. L. Gildersleeve S. 449ff. Heikel De partic. ap.

stamm, das Partizip von einem einzelnen Tempusstamm aus gebildet wurde. Wichtig ist dabei aber, dass Formen, die für die Zeit der idg. Ureinheit nur als Verbaladjektiva bezeichnet werden dürfen, in einzelsprachlicher Zeit als Partizipia auftreten, also

Herodotum usu, Helsingfors 1884. F. Carter On some uses of the aorist participle, Class. Rev. 5, 3 ff. 249 ff. P. Schäfer Das Partizip des Aoristes bei den Tragikern, Erlangen 1894. Balkenholl De participii usu Thucydideo, Göttingen 1882. P. Eismann De participii temporum usu Thucydideo, Leipzig 1892. Williams The participle in the book of Acts, Chicago 1909. H. B. Robinson Syntax of the Participle in the Apostolic Fathers, Chicago 1913. Paley On some Peculiarities in the use of Future Participles of Greek Verbs, Journ. of Philol. 8 (1878), 79 ff. E. Wentzel De genetivis et dativis linguae Graecae, quos absolutos vocant, Breslau (s. a.). E. H. Spieker On the so-called genitive absolute and its use especially in the Attic orators, A. J. of Ph. 6, 310 ff. Teutsch Der absolute Gen. bei Homer, Rudolfswert 1882. Lell Der absolute Akk. im Griech. bis zu Aristoteles, Würzburg 1892. Bishop De adiectivorum verbalium -τος terminatione insignium usu Aeschyleo, Leipzig 1893, Verbals in -τος in Sophocles, A. J. of Ph. 13, 171 ff. 328 ff. 449 ff., The greek verbal in -τεο-, A. J. of Ph. 20, 1 ff. 121 ff. 291 ff. Allen The verbal in -τεο- in Polybius, Class. Phil. 4, 52 ff.

Albanesisch. Weigand Alban. Gramm. 137 f.

Italisch. Draeger Hist. Synt der lat. Spr. 2², 2, 773 ff. Kühner-Stegmann Ausf. lat. Gramm. 1², 729 ff. 755 ff. Schmalz Lat. Gramm.⁴ 439 ff. 449 ff. Bennett Syntax of Early Latin 1, 429 ff. 441 ff. A. G. Gernhard De usu participii in sermone Latino (1826), Opusc. (Leipzig 1836) S. 134 ff. H. Usener Zur Geschichte des lat. Part., Jahrbb. f. cl. Ph. 1878 S. 55 ff. E. J. Tammelin De participiis priscae Latinitatis quaestiones syntacticae, Helsingfors 1889. A. Koeberlin De participiorum usu Liviano capita selecta, Acta seminarii Erlangensis 5 (1891) S. 65 ff. R. B. Steele The participle in Livy, A. J. of Ph. 35, 163 ff. F. Helm Quaestiones syntacticae de participiorum usu Tacitino Velleiano Sallustiano, Giessen 1879. Adrian Üb. das lat. Part. Praes. Pass., 1875. Sidey The Present Participle in Plautus, Petronius, and Apuleius, Chicago 1910. J. Marouzeau L'emploi du participe présent latin à l'époque républicaine, Mém. 16, 133 ff. G. Landgraf Die Anfänge des selbständigen Gebrauches des Part. fut. act., Wölfflin's Archiv 9, 47 ff. F. Kupfer Gebrauch des Partizipiums auf *urus* bei Curtius, Cöslin 1887. Larisch De Senecae philosophi usu participii fut. in periodis condicionalibus apodosis loco positis, Miscell. philol. libellus, Breslau 1863. Verfasser Die mit *-to-* gebildeten Partizipia im Ital., eine syntaktische Untersuchung, IF. 5, 89 ff. E. Lübbert Commentatio prima de structura participii perf. pass. pro substantivo verbali positi, Giessen 1871. Weihenmajer Zur Geschichte des absoluten Par-

näheren Anschluss an einen Tempusstamm zeigen. Dieser Anschluss kann bloss innerlich oder zugleich äusserlich erfolgt sein. Es hat demnach Übergang von der einen Wortklasse in die andere stattgefunden.

---

tizips im Lat., Reutlingen 1891. H. Rumpf Utrum verborum deponentium participia perfecti temporis in ablativis absolutis sint vitanda an admittenda, Frankfurt a. M. 1868. E. Wölfflin Der Gebrauch des Ablativus absolutus, Wölfflin's Arch. 13, 271ff. R. B. Steele The ablative absolute in the epistles of Cicero, Seneca, Pliny and Fronto, A. J. of Ph. 25, 315ff. J. Weissenborn De gerundio et gerundivo Latinae linguae, Eisenach 1844. Kvičala Syntaktische Untersuchungen II, Gerundium u. Gerundivum, Wien. Studien 2, 218ff. O. Böhtlingk Zum lat. Gerundium und Gerundivum, Ber. d. sächs. G. d. W. 51, 219f. J. Weisweiler Das lat. Part. Fut. Pass. in seiner Bedeutung und syntaktischen Verwendung, Paderborn 1890. Dosson De participii gerundivi antiquissima vi etc., Paris 1887. J. Lebreton L'adjectif verbal latin en *-ndus*, étude morphologique et sémantique, Mém. 11, 145ff. P. Persson De origine ac vi primigenia gerundii et gerundivi Latini, Upsala 1900. L. Bayard De gerundivi et gerundii vi antiquissima et usu recentiore, Lille 1902. F. Gustafsson De gerundiis et gerundivis Latinis, Eranos 5 (Upsala 1904). L. Horton-Smith The origin of the Gerund and Gerundive, A. J. of Ph. 15 S. 194ff. Krause De gerundii et gerundivi ap. antiquissimos Romanos scriptores usu, 1875. S. Platner Notes on the use of Gerund and Gerundive in Plautus and Terence, A. J. of Ph. 14, 483ff. R. Herkenrath Gerundii et Gerundivi ap. Plautum et Cyprianum usum comparavit, Prager Stud. 2, Prag 1894. R. Schwenke Üb. das Gerundium u. Gerundivum bei Caesar u. Cornelius Nepos, Frankenberg 1882. R. B. Steele The Gerund and Gerundive in Livy, A. J. of Ph. 27 S. 280ff. F. Jörling Üb. den Gebrauch des Gerundiums u. Gerundivums bei Tacitus, Gnesen 1879. Noch andere Literatur über das lat. Gerundium und Gerundivum verzeichnet Lebreton Mém. 11, 145ff. — v. Planta Osk.-umbr. Gramm. 2, 435ff. Buck Grammar 221.

Keltisch. Zeuss-Ebel Gramm. Celt.[2] 479f. 532. Pedersen Vergl. kelt. Gramm. 2, 408ff. Vendryes Gramm. du vieil-irl. 263ff. J. Loth Le participe de nécessité en celtique, Mém. 6, 66ff. E. Zupitza Das sog. Part. necess. des Irischen, KZ. 35, 444ff.

Germanisch. J. Grimm D. Gr.[2] 4, 67ff. 144ff. 1251f. Erdmann Grundz. der deutsch. Synt. 1, 84ff. Wilmanns D. Gr. 3, 1, 101ff. Streitberg Got. Elem.[3] 214ff. H. Gering Üb. den syntaktischen Gebrauch der Participia im Got., Z. f. deutsche Phil. 5, 294ff. 393ff. O. Lücke Absolute Participia im Got. u. ihr Verhältnis zum griech. Original mit besonderer Berücksichtigung der Skeireins, Göttingen (Magdeburg) 1876. J. B. Crenshaw The Present Participle in Old High German and Middle High

Beide Klassen zusammen, Verbaladjektiva und Partizipia, sind, wie hier noch einmal betont werden mag, wiederum von den reinen Adjektiva nicht überall genauer zu trennen, da auch hier wieder, zu den verschiedensten Zeiten, Übergänge von einer Kategorie zur andern stattgefunden haben: Adjektiva, die in uridg. Zeit noch rein nominal waren, wurden später zu Verbaladjektiva oder weiter noch zu Partizipia, und umgekehrt wurden Partizipia oder Verbaladjektiva in einzelsprachlicher Entwicklungsgeschichte zu rein nominaler Geltung übergeführt.

832. Eine Einteilung der Gebrauchsweisen der Partizipia und Verbaladjektiva, die nach sehr verschiedenen Gesichtspunkten vorgenommen werden kann, hat zunächst Rücksicht zu nehmen darauf, dass die begrifflichen Beziehungen, die diese Wortklassen zur Haupthandlung haben, teils solche sind, die in der Teilnahme an speziell verbalen Funktionen begründet sind, teils solche, bei denen dies nicht der Fall ist. Diese können aber doch mit jenen insofern auf gleiche Linie gestellt werden, als in beiden Fällen die begriffliche Beziehung zur Haupthandlung oft dieselbe ist wie die eines Nebensatzes mit Verbum finitum zu einer übergeordneten Hauptsatzhandlung. Man hat ja den Partizipialgebrauch in verschiedenen Sprachen häufig so eingeteilt, dass man zur Grundlage die Natur solcher Nebensätze nahm, mit denen man Partizipialkonstruktionen verdeutlichen kann, und sagte dann, das Partizip "vertrete" einen Relativ-, Temporal-, Kausalsatz usw.

Wo es sich nicht um eine echt verbale Eigenschaft der nominalen Verbalform, namentlich den temporalen Begriff,

---

German, Baltimore 1893. K. Meyer Zur Syntax des Participium Praesentis im Ahd., Marburg 1906. W. Goecking Das Partizipium bei Notker, Strassburg 1905. K. Rick Das prädikative Participium Praesentis im Ahd., Bonn 1905. A. W. Aron Die „progressiven" Formen im Mhd. u. Frühnhd. (Dissert. der University of Wisconsin 1913), Frankfurt a. M. 1914. A. Matthias Zur Geschichte der deutschen Mittelwortfügungen, Z. f. d. Unt. 11, 681. H. Lindroth Om adjektivering af particip, en studie inom nusvensk betydelselära, Lund 1907.

Baltisch-Slavisch. Schleicher Lit. Gr. 315 ff. Kurschat Gramm. 366 f. 411 ff. 432 ff. Miklosich Vergl. Gramm. 4, 800 ff. Vondrák Vergl. Slav. Gramm. 2, 405 ff.

handelt, kann die innere Beziehung zur Haupthandlung sehr verschieden sein. Weil diese verschiedenartigen Beziehungen aber meist keinen besonderen sprachlichen Ausdruck haben und von den Sprechenden häufig auch nicht deutlich empfunden wurden (öfters kann z. B. ein Partizip ebensogut rein temporal wie hypothetisch gedacht worden sein), sind die verschiedenen Einteilungen, die man hiernach vorgenommen hat, nicht frei von Willkür. Die am häufigsten und am leichtesten fassbar hervortretenden Beziehungen dieser Art sind die folgenden. a) Bedingung. Ai. TS. 5, 4, 12, 1 *tásmād áśvas tribhís tíṣṭhąs tiṣṭhati* 'deshalb steht das Pferd still, wenn es auf drei (Beinen) steht', av. N. 6 *vərᵉzyāṯ usaᵢti nōiṯ anusaᵢti* 'sie soll es tun, wenn sie will, nicht, wenn sie nicht will'. Hom. I 157 ταῦτά κέ οἱ τελέσαιμι μεταλλήξαντι χόλοιο 'dieses würde ich ihm erfüllen, falls er mit seinem Zorn nachlässt'. Lat. Cic. Divin. 2, 146 *mendaci homini ne verum quidem dicenti credere solemus.* b) Reales Verhältnis ('dadurch, dass'). Ai. RV. 1, 92, 6 *uṣā́ uchántī vayúnā kr̥ṇōti* 'die Morgenröte verrichtet ihr Werk dadurch, dass (indem) sie aufleuchtet'. Herodot 5, 24 εὖ ἐποίησας ἀπικόμενος 'damit, dass du gekommen bist, hast du recht gehandelt (du hast wohl daran getan, dass du gekommen bist)'. Lat. Cic. Lael. 22 *et secundas res splendidiores facit amicitiā et adversas partiens communicansque leviores.* c) Motiv und Absicht. RV. 5, 31, 12 *áyą janā abhicákṣē jagāméndraḥ sákhāyą sutásōmam ichán* 'ihr Leute, dieser Indra ist zum Schauen gekommen, suchend (um zu suchen) einen Soma pressenden Freund'. Hom. Δ 86 Τρώων κατεδύσετ' ὅμιλον | Πάνδαρον ἀντίθεον διζήμενος 'sie mischte sich unter die Troer, den Pandaros suchend (um den P. zu suchen)'. Lat. Liv. 4, 9, 1 *legati veniunt auxilium implorantes.* d) Grund. Ai. TS. 5, 6, 6, 1 *tą́ dēvā́ bíbhyatō nṓpayan* 'die Götter kamen nicht zu ihm, weil sie sich fürchteten', av. Y. 51, 13 *yehyā ᵘrvā xraodaᵢtī . . . ašahyā nąsvā̊ paθō* 'dessen Seele bangen wird, weil sie vom Weg des Aša abgegangen ist'. Soph. Phil. 1035 ὀλεῖσθε δ' ἠδικηκότες | τὸν ἄνδρα τόνδε 'ihr werdet zugrunde gehen, weil ihr unrecht an diesem Manne gehandelt habt'. Lat. Cic. off. 2, 25 *Dionysius cultros metuens tonsorios candenti carbone sibi adurebat capillum.* e)

Gegensätzliches, konzessives Verhältnis. Ai. TS. 5, 3, 6, 3 *tā́ḥ prajā́ mithunī́ bhávantīr ná prā́jāyanta* 'die Geschöpfe pflanzten sich nicht fort, obgleich sie sich begatteten'. Xen. Rep. Lac. 1, 1 ἡ Σπάρτη τῶν ὀλιγανθρωποτάτων πόλεων οὖσα δυνατωτάτη ἐν τῇ Ἑλλάδι ἐφάνη 'obgleich Sparta zu den menschenärmsten Städten gehörte, erwies es sich in Hellas als sehr mächtig'. Ter. Andr. 249 *repudiatus repetor*. Got. Luk. 7, 44 *atgaggindin in gard þeinana watō mis ana fōtuns meinans ni gaft* 'εἰσῆλθόν σου εἰς τὴν οἰκίαν, ὕδωρ μοι ἐπὶ τοὺς πόδας μου οὐκ ἔδωκας, obgleich ich zu deinem Haus gekommen bin'.

Diese Gedankenverhältnisse bekamen oft noch einen besonderen Ausdruck durch ein dem partizipialen Satzglied hinzugefügtes adverbiales Wort, das den demselben Zweck dienenden Nebensatzkonjunktionen zu vergleichen ist und zum Teil in beiden Funktionen zugleich auftritt. Man nennt diese Adverbia Partizipialkonjunktionen. Z. B. konzessiv: ai. RV. 10, 42, 6 *ārā́c cit sán bhayatām asya śátruḥ* 'auch ferne seiend fürchte sich sein Feind', griech. A 586 ἀνάσχεο κηδομένη περ 'halte aus, wenn du auch betrübt bist', lat. Suet. Caes. 70 *(milites) quamvis recusantem ultro in Africam sunt secuti*; temporal: Liv. 22, 3, 11 *haec simul increpans cum ocius signa convelli iuberet ... corruit.* Oft wird das besondere Gedankenverhältnis auch durch ein zum Hauptverbum hinzugefügtes Adverbium beleuchtet, z. B. beim konzessiven Verhältnis durch griech. ὅμως, lat. *tamen.*

B. Partizipia.

833. Über die echt verbalen Eigenschaften, an denen die Partizipia schon in uridg. Zeit teil hatten oder später in einzelsprachlicher Weiterentwicklung teil bekommen haben, über ihre Diathesis (ihr sogen. Genus), die Aktions- und Zeitstufenverhältnisse, ist das Wesentlichste schon oben in den Abschnitten § 607 ff., § 634 ff., § 641 ff. gesagt.

Bezüglich der Diathesis ist insbesondere auf § 607, 4 S. 681 zu verweisen.

Über die Aktions- und Zeitstufenverhältnisse des Part. Präs. ist § 643 S. 727 f., über die des Part. Aor. § 644 S. 728 f. gehandelt.

Das mit dem Formans *-u̯es- -u̯os-* gebildete Part. Perf. Akt. (2, 1, 563 ff.) und das zugehörige medial-passivische Part., dessen uridg. Formans nicht mit Sicherheit zu bestimmen ist (2, 1, 230 f. 259. 651), zeigen bezüglich der Zeitstufe im Griechischen stets nur den Gebrauch, den man nach der Geltung des Ind. Perf. als Perfectum praesens (S. 768 ff. 774) zu erwarten hat, z. B. Hom. α 12 ἔνθ' ἄλλοι μὲν πάντες, ὅσοι φύγον αἰπὺν ὄλεθρον, | οἴκοι ἔσαν πόλεμόν τε πεφευγότες ἠδὲ θάλασσαν 'alle andern, die dem Verderben entrannen, befanden sich nunmehr zu Hause, indem sie der Not des Krieges und der Schiffahrt enthoben waren'. Dagegen erscheint im Arischen in beiden Zweigen von Anfang an neben dem nichtpräteritalen Gebrauch (z. B. ai. *vidvā́n* av. *vīδvå* 'wissend, wissentlich, kundig', wie griech. εἰδώς) auch der, dass die Partizipialhandlung vor die Haupthandlung fallend gedacht ist, z. B. RV. 1, 161, 4 *cakr̥vā́sa r̥bhavas tád apr̥chata* 'nachdem ihr das getan hattet, o R̥bhus, fragtet ihr', TS. 6, 4, 8, 2 *ápa mát krūrą́ cakrúṣ̌aḥ paśávaḥ kramiṣ̌yanti* 'nachdem (wenn) ich eine Bluttat begangen habe, werden die Tiere von mir weichen', RV. 7, 103, 1 *sąvatsavą́ śaśayānā́ vā́cam avādiṣ̌uḥ* 'nachdem sie ein Jahr geruht haben, haben sie ihre Stimme erhoben', Y. 45, 8 *nū zīt̰ čašmaini vyādarᵊsəm ... vīduš aṣ̌ā yə̄m mazdąm ahurəm* 'denn jetzt will ich es mit dem Auge erschauen, nachdem ich den MAh. durch A. kennen gelernt habe', vgl. auch RV. 1, 125, 4 *ījānā́ ca yakṣ̌yámāṇą ca* 'zu dem, der geopfert hat, und zu dem, der opfern wird', Yt. 13, 155 *vanəntąm vanhəntąm vaonušąm ašaonąm* 'der Gläubigen, die siegen, siegen werden und gesiegt haben'. Dieser präteritale Gebrauch wird sich im Zusammenhang einerseits mit dem präteritalen Gebrauch des Indikativs (S. 774), anderseits mit dem Zusammenfliessen des Part. Perf. mit den Verbaladjektiva auf *-to-* und- *no-* (§ 834 ff.) entwickelt haben. Im Baltisch-Slavischen endlich hat unser Partizip nur Vergangenheitsbedeutung, z. B. lit. *mēs daũg prisivar̃gę į̃ pātalą vir̃stam* 'nachdem wir uns viel abgemüht haben, werfen wir uns in's Bett', *pàs manę̀ atė̃jęs teĩp sākė* 'nachdem er zu mir gekommen war, sprach er so', aksl. Matth. 2, 8 *i posъlavъ ję reče* 'καὶ πέμψας αὐτοὺς εἶπεν', Mark. 8, 3 *ašte otъpuštą ję ne jadъšę* 'ἐὰν ἀπολύσω αὐτοὺς νῆστις, ohne dass sie gegessen haben', aruss. Nestor 4 *i se slyšavъše divljachu sja* 'und dies gehört habend wunderten sie sich'.

Das vom *s̯i̯o*-Tempus mittels *-nt-* gebildete uridg. Part. Fut., das durch die Formen wie ai. *dāsyánt-* griech. δώσων lit. dial. *dúsius* = **dúsią̄s* neben *dúsęs* vertreten ist (2, 1, 458. 2, 3, 384. 385. 794), mit der Medialform ai. auf *-syamāna-* griech. auf -σομενος, erscheint viel häufiger mit dem Sinn des Wollens und Sollens als rein temporal. Ai. RV. 4, 18, 11 *áthābravīd vr̥trám índrō haniṣyán* 'dann sprach Indra, den Vr̥tra zu töten beabsichtigend', ŚB. 11, 4, 1, 9 *úpa tvāyāni. kím adhyēṣyámāṇaḥ* 'ich will dein Schüler werden', worauf die Frage 'um was zu lernen?', ŚB. 8, 7, 2, 11 *uṣṇá ēvá jīviṣyáñ chītó mariṣyán* 'wer leben bleiben soll, ist warm, wer sterben soll, kalt', av. V. 13, 17 *yō ... parāiti sraēšəmnō tāyūš vəhrkəmča* 'wer weggeht in der Absicht, die Diebe und den Wolf zu verfolgen'. Hom. A 13 ὁ γὰρ ἦλθε θοὰς ἐπὶ νῆας Ἀχαιῶν | λυσόμενός τε θύγατρα κτλ. 'der kam zu den Schiffen der A. mit der Absicht, seine Tochter loszukaufen', Θ 368 εὖτέ μιν εἰς Ἀΐδαο πυλάρταο προύπεμψεν | ἐξ ἐρέβευς ἄξοντα κύνα 'als er ihn zum Hades fortschickte, um vom Erebos den Hund zu holen'. Lit. Matth. 11, 3 *aȓ tù esì añs ateĩsęsis, arbà aȓ dár kìto láuksim?* 'bist du, der da kommen soll, oder sollen wir eines andern warten?'. Reiner tritt das zeitliche Bedeutungselement z. B. in den folgenden Sätzen hervor: ai. TS. 2, 5, 11, 2 *bhūtą́ cāivá bhaviṣyác cāva runddhē* 'er gewinnt für sich Vergangenes und Zukünftiges', TS. 2, 5, 1, 4 *parābhaviṣyántō manyāmahē* 'wir glauben, dass wir zugrunde gehen werden', av. Y. 21, 4 *vīspəm ašavanəm həntəmča bavantəmča būšyantəmča* 'jeden Gläubigen, der da ist, in's Dasein tritt und in's Dasein treten wird', Hom. A 70 ὃς εἴδη τά τ' ἐόντα τά τ' ἐσσόμενα πρό τ' ἐόντα 'der das Gegenwärtige, das Künftige und das Vergangene wusste', lit. *neláuk búsenczos dēnõs* 'warte nicht auf den künftigen Tag', *ateĩsęsis mẽtas* 'das kommende Jahr'. Im Slav. ist aksl. *byšęšte-je* 'τὸ μέλλον' (2, 1, 458. 2, 3, 384) der einzige Überrest von dieser Futurbildung; im übrigen konnten hier Partizipia zu perfektiven und deshalb futurischen Indicativi Praes., Simplicia oder

Komposita (§ 707), an deren Futursinn teil bekommen, z. B. *bądy* 'futurus', *priidy* 'venturus' (vgl. § 833 unter Balt.-Slav.).

834. Einzelsprachliches, zur Ergänzung von § 832.

Arisch. Zu bemerken für diesen Sprachzweig ist der enge Anschluss der uridg. Verbaladjektiva auf *-to-* und *-no-* (z. B. ai. *sattá-* und *sanná-* zu W. *sed-* 'sitzen') an die Eigenschaften der eigentlichen Partizipien, durch den seit Beginn der Sprachüberlieferung der Gebrauch dieser Partizipien zwar nicht aufgehoben, aber doch erheblich eingeschränkt erscheint. Wegen dieser Entwicklung werden diese *to-* und *no*-Formen in der Grammatik zu den echten Partizipien gerechnet. Ein paar Beispiele genügen. Ai. RV. 7, 56, 18 *ā́ vō hṓtā jōhavīti sattáḥ* 'der Priester ruft euch, wenn er sich gesetzt hat', RV. 6, 47, 3 *ayą́ mē pītá úd iyarti vā́cam* 'dieser Soma erregt, nachdem (wenn) er getrunken ist, mein Lied', RV. 1, 112, 8 *yā́bhir vā́rtiką̄ grasitā́m ámuñcatam* 'wodurch ihr die Wachtel rettetet, als (obgleich) sie schon verschlungen war', RV. 10, 17, 13 *yás tē drapsáḥ skannáḥ* 'welcher Tropfen von dir übergespritzt ist', RV. 5, 54, 10 *sū́rya úditē* (Loc. absolutus) 'wenn die Sonne aufgegangen ist', RV. 7, 58, 3 *gatṓ nā́dhvā ví tirāti jantúm* 'wie ein eingetretener (durch Gehen erzeugter) Weg fördere er die Menschen', av. V. 18, 46 *yat̰ nā xᵛaptō xšudrå frāraoδayeⁱte* 'wenn einer, nachdem er eingeschlafen ist, Samen ergiesst', H. 2, 17 *mā dim pərᵊsō* ... *yim xrvantəm* ... *pantąm aⁱwitəm* 'frag den nicht, der den grausigen Weg gegangen ist', V. 19, 28 *pasča frasaxtahe mašyehe* (Gen. absolutus, § 842) 'darauf, wenn der Mensch gestorben ist', apers. Bh. 1, 17 *hauv bastaʰ anayatā abiy mām* 'jener wurde gefesselt zu mir gebracht'.

Das ar. Formans *-āna-*, das dem Part. Med. unthematischer Tempusstämme eignete, z. B. ai. *dádhāna-ḥ* av. *daθāna-* (neben dem themavokalischen *bhára-māṇa-h* usw.), scheint, vom Standpunkt der idg. Urzeit aus besehen, nicht zu den partizipialen, sondern zu den verbaladjektivischen Formantien gerechnet werden zu müssen (2, 1, 259. 651).

835. Im Armenischen sind alle uridg. Partizipien als solche geschwunden. Die als einziges echtes Partizip gebrauchte Bildung auf *-eal* war ursprünglich Verbaladjektiv. S. § 418, 1.

836. Für das Griechische, das den uridg. Bestand an Partizipialformen und deren Gebrauchsweisen am treusten bewahrt zu haben scheint, seien als charakteristisch die häufig vorkommenden Konstruktionen hervorgehoben, bei denen das (nicht etwa bloss aus dem Verbum substantivum bestehende) prädikative Verbum nur in der Verbindung mit einem Partizip die eigentliche Satzaussage bildete. Es sind die Konstruktionen wie ἄρχω ἄρχομαι, παύομαι, τυγχάνω, φθάνω, διάγω, λανθάνω u. a. mit Part., z. B. Ο 581 τόν τ' ἐξ εὐνῆφι θορόντα | θηρητὴρ ἐτύχησε βαλών 'welches (das Hirschkalb), nachdem es aus dem Lager aufgesprungen war, der Jäger gerade traf'. Die begriffliche Einheit der beiden Verbalformen zeigt sich u. a. darin, dass das Verhältnis bisweilen umgekehrt ist, so dass jene Verba finita selbst in's Partizip treten und als Ergänzung des Hauptverbs erscheinen, z. B. nicht nur ἔλαθε φυγών, sondern auch ἔφυγε λαθών. Vgl. § 644.

837. Im Italischen ist von den uridg. Partizipien nur das Part. Präs. Akt. lebendig geblieben, z. B. lat. *ferens*, osk. *praesentid* 'praesente', umbr. *serse* 'sedens'. Im Lat. ist dessen Formans auf die Media (Deponentia) übergegangen, z. B. *sequens* zu *sequor*, *moriens* zu *morior*, entsprechend auch *ferens* 'losstürmend' zu *feror* u. dgl. Hierbei ist vom Partizip derjenigen aktiven Präsentien auszugehen, die nicht nur transitiv, sondern auch intransitiv gebraucht wurden, z. B. *vertens, vehens*. Solche Partizipia waren gleichwertig mit den der Form nach medialen Partizipien geworden, und so kam man, nach dem Verhältnis von *vertens* zu *vertor* usw., zu *sequens* neben *sequor* usw. (IF. 5, 116f.). Die Zuweisung passivischer Bedeutung an solche Partizipien (z. B. Lucil. 140 *ob facta nefantia*) ergab sich daraus, dass z. B. *feror* zugleich medialen und passivischen Sinn hatte.

Für das verlorene Part. Fut. Akt. tritt im Lat. die Form auf *-tūrus* auf, die von *tū*-Stämmen (2, 1, 440) ausgegangen war (2, 1, 359. 640. 653). Sie zeigt dieselbe Gebrauchsweise wie die Form, an deren Stelle sie gekommen ist (S. 954), z. B. final C. Gracchus (nach Gellius 11, 10, 4) *qui prodeunt dissuasuri*, rein temporal *futurus*.

Die Part. des Aorists und des Perfekts im Akt. und im Med. sind in uritalischer Zeit durch das Verbaladjektivum auf *-to-s* verdrängt worden. Dieses hat nirgends in dem Umfang wie im Ital. Partizipialcharakter erlangt; denn nur hier findet sich die Verbindung mit Objektskasus eingebürgert, wie lat. *haec ausus, haec adeptus.* Das Eintreten der *to*-Form zunächst für das Part. Perf., dann auch für das Part. Aor., z. B. lat. *aggressus* = προσεληλυθώς und προσελθών, *datus* = δεδομένος und δοθείς (umbr. çersnatur 'cenati' = δεδειπνηκότες und δειπνήσαντες, kuratu 'curatum' = διαπεπραγμένον und διαπραχθέν), entspricht der sonstigen Verschmelzung dieser beiden Tempora im Italischen (§ 385. 660. 665). Der Gebrauch für Pass. und Med. zugleich, z. B. *versus* 'gewendet' und 'sich gewendet habend', *commentus* 'ersonnen' und 'ersonnen habend' (päl. *oisa aetate* 'consumpta aetate' wie Plaut. Asin. 196 *abusa* 'aufgebraucht'), war von vornherein dadurch gegeben, dass das *to*-Formans seit uridg. Zeit gegen den Bedeutungsunterschied von passiv und nicht-passiv gleichgiltig gewesen ist; so ist auch *haec facinora ausus* neben *audeo* nicht auffallend. Vgl. IF. 5, 89 ff., Boegel Jahrbb. f. class. Phil. Suppl. 28, 59 ff., Schmalz Lat. Gramm.[4] 451 ff.

838. Das Keltische hat alle uridg. Partizipialbildungen in lebendig partizipialer Bedeutung eingebüsst.

Zur Übersetzung von lat. Participia Praes. treten Umschreibungen auf, z. B. für *penetrans* hat Ml. 43, c, 14 *treme-thait* 'das lebendig durchdringt'.

Das ir. passive Part. Prät. zu transitiven Verba auf *-the* ist eine Erweiterung der alten verbalen Adjektiva auf *-to-* mittels des Formans *-(i)i̯o-*, s. 2, 1, 195. 412. Die unerweiterte Formation auf *-to-* ist verbaut in dem passiven Präteritum wie *ro carad* 'ist geliebt worden, wurde geliebt' (S. 509). Dieselbe Erweiterung von *-to-* wie das Irische weisen das Cornische und das Bretonische auf, während im Kymrischen eine Erweiterung *-tīko-* partizipial zu grösserer Verbreitung kam, z. B. akymr. *dometic* 'domitus', mkymr. *caredic* 'geliebt' (2, 1, 651, Pedersen Vergl. kelt. Gramm. 2, 40. 410).

839. Im Germanischen ist von den alten Partizipien in weiterem Umfang nur das präsentische *nt*-Part. erhalten geblieben.

Für die alten aoristischen und perfektischen Partizipien erscheinen, in der Bedeutung sich von einander nicht mehr unterscheidend, die Verbaladjektiva mit *-eno- -ono-*, mit *-no-* und mit *-to-*, z. B. got. *qumans* 'ἐλθών' und 'ἐληλυθώς' (2, 1, 267), ahd. *gi-tān* 'ποιηθείς' und 'πεποιημένος' (2, 1, 259), got. *-skulds* 'gesollt' (2, 1, 395 ff.). Diese Formationen haben an sich nicht transitiven Sinn nach Art von lat. *haec adeptus* (S. 957) bekommen.

840. Das Baltisch-Slavische bewahrte das alte Part. Präs. des Akt. und des Med.-Pass. Im Lit. hat dieses Part. Präs. Akt. meist nur noch attributive (adjektivische) Verwendung, z. B. *àsz žmõgų sãvo ártymą mýlintį garbėjè laikaũ* 'ich halte einen seinen Nächsten liebenden Menschen in Ehren', *míslyjąsis žmogùs* 'der denkende Mensch', substantiviert *nevẽrnaĩ pasielgianczo urẽdas kitám tẽko* 'des unredlich Handelnden Amt wurde einem andern zuteil'. Doch steht es ausserhalb des Nominativs nicht selten auch prädikativ, z. B. *àsz pamaczaũ tar̃p var̃tu báltą stóvintį* 'ich sah im Hoftor einen weissen (Mann) stehen' (besonders in Verbindung mit der die Dauer des Geschehens bezeichnenden Partikel *be-*, z. B. Dain. *radaũ moczùtę bever̃piančzę* 'ich fand die Mutter mit Spinnen beschäftigt'); so nur sporadisch im Nominativ, wie Dain. *ateĩt tiñklą neszą̃s* 'er kommt, ein Netz tragend'.

In prädikativer Funktion wird im Nominativ als Part. Präs. Akt. meistens die Form auf *-damas* gebraucht, die, da sie von der Partizipialform auf *-amas* nicht getrennt werden kann, ursprünglich medialen Sinn gehabt haben muss (S. 379), und zwar ebensowohl bei intransit. wie bei transit. Verben, z. B. *mótyna czà stovė́jo verkdamà* 'die Mutter stand weinend da', *jẽ kalbė́jo tar̃p savę̃s keliáudami* 'sie sprachen mit einander, während sie wanderten', *grãžę daĩną dainũdams per̃ kẽmą ẽjo* 'eine schöne Daina singend ging er durch das Dorf'. Vom adjektivischen Gebrauch ist das Part. auf *-damas* ausgeschlossen.

Im Slavischen hat das präsentische *nt*-Partizip der imperfektiven Verba uneingeschränkt den ursprünglichen Gebrauch festgehalten, z. B. Luk. 2, 20 *vъzvratišę sę pastyri slavęšte i chvalęšte boga* 'ὑπέστρεψαν οἱ ποιμένες δοξάζοντες καὶ αἰνοῦντες τὸν θεόν'. Dagegen bekam dasselbe Partizipium bei perfektiven

Verba, namentlich im Russ. und im Čech., präteritale Bedeutung gegenüber der Haupthandlung, entsprechend dem Gebrauch des griech. Part. Aor. (S. 729). Zuweilen erscheint bei dieser Verbalklasse auch futurale Bedeutung, z. B. aksl. *bǫdy* 'futurus' (*vrěmę bǫdǫšteje*), offenbar unter dem Einfluss der Bedeutung des Indik. (S. 954 f.).

Aus der Zeit der balt.-slav. Ureinheit stammt das Part. Präs. auf *-mo-* in passivischer und zwar imperfektiver Bedeutung (2, 1, 232), z. B. lit. Sprichwort *iszeĩk mýlims, ateĩk láukiams* 'geh als einer, der geliebt wird, komm als einer, der erwartet wird', *keȓtamoji pėva* 'die Wiese, mit deren Mähen man soeben beschäftigt ist', rein adjektivisch 'die mähbare Wiese', *jójamas arklỹs* 'Reitpferd', aksl. Supr. 360, 14 *dosaždajemъ trъpěaše i umaljajemъ mlъčaaše* 'cum iniuria afficeretur, patiebatur, et cum abiceretur, tacebat', adjektivisch *vidomъ* 'wer gesehen wird, sichtbar', *dvižimъ* 'beweglich'. Passivisch ist auch das im Preuss. nur einmal auftauchende Part. auf *-manas: poklausīmanas* (Fem. Plur.) in Verbindung mit *ast* 'sind': 'die Bitten (*madlas*) sind (werden) erhört'.

Neben dem aus uridg. Zeit stammenden Part. Perf. Akt. mit *-u̯es- -u̯os-* (S. 953) hat das Slavische auch *lo*-Adjektiva zu einem Part. Prät. werden lassen (2, 1, 374. 653). Sie dienen zur periphrastischen Bildung des Perfekts, z. B. aksl. *neslъ jesmъ* 'ich habe getragen', *prišьlъ jesmъ* 'ich bin gekommen' (§ 424, 3 S. 514 f.), und des sogen. Konditionalis, z. B. aksl. *ašte bi sьde bylъ* 'wenn du hier (gewesen) wärest' (§ 424, 1. 790. 802).

Das uridg. Verbaladjektiv auf *-to-* ist seit urbalt.-slav. Zeit zu einem Part. Perf. Pass. geworden, den Vorgang als erledigt und vollendet hinstellend, z. B. lit. *vagìs sugáutas* 'der Dieb ist gefangen'. Zu beachten ist dabei, dass dieses Part. nicht, wie in einigen andern Sprachen, auch präsentisch auftritt, um die Handlung als dauernd, vor sich gehend zu bezeichnen, z. B. lit. nicht *mylėtasis*, sondern *mýlimasis kūdikis* gegenüber nhd. *das geliebte kind*. Neben *-to-* steht in gleicher Funktion *-no-* (vgl. das Arische § 834 und das Germanische § 839), das im Slav. regelmässig auftritt bei den auf *-a* und auf *-ě* auslautenden Verbalstämmen, z. B. aksl. *danъ* 'gegeben', *dělanъ* 'gearbeitet', *o-děnъ* 'umgetan, bekleidet', *pitěnъ* 'genährt' (2, 1, 259), ferner im Slav. *-eno-* (vgl. das Germanische § 838), das sich auch wieder in bestimmten Verbalklassen festsetzte, wie bei Verben, deren Wurzel auf einen Verschlusslaut oder *s, z* ausging, z. B. *vedenъ* 'geführt', *nesenъ* 'getragen', *vezenъ* 'gefahren', oder *za-bъvenъ* 'vergessen' u. dgl., oder *chvaljenъ* 'gelobt' u. dgl. (2, 1 267. 651). Mit den Partizipien auf *-enъ* konkurrieren aber zum Teil auch Formen auf *-to-*, z. B. *vijenъ* und *vitъ* 'gewunden, gewickelt', und ein paarmal stehen auch *-no-* und *-eno-* nebeneinander, wie *klanъ* (aus **kolnъ*) und *kolenъ*, zu *kolją klati* 'schlachten'. Der slav. Zustand ist offenbar insofern altertümlicher als der baltische, als im Urbalt.-slav. *-to-* als lebendiges Partizipialformans nicht ganz durchgeführt gewesen sein kann, wie es im Baltischen erscheint, sondern daneben nasalformantische Partizipia bestanden haben müssen. Nur braucht aber die Verteilung der verschiedenen partizipialen Formantien in jener Einheitsperiode nicht dieselbe gewesen zu sein, wie sie im Slav. seit Beginn von dessen Überlieferung war. Alte *no*-Adjektiva begegnen im Balt. immer nur als Adjektiva, z. B. lit. *plónas* 'dünn, flach' (zu *plóti* 'breitschlagen'), während zum Teil alte *to*-Adjektiva, die im Balt. lebendige Partizipia sind, im Slavischen ihre alte Funktion als Adjektiva beibehalten oder eventuell, falls sie eine Zeitlang partizipial angewendet waren, wiedererlangt haben, z. B. aksl. *čęstъ* 'dicht' = lit. *kim̃sztas* 'gestopft', zu *kemszù kim̃szti* 'stopfen'.

841. Die absoluten Partizipialkonstruktionen, die in den meisten Sprachzweigen mit Beginn der Überlieferung auftreten, sind alle als einzelsprachliche Entwicklungsergebnisse zu betrachten. Sie entstanden, ähnlich wie der Acc. cum inf. und der Dat. cum inf. (§ 820), durch eine Verschiebung der syntaktischen Gliederung. Der oblique Kasus eines Satzes, der vom Satzverbum abhing, hatte ein ihm kongruentes Partizipium bei sich, und da dieses, echt verbal gedacht, für den Zusammenhang eine besondere Wichtigkeit hatte, konnten beide, der Kasus und das Partizip, für das Gefühl der Sprechenden als eine mit einem temporalen, hypothetischen oder dgl. Nebensatz auf gleicher Linie stehende Ausdrucksform für eine Nebenhandlung erscheinen. Dadurch lockerte und löste sich das Verhältnis des Kasus zu dem ihn regierenden Verbum. Z. B. der homer. Satz Θ 118 τοῦ δ' ἰθὺς μεμαῶτος ἀκόντισε Τυδέος υἱός kann vom Dichter gemeint gewesen sein als 'nach diesem, der (als er) gradeaus anstürmte, schoss der Sohn des T.', aber auch schon, mit Ablösung des Genitivs τοῦ von ἀκόντισε, als 'als dieser gradeaus anstürmte, schoss (nach ihm) der Sohn des T.'. Oder ŚB. 1, 1, 4, 15 *tásyā́labdhasya sá vā́g ápa cakrāma* kann empfunden gewesen sein als 'dieses (des Stieres), des geopferten, Stimme entwich', aber auch schon als 'als dieser geopfert war, entwich die (seine) Stimme'. Indem nun der Substantivkasus nur noch als Subjekt zum Partizipium angeschaut wurde, konnten solche Verbindungen sich auch zu solchen Verben gesellen, die den betreffenden Kasus überhaupt nicht regierten. So z. B. A 88 οὔ τις ἐμεῦ ζῶντος καὶ ἐπὶ χθονὶ δερκομένοιο | σοὶ κοίλῃς παρὰ νηυσὶ βαρείας χεῖρας ἐποίσει 'keiner wird, während ich lebe, Hand an dich legen', AB. 7, 27, 4 *tḗṣą̄ hōttiṣṭhatām uvāca* 'als (während) die nun aufstanden (um wegzugehen), sprach er'.

Der innere Zusammenhang zwischen der Partizipialkonstruktion und dem Hauptverbum konnte ebenso wie bei dem sogen. Participium coniunctum (§ 832) besonderen Ausdruck durch ein dem partizipialen Satzteil hinzugefügtes adverbiales Wort, eine sogen. Partizipialkonjunktion, bekommen, z. B. Thuk. 1, 2 ὥστε καὶ ἐς Ἰωνίαν ὕστερον ὡς οὐχ ἱκανῆς οὔσης τῆς Ἀττικῆς ἀποικίας ἐξέπεμψαν 'so dass man später, da Attika nicht gross genug war, auch nach Ionien Kolonien aussandte', lat. Tac. Hist. 2, 86 *iuncti inde Moesici ac Pannonici exercitus Delmaticum militem traxere quamquam consularibus legatis nihil turbantibus.*

842. Das Arische hat in seinen beiden Zweigen einen Locativus und einen Genitivus absolutus entwickelt.

Loc. abs. Ai.: RV. 1, 16, 3 *índrą prātár havāmaha índrą prayaty àdhvaré, índrą sṓmasya pītáyē* 'Indra rufen wir früh an, Indra, wenn das Opfer vor sich geht, Indra zum Somatrinken', TS. 5, 5, 1, 7 *yáthā sąvatsarám āptvā́ kālá ā́gatē vijā́yatē* 'wie man nach einem Jahr, wenn die Zeit gekommen ist, sich fortpflanzt'. Im Veda war der Loc. abs. in der Regel temporaler Natur und bezeugt damit seinen Zusammenhang mit dem temporalen Lok. (2, 2, 510ff.). Später ebenso geläufig bei kausalem, konzessivem, kondizionalem Verhältnis. Av.: V. 8, 4 *yat ahmi nmāne . . . spā vā nā vā ʼriθyāt vārənti vā snaēžinti vā barənti vā . . . ayąn vā varᵊtafšō varᵊtōvīre jasənti kuθa te varᵊzyąn aēte yōi mazdayazna* 'wenn in dem Haus ein Hund oder ein Mensch stirbt, wenn der Tag regnet oder schneit oder stürmt oder wenn (sonst) ein Tag kommt, da Tiere und Menschen nicht hinaus können, wie sollen sich da die M. verhalten?'.

Auch unpersönlich: TS. 5, 4, 9, 2 *tásmād agnicíd várṣati ná dhāvēt* 'deshalb soll ein den Feueraltar Schichtender nicht laufen, wenn es regnet', V. 21, 3 *vīvārənti vīvārāhu nava āfš nava zå* 'wenn es von allen Seiten regnet, ist das Wasser frisch, die Erde frisch'.

Öfters erscheint die Verbindung so, dass von einer absoluten Konstruktion noch kaum gesprochen werden kann, z. B. RV. 2, 15, 4 *víšvam adhāg áyudham iddhé agnāú*, das man besser mit 'alles Rüstzeug hat er in dem entfachten Feuer verbrannt' als mit 'nachdem das Feuer entfacht war' wiedergeben wird.

Gen. abs. Diese Konstruktion liegt im Altind. seit der ältesten Prosa vor. Zwei Beispiele aus ŠB. und AB. s. S. 961. Andere: BṛhĀ. 2, 4, 4 *vyā́khyāsyāmi tē vyācakṣāṇásya tú mē ní didhyāsasva* 'ich will dir's erklären; während (wenn) ich es dir aber auseinandersetze, höre aufmerksam zu', ŠB. 6, 1, 3, 2 *tásmād apą́ taptā́nąṃ phḗnō jāyatē* 'darum entsteht Schaum, wenn das Wasser erhitzt worden ist'. Vgl. dazu Speyer Ved. u. Sansk.-Synt. 64f. Ein Beispiel aus dem Av. s. S. 955.

Auf Anfänge zu einem Instrumentalis absolutus im Ai., die er als semi-absoluten Instr. bezeichnet, macht Speyer a. a. O. und Sanskrit Syntax 290f. aufmerksam.

843. Das Griechische hat einen Genitivus absolutus entwickelt. Beispiele sind schon § 841 angeführt. Der Genitiv wird in der Zeit der Entstehung dieser Konstruktion in der Regel der echte Genitiv gewesen sein. Ausser Θ 118 vgl. noch Θ 477 σέθεν δ' ἐγὼ οὐκ ἀλεγίζω χωομένης 'ich achte deiner, der zürnenden, nicht' oder 'wenn du zürnst, achte ich dessen nicht'. νυκτὸς τελευτώσης kann noch als temporaler Genitiv (2, 2, 573) gelten, 'am Ende der Nacht', während z. B. für Θ 538 ἀλλ' ἐν πρώτοισιν, ὀίω, | κείσεται οὐτηθείς, πολέες δ' ἀμφ' αὐτὸν ἑταῖροι | ἠελίου ἀνιόντος ἐς αὔριον wohl schon die Gliederungsverschiebung anzunehmen ist: 'doch wird er unter den Vordersten, meine ich, getroffen liegen und um ihn viele Genossen, wenn die Sonne heraufkommt für den morgenden Tag'. Zum Teil kann der Genitiv ursprünglich auch der ablativische gewesen sein, vgl. z. B. Μ 392 Σαρπήδοντι δ' ἄχος γένετο Γλαύκου ἀπιόντος, Ν 660 τοῦ δὲ Πάρις θυμὸν ἀποκταμένοιο χολώθη, Xen. Kyr. 5, 2, 7 τὴν θυγατέρα πενθικῶς ἔχουσαν τοῦ ἀδελφοῦ τεθνηκότος, wo an den Abl. zur Bezeichnung des Ursprungs der Gemütsbewegung gedacht werden darf, oder θ 564 ἀλλὰ τόδ' ὥς ποτε πατρὸς ἐγὼν εἰπόντος ἄκουσα (2, 2, 499).

Selten, nur bei vorausgehendem Gen. absol., kommt es vor, dass dessen Subjekt dasselbe ist wie das des Hauptverbums, z. B. Thuk. 3, 13 βοηθησάντων δὲ ὑμῶν προθύμως πόλιν προσλήψεσθε ναυτικὸν ἔχουσαν μέγα 'wenn ihr aber bereitwillig Hilfe leistet, so werdet ihr einen Staat euch verbinden, der eine grosse Seemacht hat'. Dasselbe im Lat. (§ 844) und im Balt.-Slav. (§ 846).

Anm. Auch zu einem Accusativus absolutus hat es das Griechische gebracht, der bei unpersönlichen Verben seit Herodot und den Attikern üblich war, wie ἐξόν 'cum liceat', δέον 'cum necesse sit', δοκοῦν 'cum videatur', δεδογμένον 'cum decretum sit', παρέχον 'cum occasio adsit', ῥᾴδιον ὄν 'cum facile sit', z. B. Herod. 5, 49 παρέχον τῆς Ἀσίης πάσης ἄρχειν εὐπετέως, ἄλλο τι αἱρήσεσθε; 'da es freisteht, ganz Asien mit leichter Mühe zu beherrschen, werdet ihr da nach anderm greifen?'. Nur selten erscheint als Subjekt des neutralen Partizips ein Pronomen, wie ταῦτα, οὐδέν, τί, z. B. Thuk. 4, 125 κυρωθὲν δὲ οὐδὲν . . . ἐχώρουν ἐπ' οἴκου 'da aber nichts zur Entscheidung gebracht wurde, zogen sie der Heimat zu'. Diese absolute Konstruktion war aber auf einem andern Weg entwickelt als der Gen. absol.: der Acc. absol. war ursprünglich appositioneller Zusatz zu der regierenden Satzhandlung (vgl. 2, 2, 684f.), und mit dem Gen. absol. hat er entwicklungsgeschichtlich nur insofern Ähnlichkeit, als die Umdeutung in beiden Fällen etwas ergab, was als mit den Nebensätzen gleichartig empfunden wurde. Da die Apposition zum Satz diesem folgen muss, so gehört die Vorausstellung des Acc. absol. mit zu den Kennzeichen der Umdeutung. Auch zum Acc. absol. konnten ὡς, ὥσπερ hinzutreten. Vgl. Brugmann-Thumb Griech. Gramm.[4] 605f., wo auch Ansätze zur Entwicklung eines Nominativus absolutus im Griech. nachgewiesen sind.

844. Das Italische hatte einen Ablativus absolutus, dessen Anfänge, wie das Oskisch-Umbrische zeigt, in die Zeit der ital. Urgemeinschaft zu datieren sind. Der lat. 'Ablativus' setzte die uridg. Kasus Abl., Instr. und Lok. fort, während in dem historischen Osk.-Umbr. nur Abl. und Instr. zusammengefallen erscheinen und der Lok. als selbständiger Kasus am Leben geblieben war (2, 2, 491). Wegen osk. *toutad praesentid* 'populo praesente' mit ablativischer Form darf daher unsere italische Partizipialkonstruktion nicht für einen ursprünglichen Loc. absol. ausgegeben werden [1]), und da Instr. und Abl. beim Nomen in uritalischer Zeit schon ganz in eins zusammengeflossen zu sein scheinen, wird der Abl. absol. in der Hauptsache oder auch ganz auf dem alten Instrumentalis beruhen. Dieser kann der Instr. 'der begleitenden Umstände' aller Art (2, 2 § 477), auch 'des Mittels' und 'der Ursache und des Grundes' (ib. § 479) und der 'der Zeiterstreckung' (ib. § 480) gewesen sein. Vgl. lat.: Caec. Stat. pall. 271 *quassante capite tristes incedunt,* Caesar Bell. civ. 1, 68, 1 *Caesar exploratis regionibus albente caelo omnes copias castris educit,* Sall. Iug. 103, 7 *dein Sulla omnia pollicito docti, quo modo apud Marium item apud senatum verba facerent, circiter dies quadraginta ibidem opperiuntur,* 10, 1 *parvum ego te, Jugurtha, amisso patre, sine spe, sine opibus, in meum regnum accepi,* Cic. Lael. 84 *ea (virtute) neglecta, qui se amicos habere arbitrantur, tum se denique errasse sentiunt, cum* etc., Cic. Ac. 1, 5 *nulla arte adhibita . . . disputant,* Tac. ann.

1) Im Lat. liegt es allerdings nahe, Ablativi absol. wie *die incipiente, die iam ad vesperum declinante* auf den Lok. zu beziehen (vgl. 2, 2, 511 f.), und tatsächlich mögen in dieser Sprache solche Ablativi absol. von Lokativen ausgegangen sein. Aber diese kommen für die erste Entstehung der absoluten Partizipialkonstruktion auf italischem Boden so lange nicht in Betracht, als nicht Locativi absol. mit Lokativformen im Osk-Umbr. nachgewiesen sind. Man hat anzunehmen, dass erst nach Abschluss der Vermischung des Lok. mit dem Abl.-Instr. im Lateinischen, d. h. zu einer Zeit, da es hier einen lebendigen Lok. nicht mehr gab, temporale 'Ablative' mit attributivem Partizip nach der Analogie der uritalischen 'Ablativi absol.' dem Sprachgefühl als absolute Partizipialkonstruktionen erschienen und so in deren Kreis einbezogen wurden.

12, 25 *se quoque accingeret iuvene partem curarum capessituro*, osk. Tab. B. 21 *comenei lamatir pr. meddixud toutad praesentid* 'caedatur praetoris magistratu, populo praesente', pälign. n. 255 v. Pl. *ecuf incubat casnar oisa aetate C. Anaes* 'hic incubat senex usa (consumpta) aetate C. Annaeus', umbr. VIa 1 *este persclo aueis aseriater enetu* 'istud sacrificium avibus observatis inito'.

Neben dem Instr. könnte noch der uridg. Ablativ als Ausgangspunkt in Betracht kommen (vgl. das Griechische § 843), doch bieten sich hierfür keine festeren Anhaltspunkte. Vgl. etwa *nihil potest evenire nisi causa antecedente*, was sich als ursprüngliches 'ausser von einer vorausgehenden Ursache her' auffassen liesse (IF. 5, 143 f.).

Im Spätlat. und nur bei vorausgehendem Abl. absol. kommt es vor, dass das Subjekt der absoluten Konstruktion dasselbe ist wie das des Hauptverbums, z. B. Vict. Vit. 2, 28 *statim illis clamantibus ... includuntur*, vgl. auf Inschr. oft *me vivo scripsi, se vivo fecit* u. dgl. Dasselbe im Griech. (§ 843) und im Balt.-Slav. (§ 846).

Anm. Über einen Nominativus absolutus im Spätlatein s. Schmalz Lat. Gramm.[4] 391.

845. Germanisch. Zu absoluten Partizipialkonstruktionen finden sich hier nur Ansätze. (Etwas häufigere Anwendung des Dat. absol. bei Wulfila mag dadurch veranlasst sein, dass er das bequemste Mittel war, den griech. Gen. absol. wiederzugeben.)

Die Grundlage des got. Dativus absolutus scheinen Sätze gewesen zu sein wie Matth. 9, 28 *qimandin þan in garda duatiddjēdun imma þai blindans* 'ἐλθόντι εἰς τὴν οἰκίαν προσῆλθον αὐτῷ οἱ τυφλοί'. Vgl. 2, 2, 555 ff. Die Stelle Luk. 7, 44 *atgaggandin in gard þeinana watō mis ana fōtuns meinans ni gaft* als Wiedergabe von εἰσῆλθόν σου εἰς τὴν οἰκίαν, ὕδωρ μοι ἐπὶ τοὺς πόδας μου οὐκ ἔδωκας zeigt, dass jene erstere Stelle konstruktionell echt gotisch gedacht war. In drei Stellen aber fehlt eine grammatische Beziehung des Dativs zu dem übergeordneten Verbum ganz, und so werden wir die Entwicklung eines wirklichen und bewusste Rücksicht auf das Wesen des Gotischen nehmenden Dat. absol. der Sprache Wulfila's nicht absprechen dürfen:

Luk. 3, 1 *in jēra þan fimftataíhundin þiudanassaus Teibaíriaus kaisaris, raginōndin Puntiau Peilatau Iudaia ... warþ waúrd gudis at Iōhannēn, Zaxariins sunau, in auþidai* 'ἐν ἔτει δὲ πεντεκαιδεκάτῳ τῆς ἡγεμονίας Τιβερίου Καίσαρος, ἡγεμονεύοντος Ποντίου Πειλάτου τῆς Ἰουδαίας ... ἐγένετο ῥῆμα θεοῦ ἐπὶ Ἰωάννην, τὸν Ζαχαρίου υἱὸν, ἐν τῇ ἐρήμῳ', dazu Röm. 9, 1 und 1. Kor. 5, 4. Wegen der Stellen wie Matth. 27, 17 *gaqumanaim þan im qaþ im Peilatus,* Übersetzung von συνηγμένων οὖν αὐτῶν εἶπεν αὐτοῖς ὁ Πειλᾶτος, hat man demnach auch die Stellen wie Matth. 8, 23 *jah innatgaggandin imma in skip afariddjēdun imma sipōnjōs is* gegenüber griech. καὶ ἐμβάντι αὐτῷ εἰς τὸ πλοῖον ἠκολούθησαν αὐτῷ οἱ μαθηταὶ αὐτοῦ als dem Geist der got. Sprache gerecht werdend anzuerkennen (vgl. lit. *vėną rózą tàs razbáinįkas jám bemė̃gant àtėmė jám tą̃ žė́dą* § 846). Auch Stellen wie Mark. 1, 32 *andanahtja þan waúrþanamma, þan gasaggq sauil, bērun du imma allans þans ubil habandans* 'ὀψίας δὲ γενομένης, ὅτε ἔδυ ὁ ἥλιος, ἔφερον πρὸς αὐτὸν πάντας τοὺς κακῶς ἔχοντας' dürfen nun für den Dat. absol. in Anspruch genommen werden ('als es Abend geworden war', nicht 'am Abend, als er gekommen war'). Im letzteren Fall haben wir's entweder mit dem lokativischen Dativ (2, 2, 512 f.) zu tun, oder es liegt eine Erweiterung im Anschluss an die übrigen Fälle des Gebrauchs vor, für die vom echten, uridg. Dativ auszugehen ist. Zugunsten dieser zweiten Auffassung spricht deutlich das Baltisch-Slavische, s. § 846. Die Anfänge der absoluten Dativkonstruktion dürfen vielleicht in's Urgermanische hinaufdatiert werden, da sie auch dem Nordischen nicht fremd ist. Vgl. H. Winkler German. Casussynt. 1, 118 ff., Grimm D. Gramm.² 4, 1090, Streitberg Got. Elem.³ 174 f.

Anm. Wegen der Annahme eines Accusativus absolutus und eines Nominativus absolutus im Got. begnüge ich mich mit Hinweis auf Streitberg Got. Elem.³ 165 f. 167. 216.

846. Das Baltisch-Slavische hat einen (oft gebrauchten) Dativus absolutus entwickelt, dessen Ausgangspunkt um so leichter zu bestimmen ist, als hier der Dativ ja kein Mischkasus ist, sondern nur die Fortsetzung des uridg. Dativs. An welche Gebrauchsweisen aber des Dativs (2, 2, 555 ff.) diese balt.-slav. absolute Konstruktion am besten anzuknüpfen ist, mag man aus den sogleich anzuführenden Beispielen ersehen.

Lit. Die der slav. Konstruktion genau entsprechende und darum wohl für die ältere zu haltende, bei der das Partizipium ebenso im Dativ steht wie sein Subjekt, erscheint nur in älteren Schriften, wie bei Bretken Sirach 50, 12 *anam apsivilkusiam* 'nachdem er sich (das Kleid) angezogen hatte', Luk. 24, 36 *kalbantẽmus jẽmus* 'als sie (davon) redeten' (Bezzenberger Zur Gesch. d. lit. Spr. 261). Jetzt ist das Partizipium, wie es scheint, überall endungslos, es ist die sogen. Gerundiumform für die Dativform eingetreten, z. B. *táu lẽpiant taĩ daraũ* 'da du (es) befiehlst, tue ich es', *táu lẽpus taĩ dariaũ* 'da du (es) befahlst, tat ich es', *táu lẽpsent taĩ darýsiu* 'wenn du (es) befehlen wirst, werde ich es tun', *mán namõn eĩnant sáulė szwẽtė* 'als ich nach Hause ging, schien die Sonne', *jám ateĩnant visì dżaũgias* 'wenn (da, weil) er kommt, freuen sich alle', Dain. *anýtai beszíldant paveĩksiu, bernużiui kalbant szìrdį rámdysiu* 'wenn die Schwiegermutter wärmt (mir heiss macht), werde ich weinen, wenn der Jüngling redet, werde ich das Herz beruhigen'. Mit Wiederholung des Subjekts des Dat. absol. mittels eines anaphorischen Pronomens: *vẽną rózą tàs razbáinįkas, jám bemẽgant, àtėmė jám tą̃ żẽdą* 'einstens, während er schlief, nahm ihm der Räuber den Ring ab' (vgl. got. *jah innatgaggandin imma in skip afariddjēdun imma sipōnjōs is*, § 845, lat. Caes. Bell. Gall. 5, 4, 3 *principibus Treverorum ad se convocatis hos singillatim Cingetorigi conciliavit*).

Im Slav. liegt der Dat. absol. vor im Aksl., Aruss., Kleinruss. Aksl. Luk. 24, 5 *pristrašьnamъ že byvъšamъ imъ poklonjьšamъ lice rěste* 'ἐμφόβων δὲ γενομένων αὐτῶν καὶ κλινουσῶν τὰ πρόσωπα, εἶπαν', Mark. 6, 22 *i vъšьdъši dъšteri jeję Irodiědě i plęsavъši i ugoždьši Irodovi i vъzležęštimъ sъ njimъ reče cěsarjь děvici* 'καὶ εἰσελθούσης τῆς θυγατρὸς αὐτῆς τῆς Ἡρωδιάδος καὶ ὀρχησαμένης, ἤρεσεν τῷ Ἡρώδῃ καὶ τοῖς συνανακειμένοις, ὁ δὲ βασιλεὺς εἶπεν τῷ κορασίῳ', Luk. 24, 4 *i bystъ ne domyslęštamъ sę imъ o semъ i se mąža dъva staste* 'καὶ ἐγένετο ἐν τῷ ἀπορεῖσθαι αὐτὰς περὶ τούτου, καὶ ἰδοὺ ἄνδρες δύο ἐπέστησαν', Luk. 3, 1 *obladająštu ponъtьskomu Pilatu Iuděją . . . bystъ glagolъ božijь kъ Ioanu* 'ἡγεμονεύοντος Ποντίου Πειλάτου τῆς Ἰουδαίας . . . ἐγένετο ῥῆμα θεοῦ ἐπὶ Ἰωάννην', Supr. 237, 20 *simъ sice tvorimomъ gradъ tręsěaše sę* 'cum haec sic fierent, urbs tremebat', aruss. Nestor 5 *slověnьsku jazyku živuščju na Dunaji pridoša Bolgare* 'als das slavische Volk an der Donau wohnte, kamen die Bulgaren'.

In beiden Sprachgebieten kommt es auch vor, dass das Subjekt dasselbe ist wie das des Hauptverbums, doch nur so, dass die absolute Partizipialkonstruktion vorausgeht, z. B. lit. Märch. *ir̃ jė́m vė̃l beeĩnant sutìko vė̃l dėdùką* 'und als sie wieder unterwegs waren, trafen sie wieder auf das Männchen', aksl. Supr. 122, 22 *stružemu jemu vъzъpi* 'cum laceraretur, exclamavit', aruss. Nestor 2 *umnoživъšemъ sja člověkomъ na zemlji pomyslišа sъzdati stolpъ* 'als die Menschen auf der Erde sich vermehrt hatten, gedachten sie einen Turm zu erbauen'. Dasselbe im Griech. (§ 843) und im Lat. (§ 844).

Offenbar ist der Dativ des Dat. absol. im Anfang immer oder doch ganz vorzugsweise ein persönlicher Begriff gewesen. Nach der Ablösung des Dativs vom Hauptverbum war es von den ein Zeitverhältnis angebenden Fällen mit persönlichem Subjekt, wie lit. *mán namõn eĩnant* 'während ich nach Hause gehe (ging)', *mán namõn pargrįžus* 'nachdem ich heimgekehrt bin (war)', aksl. *obladająštu Pilatu Iuděją* 'während (als) P. über J. herrschte' nur ein kleiner Schritt zu den (zahlreich begegnenden) Dativi absol. mit Zeitbegriff als Subjekt, wie lit. (Märch.) *dẽnai aũsztant* 'bei Tagesgrauen', *atė́jus kitaĩ nãkczei* 'nachdem die nächste Nacht gekommen war', aksl. *večeru byvъšju* 'ὀψίας γενομένης'.

Anm. Über Ansätze zur Ausbildung eines Nominativus absolutus im Lit. s. Leskien-Brugmann Lit. Volksl. u. M. 324.

C. Verbaladjektiva.

847. Von den Partizipien kann man die aus voreinzelsprachlicher Zeit stammenden sogen. Verbaladjektiva, wie § 831 bemerkt worden ist, zunächst nur danach unterscheiden, dass die ersteren von einzelnen Tempusstämmen aus, die letzteren vom allgemeinen Verbalstamm aus geschaffen waren. In der

Regel haben diese Verbaladjektiva von Haus aus auch nicht an der verbalen Kasusrektion und an der Diathesis des Verbums teil gehabt. Sie sind aber einzelsprachlich vielfach, wie wir gesehen haben, zu echt partizipialen Funktionen gekommen, wenn auch nirgends so, dass sie in jeder Beziehung und ganz in die Rolle der uridg. echten Partizipien hineingekommen wären. So haben z. B. die alten *to*-Verbaladjektiva zwar mehrfach die Erbschaft der alten Participia perfecti angetreten, aber sie sind nirgends entweder ausschliesslich Participia activi oder ausschliesslich Participia medii oder passivi geworden, vgl. z. B. ai. *yātá-ḥ* 'in Gang gekommen', *ā́gata-ḥ* 'herangekommen', *sthitá-ḥ* 'stehen geblieben, stehend' neben *hatá-ḥ* 'geschlagen', *uktá-ḥ* 'gesprochen' (vgl. Delbrück Vergl. Synt. 2, 484 ff.).

Über die Verbaladjektiva, die die Begriffe der Möglichkeit, Fähigkeit, Notwendigkeit bezeichneten, ist eine Übersicht in 2, 1, 652 f. gegeben [1]). In dieser Bedeutung berührten sie sich häufig mit Infinitiven, und sie sind zum Teil auf Grund von Infinitivformen geschaffen worden.

XII. Partikeln im einfachen Satz [2]).

I. Allgemeines.

848. Den hier ins Auge zu fassenden Wörtern stehen solche gegenüber, die in den Dienst der Periode gestellt waren, zu denen seit uridg. Zeit namentlich diejenigen ge-

1) Zu den ai. Verbaladjektiva wie *panā́yya-ḥ* s. auch Bartholomae Woch. f. klass. Phil. 1908 S. 64 f., zu den griechischen auf -τέος auch Meillet Bullet. de la Soc. de lingu. n. 61 (1913) S. 238, Brugmann-Thumb Griech. Gramm.[4] 216, zu den lat. 'Gerundiva' auf *-ndus* auch Sommer Lat. L. u. Fl.[2] 615 f.

2) Allgemeinidg. Delbrück Vergl. Synt. 2, 497 ff. Verfasser Kurze vergl. Gramm. 610 ff.

Arisch. Delbrück Altind. Synt. 471 ff. Speyer Ved. u. Sanskrit-Synt. 69 ff., Sanskrit Synt. 310 ff. Macdonell Ved. Grammar 429 f. Reichelt Aw. Elem. 356 ff.

Armenisch. Meillet Altarmen. Elem. 132 ff.

Griechisch. Kühner-Gerth Ausf. griech. Gr. 2, 2, 235 ff. Brugmann-Thumb Griech. Gramm.[4] 607 ff. Hartung Lehre von den Partikeln der griech. Spr. 1832. 33. Bäumlein Untersuchungen üb. griech. Partikeln, Stuttgart 1861. Nägelsbach Anm. zur Ilias, 1. Aufl., Anhang.

hören, die vom Relativstamm *i̯o- (2, 2, 347 f.) ausgegangen sind. Sie führen im besondern den Namen 'konjunktionale' Partikeln oder werden auch schlechthin 'Konjunktionen' ge-

---

Kvíčala Ztschr. f. österr. Gymn. 1863 S. 304 ff. Navarre Études sur les particules grecques, Rev. des ét. anc. 6 (1904) S. 77 ff. 7 (1905) S. 116 ff. F. Müller Quaestiones grammaticae de γάρ particulisque adversativis enuntiata eorumque membra coniungentibus, Göttingen 1910. E. Kalinka De usu coniunctionum quarundam [γάρ, οὖν, τοίνυν, δή, ἄρα, τοιγάρτοι] ap. scriptores Atticos antiquissimos, Diss. Vindob. 2, 145 ff. W. Brandt Griech. Temporalpartikeln, vornehmlich im ion. u. dor. Dialekt, Göttingen 1908. Rosenthal De Antiphontis in particularum usu proprietate, Leipzig 1894. Brief Die Konjunktionen bei Polybios, Progr. Wien 1891. 92. 94. Loost Bemerkungen üb. den Partikelgebrauch Lukian's, Festschr. für Friedländer S. 163 ff. Andere Literatur bei Hübner Grundr. griech. Synt. S. 74 ff. und Schwyzer Bursian's Jahresb. 1904 S. 121 ff.

Italisch. Draeger Hist. Synt. der lat. Spr. 2², 1 ff. Kühner-Stegmann Ausf. lat. Gramm. 2², 2, 1 ff. Schmalz Lat. Gramm.⁴ 492 ff. 636 ff. Bennett Syntax of Early Latin 1, 460 ff. F. Hand Tursellinus seu de particulis Latinis commentarii, 4 Bde., Leipzig 1829—45. F. Bauer Die Partikeln der lat. Sprache, Nördlingen 1865. O. Ribbeck Beiträge zur Lehre von den lat. Partikeln, Leipzig 1869. Bökman De particulis copulativis ap. Sallustium, Gotenburg 1887. W. Merten De particularum copulativarum ap. veteres Romanorum scriptores usu, Marburg 1893. Elmer The copulative conjunctions *que, et, atque* in the Inscriptions of the Republic, in Terence and in Cato, Baltimore 1887. H. Sjögren De particulis copulativis ap. Plautum et Terentium quaest. selectae, Upsala 1900. L. Kienzle Die Kopulativpartikeln *et que atque* bei Tac., Plin., Sen., Tübingen 1906. Andere Literatur s. bei Hübner Grundr. lat. Gramm.² 59 ff., Schmalz a. a. O. 509. — v. Planta Osk.-umbr. Gramm. 2, 457 ff.

Keltisch. Zeuss-Ebel Gramm. Celt.² 698 ff. Vendryes Gramm. du vieil-irl. 323 ff. Thurneysen Handb. des Alt.-ir. 1, 26. 239 ff. 328 f. 497 ff.

Germanisch. Erdmann Grundz. der deutsch. Synt. 1, 74 ff. Streitberg Got. Elem.³ 219 ff. Collin Sur les conjonctions gothiques, Lunds Universitets årsskrift 12 (1875—76). L. Tobler Konjunktionen mit mehrfacher Bedeutung, PBS. Beitr. 5, 358 ff. C. Marold Üb. die got. Konjunktionen, welche οὖν und γάρ vertreten, Königsberg 1881.

Baltisch-Slavisch. Schleicher Lit. Gr. 322 ff. Kurschat Gramm. 435 ff. und passim. Leskien Lit. Partikeln und Konjunktionen, IF. 14, 89 ff. E. Hermann Die Entwicklung der lit. Konjunktionalsätze, Jena 1912. Miklosich Vergl. Gramm. 4, 150 ff. 257 ff. Vondrák Vergl. Slav. Gramm. 2, 393 ff. 425 ff.

Schriften, die es speziell mit den negierenden Partikeln zu tun haben, s. vor § 852 S. 974.

nannt, ein Ausdruck, der freilich von vielen für alle Partikeln überhaupt gebraucht wird.

Wenn uns nun hier, wo wir es nur erst mit dem einfachen Satz zu tun haben, die satzunterordnenden Wörter grundsätzlich noch nichts angehen, so sind doch die dem einfachen Satz angehörigen Partikeln und die konjunktionalen Partikeln in einer entwicklungsgeschichtlichen Darstellung nicht streng auseinanderzuhalten, weil öfters Partikeln, die zuerst nur im einfachen Satz ihre Stelle hatten, in dieser oder jener Sprache dazu gekommen sind, auch in der Periode und weiterhin zum Teil nur noch in der Periode verwendet zu werden und damit die Rolle von Nebensatzkonjunktionen zu übernehmen. Dahin erfolgte Entwicklung wird in diesem Abschnitt hie und da mit erwähnt, aber dann nicht weiter verfolgt werden.

Alle Partikeln zusammen werden teils als eine Unterabteilung der 'Adverbia' (s. 2, 2, 667 ff.) betrachtet, teils stellt man 'Partikeln' und 'Adverbia' als verschiedene Wortklassen einander gegenüber. Keine von allen hierauf bezüglichen Begriffsbestimmungen und Abgrenzungen, die man vorgenommen hat, ist frei von Willkür, und auf diese Fragen der grammatischen Systematik einzugehen, ist hier nicht der Ort.

849. Die Einteilung der zu behandelnden Wörter kann nach verschiedenen Gesichtspunkten vorgenommen werden. Die hauptsächlichsten sind die folgenden.

Es lassen sich gegenüberstellen diejenigen Partikeln, die immer auf einfache Sätze (oder Satzglieder) beschränkt waren, z. B. griech. γὲ, lat. *quidem,* und diejenigen, die sowohl im Einzelsatz als auch Sätze verbindend gebraucht wurden, z. B. griech. καί, lat. *et.*

Ein andrer Einteilungsgrund lässt sich von dem Gedankenverhältnis hernehmen, in dem die Partikeln verwendet werden: man unterscheidet affirmative Partikeln, negierende, interrogative, adversative, adhortative, finale, optative usw.

Weiter kann man zerlegen nach dem Grad der Selbständigkeit. Die einen Partikeln waren in demselben Grad orthoton und frei beweglich wie Wörter andrer Wortklassen, z. B. griech. ἔτι, lat. *rūrsus.* Andre lebten nur in engem Tonanschluss an andre Wörter, wie griech. γὲ, τὲ, lat. *quidem, que.* Im letzteren Fall wurden sie zum Teil mit dem Nachbarwort zum festen Kompositum vereinigt, z. B. griech. ἔγω-γε, lat. *meōpte.* Manche wurden in solcher Verschmelzung schon seit Beginn der Überlieferung der Sprache so wenig mehr als Wortglied angeschaut, dass man nur noch ein durchaus einfaches Wort empfand, z. B. griech. ἠὲ, worin *Ϝε 'oder' aufgegangen war, oder got. *ja-h* 'und', dessen *-h* das uridg. **$q^{u}e$* = lat. *que* war.

Wieder ein anderes Anordnungsprinzip ist die Stellung. Manche Partikeln standen gewohnheitsmässig an der Spitze des Satzes, z. B. griech. ἀλλὰ, lat. *an,* ai. *átha.* Andre waren bestrebt, die Stelle hinter dem ersten Worte des Satzes einzunehmen, wenn sie den ganzen Satz charakterisierten, z. B. griech. δέ, νύ, lat. *autem,* got. *nu* (1, 952), ai. *khálu, nú,* oder gleich hinter dem innerlich am meisten durch sie beleuchteten Wort ohne Rücksicht darauf, an welcher Stelle des Satzes dieses stand, z. B. griech. γὲ, τὲ, lat. *quidem, que,* ai. *cit, ca.*

Vom sprachgeschichtlichen Standpunkt aus kann man weiterhin einteilen danach, ob eine Partikel diesen Redeteilcharakter aus der Zeit der idg. Urgemeinschaft mitgebracht hat, oder ob sie ihn erst auf einzelsprachlichem Boden angenommen hat. Die uridg. Partikeln sind nach Etymologie, formalem Wesen und Grundbedeutung meistens mehr oder weniger dunkel. Nimmt man die erst einzelsprachlich zu Partikeln entwickelten Wörter hinzu, so lassen sich vier kontrollierbare Ausgangspunkte unterscheiden: a) Partikeln aus pronominalen Formen, z. B. ai. *cit (cid)* = lat. *quid,* zu Stamm **$q^{u}i$-* 'quis'; griech. τοὶ = τοὶ 'tibi' (Dat. ethicus). b) Aus nominalen Formen, z. B. ai. *nā́ma* 'freilich, immerhin' = *nā́ma* 'Name', griech. ὅμως 'gleichwohl' = ὁμῶς 'auf gleiche Weise', ir. *cammaib cammaif camaiph* 'doch, aber, jedoch' = *camm-oiph* 'falsches Aussehen, falscher Schein', lat. *vērum vērō,* zu *vēru-s,* got. *raíhtis* 'denn, nämlich', zu *raíhts* 'recht'. c) Aus präpositionalen Wörtern, z. B. ai. *ápi* 'auch, dazu' = *ápi* 'bei' (2, 2, 838 ff.), griech. πρός ποτὶ 'dazu, ausserdem' = πρός ποτὶ 'zu' (2, 2, 877 ff. 891 ff.). d) Aus verbalen Formen, bezieh. aus kurzen untergeordneten Sätzchen, z. B. Imper. ai. *ēhi* 'wohlan', griech. ἄγε 'wohlan', lat. *age, em* aus *eme* 'nimm, da hast du', *puta*, nhd. dial. *halt, geh* (z. B. *geh bleib doch* 'wohlan bleib doch'), Indik. griech. οἶμαι ('glaub ich') 'vermutlich, wohl' (z. B. ἐν οἶμαι πολλοῖς), lat. *credo* 'vielleicht' (Lukr. *an credo in tenebris vita ac maerore iacebat?*), lit. *żinaĩ* ('du weisst') 'natürlich'. Den Eintritt in die Klasse der Partikeln mag man sich verdeutlichen an nhd. *scheint's*: zunächst eingeschoben z. B. *du hast scheints den brief nicht bekommen*, dann auch (im Rheinfränk.) *scheints hast du den brief nicht bekommen (scheints = scheinbar, wahrscheinlich)*.

850. Der Übergang zur Partikel war einzelsprachlich und wohl auch schon in uridg. Zeit zum Teil mit Gliederungsverschiebungen verbunden, die durch psychologische Umwertung eingeleitet worden sind.

Z. B. bei den Verbindungen griech. δηλονότι (= δῆλον ὅτι) 'offenbar', lat. *fors-an forsitan = fors-sit-an* (vgl. alat. *fors fuat an*), got. *wait-ei* 'vielleicht, etwa' war das, was zuerst den Hauptsatz ausmachte, gegen den konjunktionalen Nebensatz logisch in den Hintergrund gerückt, und so nahm, was zuerst abhängiger Satz war, die Form eines selbständigen Satzes an. Nun war man aber an die Nebensatzkonjunktion im unmittelbaren Gefolge des Hauptsatzes in dem Grade gewöhnt, dass sie an dem entstehenden Adverbium wie eine inhaltsleere Wortendung hängen blieb. Vgl. z. B. *forsan, forsitan* als adverbiales Satzglied, z. B. Verg. Aen. 4, 18 *huic uni forsan potui succumbere culpae*, auf Grund der älteren Konstruktion mit konjunktivischem Nebensatz, wie Ter. Eun. 197 *forsan hic mihi parvam habeat fidem*, ferner z. B. Liv. 9, 11, 13 *et illi quidem, forsitan et publica, sua certe liberata fide, ab Candio in castra Romana inviolati redierunt*.

Im Griech. wurde ὤφελον ὄφελον 'ich sollte, debebam' mit Inf. durch Gleichstellung mit Ausdrücken wie εἴθ' εἶδον, εἴθε μὴ εἶδον (§ 799) zu einer Wunschpartikel (z. B. Arrian. ὤφελόν τις μετὰ ταύτης ἐκοιμήθη). Mit ὤφελον hatte sich ein Gefühl verbunden ähnlich dem, welches das eingeschobene οἶμαι u. dgl. (§ 849) begleitete, und so wurde der von ὤφελον abhängige Infinitiv durch den Indik. Prät. ersetzt [1]).

1) Die Umempfindung tritt schon bei Homer zutage in dem Ersatz von οὐ durch μή, z. B. I 698 μὴ ὄφελες λίσσεσθαι, ursprünglich 'non debebas precari'.

Die aksl. 2. 3. Sing. *by* in der § 788. 790. 802 behandelten periphrastischen Wendung, die Konditionalis heisst, erscheint im Russ. zur Partikel geworden. Dieses *by* verschmolz dann noch mit andern Partikeln, wie *čto-by da-by* (Vondrák Vergl. Slav. Gramm. 2, 181 f.).

Vgl. auch IF. 15, 340, Trautmann Apreuss. Sprachd. 285 f. über den Ursprung der balt. Permissivpartikel *lai*, z. B. apreuss. *ēi-lai* 'er gehe' (2. Sing. *quoitī-lai-si* 'du wollest', 2. Plur. *quoitī-lai-ti*), aus 3. Sing. **u̯loi-t* 'velit'.

851. Im folgenden soll nur auf solche Partikeln eingegangen werden, die in mehreren Sprachzweigen zugleich als fertige Partikeln auftreten. Unter diesen lassen sich ohne Schwierigkeit nur die Negationen als eine besondere Gruppe für die entwicklungsgeschichtliche Darstellung ausscheiden[1]). Mit dieser Gruppe beginnen wir, und die Aufzählung der übrigen Partikeln geschieht nach demselben äusserlichen Prinzip, nach dem die Präpositionen 2, 2, 793 ff. abgehandelt sind.

II. Die negierenden Partikeln[2]).

852. **mē*: ai. *mā́* av. *mā* apers. *mā*, arm. *mi*, alb. *mo-s* war von uridg. Zeit her die Prohibitivnegation, eine Handlung ablehnend und abwehrend. Von ihrer Verbindung mit den Verbal-

1) Das gleiche ist möglich für die sogenannten Interjektionen, falls man sie in das Kapitel von den Partikeln einbezieht. Ich meinerseits sehe von einer vergleichenden Behandlung der Interjektionen in diesem Werk überhaupt ab.

2) Allgemeinidg. F. H. Fowler The negatives of the Indo-European languages, Chicago 1896. A. Döhring Zur Lehre von den Negationen, in: Etymolog. Skizzen (Königsberg 1912) S. 50 ff.

Griechisch. Löbe De negationum bimembrium usu ap. poetas tragicos, Berlin 1907. Hentze Die Entwicklung der Funktionen der Partikel μή in den homer. Gedichten, BB. 28, 191 ff. Howes The use of μή with the participle etc., Harvard Studies in Class. Philol. 12, 277 ff. Lieberkühn Comment. de coniunct. negat. μὴ οὔ, Weimar 1853. Gildersleeve Encroachments of μή and οὐ in Later Greek, A. J. of Ph. 1, 45 ff. (vgl. 23, 132 ff.). Birke De particularum μή et οὐ usu Polybiano, Dionysiaco, Diodoreo, Straboniano, Leipzig 1897. Andere Literatur bei Hübner Grundr. griech. Synt. 76 f.

Lateinisch. F. W. Hinzpeter De *ne* et *non* particulis, Bielefeld 1832. S. Obbarius Über *non* mit dem Imper. und Conjunct. statt

formen und ihrer Verdrängung durch *$n\breve{e}$ oder auf *$n\breve{e}$ beruhende Formen im Italischen, Keltischen, Germanischen, Baltisch-Slavischen ist S. 807 f. und 827 ff. gehandelt. Ergänzend sei hierzu noch folgendes bemerkt.

**mē* hatte seine Stelle ursprünglich nur in Hauptsätzen. Im Ai. aber (noch nicht im RV.) und im Griech. sind Sätze mit dieser Partikel im inneren Zusammenhang mit andern Sätzen als abhängig in der Art empfunden worden, dass **mē* die Natur einer Nebensatzkonjunktion ('damit nicht') annahm. So ai. ŠB. 1, 8, 1, 6 *tą́ tú tvā mā́ girāú sántam udakám antáš chāitsīd yā́vad udaką́ samavā́yāt tā́vat-tāvad anvā́va sarpasíti* 'damit dich aber, wenn du auf dem Berge bist, das Wasser nicht abschneide, sollst du in dem Masse, wie das Wasser sinkt, immer nachfolgen', σ 10 εἶκε, γέρον, προθύρου, μὴ δὴ τάχα καὶ ποδὸς ἕλκῃ 'weiche, Alter, vom Türweg, damit du nicht bald beim Fusse fortgeschleift wirst'. Die gleiche Entwicklung erfuhr die an die Stelle von **mē* gerückte *n*-Partikel im Lat., wie Plaut. Pseud. 942 *vide ne titubes.*

853. Mit *$n\breve{e}$ (vgl. 1, 496 § 544, 2) und **nei*[1]) stellte man seit uridg. Zeit etwas in Abrede.

*$n\breve{e}$: ai. *ná* av. *na-* (av. *na-va* u. a.), im Griech. *νε- in νήκεστος u. a. (2, 1, 106), lat. *ne-scio ne-que* u. a., osk. *ne*, ir. *ne-ch*

des prohibitiven *ne*, Z. f. d. Gymn. 1850 S. 543 ff. 952 ff. L. Vicol Die Negation im Lateinischen, Suczawa 1890. 91. A. Habich Observationes de negationum aliquot usu Plautino, Halle 1893. O. Brugmann Üb. den Gebrauch des condicionalen *ni* in der älteren Latinität, Leipzig 1887. M. Müller Zum Sprachgebrauch des Livius I: Die Negationen *haud (non), haudquaquam (nequaquam)*, Stendal 1877. Sigismund De *haud* negationis ap. priscos scriptores usu, Comment. philol. Jenens. 3, 217 ff. Planer De *haud* et *haudquaquam* negationum ap. scriptores Latinos usu, Jena 1886. Andere Literatur bei Hübner Grundr. lat. Synt.² 95 f.

Germanisch. Mourek Zur Negation im Altgermanischen, Prag 1903, Zur altgermanischen Negation (Prag 1905). Delbrück Germanische Syntax I: Zu den negativen Sätzen, Leipzig 1910. Koppitz *ni*, Z. f. d. Phil. 33, 12 ff.

1) Für uridg. Abtönungsformen *$n\breve{o}$, **noi* sind bis jetzt noch keine glaubhaften Belege vorgeführt worden. Wegen der altitalischen Formen, die man für *o*-Qualität vorgebracht hat, s. Solmsen Stud. 87, v. Planta Osk.-umbr. Gramm. 2, 469, wegen lat. *nōn* auch die Anm. in diesem Paragraphen S. 976.

kymr. *ne-p* 'irgend einer' (zur Bedeutung s. § 854), got. ahd. *ni* got. *ni-h* (vgl. IF. 33, 173), lit. *nè* aksl. *ne*.

**nē*: ved. *ná*, lat. *nē nē-quāquam* osk. *ni*, ir. *nī ni* kymr. *ni* (vielleicht zugleich Fortsetzung von uridg. **nĕ*), got. *nē*, vielleicht auch aksl. *nĕ-kъto* 'jemand' (vgl. Pedersen KZ. 40, 147).

**nei*: av. *naē-čiš* 'keiner', lat. *nei nī quid-nī* osk. *nei*, got. *nei* (nur 2. Kor. 3, 8) ahd. *nī* (oder diese german. Formen aus **ne id* 'das nicht'? vgl. ai. *nét* 'durchaus nicht'), lit. *neĩ nẽ-ka-s* aksl. *ni ni-kъto*.

Anm. Im Arm. ist *oč*, wofür in engem Anschluss an das folgende Wort *č*- auftritt, an die Stelle von **nĕ* gekommen. Der Ursprung dieser Negation ist unklar.

Im Griech. wurde, von den oben genannten Zusammensetzungen wie νήκεστος abgesehen, **nĕ* durch οὐ (οὐ-κί οὐκ, 2, 2, 351, οὐ-χί, 2, 3, 888) verdrängt, dessen Etymologie ebenfalls unaufgeklärt ist (Brugmann-Thumb Griech. Gramm.[4] 609 f.).

Über lat. *haud*, das ursprünglich vielleicht 'falsch' bedeutet hat, s. Walde Et. Wtb.[2] 361. *nōn*, das dem *ne*- (*ne-scio*) stark Konkurrenz machte, ist lautgesetzlich aus **n'oinom* entstanden (*ō* in geschlossener Silbe, nicht *ū*, wie sonst, zu vergleichen mit *seu* gegen *seive sīve*, vgl. 1, 184).

Über die ir. Negation *nach- nāch-* s. § 733. 739.

854. **ne* negierte teils die ganze Aussage, in welchem Fall es oft den Satz begann, z. B. ai. TS. 2, 1, 4, 3 *ná duścármā bhavati* 'er wird nicht hautkrank', teils nur das Verbum finitum, in welchem Fall es unmittelbar vor diesem stand, z. B. AB. 1, 16, 9 *sa yadi na jāyēta yadi cirą jāyēta* 'wenn es (das Feuer) nicht entsteht oder zu langsam entsteht'. Im letzteren Fall war zwischen Negation und Verbum ein ähnliches Verhältnis wie zwischen manchen Präfixen und dem Verbum. Daher die gewohnheitsmässige Wortstellung wie ai. *ná śaknōmi*, got. *ni mag*, lat. *nōn possum* mit Inf. 'ich bin unvermögend etwas zu tun' und gewohnheitsmässige Univerbierungen wie lat. *nōlo*, ags. *nylle* nslov. *nočem nečem* (aus **ne-hočem*) serb. *neću* 'nolo', lat. *nescio*, aksl. *neveléti* 'verbieten', serb. *nestati* 'verschwinden'. Der Charakter der Wortnegation hat hier bewirkt, dass nicht die Tatsächlichkeit der Satzaussage in Abrede gestellt, sondern der Begriff des Verbums in sein Gegenteil verkehrt wird; durch die Zusammensetzung ist gewissermassen ein neuer Verbalbegriff entstanden. Es war also z. B. bei den Römern eine Zeitlang wenigstens ein feinerer

Bedeutungsunterschied zwischen *nōn scio* und *ne-scio* (wobei natürlich davon abgesehen ist, dass *nōn* einmal stärker negierte als das einfache *ne*, s. § 853 Anm.). Im Griech. ging dasselbe Verhältnis auf die Verbindungen mit οὐ (§ 853 Anm.) über, z. B. οὐκ ἐθέλω 'ich bin unlustig etwas zu tun', οὔ φημι 'ich leugne'. Aus dieser Begriffsvereinheitlichung erklärt sich auch, dass dieses **ne* (griech. οὐ) nicht durch **mē* oder dessen Vertretung ersetzt wurde, z. B. lat. *ut nescias* (neben *ne scias*), griech. ἐὰν οὐκ ἐθέλῃ (neben ἐὰν μὴ ἐθέλῃ).

**nĕ* konnte ferner auch zu nominalen und pronominalen Wörtern eine engere Beziehung gewinnen, wodurch er teilweise mit **n̥-* (§ 857) in Konkurrenz geriet, z. B. ai. *na-ciram na-cirēṇa na-cirāt* 'nicht lange, kurz', griech. νηλεής 'unbarmherzig', νήνεμος 'windstill', lat. *ne-fās, nēmo* aus **ne-hemō* (oder aus **nē-hemō?*) — das sich mit got. *ni manna* ahd. *nio-man* 'οὐδείς' vergleicht —, *ne-scius*, got. *ni-waihts, ni waiht*, ahd. *neo-wiht nio-wiht* 'nichts', lit. *ne-lābas* 'ungut, böse', aksl. *ne-čistъ* 'unrein' (2, 1, 105), ai. *ná-kiḥ* 'niemand, nicht irgend' (2, 2, 678), lat. *n-usquam*, ir. *ne-ch* 'aliquis' kymr. *ne-p* 'quisquam', got. *ni hvashun* 'οὐδείς', lit. *ne-kàs* 'etwas', *ne-kadà* 'zuweilen' (2, 2, 349. 351 f.), vgl. auch griech. οὐ-κί ursprünglich 'in nichts' und οὔτις 'keiner' (a. a. O.). Wie die Partikel zu unmittelbarster Verbindung mit Pronomina indefinita gekommen ist, zeigt Delbrück German. Synt. 1, 11.

Was die Abstreifung des negativen Sinnes betrifft, die die Komposita ir. *ne-ch* und lit. *ne-kàs* erfahren haben, so mag sie in negativen Sätzen mit wiederholentlicher, aber einander nicht aufhebender Negation geschehen sein. Man konnte hier dasjenige *ne*, das nicht unmittelbar zum Verbum gehörte, leicht als an sich nicht verneinend empfinden. So hat sich auch in romanischen Sprachen, wo man meist *non venit nullus* in dem Sinne 'keiner kommt' sagte, das Gefühl eingestellt, dass *nullus* nicht 'keiner', sondern 'irgend einer' bedeute, und so gewannen hier mehrere ursprünglich negative Pronomina einen positiven indefiniten Sinn (Meyer-Lübke Roman. Gramm. 3, 746 f.). Ähnlich mag das kelt. **ne-u̯e* zur Bedeutung 'oder' gekommen sein (§ 874, 1).

855. **nē*, ursprünglich nur eine phonetische Variante von **nĕ* und daher mit diesem von Haus aus gleichbedeutend (so noch ved. *nā́*, ir. *nī*), erscheint im Got. in der Antwort in dem Sinne 'nein', im Lat. in *nē—quidem, nē-ve, nē-quāquam* u. dgl. Seit uritalischer Zeit hat es im italischen Sprachzweig **mē* (§ 852) ersetzt (vgl. osk. Tab. Bant. 17 *eisucen ziculud zicolom XXX nesimum comonom ni hipid* 'ab eo die in diebus XXX proximis comitia ne habuerit), wobei vermutlich das Reimen der beiden Wörter eine Rolle gespielt hat.

856. **nei* war von uridg. Zeit her ein betontes 'nicht'. Dies tritt namentlich im Lat. und im Balt.-Slav. noch hervor.

Lat. z. B. Plaut. Mil. 1120 *itan tu censes?*, Antwort *quid ego ni ita censeam?* 'was sollt' ich nicht so denken?', 1311 *quid modi flendo quaeso hodie facies?*, Antwort *quid ego ni fleam?* 'was sollt' ihr nicht weinen?' (Dieses *quid nī* wurde in jüngerer Zeit univerbiert und wird demnach *quidni* geschrieben.) Da *nī* besonders oft in Kondizionalsätzen so gebraucht wurde, z. B. XII tab. *si in ius vocat, ito; ni it, antestamino* 'geht er nicht, so' usw., Plaut. Cas. 75 *id ni fit, mecum pignus dato* 'tritt dies nicht ein', Epid. 700 *ni matris filiast, in meum nummum pignus da*, so wurde *nī* zur kondizionalen Nebensatzkonjunktion. Dabei hat der Umstand mitgewirkt, dass, wie z. B. in der erstgenannten Stelle, öfters ein positiver Satz mit *si (si in ius vocat)* vorausging, zu dem der Satz mit *nī* das Gegenteil bildete. Auch mag die Entwicklung zur Nebensatzkonjunktion noch dadurch gefördert worden sein, dass *sei sī* und *nei nī* reimten.

Im Lit. und Slav. entspricht diese Gestalt der Negativpartikel dem lat. *nē—quidem* und dem griech. οὐδέ, doch so, dass das Verbum an sich nochmals, im Lit. regelmässig, im Slav. meistens durch *ne* negiert wird. Lit. *àsz neĩ dúnos ne-turiù* 'ich habe nicht einmal Brot', *àsz jį̃ neĩ matýte ne-maczaũ* 'ich habe ihn nicht einmal gesehen', aksl. Matth. 8, 10 *ni vъ Izraeli toliky věry ne obrětъ* 'οὐδὲ ἐν τῷ Ἰσραὴλ τοσαύτην πίστιν εὗρον'; ohne *ne* z. B. Matth. 6, 29 *jako ni Salomonъ vъ vьseji slavě svojeji obléče sę jako jedinъ otъ sichъ* 'ὅτι οὐδὲ Σαλομὼν ἐν πάσῃ τῇ δόξῃ αὐτοῦ περιεβάλετο ὡς ἓν τούτων'. Dem entspricht griech. οὐδέ—οὐ z. B. Thuk. 2, 97 ἀλλ' οὐδ' ἐν τῇ Ἀσίᾳ ἔθνος ἓν πρὸς ἓν οὐκ ἔστιν ὅ τι δυνατὸν Σκύθαις ὁμογνωμονοῦσι πᾶσιν ἀντιστῆναι 'sondern selbst nicht in Asien gibt es ein einzelnes Volk, das den sämtlichen Skythen, wenn sie einig sind, zu widerstehen vermöchte'. Auch in andrer Folge der beiden Partikeln, οὐ—οὐδέ, z. B. ε 211 ἐπεὶ οὔ πως οὐδὲ ἔοικεν | θνητὰς ἀθανάτῃσι δέμας καὶ εἶδος ἐρίζειν 'da es sich nicht einmal irgend wie ziemt (ganz abgesehen von der Unmöglichkeit)', und in Übereinstimmung hiermit im Lat. *non—ne ... quidem*, z. B. Cic. Verr. 3, 90, 210 *non fugio ne hos quidem mores*.

Keinen besonderen Nachdruck hat **nei* in av. *naē-čiš* und lit. *nẽ-kas*, slav. *ni-kъto* (§ 353) — im Slav. erscheint *ni* durch Präpositionen vom pronominalen Element getrennt, z. B. *ni u kogo* 'apud neminem' — im historischen Gebrauch, wird ihn aber einmal ebenso gehabt haben wie das οὐδέ in der griech. Zusammensetzung οὐδ-είς, die mit οὔ-τις gleichbedeutend geworden ist und dieses, abgesehen von seinem Gebrauch in der Dichtersprache, verdrängt hat.

Lit. *neĩ*, aksl. *ni* werden, wie griech. οὐδέ, zur Anreihung eines negierten Satzes an einen andern negierten Satz verwendet. So lauten die Worte Matth. 6, 26 οὐ σπείρουσιν οὐδὲ θερίζουσιν οὐδὲ συνάγουσιν εἰς ἀποθήκας lit. *jẽ ne-sėja neĩ piáuja neĩ suvãlo į̃ skunès*, aksl. *ne sějątъ ni žьnjątъ ni sъbirajątъ vъ žitьnicą*. Erst durch eine äusserliche Angleichung, indem *neĩ, ni* aus dem zweiten Glied in das erste Glied herüberdrang, scheint entstanden zu sein lit. *neĩ—neĩ*, aksl. *ni—ni* 'weder—noch'. So erscheint für die Worte Joh. 5, 37 οὔτε φωνὴν αὐτοῦ ἀκηκόατε πώποτε οὔτε εἶδος αὐτοῦ ἑωράκατε lit. *jũs nẽkadōs neĩ jō balsą girdėjot neĩ jō véidą regėjot*, aksl. *ni glasa jego nikъdeže slyšaste ni viděnьja jego viděste*. Im Ai. erscheint dafür *ná—ná*, im Griech. οὔτε—οὔτε, im Lat. *neque—neque*, im Got. sowohl *ni—ni* als auch *nih—nih*.

857. Über die nur in Komposita auftretende, mit **nē* ablautende Negation **n̥-* ai. *a- an-* usw. s. 2, 1, 105 f., Delbrück Vergl. Synt. 2, 529 ff., Pokrowsky Die mit *in-* negativum zusammengesetzten Verba, Rhein. Mus. 52, 427 ff.

III. Die übrigen Partikeln.

858. **i-ti* 'so' (2, 2, 731): ai. *íti* 'so', lat. *iti-dem* 'ebenso', zu dem Pronomen **i-s* 'is', vgl. **u-ti* § 862.

Ai. *íti* gebrauchte man meist in Verbindung mit Verba des Sprechens oder Denkens und zwar so, dass es auf die Mitteilung zurückwies, z. B. RV. 9, 101, 5 *índur índrāya pavata iti dēvā́sō abruvan* 'der Saft strömt hell für Indra, so sprachen die Götter', ŠB. 1, 5, 4, 6 *táthḗti dēvā́ ábruvan* 'ja!, so sprachen die Götter'.

859. **i-d* = lat. *i-d*, ursprünglich 'das', stand nach Wörtern aller Art, um die Giltigkeit von deren Begriff zu bekräftigen: ai. *ít*, av. *īṯ*, im Osk.-Umbr. in dem Anhängsel osk. *-ic* umbr. *-ec*, das aus **-id-ke* entstanden und daher dem lat. *ecce* aus **ed-ce* (§ 866) nächstvergleichbar ist.

Ai. *sḗt* (= *sá íd*) 'dér, gerade der, derselbe', *táthḗt* (= *táthā íd*) 'só', 'ebenso' z. B. ŠB. 1, 7, 4, 3 *táthḗn nūną̄ tád āsa* 'so nun war dieses'. Weniger oft hinter andern Wortklassen, z. B. TS. 1, 6, 7, 3 *manuṣyā́ ín nvā́ úpastīrṇam ichánti kím u dēvā́ḥ* 'die Menschen (schon die Menschen) wünschen frische Streu, wie viel mehr die Götter'. Av. z. B. Y. 35, 6 *yaϑā īṯ astī* 'ut est', Y. 29, 4 *saxᵛārᵊ yā zī vāvərᵊzōi paᶦrīčīϑīṯ . . . yāčā varᵊšaᶦtē aᶦpīčīϑīṯ* 'die Anschläge, die früher schon ausgeführt worden sind und auch die künftig ausgeführt werden sollen'. Dasselbe **id* in der ar. Negation ai. *nḗt* av. *nōiṯ*.

Osk. *-ic* umbr. *-ec* hinter Pronomina, aber mit verblasster Bedeutung: osk. *iz-ic* umbr. *er-ec* 'is', osk. *id-ic* ídík 'id' u. a. (2, 2, 326. 390). Dass dieses **-id-ke* mit dem einfachen **-ke* semantisch ganz gleichwertig geworden war, zeigt der nach rein phonetischem Gesichtspunkt geregelte Wechsel osk. *iz-ic* 'is': *io-c* 'ea' usw. (vgl. got. *-u-h* : *-h* § 861).

860. **ī* deiktisch oder hervorhebend. Kann, wenn man es kasuell benennen will, als Instr. Sing. N. zu **i-s* 'is' bezeichnet werden (2, 2, 191 ff. 326. 366).

Av. *ī* enkl. Partikel der Hervorhebung, z. B. Y. 53, 6 *iϑā ī haᶦϑyā* 'so ist es in der Tat' (Bartholomae Altiran. Wtb. 363).

Griech. -ī deiktisch hinter Pronomina und pronominalen Adverbia, wie οὑτοσ-ί, ὁδ-ί, νῦν-ί u. a.

Daneben -ῑν, οὑτοσ-ίν usw., von dem es zweifelhaft bleibt, ob es erst auf griechischem Boden aus -ī erweitert worden war oder Fortsetzung war eines uridg. **īm* = ai. *īm* (2, 2, 328. 390).

Aksl. *-i*: *vъ to-i že vrěmę* 'ἐν τῷ καιρῷ οὖν ἐκείνῳ', nbulg. *tъ-j* 'so, auf solche Art, ja' u. a. (Berneker Slav. etym. Wtb. 416). Vermutlich gehört dazu auch ai. *ī-dṛ́ś-* 'so aussehend, so geartet', lit. *ý-paczei* 'besonders' lett. *ī-pats* 'sonderlich, eigentlich'. Dagegen ist mir für die oft hierzu gestellte umbr. Relativpartikel -i -e *-i -ei -e* in *po-ei po-i po-e* 'qui' (2, 2, 328) ein anderer Ursprung wahrscheinlicher, s. § 876.

861. **u *ū,* enklitisch, vermutlich mit **au* verwandt (2, 2 § 341. 2, 3 § 877). Deiktisch oder hervorhebend.

Ai. *u ū* enklitisch hinter Pronomina und Verbalformen, deiktisch und anophorisch, z. B. RV. 7, 95, 6 *ayám u tē sarasvati vásiṣṭhō dvā́rāv ṛtásya subhagē vy àvaḥ* 'dieser Vasištha hat dir, o reiche Sarasvatī, die beiden Tore des Opfers geöffnet', RV. 4, 43, 1 *ká u śravat katamō yajñíyānām* 'wer wird hören, welcher von den opferwürdigen?', RV. 7, 30, 2 *hávanta u tvā hávyam* 'sie rufen (schon, sogleich) dich, den zu rufenden'. Schon urar., ja eventuell schon aus uridg. Zeit ererbt war **sau* 'dieser', F. **sāu*, kontrahiert aus **sa-u, *sā-u:* ai. *a-sāú* M. F., av. *hāu* M. F., apers. *hauv* M. F. (2, 2, 332. 342. 355), vgl. griech. οὗτος (s. u.). Urarisch war auch die Verbindung von *u* mit Präverbien auf *-ā*, z. B. ai. *ápō* av. *apō*, urar. **apau* aus **apa + u*.

Im Griech. **u* nur in fester Verbindung. πάν-υ 'gar sehr', zu Neutr. πᾶν (ἅ-παν). Vielleicht war οὗτος, αὕτη auf einem uridg. **so-u, *sā-u* aufgebaut, s. 2, 2, 344, Brugmann-Thumb Griech. Gramm.[4] 283 f.

In weitem Umfang erscheint das uridg. enklitische *u* im Germanischen. Als univerbiert mit der 1. Sing. Konj. auf **-ō* fanden wir es oben § 444. 456. 468 in got. *bindau* aisl. *binda*, ferner in got. *bundjau*, wozu noch § 494 zu vergleichen ist. Sonst begegnet es noch in folgenden Fällen im Gotischen:

1) In Fragesätzen schloss es sich an das erste Wort an: z. B. Luk. 9, 54 *frauja, wileiz-u ei qiþaima?* 'κύριε, θέλεις εἴπωμεν;'. Hinter Verbalpräfixen, z. B. Luk. 18, 8 *bi-u-gitai galaubein ana airþai?* 'ἆρα εὑρήσει τὴν πίστιν ἐπὶ τῆς γῆς;', Mark. 8, 23 *frah ina ga-u-hva-sēhvi* 'ἐπηρώτα αὐτόν, εἴ τι βλέπει', vgl. oben av. *ápō* (vor *yam-*). Ferner in *sa-u* (zweisilbig geblieben), z. B. Joh. 9, 19 *sau ist sa sunus izwar þanei jus qiþiþ þatei blinds*

gabaúrans waúrþi? 'οὗτός ἐστιν ὁ υἱὸς ὑμῶν, ὃν ὑμεῖς λέγετε ὅτι τυφλὸς ἐγεννήθη;', vgl. ai. RV. 1, 164, 19 *yé arvā́ñcas tā́ñ u pára̅ca āhur yé párāñcas tā́ñ u arvā́ca āhuḥ* 'welche herwärtsgewendet sind, die (just die) nennen sie abgewendet, und welche abgewendet, die (just die) nennen sie herwärtsgewendet'. Ebenso begegnet unkontrahiert gebliebenes *u* in *swa-u* 'so', *ni-u*, das bejahende Antwort, und *ja-u*, das verneinende Antwort erwarten lässt; dagegen wurde *u* hinter dem Vokal *-u* mit diesem kontrahiert, z. B. Matth. 11, 3 *þu* (= *þu u*) *is sa qimanda?* 'σὺ εἶ ὁ ἐρχόμενος;'.

Was die Beschränkung des freien **u* auf die Fragesätze veranlasst hat, ist nicht ersichtlich. (Im Ai. erscheint *u* in Fragesätzen hinter *ká-*, aber es ist dabei nicht selber Charakteristikum des Fragesatzes als solchen.)

2) *-u-h* enklitisch = uridg. **u* $q^{u}e$ (§ 894) erscheint in dreifacher Funktion. Erstlich in kopulativer Bedeutung, Verba und Sätze verbindend, z. B. Mark. 2, 11 *urreis nimuh þata badi þein* 'ἔγειρε καὶ ἆρον τὸν κράβαττόν σου', Joh. 16, 17. 18 *þaruh qēþun us þaim sipōnjam du sis missō: ƕa ist . . . qēþunuh: þata* usw. 'εἶπον οὖν ἐκ τῶν μαθητῶν αὐτοῦ πρὸς ἀλλήλους· τί ἐστιν . . . ἔλεγον οὖν· τοῦτο' κτλ. Ähnlich *u* im Ai., s. IF. 33, 179 f. Zweitens als Zugabe zu den Pronomina indefinita, z. B. *ƕaz-uh* 'jeder' (2, 2, 352). Drittens in der Reihe der Kasus des Pronomens *sa-h* 'eben der' (zur Betonung der materiellen Übereinstimmung mit dem Bezugswort) in den Formen wie *þat-uh, þan-uh*.

In allen diesen Fällen erscheint *-u-h* semantisch gleichwertig mit dem einfachen *-h*, *-u-* war also nur noch eine durch besondere Lautverhältnisse, die Natur des Auslauts des vorausgehenden Wortes bedingte Stütze für das ihm angehängte *-h* (vgl. § 873 über *ja-h*): man sprach z. B. *in-uh-sandidēdun* 'καὶ ἀπέστειλαν', aber *ga-h-mēlida* 'καὶ ἔγραψεν'; *ƕaz-uh ƕiz-uh ƕanz-uh*, aber *ƕa-h ƕō-h ƕammē-h;* endlich *þat-uh þan-uh þamm-uh,* aber *sa-h þai-h þō-h* (IF. 33, 177 f.). Vgl. osk. *iz-ic : io-c* § 859.

862. **u-ti* 'so' (2, 2, 731): av. *u'ti,* ferner wahrscheinlich lat. *ut uti-nam uti-que.* Vermutlich zum selben Pronominalstamm wie **au-ti* (§ 877).

Av. *u'ti* gthav. *ū'tī* 'so', vorweisend und zurückweisend (bei Reden und Gedanken); auch 'ebenso', z. B. Y. 39, 3 *yōi vaŋhə̄uš ā manaŋhō šyeintī yåsčā ūitī* 'welche (Männer) es mit dem guten Sinn halten und welche (Frauen) ebenso'.

Lat. *ut* hatte in Wunschsätzen, z. B. Ter. Eun. 302 *ut illum di deaeque senium perdant!* (Plaut. Amph. 632 *utinam di faxint!*), ursprünglich die Aufgabe, den Wunsch an die vorliegende Situation anzuknüpfen. Es entspricht unserm *so*, z. B. *so wollt' ich doch, du* . . ., und dem griech. εἰ (§ 876). Seine weitere Bedeutungsentwicklung war ähnlich der von aksl. *da*, dessen Urbedeutung ebenfalls 'so' gewesen ist. Dieses *ut* ist frühzeitig mit einem mit osk. puz 'ut' näher verwandten interrogativen Adverbium zusammengeflossen, wozu lat. *uter* eine Parallele bietet (2, 2, 350).

863. **u-te* Partikel des Gegenüberstellens (2, 2, 731 f.): ai. *utá* av. *uta* apers. *utā*, griech. -υτε, vermutlich zum selben Pronominalstamm wie griech. αὖ-τε (§ 877).

Ai. ved. *utá—utá* 'einerseits—anderseits', 'bald—bald', *utá* 'auch, sogar, und', nachved. *ity-uta, kim-uta, praty-uta,* av. *uta* apers. *utā* 'und'.

Griech. -υτε in ἠύτε 'gleichwie' aus *ἠϝ'-υτε (ἠϝ' = *ἠ-ϝὲ § 864. 874). Die ursprüngliche Bedeutung war 'wie anderseits, wie auch'. Vgl. Brugmann-Thumb Griech. Gramm.[4] 624 f. Auch homer. εὖτε (vgl. E. Hermann Nebensätze 307), Synonymum der Temporalkonjunktion ὅτε, scheint -υτε zu enthalten und demnach aus *ἠ oder εἰ + ὔτε entstanden zu sein, vgl. a. a. O. 617 f.

864. **e*: **ē*, deiktisch und hervorhebend, vermutlich identisch mit der Präposition **ĕ̄* (2, 2, 816 ff.). Da diese Partikel zum Pronominalstamm **e-: o-* gehört, liesse sich **ē* kasuell als Instr. Sing. bestimmen (2, 2, 327).

**e*: ai. *a-sāú* 'jener', arm. *e-tʻe* 'dass, wenn', griech. ἐ-κεῖ 'dort', ἐ-χθές 'gestern', lat. *e-quidem* (unsicher, vgl. Walde Wtb.[2] 256), osk. pälign. *e-co-* 'hic' (osk. ekas 'hae' usw.), osk. *e-tanto* umbr. e-tantu 'tanta', aksl. *je-se* 'ecce' aruss. *je-to* 'ecce' russ. *é-tot* 'der hier, dieser' (2, 2, 311. 332 f. 746).

**ē*: ai. *ā́* hervorhebend, hinter Adverbia und Nomina, griech. ἠ 'in der Tat, wirklich', ahd. *ihh-ā* 'ich' *nein-ā* 'nein' u. a. — Griech. ἠ ging allerlei feste Verbindungen ein: ἦτοι aus ἦ τοι, ἆρα lesb. dor. ἦρα (in der Frage) aus ἦ ἄρα, ἐπει-ή, ὅτι-ή, τί-η u. a. (Brugmann-Thumb. Griech. Gramm.[4] 618). In der Verbindung *ἤ-Fὲ ἠέ 'oder' ist ἤ bedeutungslos geworden und nur noch als lautliche Stütze des enklitischen Fὲ mitgeführt worden (vgl. u. a. got. *ja-h* § 873).

865. **eti* etwa 'darüber hinaus, noch dazu'; wohl eher in **et-i*, als in **e-ti* zu zerlegen (2, 2, 844). Griech. ἔτι 'noch dazu'. Phryg. ετι-(?). Lat. *et*, das sich stark ausgebreitet hat auf Kosten von *que*, umbr. päl. *et* 'et' (v. Planta Osk.-Umbr. Gramm. 2, 464); lat. *etiam* ursprünglich 'und bereits'. Got. *iþ* 'δέ, καί'; dazu auch got. *id-* ahd. *it-* (*ita-*) 'wieder, zurück'[1]) sowie vermutlich apreuss. *et- at-* 'wieder, ent-' (2, 2, 844).

Zur Gebrauchsentwicklung vgl. ai. *ápi* 'auch' = Präpos. *ápi*, womit arm. *ev* 'und' identisch ist (2, 2, 838 ff.), und lat. *atque* aus **ad que* 'und dazu'.

Ob mit ἔτι usw. ai. *áti* av. *aiti* apers. *atiy* identisch ist, bleibt wegen der lautlichen Mehrdeutigkeit des ar. *a-* zweifelhaft (2, 2, 844).

866. **e-d*, wie **i-d* (§ 859) ursprünglich Nom.-Akk. N. mit der Bedeutung 'das', identisch mit ir. *ed hed* (2, 2, 327).

Lat. *ecce* aus **ed-ke, ecquis* aus **ed quis; eccum* aus **ecce hom* (vgl. *hun-c*). **ed-ke* war auch enthalten in osk. ekkum 'item', das um den Bestandteil, der in píd-um 'quicquam' vorliegt, erweitert war (IF. 34, 404).

Ferner dieses **e-d* wahrscheinlich in aksl. *jed-ьnъ jed-inъ* 'unus', ursprünglich 'gerade einer, nur einer', vgl. Berneker Slav. etym. Wtb. 262 f.

Dazu vielleicht noch av. *at̰* 'da, dann, darauf; aber; denn; und' (Bartholomae Altiran. Wtb. 67). Es kann auch dem lat. *at* (§ 871) gleichgesetzt werden, überdies noch, woran sein mannigfaltiger Gebrauch denken lässt, aus **ed* und **at* zusammengeronnen sein.

867. **ēd *ōd*, Abl. des Pronominalstamms *e- : o-* (2, 2, 165. 697).

Ai. *āt* 'darauf, ferner, doch', av. *āt̰* 'so—denn'.

Lit. *ō* aksl. *a* 'und, aber'; slav. *a* häufig als erstes Glied von Zusammensetzungen, z. B. *a-li* 'ob', čech. *a-ni* 'nicht einmal',

1) Über got. *id-reiga* unrichtig 2, 1, 326, s. Meissner Z. f. deutsch. Alt. 55, 61 ff.

aksl. *a če* 'obwohl' čech. *a-če a-č* 'wenn'. Aus **ēd* das ostlit. *e* 'und' (= hochlit. **ė*). Auch aksl. *i* 'und, auch' ist lautlich auf **ē(d)* zurückführbar (1, 941), wird aber wohl besser zu uridg. **ei* (§ 876) gezogen.

868. **an*: wahrscheinlich als uridg. anzusetzen für griech. ἄν, eine die Giltigkeit der Aussage beschränkende Modalpartikel (beim Optat. potentialis, dem Konj. und dem diesem nahestehenden Indik. Fut.), und für die nur den Fragesätzen angehörenden Partikeln lat. *an*, got. *an*.

Beispiele für ἄν s. § 773. Es war gleichwertig mit κὲ κὲν (§ 889).

Lat. *an* am häufigsten an der Spitze des zweiten Gliedes einer Doppelfrage, aber auch in der einfachen Frage, sowohl der direkten als auch der indirekten *(haud scio an, quae dixit, sint vera omnia)*.

Got. *an* meist in Verbindung mit Fragepronomina, z. B. Luk. 10, 29 *qaþ du Iēsua: an ƕas ist mis nēƕundja?* 'εἶπεν πρὸς τὸν Ἰησοῦν· καὶ τίς ἐστίν μου πλησίον; wer ist denn mein Nächster?', für sich allein Joh. 18, 37 *qaþ imma Peilatus: an nuh þiudans is þu?* 'εἶπεν αὐτῷ ὁ Πειλᾶτος· οὐκοῦν βασιλεὺς εἶ σύ;'.

Die Gebrauchsverzweigung des uridg. **an* wird beleuchtet durch unser *doch*. Das diesem entsprechende got. *þau þauh* (§ 884) gibt einerseits griech. ἄν wieder, in welchem Fall man es mit 'doch, wohl, etwa' übersetzt (Streitberg Got. Bibel 2, 146), z. B. Luk. 9, 46 *galaiþ þan mitōns in ins, þata ƕarjis þau izē maists wēsi* 'εἰσῆλθεν δὲ διαλογισμὸς ἐν αὐτοῖς, τὸ τίς ἂν εἴη μείζων αὐτῶν', anderseits erscheint es in vollständigen und unvollständigen disjunktiven Fragen (Streitberg Got. Elem.[3] 221f.). Dass im Lat. für *an* auch *anne* erscheint, dieses lautlich auf **at-ne* zurückführbar ist und *an* eine lautgesetzliche Kürzung von *anne* sein kann (s. Walde Wtb.[2] 39 und die dort angeführte Literatur), macht die Zusammenstellung von lat. *an* mit got. *an*, griech. ἄν nicht unwahrscheinlich. Das ist um so weniger der Fall, als das Bedeutungselement des Gegensätzlichen auch im got. *an* klar genug durchblickt (vgl. L. Meyer AN im Griech., Lat. u. Goth. S. 10f.). Übrigens kann man der neuerdings mehrfach befürworteten Zurückführung von lat. *an* auf **at-ne* insofern entgegenkommen, als nichts der Annahme im Wege steht, in *an* seien uridg. **an* und ein urlat. **at-ne* zusammengefallen.

Die Abschwächung der Grundbedeutung, die das griech. ἄν erfahren hat, hat es ebenso aus der Anfangsstellung im Satz verdrängt, wie unser *doch* diese in gleicher Lage verloren hat (vgl. Paul Deutsch. Wtb.² 111 f.). Zu dieser Stellungsänderung kann auch das postpositive Synonymum κέν beigetragen haben (Wackernagel IF. 1, 377 f.).

869. Griech. ἄρα, ἄρ und enklit. ῥά, kypr. ἔρ oder ἔρ', zur Bezeichnung der unmittelbaren Anreihung und besonders des natürlichen Fortgangs der Erzählung, z. B. A 68 ὣς εἰπὼν κατ' ἄρ' ἕζετο 'nachdem er so gesprochen hatte, setzte er sich denn nieder'. Lit. *ir̃* 'auch, und', mit weitgehender Übereinstimmung des Gebrauchs mit demjenigen der griech. Partikel, s. Ber. d. sächs. G. d. W. 1883 S. 38 ff. *ir̃* und ῥά ἄρ aus **r̥* (1, 464. 472). Dazu noch die lit. Fragepartikel *ar̃*, im älteren Lit. auch *er* (Leskien IF. 14, 91), in direkter und indirekter Satzfrage, und ai. *áram* Adv. 'füglich, passend, zurecht, genug' [1]). Die Wurzel ist demnach wahrscheinlich die von griech. ἀραρίσκω 'ich füge'.

Im Griech. ἄρ in Zusammensetzungen: αὐτ-άρ 'aber' aus αὖτε ἄρ (§ 877), vermutlich auch in ἀτάρ 'hingegen, jedoch, aber', zu lat. *at* (§ 871), und in γάρ 'ja, nämlich, denn' aus γέ + ἄρ (§ 891). Vgl. Brugmann-Thumb Griech. Gramm.⁴ 622 f.

870. Griech. ἄρτι 'eben, gerade, jüngst' (wovon ἄρτιος, 2, 1, 164), arm. *ard* 'soeben, jetzt, nun, also' (2, 2, 708, Meillet Altarm. Elem. 135 f.).

871. Lat. *at*, got. *aþ-þan* 'aber'. Hierzu wohl griech. ἀτάρ (ἄρ angehängt wie in αὐτ-άρ § 869). Von got. *ak* ags. *ac* ahd. *oh* 'sondern, aber' mag dahingestellt bleiben, ob es aus **aþ-ke* (zu *-*ke* vgl. *mi-k* § 891) entstanden ist oder mit Holthausen (IF. 17, 458 f.) als die 2. Sing. Imper. von **akan* aisl. *aka* 'fahren' zu betrachten ist, in welchem Falle es bezüglich seiner Geltung als Partikel in griech. ἄγε und lat. *age* 'geh! wohlan!' Parallelen

1) Über das von Meillet Mém. 8, 238 mit ἄρα, lit. *ir̃* verglichene präkr. *ira* s. Pischel Gramm. d. Prakr.-Spr. 184.

hätte. Über noch anderes, was eventuell mit lat. *at* zu verbinden ist, s. § 866 (av. *at̰*), § 868 (lat. *anne an*) und Walde Wtb.[2] 66.

872. Got. *ju* ahd. *iu* 'schon', lit. *jaũ* aksl. *ju* 'schon'. Ablaut wie bei got. *nu nu-h : náu-h* (§ 878), ai. *tú* : got. *þáu-h* (§ 884). Nahe verwandt war lat. *jam* 'jetzt, bereits, schon' (2, 2, 328. 687. 707) sowie got. *ja jai* (§ 873).

Im Lit. *tas-jau* 'derselbe, idem', *tů-jaũ* 'im selben Augenblick, sogleich' (Leskien IF. 14, 101). Aksl. *ju-že* 'schon'.

873. Got. *ja* ahd. *ia iā* 'ja', formell Akk. Sing. = lat. *jam* (§ 872). Daneben got. *jai* 'fürwahr', hd. Interjektion *jē (jeh)*, formell Lok. Sing. S. 2, 2, 328. 710. Mit got. *jai* scheint sich das umbr. Adverbium ie- (in ie-pru, ie-pi) zu decken, dessen Sinn etwa 'iam' gewesen zu sein scheint (Ber. d. sächs. G. d. W. 1908 S. 54 f.).

Vielleicht hierher auch kymr. *ie* 'imo, ita, nae' bret. *ya* (Stokes Urkelt. Sprachsch. 222).

In got. *ja-h* 'und' (ursprünglich 'und in der Tat') ist *ja* semantisch ebenso wertlos geworden wie *u* in *-u-h* (§ 861. 894) oder wie griech. ἤ in *ἠ-Ϝὲ ἠὲ 'oder' (874).

874. **u̯e* **u̯ē* enklitisch, 'oder' und 'gleichwie', wahrscheinlich zu den *u̯*-Demonstrativa gehörig (2, 2, 341 f.): ai. *vā* av. apers. *vā,* ai. *i-va,* griech. -Ϝε in ἤ-[Ϝ]ε ἠ-[Ϝ]ὲ, kontrahiert ἤ (1, 964), lat. *-ve,* urkelt. **ne-u̯e* = abret. *nou* usw.

1) 'Oder'. Schon in uridg. Zeit stellte **u̯ĕ* sowohl Satzteile als auch ganze Sätze in Gegensatz, und uridg. war wohl auch der Gebrauch sowohl in beiden Gliedern einer Alternative (vgl. aksl. *ovъ—ovъ* 2, 2, 341) als auch im zweiten Glied allein.

a) In beiden Gliedern. Ai.: TS. 2, 4, 10, 1 *náktą vā dívā vā varṣati* 'es regnet entweder nachts oder am Tage', ŠB. 1, 8, 1, 8 *tád vā jajñāú tád vā ná jajñāu* 'das gestand sie zu oder sie gestand es nicht zu'; av.: Y. 35, 6 *nā vā nāⁱrī vā* 'entweder Mann oder Weib', Y. 31, 17 *katārəm ašavā vā drəgvå vā vərᵊnvaⁱtē mazyō* 'was ist das grössere, was der Anhänger des Aša oder was der der Drug glaubt?'; apers.: Bh. 1, 7 *xšapaʰ vā raučaʰpativā* 'entweder bei Nacht oder am Tage'. Griech.: A 395 εἴ ποτε δή τι | ἢ ἔπει ὤνησας κραδίην Διὸς ἠὲ καὶ ἔργῳ 'wenn du je entweder durch ein Wort das Herz des Zeus erfreut hast oder auch durch eine Tat', N 251 ἠέ τι βέβληαι, βέλεος δέ σε τείρει ἀκωκή, | ἠέ τευ ἀγγελίης μετ' ἔμ' ἤλυθες; 'bist du irgend getroffen und quält dich die Spitze des Geschosses, oder kamst du einer Botschaft wegen zu mir?'. Lat.: Ennius bei Gell. 12, 4, 4 *qui dicta loquive tacereve posset,* Ov. Met. 11, 493 *quid iubeatve vetetve,* Verg. Aen. 10, 150 *(memorat,) quidve petat quidve ipse ferat.*

b) Nur im zweiten Glied. Ai.: AB. 7, 9, 8 *yasya bhāryā gāur vā yamāu janayēt* 'dessen Weib oder Kuh Zwillinge gebären sollte', RV. 1, 23, 17 *amū́r yā́ úpa sū́ryē yā́bhir vā sū́ryaḥ sahá* 'jene, die bei der Sonne sind, oder mit denen die Sonne zusammen ist'; av.: Y. 46, 10 *nā g°nā vā* 'Mann oder Weib', Y. 33, 3 *yə̄ ašāunē vahištō . . . vīdąs vā θwaxšaŋhā gavōi* 'wer dem Ašaanhänger wohlwill, oder wer mit Eifer für das Rind sorgt'; apers.: Bh. 4, 17 *yadiy imām dipim imaivā patikarā vaināhy* 'wenn du diese Inschrift oder diese Bilder ansehen wirst'. Griech.: π 217 οἰωνοί, | φῆναι ἢ αἰγυπιοί 'Raubvögel, Adler oder Geier', A 515 ὑπόσχεο καὶ κατάνευσον | ἢ ἀπόειπε 'versprich es und gewähre es oder versag es'. Lat.: Cato r. r. 141, 4 *in uno duobusve,* Plaut. Asin. 636 *videtin, duo minae quid pollent quidve possunt?* Ir.: Wb. 13a 9 *is lour dā preceptōir in n-æclis no trī* 'zwei Prediger in der Kirche oder drei ist genug', Wb. 9 b 22 *proind less hitaig nō airitiu ābiith* 'prandere cum eo domi vel sumere eius cibum'.

Wie im Griech. das ἤ von ἠ-[F]ε, ἠ-[F]έ an sich bedeutungslos geworden und nur als lautliche Stütze von *Fέ übrig geblieben ist, so gilt das auch von dem *ne* von urkelt. **ne-u̯e,* das kaum etwas anderes als die Negativpartikel sein kann. **ne-u̯e* hätte demnach zunächst die Bedeutung 'oder nicht' gehabt. Vgl. § 854 über ir. *ne-ch* 'aliquis'.

2) 'Gleichwie'. Ai. *i-va* (vgl. griech. ἰ-δέ neben δέ) hinter dem Wort für den zur Vergleichung herangezogenen Begriff, z. B. RV. 1, 1, 9 *sá naḥ pitḗva sūnávē 'gnē sūpāyanṓ bhava* 'sei uns gnädig, o Agni, wie der Vater dem Sohne'. So in der klass. Sprache bisweilen auch *vā,* schon in einem Mantra des Gṛhyarituals *pavamānō vā* 'wie der Wind'. Im Griech. *ἠ-Fε

'wie' in ἠύτε 'wie' (§ 863). Diese Partikel verband sich auch mit dem Komparativ, ebenso wie lat. *quam*, nhd. *als, wie,* z. B. Δ 277 μελάντερον ἠύτε πίσσα 'schwärzer wie Pech' (vgl. ὡς ὥσπερ beim Kompar., z. B. Xenophan. bei Athen. 12 p. 526 a οὐ μείους ὥσπερ χίλιοι εἰς ἐπίπαν). Daher wird vermutlich hierher auch das einfache ἠὲ ἤ beim Komparativ gehören, B 453 τοῖσι δ' ἄφαρ πόλεμος γλυκίων γένετ' ἠὲ νέεσθαι 'denen war der Krieg lieblicher als heimzukehren', nicht dass von dem Sinne 'oder' auszugehen wäre. Die Ansicht von E. Hermann Nebensätze 286, dass ἤ beim Komparativ in Fällen aufgekommen sei, wo dieser negiert war (οὐ μείζων ἤ σύ), und erst später auch hinter positiven Begriffen gebraucht worden sei (μείζων ἤ σύ), halte ich nicht für hinlänglich begründet.

Lat. *ceu*, z. B. Verg. Aen. 2, 416 *adversi rupti ceu quondam turbine venti | confligunt,* aus **cei-u̯e* oder **cē-u̯e* (1, 184). Der erste Bestandteil, wahrscheinlich, wie der von *cēterī,* zu griech. ἐ-κεῖ usw. gehörend (2, 2, 321 ff.), scheint in dieser Verbindung eine ähnliche Funktion gehabt zu haben wie der erste Teil von ai. *i-va.* Andere (s. IF. Anz. 18, 76) gehen von **kai-ve* aus (zu griech. καί), 'wie auch', was sich lautlich schwerlich rechtfertigen lässt (wegen des dazu verglichenen *prehendo* s. 2, 2, 880).

Das digammierte griech. ὥς 'wie', das hinter das Wort für den verglichenen Gegenstand trat, z. B. Γ 2 ὄρνιθες ὥς 'wie Vögel', kann als *Ϝως mit **u̯ĕ* so zusammengebracht werden, dass man ein zu diesem im Ablautverhältnis stehendes **u̯ō* ansetzt. Doch lässt es sich ebensogut mit got. *swē* (§ 896) verbinden. Zum -ς s. 2, 2, 700.

875. Ai. *vāí* 'wahrlich, in der Tat', z. B. RV. 10, 119, 1 *íti vā́ íti mē mánaḥ* 'so, wahrlich, so ist mein Sinn' (dazu *tvāí = tú + vāí, nvāí = nú + vāí*); in gleicher Bedeutung av. *vā*; dazu noch ai. *ē-vá* 'so' (2, 2, 332), *vā-vá* 'gewiss, gerade, eben'. Berneker Et. slav. Wtb. 452 verbindet damit ansprechend lit. *võs* 'kaum', *võs-ne-võs* 'mit genauer Not', aksl. *jedъ-va* 'kaum, schwerlich'.

Zugrunde lag das jener-deiktische *u̯*-Demonstrativum (2, 2, 341 f.).

876. **ei* 'in dem, in dem Falle, da (lokal), so': griech. εἰ εἶ-τα, got. *ei*, wahrscheinlich auch aksl. *i*. An den Formen der Kasussysteme gemessen, darf **ei* als Lok. Sing. zum Pronominalstamm *e-* : *o-* (2, 2, 180) bezeichnet werden.

Griech. εἰ knüpfte ursprünglich Wünsche und Aufforderungen an die Situation, aus der sie entspringen, an, z. B. Η 28 ἀλλ' εἴ μοί τι πίθοιο 'möchtest du mir doch folgen' und Θ 18 εἰ δ' ἄγε πειρήσασθε, θεοί 'versucht es doch, ihr Götter'. Vgl. unser auf die gegebene Situation hinweisendes *so*, z. B. in *so hör doch endlich auf*, und das mit εἰ auf demselben Pronominalstamm beruhende ai. *ayā́* 'so', das im Ved. bei Optativen und Imperativen erscheint, z. B. RV. 6, 17, 15 *ayā́ vā́ją dēvā́hitą sanēma* 'so möchten wir den von den Göttern bestimmten Wohlstand erlangen', 3, 12, 2 *ayā́ pātam imą sutám* 'so trinkt diesen Saft'. Zur Bedeutung 'wenn' (konditional) vgl. nhd. *so du dies tust* = *wenn du dies tust* und das mit dem ersten Bestandteil von *sī-c* 'so' identische lat. *sī* 'wenn'. Für εἰ 'wenn' erscheint kret. herakl. kypr. att. ἤ, eine Instrumentalform (2, 2, 188. 327). εἰ war auch enthalten in dem temporalen εἶ-τα 'dann' (2, 2, 732).

Im Got. erscheint *ei* im Relativsatz gewöhnlich an andere Pronomina enklitisch angehängt, z. B. *sa-ei* 'welcher', F. *sō-ei*, N. *þat-ei*, Adv. *þan-ei* 'wann', z. B. Matth. 5, 21 *hausidēduþ þatei qiþan ist þaim airizam: ni maúrþrjais, iþ saei maúrþreiþ skula wairþiþ stauai* 'ἠκούσατε ὅτι ἐρρέθη τοῖς ἀρχαίοις· οὐ φονεύσεις· ὃς δ' ἂν φονεύσῃ, ἔνοχος ἔσται τῇ κρίσει'. *ei* scheint sich hier dem bereits selbst schon relativisch gewordenen *sa* angeschlossen zu haben, vgl. ahd. *der dār* as. *the thār* 'der da' (Luther *allerlei tier, das da lebet und webet*). Dazu ebenfalls relativisch *ik-ei* 'der ich', *þu-ei* 'der du', *iz-ei* 'der da' (F. *sei* = **si-ī*), wie ahd. *ih dār, du dār, ir dā*. Vgl. Ber. d. sächs. G. d. W. 1911 S. 166f., 1913 S. 174. Selbständig als Relativum tritt *ei* bei Zeitbegriffen auf, wie Neh. 5, 14 *fram þamma daga ei anabauþ mis* 'von dem Tag an, da (wo) er mir befahl', vgl. demonstratives *ei* Joh. 16, 17 *leitil ei ni saíhviþ mik* 'ein Kleines, da seht ihr mich nicht'. — Bestätigt wird diese Auffassung des got. *ei* durch das ihm parallel gehende *þei* (§ 885).

Hierher wahrscheinlich aksl. *i* 'und, auch'; eine minder wahrscheinliche Etymologie des Wortes ist in § 867 erwähnt. *i* in Zusammensetzungen: *i-li* 'oder' neben *li* 'oder', *i-bo* 'denn' neben *bo* 'denn'.

Es liegt nahe, neben **ei* ein uridg. **oi* anzunehmen wegen der Relativpartikel umbr. -e -i, *-e -i -ei,* z. B. *po-ei po-i po-e* 'qui' (2, 2, 328), und wegen der Partikel *-aĩ* in lit. *kurs-aĩ*, *katras-aĩ*, *tas-aĩ*, *toks-aĩ* u. dgl. (Leskien IF. 14, 90. 91, Verf. Ber. d. sächs. G. d. W. 1911 S. 162ff. 1913 S. 170).

877. **au,* vermutlich mit **u* (§ 861) verwandt.

Griech. αὖ 'wieder' und 'hinwiederum, anderseits, dagegen, ferner'. Vielleicht war **au* auch im Ausgang von av. 3. Plur. Imper. *jasəntō* enthalten (S. 579).

**au-ti* (2, 2, 731), vgl. **u-ti* (§ 862). Griech. αὖτι-ς gort. αὖτι-ν 'wieder'[1]). Lat. *aut*, osk. *auti* umbr. *ote* ute 'aut', osk. *aut* 'autem, at', in Capua avt 'aut' und 'autem, at'. Die Doppelsetzung lat. *aut—aut* war sekundär.

Griech. αὖ-τε scheint sich zu **au-ti* zu verhalten wie **u-te* (§ 863) zu **u-ti* (§ 862).

Nicht klar ist der Ursprung des Ausgangs von lat. *autem.*

Got. *auk* 'denn, nämlich' und ahd. *ouh* 'auch' dürfen dem griech. αὖ γε gleichgesetzt werden.

878. **nu* **nū* 'nun', hängt mit **neu̯o-s* ai. *náva-ḥ* griech. νέος usw. zusammen. Ai. *nú nū́ nūnám*, av. *nū nūrəm nūrąm* und apers. *nūram* (vgl. Bartholomae Altiran. Wtb. 1089). Griech. νὺ νὺν νῦν. Lat. *nu-dius num etiam-num nunc;* im Umbr. **nū* vermutlich in *nosue* VIb 54 (Ber. d. sächs. Ges. d. W. 1890 S. 227ff., Solmsen Stud. 87). Ir. *no nu* (etwas unsicher, s. Thurneysen Altir. Hdb. 1, 329, Pedersen Vergl. kelt. Gramm. 2, 289f.). Got. *nu (nū?)* ahd. *nu nū*, mhd. nhd. *nū* und seit dem Spätmhd. auch *nūn*, das wohl entweder aus **nū-nu* (vgl. got. *nu-nu* Röm. 14, 20 *ni nunu in matis gataír waúrstw gudis* 'μὴ ἕνεκεν βρώματος κατάλυε τὸ ἔργον τοῦ θεοῦ' und ai. *nū́ nú* RV. 1, 17, 8) durch

1) αὖτι 'auf der Stelle, dort', die Grundlage von αὐτίκα (2, 2, 731), war wohl Umbildung von αὖθι (2, 2, 728) entweder auf Grund des Nebeneinanders von αὖθις und αὖτις oder durch Angleichung an das semantisch nächststehende αὐτός (2, 2, 667).

die Zwischenstufe **nū-ne* oder (nach einer Vermutung von Paul Deutsch. Wtb.² 388) dadurch entstanden ist, dass *nu enist niht* als *nun ist niht* gedeutet wurde, ferner got. *nu-h*, woneben got. *náu-h* ahd. *noh* wie got. *þáu-h* neben ai. *tú* u. dgl. (§ 872. 884). Lit. *nù nūnaĩ*, aksl. *nyně*, vermutlich auch *nъ -no*.

Ai. *nūnám* lit. *nūnaĩ* aksl. *nyně* sind, scheint es, adverbiale Bildungen zu einem aus *nū-* abgeleiteten Adj. **nū-no-* (vgl. ai. *purā-ṇá-* u. dgl. 2, 1, 270). Av. *nūrəm* mag eine iran. Neuerung sein, doch kaum dissimilatorisch aus urar. **nūnam*[1]).

Griech. νὺν νῦν wohl aus **num *nūm*, wozu aus dem Lat. nicht nur *num*, sondern auch *nun-c* (2, 2, 334).

Bezüglich des Gebrauchs sei folgendes herausgehoben:

1) 'nun' = 'in gegenwärtiger Zeit': ai. *nú nū́ nūnám*, av. *nū nūrəm nūrąm* apers. *nūram*, griech. νῦν νῦν-ί, lat. *nu-dius* (2, 2, 679. 746), ir. *no nu*, got. *nu* ahd. *nu nū* nhd. *nun*, lit. *nūnaĩ* aksl. *nyně*.

Die ebenfalls zeitliche Bedeutung 'noch' (vgl. lat. *etiamnum*), die ai. *nú* öfters hatte, z. B. RV. 1, 109, 7 *imé nú té raśmáyaḥ sū́ryasya yébhiḥ sapitvą́ pitárō na ā́san* 'das sind noch diese Strahlen der Sonne, mit denen unsere Väter vereint waren', kehrt wieder in got. *náu-h* ahd. *no-h*, z. B. Matth. 27, 63 *gamundēdum þatei jains airzjands qaþ nauh libands* 'ἐμνήσθημεν ὅτι ἐκεῖνος ὁ πλάνος εἶπεν ἔτι ζῶν'.

Ir. *no nu* wird in gewissen Fällen nur noch verwendet, um die Infigierung eines persönlichen oder relativen Pronomens oder des relativen *n* zu ermöglichen, z. B. *carait* 'sie lieben', aber *no-m-charat* 'sie lieben mich' (Thurneysen und Pedersen a. a. O.). Vgl. den semantischen Untergang des ersten Bestandteils von griech. ἤ-[F]έ (§ 846), got. *ja-h* (§ 873) u. dgl.

2) Ai. *nú nūnám*, griech. νὺ νὺν, got. *nu*, lit. *nù nù-gi*, aksl. *nyně* nehmen auf Vorausgegangenes in der Art Bezug, dass sie das Ausgesagte, zu dem sie gehören, als Ergebnis daraus hinstellen. Daher leise folgernd, etwa 'nun, denn, also'. Besonders

1) *nūrəm* erinnert einerseits an das temporale Adverbium *sūrəm* (Yt. 10, 142 'frühmorgens'), das mit ai. *śváḥ* 'cras' zusammengehört (Bartholomae IF. Anz. 12, 26, Altiran. Wtb. 1631), anderseits an arm. *nor* griech. νεαρός.

oft in Willens- und Wunschäusserungen. Ai. AB. 1, 21 *iti nu pūrvą paṭalam athōttaram* 'dies nun ist die erste Abteilung, nunmehr folgt die zweite', ŠB. 1, 6, 2, 6 *ētán nú tád yásmād átra kriyátē* 'dieses nun ist der Grund, warum es dann dargebracht wird', ŠB. 1, 1, 4, 15 *śraddhádēvō vāí mánur āvą́ nú vēdāva* 'Manu ist ja gläubig, versuchen wir beide ihn nun (doch)!', RV. 2, 11, 21 *nūnạ́ sā́ tē práti várą jaritrḗ duhīyád indra dákṣiṇā maghṓnī* 'möge denn diese deine reiche Kuh, Indra, dem Preissänger Treffliches hervorbringen'. E 311 καί νύ κεν ἔνθ' ἀπόλοιτο ἄναξ ἀνδρῶν Αἰνείας, εἰ μὴ κτλ. 'so wäre denn Ä. umgekommen, wenn nicht' usw., Ψ 485 δεῦρό νυν 'hierher denn!', Xen. Hell. 5, 1, 32 ἴτε νυν 'geht denn!'. τοί-νυν, μὲν τοί-νυν folgernd gleichwie μὲν οὖν. Got. *nu* Übersetzung von οὖν, τοίνυν, z. B. Röm. 11, 22 *sai nu sēlein jah hvassein gudis* 'ἴδε οὖν χρηστότητα καὶ ἀποτομίαν θεοῦ', Luk. 20, 25 *us-nu-gibiþ* 'ἀπόδοτε τοίνυν'; ebenso nhd. *du hast's begonnen, nun muss es auch vollendet werden.* Lit. Donal. 6, 660 *nùgi dabàr vėl skìrkimės* 'lasst uns denn jetzt uns wieder trennen'; ksl. *nyně* 'τοίνυν, ergo' bei Miklosich Lex. pal. s. v., *-no* (aus *-nъ*) in verschiedenen slav. Sprachen beim Imperativ, wie poln. *obroć no się* 'kehr dich nun einmal um', klruss. *daj-no* 'gib' (vgl. *-nъ* in *nebo-nъ* 'etenim' neben *nebo, tu-nъ* 'tum' neben *tu* und das unter 4) zu erwähnende *nъ* 'aber, sondern').

3) Hiermit hängt weiter zusammen der häufige Gebrauch von ai. *nú*, griech. νὺ νὺν, got. *nu nu-h* und von lat. *num* in Fragesätzen. Ai. ŠB. 1, 1, 4, 14 *pāpą́ baṭa nō 'yám ṛṣabháḥ sacatē kathą́ nv imą́ dabhnuyāma* 'ach dieser Stier fügt uns Böses zu, wie könnten wir ihn nun (doch) zu Schaden bringen?', MS. 1, 8, 1 (116, 2) *tásmād ēnam (áśvam) pratyáñcą tíṣṭhantą manyantḗ 'śvō nū́ púruṣā íti* 'deshalb meint man von einem Pferd, das einem gegenübersteht: ist das nun ein Pferd, (oder) ein Mensch?'. A 414 ὤ μοι τέκνον ἐμόν, τί νύ σ' ἔτρεφον αἰνὰ τεκοῦσα; 'ach mein Kind, wozu habe ich unglückliche Mutter dich nun aufgezogen?', Δ 93 ἦ ῥά νύ μοί τι πίθοιο; 'möchtest du denn nun mir wohl gehorchen?'. Got. Joh. 9, 19 *hvaiwa nu saihviþ?* 'πῶς οὖν ἄρτι βλέπει;', Mark. 12, 9 *hva nuh taujai frauja þis weinagardis?* 'τί οὖν ποιήσει ὁ κύριος τοῦ ἀμπελῶνος;'.

Ganz besonders oft wurde im Lat. seit vorhistorischer Zeit *num* in der Frage gebraucht, und es erscheint so geradezu zur Fragepartikel geworden. Plaut. Most. 794 *num moror?*, Cist. 119 *numquid me vis?* In der klassischen Latinität hat sich *num* auf solche Fragen beschränkt, die verneinende Antwort erwarten lassen, wie Cic. Catil. 1, 13 *num dubitas id . . . facere? Exire ex urbe iubet consul hostem. Interrogas me: num in exilium? Non iubeo, sed . . . suadeo.*

4) Zu Anfang des Satzes griech. νῦν δέ und lat. *nunc vero, nunc autem* 'so aber', um die Mitteilung des Wirklichen gegenüber einem bloss angenommenen Fall einzuleiten. Z. B. A 417 αἴθ' ὄφελες παρὰ νηυσὶν ἀδάκρυτος . . . ἧσθαι· | νῦν δ' ἅμα ὠκύμορος καὶ ὀιζυρὸς περὶ πάντων | ἔπλεο 'Sässest du doch tränenfrei bei den Schiffen! So aber bist du kurzlebig und unglücklich vor allen geworden', Cic. Verr. 5, 171 *si . . . ad saxa et ad scopulos haec conqueri ac deplorare vellem, tamen omnia . . . commoverentur: nunc vero cum loquar apud senatores populi Romani, timere non debeo* etc. Vermutlich ist hier anzuschliessen das slav. *nъ* 'aber, sondern', das nach negativen Sätzen steht, z. B. aksl. Luk. 8, 52 *něstъ umrъla děvica, nъ sъpitъ* 'οὐκ ἀπέθανεν τὸ κοράσιον, ἀλλὰ καθεύδει', Matth. 8, 8 *něsmь dostojinъ da vъ domъ mojь vъnideši, nъ tъkъmo rьci slovo* 'οὐκ εἰμὶ ἱκανὸς ἵνα μου ὑπὸ τὴν στέγην εἰσέλθῃς· ἀλλὰ μόνον εἰπὲ λόγῳ', russ. *on ne molód, no star* 'er ist nicht jung, sondern alt'.

879. Zu den *n*-Demonstrativa (**no-* und **eno-* 2, 2, 335 ff.) gehört aus allen Sprachzweigen eine grössere Anzahl von Partikeln, deren sprachgeschichtliche Anordnung in formaler wie in semantischer Hinsicht grossenteils recht schwierig ist. Die folgende Anordnung geht bei 1) bis 4) mehr von der Bedeutungsverwandtschaft aus als von der formantischen Prägung.

1) Ai. *nā́-nā* 'so und so, auf verschiedene Weise'. Griech. νή und ναί (ναί-χι) 'fürwahr' (vgl. δή und δαί § 886), lat. *nē* und *nae* 'fürwahr'. Ai. *anā́* 'gewiss' und 'denn', alat. *enim* (2, 2, 358) 'fürwahr' und 'nämlich, denn' (vgl. 3).

2) Ai. *ná* 'gleichsam, wie', hinter Substantiven, z. B. RV. 1, 63, 1 *yád dha tē víšvā giráyaš cid ábhvā bhiyā́ dṛḷhā́saḥ kiráṇā nā́ijan* 'wenn selbst alle riesigen Berge, die festen, aus Furcht

vor dir wie Staubkörner erzitterten'. Lit. *neĩ neĩ-gi* 'gleichsam, wie' [1]), z. B. *jìs veřkė neĩ kõks kūdikis* 'er weinte wie ein Kind', klruss. *ńi* poln. *ni* 'gleichsam, wie', z. B. klruss. *vyjšot na dvōr ńi by za drovamy* 'er ging in den Hof gleichsam um Holz', poln. *ni rybki pływają* 'wie Fische schwimmen sie'. Auf dem Sinne 'wie' beruhen weiter wohl auch lit. *neĩ neĩ-gi* aksl. *ne-že* serb. *ne-go* 'wie, als' beim Komparativ (vgl. die Anm. S. 996).

Zur Bedeutung 'gleichsam, gleichwie' vgl. av. *bā* 'wahrlich': hom. φή 'gleichsam' (§ 883). Das angeführte ai. *kiráṇā ná* war also ursprünglich etwa 'Staubkörner in Wahrheit, wahre Staubkörner', d. h. 'so dass man sie geradezu St. nennen könnte'.

3) Der Übergang von 'fürwahr, gewiss' zu 'nämlich, denn', den wir schon unter 1) bei ai. *aná* und lat. *enim* erwähnt haben, wird beleuchtet durch nhd. *ja*, das ursprünglich Versicherungspartikel war (mhd. *jā tuon ichȥ durch dīn ēre* 'fürwahr, ich tue es um deiner Ehre willen'), dann aber in hinzugefügten Erläuterungen erscheint, z. B. *halt still, es muss ja sein; er macht grosse reisen, er hat's ja dazu*. Daher stelle ich hierher auch lat. *nam, nem-pe, nem-ut*, lit. *nėsà nė̃s* 'denn', vgl. lit. *bà* 'jawohl': aksl. *bo* 'denn, enim' (§ 883) und ai. *hí* av. *zī* 'denn' (§ 888).

4) In Fragen. Gthav. *čiϑᵊ-nā* zur Einleitung der Frage: Y. 44, 20 *čiϑᵊnā mazdā huxšaϑrā daēvā åŋharᵊ* 'sind denn wohl die Daēva gute Herrscher gewesen?'. Lat. *-ne* in der Frage, vgl. Glöckner Wölfflin's Arch. 11, 491 ff.; demnach wohl auch in den Indefinita *quandō-ne* 'zu irgendwelcher Zeit', *quī-n* 'irgendwie'. Ahd. *na* enklitische Partikel in negativen Fragen, wie *ne weist tu na?* 'weisst du nicht?'.

5) Sonstiges. Hier sehe ich von einer Bestimmung der Begriffsentwicklung ab und muss dem Zweifel Raum geben, dass wirklich alles in diesen Abschnitt gehöre.

Ai. Ausgang der 2. Plur. *-tha-na -ta-na* (§ 4, 4, § 540), wozu vielleicht auch der Ausgang der 2. Sing. *gṛhāṇá, badhāná* usw. (S. 305 f.). Av. *yaϑna* 'und zwar' = **yaṯ* + *nă*.

---

1) Kurschat macht über die Betonungsart des Wortes widersprechende Angaben: in der Grammatik S. 386 und im Deutsch-lit. Wtb. S. 48 b schreibt er *neĩ*, im Lit.-deutsch. Wtb. S. 270 *néi*. Vgl. dazu Schleicher Lit. Gramm. 325 Fussn.

Arm. *-n*, als Artikel bei 3. Personen fungierend, ferner *na* 'dann', *na ev* 'und auch'. Vgl. Pedersen Pron. dém. 26 ff., Meillet Altarm. Elem. 136.

Thess. ὅ-νε 'ὅδε', τό-νε 'τόδε' (2, 2, 344, Brugmann-Thumb Griech. Gramm.[4] 283).

Lat. *ego-ne, tū-ne.* — Umbr. *enom* enu enum-ek inum-ek 'tum' (Akk. Sing. N. wie lat. *tum, quom*), päl. *inom inim* osk. *inim* inim íním 'et'. Das *i* in der Schlusssilbe der letztgenannten Formen war, wie bei lat. *enim*, altes *i* (2, 2, 358). Für die Anlautsilbe, wo sie i í *i* aufweist, scheint nicht Übergang von *e* zu *ẹ* oder *i* bei Schwachtonigkeit der Partikel (in proklitischer Stellung) anzunehmen. Noch weniger ist alter Anlaut *ē-* glaublich. Vielmehr wird der uritalische Wechsel zwischen den Pronomina *e-* und *i-* in verschiedenen Formen (2, 2, 326 ff.) analogisch den Übergang von *en-* zu *in-* herbeigeführt haben.

Lit. *ne-cz* 'da!, gib her', 2. Plur. *necz-te*, aksl. *na* 'da!, da hast du's', 2. Plur. *na-te* (vgl. § 496). Lit. *ne-t* nach Negationen 'sondern' und 'ausser, ohne dass' (Leskien IF. 14, 111 f.), serb. *ne-go* 'sondern, aber', čech. *ne-ž(e)* 'doch'.

Anm. Andere (z. B. Vondrák Vergl. Slav. Gramm. 2, 336. 432) stellen die unter 1) genannten lit. *neĩ neĩgi* aksl. *neže* serb. *nego* 'wie, als' beim Komparativ und die unter 5 genannten lit. *net* 'sondern', serb. *nego* 'sondern, aber', čech. *než(e)* 'doch' zur Negation **ne *nei* (§ 853 ff.). Dem kann ich mich insoweit anschliessen, als es mir wahrscheinlich ist, dass im Balt.-Slav. die beiden seit uridg. Zeit semantisch verschiedenen Gruppen der *n*-Partikeln, die mit negierendem und die mit positivem Sinn, infolge mehrfacher Berührungen im Gebrauch im Sprachgefühl sich vermischt hatten.

880. Lat. *-pe* in *quippe* aus **quid-pe* oder **quī-pe* (vgl. *cūpa cuppa* u. dgl. 1, 801), wozu *quippiam* aus *quippe jam,* in *quispiam* aus **quispe jam,* in *nempe* (vgl. *nem-ut* § 879, 3). *-pe* scheint zusammenzugehören mit dem Ausgang in lit. *kaĩ-po kaĩ-p* 'wie', *taĩ-po taĩ-p* 'so' (*taipo-jaũ* 'ebenso'), *szeĩ-p* 'so'.

881. **per* 'überaus, sehr' (vgl. 2, 2, 865 ff.). Im Griech. enklitisch πὲρ, den Sinn des Wortes, zu dem es gehörte, urgierend, z. B. μάλα περ, ὅς περ und Nom. Sing. Mask. ὅ περ (ὅ = uridg. **so*, als Relativum), ὥς περ, ἀχνύμενός περ. Im Lat. in *per-quam* (vgl. *admodum quam*).

882. **pote *pte*, ursprünglich etwa 'ipso modo, eigentlich, eben'. Griech. τί ποτε τί-πτε 'was (warum) eigentlich (nur)?'. Lat. *ut-pote* und *mihi-pte, meo-pte ingenio* u. dgl. Lit. *tēn-pàt* 'ebendort' u. dgl. Zusammenhang mit lat. *potis potēns*, lit. *pàts* 'selbst' (*tàs-pàts* 'ebenderselbe') und demnach auch mit griech. πόσις 'Gatte' πότνια 'Herrin' ai. *páti-ḥ* 'Herr, Gatte' usw. liegt zutage. Die Entwicklung zur Partikel mag in jeder Sprache selbständig erfolgt sein.

Lat. *-pte* wird auf italischem Boden aus **-pote* synkopiert sein, während bei τί-πτε die Annahme, es sei auf griechischem Boden als 'Schnellsprechform' neben τί-ποτε getreten, schon gewagter ist. Es ist demnach wenigstens bei -πτε mit der Bewahrung einer uridg. schwundstufigen Wurzelgestalt **pt-* zu rechnen.

883. Av. *bā bāṯ bāδa* Partikel der Beteuerung und Hervorhebung, z. B. V. 5, 23 *mąnayən bā* 'man könnte wahrlich meinen', V. 18, 31 *hənti bāδa māvayačiṯ čaθwārō aršāna* 'sunt profecto mihi etiam quattuor mares'. Arm. *ba, bay* hervorhebend, wie lat. *quidem*, z. B. *Berosos bay asē* 'Berosus quidem ait' (Hübschmann Arm. Gramm. 427 f.). Lit. *bà* 'ja, jawohl, freilich, sehr wohl', z. B. Donal. 8, 513 *bà, kaip jáuns buvaú* 'ja, als ich noch jung war!'.

Hierzu griech. φή 'gleichwie', Zenodot's Lesart B 144 κινήθη δ' ἀγορὴ φὴ κύματα μακρὰ θαλάσσης 'es geriet die Versammlung in Bewegung gleichwie die langen Meereswogen', und Ξ 499 ὁ δὲ φὴ κώδειαν ἀνασχὼν πέφραδέ τε Τρώεσσι κτλ. 'er hielt es (das Haupt des Erlegten) wie einen Mohnkopf empor'. Vgl. § 879, 2 über ai. *ná* 'gleichsam, wie'.

Vermutlich sind auch verwandt: 1) die got. konditionale Partikel *ba* (Joh. 11, 25 *saei galaubeiþ du mis, þauh ga-ba-dauþniþ, libaid* 'ὁ πιστεύων εἰς ἐμέ, κἂν ἀποθάνῃ, ζήσεται') nebst den zusammengesetzten Partikeln *i-ba i-bai, ni-ba ni-bai* und *ja-bai* (Verf. Kurze vergl. Gr. 669); 2) lit. *bet* 'aber, sondern' (vgl. *net* § 879, 5), *bes* Fragepartikel (Leskien IF. 14, 93), aksl. *bo* 'denn' (vgl. § 879, 3) nebst *i-bo* 'etenim, καὶ γάρ', *u-bo* 'also, οὖν', *ne-bo-nъ* 'etenim' (lit. *ba bo* 'denn' ist wohl aus dem Slav. entlehnt); 3) die ir. Fragepartikel *ba* 'oder', welche leniert (z. B. *im fochroib ba chian* 'nahe oder fern') und daher nicht für die modal gebrauchte Form *ba* der Kopula ('sei es') ausgegeben werden darf (Thurneysen Altir. Hdb. 1, 277).

884. Ai. *tú tū́* av. *tū* etwa 'doch', in Aufforderungen und Behauptungen, vgl. 2, 2, 410 und 2, 3 § 429 über den Ausgang von ai. *bháratu*. Got. *þáu þáu-h* 'doch, wohl, etwa', ags. *þéa-h* ahd. *doh* (IF. 33, 175). Zum Ablaut vgl. got. *nu nu-h : náu-h* und got. *ju* : lit. *jaũ* (§ 872. 878).

Es darf wohl noch angeschlossen werden as. *thus* ags. *þus* 'so' sowie ahd. *sus* 'so', dessen *s-* auf dem Wechsel **to-* : **so-* beim Demonstrativum beruht (2, 2, 313 ff. 319 f. 381).

885. Zum Demonstrativstamm **to-* gehört eine grosse Anzahl von Partikeln verschiedener Sprachzweige, ähnlich wie zu **no-* **eno-* (§ 879). Beispiele:

Griech. τῆ (mit urgriech. η) 'da! nimm', z. B. ι 347 Κύκλωψ, τῆ πίε οἶνον 'dă trink', lit *tè*, z. B. *tè im̃k* 'dă nimm' (2, 2, 346). Zu τῆ die 2. Plur. τῆτε wie ngr. νάτε zu νά 'da hast du!', aksl. *nate* zu *na* (§ 879, 5). Vgl. 2, 2, 323. 335 über dor. τῆνος.

Instr. Sing. (2, 2, 365): hom. τῶ 'dann, in diesem Fall; darum, deshalb' (mag zum Teil auch Abl. gewesen sein, s. u.), lit. *tũ* 'mit dem, sofort' (*tū-jaũ* § 872). Hiermit kann ahd. *thuo duo* as. *thō* 'da' identisch sein, lässt aber als Grundform auch **tā*, Instr. Sing. des Femininstamms **tā-*, zu, in welchem Fall es mit umbr. *-to* -ta -tu 'dar, daher' (z. B. akru-tu 'ex agro') zu vereinigen wäre (2, 2, 190. 366. 787).

Abl. Sing. (2. 2, 364): ai. *tā́t* 'infolge davon', aksl. *ta (ta-že)* 'dann'. Hierher zum Teil wohl auch griech. τῶ (s. o.). Diese ablativische Partikel **tōd* mit dem Sinn 'alsdann' war wahrscheinlich der Schlussteil der uridg. Imperativformen wie **bhéretōd* = griech. φερέτω usw. (§ 4, 4. 484. 728).

Lok. Sing. (2, 2, 364): got. *þei* Relativpartikel und 'dass, damit', lit. *teĩ-p* 'so', aksl. *ti* 'und' (2, 709), vgl. got. *ei* aksl. *i* (§ 876).

886. Auf einen Demonstrativstamm **do-* sind verschiedene Partikeln verschiedener Sprachen zu beziehen, deren genaueres geschichtliches Verhältnis zueinander meistens undeutlich ist.

Griech. δή und δαί (vgl. νή : ναί 2, 2, 332. 994), auf solches, was vor Augen liegt, hinweisend, zeitlichen Sinn und den Sinn des Tatsächlichen und Gewissen vereinigend; dazu Verbindungen wie δή που 'doch wohl', ἐπει-δή 'da ja, quoniam', ἤ-δη 'schon'. Ferner das die ich-deiktische Geltung erzeugende -δε in ὅ-δε 'der hier, hic' (2, 2, 343 f.). Auch δέ 'und, aber' und hom. ἰ-δέ 'und' können hierher gestellt werden. Oder letzteres näher zu ai. *i-dā́* 'in dieser Zeit, jetzt, heute' (2, 2, 334. 732)?

Lat. *dum* 'noch', ursprünglich 'dann', aus **tom*, Akk. Sing. N. wie *tum*, *quom* usw. (2, 2, 358. 690); auch in kompositionellen Verbindungen, wie *etiam-dum, nōn-dum, age-dum* (vgl. griech. ἄγε δή) und *dum-modo, dum-nē, dun-taxat.* Alat. *quamde*, umbr. pane osk. *pan* 'quam' zunächst aus **pan-de*, und umbr. *ponne pone* osk. pún 'quom' zunächst aus **pon-de* (1, 682).

Aksl. *da* ursprünglich etwa 'so', und so in der historischen Zeit noch im Hauptsatz; erst sekundär zur Nebensatzkonjunktion geworden (Vondrák Vergl. Slav. Gramm. 2, 482 ff.). Von lit. *da* 'und' urteilt Leskien IF. 14, 94 f., dass es vielleicht entlehntes russ. *da* sei.

887. **k̂e* 'hier, her, hin', zum Demonstrativpronomen **k̂o-* (2, 2, 321).

Griech. κε- in κεῖνος dor. lesb. κῆνος aus *κε-ενος (2, 2, 321. 323).

Lat. *ce-do* 'gib her', *cēdo* 'schreite einher' aus **ce-zdō* (2, 3, 133, Walde Wtb.[2] 147 f.), osk. *ce-bnust* 'er wird hergekommen (hingekommen) sein'. Lat. *hīs-ce, ecce* aus **ed-ce* (§ 866), *sī-c, nun-c* u. a., osk. ekas-k 'hae' *io-c* 'ea' (§ 859).

Lit. *szè* 'hierher', *eĩk-sz* 'komm her', 2. Plur. *eĩkszte* (S. 10).

888. **ĝhi *ĝhī*: ai. *hí* av. *zī*, griech. -χί, slav. (klruss. bulg. serb.) *-zi*. Vgl. § 891.

1) Hervorhebend hinter Pronomina und hinter andern Partikeln.

Ai. ŚB. 12, 9, 3, 7 *kathā́ hí kariṣyási* 'wie wirst du es denn machen?', av. Yt. 8, 57 *kaṯ zī asti* 'quidnam est?'. Mit Negativpartikel ai. *ná hí, nahí* (Delbrück Altind. Synt. 524), av. *nōiṯ zī* und *yaṯ zī, yeⁱδi zī* (Bartholomae Altiran. Wtb. 1696). Dazu das Element *-hi* in ai. *kár-hi* 'wann?', *tár-hi* 'damals' u. a. (2, 2, 735).

Griech. οὐ-χί μή-χι 'nicht'. ἥ-χι dor. ἅ-χι 'wo' (2, 2, 366. 705. 713. 735, E. Hermann Nebensätze 254). ναί-χι 'jawohl, allerdings'. Nach den Adverbien auf -οι umgemodeltes ἠχοῖ findet sich auf Euböa.

Slav. *-zi* hinter Personal- und Demonstrativpronomina, z. B. bulg. *azi (az zi)* 'ich', *on-zi* 'jener, er'.

2) Im Arischen ist die häufigere Verwendung unserer Partikel die, dass sie, hinter dem ersten Wort des Satzes stehend, unserm 'denn, ja' entspricht, z. B. ŠB. 1, 2, 3, 2 *tád índrō 'mucyata, dēvṓ hí sáḥ* 'davon machte sich Indra los, denn er ist (er ist ja) ein Gott', Y. 48, 12 *aṯ tōi aŋhən saošyantō daŋhyunąm yōi . . . tōi zī dātā hamaēstārō aēšᵊmahyā* 'die sind die Helfer der Länder, welche . . . Denn die sind (die sind ja) die geschaffenen Unterdrücker des Aēšma'. Diese Bedeutung der Begründung ist auf dieselbe Weise entwickelt worden wie bei nhd. *ja* (§ 873), ai. *aṅá* lat. *enim* (§ 879, 3), aksl. *bo* (§ 883).

889. Vermutlich sind **qom, *qem, *qā* u. dgl. als Grundformen anzusetzen für ai. *kám kam* av. *kąm,* griech. κὲν κὲ κὰ dor. κᾶ, aksl. *kъ (kъ n-)*, russ. *-ko -ka*, vielleicht auch für lit. *-k(i)* beim Imperativ. Genaue lautliche Feststellung der uridg. Formen und Feststellung der Gebrauchsweisen und deren Entwicklung im einzelnen ist kaum mehr möglich. Vgl. besonders Solmsen KZ. 35, 463 ff.

1) Ai. *kám* hinter dem Dativ, wo dieser 'Dativus commodi' oder final war, z. B. MS. 1, 8, 1 (115, 5) *kásmāi kám* 'für wen? zu wessen Gunsten?', RV. 9, 106, 8 *tvā́ dēvā́sō amṛ́tāya ká̄ papuḥ* 'dich haben die Götter für die (zum Zweck der) Unsterblichkeit getrunken'. Ebenso av. *kąm*, aber nur Y. 44, 20. Es entspricht im Russ. *-ko -ka*, im Serb. *-ka* hinter dem Dativ von Personalpronomina, z. B. russ. *ne nado-t' mně-ko sela s priselkami* 'nicht sind mir Dörfer und Nebendörfer nötig', *už ty daj mně-ka svoje blagosloven'ice* 'gib mir deinen Segen'. Im Slav. ist *kъ (kъ n-)* beim Dativ zur Präposition ('zu') geworden. S. 2, 2, 855 f.

2) Ai. enklitisches *kam* in Verbindung mit den Partikeln *nú* (§ 878), *hí* (§ 888) und *sú* 'sogleich' beim Imperativ, z. B. RV. 10, 50, 5 *ávā nú ką jyā́yān yajñávanasaḥ* 'hilf als Stärkerer den Opferliebenden', RV. 2, 37, 5 *pṛṅktą́ havī́ṣi madhunā́ hí*

ką gatám áthā sṓmą pibatam 'mischet die Opfer mit Met, kommt doch herbei und trinket dann den Soma', RV. 3, 53, 2 *tíṣṭhā sú ką maghavan mā́ párā gāḥ* 'bleib doch sogleich stehen, o Herr, geh nicht weiter'. Entsprechend russ. *-ko -ka* hinter dem Imperativ, z. B. *vy guljajte-ko sutočki teperь pervyje* 'vergnügt euch jetzt die ersten vierundzwanzig Stunden', *razskaži-ka ty mně kakoj on rostom* 'erzähle mir, wie gross er an Wuchs ist'.

Hierzu vermutlich noch das mit Imperativformen verwachsene *-ki -k* im Lit., z. B. *dű-k(i)* 'gib' (§ 476); wegen dessen Schlussvokals *-i*, der zu dem Vokalismus der andern hier zusammengestellten Partikeln nicht stimmt, lässt sich annehmen, er sei analogisch nach dem Ausgang der Imperativformen wie *dűdi, veizdi* eingedrungen. S. Solmsen KZ. 35, 463 ff.

3) Ai. *nú kam, hí kam* findet sich auch in indikativischen Sätzen, wie RV. 7, 33, 3 *ēvḗn nú ką síndhum ēbhis tatāra* 'so hat er denn nun den Fluss mit ihnen überschritten', RV. 8, 44, 24 *vásur vásupatir hí kam ásy agnē vibhā́vasuḥ* 'ein Herr von Gütern bist du ja, o A., glanzreich'. Hiermit zu vergleichen sind die griech. mit ἄν konkurrierenden Partikelformen κὲν usw. beim Optativus potentialis (vgl. S. 863). Hom. öfters νύ κε(ν), z. B. Ε 311, vergleicht sich mit ai. *nú kam*.

890. **qai* scheint die gemeinsame Grundform gewesen zu sein von griech. καί 'auch, und' (das seit urgriechischer Zeit in ähnlicher Weise dem τὲ starke Konkurrenz gemacht hat wie lat. *et* dem *que*) und aksl. *cě* 'et quidem, καίτοι', konzessiv wie griech. καίπερ. Formantisch (und akzentuell) unklar sind ark.-kypr. κας, kypr. κατ κα 'und'. Vgl. Brugmann-Thumb Griech. Gramm.[4] 625 f.

891. Ich stelle hier eine Anzahl von enklitisch antretenden, den Begriff hervorhebenden einsilbigen Partikeln mit *g(h)-* + Vokal zusammen, die in lautgeschichtlicher Hinsicht schwer zu beurteilen sind. Teils ist die ursprüngliche Artikulationsstelle (*k̑-, q-, qᵘ*-Laut), teils die ursprüngliche Artikulationsart (Media oder Media aspirata) nicht sicher bestimmbar. Auch die Vokalverhältnisse stimmen vielfach nicht untereinander. Wenn man von der mit ziemlicher Sicherheit auszuscheidenden Gruppe, die wir oben § 888 unter uridg. **ĝhī* gesondert aufgeführt haben, absieht und von ein paar Einzelheiten, wie z. B. davon, dass griech. ἐμέ-γε und got. *mi-k* nicht wohl voneinander zu trennen sind, sind hier etymologische Zusammenfassungen zu éiner uridg. Partikel oder Partikelgruppe, die man vorgenommen hat, geradeso unsicher wie Trennungen, die man aus diesem oder jenem Grund für angemessen gehalten hat. Es handelt sich im folgenden also mehr um Probleme, die der Forschung gestellt sind, als um Forschungsergebnisse. Vgl. Delbrück Vergl. Synt. 2, 498 ff., Verf. oben 2, 2, 344. 417, Demonstrativpr. 71 ff., Griech. Gramm.[4] 624, Walde IF. 19, 107 f., Wtb.[2] 364 f. und die an diesen Stellen zitierte sonstige Literatur.

1) *g(h)*-Partikeln hinter Negativpartikeln. Ai. *ná gha*. Lat. *negāre* Ableitung von *ne-g*.. (wie nhd. *bejahen, verneinen*), *negōtium*, entstanden in Sätzen wie *neg' ōtium est* (vgl. *haud otium est* bei Terenz). Lit. *ne-gì nei-gi ne-gù*, vgl. auch aksl. *ne jedinъ že* 'ne unus quidem, οὐδείς'. Wegen lit. *nei-gi* aksl. *ne-že* serb. *ne-go* 'als' beim Komparativ und serb. *ne-go* 'sondern, aber', čech. *ne-ž(e)* 'doch' s. § 879 Anm. S. 996.

2) *g(h)*-Partikeln hinter nicht-interrogativen Pronominalformen. a) Ai. *vayą́ gha, táva gha, tvą́ ha* u. dgl. Griech. ἔγώ γε ἔγω-γε, σύ γε. Got. *mi-k þu-k si-k* ahd. *mi-h di-h si-h* (2, 2, 413). Lit. *tu-gi jus-gi* (Leskien IF. 14, 97). Ansprechend stellt Walde IF. 19, 107 auch arm. *(z) is* 'me' hierher, indem er dessen ältere Form **inc* dem griech. ἐμέ-γε gleichsetzt (anders oben 2, 2, 417). b) Ai. *sá gha, sá ha*, griech. ὅ γε, lit. *tẽ-gi tais-gi* u. a., Adv. *tů-gi* 'eben darum' (Leskien a. a. O. 96). c) Ai. *yṓ gha, yṓ ha*, hom. ὅσσα γε, ὅντινά γε, aksl. *i-že*.

3) Ai. *ha*, lit. *-gi* hinter Fragepronomina, z. B. RV. 1, 39, 1 *ką́ yātha ką́ ha* 'zu wem kommt ihr, zu wem?', lit. *kan-gi darysime?* 'was sollen wir tun?', *kaip-gi tu, żmogau, nenorė̃tumbei dirpti?* 'wie möchtest du, Mensch, nicht arbeiten wollen?' (Leskien a. a. O. 96 f.).

4) Ai. *gha ha*, griech. γὲ (dor. böot. el. γὰ) hinter andern Wortarten, z. B. RV. 8, 46, 4 *sunīthṓ ghā sá mártyō yám* etc. 'wohlgeleitet ist der Mann, welchen' usw., RV. 10, 10, 3 *uśánti ghā tḗ amṛ́tāsa ētát* 'es wünschen die Unsterblichen dieses', RV. 1, 30, 8 *ā́ ghā gamad yádi śrávat* 'herbei komme er, wenn

er hört'. Α 60 νῦν ἄμμε πάλιν πλαγχθέντας ὀίω | ἂψ ἀπονοστήσειν, εἴ κεν θάνατόν γε φύγοιμεν 'nun denk ich werden wir wieder zurückgetrieben heimkommen, wenn wir dem Tod entrinnen sollten', Λ 455 αὐτὰρ ἔμ', εἴ κε θάνω, κτεριοῦσί γε δῖοι Ἀχαιοί 'mich aber werden die A., wenn ich sterbe, mit den gebührenden Ehren bestatten'.

Einzelsprachliches.

Griechisch. Die Vorliebe für die zweite Stelle im Satz, die γὲ hatte, erklärt die Verschmelzung von γὲ oder γὰ ἄρ zu γάρ 'ja, nämlich, denn', wobei γὲ an sich bedeutungslos wurde (§ 896).

Lateinisch. Mit unsern Partikeln scheint in engstem Zusammenhang zu stehen der erste Teil des lat. ich-deiktischen Pronomens *hi-c* aus **he-ce* oder **ho-ce*. S. 2, 2, 344 f. 355. Zu der dort genannten Literatur über dieses Pronomen ist jetzt noch Walde Wtb.[2] 364 f. nachzutragen.

Litauisch. Zu einer Fragepartikel ist *-gu* geworden, das nach dem ersten Wort des Satzes steht, z. B. *tu-gu esi tas kuris tur ateiti?* 'bist du der, der da kommen soll?'. S. Leskien a. a. O. 98.

892. Ai. *hánta* 'ecce' und die umbr. Partikel *-hont* in erahunt Abl. 'eadem', *eri-hont* M. 'idem', *if-ont* 'ibidem' scheinen eng zu verbinden und wurzelhaft zu ai. *há* lat. *hi-c* (§ 891) zu gehören (vgl. Persson IF. 2, 239). In formantischer Hinsicht erinnern sie an lat. *identi-dem* und die lit. Optativpartikel *idant;* semantisch vergleicht sich umbr. era-hunt mit ai. klass. *sa ēva* 'derselbe, idem'. Weitere Vermutungen über umbr. *-hont*, auch über das Verhältnis von *sururont* zu *sururo* 'item' s. bei v. Planta Osk.-umbr. Gramm. 2, 467. Über umbr. *erafont* neben erahunt s. Buck Grammar 147.

893. **q̆ᵘi-d*, Akk. Sing. N. des Indefinitstamms **q̆ᵘi-* (2, 2, 349), erscheint als verallgemeinernde Indefinitpartikel (etwa 'irgend').

1) Ai. *cit* av. *čiṯ* apers. *čiy* in ai. *káš cit*, av. *kasčiṯ* apers. *kašciy*, z. B. ai. RV. 1, 37, 13 *śr̥ṇōti káš cid ēṣām* 'wer es auch sei, hört sie (jeder kann sie hören)'.

Im Arm. scheint **q̆ᵘid* als Partikel bewahrt in *in-č* 'etwas' = ai. *kí-cit* (2, 2, 349. 358. 690).

Osk. -píd *-pid* in pútúrús-píd Nom. Plur. 'utrique', púterei-píd 'in utroque', púkka-píd *poca-pit* 'quandoque' (IF. 34, 405 ff.). Ob dieselbe Partikel in umbr. *podruh-pei* u. dgl. enthalten war, ist zweifelhaft (s. a. a. O.).

2) Ai. *yáš cit* 'quicunque', z. B. RV. 1, 48, 14 *yé cid dhí tvą̄ . . . juhūré 'vasē* 'quicunque te vocaverunt auxilio'.

Im Griech. ist entsprechendes ὅς τι im kretischen Dialekt vertreten durch ὦτι = att. οὗτινος und ἄτι = att. ἅτινα (2, 2, 234). Ed. Hermann Nebensätze 232 betrachtet auch das in beiden Gliedern deklinierte ὅς τις 'quicunque' als aus diesem ὅς τι hervorgegangen. Vgl. § 896.

3) Im Arischen erscheint unsere Partikel auch noch anderwärts mit dem Sinn der Verallgemeinerung und in Anwendungen, die auf diesem beruhen, z. B. RV. 1, 24, 9 *kṛtą́ cid ḗnaḥ prá mumugdhy asmát* 'irgend (alle) begangene Sünde löse von uns ab'. Über die Einzelheiten s. Delbrück Altind. Synt. 478. 569 f., Speyer Ved. u. Sanskr.-Synt. 69, Bartholomae Altiran. Wtb. 588 ff. Im Griech. blieb die Partikel *$*q^{u}id$*, lautgesetzlich zu κι geworden, auch in οὐ-κί aus *οὔ κι (2, 2, 351), und in den Multiplikativausdrücken auf -κι -κις, wie πολλά-κι(ς) 'vielmals' (vgl. ved. *purū́ cit*), πλειστά-κι(ς), ποσά-κι(ς) usw. (2, 2, 65. 234).

894. *$*q^{u}e$*, zum Pronominalstamm *$*q^{u}o$-* gehörig, enklitisch (2, 2, 349): ai. *ca* gthav. apers. *-čā* jgav. *-ča*, arm. *-k̔*, griech. τέ, lat. *-que* osk. umbr. *-p*, ir. *-ch* brit. *-p*, got. *-h* (*-u-h*, § 861 S. 982).

Die hauptsächlichsten in mehreren Sprachzweigen zugleich vorliegenden Gebrauchsweisen sind:

1) Hinter Pronomina indefinita, deren spezifischen Sinn verstärkend und etwa unserm 'auch, auch immer' entsprechend: ai. *káš ca* av. *čiš-ča*, arm. *o-k̔* (*ik̔* 'irgend etwas' in *č̣-ik* 'nichts'), lat. *quis-que quom-que (cunque)* umbr. pum-pe, got. *ƕaz-uh*, F. *ƕō-h*. S. 2, 2, 352 f.

2) Hinter Negationspartikeln, die negierende Kraft verstärkend:

Alat. *ne-c* 'οὐδέ, jedenfalls nicht'. Auch in *nequ-it* (ursprünglich 'es geht gar nicht'), das, als *ne-quit* angeschaut (vgl. *ne-scit*), weiter ein *quit* hervorrief (s. Walde Wtb.[2] 631 f., Sommer Lat. L. u. Fl.[2] 538). Osk. umbr. nei-p 'non', z. B. Tab. Ig. 5, 29 sve ... prusikurent kuratu rehte neip eru 'si pronuntiaverint curatum recte non esse'. Es ist jedoch schwer zu bestimmen, wie weit in den einzelnen Teilen des ital. Zweigs die verstärkende Kraft der Partikel lebendig geblieben ist. In lat. *nequeo* war sie in der historischen Zeit jedenfalls ebenso erloschen wie der Sinn des in *nōn* enthaltenen *oinom* (§ 853 Anm.).

Got. *ni-h*, mit einfachem *ni* wechselnd (dieser Wechsel findet sich zuweilen an derselben Stelle bei doppelter Überlieferung der Stelle, z. B. 2. Kor. 1, 19 *nih warþ* und *ni warþ* 'οὐκ ἐγένετο'). Da *nih* oft das einfache οὐ wiedergibt (vgl. noch z. B. 2. Tim. 1, 12 *nih skama mik* 'οὐκ αἰσχύνομαι'), so ist anzunehmen, dass es mit *ni* ganz oder fast gleichwertig geworden war. Aisl. *né* 'nicht' = got. *ni-h*, z. B. FM. 4 *né ek flýg* 'ich fliege nicht'; in diesem Zweig ist das Kompositum völlig an die Stelle von **ne* getreten. Im Westgerm. ist *ni-h* erhalten in ahd. *nih-ein* as. *nig-ēn* 'kein' (der Wechsel *h : g* weist auf ältere Verschiedenheit des Tonsitzes, vgl. got. *-hun* : ahd. *-gin* § 895).

Anm. Unaufgeklärt ist noch das Verhältnis von ahd. as. *noh* 'nicht' zu *nih*. Dass ein altes Ablautverhältnis vorliege (Delbrück Germ. Synt. 1, 42), halte ich für ausgeschlossen, ebenso die früher oft geäusserte Annahme, dieses *noh* sei aus **ni-uh* hervorgegangen. Vermutlich war *noh* identisch mit *noh* = got. *náuh* 'ἔτι' (§ 878), von dem man es etymologisch trennen will. Man kann zur Erklärung des Auseinandergehens des Gebrauchs ausgehen von dem Fall, dass mit *noh* ein negativer Satz, der sich an einen negativen Satz anschliesst, eingeleitet wird. Hier hat zunächst das Verbum dieses zweiten Satzes selber auch noch eine Negation gehabt, wie Tat. 164, 3 *wanta her inan ni gisihit noh ni weiz inan* (got. *untē ni saíhviþ ina nih kann ina*), Hel. 1561 *ne galpō thu for thīnon gebon te suithuo, noh ēnig gumōno ni skal* 'prahle du nicht zu sehr vor deinen Gaben, noch soll es einer der Menschen' (Delbrück a. a. O. 51 f.). In diesem Fall wird *noh* in ähnlicher Weise an dem Negationsbegriff teil bekommen haben wie unser *weder*, das ursprünglich 'wer (was) von beiden' bedeutet hat, oder wie im Franz. *pas* 'Schritt' in der Verbindung *ne—pas*, und die Negation blieb alsdann im zweiten Glied weg, wie es z. B. der Fall ist Otfr. 4, 36, 11 *thaz sie thaz ninthekēn, mit stalu nan nirzuchēn noh inan thār githiubēn* 'dass sie das nicht aufdecken, mit Diebstahl ihn nicht wegnehmen, noch ihn da heimlich entfernen', 1, 5, 48 *kuning nist in worolti noh keisor untar manne* 'kein König ist in der

Welt noch Kaiser unter den Menschen'. Die weitere Gebrauchsentwicklung bis zum Nhd. hin begreift sich dann von selber.

3) Kopulatives *$q^{u}e$. Sowohl die Doppelsetzung, wenn zwei Glieder miteinander verbunden sind, als auch die Setzung nur im zweiten Glied mögen aus uridg. Zeit stammen.

a) Ai. RV. 1, 24, 1 *pitáraṃ ca mātáraṃ ca* 'den Vater und die Mutter', TS. 1, 7, 4, 2 *purástāc cōpáriṣṭāc ca* 'von vorn und von hinten', RV. 1, 123, 12 *párā ca yánti punar ā́ ca yanti* 'sie gehen weg und kommen wieder her'; RV. 1, 2, 7 *mitrą́ váruṇą ca* 'M. und V.', 1, 117, 18 *šatám ḗkaṃ ca mēṣā́n* 'hundert und einen Widder', ŚB. 1, 2, 4, 16 *yō̆ 'smā́n dvḗṣṭi yą́ ca vayą́ dviṣmáḥ* 'der uns hasst und den wir hassen', RV. 8, 35, 10 *píbatą ca tṛpṇutą́ ca* 'trinkt und sättigt euch'. Av. Y. 35, 11 *haᵘrvā̊s-čā amərᵊtatā̊s-čā* 'der Wohlfahrtstrank und die Unsterblichkeitsspeise', Y. 50, 11 *yavaṯ . . . tavā-čā isāi-čā* 'so lang ich vermag und kann'; Y. 9, 5 *pita puϑras-ča* 'Vater und Sohn', Y. 28, 4 *yavaṯ isāi tavā-ča* 'so lang ich kann und vermag'; apers. D 4, 2 *vašnā aʰuraʰmazdāhaʰ mana-čā dārayaʰvahauš* 'durch die Gnade des A. und durch die meine, des D.'.

Griech. A 544 πατὴρ ἀνδρῶν τε θεῶν τε 'der Vater der Menschen und der Götter', X 485 σύ τ' ἐγώ τε 'du und ich', N 230 τῷ νῦν μή τ' ἀπόληγε κέλευέ τε φωτὶ ἑκάστῳ 'drum lass jetzt nicht ab und treibe jeden Mann an'; A 5 κύνεσσιν | οἰωνοῖσί τε 'den Hunden und Raubvögeln', A 38 ὃς Χρύσην ἀμφιβέβηκας | Κίλλαν τε Ζαθέην Τενέδοιό τε ἶφι ἀνάσσεις 'der du Ch. und K. schirmst und über T. mit Macht herrschst', el. Inschr. (Solmsen Inscr. Gr.³ no. 43) αἰ δέ τιρ φυγαδείοι αἴ τε τὰ χρήματα δαμοσιοία, φευγέτω 'wenn aber jemand (sie) vertreiben sollte und wenn er die Güter einziehen sollte, so soll er verbannt sein'.

Lat. Plaut. Rud. 349 *orbas auxilique opumque*, Asin. 577 *meque teque*, Amph. 7 *quasque incepistis res quasque inceptabitis;* oft *senatus populusque Romanus, terra marique, mihi tibique* u. a., Plaut. Pers. 847 *dedimus dabimusque diem.*

Got. *-h*, *-u-h*, die in der historischen Zeit gleichbedeutend geworden waren und nur noch nach einem rein phonetischen Gesichtspunkt wechselten, verbanden Verba miteinander, erscheinen aber nur im zweiten Glied, z. B. Mark. 2, 11 *urreis nimuh þata badi þein* 'ἔγειρε καὶ ἆρον τὸν κράβαττόν σου' (§ 861 S. 982). Im übrigen ist *ja-h* ahd. *ioh*, mit erloschenem Sinn des ersten Elements (§ 873), an die Stelle von *-h (-u-h)* getreten. Got. *jah* erscheint teils in beiden Gliedern, z. B. Matth. 10, 28 *þana magandan jah saiwalai jah leika fraqistjan* 'τὸν δυνάμενον καὶ ψυχὴν καὶ σῶμα ἀπολέσαι', Joh. 7, 28 *jah mik kunnuþ jah wituþ ƕaþrō im* 'κἀμὲ οἴδατε καὶ οἴδατε πόθεν εἰμί', teils nur im zweiten Glied, z. B. Matth. 5, 18 *und þatei usleiþiþ himins jah airþa* 'ἕως ἂν παρέλθῃ ὁ οὐρανὸς καὶ ἡ γῆ'. Ebenso ahd. *ioh—ioh* 'et—et' und einmaliges *ioh* im zweiten Glied (Graff 1, 588 ff.).

b) In Verbindung mit Negativpartikeln, der Bedeutung nach also zu trennen von **ne q^{u}e* 'nicht irgend, gar nicht' (2).

Griech. οὔτε—οὔτε (οὐ für **ne* eingetreten, s. § 853 Anm.), μήτε—μήτε und οὐ—οὔτε, μή—μήτε (woneben οὐ—οὐδέ, μή—μηδέ). S. Kühner-Gerth Ausf. Gramm.[3] 2, 2, 288 ff.

Lat. *neque—neque* und *nōn—neque* (zu letzterem vgl. Cic. Fin. 1, 30 *negat opus esse ratione neque disputatione*), s. Kühner-Stegmann Ausf. Gramm.[2] 2, 2, 38 ff. Die osk.-umbr. Verhältnisse sind schwer zu beurteilen wegen der weiteren Verbreitung, die hier diejenigen durch *-p* erweiterten Negationspartikeln gefunden haben, in denen *-p* den Sinn der Verneinung verstärkt hat (2). In einigen Stellen wenigstens ist aber der Sinn der Anreihung eines negierten Gliedes an ein negiertes Glied deutlich, wie Tab. Iguv. VI a 6 *erse neip mugatu nep arsir andersistu* 'tum ne (nec?) mugitor neque alius *intersidito'. S. v. Planta Osk.-umbr. Gramm. 2, 468 f.

Got. *nih—nih* 'οὔτε—οὔτε' und *ni—nih* 'οὐ—οὐδέ, nicht—noch'. Dafür ahd. *noh—noh* und *ni—noh*, s. die Anm. S. 1005. Beispiele für diese Gebrauchsweisen bei Delbrück Germ. Synt. 1, 45 ff. 56 ff.

4) Alt mag auch die Verbindung mit dem relativischen Pronominalstamm *i̯o-* gewesen sein, wo **q^{u}e* nicht den Sinn 'und' gehabt hat. Doch muss dabei dahingestellt bleiben, welche semantische Wirkung hier **q^{u}e* ausgeübt hat. Hom. dor. ὅς τε, wozu das weiter verbreitet gewesene Adv. ἅ τε; im Kypr.,

welches σίς (τίς) an die Stelle von ὅς treten liess, erscheint σίς τε für dieses ὅς τε. Phryg. ιος κε (R. Meister IF. 25, 323). Selten im Ar.: ai. *yaš ca*, N. 20, 29 *yē ca—tēṣām* (P. W. s. v. Sp. 905), av. Y. 51, 6 *yas-čā* (nach Bartholomae 'quicunque)'.

895. Mit dem *$q^{u}o$-Pronomen hing weiter vermutlich die Partikel ai. *caná* av. *čina*, got. *-hun* ahd. *-gin* (vgl. ahd. *nih-ein* : as. *nig-ēn* S. 1005) irgendwie näher zusammen, z. B. ai. *káš caná* got. *ƕas-hun*. S. 2, 2, 353, Delbrück Germ. Synt. 1, 8 ff. 12 ff.

896. Got. *swa* ags. *swá* aisl. *suá* 'so' stellt sich mit got. *swē* 'wie', osk. svaí *suae* 'si' zu einem uridg. demonstrativen Stamm **su̯o-* (Verf. Demonstr. 31 f. 100). Mit got. *swa* = **su̯od* verbindet man wohl mit Recht den ersten Bestandteil von lokr. Ϝότι, der zusammen mit hom. ὅττι ὅππως usw. auf *σϜoδ τι usw. hinweist. Dass, bei der Isoliertheit der digammierten lokr. Form in der Überlieferung, Zweifel berechtigt sind, sei ausdrücklich anerkannt. Doch hat die Entstehung von ὅττι aus *σϜoδ τι noch eine besondere Stütze an folgendem. Führt man ὅττι, wie manche tun, auf *ι̯oδ τι zurück (§ 893, 2), so ist unwahrscheinlich, dass sich solches ὅττι neben M. *ὅς τι, F. *ἅ τι länger gehalten hätte. Die Analogie zu ὅς ἅ ὅ (ἄλλος ἄλλα ἄλλο u. a.) hätte doch wohl sehr rasch ὅτι durchdringen lassen und dann kein ὅττεο usw. (lesb. ὅττινες u. dgl.) mehr entstehen können. Gab es von Anfang an ein nur als Adverbium dienendes Wort auf -oδ mit nachfolgendem τις, τι, so fällt diese Schwierigkeit weg. Vgl. Brugmann-Thumb Griech. Gramm.[4] 619 f., E. Hermann Nebensätze 228 ff.

897. Zu verbinden sind ai. *sma smā* und griech. μέν, die das vorhergehende Wort, das in der Regel die erste Stelle im Satz einnahm, hervorhoben und deren Grundbedeutung, mit Rücksicht auf die nächstverwandten μά (in Schwüren, wie A 86 οὐ μὰ γὰρ Ἀπόλλωνα) und μήν lesb. dor. μάν 'allerdings, doch', etwa als 'wahrlich, allerdings, in der Tat' scheint bestimmt werden zu müssen. Z. B. ai. *ná sma, mā́ sma* griech. οὐ μέν, μὴ μέν; ai. *ha sma* griech. γε μέν (πάρος γε μέν); ai. *ásti sma* griech. ἔστι μέν. S. Delbrück Vergl. Synt. 2, 506 ff.

Mit der Satzverbindung hatte unsere Partikel in keiner ihrer Formen von Haus aus etwas zu tun. Sie kam aber damit in Verbindung, wenn das Wort, das, an der Spitze des Satzes stehend, irgendwie der Satzverbindung diente. So kann man z. B. sagen, *sma* weise auf einen folgenden Gedanken hin, wenn es hinter einem *sá* stand, das durch ein folgendes *yáḥ* aufgenommen wurde. Und die Bedeutung einer Beziehung auf vorhergehendes konnte *sma* gewinnen, wenn es auf ein den Nachsatz einer Periode eröffnendes *ádha* folgte. Besonders im Griechischen hat sich die Bedeutung eines Hinweises auf eine vorausgegangene oder eine nachfolgende Aussage mit der Partikel selbst fester assoziiert. Oft standen μέν im ersten und δέ im zweiten Satz in Beziehung zueinander, für welchen Fall sich unser *zwar* (= mhd. *ze wāre* 'fürwahr')—*aber* vergleichen lässt. Daneben erscheint μέν τοι (μέντοι) als 'aber, jedoch' an zweiter Stelle (att. μέν—μέντοι). In Übereinstimmung mit letzterem hat μά im Thessalischen geradezu die Stelle und Funktion des att. δέ im zweiten Glied bekommen.

Wortindex

zum dritten Teil des zweiten Bandes.

Altindisch [1]).

---

1) Buchstabenfolge: *a ā i ī u ū ṛ ṝ ḷ ē āi ō āu ḥ ˏ k kh g gh ṅ c ch j jh ñ ṭ ṭh ḍ ḍh ṇ t th d dh n p ph b bh m y r l v ś ṣ s h.*

ityuta 983.
iḍā 999.
inakṣati 34. 341. 349.
inóti invati 325.
indidhiṣati 35.
in(d)dhé 277.
iyátha 35.
íyarti 28. 105. 196.
iyāja yējé 25.
iyāt 177.
iyāya 34.
iyéṣa 34.
irajyáti 35.
iradhanta 35.
irasyáti 35.
iva 987. 988. 989.
iṣaṇat 297. 314.
iṣaṇyáti 199. 219. 297. 304. 383.
iṣṇāti 301.

īkṣatē 28. 348.
īḍatē 377.
īdṛ́ś- 981.
īdhé 431.
īpsati īpsatē 29. 348.
īm 980.
īmahē āíyēḥ 34. 107.
īrayati 254.
īriré 442. 452.
īrtsati 29. 35. 349.
īśē 431. 448.
īśvará-ḥ 933.

u ū 981.
úkṣati 339.
ucchā́ti 352.
ucchrāpayati 256.
utá 983.
undati 280.
upa-sarpa (Perf.) 432.
ubjijiṣati 35.
ubhnā́ti 305. 383.
uruṣyáti 226.
uvā́ca vavā́ca 25.
uvóca 34.
uvóṣa 34.
uśámāna-ḥ 91. 126. 339.

ū u 981.
ūnayīḥ 154.
ūrṇóti 299. 326.
ūrṇāuti 327.
ūvuḥ 34.

ṛ́k 138.
ṛñjáti 288.
ṛṇóti ṛṇváti 326. 333.

éjati 118.
éti 14. 88.
ērirē 442.
édhatē 128. 374.
ēvá 989.
-ēṣiṣiṣuḥ 35.
ēhi 822. 972.

āíyēḥ īmahē 34. 107.

ōkivás- 432.
ōjāyámāna-ḥ 201. 212.
óṣati 118.
óhatē 684.

kániṣkan caniṣkadat 31.
kám kam 1000.
kárikrat- -cárikrat- 31.
karóti 328.
kartati 119.
karmakārāpayatē 258.
kaláyati 368.
kavayati 246.
kāmayīta 558.
kā́satē 121.
kimuta 983.
kīrtáyati 247.
kuṭati 363.
kúpyati 182.
kū́rdati 376.
kṛṇā́tti 277. 289.
kṛṇóti 328. 927. 928.
kṛntáti 274. 287.
kṛpáṇatē 52. 313.
krī́ḍati 378.
krīṇā́ti 299. 300.
krūḍáyati 338.
kṣaṇóti 328.
kṣamāpayati 257.
kṣiṇā́ti kṣiṇóti 301. 325.
kṣi-dhí 88.
kṣiyá-ti 88.
kṣīyé kṣīyē 184.
kṣéti kṣáyati 88. 115.
kṣṇāuti 99. 327.

khalāyatē 225.
khálu 972.
khidáti 377.

gácchati 352. 354.
gaṁgūyati 32.
gámantu 117.
gaméma 124.
garat 117.
gardabhati 52.
gāti 104.
gāpayati 257.
giráti giláti 114. 124.
gū́hati guháti 128.
gṛṇáti 314.
gṛbháyati 246.
gṛbhāyáti 62.
gṛbhṇā́ti gṛhṇā́ti 305.
gṛhāṇá 305.
gṛhṇati 313.
granthávati 246.
grásati 127.
grāhayati 246.
glapayati 257.
glāti 170.

gha ha 1002.
ghanāghaná-ḥ 32.
ghasati 123.
ghātayati 258.
ghūrṇati 313.
ghrāti 133. 171.

ca 972. 1004.
cakhyāú 67.

sáśca-ti 143.
sáśćati (3. Plur.) 111.
sasûva 454.
sáhatē 120.
sákṣva sāhyáma 98.
sāṁkṣīt 401.
sādáyati 246. 251.
sáhati 123.
sāhvás- 433. 456.
siñcáti 281.
síṣakti 106.
sisicē siṣicē 39.
síkṣati 348.
sídati 139.
sīdatuḥ 453.
sutí-ḥ 222.
sumanasyátē 208.
suváti 129.
sṛjáti 129.
sécatē 118.
sét 980.
skándati 121.
stánati 117.
stanihi 149.
stabhāná 305.
stambhayati 293.
stiṁnōti 281. 330.
stīryatē striyátē 183.
stṛṇáti 305.
stṛṇóti 273. 326.
stóta 60.
staúti 99.
striyátē stīryatē 183.
sthagati 120.
sthagayati 250.
sthāpayati 256.
snapáyati 256. 257.
snáti 161.
snāyati ('umwindet, bekleidet') 201.
snāyatē ('badet sich') 198.
spandatē 133. 295.
sphaṭati sphuṭati 363.
sphāyatē 197.
sphāvayati 202.
sphirá-ḥ 197.
sphītí-ḥ 197.
sphuṭati sphaṭati 363.
sphuráti 302.
sma smā 1008.
smáyatē 685.
srávati 117. 270.
srās (zu *sarj-*) 400.
svádati 127.
svadhá 373.
svánati 117.
svapiti svápati 120. 150. 154.
svādatē 121.
svēdayati 250.

ha gha 1002.
hanati 89. 117.
hánta 1003.
hánti 89.
háryati 183.
hávatē 121.
hāsatē 341.
hí 999.
hiṣanti hiṣtē 278.
hínvati 333.
hīḍamāna-ḥ 377.
huvanyati 323.
hūtē 150.
hṛṇāyánt- 303.
hṛṇītē 383.
hṛṇīyámāna-ḥ 304.
héḍati 377.
hnutē 90.
hrásati 342.
hváyati 254.

Prākrit.

ira 986.

Pāli.

andhati 119.
kiṇāti 299. 300.
dinna- 108.
pari-bhuñjati 280.
bandhati 118.
bhindati 277.
sunōti 326.

Avestisch[1].

aēiti 88.
aoxte 97. 684.
aiti 984.
aṯ 984.
apa-kərᵊntaiti 287.
apa-bara (Perf.) 432.
apa-yasaite 354.
apa-xᵛanvaiṇti 297. 324. 329.
apō 981.
aiwi-zūzuyanąm 106.
ava-baraiti 129.
ava-ṁhabdənti 379.
arᵊjaiti 121.
asti 93.
a-spərᵊzatā 129.
asrvātəm 88.
azaiti 121.
aš-baourva- 270.
ašnaoiti 329.
ahi 93. 603.
ā-kərᵊnəm 287. 330.
ā-tāpaite 123.
ā-diƀāiti 106.
āṯ 984.
āfənte 271. 329.
ā-frasāne 351.
ā-stāyā 197.
āste 97.
ā-snaoiti 300. 329.
ərᵊnavante 326.
åṁha 27.
åṁhāire 161.
ī 980.
īṯ 980.
inaoiti 325.
īratū 28. 105. 140.
isaiti 352.
isē 431.

1) Über die Buchstabenfolge s. 2, 2, 937.

Altpersisch [1].

1) Über die Buchstabenfolge s. 2, 2, 941.

atarsan 352.
atiy 984.
adaršnauš 327. 401.
adānāh 302.
adinam 313.
adināh 304.
aθahah 129.
abarah 117.
amariyatā 183.
avāstāyam 197.
arasam 351. 353.
astiy 93.
āiš āišah (āišan) 399. 401.
utā 983.
ud-apatatā 120.
xšnāsātiy 353.
-čā 1004.
čiy 1003.
ǰadiyāmiy 195.
ǰamiyāh 89.
ǰīvatiy 270.
danuvatiy danutaiy 270.
dādarši-š 27.
θahyāmahy 186.
parsātiy 352.
bīyāh 153.
νάπας 257.
niy-apišam 342.
niy-ašādayam 252.
nūram 991. 992.
mā 974.
maniyāhy 183.
varnavatām 334.
vā 987.
viy-atarayāmah 254.
hauv 981.

Pehlevi, Neuperisch.

ō-ftad pehl. 127.
ni-šīnad 295.
burrad 304.
zāyad 184.

Armenisch [1].

azazim 23.
aiç 352.
acem aci 16. 121.
att 367.
anjn 709.
ançanem 315. 355.
aṙnem 33. 145. 315.
aṙnum 127. 326.
aṙoganem 315.
asem 103. 355.
arbi 130.
ard 986.
bay ('Wort') 102.
ba bay (Partikel) 997.
banam 306. 355. 382.
baṙnam 298. 306.
bekanem 315.
bekbekim 31.
berem 117.
berim 183.
bucanem 315.
ganjem 227.
geli 118.
gelum 130. 156.
gelumn 156.
gitem 92. 355. 458.
giut 279. 282. 315.
gom 92. 446. 458.
gorcem 216.
gtanem 315.
guçē 866.
daṙnam 306.
dedevim 30. 196.
dizanem 315.
dnem 315.
egit 124.
edi 16.
ei 94.
eťe 983.

1) Buchstabenfolge: *a b g d e z ē ə ť ž i l x c k h j ł č m y n š o č̣ p ǰ ṙ s v t r ç u,v p̣ ḳ ô(au)*. Vgl. hierzu 1 S. 1009.

eli 16.
eliḳ 125.
eker 117.
eki 16. 89.
ekul 117.
em 93. 356.
eṙam- z-eṙam 211.
es 603. 604.
erg 138.
erdnum 330.
ererim 196.
ep̣em 343.
z-genum 327.
zenum 157.
z-eṙam eṙam 211.
z-ercum 157.
ē (3. Sing.) 94.
əmpem 37. 130.
ťanam 306.
ťapťapim 31. 196.
ťaḳnum 330.
ťaḳčim 188.
ťṙťṙam 30. 178.
ťḳanem 315.
i-manam 164.
inč̣ 1003.
içem 356. 502.
lam 198.
lap̣em 292.
lizanem 118. 130. 315.
lizem 258.
lnum 330. 356.
loganam 306.
lsem 351.
luçanem 315. 351. 355.
lvanam 306.
lḳanem 315.
cacanim 196.
cicałim 33. 196.
cnanim 308.
kam 162. 164.
keam 150. 164. 355.
keray 65.
klanem 117. 130. 315.
kotkotim 30. 196.
koč̣em 227.
hanem 130.

Phrygisch.

Griechisch.

ἀρέσκω 351. 353.
ἀρήγω 123.
ἀρκέω 339.
ἄρνυμαι 127. 326.
ἀρόω 151. 198.
ἁρπάζω 231.
Ἅρπυια Ἀρέπυια 461.
ἄρτι 986.
ἀρύσσομαι 390.
ἀρύτω 365.
ἀρύω 157. 271.
ἀρχιέρεως 220.
ἀρχοντιάω 229.
ἄρχω ἄρχομαι 956.
ἀσκηθής 167.
ἄσμενος 92. 745.
ἀσπαίρω σπαίρω 194.
ἀστεμφής 293.
ἀστράπτω 365.
ἀτάρ 986.
ἀτρεκής 290.
ᾄττω ἀίσσω 30.
αὖ 991.
αὐαίνω 383.
αὖθι 991.
αὔξω ἀέξω 339.
αὐτάρ 986.
αὖτε 983. 991.
αὖτι αὖτιν αὖτις 991.
ἀφ-έωκα dor. 459. 465.
ἄχθομαι 365. 369. 375.
ἄχομαι 121. 484.
ἀψευδήων ark. 597.
ἄωρτο ἤωρτο 433. 434. 442.

βαβράζω 196.
βαίνω 188. 195.
βάλλω 188.
βαμβαίνω 30. 196.
βαρνάμενος 302.
βασκαίνω 230.
βάσκειν· λέγειν 356.
βάσκω 352.
βδέννυμαι βδέω 331. 343.
βεβλωκώς 39.
βειλόμενος böot. 316.
βελλόμενος thess. 316.
βέμβλωκεν 40.
βιβάσκω 361.
βίβημι 177.
βινέω 260.
βινητιάω 229.
βλάξ 163.
βλαστάνω 132. 362. 364.
βλέννος 289.
βλίττω 209.
-βλώσκω 356.
βόλομαι 122. 316.
βόσκω 356.
βούλομαι 17. 316.
βρακεῖν βράξαι 126.
βρέμω 117.
βρίθω 375.
βρομέω 259.
βυνέω 259.

γαγγαλίζω 32.
γάνυμαι 331. 332.
γανύσκομαι 357.
γάρ 986.
γαργαίρω 30. 196.
γαργαλίζω 32.
γὲ 972. 1003.
γέγακα 466.
γεγωνίσκω 361.
γελάω γέλαν 151. 208.
γέμω 137.
γενειάσκω 75. 354. 357.
γεννάω 307.
γέντο ('ergriff') 98. 403.
γέντο ('wurde') 98.
γεύομαι 118.
γήθομαι γηθέω 253. 260. 374.
γηράς γηρείς 151.
γηράσκω 354. 357.
γίγνομαι 139. 140.
γιγνώσκω 351.
γιμβάναι (Hesych) 282.
γίνομαι 38.
γινύμενος thess. 39.
γινώσκω 38.
γλύφω 125. 132. 207.
γνώσκω epir. 351. 353.
γογγύζω 32.
-γράφηντι mess. 536.
γράφω 132.
γράω 127.

δαί 999.
δαινῦτο δαινύατο 548.
δάκνω 316. 459.
δαμάζω 142.
δαμιωέμεν böot. 228.
δαμνέω 259.
δάμνημι δάμνω δαμνάω 303. 307. 313.
δάνος 317.
δαπανάω 307.
δάπτω δαπάνη 256.
δαρδάπτω 31. 196.
δαρθάνω 375.
δέ 972. 999.
δέατο 151. 540.
δεδαμναμένος gort. 303. 307. 460.
δέδηα 447.
δέδια 458.
δεδίσκομαι 361.
δεδίττομαι δειδίσσομαι 197. 465.
δέδωχ[ε argiv. 466.
δείδιε (δέδϝιε) 496.
δείδιμεν 36.
δειδίσσομαι δεδίττομαι 197. 465.
δείδω 458.
δεικανάομαι 307.
δεικνύμενος 327.
δείκνυμι 331.
δείλετο 218.
δεινός 933.
δέκνυμι 331.
δέκομαι δέχομαι 97.
δενδρύω epidaur. 32.
δεξιός 338.
δέον 963.
δέρω 117.
δέχαται δέγμενος 97.
δέχομαι δέκομαι 97.

ἐμάνην 170.
ἐμέμηκον 496.
ἔμεν ἔμεναι 95.
ἐμέω 149. 151.
ἐμὶ ἐμὲν 95.
ἔμορτεν 365.
ἐμ-πρήθω 375.
-ένεικα ἤνεικα 92.
ἐν-έπω 121.
ἐν-εφανίσσοεν thess. 632.
ἐνήνοχα 461.
ἐν-θύσκω 356.
ἐν-ιπή 29.
ἐνίπτω ἐνίσσω 145. 365. 366.
ἐνί-σπες 520.
ἔνι-σπον 127.
ἐνίσπω 132.
ἔννεπε 121.
ἔννη äol. 170.
ἕννυμι 327. 331.
ἐν-οπή 162.
ἐν-πέλα dor. 151. 164.
ἔντες dor. 94.
ἔξ-αιτος 325.
ἐξ-ελαύνοια ark. 558. 596. 598.
ἐξ-έτρω 158. 173.
ἐξόν 963.
ἔον ἔοι 94.
ἐπ-αν-ιτακώρ el. 212.
ἐπ-αυρίσκομαι 356.
ἐπ-είγω 118. 331.
ἐπειδή 999.
ἐπειή 983.
ἐπέπιθμεν 494.
ἐπέπληγον 496.
ἐπ-έπλων 173.
ἐπ-έσπον ἐπι-σπεῖν 126.
ἐπ-έστακε lesb. 496.
ἔπετον dor. 120.
ἔπεφνον 143.
ἐπέφυκον 496.
ἐπί-εσται 98. 339. 684.
ἔπιον 127.
ἐπισταίμην 555.
ἐπίσταμαι 100.
ἐπί-σχες σχές 520.
ἐπί-τευκται 432. 461.
ἔπιτνον 49. 313.
ἕπομαι 120. 684.
ἐπριάμην 151. 300. 540.
ἐπτόμην 127.
ἔρ (ἔρ') kypr. 986.
ἔραμαι 151.
ἐράω 208.
ἔρδω 195.
ἐρείπω 118.
ἐρέπτομαι 194.
ἐρεύγομαι 118.
ἐρεύθω 118.
ἐρηρέδαται hom. 458.
ἕρπω 119.
ἐρράδαται 458.
ἔρρω 119.
ἐρυγγάνω 282. 286.
ἐρύκακον 34. 35. 145.
ἐρυκανάω 304.
ἐρυκάνω 313.
ἔρυμαι 156.
ἔρῡτο ῥῦσθαι 156.
ἐρύω 271.
ἔρχαται 461.
ἐς 581.
ἔσβην 171.
ἔσθι ἴσθι 94. 570.
ἐσθίω 571.
ἐσθλός 128. 374.
ἔσθω 375.
ἔσκον 352. 356.
ἐσμὲν 94.
ἔσομαι 527. 699.
ἔσπετε 127.
ἕσπετο 143.
ἐσ-πιφράναι 105.
ἕσπομαι 144.
ἔσσαι (2. Sing.) 339. 684.
ἐσσεῖται, herakl. ἐσσῆται 415.
ἔσσευα ἔσσυτο 91.
ἐσσὶ äol. 93. 603. 604.
ἐσσοημένον 249.
ἔσσομαι 415.
ἔσται 94. 525. 699.
ἔστᾰσαν 100. 395.
ἐσ-τετέκνωται (Konj.) gortyn. 536.
ἔστην 164.
ἔσχεθον 363. 375.
ἔσχον 89. 127.
ἔταμον ἔτεμον 132.
ἔτεκον 120.
ἔτεμον ἔταμον 132.
ἔτερσεν 262. 340.
ἔτι 971. 984.
ἔτλην 161.
ἔχεα ἔχευα ἔχυτο 91.
ἐχεπευκής 282.
ἐχθαίρω 218.
ἐχθές 983.
ἔχραισμον 219.
ἔχω 120. 740.
ἔφαγον 121.
ἔφθασα 410.
ἔφθην 164.
ἐφθίμην 88.
-έφθισα 410.
ἐφύην 170.
ἔφυν 147. 149.
εὔαδε äol. 18. 127.
εὖκτο 97.
εὐμενέω 208.
εὐνή 133.
εὑρίσκω 353.
εὐρύνω 230.
ἐύς 128.
εὐχετάομαι 77.
εὔχομαι 97. 261. 684.
εὕω 118.
ἕψω 343.
ἔω ὦ 526.
ἔωθα εἴωθα 434.
-έωκα dor. 436. 459. 465.
ἑώρων 11.

Ϝάρρην el. 126.
ϜεϜαδηκότα lokr. 39.
ϜεϜυκονομείοντες 460.
Ϝεῖκας 93.
Ϝέλμενος kret. 403.
Ϝέρυσθαι 63.

Ϝευμένος kret. 461.
Ϝέχω pamph. 119.
Ϝήλω dor. 316.
Ϝότι lokr. 1008.

ζέω 119.
ζῆ 172. 173. 201.
ζητέω 178.
ζούσθω 338.
ζώννυμι 332. 338.
ζώω 201.

ἤ (Partikel) 983.
ἦ ('sprach') 612.
ἦα ἦσθα 447.
ἡβάσκω 354.
ἠγγέλην 172.
ἤγρετο 131.
ἤδη 999.
ἥδομαι 121. 262.
ἠε ἠὲ ἤ 984. 987.
ἠείδη ᾔδει 11.
ᾖε(ν) ἴε(ν) 88.
ἦεν ἦν 629.
ἥκω 740.
ἤλυθον 125. 262. 373.
ἦλφον 121.
ἧμαι 97. 684.
ἥμαρτον 49. 364.
ἠμὶ ('spreche') 103.
ἤνεικα -ένεικα 92.
ἦν ἦεν 629.
ἤνεγκον 34. 66. 145.
ἦνθον ἐνθών 119.
ἠνίπαπον 34. 145.
ἧνται (ἦνται?) mess. 95. 538.
ἧνται ἧντο 654.
ἦρα lesb. dor. 983.
ἤρικον 124.
ἡρπάγην 172.
ἧς (3. Sing.) dor. 18. 611. 612.
ᾖσαν ἴσαν 394.
ἦσθα 27. 67. 605.
ἦσθας 605.
ἤτοι 983.
ἧττα 243.
ἤτω 95.
ἠύτε 983. 989.
ἦχα 27. 466.
ἦχι 1000.
ἠχοῖ 1000.

θαρνεύω 324.
θάρνυμαι 331.
θαυμάζω 230.
θαυμαίνω 230.
θαυματός 210.
θείνω 132. 194.
θέλω ἐθέλω 17.
θερμαίνω 230.
θέρμω 54. 218.
θέρομαι 117.
θές 581.
θέσσασθαι 399.
θέσσεσθαι 195.
θέω 123.
θηγάνω 52. 313.
θήν 940.
θιγγάνω 282.
θιθέμενος kret. 39.
θλίβω φλίβω 128.
θνήσκω θνῄσκω 353. 357.
θόρνυμαι 331.
θράσκω 356.
θρόμβος 289.
θρῴσκω 357.
θρώσσω 390.
θυμός 709.
θύνω θυνέω 246. 260. 301. 326. 334. 382.
θύσσομαι 374. 390.
θύω 183. 184.
θωμός 102.

-ί 980.
ἰαίνω 199. 219. 304. 318. 383.
ἰάλλω 29. 196.
ἴασι 630.
ἰάσκω 29. 361.
ἰαύω 29.
ἰάχω ἰαχέω 140. 259. 260.
ἰδέ ἰδοῦ ἰδού 822.
ἰδέ ('und') 988. 999.
ἴδμεναι 899.
ἴδον εἶδον 124.
ἴε(ν) ᾖε(ν) 88.
ἱερέα 220.
ἵζημι 317.
ἵζω 140.
ἵημι 102.
ἴθθαντι (Konj.) kret. 538.
ἴθι 822.
ἴθμα 374.
ἰθύνω 230.
ἱκάνω 324. 334.
ἱκνέομαι 260. 324.
ἵλαμαι 107. 151.
ἱλάσκομαι 361.
ἵληθι ἵλαθι 36. 107. 178.
ἴλλω 141.
ἴμψας 280.
-ιν 980.
ἵνα 842.
ἴξον 422.
ἴομεν 88. 525. 527.
ἵπταμαι 109.
ἴσαμι dor. 464.
ἴσαν ᾖσαν 394.
ἴσασι ἴσσασι 464. 631.
ἴσθι ἔσθι 94. 569. 570.
ἶσι 630.
ἴσκω 356.
ἴσμεν 463.
ἴσος 339.
ἴσσασι ἴσασι 464. 631.
-ίστατοι (Konj.) ark. 538.
ἵστημι 108. 109.
ἰσχαίνω 218.
ἰσχανάω 307.
ἴσχω 140.
ἰτητέον 212.
ἰῶμαι 199.

κάθημαι 97.
καθ-ήμην 547. 548.
καθ-ῶμαι 548.
καί 1001.

πέλομαι 117.
πεπαγοίην 143.
πεπαλών 143.
πέπαμαι dor. 39.
πέπασθε (πέποσθε) 623.
πέπαται (Konj.) gortyn. 536.
πέποσχα dor. 357. 460.
πέπραται (Konj.) ther. 536.
πεπτώς 446.
πὲρ 996.
περάω 121. 163.
πέρδομαι 119. 684.
Περικλύμενος 88.
πέρνημι 300. 302.
πετάννυμι 332.
πέτομαι 120.
πεύθομαι 118.
πέφασμαι 464.
πέφνω 132. 144.
πεφύγγων äol. 460.
πηδάω 163.
πιεζέω 260.
πιέζω 14. 183.
πίει (Imper.) 581.
πίλναμαι πιλνάω 166. 307. 309.
πιμπλάνω 107. 317.
πίμπλημι -πίπλημι 105. 178. 317.
πίμπρημι -πίπρημι 107. 178.
πινύμενος 306.
πίνω 316.
πίομαι 527. 699.
πιπίσκω 108. 361.
-πίπλημι πίμπλημι 105. 178. 317.
-πίπρημι πίμπρημι 107. 178.
πίπτω 28. 140. 365.
πιτνέω 259.
πίτνημι πιτνάω 307.
πίφρημι -πιφράναι 28. 105. 171.
πλάζω 291. 381.
πλανάομαι 307.
πλατίον dor. 87.
πλέω 117.
πλήθω 375.
πλήν 937.
πλήσσω 194.
πλῆτο ('füllte sich') 170.
πλῆτο ('näherte sich') 164.
πλίσσομαι 280. 282. 381.
πλύνω 306. 382.
ποθέω 216. 249.
ποιπνύω 33. 196.
ποιφύσσω 33. 196.
πολεμίξω 231.
ποτέομαι 248. 249.
ποτὶ 972.
πορνάμεν 302.
πορφύρω 30. 196.
πρήξοισιν chi. 527.
προ-βλώσκω 356.
πρός 972.
προσ-αρήρεται 528.
προσ-ηνής 332.
προτίδεγμαι 97.
πτάρνομαι 316.
πτάρνυμαι 326.
πτίττω πτίσσω 279. 282. 381.
πτώξ 188.
πτώσσω 390.
πύθω 374.
πυνθάνομαι 280.
πῶ (Imper.) 566.
πωλέομαι 252.
πώνω äol. 316.

ῥά 986.
ῥᾴδιος 933.
ῥέζω 195.
ῥέμβομαι 289.
ῥέπω 120.
ῥερῖφθαι Pind. 39.
ῥερυπωμένος 22.
ῥέω 117. 270.
ῥήγνυμι 331.
ῥήσκομαι 353.
ῥιγέω 252.
ῥικνός 283.
ῥιπτάζω 77.
ῥοικός 283.
ῥοφέω 259.
ῥυθμός 374.
ῥύομαι 156.
ῥύσιος 63.
ῥυστάζω 77.
ῥώννυμι 332.

σαίρω 188.
σβέννυμι 331.
σείω 338.
σεῦμαι 98.
σῆμα 163.
σίνομαι 382.
σίς τε kypr. 1008.
σίων 125.
σκάλλω 194.
σκαριφάομαι 128.
σκέπτομαι 195.
-σκευάσθηντι mess. 536.
σκίδναμαι 307.
σκίμπω 282. 381.
σκιρτάω 77.
σκοπέω 259.
σοβέω 259.
σουν-επτᾶσθαι 212.
σπαίρω ἀσπαίρω 194. 302.
σπαλύσσεται 272.
σπάω 342.
σπερμαίνω 209.
σπέρχω 129. 131.
σπληνιάω 229.
στανύω kret. 303. 329.
στέγω 120.
στείβω 285.
στείχω 118.
στέμβω 293. 318.
στένω 117.
στερίσκω 356.
στεῦμαι 98.
στεφανωέτω delph. 228.
στίζω 135. 188.
στόρνυμι 326.

Albanesisch.

bąj geg., *bεń* tosk. 382.
broba 467.
dašε 410.
doǵa 467.
dora 434. 467.
bes n-des 250. 261.
θašε 404.
θom 92. 98.
ǵεndem 293.
heθ 376.
hel'k̇ 119. 251.
iš 94.
jam 93.
jē ('bist') 603.
l'ašε 404.
l'imni 583.
l'oba 446.
l'oθ 377.
mb-l'oba 467.
mol'a 467.
mos 827. 974.
n-des bes 250. 261.
ndok̇a 434. 447. 467.
ńoh 357.
pašε 404.
pata 404.
pεr-mora 467.
pok̇a 447. 467.
porba 467.
ropa 467.
š-kora 434. 442. 467.
tε ('dass, damit') 946.
treθ 118.
vjeθ 119.
voba 467.
vora 434. 442. 467.
z-vorba 467.

Lateinisch.

abscondo 471.
ad-iesed alat. 417.
adolesco 354.
ad-venam 124. 134. 539.
aeger 286.
affligo 128.
age agedum 810. 823. 972.
agino 308.
ago 121.
alo 121.
amb-ulo 152. 309.
amicus 932.
an 972. 985.
ango 121.
animadverto 9.
anne 985.
aperio 193.
appello appellere 309.
arceo 339.
arduos 372.
armo 211.
aro 165. 198.
asper 302.
aspernor 165. 302. 318.
assentior assentio 695.
assus 377.
at 986. 987.
atque 984.
attigam 134. 539.
attulam 134. 539.
audio 375.
augeo 201. 212. 262.
auritus 223.
ausus 957.
aut 991.
autem 972. 991.
auxilium 339.
axim 399.

barbatus 206.
bibo 37. 39. 108. 140.
blandior 221.

caedo 125. 377.
calefacio 506.
calendae 152.
calo calare 152.
cano 121.
cantillo 75.
capedo 182.
capio 182. 190.
capto 212.
carino 308.
cave 823.
cĕdo 100. 999.
cēdo 133. 999.
celo 162.
cepi 472.
cerno 318.
certus 318.
cessi 399.
ceu 989.
cieo 262. 364.
cio 127.
clades 318.
clango 291.
claudo 377.
clepo 120. 257. 446.
-clino 299. 301. 303. 328.
cluo clueo 88. 134. 175.
coēpi coepi 472.
colo 117.
commentus 957.
comminiscor 684.
comparo 163.
compello 165.
compesco 357.
condo 127. 449. 471.
congrego 9.
confarreo 9.
conjunx 281.
conquinisco 276. 318.
conscribillo 76.
conspicio 195.
consterno 302.
conticeo 81.
con-ticesco -ticisco 353. 358.
coquino 304.
coquo 121.
cosmittere 366.
credo 9. 127. 373. 449. 973.
creduam 549.
crepo 152.
cresco 75. 174. 354. 358.
crevi (zu *cerno*) 170.
crinis 378.
crocio 194.
crudelis 934.
cruentus 319. 323.

crusta 338.
cubo 160.
cudo 378.
cumbo 282.
cunque quomque 1004.
cupio 182.
curo 232.
curro 133.

damno 211.
danunt 633.
daps 256.
defendo 379.
deformo 9.
defrutum 270.
deguno 318.
deico dico 118.
de-litesco -litisco 358.
dem 100.
descendidi 471.
destino 298. 303.
dexter 338.
dic 568.
dico dicare 160.
dico dicere 118. 160.
difficilis 934.
disco 361.
dispesco 358. 359.
dissipo 162.
distinguo 271. 279.
divido 133. 373.
dixim 545.
do 100.
doceo 250.
domo domare 162. 198. 212. 266.
dono 232.
douco duco 118.
duc 568.
duco ducare 165.
duco douco 118.
duim 243. 549.
dum dummodo 999.
duntaxat 999.

ecce 980. 984. 999.
eccum 984.
ecquis 984.
edim 545.
ĕdo 96. 121. 128. 375.
egi 27. 472.
egone 996.
em 568. 972.
emo 117. 126.
emungo 280.
enim 994. 996.
eo ire 88. 508. 887. 908.
equidem 983.
eram 103. 166. 753.
erceiscunda (inschr.) 358.
ero 94. 525. 528.
erro errare 211.
erugo 118.
es ('iss') 520.
es ('bist', 'sei') 93. 520. 603. 606.
escit 352. 356.
et 984.
etiam 984.
etiamnum 991.
excello 318.
expergiscor 204. 353. 354.
experior 343.
experirus 645. 647.
explenunt 633.
extro 161.
exuo 133.

facilis 934.
facio 62.
fallo 318.
farcino 308.
fateor 102. 175. 216.
feci 472.
fefelli 470.
fer 567. 568.
ferio 67. 167. 194.
fero 66. 117.
fervefacio 506.
ferveo 30. 262.
fervo 270.
fido 118. 125.
figo fivo 128. 271.
findo 277. 279.
fingo 279. 282.
fio 153. 183. 189.
fivo figo 128. 271.
flaccus 163.
flagro 290.
flamma 290.
flecto 366.
flemina 164.
fleo 174. 201.
flo 164.
flos 164. 202.
fluo 128. 271.
for 100. 102. 197.
forem 507. 885.
foro forare 167. 304.
forsan forsitan 973.
foveo 250.
frango 290. 294.
fremo 117.
frendo 119. 373.
frigeo 252.
frigo 126.
frivolus 183.
fruniscor 276. 318.
fruor 128. 271.
fuam 124. 134. 539.
fui 66. 124. 468.
fumo 211.
fundatid 552.
fundo 282. 378.
fungor 280.
futurus 956.

gaudeo 253. 262. 374.
geno 117.
gero 340.
gigno 139.
gingrio 32.
glisco 357.
glubo 118.
gnosco nosco 351. 353.
gradior 222. 288.
gravis 934.
gusto 78. 212.

habeo 175.
haereo 262.
haud 976.
hiasco 353.
hic 1003.
hio 162. 198.
hisco 357.
horior 183.
horridus 934.

identidem 1003.
ignoro 535.
ii (Perf.) 34. 35. 440.
impetrassere 529.
incesso 343.
inciens 183. 189.
induo 133.
ingruo 137.
inquam 164. 540. 541. 867.
inquio 127. 189. 468.
insanio 221.
inseque 121.
insolens 320.
instigo 165.
instinguo 279.
int 88.
inter-ieisti 417.
intro intrare 161. 198.
invicem 698.
irascor irasco 685. 695.
itidem 979.
ito itare 212.
ivi 474.

jaceo 159. 175.
jacio 108. 159. 175.
jam 987.
janua Janus 161.
jeci 472.
jocor 211.
joubeatis 250.
jovaset alat. 411.
jubeo 171. 187. 250. 262.
jucundus 934.
jungo 279.
jurigo jurgo 233. 235.

labo 165.
labor labi 684.
laetor 685.
lambo 49. 292.
langeo 292.
lassus 377.
lateo 175. 375.
latro latrare 198.
lātus (zu *tuli*) 161.
lavo -are, lavo -ĕre 121. 149. 152. 160. 165. 473.
lego 120.
levis 934.
libet lubet 167. 171.
licet 175.
lingo 282.
linio 318. 382.
lino 298. 301. 318.
linquo 21. 277. 279. 443. 468.
liqueo 175.
loco locare 211.
loquor 271. 684.
lubet libet 167. 171.
luceo 246. 251.
ludo 133.

mamphur (manfar) 295.
mancupo 233.
mando 165.
meditor 684.
memento 473.
memini 441. 468.
memor 39. 442.
memordi momordi 25. 40.
meo meare 165.
mergo 120.
metior 222. 684.
meto 363.
mico 165.
mingo 279.
minuo 299. 325. 335.
miror 685.
misceo 262. 351. 352.
mitigo 233.
mitto 366.
mixtus 339.

mollis 376.
molo 118.
moneo 249.
mora 166.
mordeo 261.
morior 183. 684.
moveo 261.
mugio 198.
mulgeo 261.
multo multare 213.
murmurillo 75.
murmuro 30. 178. 204.

nae 994.
nam 995.
narro 213.
nascor 353.
navigo 233.
ne (Negation) 827. 976.
ne ('fürwahr') 994.
-ne 995.
nec neque 975. 1004. 1007.
necto 366.
nefas 977.
nego 103. 1002.
negotium 1002.
nei ni 827. 976. 978.
nemo 977.
nempe 995. 996.
nemut 995.
neo 170. 201.
Neptunus 257.
nequaquam 976. 978.
neque nec 975. 1004. 1007.
nequeo 1004.
ne quidem 978.
nescio 9. 979. 976.
nescius 977.
neve 978.
ni nei 827. 976. 978.
ninguit 279.
nitor 366.
nivit 115. 125.
no 161. 198.
noceo 253.
nolo 90. 976.
non 858. 976. 977.

Pränestinisch-Faliskisch.

Französisch.

chanter 56.
jeter 56.
voiçi, *voilà* 823.

Oskisch [1]).

aa-manaffed 165. 367. 449.
akkatus 152.
actud 121.
aíkdafed 165. 469. 474.
aut auti avt 991.
da-did 553. 556. 880.
deicans 118.
deiuaid 221. 534.
deiuast 419.
didest 141. 419.
dicust 124. 468.
d]uunated 232. 367.
eftuns 577.
ekkum 984.
eco- 983.
est 93.
esuf 665.
etanto 983.
faamat 166.
fatíum 175. 216.
fefacid 473. 532. 534.
fifikus 25.
fiiet 183. 189. 634.
Flagiúí 290.
fufans 627.
fuid 124. 468. 473. 532. 534.
fusíd 885.
fust 412. 419.
hafiest 420.
herest 420.
hipid 472. 473. 534.
-ic 980.
inim inim íním 996.
íst 95.
izic 980.

1) *c* suche man unter k, ú unter *o*.

líkítud *licitud* 175.
kahad 472.
kaispatar 366.
karanter 663.
cebnust 134. 999.
censamur 576. 579. 695.
censazet 419. 420.
kúm-bened 124. 134. 468.
com-parascuster 357. 359. 470.
krustatar 366.
manafum 469. 599.
menvum 335.
moltaum 213.
ne 975.
nei 976.
ni 839. 976. 978.
osii[ns] 544. 548. 633.
ostensendi 411.
-p 1004. 1007.
pan 999.
Patanaí 319.
patensíns 319.
per-emust 126. 134.
pert-emest pert-emust 126. 411. 419.
-pid -píd 1004.
pocapit púkkapíd 1004.
pún 999.
prúfatted prúfattens 232. 469.
prúffed 24. 367. 449.
puz 983.
sakahíter 534.
sakarater 232.
sakrafír 534. 665.
sakrvist 419.
serevkid 271.
set 626. 627. 633.
sipus 447. 472.
súm 95.
stahínt 633.
staíet 634.
svai *suae* 1008.
sverruneí 121. 490.
tanginom 251.
teremnattens 232.
tríbarakattíns 530. 534.
turumiiad 216.
uincter 282.

Pälignisch.

coisatens 232. 367. 469.
dida 109. 141.
eco- 983.
eite 61. 520.
et 984.
inom inim 996.
oisa 957.

Vestinisch.

didet 109. 141. 165.

Marrucinisch.

ferenter 634. 663.
pacrsi 548.

Sabinisch.

cumba 282.

Umbrisch [1]).

aha-uendu 118.
aitu aitu 121.
am-pentu 133.
ampr-ehtu apr-etu 88.
an-dendu an-tentu 378.
ander-sesust 474.
ander-sistu 139. 576.
an-dirsafust 165.
an-ouihimu 133. 153. 184.
an-stintu 271. 279.
apelust 474.

1) *c*, *ç*, *ś* suche man unter k, ř, *rs* hinter r.

Irisch.

Britannisch.

1. Kymrisch (Welsh).

2. Cornisch.

3. Bretonisch.

Gallisch.

Gotisch [1]).

1) *ƕ* folgt auf *h*, *þ* auf *t*.

lēkinōn 235.
lētan 103. 377. 436. 483.
liban 203.
ligan 190. 192.
liudan 118.
liugandau 582.
lukan 128.
lustōn 235.

mag 485.
malan 121.
man 136. 441. 484.
mikilnan 311.
mildeis 374.
missō 698.
munan (3. Sing. *-aiþ*) 201. 236.
munan, s. *man*.
mundōn 374.

namnjan 208.
nasjan 262.
nauh 987. 992. 1005.
nē 976.
nei 976.
ni 833. 976.
niba nibai 997.
nih 976. 1005.
niman 117.
niu 982.
niwaíhts 977.
nu nuh 972. 987. 992. 993.
nunu 991.

ōg 484.
ōgands 136.
ōgs 530. 853.
-ōn 27.

qiman 89. 117.

raupjan 250.
reikinōn 238.
reiran 30. 204.
rinnan 333. 335.
riqizjan 208.
rōdjan 252. 265.

sah 982.
saian 197. 436.
saíhvan 120. 121.
saísō 479. 596. 602. 609.
-saízlēp 38. 40.
saljan 261.
saltan 376.
satjan 249.
sau 981.
siau sijau 550.
sidōn 236.
-silan 74. 175. 217.
sind 96. 626. 627. 635.
sitan 190. 192.
skaban 121.
skaidan 122. 483.
skal 442. 484. 512.
skalkinōn 238.
skeinan 319. 436.
skulan 136. 137.
sōkjan 195.
standan 292.
steigan 118.
stigqan 280. 284.
stōjan 252.
stōþ 103. 369.
straujan 326.
striks 133.
sunjōn 51.
swa 1008.
swaran 121. 122. 490.
swau 982.
swē 1008.
swiltan 376.
swōgatjan 237.

-tamjan 265.
tēkan 127.
tiuhan 118.
trudan 135. 192.

þagkjan 251.
þahan 201.
þarf 485.
þau þauh 987. 992. 998.
þaúrsjan 182. 190.
þei 990. 998.
þeihan 278.
-þinsan 57.
þreihan 135.
þriskan 359.
þruts-fill 287.
þulan 203.

-u 981.
ufarassjan 224.
ufar-munnōn 311.
uf-blēsan 339.
uf-hlōhjan 263.
-uh 982.
un-agands 121. 136.
un-wunands 129.
ur-raisjan 263.
us-alþan 362. 368.
us-baugjan 280.
us-keinan 319.
us-laubjan 250.
us-þriutan 118.

wagjan 248. 250.
wahsjan 339. 389.
waian 201. 450.
wainei 870.
waírþan 119. 510. 706. 931.
wait 431.
waiwō 480.
waldan 368.
waljan 249.
waltjan 122. 265.
walwisōn 235. 238. 270.
-walwjan 270.
warjan 263.
waúrkjan 195.
weihan 125.
wiljan 90. 184. 190. 201.
winds 170. 176.
winnan 335.
wisan 119. 510. 706.
wissa 407.
witan 136.

wruggō 283.
wulan 135.

Hochdeutsch.

1. Althochdeutsch [1].

altisōn 238.
anadōn 235.
ar-liotan 118.

bahhan 131. 135.
bannan 335.
beitten 251.
beizen beiʒen 250.
bellan 119. 338.
beran 117.
beren 194.
bergan 119.
betolōn 239.
bi-delban 137.
bi-lîban 128.
bi-linnan 300. 335.
bim 95.
bintan 118.
binuʒ 276.
biotan 118.
bist 608.
bi-warōn 211.
bîʒan 118.
blāen 164. 202.
blanch 290.
blantan 122.
blāsan 339.
blenden 122. 251.
bliuwan 312.
bluoen bluowen 202. 271.
borōn 167.
breman 117.
brestan 363. 367. 368. 487.
brettan 375.
brinnan 335.

1) *c* und *ch* sind unter *k* gestellt, *qu* unter *kw*, *v* unter *f*.

brīo 183.
briuwan 270.
brūhhan 128.
dagēn 171. 201.
decchen 250. 263.
denchen 251.
derren 251.
dinsan 57. 338.
doh 998.
dolēn 203.
dorrēn 182.
drāen 178. 202.
drescan 359.
dringan 135.
drioʒan 118.
drōēn 202.
druoen 202.
durfan 328. 333. 485.

egisōn 235. 238.
eigan 448. 484.
eisca 352.
eiscōn 211. 360.
erien erren 489.
eʒʒan 121. 489.

fāhan 291.
faldan 363.
fallan 320.
faran 121.
far-liosan 343.
far-werten 191. 244. 245. 251.
fehtan 362. 367. 487.
ferren 122.
ferzan 119.
fīant 203.
fīēn 203.
fir-monēn 201.
fir-spirnit 319. 320.
fiscōn 211.
flehtan 52. 362. 487.
flewen flouwen 194. 249.
flioʒan 378.
flogarōn 76.
vlogezen 78.
flouwen flewen 194. 249.
follōn 211.
forsca 352.
forscōn 360.
frāgōn 162.
fullen 253.
fuogen 251.
fuoren 252. 264.

gān 101. 102. 103.
gangan 122.
gangarōn 239.
gebōn 167.
ge-fridōn 236.
gellan 320. 338.
gesan iesan 119.
gi-lingan 119.
gi-louben 250.
-gin 1008.
gi-nah 446. 484.
gingēn 31.
ginōn ginēn 298. 301. 309.
gioʒan 378.
girdinōn 238.
gi-turran 445. 484.
gi-wahanen gi-wuog 219. 434. 435. 445. 490.
gi-wiʒʒēn 201.
gi-zengi 134. 329.
glīʒan 378.
gluoen 200. 202.
graban 121.
gremmen 265.
grīnan 319. 486.
grob 287.
gruoen 202.

habēn 203. 204. 511.
hagaʒussa 210.
haltan 122. 368.
harmisōn 238.
haʒʒēn 159.
heffen 182. 190.
heilen 248. 253.
heilēn 217.
helan 118.
hellan 320.
hērisōn 238.

2. Mittelhochdeutsch.

3. Neuhochdeutsch.

haschen 360.
hoppe rheinfränk. 312.
ja 995.
je jeh (Interjektion) 987.
längst 739.
nun, nu 991. 992.
plätschern 76.
so 990.
sonst 739.
stauchen 284.
stottern 76.
ver-körpern 9.
werden 506.
wollen 485.

Niederländisch.

blinken 284.
drinten 284.
haghetisse 210.

Niederdeutsch.

1. Altsächsisch (Altniederdeutsch)[1].

bedon 167.
binitīn 276.
boron 167.
bium 95.
brūkan 128.
deda 369. 449. 479. 480. 556.
doƀon 167.
dunian 246.
ēcso 448.
far-man 484.
fōgian 251.
fōrian 252. 264.
frāgon frāgoian 162.
friehan 198. 212.
fullon 211.
fundon 167.
gebon 167.
gi-wennian 266.

1) *c* ist unter *k* gestellt, *qu* unter *kw*.

glītan 378.
hebbian 182. 190.
herdian 224.
hers 133.
hlinon 299. 301. 328.
huggian 159.
consta 369.
queddian 227.
libbian 190.
liggian 182. 190.
loƀon 167.
makon 167.
mornon 310. 311.
mundon 165.
nemnian 208.
nigēn 1005.
noh 1005.
seggian 190. 250.
sind sindun 96. 635.
sittian 183. 190.
skadon 167.
skaldan 122.
sōkian 195.
spurnan 302. 319. 320. 486.
stekan 135.
stōd 103.
sundon (3. Plur.) 636.
thō 998.
thus 998.
waron 211.
wirkian 195.
wīta (mit Inf.) 638.
wonon 167.
wrītan 379.

2. Mittel- und Neuniederdeutsch.

darn 327. 332. 485.
drinten 284.
krīten 32.
prūsten 368.
rūsken 360.
serden 368.
schrumpen 289.
wrimpen 289.

Altfriesisch.

dede 449.
slūta 377.

Angelsächsisch-Englisch[1].

ac 986.
áʒan 448. 484.
áscian 211.
bacan 135.
bǽdan 251.
bǽtan 250.
béo 153. 179. 183. 190. 745.
béom 95.
beonet 277.
blendan 251.
blinken mengl. 284.
blówan 202.
breʒdan 375.
bréotan 270.
brýsan 270.
búʒan 128.
ceorfan 132.
costian 212.
cyme 89.
dyde 369.
þéah 998.
đrintan 284.
đrówian 202.
þus 998.
đútan 128.
finta 295.
fiscian 211.
fleohtan 362. 367.
fréoʒ(e)an 198. 212.
friʒnan 319. 486.
ʒe-neah 446. 484.
ʒínan 323.
ʒinian 301.
ʒrindan 119. 373.
héawan 483.

1) *ǽ* folgt auf *ad*, *đ (þ)* auf *d*, *ʒ* auf *f*.

heht 481.
hladan 368.
hlinian 304.
hreddan 251.
hwistlian 368.
inca 286.
lácan 122.
leort 481.
meltan 376.
míʒan 118.
miscian 351.
murnan mornan 310. 311. 313. 320. 486.
nellan 976.
ranc 288.
rárian 31. 204.
reord 479. 481.
sindon 96. 635.
slincan 283.
smúʒan 128.
spówan 102. 202.
sprútan 268. 378.
spurnan 302. 320. 486.
streʒdan 375.
swá 1008.
swǽtan 250.
swefan 120.
tó-ʒínan 301. 313. 319.
tún 306.
warian 211.
weold 481.
wrencan 289.
wríđan 125.
wrinʒan 283.
wrion wréon 137.
wrítan 379.
wuton 124. 135.

Altisländisch [1].

aka 131.
aldenn 368.
at 908. 938.
banga 292.
beiđa 251.
belgia 246.
beria 194.
blanda 122.
blása 339.
bora 167.
bregđa 375.
bresta 363.
brinna 335.
brióta 270.
dýja 183.
ekke 286.
em 93.
ero (3. Plur.) 636.
es ('bist') 603. 608.
est 608.
eta 489.
fá 291.
falda 363.
falla 320.
fara 121.
flióta 378.
fregna 313. 319.
friá 200.
frǽnde 200.
fullna 311.
fúna 301.
føra 252. 264.
ganga 122.
gína 301. 313. 319.
gialla 320. 338.
gnesta 368.
grafa 121.
gremia 265.
grera 40. 481.
grína 319. 486.
halda 122. 368.
heite (1. Sing.) 642. 644.
hlađa 368.
hlakka 291.
hneigia 266.
hǫgg(u)a 483.
hrata 376.
hrífa 128.
hrína 319. 486.
hriósa 338.
iók 27. 481.
klína 300.
knođa 135.
koma 124.
kosta 212.
kunna 333. 485.
kueđia 227.
láta 377.
leggia 250.
leifa 250.
leika 122.
liggia 190.
lína 300.
lofa 167.
lǽkna 235.
mala 122.
melta 376.
mǫndull 295.
muna 136. 484.
munda 374.
né 1005.
ók 27.
ósk 353.
rakkr 288.
refsa 208.
rera 480. 481.
rífa 118.
rióđa 118.
róa 201.
sannr 626.
sera 38. 479. 481.
serđa 368. 487.
setia 249.
sitia 190.
skađa 167.
skarpr 289.
skart 376.
skilia 130.
skína 319. 486.
skíta 122.
skialla 320.
skióta 376.

---

1) *đ* folgt auf *d*, *ǫ* auf *o*; auf *y* folgen *þ*, *æ*, *ø*. *i* und *u* vor Vokal (z. B. in *gialla*, *kueđia*) gelten für die Buchstabenfolge als *j* und *v*.

Norwegisch und Schwedisch.

Urnordisch.

Altgerman. Namen.

Litauisch [1]).

1) Buchstabenfolge: *a* (*ą*), *b*, *c*, *cz*, *d*, *e* (*ę ė*), *ë*, *g*, *i* (*į y*), *j*, *k*, *l*, *m*, *n*, *o*, *p*, *r*, *s*, *sz*, *t*, *u* (*ų*), *ů*, *v*, *z*, *ż*.

Lettisch

Preussisch (Altpreussisch).

Altkirchenslavisch (Kirchenslavisch) [1].

---

1) Buchstabenfolge: *a ą b c č ch d e ę ě g i ь j k l m n o p r s š t u ъ v y z ž*.

Andere slavische Sprachen.

1. Neubulgarisch.

azi 1000.
onzi 1000.
tьj 981.
-zi 999.

2. Russisch.

baba-jagá 286.
bĕgú 123.
by (Partikel) 974.
čtoby 974.
dabý 974.
étot 983.
jeto aruss. 983.
-ko -ka 1000.
krenu krьnu aruss. 300.
ńi klruss. 995.
nu, nutko 943.
sku 137.
stonú 123.
-zi klruss. 999.

3. Serbisch.

hoću 602.
mogu 602.
na-su-sret 219.
neću 976.
nego 995. 996. 1002.
ovamo ovamote 583.
plovim 249.
-zi 999.
zubim 251.

4. Slovenisch.

nočem 976.

5. Čechisch.

a če, ač 985.
ani 984.
-menu 136.
než(e) 996. 1002.
ozd 377.
plevu 272.
stoni 123.
z-dřieskati 390.

6. Sorbisch.

mikać 165.

7. Polnisch.

jestem 96. 371.
jędza 286.
mijać 165.
-mionę 136.
ni 995.
no 993.
ozd apoln. 277.
trąd 287.

Berichtigungen zum dritten Teil des zweiten Bandes.

S. **11** Z. 10 lies: ᾔδει, statt: ἤδει.
S. **18** unter 4) Z. 5 lies: ὕφηνα, statt: υφηνα.
S. **75** Z. 10 v. u. lies: *us-luknan*, statt: *us-lukna*.
S. **92** unter II) Z. 10 lies: *darᵊsəm*, statt: *darᵊzəm*.
S. **97** Z. 1 und Z. 4 v. u. lies: *aogᵊdā*, statt: *aogᵉdā*.
S. **119** Z. 7 lies: *ʒrinded*, statt: *grinded*.
S. **130** § 77 Z. 14 lies: *e-lēz*, statt: *e-liz*.
S. **131** Z. 15 lies: λαγαρός, statt: σλαγαρός.
S. **143** § 89 Z. 3 lies: *yaēšənta*, statt: *yaēṣənta*.
S. **145** § 90 Z. 2 v. u. lies: ἠνίπαπε, statt: ἠνίπατε.
S. **153** Z. 7 lies: § 103, 5, statt: § 103, 3.
S. **156** Z. 8 v. u. lies: Hesiod, statt Hseiod.
S. **157** Z. 13 v. u. lies: *vidĕchъ vidĕti*, statt: *vydĕchъ vydĕti*.
S. **174** Z. 5 v. u. lies: *crē-vī*, statt: *crē-vī-*.

S. **179** Z. 9 lies: *smrьdimь*, statt: *smrьdime*.
S. **214** Z. 2 v. u. lies: *imamь*, statt: *imamь*.
S. **249** Z. 7 v. u. lies: *patayeiti*, statt: *patayeiti*.
S. **271** Z. 2 v. u. lies: *strýkua*, statt: *strykua*.
S. **278** § 198 Z. 5 lies: *þeihan*, statt: *þīhan*.
S. **287** § 207, 1) Z. 9 lies: *a-kərenəm*, statt: *a-kərenəm*.
S. **299** § 213 Z. 12 lies: *ūrṇó-ti*, statt: *ūr̥ṇó-ti*.
S. **322** Anm. Z. 6 lies: *zvьněti*, statt: *zrьněti*.
S. **328** Z. 13 lies: *sunó-ti*, statt: *sunó-tì*.
S. **369** Z. 10 v. u. lies: § 370, statt: § 307.
S. **373** Z. 7 v. u. lies: *ȝrindan*, statt: *grindan*.
S. **378** unter 2) Z. 8 lies: Lat. *tendo*, statt: *tendo*.
S. **414** Anm. Z. 1 lies: *-šiš-* statt *-šiš-*, und *šúška-* statt *šúška-*.
S. **444** Z. 1 v. u. lies: *tens-*, statt: *etns-*.
S. **546** Z. 5 lies: *ḱyā-mā*, statt: *ḱā-mā*.
S. **597** Z. 17 lies: ἀψευδήων, statt: ἐψευδήων.
S. **597** Z. 21 füge hinzu: (anders über das -ν von ἀψευδήων jetzt B. Keil IF. 36, 238 f.).
S. **638** Z. 4 v. u. lies: ags. *wuton*, statt: ags. **wuton*.
S. **653** § 596 vor 2) füge hinzu: Teilweise wurde dieses -αται -ατο später analogisch zu -ανται -αντο: argiv. Inschr. (um 250 v. Chr.) γεγράβανται (att. γεγράφαται), bei Hesych σεσύανται· ὡρμήκασιν, ἀπεσπάδαντο· ἀπέστησαν. Vgl. Vollgraff Mnemosyne 44 (1916) S. 70 f.
S. **702** Z. 19 lies: der eine nicht prädikativ ist, statt: der eine prädikativ ist.
S. **795** § 708 ist Verwertung des von mir S. 712 genannten Aufsatzes von Wackernagel Thomsen-Festschrift S. 134 ff. verabsäumt. Wackernagel weist hier diesen Futurgebrauch auch aus dem Altpersischen (an einer bisher dunkel gebliebenen Stelle, Bh. 1, 13) und aus dem Lateinischen (in Anschluss an Samulsson Eranos 6, 29 ff.) nach.
S. **893** Fussn. Z. 4 füge hinzu: Meyer-Lübke Der intensive Infinitiv im Litauischen und Russischen, IF. 14, 114 ff.
S. **1004** § 894, 1 Z. 3 lies: *ç-iḱ*, statt: *ç-ik*.